新時代の
刑事弁護

浦 功 編著

成文堂

はしがき

　1　2004（平成16）年の刑事司法制度改革によって、裁判員制度と被疑者国選弁護制度が導入されるとともに、公判前整理手続・証拠開示制度等が新設された。また、2016（平成28）年の刑事司法制度改革によって、被疑者取調べの録音・録画（取調べの可視化）制度が導入され、被疑者国選弁護制度と証拠開示制度の拡充がはかられるとともに、新たな捜査手法の導入が行われるなどした。わが国の刑事訴訟法は、2000年以降大変革の渦中にあり、今後の刑事司法制度がどのように変わり、どう運用されていくのか注目されるところである。

　2004年改正法で裁判員裁判が導入されたことによって、「見て、聞いて、わかる」公判審理を実現するために、法曹三者は、制度実施前から数多くの模擬裁判を相協力して行ってきたし、実施後も意見交換会や模擬評議を行うなどして相互に意見を述べ合って制度を運営してきている。このようなことは、裁判員裁判導入以前にはあまりなかったことであり、法曹三者がコミュニケーションを密にして刑事司法制度を運営していくということは、それ自体として是とされるべきではあろう（三井誠「コミュニケイティヴ（Communicative）司法」論究ジュリ12号〈2012年〉104頁）。

　しかし、最高裁が行っている裁判員経験者に対するアンケート結果等から見ても、裁判員裁判の現状では、弁護士側は、裁判所や検察庁に比べると技術的にはかなり劣位にあることを認めざるを得ないのであって、弁護士側がなお一層力をつける必要があるように思われる。

　さらに、2016年改正法によって導入された取調べ可視化制度や新たな捜査手法についても、弁護士や弁護士会が今後どのような取組みをしていくか、その対応如何によって制度の成否が左右されかねず、弁護士や弁護士会が果たすべき役割は一段と重要性を帯びてきていると言える。

　被疑者・被告人の権利・利益を擁護すべき立場にある私達弁護士は、個々にさらなる研鑽を積みあげて行くとともに、単位会や日弁連にも、このような研鑽が充全に行われる組織的な態勢づくりをすることが求められている。

はしがき

2 刑事司法の担い手としての弁護士および弁護士会の動向が重要視されるこの時期に、私の古稀を記念して、大阪の同僚や若手の弁護士らがそれぞれ論文を書き一冊の本にまとめて刊行するということになった。

この本を刊行するという話を聞いたとき、私にはそのような栄誉に値することをしてきたとの自覚は全くなかったので、単なるジョークだろうと思って聞き流していた。ところが、そのうちに、編集担当の弁護士らから論文が集まりだしたという話を聞いて、やはり本気の話だったのだと知って真底驚くとともに、私にはふさわしいとは思えないのでお断りしようと考えた。

ところで、全国的に刑事弁護が展開されるようになった1990年以降、大阪の地でも、大阪弁護士会刑事弁護委員会を中心として活発な活動が行われてきた。刊行物としては、1991年に『実務刑事弁護』（三省堂）、1996年に『捜査弁護の実務』（大阪弁護士協同組合）というマニュアル本を発刊したし、2004年改正後には、『コンメンタール・公判前整理手続』（現代人文社）を発刊した。また、接見交通権の確立を目ざした国賠訴訟として、髙見・岡本国賠（1998年）および後藤国賠（2002年）を、起訴後の捜索・差押えにかかる国賠訴訟として防御権国賠（2012年）を提起し、いずれも勝訴判決を得た。これらはどれを取り上げても、弁護士らの共同作業の下で議論を戦わせ切磋琢磨しながら行われてきたものである。

さらに、全国にさきがけて取調べの可視化の必要性を提唱し、いま各地で使われるようになっている「被疑者ノート」を発案したのも大阪である。そのうえ、日弁連刑事弁護センターでの活動をはじめ、全国レベルの刑事弁護をみても、大阪は、いつも最前線に位置し、2016年改正にかかる取調べ可視化法制を実現するためにも先頭に立って闘ってきた、と自讃しても咎められることはないだろう。そして、このような活動の中で、大阪が刑事弁護に熱心に取り組む数多くの弁護士を輩出してきたのもまた、当然の結果だと言えよう。

このような大阪の地で、刑事弁護に携わる各弁護士が、これまで苦心し苦悩し苦闘した弁護活動の経験を生かし、それを通じて導き出された「理論」や「手法」を、それぞれが論文にし、1冊の本にまとめあげて刊行するという機会が設けられることは、全体としての刑事弁護にとって意義のあること

ではないか。私は、このように考え直して、大変面映ゆい思いに堪えつつ、古稀記念の論文集を御受けすることにした次第である。

　3　本書には、刑事手続に関する本としては、いささか異色とも思われる論稿が収録されているかもしれないが、それは大阪の地には、従来の枠組みにとらわれない才能豊かな弁護士が層をなしていることのあらわれだとみてよいであろう。

　弁護士と弁護士会に格段の奮起が求められている刑事司法の現状において、本書を、これからの弁護実践にいくぶんかでも役立てて頂ければ、この上ない幸せである。

　　2017年7月18日

　　　　　　　　　　　　　　　　　　　　　　　　　　　　浦　　　功

目　次

はしがき ……………………………………………………………………… *i*
目　　次 ……………………………………………………………………… *v*

取調べの可視化と黙秘権──新時代の刑事弁護の展望──

　　　　　　　　　　　　　　　　　　　　　　　　　　浦　　　功

　Ⅰ　はじめに ………………………………………………………………… *1*
　　　1　2004年改正　(*1*)　　2　2016年改正　(*2*)
　　　3　取調べ可視化制度の導入　(*3*)
　Ⅱ　可視化法制と「黙秘中心」の弁護実践 ……………………………… *4*
　　　1　可視化法制の骨組み　(*4*)　　2　「黙秘中心」の弁護実践　(*5*)
　Ⅲ　黙秘権と「取調べ受忍義務」………………………………………… *8*
　　　1　黙秘権の憲法上の位置付けと被疑者取調べの実状　(*8*)
　　　2　「取調べ受忍義務」について　(*9*)
　Ⅳ　黙秘権の行使等を助言する弁護活動をめぐる検察等との攻防 …… *12*
　　　1　黙秘権行使の助言をめぐる攻防　(*12*)
　　　2　「ミランダの会」の活動をめぐる攻防　(*15*)
　　　3　「刑事被疑者弁護に関する意見交換会」における攻防　(*18*)
　　　4　裁判例の中での攻防　(*22*)
　Ⅴ　取調べ可視化の論議と憲法上の位置づけ …………………………… *28*
　　　1　法制審特別部会における論議と全過程の録音・録画の義務化　(*29*)
　　　2　取調べ可視化の憲法上の位置づけ　(*31*)
　　　3　取調べ可視化は「政策論」か？　(*33*)
　Ⅵ　取調べの可視化と黙秘権保障の内容 ………………………………… *35*
　　　1　黙秘権の保障と「説得」について　(*35*)

目　次

　　2　黙秘権の行使と不利益推認の禁止について　(40)

Ⅶ　結びに代えて……………………………………………………… 47
　　1　可視化法制と捜査の構造　(47)
　　2　可視化法制化における弁護人の役割　(49)
　　3　刑事弁護の「真価」の発揮を　(51)

《座談会》日本の刑事弁護の到達点と課題

　　　　　　　　　　　　　　　　浦　　　功＝後藤　貞人＝下村　忠利
　　　　　　　　　　　　　　　　山口　健一＝渡辺　　修＝信岡登紫子

1　出席者の自己紹介 ………………………………………………… 53
2　刑事弁護をめぐる1970年代の状況 ……………………………… 55
　　(1)　公安事件　(55)　　(2)　接見妨害等　(56)
　　(3)　一般の刑事弁護活動　(57)　　(4)　公安事件における公判　(59)
　　(5)　弁護人抜き裁判法案　(61)
3　刑事弁護をめぐる1980年代の状況 ……………………………… 63
　　(1)　再審死刑無罪4件　(63)　　(2)　学界、弁護士会の対応　(64)
　　(3)　ずさんな捜査　(67)　　(4)　平野絶望発言　(68)
　　(5)　刑事弁護離れの時代　(69)　　(6)　一般的指定　(70)
　　(7)　1989年の松江の人権擁護大会　(71)
4　刑事弁護をめぐる1990年代の状況 ……………………………… 75
　　(1)　刑事弁護センターの発足当番弁護士制度　(75)
　　(2)　『実務刑事弁護』　(75)　　(3)　大阪刑事弁護委員会の発足　(77)
　　(4)　当番弁護士制度　(78)　　(5)　アクション・プログラム　(79)
　　(6)　ミランダの会の結成　(80)
　　(7)　浦委員長時代──若手の育成──　(81)
　　(8)　公判廷における若手弁護士の活動の変化　(84)
　　(9)　刑事被疑者弁護に関する意見交換会　(84)
　　(10)　ガイドラインの議論　(85)　　(11)　刑事司法の健全運営義務　(88)
5　刑事弁護をめぐる2000年～2010年代の状況 …………………… 91

(1) 高見・岡本国賠 *(91)*　　(2) 司法制度改革審議会意見書 *(92)*
　　(3) 公的弁護制度 *(95)*　　(4) 刑事司法の大変革 *(99)*
　　(5) 公判前整理手続、証拠開示の評価 *(101)*
　　(6) 弁護士職務基本規程 *(103)*　　(7) 志布志事件、村木事件等 *(105)*
　6　2016年改正と今後の課題 …………………………………………… *108*
　　(1) IT機器と施設管理の問題 *(108)*　　(2) 取調べの可視化 *(110)*
　　(3) 刑事事件の減少と弁護人依頼権 *(113)*
　　(4) 刑事弁護の質の向上 *(115)*　　(5) 裁判員裁判の問題点 *(116)*
　　(5) 日本の刑事司法の変化 *(118)*

弁護技術の向上──裁判員裁判を中心にして──

西村　健

　Ⅰ　はじめに ……………………………………………………………… *121*
　Ⅱ　弁護技術向上が求められる背景 …………………………………… *122*
　　1　裁判員裁判導入前の刑事裁判 *(122)*
　　2　裁判員制度導入前の日弁連の考え方 *(123)*
　　3　司法制度改革審議会意見書 *(124)*　　4　諸外国の状況 *(125)*
　Ⅲ　日弁連の研修・研究等 ……………………………………………… *127*
　　1　模擬裁判への取り組み *(127)*　　2　研　　究 *(128)*
　　3　研　　修 *(128)*　　4　法廷用語の日常語化 *(129)*
　　5　情報収集等 *(129)*　　6　分野別研究及び研修 *(130)*
　　7　刑事弁護研修等に関する活動 *(131)*　　8　その他 *(132)*
　Ⅳ　大阪弁護士会の研修・研究等 ……………………………………… *132*
　　1　研修カレンダー *(132)*　　2　研修の概要 *(133)*
　　3　研修受講義務化 *(133)*　　4　法曹三者の意見交換会 *(133)*
　　5　裁判員裁判経験交流会 *(133)*　　6　リハーサル研修 *(133)*
　　7　法廷傍聴活動 *(134)*　　8　個別意見交換会傍聴 *(134)*
　　9　模擬裁判員裁判 *(134)*　　10　夏季研修 *(135)*
　Ⅴ　法廷技術研修の概要 ………………………………………………… *135*

目　　次

　　1　アメリカの法廷技術――NITAを中心に――　*(135)*
　　2　日弁連の現在の研修方法等　*(136)*
　　3　日弁連の現在の研修内容　*(137)*
　　4　法廷技術研修の課題　*(141)*
Ⅵ　裁判員アンケート結果と検討 ………………………………………… *142*
　　1　アンケート項目　*(143)*　　2　アンケート分析　*(143)*
　　3　裁判員経験者との意見交換会での意見　*(143)*
　　4　筆者が出席した最近の意見交換会　*(144)*
　　5　検察官が有利な背景　*(147)*　　6　最高裁の分析について　*(148)*
Ⅶ　今後の課題 ……………………………………………………………… *149*
　　1　課題克服の要点　*(150)*　　2　法廷技術研修の継続　*(150)*
　　3　弁護戦略研修の発展拡充　*(150)*
　　4　研修検討結果の反映　*(150)*
　　5　アンケート結果の分析と活用　*(151)*
　　6　発展型研修メニューの充実化　*(151)*
　　7　研修義務化の拡大　*(151)*　　8　研修方法の見直し　*(151)*
　　9　講師の確保と技術向上　*(152)*
Ⅷ　おわりに ………………………………………………………………… *152*

取調べの可視化法制時代の弁護活動――黙秘権の行使とその解除を中心として――

鈴木　一郎＝森　　直也

Ⅰ　はじめに ………………………………………………………………… *153*
Ⅱ　可視化法の必要性 ……………………………………………………… *156*
　　1　はじめに　*(156)*
　　2　我が国の捜査機関における従来の取調態様とその原因　*(156)*
　　3　捜査機関の取調技術の高度化に向けた施策　*(159)*
　　4　取調態様は現実に変化するか　*(160)*
　　5　取調べ態様の適正化としての可視化　*(161)*
Ⅲ　取調べの可視化法の概要 ……………………………………………… *161*

1　可視化法の概要 *(161)*　　2　可視化法の解釈 *(162)*
　Ⅳ　現行の実務運用 ……………………………………………………… *168*
　　　1　はじめに *(168)*
　　　2　検察庁における被疑者取調べ録画・録音 *(169)*
　　　3　警察における取調べ録画の運用実態 *(170)*
　Ⅴ　取調べ可視化のもとでの捜査弁護の在り方論の整備 ……………… *171*
　　　1　取調べ可視化のもとでの捜査弁護活動の考え方の基本 *(171)*
　　　2　捜査弁護活動の在り方を考える視点 *(174)*
　　　3　捜査弁護活動の方針の立て方 *(175)*
　　　4　黙秘解除の具体的な手順 *(182)*　　5　おわりに *(183)*

弁護人の接見技術──面接における聞き取り技術について──

岩佐　嘉彦

　Ⅰ　はじめに …………………………………………………………………… *187*
　Ⅱ　面接の技法についての筆者の立ち位置 ………………………………… *187*
　Ⅲ　接見の技術を検討する意義 ……………………………………………… *189*
　　　1　依頼人から「正確に」事実を聞き取ることの重要性 *(189)*
　　　2　可視化時代における聞き取りの意義について *(190)*
　　　3　面接の技術の位置づけ *(192)*
　　　4　面接の技術を検討する意義(1) *(192)*
　　　5　面接の技術を検討する意義(2) *(194)*
　Ⅳ　司法面接との関係 ………………………………………………………… *194*
　　　1　弁護人の接見の構造 *(194)*
　　　2　いわゆる司法面接との関係について *(195)*
　Ⅴ　接見をする上での枠組み ………………………………………………… *198*
　　　1　接見前の準備（面接の計画）*(198)*
　　　2　接見の冒頭での対応（初回接見を例として）*(198)*
　Ⅵ　事実関係の確認 …………………………………………………………… *203*
　　　1　自由報告 *(204)*　　2　WH質問 *(208)*

目　　次

　　3　クローズド質問 *(209)*　　4　誘導質問 *(209)*
　　5　相手の様子や話す内容をよく確認すること　*(210)*
Ⅶ　面接の終了 ……………………………………………………………… *210*
Ⅷ　終わりに ………………………………………………………………… *211*

GPS捜査と弁護活動

亀石　倫子

Ⅰ　はじめに ………………………………………………………………… *213*
Ⅱ　事案の概要 ……………………………………………………………… *214*
Ⅲ　弁護活動 ………………………………………………………………… *216*
　　1　捜査段階 *(216)*　　2　証拠の収集と弁護側立証　*(216)*
Ⅳ　一審の判断 ……………………………………………………………… *220*
Ⅴ　控訴審の判断 …………………………………………………………… *222*
Ⅵ　下級審で分かれる判断 ………………………………………………… *224*
Ⅶ　上告審における主張 …………………………………………………… *225*
Ⅷ　平成29年大法廷判決 …………………………………………………… *227*
Ⅸ　おわりに ………………………………………………………………… *228*

裁判員裁判と身体拘束からの解放

長部研太郎

Ⅰ　裁判員裁判と保釈の重要性 …………………………………………… *231*
　　1　無罪推定の原則 *(231)*　　2　公判前整理手続 *(232)*
　　3　連日開廷 *(232)*　　4　夜間・休日接見の申合せ *(233)*
Ⅱ　裁判員裁判と保釈の要件 ……………………………………………… *233*
　　1　裁判員裁判の対象事件　*(233)*
　　2　権利保釈と裁量保釈の関係　*(234)*
　　3　刑訴法89条1号 *(235)*　　4　刑訴法89条4号 *(235)*
　　5　公判前整理手続の進行と保釈　*(238)*

6　強盗致傷の否認事件について保釈を許可した準抗告決定　(238)
　　　7　裁判員裁判制度施行後の保釈の状況　(240)
　Ⅲ　具体的事例の検討 …………………………………………… 240
　　　1　事後強盗致傷型　(240)　　2　家族内での殺人・傷害致死型　(241)
　　　3　殺人未遂で殺意を争っている場合　(247)　　4　その他　(253)
　Ⅳ　公判開始後の保釈請求 ……………………………………… 255
　　　1　公判開始後に保釈請求を行うケース　(255)
　　　2　ケース8（罪名＝覚せい剤取締法違反・関税法違反）　(256)
　Ⅴ　裁判員裁判と保釈保証金 …………………………………… 256
　　　1　保釈保証金の準備　(256)　　2　保釈保証金の立替業者　(257)
　　　3　全弁協の保釈保証書発行事業　(258)
　　　4　殺人未遂被告事件について保証金の全額が全弁協の保証書に代えることが認められた例（ケース9）　(259)
　Ⅵ　判断権者についての制度変更 ……………………………… 260
　　　1　裁判官による保釈の判断　(260)
　　　2　公判裁判所による保釈の判断　(260)
　　　3　公判前整理手続を公判裁判所以外の裁判所（裁判官）が担当　(260)

証拠開示論の21世紀的展開

　　　　　　　　　　　　　　　　　　　　　　　　　　　　　小坂井　久

　Ⅰ　はじめに ……………………………………………………… 263
　Ⅱ　証拠開示の意義・目的、あるいは、機能 ………………… 265
　　　1　総　　論　(265)
　　　2　各論──各意義・目的の実質的根拠──　(272)
　Ⅲ　証拠開示の憲法的基礎 ……………………………………… 279
　　　1　前　　提　(279)　　2　様々なる条文根拠　(280)
　　　3　まとめに代えて（可視化原理としての証拠開示）　(282)
　Ⅳ　証拠開示論の歴史的経緯（証拠開示の欠缺を経て） ……… 283
　　　1　旧刑訴法から昭和刑訴へ　(283)
　　　2　昭和刑訴から最高裁昭和44年決定、そして、それ以降　(286)

目　次

V　現行証拠開示制度（2004年法）から ……………………………… 289
　　1　現行（2004年法）制度の状況　(289)
　　2　「全面的」証拠開示論の排斥という問題（法制審議会特別部会の議論をめぐって）(295)
Ⅵ　2016年法の概要と評価・対応 …………………………………………… 300
　　1　概要と問題点・意義など　(300)
　　2　一覧表交付の課題と対応（①について）　(301)
　　3　整理手続の請求権について（②について）　(306)
　　4　類型証拠開示の拡充（③について）　(308)
　　5　今後の展望　(309)
Ⅶ　まとめに代えて ……………………………………………………………… 310

弁護人の予定主張明示義務と予定主張のあり方

秋田　真志

Ⅰ　問題の所在──弁護人の予定主張はいかにあるべきか── ……… 311
Ⅱ　事例紹介──車椅子放火事件── ……………………………………… 316
Ⅲ　弁護人の予定主張の在り方をめぐる法規定と解釈論 ……………… 317
　　1　予定主張の明示義務の範囲　(318)
　　2　議論の整理とパラダイム転換の提唱──内容より目的を重視すべきである──　(334)
　　3　主張明示義務の範囲と内容　(336)　　4　戦略論の視点　(341)
Ⅳ　車椅子放火事件のてん末とその教訓 ………………………………… 343
Ⅴ　まとめにかえて …………………………………………………………… 344

数学的刑事弁護──検察官の誤謬に打ち克つ──

大川　一夫

Ⅰ　はじめに ……………………………………………………………………… 345
Ⅱ　コリンズ裁判 ……………………………………………………………… 346
　　1　あなたが弁護人なら　(346)　　2　コリンズ裁判の問題提起　(348)
　　3　陪審制における常識と裁判員制度　(350)　　4　検察官の役割　(350)

Ⅲ　ベイズの定理 …………………………………………………………… 351
    1　光秀の定理　(351)　　2　モンティ・ホール問題とは　(352)
    3　ベイズの定理の重要性　(353)
    4　モンティ・ホール問題をどう説明するか　(354)
  Ⅳ　日本の裁判では ………………………………………………………… 356
    1　はじめに　(356)　　2　釜ヶ崎監視カメラ撤去事件　(356)
    3　水俣病裁判と多変量解析　(357)
    4　「確率・統計」の誤りの主張　(357)
  Ⅴ　検察官の誤謬 …………………………………………………………… 358
    1　認知バイアス　(358)　　2　ウェイソン教授の実験　(359)
  Ⅵ　弁護人の誤謬 …………………………………………………………… 360
    1　弁護人の誤謬とは　(360)　　2　弁護人の過誤　(361)
  Ⅶ　イギリスの禁止令 ……………………………………………………… 361
    1　ベイズの定理の利用　(361)　　2　ベイズの定理禁止令　(362)
    3　ベイズの定理の真理性　(362)
  Ⅷ　改めて日本の裁判では ………………………………………………… 363
    1　横浜セクハラ事件　(363)　　2　石黒教授らの分析　(363)
    3　刑事事件では　(363)　　4　DNA型鑑定の重要性　(364)
    5　裁判官と確率・統計　(364)
    6　統計学的に見る保釈の運用　(365)
  Ⅸ　これからの刑事弁護 …………………………………………………… 366
    1　「検察官の誤謬」と「ベイズの定理」の重要性　(366)
    2　統計的手法の重要性　(366)　　3　分かりやすい説明の重要性　(366)
    4　弁護人の役割　(366)
  Ⅹ　終わりに ………………………………………………………………… 367

裁判員裁判における科学的証拠と専門家証人に対する尋問

小田　幸児

  Ⅰ　はじめに ………………………………………………………………… 369

目　次

- Ⅱ　科学的証拠の意義と危険性 …………………………………………… *371*
  - 1　科学的証拠の意義と危険性　(*371*)
  - 2　裁判員裁判と科学鑑定　(*374*)
- Ⅲ　科学的証拠の証拠能力 …………………………………………………… *377*
  - 1　科学的証拠に対するわが国判例の傾向　(*377*)
  - 2　Fryeテスト、Daubert判決等　(*378*)
- Ⅳ　科学的証拠に対処するための準備 …………………………………… *381*
  - 1　科学的専門分野に関する知識、知見についての自主的学習　(*381*)
  - 2　専門家による協力　(*382*)
  - 3　専門的論文等の調査、収集および検索　(*383*)
  - 4　積極的な証拠開示請求　(*384*)
  - 5　特別弁護人（刑訴法31条2項）　(*385*)
- Ⅴ　科学的証拠／専門家証人と弁護活動（特に尋問について）……… *387*
  - 1　専門家証人尋問に関する基本的視点　(*387*)
  - 2　専門家証人の人的特異性と尋問者の態度等　(*388*)
  - 3　専門家証人に対する尋問に関する一般的なこと　(*390*)
  - 4　専門家証人に対する反対尋問　(*395*)
  - 5　当事者鑑定／鑑定の請求と専門家に対する主尋問　(*414*)
  - 6　対質尋問とコンカレント・エヴィデンス　(*433*)
- Ⅵ　結びに変えて ……………………………………………………………… *436*

反対尋問

山本　了宣

- Ⅰ　はじめに ……………………………………………………………………… *439*
- Ⅱ　耳という器官の性質 ……………………………………………………… *442*
- Ⅲ　質問が下手だとどうなるか ……………………………………………… *443*
- Ⅳ　発問の基本原則 …………………………………………………………… *445*
  - 1　最も直接的な質問をせよ　(*446*)
  - 2　役目の無い言葉を削れ　(*447*)

3　音そのものを少なくせよ　*(448)*
　　　4　一つの質問で一つの事柄を扱え　*(449)*
　　　5　証人の視点・立場を考えよ　*(449)*
　　　6　基本原則1～5についてのまとめ　*(452)*
　　　7　修正原則について　*(453)*
　Ⅴ　発問の細則 ·· *454*
　　　1　指示語を減らす　*(454)*　　2　あいまい語・俗語を使わない　*(455)*
　　　3　価値観の入った言葉　*(456)*　　4　相対的な言葉を避けよ　*(458)*
　　　5　尊敬語と受動態に注意　*(459)*
　　　6　違う物に同じラベルをつけるな　表現の重複を避けよ　*(459)*
　　　7　似た言葉・似た音を避ける　*(460)*
　　　8　争うべき証言に言及するときは、引用符を付けて、かつ、短く　*(461)*
　Ⅵ　知識：尋問には、質問外の発言(予告、指示、情報提供)が含まれる … *465*
　　　1　予告・宣言　*(465)*　　2　情報提供　*(466)*　　3　指　　示　*(466)*
　Ⅶ　技法：質問を分ける──質問ではない部分に注目して── ········ *467*
　　　1　注釈を外に出す　*(467)*　　2　特定部分を外に出す　*(468)*
　Ⅷ　詳論：証人の視点・立場に沿った質問を作る──尋問者の頭の中の分析── … *470*
　Ⅸ　おわりに ·· *472*

実践的反対尋問事項書の作り方

　　　　　　　　　　　　　　　　　　　　　　　　　　　　　髙見　秀一
　Ⅰ　はじめに ·· *475*
　Ⅱ　使い勝手のよい反対尋問事項書とは ······································ *476*
　Ⅲ　使い勝手の悪い反対尋問事項書とは ······································ *477*
　　　1　場合分けしてあること（チャート図になっていること）　*(477)*
　　　2　証拠の所在がわからないこと　*(477)*
　　　3　具体的な獲得目標がわからないこと　*(477)*
　Ⅳ　各　　論 ·· *478*
　　　1　見やすいとは　*(478)*

xv

目　　次

　　2　何が獲得目標かが一目でわかるとは　(480)
　　3　弾劾の資料が具体的に引用されていること　(484)
　　4　ワープ（ジャンプ）に対応できること　(485)
　　5　聞くべき事実が最小レベルまで練れていること　(485)
　　6　異議への対応が準備されていること　(487)
　Ⅴ　具体的な準備作業はどうやるのか …………………………………… 489
　　1　現場に行く　(489)
　　2　ブレーンストーミング（事件全体についてのもの）　(490)
　　3　時系列を作成する　(490)
　　4　供述調書などを再読する　(491)
　　5　反対尋問についてのケースセオリー　(494)
　Ⅵ　具体的事件で作成した尋問事項書の大見出し、中見出し、小見出し … 495
　Ⅶ　尋問終了後に行う作業 ………………………………………………… 500
　Ⅷ　判決書の「理由」との対比を試みてみる …………………………… 501
　　1　無罪判決に至った理由の骨格　(501)
　　2　Dの供述が信用できないとされた根拠についての具体的検討　(502)
　　3　小　括　(515)
　Ⅸ　おわりに ………………………………………………………………… 516

法廷通訳と刑事弁護

栗林亜紀子

　Ⅰ　はじめに ………………………………………………………………… 517
　Ⅱ　日本の法廷通訳制度の現状 …………………………………………… 518
　　1　要通訳事件の件数　(518)　　2　条　文　(518)
　　3　法廷通訳人の選任方法　(520)　　4　法廷での通訳の様子　(523)
　Ⅲ　通訳問題を考える際の基本的な視点 ………………………………… 524
　　1　聴き取りや表現の誤りの危険　(524)
　　2　通訳人の能力を担保する制度の不存在　(525)
　Ⅳ　弁護人が気を付けるべきこと（公判段階） ………………………… 526

　　　　　　　　　　　　　　　　　　　　　　　　　　　目　　次

　　1　通訳人の能力に注意を払う　(526)
　　2　あるべき通訳とはなにかを理解する　(526)
　　3　法廷で留意すること　(528)
　　4　通訳人の事前の準備への協力　(529)
　　5　通訳内容に疑問がある場合の事後的手段　(531)
　V　弁護人が気を付けるべきこと（捜査段階・公判準備段階）………… 533
　　1　通訳人の中立性を意識する　(534)
　　2　通訳人には通訳に徹してもらう　(534)
　　3　参考──大阪弁護士会の通訳能力判定試験制度の紹介──　(535)
　Ⅵ　まとめに代えて ……………………………………………………… 536

刑事控訴審弁護──「学者」弁護士始末──

　　　　　　　　　　　　　　　　　　　　　　　　　　渡辺　　修

　Ⅰ　はじめに──「学者」弁護士として── ……………………………… 543
　Ⅱ　事後強盗致傷事件──控訴審国選受任と「3つの注意」── ……… 544
　　1　裁判員裁判と被告人の控訴　(544)
　　2　控訴審国選「3つの注意」　(545)
　Ⅲ　神戸拘置所から大阪拘置所へ──防御準備のための移送申し立て── … 546
　　1　控訴審弁護と初回接見　(546)　　2　移送申し立て　(547)
　　3　勾留取消し申し立て　(547)
　Ⅳ　被告人の不満──裁判員裁判と被告人「不参加」裁判── ……… 549
　　1　原判決の認定　(549)　　2　控訴趣意書提出最終日延長申立　(550)
　　3　被告人の不満と事実誤認　(551)　　4　被害弁償怠慢　(560)
　　5　現地調査と調査報告書　(562)
　　6　弁護人控訴理由の組み立て　(563)
　Ⅴ　「ヤヌス審」における審理と弁護人の防御活動 ……………………… 565
　　1　「ヤヌスの神」としての控訴審　(565)
　　2　「やむを得ない事由」の疎明　(566)
　　3　被告人本人の控訴趣意書　(567)

目　　次

　　4　証拠調べとして実施する「事実の取調べ」請求　（568）
　　5　被告人質問の実現　（569）　　6　刑訴法388条「弁論能力」制限　（571）
　　7　本件控訴審の結論　（571）
　Ⅵ　おわりに――刑事控訴審における被告人の包括的防御権実現のために――… 572
　　1　接見「三猿の教え」　（572）　　2　控訴審弁護　（573）
　　3　被告人の包括的防御権実現　（574）

弁護人の役割論――主として準司法機関説の立場から――

森下　　弘

　Ⅰ　問題の所在と論争点の整理 ……………………………………………… 577
　　1　はじめに――問題提起――（577）
　　2　真実義務を巡る議論と弁護人の役割論との関係　（591）
　　3　本稿の目的　（593）
　Ⅱ　弁護人の役割論に対する比較法的視点 ………………………………… 594
　　1　はじめに　（594）
　　2　ドイツとアメリカ等における議論状況から学ぶべきこと　（594）
　　3　小　　括　（598）
　Ⅲ　憲法・法令からの検討 …………………………………………………… 599
　　1　憲法的視点から　（599）　　2　必要的弁護制度からの検討　（599）
　　3　弁護人の固有権と被告人等の各種権利からの検討　（605）
　　4　誠実義務説に対するいくつかの疑問　（608）
　　5　身代わり犯について　（612）
　　6　司法機関性の内容と判断基準　（616）
　Ⅳ　まとめに代えて …………………………………………………………… 617

日本の絞首刑を考える

後藤　貞人

　Ⅰ　はじめに ………………………………………………………………… 619

　　　　　　　　　　　　　　　　　　　　　　　　　　　　目　次

　Ⅱ　わが国の絞首刑の歩み ………………………………………………… 620
　　1　明治政府による絞首刑の選択　(620)
　　2　明治6年太政官布告65号　(621)　　3　現在の絞首刑　(622)
　　4　太政官布告65号からの変更の根拠　(626)
　Ⅲ　絞首刑によって受刑者が死に至る機序 ………………………………… 627
　　1　最高裁判所はどのような資料に基づいて絞首刑による死の機序を理解していたか　(627)
　　2　昭和27年10月27日付古畑種基鑑定　(632)
　　3　古畑鑑定の誤り──瞬間的に意識を失い死刑囚は何ら苦痛を感じないか？　(638)
　　4　絞首刑による5つの死因　(645)　　5　受刑者の苦痛　(653)
　　6　死因をコントロールすることができない　(656)
　Ⅳ　アメリカ合衆国、イギリス、そしてわが国 …………………………… 660
　　1　「ニューヨーク州市警委員会報告書」(1885年) とその後　(660)
　　2　イギリスにおける「失敗のない死刑執行に関する研究と報告」(1888年)　(662)
　　3　わが国　(664)　　4　小　　括　(674)
　Ⅴ　わが国の刑事裁判における絞首刑の残虐性 …………………………… 675
　　1　松下事件とその後　(675)　　2　大阪パチンコ店放火殺人事件　(675)
　Ⅵ　おわりに …………………………………………………………………… 683

判例索引 ………………………………………………………………………… 685
浦先生・略歴 …………………………………………………………………… 687
あとがき ………………………………………………………………………… 688

凡 例

凡 例

1 法　　令
法令名の略語、通称は、各年版の六法全書（三省堂、有斐閣）又は大方の慣用に従う。

2 判　　例
判例集・判例収録誌の略称は、次の例によるほか、一般の慣例に従う。
　例）最(一小)判平成24・2・13刑集66巻4号482頁：最高裁判所第一小法廷判決平成24年2月13日最高裁判所刑事判例集第66巻第4号482頁以下

最大判	最高裁判所大法廷判決
最(一小)判（決）	最高裁判所第一小法廷判決（決定）
最(二小)判（決）	最高裁判所第二小法廷判決（決定）
最(三小)判（決）	最高裁判所第三小法廷判決（決定）
高判	高等裁判所判決
地判	地方裁判所判決
支判	支部判決
刑録	大審院刑事判決録
刑（民）集	最高裁判所刑事（民事）判例集
裁判集刑	最高裁判所裁判集刑事
高刑集	高等裁判所刑事判例集
刑月	刑事裁判月報
東高刑時報	東京高等裁判所判決時報
高刑速	高等裁判所刑事判決速報集（1981年～、法曹会）
判時	判例時報
判タ	判例タイムズ

3 雑　　誌
刑雑：刑法雑誌
刑ジャ：刑事法ジャーナル
刑弁：季刊刑事弁護
警論：警察学論集
現刑：現代刑事法
自正：自由と正義

凡　　例

ジュリ：ジュリスト
曹時：法曹時報
判評：判例評論
ひろば：法律のひろば
法時：法律時報
法セミ：法学セミナー
論究ジュリ：論究ジュリスト
法協：法学協会雑誌

4　司法研究等
司法制度改革審議会意見書：司法制度改革審議会「司法制度改革審議会意見書──21世紀の日本を支える司法制度──」（平成13年6月12日）
「検証報告書」：最高裁判所事務総局「裁判員裁判実施状況の検証報告書」（2012年12月）http://www.saibanin.courts.go.jp/topics/09_12_05-10jissi_jyoukyou.html
司法研究・勾留及び保釈：中島卓児『勾留及び保釈に関する諸問題の研究』〔司法研究報告書第8輯第9号〕（1957年、法曹会）
司法研究・量刑に関する国民と裁判官の意識：前田雅英＝合田悦三＝井上豊＝野原俊郎『量刑に関する国民と裁判官の意識についての研究──殺人罪の事案を素材として──』〔司法研究報告書第57輯第1号〕（2007年、法曹会）
司法研究・科学的証拠：黒﨑久仁彦＝岡田雄一＝遠藤邦彦＝前田巌『科学的証拠とこれを用いた裁判の在り方』〔司法研究報告書第64輯第2号〕（2013年、法曹会）

5　概　説　書
白鳥：白取祐司『刑事訴訟法［第9版］』（2017年、日本評論社）
鈴木：鈴木茂嗣『刑事訴訟法［改訂版］』（1990年、青林書院）
田口：田口守一『刑事訴訟法［第7版］』（2017年、弘文堂）
田宮：田宮裕『刑事訴訟法［新版］』（1996年、有斐閣）
団藤：団藤重光『新刑事訴訟法綱要［七訂版］』（1967年、創文社）
平野：平野龍一『刑事訴訟法』〔法律学全集43〕（1958年、有斐閣）
福井：福井厚『刑事訴訟法講義［第5版］』（2012年、法律文化社）
松尾（上）：松尾浩也『刑事訴訟法 上［新版］』（1999年、弘文堂）
光藤・口述（上）：光藤景皎『口述刑事訴訟法・上［第二版］』（2000年、成文堂）

6　注釈書、講座、判例解説・判例研究、論文集等
最判解刑昭和（平成）○年度：最高裁判所調査官室編『最高裁判所判例解説 刑事篇 昭

凡　　例

和29年度～』(1955年～、法曹会)

大コンメ刑訴法⑴～⑻：藤永幸治＝河上和雄＝中山善房編『大コンメンタール刑事訴訟法第1巻～第8巻』(1994年～1999年、青林書院)

大コンメ刑訴法［2版］⑴～⑽：河上和雄＝中山善房＝古田佑紀＝原田國男＝河村博＝渡辺咲子編『大コンメンタール刑事訴訟法［第2版］第1巻～第10巻』(2010年～2013年、青林書院)

刑訴百選［8版］：井上正仁編『刑事訴訟法判例百選［第8版］』(2005年、有斐閣)

刑訴百選［9版］：井上正仁＝大澤裕＝川出敏裕編『刑事訴訟法判例百選［第9版］』(2011年、有斐閣)

刑訴争点：松尾浩也＝井上正仁編『刑事訴訟法の争点』(1979年、有斐閣) 後藤

刑訴争点［新版］：松尾浩也＝井上正仁編『刑事訴訟法の争点［新版］』(1991年、有斐閣) 後藤

刑訴争点［3版］：松尾浩也＝井上正仁編『刑事訴訟法の争点［第3版］』(2002年、有斐閣)

新刑訴争点：井上正仁＝酒巻匡編『刑事訴訟法の争点』〔新・法律学の争点シリーズ6〕(2013年、有斐閣)

新基本法コンメ刑訴法［2版］：三井誠＝河原俊也＝上野友慈＝岡慎一編『新基本法コンメンタール刑事訴訟法［第2版］』(2014年、日本評論社)

新コンメ刑訴法［2版］：後藤昭・白取祐司編『新コンメンタール刑事訴訟法［第2版］』(2013年、日本評論社)

条解刑訴［4版増補］：松尾浩也　監修・松本　時夫＝土本武司＝池田修＝酒巻匡編集代表『条解 刑事訴訟法［第4版増補版］』(2016年、弘文堂)

注解刑訴法(上)：平場安治＝中武靖夫＝髙田卓爾＝鈴木茂嗣編『注解 刑事訴訟法 上巻［全訂新版］』(1987年、青林書院)

刑事手続(上)、(下)：三井誠＝中山善房＝河上和雄＝田邨正義編『刑事手続 上、下』(1988年、筑摩書房)

新刑事手続Ⅰ～Ⅲ：三井誠＝馬場義宣＝佐藤博史＝植村立郎編『新刑事手続Ⅰ～Ⅲ』(2002年、悠々社)

実例刑訴Ⅱ：松尾浩也＝岩瀬徹編『実例刑事訴訟法Ⅱ 公訴の提起・公判』(2012年、青林書院)

実例刑訴Ⅲ：松尾浩也＝岩瀬徹編『実例刑事訴訟法Ⅲ 証拠・裁判・上訴』(2012年、青林書院)

公判法大系Ⅱ：熊谷弘＝佐々木史朗＝松尾浩也＝田宮裕『公判法大系Ⅱ公判・裁判⑴』(1975年、日本評論社)

量刑実務大系(3)：大阪刑事実務研究会編著『量刑実務大系 第3巻一般情状等に関する諸問題』(2011年、判例タイムズ社)

現代の刑事弁護(1)：後藤昭＝髙野隆＝岡慎一編著『実務体系現代の刑事弁護1 弁護人の役割』(2013年、第一法規)

現代の刑事弁護(2)：後藤昭＝髙野隆＝岡慎一編著『実務体系現代の刑事弁護2 刑事弁護の現代的課題』(2013年、第一法規)

現代の刑事弁護(3)：後藤昭＝髙野隆＝岡慎一編著『実務体系現代の刑事弁護3 刑事弁護の歴史と展望』(2014年、第一法規)

令状に関する理論と実務Ⅰ、Ⅱ：髙麗邦彦＝芦澤政治編『令状に関する理論と実務Ⅰ、Ⅱ』〔別冊判タ34号、35号〕(2012年、判例タイムズ社)

刑事証拠開示の理論と実務：酒巻匡編著『刑事証拠開示の理論と実務』(2009年、判例タイムズ社)

刑事弁護の技術（上）：竹澤哲夫＝渡部保夫＝村井敏邦編『刑事弁護の技術（上）』(1994年、第一法規)

実務刑事弁護：北山六郎監修『実務刑事弁護』(1991年、三省堂)

法廷弁護技術：日本弁護士連合会編『法廷弁護技術［第2版］』(2009年、日本評論社)

裁判員裁判における弁護活動：日本弁護士連合会編『裁判員裁判における弁護活動——その思想と戦略——』(2009年、日本評論社)

公判前整理手続を活かす：日本弁護士連合会裁判員本部編集『公判前整理手続を活かす——新たな手続のもとでの弁護実務——』〔GENJIN刑事弁護シリーズ05〕(2005年、現代人文社)

公判前整理手続を活かすpart2：日本弁護士連合会裁判員本部編集『公判前整理手続を活かすpart2〔実践編〕』〔GENJIN刑事弁護シリーズ06〕(2007年、現代人文社)

石井・刑事実務証拠法：石井一正『刑事実務証拠法［第5版］』(2011年、判例タイムズ社)

小坂井・現在：小坂井久『取調べ可視化論の現在』(2009年、現代人文社)

小坂井・展開：小坂井久『取調べ可視化論の展開』(2013年、現代人文社)

佐藤・刑事弁護の技術と倫理：佐藤博史『刑事弁護の技術と倫理——刑事弁護の心・技・体——』(2007年、有斐閣)

杉田・理論と実践：杉田宗久『裁判員裁判の理論と実践［補訂版］』(2013年、成文堂)

7　祝賀・記念・退官論文集

井戸田古稀：浅田和茂＝久岡康成＝米田泰邦＝高田昭正＝松岡正章・井戸田侃先生古稀祝賀論文集『転換期の刑事法学』(1999年、現代人文社)

井上追悼：法学博士井上正治先生追悼論集編集委員会編・法学博士井上正治先生追悼論

凡　例

　集『刑事実体法と裁判手続』（2003年、九州大学出版会）
美奈川・上田古稀：川崎英明＝古賀康紀＝小坂井久＝田淵浩二＝船木誠一郎編・美奈川成章先生・上田國廣先生古稀祝賀記念論文集『刑事弁護の原理と実践』（2016年、現代人文社）
大塚在職30周年：庭山英雄＝下村幸雄＝木村康＝四宮啓編・大塚喜一弁護士在職30周年祝賀記念論文集『日本の刑事裁判――21世紀への展望――』（1998年、現代人文社）
竹澤古稀：井戸田侃＝光藤景皎＝大出良知＝庭山英雄＝小田中 聰樹編著・竹澤哲夫先生古稀祝賀記念論文集『誤判の防止と救済』（1998年、現代人文社）
団藤古稀：平場安治＝平野龍一＝高田卓爾＝福田平＝大塚仁＝香川達夫＝内藤謙＝松尾浩也編『団藤重光博士古稀祝賀論文集 第四巻』（1985年、有斐閣）
原田退官：原田國男判事退官記念論文集刊行会編・原田國男判事退官記念論文集『新しい時代の刑事裁判』（2010年、判例タイムズ社）

取調べの可視化と黙秘権
―― 新時代の刑事弁護の展望 ――

弁護士 浦　　功

I　はじめに
II　可視化法制と「黙秘中心」の弁護実践
III　黙秘権と「取調べ受忍義務」
IV　黙秘権の行使等を助言する弁護活動をめぐる検察等との攻防
V　取調べ可視化の論議と憲法上の位置づけ
VI　取調べの可視化と黙秘権保障の内容
VII　結びに代えて

I　はじめに

1　2004年改正

　司法制度改革審議会は、2001年6月12日、最終意見書[1]を提出し、刑事司法に関して、裁判員制度の導入とともに、争点整理のためのあらたな準備手続の創設および証拠開示の拡充、ならびに被疑者段階の国選弁護制度の導入のほか、検察審査会の議決に法的拘束力を付与する制度の導入を提言した。意見書を受けて、内閣に司法制度改革推進本部が設置され、刑事司法に関するこれらの提言に関して、「裁判員制度・刑事検討会」において、裁判員制度と準備手続・証拠開示および検察審査会法の改正が論議され、また、「公的弁護制度検討会」において、被疑者段階の国選弁護制度が論議された。これら検討会における論議を踏まえて法案の立案作業が行われ、2004年5月21日、「刑事訴訟法等の一部を改正する法律」（平成16年法律第62号）および「裁

（1）　司法制度改革審議会意見書。http://www.kantei.go.jp/jp/sihouseido/report/ikensyo/

判員の参加する刑事裁判に関する法律」（平成16年法律第63号。以下「裁判員法」という）が成立した。かくして、裁判員法によって裁判員制度が導入され、また、改正刑訴法によって、公判前整理手続が新設されて証拠開示が法制化されるとともに、被疑者国選弁護制度が導入され、改正検察審査会法によって、検察審査会の一定の議決に基づいて公訴が提起される制度が導入された（以下、平成16年の刑事手続の改正を「2004年改正」という）。

そして、公判前整理手続は2005年11月から、被疑者国選弁護制度は、法定合議事件に強盗罪等を加えた事件について2006年10月から、いわゆる「必要的弁護事件」について2009年5月から、また裁判員制度は同年5月から、それぞれ実施されたほか、改正検察審査会法も同年5月から施行された。

2　2016年改正

その後の2010年9月に、厚労省元局長事件について大阪地裁が無罪判決を言い渡し、その直後、大阪地検の事件担当検事による証拠物の改ざんが発覚した。このことに端を発して、同年10月、法務大臣によって「検察の在り方検討会議」が設置され、この会議の提案を受けた法務大臣が、2011年5月、法制審議会に対し、「近年の刑事手続をめぐる諸事情に鑑み、時代に即した新たな刑事司法制度を構築するため、取調べ及び供述調書に過度に依存した捜査・公判の在り方の見直しや、被疑者の取調べ状況を録音・録画の方法により記録する制度の導入など、刑事の実体法及び手続法の整備の在り方について、御意見を承りたい。」との諮問を行った。これを受けて法制審議会総会は、「新時代の刑事制度特別部会」を設置して同部会に答申案のとりまとめを委ね、同部会は、2013年1月に「時代に即した新たな刑事司法制度の基本構想」[2]を発表したうえ、2014年7月に審議結果をとりまとめた。法制審議会は、同年9月、この審議結果のとおり法務大臣に答申し、その答申に基づいて法案が作成されて2015年の通常国会に提出された。同法案は、衆議院を通過したものの、参議院では継続審議となったため、2016年の通常国会に

（2）　法制審議会新時代の刑事司法制度特別部会「時代に即した新たな刑事司法制度の基本構想」（平成25年1月）。http://www.moj.go.jp/content/000106628.pdf

I はじめに

おいて審議が継続されて、同年5月24日、「刑事訴訟法等の一部を改正する法律」（平成28年法律第54号。以下「2016年改正」という。）が成立した。

2016年改正は、①取調べの録音・録画制度の導入、②捜査・公判協力型協議・合意制度および刑事免責制度の導入、③通信傍受の要件の緩和と範囲の拡大、④裁量保釈の判断に当たっての考慮事情の明確化、⑤被疑者国選弁護制度の対象範囲の拡大（全勾留事件に拡大）、⑥証拠開示制度の拡充（証拠の一覧表交付制度の導入等）、⑦犯罪被害者や証人を保護するための措置、⑧証拠隠滅罪等の法定刑の引き上げ、⑨自白事件の簡易迅速な処理のための措置、を含む多岐にわたるものである。

3　取調べ可視化制度の導入

2004年改正では、被疑者国選弁護制度を除いて、捜査のあり方については将来の検討課題とするにとどめて先送りにされていたのであるが、これに対し、2016年改正は、取調べの録音・録画（「取調べの可視化」）制度を導入することによって、捜査の見直しをはかることが企図されたものであった。

他方、2016年改正は、協議・合意制度および刑事免責の導入、通信傍受の要件の緩和と範囲の拡大など、捜査権限を大幅に強化した点で大きな問題を孕んでいたが、この機を逃せば取調べの可視化を制度化する機会は失われ、わが国の捜査手続改革への道はなお遠のくと考えられた。そこで、対象事件が限定されていても、全過程の録音・録画を義務化する意義が大きいと考えられて法案は受け入れられるに至った(3)。

かくして、2016年改正によって取調べの可視化制度が導入されることになったのであるが、このことによって、被疑者による黙秘権行使の在り方と捜査弁護の在り方が従来とは変わり、さらに捜査の在り方それ自体をも変革しうる契機を手にするに至ったと言ってよい。新時代ともいうべき取調べ可視化法制下での弁護活動（弁護実践）はどう変わるか。

（3）　後藤昭「刑訴法等改正案の全体像」法時88巻1号（2016年）7頁。

II　可視化法制と「黙秘中心」の弁護実践

1　可視化法制の骨組み

　2016年改正によって、被疑者取調べの可視化制度が導入され、刑訴法301条の2が新設された。同条の解釈は、本書に収められている鈴木一郎・森直也による詳細かつ周到な論稿[4]に全面的に譲ることとして、ここでは、改正法の骨組みだけをあげておく。

　まず、裁判員裁判対象事件と検察官独自捜査事件について、身体拘束下の被疑者を取調べるときは、刑訴法301条の2第4項1ないし4号が定める例外に当る場合を除いて、「被疑者の供述およびその状況を録音及び録画を同時に行う方法により、記録媒体に記録しておかなければならない。」（同条4項）と定めて、被疑者取調べの全過程を録音・録画することを義務づけた。そして、検察官が公判において被告人の自白調書等を証拠請求した場合に、被告人または弁護人がその任意性を争って異議を述べたときには、検察官にその当該書面が作成された取調べにかかる記録媒体の証拠調べ請求を義務づけ（同条1項）、検察官がその記録媒体の取調べを請求しなければ、裁判所は、その自白調書等の取調べ請求を却下しなければならない、とした（同条2項）。

　そして、裁判員制度の実施に向けて、検察は2006年から、警察は2008年から、裁判員裁判対象事件など一部の事件について、身体拘束された被疑者の取調べ状況の録音・録画を試行していたところ、検察は2011年ころから、警察は2012年ころから、録音・録画を実施する対象の範囲を拡大してきていた。そして、最高検では、2014年6月に「依命通知」[5]を発して、刑訴法301条の2第1項が定める2類型の事件以外に、知的障害を有する被疑者等に係る事件においても録音・録画を本格的に実施してきており、さらに事案の内容や証拠関係等からみて録音・録画することが必要と考えられる事件につい

（4）　鈴木一郎＝森直也「取調べの可視化法制時代の弁護活動―黙秘権の行使とその解除を中心として―」本書153頁以下。なお、大阪弁護士会取調べの可視化大阪本部編『コンメンタール可視化法』（2017年、現代人文社）参照。
（5）　最高検・2014年6月16日「取調べの録音・録画の実施等について（依命通知）」。

ても試行の範囲を拡大していた。また、警察でも、2016年9月には「指針」(6)を制定して、従来試行対象とされていた事件以外の全事件についても、取調べの録音・録画を実施することができるようにした。このように、刑訴法301条の2第1項が挙示している事件の範囲を超えて、相当幅広く取調べ過程の録音・録画が実施されている現状がある(7)。

かくして、被疑者取調べの可視化が法制化され、被疑者の取調べ過程が取調官の発問と被疑者の応答がありのまま正確に録音・録画され、それが後に検証できるという時代が到来したのである。このような取調べ可視化という新たな時代の到来は、被疑者の防御権や弁護実践にどのような変化を及ぼすことになるか。

2　「黙秘中心」の弁護実践

本書に収められている鈴木・森の論稿では、取調べの可視化によって、「黙秘権を中核とした被疑者の供述の自由が確保されうる環境が初めて整った」とし、被疑者は黙秘権を行使することによって、自らの供述を自主的にコントロールできる契機を得たという。それ故に、可視化法制下の捜査弁護は、被疑者による「黙秘権の行使を中核に据え」たうえ、被疑者に対し、まず、黙秘権の行使を助言し、事案と時宜に応じて「黙秘解除」を助言していくということになるとしている（以下、これを「黙秘中心」の弁護活動ともいう）。

また、取調べの可視化が法案化される前の2014年に、『季刊刑事弁護』は「黙秘は武器になる」というテーマで特集を組んだ（『季刊刑事弁護』79号〈2014年秋期号〉）。その中で、小坂井久は、「可視化時代では、とにかく録画したうえで黙秘が原則であると思います。ただし、そのうえで、それを、いつ、どう解除するのか、しないのか。そういう枠組みで考えることになるんだろうと思います。」と述べている(8)。後藤貞人は、「基本は、依頼人に対し

（6）　警察庁・2016年9月15日「取調べの録音・録画の試行指針の制定について」。
（7）　小坂井・展開76、98、101、110頁。なお、検察・警察における録音・録画の実施状況の詳細についても、鈴木＝森・前掲注(4)168頁以下を参照されたい。
（8）　後藤貞人＝小坂井久＝菅原直美＝髙山巖「〈座談会〉黙秘をどのように活用するか——具体的設例から考える　①否認事件」刑弁79号（2014年）59頁〔小坂井発言〕。

て、『取調官には何も話さず、どのような書面にも署名しないよう』に助言することである。」とし、また「とにかく否認している場合は、弁解録取とか勾留質問、勾留理由開示公判で言い分を残す。その後は黙秘するというのが正しい。」(9)と述べている。

　また、趙誠峰は、裁判員裁判対象事件では、自白事件であっても、捜査段階は黙秘を原則とすべきで、「従来と違い、今や、法廷で（被告人が）何を話すか、法廷で（被告人が）話したらもう乙号証をとらないという時代なわけですよね。だとしたら、この人がいつからその話をしていたかということはあまり関係ない。」と述べ(10)、神山啓史も、自白事件であっても、「黙秘は最大の武器」であって、「相手に余計な情報を与えない。余計な情報を与えれば必ず足かせになる。」と述べている(11)。

　そして、今や日弁連が主催する「可視化と公判前整理手続」と題する2016年改正と弁護活動の在り方に関する研修会においても、取調べ可視化法制下では、捜査段階では「黙秘」を原則とする弁護方針をとるべきことが、刑事事件に携わる全国の弁護士に向けて発信されている(12)。

　取調べの可視化が制度化されれば、被疑者と取調官のやり取りはすべて録音・録画され、その内容は検証できる。したがって、取調べ可視化法制下では、弁護人は被疑者に対して、取調べ状況は録音・録画されているから、「安心して供述してよろしい」と助言すれば足りるとの考えも生じうると思われる。ところが、そうではなくて、取調べの可視化法制下では、被疑者に対して、取調べを録音・録画させたうえで、そのこととは「逆説的」に聞こえるが、原則として「黙秘権を行使しなさい」と助言する弁護活動をせよというのだ。そして、それは、取調べの可視化が実現することによって、被疑

（9）　後藤貞人「黙秘権行使の戦略」刑弁79号（2014年）20頁、後藤＝小坂井＝菅原＝髙山・前掲注(8)49頁〔後藤発言〕。
（10）　神山啓史＝趙誠峰＝前田領＝小口幸人＝菅野亮「〈座談会〉黙秘をどのように活用するか─具体的設例から考える　②自白事件」刑弁79号（2014年）67頁〔趙誠峰発言〕。
（11）　神山＝趙＝前田＝小口＝菅野・前掲注(10)72頁〔神山発言〕。
（12）　2016年11月29日の日弁連ライブ研修「可視化と公判前整理手続」。その研修の主たる講師は、小坂井久と秋田真志である。なお、日本弁護士連合会『取調べ対応・弁護実践マニュアル［第3版］』（2017年）8頁参照。

Ⅱ 可視化法制と「黙秘中心」の弁護実践

者による黙秘権の行使が容易になるからだというのである。

　これまでも、弁護人は被疑者に対し、弁護士職務基本規定48条に定められているように、憲法上、黙秘権が認められていて、取調官の質問に対して答えなくてもよい権利があるということをアドバイスしたであろう。しかし、それと同時に、被疑者が供述をしたいというのであれば、取調官に対しては虚偽を述べず事実のみを話して供述調書を作成してもらい、その場合には、取調官が作成した供述調書の内容を閲覧するか読み聞かせてもらって、もし調書の記載が供述した内容と異なるなどして誤っておれば、取調官に対し、その点を訂正をするよう求めて訂正してもらうこと、そのうえで供述調書の内容に誤りがないことが確認できれば署名押印すればよろしい、というような助言をすることが多かったのではなかろうか。

　しかし、取調べの可視化が法制化された現在では、このような弁護実践はもはや時代遅れであって、弁護人は被疑者と接見した際に、被疑者がすでに供述しておれば、それ以上供述すべきではなく、以後は黙秘するように助言し、被疑者がまだ供述していなければ、そのまま黙秘を続けるよう助言することになるのである。そのうえで事案と時宜をみて黙秘を解除して供述するか、なお、黙秘を続けるかを助言していくという活動をすることになる[13]。

　このように、捜査段階で、黙秘権の行使を中核とし、被疑者に対し、原則として黙秘権を行使するよう助言する「黙秘中心」の弁護活動を行うというのは、従来の捜査弁護とはいささか様相を異にする弁護実践だと言ってよいのではないかと思われる。

---

(13)　佐藤博史「捜査における黙秘権行使―総合考慮説による個別的・段階的行使論―」刑弁38号（2004年）34頁、佐藤・刑事弁護の技術と倫理81頁は、原則的に黙秘権を行使するよう助言すべきだとする立場を「原則行使説」と呼び、答弁取引のないわが国において、「原則行使説」は、被疑者に積極的に有利に機能することはなく、むしろ黙秘権を行使したことによって苛烈な取調べを招き、被疑者を精神的・肉体的苦痛にさらすことになるとして批判する。そして、佐藤は、黙秘権を行使した場合の利害得失をその都度総合的に考慮して黙秘権の行使を助言していくという立場を「総合考慮説」と呼び、弁護士の誠実義務の在り方からしても「総合考慮説」が妥当だとしている。可視化法制下の「黙秘中心」の弁護活動も、事案や時宜を考慮して黙秘解除を助言していくのであるから、結果的には「総合考慮説」に近くなるかも知れないが、原則として黙秘すべき旨を助言していくという点では、一線が画されることになろう。

Ⅲ 黙秘権と「取調べ受忍義務」

1 黙秘権の憲法上の位置付けと被疑者取調べの実状
(1) 黙秘権の法的根拠

黙秘権の法的根拠は、いうまでもなく、憲法にある。

憲法38条1項は、「何人も、自己に不利益な供述を強要されない。」と定めており、黙秘権はもとより憲法上の権利である。これを受けて、刑訴法198条2項は、前項の「取調に際しては、被疑者に対し、あらかじめ、自己の意思に反して供述をする必要がない旨を告げなければならない。」として、被疑者の黙秘権について定め、同法311条1項は、「被告人は、終始沈黙し、又は、個々の質問に対し、供述を拒むことができる。」と定めている。また、刑訴法291条4項は、「裁判長は、起訴状の朗読が終わった後、被告人に対し、終始沈黙し、又は個々の質問に対し陳述を拒むことができる旨その他裁判所の規則で定める被告人の権利を保護するために必要な事項を告げた上、被告人及び弁護人に対し、被告事件について陳述する機会を与えなければならない。」と定めている。

そして、「黙秘権の本質は、個人の尊厳に対する刑事訴訟の譲歩にある。」と言われる[14]。黙秘権の本質が「個人の尊厳」にあるとすれば、黙秘権は、憲法13条にも根拠を有することになる。黙秘権は、刑事訴訟の基本的な構造に由来するだけでなく、「人間の尊厳」にも由来するものであって、憲法13条に基づく、個人の自己情報のコントロール権として、自律的主体である被疑者・被告人の自己決定権を保障することにあるとされているのである[15]。

さらに、被疑者・被告人の黙秘権は、自己に不利益な事項や個々の質問に対して行使できるだけでなく、意思に反して供述する必要はないし、「終始沈黙」することもできるのであるから、被疑者・被告人には、有利・不利を問わず一切の供述をしないという「包括的黙秘権」が認められているのである。

---

(14) 平野龍一「黙秘権」『捜査と人権』〔刑事法研究第3巻〕(1981年、有斐閣) 94頁。
(15) 高田昭正『被疑者の自己決定と弁護』(2003年、現代人文社) 29頁、村岡啓一「黙秘権を勧めることは「不適切」弁護か?」刑弁38号 (2004年) 22頁、緑大輔「被疑者・被告人の『黙秘権』―その意味と射程―」法セミ675号 (2011年) 114頁。

このように、被疑者・被告人の黙秘権は、何人にも認められるべき中核的な基本的人権の一つである。

(2) わが国における黙秘権の取扱い

このような黙秘権は、わが国ではこれまでどのように扱われてきたか。

10年以上前のことになるが、村木一郎は、それまでのわが国の黙秘権の実情を適切に表現しているので、少し長くなるが、以下引用する[16]。

「この国の憲法が保障する人権規定のうちでも、黙秘権（憲法38条1項）ほど、現実の刑事手続のうえで無視され冷遇されている権利はないのではなかろうか。被疑者が取調室において黙秘権行使を宣言したところで、取調べが打ち切られることは絶対にない。むしろ、黙秘権を放棄させるように取調官は被疑者を繰り返し説得し、恫喝し、さらには暴行に及ぶことすらある。そして、裁判官は、黙秘権を行使する被疑者、被告人に対して、勾留、保釈却下、接見等禁止、不利益的量刑などといった罰を容赦なく与える。この国の刑事実務においては、黙秘権は敵意の対象である。そして、黙秘権を現実化しようとする弁護士は『社会正義に反する』との非難、攻撃を覚悟する必要がある。いささかでも刑事事件に取り組もうと思う弁護士たちは、黙秘という弁護方針とるのかについて、実に深刻な選択を余儀なくされているのである。これが60年以上にわたって築き上げてきたこの国の刑事手続の現状である。なんとも無残としかいいようがない。」

村木の言は、わが国における「黙秘権」が置かれている実情を的確に表現しており、村木の発言以降10年以上を経過しても、その状況になんら変化はない。このようなわが国における「黙秘権」に関する状況認識は、刑事弁護人に共通している[17]。

2 「取調べ受忍義務」について

憲法上の権利である黙秘権について、わが国で「無残」で「異様」で「奇妙」すぎる運用がなされてきたのは、いうまでもなく、わが国の実務が、被疑者取調べについて、取調べ受忍義務、すなわち取調室への出頭・滞留義務

---

(16) 村木一郎「ミランダの会が考える黙秘」刑弁38号（2004年）30頁。

があることを自明の前提としているからにほかならない。

　取調べ受忍義務は、刑訴法198条1項但書に、「被疑者は、逮捕又は勾留されている場合を除いては、出頭を拒み、又は出頭後、何時でも退去できる。」という規定を形式的に反対解釈して、逮捕勾留されている被疑者には、取調室への出頭・滞留義務があって、取調官による取調べを受忍する義務があるというのである。

　しかし、同条の規定については、つとに、出頭・滞留義務を認めれば、供述の義務はないといっても、実質的に供述を強いるのと同じであるから、「この規定は、出頭拒否・退去を認める事が、逮捕または勾留の効力自体を否定するものではない趣旨を、注意的に明らかにしたにとどまる。したがって、検察官は、拘置所の居房から取調室へ来るよう強制はできないし、一度取調室へ来ても、被疑者が取調べをやめ居房へ帰ることを求めたときは、これを許さなければならない。」と解釈されている[18]。この規定は、被疑者が

---

(17) 髙野隆「被疑者の取調べにどのように対処するか」刑事弁護の技術（上）95頁も、「我が国において黙秘権は、行使することが最も困難な権利である。この権利の恩恵にあずかることができるのは、取調室という密室のなかで捜査官と互角にわたりあえる職業的累犯者か、あるいは組織的な援助のもとで絶対にしゃべらないことを決意した政治的確信犯くらいであろう。普通の市民にとってはもちろんのこと、警察での取調べになれていると目されているヤクザ者にとっても黙秘権を行使することは不可能に近い。大多数の被疑者にとって、黙秘権は架空の権利であり、捜査官による黙秘権の告知は、供述を始める前のおまじないの言葉にすぎない。わが国の捜査実務は、被疑者がこの憲法上の権利を放棄することを前提にして成り立っている。」と述べている。

　また、佐藤・刑事弁護の技術と倫理82頁も、黙秘権を行使した被疑者には、「わが国では不利益ないし試練が待ち受けている」「何よりも、黙秘権を行使した被疑者は苛烈な取調べを覚悟しなければならない。」「黙秘権の行使は、我が国では、肉体的・精神的苦痛に耐えることを意味する。」。弁護人の助言で被疑者が黙秘に転ずれば、「捜査官の口汚い批判は弁護人にも向けられ、被疑者と弁護人との信頼関係にもくさびが打ち込まれる。」と述べている。

　さらに、小坂井・展開244頁も、黙秘権の告知について「わが国の取調べの実状においては、取調べという場面では、最初に告知した権利は直ちに放棄されることが自明の前提とされている。告知した側が受容することのない権利告知なのである。そんな権利告知に、一体、何の意味があるのだろうか。要するに、権利告知は、ただのセレモニーでしかない。否、権利行使しないことしか予定されていない権利告知などというものは、取調官が最初から二枚舌を使う姿勢で臨んでいるに等しい。要は、これ自体、実に奇妙な光景なのだ。」と述べている。

(18) 平野106頁。

III 黙秘権と「取調べ受忍義務」

逮捕・勾留されておれば、その効果として自宅へは戻るということはできないということを注意的に明らかにしたにとどまるものであって、被疑者取調べはあくまで任意処分なのであるから、被疑者に対し居房から取調室へ出頭することを義務付けるものではないし、また、被疑者が求めれば、取調室から居房へ退去することが認められなければならないのである。

最高裁は、出頭・滞留義務に関し、「身体の拘束を受けている被疑者に取調べのために出頭し、滞留する義務があると解することが、直ちに被疑者からその意思に反して供述することを拒否する自由を奪うということを意味するものでないことは明らかである。」とし、「直ちに」という表現をしつつも被疑者の取調べ受忍義務を肯定しているように読める判示をしている[19]。しかし、この最高裁判決の判旨が、取調べ受忍義務を肯定しているとすれば、それは、黙秘権を行使しても、なお被疑者を取調室に出頭・滞留させることが、被疑者に対する供述強要以外の何物でもないということに思い致さず、わが国のゆがんだ被疑者取調べを追認するものであって、強い批判を免れないであろう。

そして、学説上も、取調べ受忍義務否定説が圧倒的多数であって、むしろ通説だと言ってよい。小坂井が的確に指摘しているように[20]、刑訴法198条1項但書を形式的に反対解釈したにすぎない取調べ受忍義務肯定説は、「単なる初期学説と呼ぶべきもの」には残ってはいるものの、今や捜査機関側の実務家が唱えている程度で、学説としてはもはや存在しないと言ってよい。後藤昭も、黙秘権を行使しようとする被疑者にとって取調べ受忍義務の継続それ自体が苦痛であり、「自白しなくてもよい。だが自白するまで取調べは続ける」というのは、「現実的な経験則によれば自白の強要」であるとしている[21]。このように、被疑者に取調べ受忍義務があることを前提として運用されている現在の実務の在り方は、黙秘権の保障を全く骨抜きにするもので

---

(19) 最大判平11・3・24民集53巻3号514頁。
(20) 小坂井・展開200頁以下。また、小坂井は、同書240頁以下で、前掲注(19)の最高裁平成11年3月24日大法廷判決については、黙秘権に関する認識を根本的に誤っており、21世紀のかなり早い段階で見直され克服されるべきことを強調している。
(21) 後藤昭「取調べ受忍義務否定論の展開」同『捜査法の論理』(2001年、岩波書店) 154頁。

あって、憲法38条1項に違反するものである。

　それ故にこそ、被疑者の取調べ受忍義務を前提に、被疑者が黙秘権を行使しても取調べを中断しないわが国の実務に対しては、つとに弁護実践をもって変革されなければならないことが強調されてきたし、かつ繰り返し実践も試みられてきたが、現在までのところ、奏功するまでには至っていないように思われる。

Ⅳ　黙秘権の行使等を助言する弁護活動をめぐる検察等との攻防

　取調べ受忍義務の存在を前提として運用されているわが国の被疑者取調べにあって、被疑者が黙秘権を行使することそれ自体が、不可能ないし著しく困難なのであるが、弁護人が被疑者に対して黙秘権の行使を助言したり、あるいは後に述べる弁護人の取調べ立会要求や供述調書への署名・押印拒否を助言することについては、弁護士あるいは弁護士会と検察当局、時には裁判所との間で、かなりの長期にわたる攻防が続けられてきた。被疑者段階の弁護活動は「黙秘中心」を方針とすべきだと唱えられるようになった可視化法制下の現在でも、このような攻防の歴史について理解しておくことは無駄ではないと思われる。

1　黙秘権行使の助言をめぐる攻防
(1)　黙秘権行使の助言に対するかつての考え方

　かつて、弁護人が被疑者に対して、黙秘権の行使を勧めることは、弁護人の「真実義務」に反するという考え方が検察実務家にあった。

　ある検察実務家は「実体的真実の発見と確保のための合目的性が支配する捜査の実行において、弁護活動として被疑者の権利の教示は差支えないが、ドイツにおいても有力な見解であるといわれているように、供述拒否や自白の撤回を勧めたり、自白の意思を阻止したりすることは許されないとみるべきであろう。」という[22]。また、別の検察実務家は、「事件の性質上物証に乏しく共犯間相互の供述に頼らざるを得ない贈収賄・公職選挙法違反等の事件、および多数の共同謀議によって行われた事件にあっては、一人の被疑者

に対する黙秘の勧告は他の被疑者の関係では罪証湮滅工作に該当するものであって、刑訴法196条にいう捜査の妨げとなる行為であり、また、通常の事件であっても、黙秘の勧告は弁護士倫理2条（現在の弁護士職務基本規定の6条に相当する〈筆者注〉）にいう弁護士の名誉・信用・品位を棄損する行為として許されない。」という[23]。

　このような、検察実務家の考え方に呼応するような形で、刑事弁護に造詣が深い弁護士からも、次のように述べられていた。弁護人が接見に赴いた際に、黙秘している被疑者に対し、暗に警察官から弁護人からも自白をすすめてくれるように言われて、接見したところ、被疑者は確かに事実はそのとおりであると答えたうえ、「先生どう言ったらいいでしょうか」と意見を聞かれた場合、「弁護人は、黙秘を続けろということは言わない。『黙秘することはできる。黙秘するかどうかはあなたの意思に従ってやりなさい。』これが最小限の弁護人の責務です。」「それから、『警察側でつかんだ証拠関係はどうか』ということは聞きます。その場合、『証拠がなければ無罪になる。』程度のことは言いますが、『その程度の証拠なら大丈夫だから黙秘を続けろ。』ということをけしかけることはしません。これが弁護士倫理の限界だと思います。」と[24]。

(2) 黙秘権行使の助言と弁護人の「真実義務」

　まず、検察実務家の上記見解は、実体的真実の発見は黙秘権を凌駕する価値を有するというものであって、黙秘権が憲法上保障された被疑者・被告人の権利であることを無視する不当なものである、といわなければならない[25]。また、被疑者が憲法上の権利である黙秘権を行使したことによって捜査に影響があったとしても、そのことをもって罪証隠滅工作だというのは論理の飛躍も甚だしい、というべきであろう[26]。

　そして、ここでは、弁護人の「真実義務」が強調され、被疑者に黙秘権行

---

(22)　藤本一孝「接見指定の実務的考慮」判タ201号（1967年）255頁。
(23)　大津丞「被疑者段階の弁護活動に関する考察」判タ201号（1967年）240頁。
(24)　宮原守男「弁護人から見た捜査（上）」警論21巻11号（1968年）43頁。
(25)　三井誠「弁護人接見と黙秘権行使の勧め―真実義務論のむずかしさ―」判タ485号（1983年）7頁。

使を勧めることが弁護士倫理に触れ懲戒事由にもなりうるとの見解が前提とされているのであるが、それは、当時の弁護人観によるものと思われる。

当時、弁護人は、依頼者である被疑者・被告人の最善の利益を擁護する義務を負うとともに、他方で、裁判官や検察官から独立してはいても、裁判官や検察官とならぶ広義の司法機関の一員であるという弁護人観が支配的であった。そして、弁護士にとって依頼者との信頼関係が弁護士業務の中心の一つであるが、他方で、弁護士が法律家である限りは、独立した司法機関としての固有の責務があって、弁護士の職務はこの二つの中心点から画かれる「楕円」によって形成されるといわれていて[27]、実体的真実の発見に協力すべき弁護人の「真実義務」も、独立した司法機関の一員としての責務から導かれると考えられていた。

しかし、1990年代に入って、次のような見解が展開されるようになった。すなわち、弁護人には、裁判所や検察官と対立的な立場から当事者的闘争を通じて被疑者・被告人の権利・利益を擁護し、そのことを通じて、刑事司法の目的である適正手続に協力すべき任務があるにすぎず、独立した司法機関の一員としての地位というものはない。したがって、弁護人にとっては、被疑者・被告人との関係以外に中心点はなく、被疑者・被告人に対する「誠実義務」こそが基本的な義務であって（「誠実義務純化論」）、裁判所や検察官による真実発見に協力するという「真実義務」はない[28]。

弁護人の「真実義務」の問題については、このような論議を経て、かつてのいわゆる「楕円の論理」は克服され、いまや、弁護人には裁判所・検察官に対する関係で、実体的真実の発見に協力すべき「真実義務」などないと一

---

(26) 村井敏邦「刑事弁護の有効性、相当性―三つの事例を素材にして―」井戸田侃ほか編著『誤判の防止と救済』竹澤古稀107頁。
(27) 大野正男「職業史としての弁護士および弁護士団体の歴史」同編『講座・現代の弁護士 2 弁護士の団体』（1970年、日本評論社）2頁、同「楕円の論理―弁護士と依頼者の間―」判タ528号（1984年）9頁。
(28) 佐藤博史「弁護人の真実義務」刑訴争点［新版］32頁。同「弁護人の任務とは何か」刑事弁護の技術（上）3頁。浦功「弁護人に真実義務はあるか」刑事弁護の技術（上）11頁。村岡啓一「弁護人の誠実義務と真実義務」日弁連研修叢書『現代法律実務の諸問題［平成8年版］』（1997年、第一法規）713頁、同「被疑者・被告人と弁護人の関係①」刑弁22号（2000年）23頁。

般に考えられるに至っている。

　したがって、現在では、弁護人が被疑者に対して黙秘権の行使を助言することが、弁護人の被疑者・被告人に対する「誠実義務」の履行として問題となりうることがあっても、弁護士倫理とかかわる弁護人の「真実義務」の問題となりうる余地はないのである。

2　「ミランダの会」の活動をめぐる攻防
(1)　「ミランダの会」の考え方

　1990年代になって、弁護士の活動として、旧態依然たる日本型捜査実務を打破しようとする「ミランダの会」の運動があった。「ミランダの会」というのは、「野蛮なわが国の被疑者取調べ制度を文明の基準に引き上げ、近い将来において黙秘権の完全な保障を確立することを目ざそう」とする弁護士の集まりであって、米国における「ミランダ事件」の判決からその名をとり、会としては1995年2月に発足した[29]。

　会の発足に先だって、1992年ころから意識的な弁護士の活動として行われていて、その方針は、すべての事件において「捜査機関に対し、被疑者の供述調書の作成前に弁護人に対するその開示（内容を確認する機会）を要求し、受け入れられないときは、被疑者に供述調書への署名、指印を必ず拒否させる。」というものであった[30]。その後、その方針にのっとって弁護活動を行うことに賛同する弁護士らが集って、それをスタンダードな弁護活動にして行くという運動として、「ミランダの会」が結成され、一定程度広がりを持つに至った。

　「ミランダの会」の考え方の基本は、次の点にあった。すなわち、被疑者取調べにあたって、取調べ受忍義務を肯認することは、現実には供述義務を課すことになり、黙秘権を定めた憲法38条1項に違反するものである。他方、憲法34条や37条3項は弁護人による実質的で効果的な援助を受ける権利を保障したものであるから、それらの規定は刑事手続の重大な局面におい

---

(29)　ミランダの会編『ミランダの会と弁護活動』（1997年、現代人文社）68頁。
(30)　小川秀世「署名・押印拒否の弁護活動」刑弁2号（1995年）120頁。

て、被疑者・被告人が自己の弁護人に立ち会ってもらう「弁護人立会い請求権」を包含している。

このような憲法解釈に基づいて、以下のとおりの弁護方針を立てた。

① 否認事件など、弁護人の立会いなしに取調べに応じるべきでないと判断される事件では、弁護人の立会いがない限り一切の取調べを拒否することを被疑者に助言し、かつ、それを実現すべく最大限の努力をする。

② 自白事件を含むすべての事件において、供述調書の内容を弁護人が確認しない限り一切の署名および押印を拒否することを被疑者に助言し、かつ、それを実現すべく最大限の努力をする。

③ 以上の要請に反して作成された供述調書の証拠能力については、可能な限り徹底的に争う[31]。

(2) 「ミランダの会」に対する法務・検察の対応

このような「ミランダの会」の活動に関しては、検察庁や法務省は過剰とも言える反応をして、非難と攻撃を繰り返した。

まず、1994年6月、当時の検事総長自らが、ミランダの会の活動を「刑訴法の精神を無視ないし曲解している活動」だと断じて非難するコメントを「週刊法律新聞」に発表したのをはじめ、1995年4月には、当時の浦和地検検事正が、記者会見で「被疑者の権利ばかり強調して、社会正義の実現という法律家の職務を忘れた若手弁護士が跳梁跋扈している」とコメントした。そして、同年5月には、オウム真理教の「地下鉄サリン事件」に関する「ミランダの会」の会員の弁護活動に関連して、東京地検次席検事や法務省刑事局まで、一部のマスコミをも巻き込んで、一連の「反ミランダの会・キャンペーン」を展開し、テレビのワイドショーでも取り上げられるなどした。さらに、同年12月には、岡山地検検事正が「正当な理由がなく取調べを拒否したり供述調書への署名指印を拒否するような被疑者」については、「有罪の立証ができる限り、起訴すべきである」などという報復的な起訴をにおわせる発言までした[32]。

---

(31) ミランダの会編・前掲注(29)6頁。同旨・高野・前掲注(17)95頁以下。

(3) 「ミランダの会」活動の正当性

　ミランダの会の運動については、以下のとおりの見解が展開されて支持された。刑訴法198条5項は、被疑者が供述調書への署名押印拒絶権を有することを明文で規定しているし、また、同項は、供述調書への署名押印を拒絶することによって、被疑者の供述拒否権の保障として捜査機関に対する供述証拠の提供を拒む機会を与えたものである。さらに、同項は、供述調書の任意性、正確性のみならず、妥当性についても、弁護人が確認したうえでなければ署名押印に応じないということも当然の内容としており、弁護人がそのことを助言するのは正当である。したがって、被疑者がその助言に従って署名押印を拒否したとしても、そのことが捜査妨害に該らないことは明らかである。このような見解が有力な学者らから展開された[33]。

　そして、そもそも、日弁連が1995年10月17日に発表した「刑事司法改革の実現に向けてのアクション・プログラム」も、刑事司法改革を実現するための運用改善をはかる運動の一つとして、次のように提唱していた。

　　「否認事件、複雑・重大事件について捜査機関に弁護人の立会を要求していく。」

　　「被疑者に対し、弁護人が立ち会わない以上取調べに応じないよう助言していく。捜査官に対し、その旨の内容証明を送る方法も考える。」

　　「被疑者が捜査機関に弁護人の立会いを要求したにも関わらず、捜査機関が弁護人の立会いを認めない場合には、被疑者に取調べ拒否、署名・指印拒否を助言していく。」[34]

　このように、「ミランダの会」の運動は、日弁連がアクション・プログラ

---

(32)　ミランダの会編・前掲注(29)7頁、藤永幸治＝髙野隆「〈緊急対談〉捜査妨害か正当な弁護活動か──ミランダの会の弁護活動と捜査──」刑弁3号（1995年）16頁、上田國宏「刑事弁護の理念と実践──被疑者弁護を中心として──」自正50巻7号（1999年）109頁、大出良知「松江シンポから司法制度改革審議会まで」現代の刑事弁護(3)207頁。
(33)　神山啓史・後藤昭「黙秘権の確立をめざす弁護活動」刑弁2号（1995年）126頁、村井敏邦「密室の中での取調べと被疑者弁護の意義」ミランダの会編・前掲注(29)30頁以下。
(34)　日本弁護士連合会「刑事司法改革の実現に向けてのアクション・プログラム〔第2回〕」自正47巻6号（1995年）171頁。

ムの中で提唱した運用改善運動を実行したにすぎず、また上述した同会の活動を支持する見解にてらしても、同会に所属する弁護士らの弁護活動の正当性には疑問の余地はなかった。したがって、「ミランダの会」の運動が、刑訴法や弁護士倫理にてらして、検察庁や法務省から非難されるような点は全くなく、検察庁や法務省の上記対応は理性的な判断を欠いて常軌を逸脱したものというほかなかった。

ただ、他方で、「ミランダの会」の運動方針について、「ミランダの会の説く弁護とは、黙秘権の確立という大義のために、刑事弁護の機会を利用し、ときとして被疑者が不利益を受けてもやむを得ないというものであって、弁護人の積極的誠実義務に反する疑いがある」との見解もあったことを付言しておかなければならない[35]。

「ミランダの会」の目ざした方向性は、わが国における被疑者の黙秘権の確立を進展させる方途として正当で有り、供述調書への署名押印拒否を助言することについては、その後弁護活動として全国的に深く浸透して行ったと思われるが、同会の方針が「運動」として大きく展開するまでには至らなかったと言える。

3 「刑事被疑者弁護に関する意見交換会」における攻防
(1) 「刑事被疑者弁護に関する意見交換会」の開催

日弁連の当番弁護士制度は1992年に全国化したが、その翌年の1993年から、日弁連と法務省・最高検との間で「当番弁護士制度実務協議会」が開催されていた。その後、1998年7月からは、その協議会を、日弁連と法務省および最高裁の法曹三者による被疑者段階の刑事弁護の諸問題を幅広く議論することを目的とした「刑事被疑者弁護に関する意見交換会」に発展させて意見交換を行うようになった。そして、1999年10月の第12回意見交換会において、法曹三者は、被疑者弁護制度に国費を導入する「新しい制度の現実的な検討が必要な段階に来ているという認識に達した」との点で一致し、かくして、これを契機として、その後論議を重ね、司法制度改革審議会での審議を

---

(35) 佐藤・刑事弁護の技術と倫理88頁。

経たうえで、2004年改正において被疑者国選弁護制度の導入に結実して行ったのである[36]。

(2) 「刑事被疑者弁護に関する意見交換会」での攻防

　法務省は、この意見交換会では、被疑者段階の国選弁護制度を導入するにあたっては、弁護活動は国費を投入するにふさわしいものであって、国民が納得できるものでなければならない旨を繰り返し言明していた。法務省は、そのような観点から、1998年12月から翌年3月にかけての第4回から第6回までの意見交換会において、日弁連に対し、捜査当局が「不適切」だと考える弁護活動について29の事例を提示し、それをめぐって日弁連と法務省の間で攻防が行われた。

　ア　法務省は、およそ次のとおりの意見を述べた。

　国には、国家刑罰権に基づいて捜査権限が付与されているところ、捜査によって事案の真相を解明し、被告人に対する適正な科刑を実現するためには、「被疑者の取調べ」はきわめて重要である。他方、被疑者・被告人の弁護人依頼権は、憲法上保障された権利であり（憲法34条前段、37条3項）、被疑者の正当な権利や利益が擁護されることは極めて重要であるとともに、そのことを通じて真相解明や適正な処分の実現が図られることが期待されている。このような地位にある弁護人としては、弁護士の使命に基づいて誠実にその職務を行うべきであって、真相解明と逆行したり、被疑者の利益よりも捜査と闘うことを優先する弁護活動は、その使命と相容れないし、また、捜査機関の真相解明に向けた捜査活動を妨害することは許されない。

　このような総論的な意見を述べたうえ、法務省は、29の具体的な弁護活動の事例を示して、

　①　「真相解明のための捜査活動を違法・不当に妨害する弁護活動」として、被疑者に対し、取調べや供述を拒否したり、供述調書への署名押印を拒否するよう「慫慂」（広辞苑によると、「かたわらから誘いすすめることをいう」）し、また参考人の捜査機関への出頭拒否や供述拒

---

(36)　丸島俊介「被疑者弁護に関する意見交換会第11回〜第13回」刑弁21号（2000年）132頁。大出・前掲注(32)209頁。

などを慫慂する行為、
②　「虚偽証拠の作出等」として、被疑者らに虚偽の供述を慫慂したり、共犯者に指示内容を伝えて口止めしたり、被疑者の罪証隠滅行為に加担したりする行為、
③　そのほか、接見の際の録音や携帯電話の使用、勾留理由開示公判の請求時期など、弁護人の権利の濫用、潜脱行為、利益相反行為などがある、
とした。

さらに、法務省は、被疑者による黙秘権の行使について、弁護人が被疑者の自由な意思決定を侵害するような働きかけをして、特段の理由もないのに一律に黙秘権の行使を勧めて被疑者に黙秘させる例がみられるが、その場合、供述を拒否すること等について被疑者が理解し納得しているのか疑問がある、などと批判した。

　イ　これに対し、日弁連は、およそ次のとおり反論した。

被疑者・被告人は、防御の主体としての地位を有し、弁護人の援助を受ける権利は、被疑者・被告人の自己防御権を補完するものであり、また、被疑者・被告人の弁護人依頼権に基づく弁護人の諸活動は、本来的に捜査機関の捜査をチェックし制約するものであって、このようなものとして憲法上位置付けられている。

このような地位にある弁護人には、被疑者・被告人のために弁護活動を行い、被疑者・被告人に対する「誠実義務」を尽くすことこそ求められても、対裁判所や対検察官との関係において、実体的真実の解明のために協力するという「真実義務」を負うことなどそもそもない。弁護人は、もっぱら被疑者らのために行動し、「誠実義務」を尽くすことが求められる立場にあるから、問われるべきは、弁護人が被疑者・被告人のために十分な法的助言や援助をしているか否かという被疑者・被告人の視点からみた「適正弁護」の要請でなければならない。弁護人の活動の「適正性」を論ずる場合に、捜査当局の視点から見て捜査妨害があったか否か、真相解明に支障があったか否かということが問われることがあってはならず、そのような視点から弁護活動を見ることは誤りである、と反論した。

Ⅳ 黙秘権の行使等を助言する弁護活動をめぐる検察等との攻防

　そのうえで、日弁連は、法務省が提示した29の事例について、それが実例だとすれば、弁護士倫理上問題とされる内容を含むものもあるが、多くは問題の指摘それ自体が失当であったり疑問であったりするものであり、中には、弁護人と被疑者・被告人との秘密交通権を侵犯して情報収集を行うなどした明らかに違法なものもあることを指摘した。

　そして、被疑者の黙秘権行使については、次のとおり反論した。弁護人が被疑者に対し黙秘権行使を助言し勧めることは、まさに正当な弁護権の行使であって、捜査妨害との非難を受けるいわれが全くないことはいうまでもない。もとより、被疑者が黙秘権を行使するのに特別の理由は必要ではなく、また、弁護人が被疑者の自由な意思決定を奪って権利行使させるなどということは具体的にはありえないことである。黙秘権行使とその助言については、まさに弁護活動の領域の問題であって、そもそも捜査妨害にあたるか否か等という観点から論ぜられるべき問題ではない[37]。

　ウ　結局、法務省の見解は、弁護士が司法の一翼を担う司法機関の一員であるという立場に立って、弁護人に「真実義務」があることを前提として、弁護人も真相解明に協力すべきだとし、その場合に、黙秘権の行使それ自体が真相発見を妨げ捜査を妨害するという、すでに克服された旧来の弁護活動に関する考え方を基礎として、弁護活動を攻撃するものにすぎなかった。

　他方で、弁護人が特段の理由もないのに一律に黙秘権の行使を勧めて被疑者に黙秘させることが、被疑者の自由な意思決定を侵害するとの法務省の批判については、弁護人が被疑者の自由な意思決定権を侵害したか否かは、弁護人の被疑者に対する「誠実義務」の履行の問題であって、被疑者が納得している限り、弁護人が法務省から批判を受けるような立場に立つことはない。弁護人から助言を受けて、被疑者自身が納得して自らの防御権の行使として黙秘権を行使している以上、弁護人に誠実義務違反の問題が生ずる余地はなく、それを法務省が批判するということは全く筋違いというほかない[38]。

　このような弁護活動の適正性の問題については、第4回から第6回までの

---

(37)　丸島俊介「被疑者弁護に関する意見交換会第4回〜第6回」刑弁18号（1999年）116頁。上田・前掲注(32)111頁。大出・前掲注(32)211頁。
(38)　村岡・前掲(15)23頁。

意見交換会での攻防はあったものの、以後、法務省が表立って取り上げることはなかった。

4　裁判例の中での攻防

1990年代の半ば以降、弁護人が被疑者に対し、黙秘権の行使を勧め、あるいは弁護人の取調べ立会権を求めて、それが実現されなければ取調べを拒否するという「ミランダの会」の会員等の弁護活動等に関して、それを批判する裁判例が続いた[39]。

(1)　強姦致傷被告事件

第一の事例は、ディスコで知り合った女性をワゴン車内で強姦し傷害を負わせたという強姦致傷の事実で起訴されたが、性交したこと自体には争いはなく、それが強姦か和姦が争いとなった事案で、裁判所は、被害者の供述の信用性を否定し、和姦ではなかったかという合理的な疑いがあるとして、無罪を言い渡した（東京地判平成6・12・16判時1562号141頁）。

この事件の判旨によると、捜査段階で当番弁護士が弁護人に選任され、その弁護人は被疑者に対して黙秘することを強く勧告し、数多くの準抗告の申立等を行うなどしたが、被疑者は起訴されるに至った。起訴後、捜査段階の弁護人に代って、別の2名の弁護士が弁護人に選任されたようで、被告人は無罪の言い渡しを受けるまでに、1年5カ月の審理期間を要し、審理中170日間勾留されたという。

判決は、最終的には、被害者の供述の信用性を排斥して無罪としたものの、その理由の中で、被告人の公判供述の評価についても、その「詳細な供述」は「弁護人を通じて検察官証拠の全容を認識してはじめてなされていることを重視せざるを得ず、軽々しく信用性を肯定することはできない」と判示したうえ、とくに「本件の捜査・公判の経過等」と題して、捜査段階における当番弁護士の弁護活動が不相当なものであったとして、次のとおり指摘した。

---

(39)　村井・前掲注(26)論文95頁以下、若松芳也「苦悩の刑事弁護と混迷の判例」刑弁14号（1999年）10頁以下は、これらの裁判例を詳しく紹介している。

IV 黙秘権の行使等を助言する弁護活動をめぐる検察等との攻防

「このように、起訴され、長期の裁判を受けたについては、被告人の捜査段階での黙秘等が大きな一因になっているのである。……記録中の勾留関係を含む手続書類や被告人の公判供述等によると、被告人は、逮捕されるや直ちにいわゆる当番弁護士を弁護人に選任し、その弁護人の強い勧告に従い、捜査官に対しては終始黙秘権を行使し、勾留質問や勾留理由開示法廷で否認供述をしたものであること、弁護人は、勾留に対する準抗告申立、勾留期間延長に対する準抗告申立、勾留理由開示請求、警察官のワゴン車等の差押処分に対する準抗告申立を順次行い（各準抗告はいずれも理由がないとして棄却されている）、外見的には精力的に弁護活動をしていることが認められる。しかし、当番弁護士による右のような準抗告の申立は、当時としては全く認容される見通しがなかったものであり、黙秘の勧めを中心とするこのような弁護活動は、当時としては被告人に変な期待を持たせると共に、検察官による公訴提起を招き寄せる効果しか有しなかった、まさしく有害無益なものであったと評せざるを得ない。被告人は起訴後、A、B両弁護士を弁護人に選任したのであるが、捜査段階から、本件のような刑事事件の捜査・公判につき的確な見通しを立てることが出来る両弁護士が一人でも弁護人に選任されていたとすれば、本件はこのような帰趨をたどらず、被告人がこれほどの苦痛を受けることもなかったであろうと惜しまれるところである。」

判旨は、捜査段階でA、Bというような弁護士が弁護人に選任されていて、その弁護人の助言によって、被疑者が事実関係について供述したり、さらには示談したりしておれば、不起訴処分になったはずの事案だと言いたげである。しかし、被告人が捜査段階で供述しておれば、取調官によって和姦ではなく強姦である旨の供述調書を作成されるに至った可能性もあり、被疑者が捜査段階で黙秘したからこそ、公判で無罪になったとも言える。そして、被疑者は弁護人との協議に基づいて、黙秘権の行使をしたと思われ、誠実義務の履行の観点から見て、捜査段階の弁護人が非難されるべき理由はない[40]。ただ、弁護活動上の問題があるとすれば、それは、弁護人が捜査段階で被疑者の供述調書を作成していなかったという点のみであろう。

(2) **覚せい剤取締法違反被告事件**

第二の事例は、覚せい剤取締法違反事件で、夫に覚せい剤を強制的に注射

された旨主張して争った事案であるが、一審判決は、判旨中にミランダの会の会員弁護士の弁護活動をとりあげて、それが相当でなかったとし、そのことも理由の一つとして被告人の供述の信用性を否定した。これに対し、控訴審判決は、弁護人の弁護活動を非難する原判決の説示について、不必要、不適切であると判示した。

　ア　一審判決（浦和地越谷支判平成9・1・21判時1599号155頁）は、弁護人の弁護活動は、「例えば、被告人に対し、検察官調書、警察官調書について、弁護人の立会いのない限り署名押印しないよう指示したり（このような弁護活動が一般化すると、否認事件における捜査側の被疑者に対する取調べが全く無意味になるおそれもある）」、公判における証人尋問で不当な誘導尋問をしたり、裁判官の補充尋問に対しても異議を申し立てたり、被告人質問においても不当な誘導尋問をしており、また訴因の予備的追加に対し、意見を述べず殊更に釈明を求め、釈明しないことに異議を申し立てており、「これらの弁護人の弁護活動は、相当とは言い難く、このような弁護活動によって、被告人ないしは被告人側証人から真実性のある供述が得られるとは思われない」とし、「以上によれば、被告人の身分関係、その供述の変遷とその変遷の経緯、公判における供述内容に、弁護人の不相当な弁護活動を合わせ考慮すると、被告人の公判における供述は、信用することができない」と判示して、被告人を有罪とし、懲役1年6月の実刑判決を言い渡した。

　イ　弁護人は、原判決が、弁護人の弁護活動を不当な弁護活動であると非難し、それを理由として被告人の公判供述の信用性を否定したことは、弁護権の侵害であり、憲法34条および37条3項等に違反するということや事実誤認などを主張して、控訴した。

　控訴審判決（東京高判平成9・9・17判時1623号155頁）は、「原判決は……、弁護人の不相当と評価できる弁護活動からして、その活動が被告人の供述に

---

(40)　若松・前掲注(39)13頁も、「仮に被疑者が起訴前に和姦の供述をしても、弁護人の立会いもない糾問的取調べのもとにおいては、強姦になるような供述調書を作成される危険性のほうが高いと思われる。」「（自白を重視する）わが国の公判実務を併せると、（本件では）黙秘する方が最善の方策であったとも考えられる。」とし、また、この判決が「本件の起訴前弁護を有害無益と断定することは、裁判所において、糾問的捜査と対抗する弁護活動の意義を全く理解していない結果のように思われる。」としている。

影響を与えていると判断するのであるが、影響を与えた明確な痕跡を挙げその因果関係を指摘しているわけではないので、単なる影響を与えている可能性があるとの推測に立った判断に過ぎず、その点ですでに妥当性を欠き、ましてや弁護活動が不相当であるとの評価は、右の影響の推測をなすのにさえ不必要であるから、原判決の右説示は不必要かつ不適切というべきである。」と判示した。

他方で、控訴審判決は、原判決の説示は、判決自体の中で行われていて、審理中の訴訟指揮等として弁護人の訴訟活動を規制したわけではないから、弁護権侵害には該らないとして、弁護人の主張を排斥した。

そして、控訴理由中の事実誤認の主張を採用して、原判決を破棄して、懲役1年6月、執行猶予3年の判決を言い渡した。

ウ　この事例では、一審判決は、弁護人の立会いのない限り供述調書に署名押印しないように助言する弁護人の活動を「不相当」だと批判するとともに、その弁護活動が被告人の供述に影響を与えているとして、被告人供述の信用性を排斥する理由の一つとしているのであるが、この点で一審判決の違法・不当性は明白であった。

(3)　暴行被告事件

第三の事例は、被告人が別居中の妻に対し顔面を殴打するなどの暴行を加えたという事案であるが、これは、一審、控訴審ともに、その判旨中で、ミランダの会の会員弁護士の不相当な弁護活動によって、被疑者が起訴され身体拘束が長期化（約4カ月間の勾留）するに至った一因であると断じた事例である。

ア　一審判決（浦和地判平成9・8・19判時1624号152頁）によると、被告人は、1995年3月19日付の妻の告訴に基づいて、警察官が家まで来て被告人を取調べる旨告げたので、同月27日に警察での取調べに応じ、実況見分にも立ち会ったが、その後の取調べを拒否していた。警察から、6月2日に出頭するようにとの呼出状を受け取ったので、被告人は弁護人と協議したうえ、弁護人が取調べに立ち会うという条件で取調べに応ずる旨の申し入れをしたが、警察はそれを拒否した。次いで、同年8月初旬ころ、検察官から被告人に対し出頭を要請する呼出状が送付されたので、弁護人は担当検察官に対

し、同様の申し入れをしたが、その後検察官からの出頭要請はなかった。ところが、担当検察官が交代して1996年1月22日になって、被告人に対する逮捕状をとって、同月30日被告人を逮捕し引き続き勾留請求し、被告人は同日勾留された。翌31日、弁護人は被告人と接見して、取調べに弁護人が同席すること、あるいは弁護人が供述調書等の内容を予め確認することを要求し、この要求が受け入れられないときは一切の取調べを拒否すること等を助言し、被告人は、その旨の書面を検察官に提出した。勾留された被告人は、出房を拒否したり、取調官が取調室へ来ても弁護人が立会わない取調べに応じず、結局、供述調書は作成されないまま、同年2月15日起訴された。

弁護人は、被告人に対する逮捕・勾留は、理由も必要性もないのに、弁護人の立会いを排除することを目的としてなされた処分であり、また本件訴追は、通常なら起訴されることのない軽微な事案であるのに、弁護人の弁護活動およびミランダの会の活動を妨害することを目的としてなされたものであって、違憲・違法であると主張した。

これに対して、一審判決は、「本件による被告人に対する逮捕・勾留を含む捜査の過程に違法はなく、また、本件は公訴を提起するに相当な事案であるが故に公訴されたことが明らかであって、本件全証拠を検討しても、検察官が所論指摘のような意図を持って公訴を提起したものとは認められない。」と判示し、そのうえで、「被告人が本件で正式の公判請求されるに至ったについては、本件犯情のほか、被告人が弁護人の立会いがなければ取調べに応じないとの態度を明らかにしたことから、捜査官において、特に本件に至る経緯ないし動機に関し被告人側からも事情を聴取し、事件の真相を吟味していくという作業がほとんどできなかったこともその一因となっていると言うべきであ」り、このような事態は、「被告人自身の姿勢・態度のもたらした結果とも言えるが、被告人に対する取調べに弁護人の立会いを求めることを助言し続けた弁護人の活動のあり方にその原因があったことは否定できない」「本件弁護活動の当、不当はさておき、そのことが一因ともなって、……被告人に対する身柄拘束の理由及び必要性が解消されず、また捜査官において被告人側からの証拠の収集も十分にできないまま、結果として、長期間身柄を拘束され、公判請求されるところとなったものと言わざるを得ない

から、弁護人らがこれらの事情を不問に付して本件を専ら検察官による弁護人及びミランダの会の活動に対する報復と論難することは本末転倒と言うほかはない。」と判示して、被告人に対し、罰金20万円の刑を言い渡した。

イ　被告人側は控訴し、控訴理由として、一審判決は弁護人の弁護活動を違法なものと断じたも同然で、その判旨は、黙秘権および弁護権を侵害し、憲法34条、38条1、3項に違反することなどを主張した。

控訴審判決（東京高判平成10・4・8判時1640号166頁）は、一審判決の判示は、「弁護人の選択した弁護方針ないし活動が、検察官の活動に影響を与え、一定の制約を加えたことは否定できず、その結果、弁護人が被告人にとって不利益とみなすような事態がもたらされたとしても、そのような不利益な結果を招いた一因には、弁護人自身の選択した弁護方針ないし活動があったにもかかわらず、それを看過するかあるいは敢えて無視して、そうした不利益な結果をもたらしたのは、挙げて検察官の責任であると非難するのは、当を得たことではないといっているのであり、弁護人の選択した弁護方針ないし活動の当否自体を論じているのではなく、その選択した弁護方針ないし活動の正当性の主張にこだわる余り、責任の一端が自己側にあることに目をつぶり、一方的に検察官の責任であると非難するのは誤っている、と指摘しているに過ぎない。」と判示して、弁護人の主張を斥け、控訴を棄却した[41]。

ウ　一審判決も控訴審判決も、被告人の逮捕勾留は必ずしも弁護人の立会要求とは関係ない旨判示しているものの、結局は、被疑者が弁護人の助言に従って弁護人の立会要求などせずに取調べに応じておれば、逮捕勾留もなく、公判請求もなかったと言いたいのであろう。しかし、本件の事案は、夫婦げんかの延長戦と言えるものであり、通常であれば、逮捕勾留や起訴は考えがたいところであるが、それが本件では敢えて行われている。このことは、検察官がミランダの会の会員である弁護人の弁護活動に対して報復しようとの意図で、被告人を強引に身体拘束したうえ起訴するに至ったとしか考えられない。一審判決も控訴審判決もこの点を一蹴しているが、その判旨は不当と言わざるを得ない。

---

(41)　萩原猛「夫婦喧嘩に弁護士135名」刑弁7号（1996年）118頁。

他方で、この事案については、判決内容を批判しつつも、被告人に取調べを拒否させた弁護人の方針については賛意を表しえない旨の弁護士からの批判があることも指摘しておかなければならない[42]。

(4) 三事例の評価について

村井教授は、上記の三つの事例に関して、被疑者に対して一律に黙秘権の行使を勧めることは適切な弁護活動とは言えないとする見解は、決して少なくないであろう、とされつつも、いずれの事例についても「刑事弁護活動の原則的取り組みをしたものとして、被疑者・被告人の権利を擁護するために誠実に弁護人としての職能を果たしていると評価してよいだろう。」「動かし難く見える実務に対して果敢に挑戦して、少しでも被疑者・被告人に有利な方向に動かしていくというのも弁護人の重要な任務の一つである。そのような挑戦的な弁護活動なくしては、刑事弁護の進歩はありえない。」と言われている[43]。私達弁護士としては、よく傾聴しなければならない意見である。

V 取調べ可視化の論議と憲法上の位置づけ

以上みてきたように、検察は、黙秘権の行使を助言したり、弁護人の取調べ立会を要求し、供述調書への署名押印拒否を助言したりする弁護活動を著しく嫌忌して、ことある毎に違法な弁護活動だとして弁護士・弁護士会を非難し攻撃してきた。また、裁判所も検察による弁護活動に対する非難・攻撃に同調することもあった。このような検察等の対応は、「密室における被疑者取調べ」と「自白調書」に依存した旧態依然たる捜査を死守するために、これを揺るがそうとする弁護活動を封殺して排撃せんとしたものであった。しかし、このようなわが国の被疑者取調べを中心とした捜査は、いわば悪しき「土壌」というべきものであって、この「土壌」の上で無理な取調べが行

---

(42) 丹治初彦『「捜査弁護」覚書』(2005年、現代人文社) 49頁は、「判決の内容が不当であることは当然のことですが、判決を読む限りにおいてですが、この事案で被疑者に取調を拒否させたという弁護人の方針も余り感心できません。」「最も大切なことは、防衛上黙秘権を行使することの是非論ではなく、弁護活動としての「質」の問題にかかってくる」としている。佐藤・前掲注(13)『刑事弁護の技術と倫理』89頁も同旨か。

(43) 村井・前掲注(26)108、111頁。

われ、それによって得られた虚偽の自白調書が数多くの誤判・冤罪という痛ましい悲劇を生み出してきたのであった。この悪しき「土壌」こそ、まさしく誤判・冤罪の温床であって、わが国の刑事手続を適正化するために必要なのは、捜査における、この悪しき「土壌」の「改良」、すなわち、被疑者取調べの改革であった。

1 法制審特別部会における論議と全過程の録音・録画の義務化
(1) 法制審特別部会における論議

ところで、2016年改正にかかる法制審議会における審議は、厚労省元局長事件を契機に、もっぱらこのような捜査過程の改革等を行うことを目的とするものとして位置づけられたはずであった。すなわち、2016年改正にかかる法務大臣による法制審議会への諮問には、「取調べ及び供述調書に過度に依存した捜査」の見直しや「被疑者の取調べ状況の録音・録画の方法」の導入ということが明文で具体的に掲げられていたので、法制審特別部会において取調べの可視化に関する審議が行われ、その結果、どのような制度が導入され、わが国の捜査がどう変えられるのか、大いに期待された。しかしながら、同部会での可視化論議は、期待されたとおりには進まなかった。

特別部会を構成していた弁護士委員（幹事）や有識者委員らは、わが国における取調べの可視化導入の意義を正当かつ適切に理解して、全事件での全面的な録音・録画の実施を目ざそうとした。しかし、同部会の警察・検察委員や一部学者委員らは、諮問の趣旨に背反することも省みずに、旧態依然たる悪しき「土壌」をなお死守することだけに血眼になり、可視化の適用範囲をできる限り狭隘化しようと抵抗の限りを尽くした。かくして、同部会では、取調べの可視化について、厳しい対立の中で激しい論議が戦わされたが、その結果できあがったのは、妥協の産物であることを否定しがたいものとなってしまった。

そのため、法制化された取調べの可視化制度は、①録音・録画義務が課せられる対象事件が限定され（刑訴法301条の2第1項各号）、②対象事件であっても可視化の義務が免除される例外事由が置かれ（同条4項各号）、③任意性が争われた場合に検察官に証拠調べ請求を義務づける録音・録画の記録媒体

(実効性担保措置)は、取調べ請求した「当該書面が作成された取調べ」に縮減された（同条1項）。しかも、刑訴法上の条文の位置や構成についても、録音・録画義務が被疑者取調べにかかる規範であることが見えにくくされていて、証拠調べに関する特則であるかのように印象づけるものとなっていた。

(2) 全過程の録音・録画の義務化と弁護実践

しかし、これらの点にもかかわらず、対象事件については、警察取調べも含めて、捜査機関に対し全過程の録音・録画を義務づけるものとされて「全過程原則」が貫徹された。限定された範囲であっても、取調べの全過程の録音・録画を義務づけた意味は重要であって、このことは、取調べ可視化制度の基本的な主柱を明らかにし、今後の制度が進むべき道筋と方向性を指し示すものとなる[44]。そもそも取調べの適正性を確保するという観点からは、取調べの全過程を監視しなければならないことは明らかであるから、当然のことながら、録音・録画は、取調べの全過程について行われなければならない[45]。このことは、最高検が発した前述の依命通知によって運用される対象事件以外の事件についても、「一部録画」では済まず、取調べ全過程の可視化が要求されることになり（本格実施事件についてはすでにそうされている）、このことは、今後、全過程を可視化すべき対象事件の範囲を拡大していくことにつながるはずである。そして、2016年改正にかかる可視化法（以下「今回の可視化法」ともいう。）は、まさに取調べの可視化の「第一歩」にすぎないかも知れないが、これまでのわが国の密室における取調べと自白調書に依存した捜査という、悪しき「土壌」の「改良」を可能にする契機となりうる大きな「第一歩」なのである[46]。

そして、この「土壌改良」を現実化するには、今後の弁護実践が重要とな

---

(44) 小坂井久「取調べ録音・録画制度の課題—要綱案を踏まえて—」刑ジャ42号（2014年）34頁。葛野尋之「取調べの録音・録画制度」法時86巻10号（2014年）16、21頁も、要綱（骨子）について、さまざまな問題点を指摘しながらも、「捜査機関に対して全過程の録音・録画を義務づけ、立法による制度化の道筋を示したことの意義は大きい」とし、「全過程の録音・録画を制度化することは、さらなる取調べ改革を促す力となる。」と評価している。

(45) 川出敏裕「取調べの『可視化』」新刑訴争点32頁。

(46) 周防正行「取調べ可視化　まず一歩」（2014年8月2日・朝日新聞朝刊）。

ることはいうまでもない。すなわち、小坂井も指摘しているように、今回の可視化法の持つ上述の①ないし③の問題点は、いずれも今後の弁護実践によって克服されるべき「課題」と位置付けられるべきであって、これからは、弁護人に選任されれば、(i)まず、取調べの可視化申し入れを行うことから始め、(ii)黙秘権行使を中核とした捜査弁護を行い、(iii)可視化の裏づけのない供述調書は公判では使用させない、といった弁護実践が要求される[47]。

2 取調べ可視化の憲法上の位置づけ

ところで、取調べの可視化の法的根拠はどこに求められるか。法制審特別部会では、取調べ可視化論の法的根拠について論議されることはなかった。

この点について、渕野貴生は、法制審特別部会での「議論の仕方」について、「そもそも、刑事訴訟に関連する法制を専門的見地から検討する際に、本来絶対に欠かすことが出来ないはずの視点、すなわち、被疑者・被告人の適正手続を受ける権利に基づく原理原則論からの検討が抜け落ちているのではないか」「最初から原則論抜きの議論の在り方を法律専門家がリードしたことに疑問がある」としている[48]。

取調べの可視化を憲法的観点からとらえて、取調べの可視化は、被疑者に認められた憲法上の権利であって、被疑者には取調べ可視化請求権があり、他方、国には取調べを可視化する義務があることを論証しようとしてきたのは、小坂井久である。小坂井は、学説には取調べ可視化の権利論を具体的に展開しているものはほとんどなく、学者は取調べの可視化が理論的検討になじまないと考えているのかもしれないが、可視化について、その理論的根拠を考えないですむ問題ではないとして、「取調べ録音権」「取調べ可視化請求権」を憲法的に根拠付ける作業を続けてきた。小坂井は、①憲法31条のデュープロセス条項に基づく要請、②憲法38条1項の自己負罪拒否特権を手続的に担保するための措置、③憲法38条2項から導かれる任意性を予め担保するための措置、④憲法34条や37条3項の弁護人の援助を受ける権利の実質化、

---

(47) 小坂井・前掲注(44)35頁以下。
(48) 渕野貴生「取調べ可視化の権利性と可視化論の理論段階」法時85巻9号（2013年）59頁。

⑤憲法13条のプライバシー権や自己情報を支配する権利、⑥いわゆる「包括的防御権」の一環、にその法的根拠を求めようとする。そして、取調べ可視化論の憲法上の要請は、このように重畳的で循環的で、まさに構造的である、それは、可視化ということが個人の人格・基本権の問題だからであり、そのことと密接不可分だからである、という(49)。

　小坂井がこのような取調べ可視化の法的根拠について、苦心して理論化しようとしたのは、もとより「取調べの可視化」によって、密室における取調べを透明化して、わが国の捜査の悪しき「土壌」を「改良」するという、壮大な実践的意企があったからにほかならない。そのことは、小坂井が考案した「取調べ可視化申入書」にそのまま反映されていることからもわかる(50)(51)。

　取調べの可視化の憲法上の位置付けについては、次のよう見解もある。

　渡辺修は、取調べの可視化を「包括的防御権」から根拠づけようとする。市民が公権力によって被疑者・被告人たる地位に立たされるかぎり、憲法上「包括的な防御のための権利」が保障されるべきであり、取調べの可視化は、被疑者の包括的防御権に由来する防御上の自由権と請求権の内容とみるべきだという(52)。

　また、渕野貴生は、取調べ可視化について、弁護人立会権と並んで、黙秘権の実効的保障を担保するものとして、黙秘権の内在的要求であり、重層的な担保措置をとることによって、黙秘権を全体として保障することがはじめて可能となるとして、取調べの可視化の法的根拠を憲法38条1項から導いている(53)。

　取調べの可視化の意義は、取調べ状況を客観的に記録することによって、

---

(49)　小坂井・現在56頁、小坂井・展開2頁以下、29頁。
(50)　小坂井・現在272頁。
(51)　青木孝之『刑事司法改革と裁判員制度』(2013年、日本評論社)150頁以下は、小坂井説については、憲法上の被疑者取調べに関する諸権利を並べただけで、事実行為たる取調べ可視化に直ちに権利性や請求権の内容が付与されるか問題があるとしつつも、小坂井の理論的営為の意義は可視化論の実践性を導き出したことにあるとして、その点を高く評価している。
(52)　渡辺修「被疑者取調の録画―『可視化』原理と『包括的防御権』―」刑弁39号(2004年)105頁。
(53)　渕野・前掲注(48)61頁。

取調べ状況を外部から監視できるようにして、違法・不当な取調べを抑止し取調べの適正化をはかり、かつ自白の任意性が争われた際に、その記録を立証と認定に供して任意性判断を客観化、的確化するということにある。弁護人の取調べ立会権を認めたとしても、可視化は欠かせないし、「可視化なくして取調べの適正化はなく、適正化なくして供述の自由はない」[54]。このように取調べの可視化は、憲法38条1項の黙秘権の保障等の規定に憲法上の根拠を有し、そこから要請されるものと言わなければならない。

3　取調べ可視化は「政策論」か？

これに対して、取調べの録音・録画は、黙秘権の保障に事実上役立つ手段だとは言えても、そのための不可欠の手段とまで評価できないから、その採用が憲法上要請されるものということはできないとする見解がある[55]。

また、今回の可視化法の録音・録画制度が、録音・録画の原則的義務づけに対して一定の「例外」という「制約」を課し、また、制度の適用領域たる対象事件が一部に限定されていることを理由にあげて、今回の可視化法は、録音・録画に憲法的地位を認めないことが前提とされている、という見解もある[56]。

これらの論者らは、2016年改正によって法制化された取調べの可視化は、憲法的な根拠を欠いた、単なる「政策的な制度」だというのである。

しかし、弁護人の取調べ立会権を認めたとしても、可視化が欠かせないとすれば、可視化が黙秘権の保障の不可欠の手段でないとは言えないと思われるし、仮に取調べの可視化が事実上であっても、黙秘権の保障に役立ち、これを実効化する手段であるとすれば、それを憲法上の制度として位置付けることができないとは考えられない。

また、今回の可視化法が、可視化の「例外」を置いているとか、対象事件が限定されているということから、直ちに取調べの可視化に憲法上の地位を

---

(54) 小坂井・展開19頁、指宿信『被疑者取調べと可視化制度』（2010年、商事法務）315頁以下参照。
(55) 川出・前掲注(45)31頁。
(56) 堀江慎司「取調べの録音・録画制度」論究ジュリ12号（2015年）57頁。

認めていないという結論が導けるか疑問である。

　さらに、取調べの可視化が「政策論」だとする論者らは、その政策論の根拠を、「基本構想」が、取調べ状況をありのままに記録することを通じて、①取調べの適正確保に資する、②供述の任意性・信用性の判断及び立証に資する、③被疑者の供述状況を客観的に記録できる、としたこと[57]に依拠している。そして、「政策論」の見地から、①の「取調べの適正確保」という観点では、抑止されるべき不適正な取調べとは、まさに黙秘権を侵害するような圧迫的な態様の取調べであるから、これを抑止するための措置を講ずる必要性が高いとする。そのうえで、「憲法上の黙秘権から直ちに取調べの録音録画の保障を導くことはできないとする立場」からであっても、取調べの可視化は、「圧迫的取調べなど捜査機関による黙秘権侵害行為を抑止することで、取調べにおいて被疑者が現実に黙秘権を行使できるようにして、黙秘権保障を実効あらしめることは、政策的に推奨されるべきであり、そのための手段として録音・録画が効果を発揮する。」[58]としている。

　「取調べにおいて被疑者が現実に黙秘権を行使できるようにして黙秘権保障を実効あらしめる」ということは、まさに憲法38条1項の黙秘権保障の趣旨であり、取調べの可視化がそれに資するというのであれば、論者らは「政策論」という言い方をしてはいるものの、実質的には、取調べの可視化は、まさに憲法38条1項に根拠を有し、それに由来していることを承認するものにほかならない、と言ってよいのではないか。

　取調べの可視化を憲法上の権利ととらえるか原理原則のない政策論にすぎないとみるかは、今後の可視化制度の運用、さらには法施行後3年が経過した時点の見直しにあたって大きな影響を与えると考えられるし、もとより、弁護実践にとっては、より根源的な問題だ、というべきである。そもそも今回の可視化法は、取調べの可視化を通じて、「被疑者取調べや供述調書に過度に依存した」捜査を見直そうとの立法理由の下で成立したものであるから、そのために導入された制度が理論的根拠のない、原理原則論を欠く政策論だと言って済ますことはとうていできないであろう。取調べの可視化は、

----

(57)　法制審議会新時代の刑事司法制度特別部会・前掲注(2) 7頁。
(58)　堀江・前掲注(56)57頁。

単なる政策論に貶められてはならない問題である[59]。

Ⅵ　取調べの可視化と黙秘権保障の内容

　かくして、取調べの可視化は、取調べの適正化をはかり被疑者の憲法上の権利でありながら、これまで行使が不可能もしくは著しく困難であった黙秘権を、いかなる被疑者であっても、現実に行使できるようにするために導入されたものということができるのであって、したがって、取調べの可視化は、憲法38条1項等に法的根拠を有し、そこから導かれる制度だと解されなければならないのである。

　そして、可視化法制下では、黙秘権の行使を中核とした「黙秘中心」の弁護活動が求められるのであるから、ここで黙秘権保障の内容（効果）について確認しておくことは弁護実践上意味があるであろう。

1　黙秘権の保障と「説得」について
(1)　供述の「強要」の禁止と「説得」

　被疑者に対する黙秘権の保障の内容として、まず第一に、供述の「強要」の禁止が導かれることはいうまでもない。

　ところが、先に述べたように、わが国の実務では、被疑者には取調官による取調べを受忍する義務があると考えられていて、たとえ、被疑者が取調べ室で黙秘の態度を示したとしても、取調官は取調べをやめず、より不当かつ執拗な手段を駆使して供述するよう迫ってきたのが、これまでの取調べの実情であった。したがって、法制審特別部会においては、被疑者の「取調べの適正化確保」策を論議しようとするにあたっては、まずこの取調べ受忍義務について論議されるべきであったはずである[60]。しかしながら、同部会にお

---

(59)　村井敏邦「取調べの可視化」川崎英明ほか編著『刑事司法改革とは何か』（2014年、現代人文社）24頁。
(60)　田淵浩二「取調べの可視化と捜査構造の転換」法時83巻2号（2011年）9頁は、従来の被疑者取調べを「糾問的捜査慣行」と呼び、取調べの適正化を論議するには、「現行法は糾問的捜査慣行をどう位置付けているかを考える上で、それを可能にしているところの取調べ受忍義務との関係の検討は避けて通れない。」と述べている。

いては、わが国における被疑者取調べの適正化策を考えるにあたって、最も重要だと思われる、この取調べ受忍義務の問題についても論議されることなく終わった(61)。

さて、禁止されるべき供述の「強要」とはどういう取調べかということについて言えば、暴行や脅迫を用いた取調べがそれにあたることは明白である。

それでは、黙秘の態度を示した被疑者に対し、なお供述を求めることはどうか。取調べ受忍義務を認めるわが国の実務では、黙秘の態度を示した被疑者に対し、取調官は、「強要」に該らない限り、黙秘を解除して供述するよう「説得」することは許されると解されてきた。しかしながら、まず「強要」と「説得」を区別する基準は何もないし、その間に一線を画することはとうていできないはずである。

そもそも黙秘することを決意して黙秘権を行使する被疑者が、取調官からなおも翻意して供述するよう求められることは、被疑者にとっては、供述を「強要」されるのと同じだと言える。この点、渕野も、「従来、ともすれば被疑者・被告人が説得という圧力に耐え忍び続けた挙句に、最後に耐え切れなくなって、決壊してしまった時点のみを捉えて、黙秘権が侵害されたという評価をする傾向がなかっただろうか。」「少なくとも説得による圧力に被疑者・被告人が懸命に堪え忍んでいる過程を黙秘権保障の観点から捕捉しようとする視点が薄かったのではなかろうか。」とする。そのうえで、渕野は、「説得」による圧力に被疑者が懸命に堪え忍んでいる過程を黙秘権保障の観点から捕らえ直し、「説得」自体を許さないとしなければ、供述の「強要」の発生を防止できないというが(62)、正当というべきであろう。

そして、被疑者取調べの現状において、被疑者による現実の黙秘権行使を妨げているのは、黙秘の態度を示す被疑者に対し、取調官が「説得」と称して、なお取調べを続けることにあるから、「取調べにおいて被疑者が現実に

---

(61) 法制審特別部会では、取調べ受忍義務については「神々の争いというべき議論を正面からしなければならない話になってくる」として、論議は回避されてしまった（新時代の刑事司法特別部会 第14回会議〈平成24年10月30日開催〉議事録38頁〔井上正仁発言〕）。
(62) 渕野貴生「黙秘する被疑者・被告人の権利保障」刑弁79号（2014年）13頁、同「黙秘権保障と自白法則」川崎英明ほか編『刑事訴訟法理論の探究』（2015年、日本評論社）184頁。

黙秘権を行使できるようにし、黙秘権を実効あらしめ」ようとすれば[63]、そのためには、何よりも取調官が被疑者に対して行う「説得」こそ許されないとしなければならないのである。

　被疑者が包括的にもしくは個別の質問に対して黙秘しているのに、取調官がなお供述を求めることは、供述の「強要」に他ならず、それを「説得」と言い換えてみても、憲法38条1項の定める黙秘権の侵害に該ると言わなければならない。被疑者が黙秘権を行使する意思を示し、あるいは黙秘の態度を示しているのに、取調官が「説得」と称してなおも質問を続けることは、黙秘権の侵害として許されないと解されなければならない。

(2)　可視化法制下の「説得」

　取調べの可視化法制下における被疑者取調べの実相を考えてみれば、黙秘権行使の意思を示し、あるいは黙秘の態度を示した被疑者に対して、取調官が供述するよう、さらなる「説得」を行うことは困難になるものと思われる。

　後藤貞人は、次のように述べている[64]。

　「取調べの可視化は、黙秘権行使の障害を確実に弱くするだろう。強靱な精神力をもつ限られた被疑者しかできなかった黙秘を普通の被疑者にもできるものにする。『黙秘する』と述べる被疑者に対して取調官が1時間以上も『供述せよ』『供述せよ』『供述せよ』と『説得』している場面の映像を見れば、それでも権利の侵害ではないと考える人がそれほど多いとは思えない。取調官もそれに気づいているはずである。『説得』は抑制的なものになる。

　したがって、取調べが可視化されているときの黙秘権行使は、カメラの前で『黙秘します』と述べ、それ以降は沈黙することでよい。可視化されていないときのように、取調官が脅したり、弁護人に対する悪口を言うことはないだろう。『説得』の時間も短時間で終わると考えられる。

　可視化以前には黙秘権を行使するだけで大変な力業であったのが、黙秘権を戦略的に行使することが可能になる。」と。

　取調べ可視化法制下における被疑者取調べの実相は、まさにこのようなものになるだろうと思われる。

---

(63)　堀江・前掲注(48)57頁。
(64)　後藤・前掲注(9)22頁。

そして、金岡敏裕は、検察官による取調べ状況が録画されている場合に、検察官による被疑者に対する「黙秘断念圧力」がどのようにかけられるか、それに抗するにはいかにすべきかについて実例を示している[65]。金岡があげる実例は2013年の事案であるが、被疑者が黙秘しますと言っても、その後167分間にわたって検察官による取調べが続けられている様子が録画されていて、検察官の発問と被疑者の応答を細かく検証することができる。そして、金岡は、取調中の「言うのが筋でしょ、言えないなら自分の言っていたことは違うってことでしょ！　まだ嘘はついていると思っているけど。」とか、「真剣に伝えたいなら黙秘する理由はない。反省したいなら話すが正しい道。」などといった検察官の発言を、あの手この手の説得・恫喝だとし、取調べ室の違法不当な手練手管であって、被疑者を精神的に苛み追い込もうとする「黙秘断念圧力」、すなわち「強要」だとしている。取調べの状況が録画されていれば、検察官の発問も被疑者の応答もありのまま具体的に再現されて、それを検証できることになり、検察官の発問が供述の「強要」にあたるか否かは、客観的に、しかも的確かつ容易に判断できることになるであろう。

裁判員裁判では、もちろん裁判員も取調べ状況の録音・録画の映像を視聴することになるのであるが、黙秘している被疑者に対する取調官による「説得」場面を視聴したとき、裁判員はそれをどう見るであろうか。取調官による取調べが適正であるか否か、取調官が行う「説得」が供述の「強要」にあたるか否かが、裁判員の「健全」な「社会常識」によって決せられるとすれば、市民は、私達法曹ほど「非常識」かつ「病的」ではないと言ってよいのではないか。被疑者が黙秘の態度を示しているのに、取調官がなお同じ質問を繰り返したり、供述するよう迫ったりする場面を、裁判員が視聴して、適正な「説得」だと判断するであろうか。裁判員は、金岡が示したような167分間にもわたって取調官によって行われる「説得」が供述の「強要」ではないと判断することは、ないのではないか。裁判員は、取調官による「黙秘断念圧力」に対し、より敏感に反応するものと思われる[66]。

このように、解釈上も、黙秘する被疑者に対する捜査官による「説得」は

---

(65) 金岡敏裕「不当な取調べに対する対応」刑弁79号（2014年）24頁。
(66) 同旨、小坂井・展開403頁。

許されないと解されるべきであるし、実際上も、取調べの可視化によって、取調官が、従来行われてきたような長時間にわたる「説得」をすることができなくなる状況が生み出され、かくして、可視化法制下では被疑者による黙秘権行使が容易になるであろう。

(3) 取調べ現場の変化のきざし

被疑者取調べや黙秘権行使をめぐる捜査現場の現状はどうなっているか。

かつて、大阪の地における警察官の取調べは、野蛮を極め、被疑者に対し暴行を加えたり脅迫したりする取調べは日常的に行われており、ヤクザ組織に所属する者でさえ大阪府警によって身体拘束されることを恐れていた。しかし、私達弁護士の間では、大阪における警察官による被疑者に対する暴力的な取調べは、2010年ころを境に減少し、最近ではもはやなくなったのではないかと言われている。

また、筆者の経験でも、この１、２年の事案であるが、初回の接見で、被疑者の方から「黙秘しますわ」という発言がなされ、その後弁護人と協議しつつ被疑者自ら供述をコントロールしながら、勾留満期近くに取調べ中に捜査官から示された客観的証拠に沿う供述をして不起訴処分となった事例が２件ある。これまでは被疑者側から黙秘権を行使すると言い出すことはほとんどなかったと思われるが、このような事例があるということは、取調べの現場においては、被疑者による現実の黙秘権の行使が次第に容易になりつつある状況が生れてきていることを窺わせる。

さらに、被疑者・被告人の黙秘権の行使に対するマスコミや社会の反応も、かつての様相とかなり変化してきたのではないかと思われる。2000年に発生した和歌山カレー事件では、弁護人が黙秘権行使の助言したことに対し、一部のマスコミ等から激しい非難がなされた[67]。しかし、近時は、弁護人が被疑者に対して黙秘権を行使するよう助言し、それに基づいて被疑者が

---

(67) 小林つとむ「黙秘権行使と捜査弁護」日本弁護士連合会研修叢書『現代法律実務の諸問題〔平成11年版〕』(2000年) 620頁は、和歌山カレー事件で、被告人夫婦が弁護人らの助言に基づいて捜査段階から87日間黙秘を続けたのに対し、一部のマスコミから弁護人らに対し、黙秘権をはき違えているとか、真実究明のために弁護人も協力すべきであり、それが弁護人の使命・職務であるとか、黙秘権の行使は人権の濫用だとかいった、弁護活動批判が行われたことを報告している。

黙秘したとしても、そのことについてマスコミはもとより、インターネットなどによる一般人からの非難や批判もあまり見られなくなっているように思われる。

　これらの点は筆者らの実感にすぎないのであるが、国家公安委員会が、2008年に「被疑者取調べの適正化のための監督に関する規則」を制定し、さらに2010年に「捜査手法、取調べの高度化を図るための研究会」を設置して、警察も捜査・取調べの見直しを検討しはじめたりしたこと、あるいは取調べ可視化論議の経過の中で、警察、検察でも被疑者の取調べ状況について録音・録画が試行されるようになって、そのことが報道されたりすることが、取調べ現場にも変化のきざしを生じさせつつあるのではないかと思われる。

　また、裁判員裁判が実施されて、市民が刑事裁判に加わるとともに、その様子がマスコミ等で報道されることによって、刑事裁判が市民に身近になって、被疑者・被告人の「黙秘権」に関する市民や社会の理解が広がり、次第に浸透しつつあることを示しているのかも知れない。

　そうだとすれば、それらは大いに歓迎されるべきであって、取調べの現場がこのように変化しつつあり、また被疑者・被告人の黙秘権に関する理解が社会的に深まりつつあるとすれば、そのことは、今後、可視化法制下での黙秘権の行使を中核とした「黙秘中心」の弁護実践を行うにあたって下支えとなりうるものと思われる。

2　黙秘権の行使と不利益推認の禁止について

　憲法38条1項による黙秘権の保障は、被疑者・被告人が黙秘したことをもって、これを被疑者・被告人にとって不利益な推認をする事情として評価してはならないということを要請する。黙秘権の保障から不利益推認の禁止が導かれる[68]。

---

(68)　小早川義則「黙秘権の行使と不利益推認の禁止—アメリカ法を中心に—」井戸田古稀43頁は、米国において黙秘権と不利益推認禁止の法理が確立されていく過程を判例の動きを追いながら詳しく述べられている。門野博「黙秘権の行使と事実認定」木谷明編著『刑事事実認定の基本問題［第3版］』（2015年、成文堂）239頁、緑・前掲注(15)115頁、遠藤邦彦「黙秘権」実例刑訴Ⅲ207頁、小坂井・展開210頁、渕野・前掲注(62)14頁。

いうまでもなく、被疑者・被告人が黙秘したことをもって当該被疑者・被告人に不利益な事情として評価されるとすれば、被疑者・被告人が不利益を被ることを避けるために、「供述を強いられる」結果になり、そのことは黙秘権の侵害にほかならないからである。

　この不利益推認の禁止についても古くから論じられているところであるが、黙秘権行使を中核とする「黙秘中心」の弁護実践を行うにあたって、その支障にもなりうるところであるので、以下、比較的近時における論議に言及しておく。

(1) 事実認定上の不利益推認の禁止

　不利益推認の禁止は、まず事実認定上の要請としてあらわれる。

　被告人が公訴事実について全面的に黙秘したとしても、その黙秘の態度を被告人に不利益に考慮することは禁止される。犯罪事実の認定についてはもちろんのこと、総合認定の資料としても不利益に考慮することは許されない。さらに、被告人が個別の項目について黙秘した場合に、その項目に関して、黙秘した態度を不利益に考慮することも許されない。

　公判廷において被告人が黙秘権を行使し、その後の検察官による長時間にわたる質問に対して、被告人が繰り返し「黙秘します」とのみ答えたとしても、被告人が黙秘し供述を拒否した態度を状況証拠として、事実認定上、被告人に不利益に取扱うことも、被告人に黙秘権が付与されている趣旨を没却するものであり、許されない。もとより、検察官立証の不充分なところを、被告人が黙秘権を行使して反証しないという態度をもって、埋めたり補強したりすることも許されない[69]。

　裁判例として、約400回にわたる検察官の質問に対し「お答えすることはありません」とのみ答えたというケースについて、検察官は被告人が黙秘した態度を情況証拠として「殺意」を認定すべき旨主張したが、一審札幌地判も控訴審札幌高判も、黙秘権保障の趣旨を没却するとして検察官の主張を排斥した[70]。

　また、検察官による約2時間にわたる被告人質問で、「答えたくありませ

---

(69)　門野・前掲注(68)245頁。

ん」とのみ答えたケースについても、裁判所は、判示中で、黙秘権保障の趣旨から、被告人が黙秘した事実を一切事実認定の資料としなかった旨を明言した[71]。

そして、上記札幌高判は、被告人が公判廷で黙秘権を行使した場合に、「実際に被告人質問を実施してみて被告人が明確に黙秘権を行使する意思を示しているにもかかわらず、延々と質問を続けるなどどいうことは、それ自体被告人の黙秘権行使を危うくするものであり疑問を感ぜざるをえない」と判示している。黙秘権を行使することを明らかにしている被告人に対しては、検察官や裁判官が質問すること自体が黙秘権を侵害するものとして許されないと考えなければならない[72]。

このように、黙秘権保障の効果として、被告人が黙秘権を行使したことを、事実認定上被告人に不利益に扱うことを許さないということは、自由心証の問題としても、被告人に不利益な心証形成をしてはならないということであり、まさに自由心証主義の「例外」を意味するものである[73]。

(2) **黙秘権の行使と量刑**

被告人が黙秘した場合に量刑上不利益に取扱ってもよいかという問題も被疑者、被告人にとって切実である。

この点については、事実をありのままに供述し、反省・悔悟の態度を示すことは、良い情状として考慮すべきものと考えられるから、それとの比較において、黙秘したことによって相対的に刑が重くなることはやむを得ないと言われている[74]。しかしながら、否認も黙秘も量刑上不利益に取り扱うことは許されないとする有力な学説があり[75]、少なくとも、黙秘した事実をもって一般的に量刑上不利益に取扱われているとすれば、それは黙秘権を侵害す

---

(70) 城丸君事件・札幌地判平成13・5・30判時1772号144頁、判タ1068号277頁。札幌高判平成14・3・19判時1803号162頁、判タ1095号287頁。笹森学「語られなければ真実にたどり着かないこともある」刑弁38号（2004年）44頁。
(71) 和歌山カレー事件・和歌山地判平成14・12・11判タ1122号464頁。小林つとむ「黙秘を貫いた弁護方針とその実践」刑弁38号（2004年）40頁。
(72) 渡辺修「被告人質問と黙秘権」同『刑事裁判を考える』（2006年、現代人文社）163頁、門野・前掲注(68)204頁、渕野・前掲注(62)16頁。
(73) 門野・前掲注(68)202頁、遠藤・前掲注(68)213頁、小坂井・展開211頁。
(74) 門野・前掲注(68)207頁。

ることになる。したがって、黙秘したこと自体を量刑上不利益な事情と見ることはもとよりのこと、否認と同様に反省心がないことの徴表とみることも憲法上許されない。

　黙秘と量刑の問題については、裁判官の論稿として、次のように述べるものがある。

　「黙秘したために、通常は自白の中に表われるような量刑事情（例えば、深い悔悟の念や斟酌すべき動機など）が訴訟に表われないことはありうるのであって、このような場合、裁判所として、量刑にあたって、そのような量刑要素の存在を前提とすることはできず、結果的に自白した者に比して不利益な量刑判断がなされることはありうる。これは、要するに量刑もまた訴訟上認定できる事実を基礎にして行われるという当然の事理のあらわれに過ぎないのであって、黙秘権の侵害にはならないものと解される。」[76]と。このように理解すれば、黙秘と量刑の関係は一応の理解ができるように思われる。

　また、上述した黙秘権の行使と量刑との関係について、取調官が被疑者に対し、黙秘することが量刑上不利益に扱われる可能性があると告知したり、検察官が論告でその点を指摘したりすることは、黙秘権の侵害となって許されないことはいうまでもない[77]。

(3) 黙秘権の行使と勾留・保釈

　被疑者・被告人の黙秘権行使と勾留理由（刑訴法60条1項2号）もしくは権利保釈の除外理由（刑訴法89条4号）とされる「罪証を隠滅すると疑うに足りる相当な理由」との関係はどうか。

　まず、被疑者・被告人の黙秘の態度から、一般的に、勾留理由として、あるいは権利保釈の除外事由として、罪証隠滅の相当理由があるとすることが

---

(75)　佐伯千仭「量刑理由としての自白と否認」同『刑事訴訟の理論と現実』（1972年、有斐閣）236頁は、供述の自由の保障が崩壊し去るおそれがあるから、単純黙秘の場合も否認する場合も、それを理由として刑を重くしてはならないとされる。
(76)　川合昌幸「被告人の反省態度と量刑」量刑実務大系(3)194頁。この点、小坂井も「供述すれば場合によってはプラスになるケースはある」が「黙秘は不利益推認されないという意味でマイナスにはならないが、プラスにもならない」と述べている（後藤＝小坂井＝菅原＝髙山・前掲注(8)42頁〔小坂井発言〕。
(77)　同旨、小坂井・展開213頁。

許されないことは、黙秘権保障の趣旨からも明らかである。被疑者・被告人が黙秘したために勾留され、あるいは保釈が許可されないということになれば、とりもなおさず、黙秘権を侵害したことになる。

　ア　裁判員制度の実施を前にして、刑訴法89条4号の罪証隠滅の相当理由の該当性の有無・程度、および同90条の裁量保釈の可否について、より具体的、実質的に判断すべきだとする提言が、裁判官によってなされた[78]。その提言は、2005年ころまでの保釈率（勾留された人員に対する保釈が許可された人員の比率）の低下は、裁判官によるそれまでの保釈基準の運用が厳格化、類型化していたことも一因ではないかとして、その運用を再検討すべきだとし、とりわけ、裁判員裁判において連日的開廷・集中審理が実施できるように、可能なかぎり被告人を身体拘束から解放すべきであり、そのためには保釈の運用の見直しは不可避であるとした。この提言は、また、それまでの保釈の運用において、否認または黙秘の態度から、直ちに罪証隠滅の主観的可能性を判断してきたとすれば、判断基準が類型化、抽象化していたとの批判は免れないとし、たとえ否認事件であっても、予想される罪証隠滅の態様を考え、被告人がそのような行為に出る現実的可能性があるかどうか、そのような罪証隠滅行為に出たとして実効性があるかどうかを具体的に検討すべきであって、否認もしくは黙秘の態度から直ちに罪証隠滅の相当理由を肯定すべきではないとしている。

　したがって、弁護実践としては、黙秘している被告人について保釈請求をする場合、個別事案に促して、罪証隠滅の現実的可能性がないこと、仮にあるとしてもそうすることに実効性がないということ等について、具体的に主張していくことになる。

　そして、裁判官による上記の提言以後、大阪地裁や東京地裁をはじめ、全国の裁判所で、被告人の身体拘束を解く方向で、積極的かつ弾力的な保釈の運用が行われるようになっていることが報告されている[79]。

　イ　刑訴法60条2号の勾留の要件としての「罪証を隠滅すると疑うに足りる相当な事由」の判断においても、保釈に関する法89条4号と同様に考えら

---

(78)　松本芳希「裁判員裁判と保釈の運用について」ジュリ1312号（2006年）145頁。

れなければならないであろう。

　この点、勾留請求された被疑者が被疑事実について黙秘している場合は、自白した場合に比べて捜査側の捜査対象が広がらざるを得ないので、罪証隠滅の余地は大きくなり、自白の場合と同様に扱われないという意味で、反射的に不利な立場に置かれることはやむを得ないとする見解がある[80]。

　しかし、被疑者が黙秘した事実をもって、直ちに捜査側の捜査対象が広がり罪証隠滅の余地が大きくなるというのであれば、それは禁止されるべき不利益推認と言わざるを得ないであろう。勾留請求された被疑者が黙秘権を行使したとしても、勾留理由としての罪証隠滅の相当理由の有無について、個別事案に促して、罪証隠滅の対象の有無や現実的な可能性や実効性の有無などについて、保釈の場合と同様に具体的に判断されなければならないことはいうまでもない。

　被疑者が黙秘している場合に、検察官の勾留請求に対して弁護人として意見を述べるときは、このような点に注意して裁判官を説得する努力をすることが必要となる。

　ウ　上述したような勾留・保釈に関して、裁判官らによる論稿が重なってきたせいか、勾留却下率（勾留請求された人員に対する勾留が却下された人員の比率）や保釈率も上昇してきており、勾留・保釈にかかる令状実務は、これまでのどうにも度し難い「人質司法」という状況から改善方向へ向かいつつあるかのように思われる。すなわち、司法統計によると、保釈率は、2003年には12.7％と最低であり、2005年も13.4％と低迷していたが、その後次第

---

(79)　長瀬敬昭「被告人の身体拘束に関する問題(1)」判タ1300号（2009年）71頁は、大阪地裁の実務の運用においては、裁判員裁判制度の施行前の2006年以降、松本論文の提言に沿った積極的な保釈の運用を図っていこうとする姿勢が窺われるとする。また、角田正紀「公判前整理手続の運用について」原田退官135頁は、東京地裁においても同様に積極的な保釈の運用が行われているとする。さらに、三好幹夫「保釈の運用」令状に関する理論と実務Ⅱ9頁も、全国の裁判実務において、保釈の積極的かつ弾力的な運用が推し進められているとする。

(80)　安藤範樹「勾留請求に対する判断の在り方について」刑ジャ40号（2014年）12頁。なお、安藤は、同論文の中で「勾留における罪証隠滅のおそれについても、実務における解釈運用がいつのまにか硬直的になっているのではないかということが問題意識として共有されるようになって、相当慎重な吟味が行われるようになっている。」と述べている。

に上昇し、2012年には20.7％と20％を超え、2015年には25.7％になっている。また、勾留却下率も、2003年には0.1％と最低であったが、その後次第に上昇し、2010年には1.07％と1％を超え、2014年には2.2％と2％を超え、2015年には2.6％になっている。

そして、近時、最高裁でも、下級審におけるこのような勾留・保釈の運用を推し進めようとするかのように、保釈を許可した準抗告審の決定に対する検察官からの特別抗告を棄却したり、保釈許可を取り消した(準)抗告審の決定を取り消したりして、保釈許可を是認する方向での決定が目立つようになっていると思われる[81]。また勾留却下決定を取り消した準抗告審の決定を取り消して勾留請求却下を是認した決定も見られるようになっている[82]。このような令状実務の状況は、弁護実践にとって風向が良くなってきていることを示すものと言えるのであって、加えて、2016年改正によって、刑訴法90条の裁量保釈の考慮事由が、具体的に詳細化され明確化されたことも加味しつつ、勾留・保釈の運用のさらなる改善を目ざして果敢な弁護実践が求められることになろう。

---

(81) 保釈を許可した準抗告審の決定に対する検察官からの特別抗告を棄却した最高裁決定として、①最(二小)決平成22・7・2裁判集刑301号1頁、判時2091号114頁、判タ1331号93頁。保釈許可をを取り消した(準)抗告審の決定を取り消して保釈許可を是認した最高裁決定として、②最(三小)決平成24・10・26裁判集刑308号481頁、③最(三小)決平成26・3・25裁判集刑303号319頁、判時2221号129頁、判タ1401号165頁、④最(一小)決平成26・11・18刑集68巻9号20頁、判時2245号124頁、判タ1409号123頁、⑤最(三小)決平成27・4・15裁判集刑316号143頁などがある。決定に対する評釈としては、①について、緑大輔「保釈請求に関する準抗告決定に対する検察官からの特別抗告が棄却された事例」刑ジャ28号（2011年）129頁、③について、丹治初彦「特別抗告審において原決定が取り消され、保釈を許可した原々決定が是認された事例」刑ジャ43号（2015年）161頁がある。
(82) 勾留請求却下決定を取消した準抗告審の決定を取消し勾留請求却下を是認した最高裁決定として、①最(一小)決平成26・11・17裁判集刑315号183頁、判時2245号129頁、判タ1409号123頁、②最(二小)決平成27・10・22裁判集刑318号11頁がある。①の決定に対する評釈として、福島至「最高裁第一小法廷平成26年11月17日決定の射程」刑弁83号（2015年）30頁、同「勾留要件と罪証隠滅の現実的可能性」法時88巻1号（2016年）119頁、水谷規男「勾留の必要性判断における罪証隠滅の現実的可能性の考慮」新・判例解説watch 17号（2015年）217頁がある。福島は、前者（30頁）では、当該決定について「刑事弁護活動にさらなる希望と展望を与えるもの」であって、画期的な決定だと評価し、後者（122頁）では、「本件刑事弁護活動が判例創造機能を果たしたことは、高く評価されてよい。」としている。

そして、可視化法制下の黙秘権行使を中核とする「黙秘中心」の弁護実践にあっても、最近の実務の運用の動向を踏えたうえ、勾留請求を却下させ、あるいは保釈を獲ち取る弁護実践を充分に展開しなければならないであろう。

Ⅶ　結びに代えて

1　可視化法制と捜査の構造

　被疑者取調べの可視化が法制化されたことによって、被疑者は、黙秘権の行使が容易となり、取調官から取調べを受けても、黙秘権を行使して供述するか否かを自らコントロールすることによって供述の自由を得る契機を手にするに至った。これまで、被疑者は捜査段階では証拠方法の一つとして、あくまで捜査機関による取調べの対象に過ぎない地位に貶められていたが、可視化法制下では、被疑者は、捜査機関に対立する対等の当事者としての地位を獲取することも夢ではない状況ができつつあると言ってよい。

　周知のとおり、古くから、捜査の構造を理解するにあたって、糾問的捜査観と弾劾的捜査観が対比して論じられてきた。わが国の旧来の捜査観は糾問的捜査観と呼ばれていて、この考え方によれば、捜査段階の手続は国家機関としての捜査機関が行う手続であって、捜査の中心には、被疑者の取調べが位置付けられ、捜査は、本来、捜査機関が被疑者を取調べるための手続とされ、被疑者の取調べを通じて事実を解明するものとされる。そのため捜査機関には、強制処分の権限が与えられるが、その濫用を防止するために、強制処分法定主義と令状主義による抑制が行われる。

　これに対し、弾劾的捜査観は、捜査機関も被疑者側も対等の主体として公判の準備をするのが全体としての捜査の過程だとし、捜査機関は公訴を提起・追行するための準備として犯人と証拠の発見・保全を行い、強制処分は本来的に裁判所の権限に属し、捜査機関はそれを執行するにすぎない立場にあるとされる。他方、被疑者も捜査段階で、捜査機関と対等の主体として公判の準備を行うことになる[83]。

---

(83)　平野83頁。松尾浩也＝田宮裕『刑事訴訟法の基礎知識』（1966年、有斐閣）32頁。

糾問的捜査観と弾劾的捜査観の根本的な相違点は、「捜査機関が被疑者に対して当然に優越的な地位を持つことを承認するか否か」であり、「解釈論における具体的帰結が最も鮮明に対立するのは、身体を拘束された被疑者に取調べを受忍する義務があるかどうかについてである」と言われている[84]。

　被疑者はこれまで、捜査機関によって取調べの対象とされ、取調官による取調べの下で自白を追及されるだけの立場にあって、捜査機関の被疑者に対する優越的地位は当然の前提とされていた。

　しかし、取調べの可視化が法制化されて、被疑者の黙秘権行使は容易となり、供述の自由を得る契機を手にしたことによって、これまでの被疑者に対する捜査機関の優越的地位をかなりの程度相対化することができ、被疑者には、当事者として捜査機関と実質的対等の地位に近づきうる可能性が生じてきたと言える。

　また、実務は、なお、身体拘束された被疑者に取調べ受忍義務があることを前提として運用されているものの、取調べの可視化が実施されることによって、黙秘の態度をとる被疑者に対する取調官による執拗な「説得」は困難となり、被疑者による黙秘権の行使が、事実上取調べを中断させるような効果を生む、すなわち、取調べ受忍義務をかなりの程度無力化ないしは減殺させる可能性を孕らむことになったと言える。

　このようにして、取調べの可視化が法制化されたことによって、被疑者に対する捜査機関の優越的地位は相対化され、また被疑者の取調べ受忍義務がかなりの程度無力化ないし減殺されるということになれば、そこには捜査を、「糾問的捜査」から「弾劾的捜査」へ転換させる萌芽を見いだすことができるのではないか。弁護人が黙秘権行使を中核とする「黙秘中心」の弁護実践を行うことによって、被疑者・被告人と相協力して、この萌芽を成長させて行くことができるようになるのではないか。

　小坂井は、取調べ可視化自体は「価値中立的」であって、糾問的捜査観、弾劾的捜査観、訴訟的捜査構造論のいずれとも整合しうるのであり、また、可視化は、被疑者が「主体」たりうる環境を整備すると同時に、被疑者を直

---

(84)　後藤昭「訴訟的捜査構造論の意味」前掲注(21)書252頁。

ちに「客体」にすることも可能であって、「可視化によって、理念としての捜査構造は何も変わらない」と言う[85]。確かに、被疑者取調べの可視化によって、糾問的捜査構造が直ちに弾劾的捜査構造に変換することはないとしても、現実に取調べの可視化時代に入ったいま、弁護実践としては、被疑者・被告人の防御権を実効あらしめるために、糾問的捜査観に基づく旧態依然たる捜査を、当事者主義の理念型とも言うべき弾劾的捜査観に基づいた捜査構造に近づけるよう努力することが課題となると言ってよいであろう。

かくして、取調べの可視化は、弁護実践次第では、これまでの「糾問的捜査」を「弾劾的捜査」に転換する契機を内包しており、これこそ可視化時代、すなわち「新時代」の刑事弁護の「展望」ということができる。今後、弁護士は、これを単なる「展望」として終わらせるだけでなく、この「展望」を現実化していく役割を担わなければならないことになろう。

2 可視化法制化における弁護人の役割

いうまでもなく、被疑者による黙秘権行使は、弁護人の援助の下で行われる。弁護人は、被疑者との初回の接見において、「黙秘中心」の弁護活動を行うことによって、被疑者に対し黙秘権を行使するよう助言したとしても、その後の被疑者に対する取調べ状況をよく見定めることが必要であり、そのために接見を繰り返さなければならない。現在のところ、捜査段階の証拠開示は認められていないから（捜査段階の証拠開示の実現は、今後の現実的な課題である）、その後の接見等を通じて可能な限り捜査側の証拠状況に関する情報を得るべく努力し、当該事件の事案の性質と証拠状況を勘案して、黙秘の「解除」、すなわち被疑者に供述するよう助言するような場面も出てくるであろう。黙秘を解除するか否かの判断は、かなり微妙なものになることも考えられる。もちろん、黙秘を続けるよう助言することもあるであろうが、その場合には、被疑者の供述調書を弁護人自身が作成するなどして、被疑者の捜査段階の供述を保全しておくことが必要となることもある。

そして、この場合、弁護人が被疑者に対して、一方的に方針を「指示」

---

(85) 小坂井・現在159頁。

し、被疑者は単に「指示」に従うという関係はのぞましくないであろう。後藤昭はかつて、依頼者と弁護士の関係について、「一任型」弁護と「訴訟行為代行型」弁護の二つの型があり、「一任型」というのは、弁護士がすべて任され、依頼者はすべて弁護士に任せるという関係であり、「訴訟行為代行型」というのは、弁護士は依頼者から頼まれたことだけをする関係であるとした。そのうえで、後藤は、刑事事件における依頼者と弁護士の関係は、このいずれでもなく、「伴走者型」の関係がのぞましいとした[86]。後藤のいう「伴走者型」というのは、弁護士は依頼人と一緒に走りながら、必要な助言をして依頼者を誘導する、しかし最終的には本人が走る道を決めるという関係だと言う。

可視化法制下＝新時代の弁護実践における弁護人の立場は、もちろん「伴走者型」をとらなければならない。黙秘権を行使している被疑者と入念な協議をしたうえで、「黙秘解除」か、「黙秘継続」かを決めて、事案と時宜に応じた適切な弁護活動をすることが求められるのである。

すでに、繰り返し述べたように、弁護人には、裁判所や検察官の実体的真実の発見に協力するという意味で「真実義務」を負うことはない。しかし、被疑者・被告人との関係では「誠実義務」を負う。弁護人の誠実義務の内容は、被疑者・被告人の権利・利益を擁護するため「最善の弁護活動」に努めなければならず（弁護士職務基本規定46条）、被疑者、被告人にとって必要な事項を時宜に応じて適切かつ十分な内容で示さなければならない。そして、被疑者・被告人が主体的な判断に基づいて最善の方針が選択できるように説明し、助言し、説得することが求められる。これが被疑者・被告人に対する弁護人の「誠実義務」の履行の場面ということになる[87]。

可視化時代＝新時代の黙秘権行使を中核とする「黙秘中心」の弁護活動にあっては、この弁護人の被疑者・被告人に対する誠実義務がこそが重要になるのはいうまでもなく、弁護人は被疑者・被告人の「伴走者」として、この誠実義務を履行していくことが求められる。

---

(86) 後藤昭「刑事弁護人の役割」日本弁護士連合会研修叢書・前掲注(67)652頁。
(87) 浦功「弁護人の義務論」現代の刑事弁護(1)17頁以下。

3 刑事弁護の「真価」の発揮を

　三井誠教授は、2004年改正および2016改正を経て、刑事司法改革の動きは新たな段階に入り、法整備の展開には検討すべき課題も多く、法整備後も、その適切な運用には、特に軸となる法曹三者の独自の工夫と努力が求められるとされる。そして、「被疑者国選弁護制度や証拠開示制度の拡充の場面においてはもとより、取調べの録音・録画制度の導入等、新たに構築される制度・手続について、弁護士層による対応の在り方が最も重要である。個別弁護士のスキル向上と同時に単位弁護士会、日弁連の刑事弁護に対する適切な制度的・組織的対応が待たれる」と言われている。

　そのうえで、三井教授は、「刑事弁護の真価が問われるという意味で、新たな刑事司法制度の構築の鍵は、刑事弁護にあると思われる。」と結ばれている[88]。

　可視化時代＝新時代に入って、被疑者による黙秘権の行使が容易となり、黙秘権を戦略的に行使できるようになった。黙秘権行使を中核とした「黙秘中心」の新たな弁護実践を展開することによって、被疑者を捜査機関と対等の当事者に押し上げ、捜査段階における真の意味の当事者主義を実現するために、私達弁護士はその「真価」を発揮しなければならないであろう。

（うら・いさお）

---

(88)　三井誠「鍵は刑事弁護」論究ジュリ12号（2015年）110頁。

《座談会》
日本の刑事弁護の到達点と課題

|弁　護　士|浦　　　　功|
|甲南大学教授・弁護士|渡辺　　修|

弁　護　士　　　　　浦　　　　功
弁　護　士　　　　　後藤　貞人
弁　護　士　　　　　下村　忠利
弁　護　士　　　　　山口　健一
甲南大学教授・弁護士　渡辺　　修
弁　護　士　　　　　信岡登紫子（司会）

───────〈目　　次〉───────
1　出席者の自己紹介
2　刑事弁護をめぐる1970年代の状況
3　刑事弁護をめぐる1980年代の状況
4　刑事弁護をめぐる1990年代の状況
5　刑事弁護をめぐる2000年～2010年代の状況
6　2016年改正と今後の課題

1　出席者の自己紹介

信岡：それでは、各自自己紹介をお願いします。期の順で、浦さんからお願いします。

浦：私は1971年に弁護士登録しまして、今日まで45年間弁護士をしております。その間、大阪弁護士会の刑事弁護委員長や日弁連刑事弁護センターの委員長をしておりまして、刑事弁護にはかなり関わってきたと思っています。よろしくお願いいたします。

信岡：次に後藤さんお願いします。

後藤：後藤貞人です。27期で1975年に弁護士登録しました。登録以来40年になります。浦さんの後をついて刑事弁護の仕事をしてきました。

信岡：次に、下村さんお願いします。

下村：下村忠利です。29期です。私は1977年に弁護士登録をして、上坂合同法律事務所に入りました。この上坂

事務所は、元々浦さんがおられた事務所で、私が入ったときにはもう独立されていましたけれど、浦さんに親しくしていただきました。修習生の時代に佐々木哲蔵先生(1)の事務所によく遊びに行きまして、そこで後藤さんとも仲良くさせていただきました。そのときにいろいろ刑事弁護について学んだことがいまだに役に立っています。

それから、私は、2004年に日本で初めての刑事専門の刑事公設法律事務所を大阪弁護士会が設立しましたが、その初代所長になりました。刑事弁護の経験はそれなりに積んでまいりました。

信岡：では山口さんお願いします。

山口：1977年登録で29期です。当番弁護士制度を作ろうって言い出した松江の1989年の人権大会以降、主に被疑者国選制度の設立と運営に関わってきました。浦さんが日弁連刑弁センターの委員長になられ、司法制度改革推進本部で委員をしておられたころからずっとこれまでお付き合いいだいています。大阪弁護士会の刑事弁護委員長や日弁連刑事弁護センターの委員長もやっております。浦さんの裏支えをしてきたという感じです。

信岡：では、次に渡辺さんお願いし

ます。

渡辺：渡辺修です。研究者です。私は1976年から1981年まで大学院にいて研究者としての基礎的なトレーニングを受けその後刑事訴訟法の研究者として大学に勤めております。2003年から甲南大学に移籍し、2004年から甲南大学法科大学院の責任者を務めております。

2001年以降刑事訴訟法を巡る状況が「法解釈と運用」の時代から、法律により制度を作って運用を動かす「立法と制度」の時代に入ったこと、また裁判員裁判制度導入が決まったこともあって、現場感覚を知らなければ理論的な分析もできないと考えました。そこで、下村忠利さんのお世話で、当時できたばかりの刑事公設法律事務所の客員弁護士として入らせていただきました。その後、私も少しだけですが捜査から一審、控訴審、上告審そして再審と一渡り刑事弁護を現場でやってきております。

信岡：ありがとうございます。私は35期の信岡です。登録は1983年です。浦門下生、第1号イソ弁です。私も刑事弁護には結構関わっております。

（1） 佐々木哲蔵は、裁判官、弁護士（大阪弁護士会所属）。吹田騒擾事件の裁判長で、いわゆる黙祷事件で有名。1906年生、1994年没。

2　刑事弁護をめぐる1970年代の状況

(1) 公安事件

信岡：それでは早速、浦さんが弁護士になられた1971年ごろの刑事弁護活動の状況や弁護士会の状況をお話いただけますでしょうか。

浦：はい。私が司法修習生になったのは1969年4月です。東大の安田講堂の封鎖解除がその年の1月にあり、その年は東大では卒業式が行われませんでした。そのために、私たちは司法修習生23期になるのですが、23期では、一部東大生を遅れて卒業をさせて、7月入所という形で修習生に採用する、およそ50人ぐらいいたんでしょうか、そういう時代状況下で変則的ともいうべき状態で始まった修習でした。また、1971年3月の修習修了式には阪口徳雄君が罷免されるという事件も起こりました(2)。

一方で、任官拒否だとか、宮本康昭裁判官の再任拒否があり、「司法の危機」とわれわれが呼んでおった時期に当たります。刑事裁判では東大裁判において、統一公判要求に対して裁判所がそれを全く受け入れない、いわゆる被告人欠席・弁護人欠席の審理・判決の言い渡しという事態が続いておりました。1969年の10・11月闘争事件の裁判では弁護人が統一公判要求したところ、東京地裁がこれを拒否したため、私選弁護人が辞任し、その後全被告人について、国選弁護人の選任を要求して選任されることになりました。しかし、裁判所は、その国選弁護人らの要望も一切受け入れないため、国選弁護人が辞任を申し出るのですが、今度は裁判所が辞任を認めないということで紛糾し、いわゆる「荒れる法廷」という状況が続いていました。1971年というのは、そのような状況がほぼ終盤にさしかかった時期で、そのような時期に、私は弁護士になりました(3)。

私は大阪で弁護士登録をしたのですが、当時大阪も、全共闘運動、あるいはベトナム反戦運動、大学での紛争や、それから街頭闘争などもたくさんありまして、大量逮捕事件が起こりました。そして、その種事件に関与する弁護士が当時は大変少なかったので、京阪神―京都・大阪・神戸―辺りを接見に走り回るというのが弁護士になっ

---

(2) 1971年、最高裁による宮本康昭判事補に対する再任拒否問題があり、また、7名の修習生に対する裁判官への任官拒否が出されことに対して、23期の修習修了式で、この任官拒否について理由を問う発言をした阪口徳雄修習生が罷免された事件。

(3) 1970年代の刑事弁護の状況については、大出良知「学生公安事件から『弁護人抜き裁判法案』まで（1970年代）」現代の刑事弁護(3)141頁以下参照。

《座談会》日本の刑事弁護の到達点と課題

うら・いさお

1944年大阪府生まれ。京都大学法学部卒業。大阪弁護士会刑事弁護委員会委員長、日本弁護士連合会刑事弁護センター委員長などを歴任。
〈主な著書・論文〉『実務刑事弁護』（1991年、編著、三省堂）、「保護観察付執行猶予取消の問題点」『新生きている刑事訴訟法（佐伯千仞先生卒寿祝賀）』（1996年、成文堂）、「刑訴法81条の接見等禁止と弁護活動」『刑事・少年司法の再生（梶田英雄・守屋克彦両判事退官記念論文集）』（2000年、現代人文社）、「公判段階における弁護活動」『新刑事手続Ⅱ』（2002年、悠々社）、「被疑者国選弁護制度の導入と国選弁護制度」『鈴木茂嗣先生古稀祝賀論文集 下巻』（2007年、成文堂）、「弁護人の義務論」『実務体系 現代の刑事弁護 第1巻 弁護人の役割』（2013年、第一法規）など多数。

た当初の弁護人としての体験でした。

(2) 接見妨害等

信岡：公安事件をやっておられて、接見妨害等はどうだったでしょうか。1978年に杉山事件最高裁判決が出ましたが(4)。

浦：杉山判決が直接影響したわけではなかったかと思うんですけれども、当時は公安事件に関しては、指定書を持ってこいだとかそういうことはあんまりなくって接見はできていたように思います。ただ、接見に行くと、必ず警察側は、弁護士を本人は呼んでないだとか、あるいは接見を本人は希望してないだとか、あるいは接見時間をなるべく短くせよとか、接見に対していろいろな妨害をしてきましたので、接見に行くときは毎回けんかに行くようなつもりで臨んだのが当時の実情でした。

後藤：接見指定がなかったでしたか。

浦：ありましたけれども、受け取らずに行ったというのが実情だったと思います。

山口：私は、接見指定書がないとあかんとか、いや受け取らないとかですったもんだもめるから、準抗告してたと思う。

後藤：1975年、私が弁護士になったとこですけど、接見指定の問題で、現場でしょっちゅうわーわーと言うてました(5)。

浦：私が登録した当時は、大量逮捕で、警察側もその対応に追われておっ

（4） 最(一小)判昭和53・7・10民集32巻5号820頁。
（5） 接見問題については、様々な文献があるが、もし1冊を挙げるとすれば、若松芳也『接見交通権の研究』（1987年、日本評論社）となろうか。

たからのせいかどうかわかりませんが、指定書をめぐって議論した記憶はあまりありません。

後藤：準抗告までやりましたよね。

山口：夜中の11時頃に裁判所に申し立てて、それから裁判官と面談をして、3時頃決定が出て。そこからそれを持って接見に行く、そんなことをしてた。

浦：勾留に対する準抗告はこれはもう随分やりましたけれども、接見指定に対する準抗告は、ほとんどした記憶はありません。

後藤：勾留の準抗告は、詳しい書式がありました。当時ですから手書きの……。

浦：ガリ版刷りの。

後藤：そうです。多分浦さんの世代が、こしらえられたと思うんです。

浦：多分そうだと思います。

後藤：原則として公安事件は、全部接見指定をしていたんじゃないかと思います。

下村：ええ、そうだと思うけど。

(3) 一般の刑事弁護活動

信岡：浦さんからご覧になっていて、当時の一般的な刑事弁護人の活動状況というのはどんな感じだったんでしょうか。

浦：冤罪を争う事件は極めて熱心な弁護人が、数はそんなに多くはないですが一生懸命やっておられて、素晴らしい成果を上げておられました。一方ではもう弁護活動の名に値しないといいますか、そういう弁護士も多数いたのが実情ではなかったかなと思います。

信岡：浦さんは、甲山事件[(6)]が1974年に第1次逮捕がありましたが、いつから関与されましたか。

浦：私は、第2次逮捕があって、山田さんが起訴された後です。

信岡：起訴されたのは1978年の3月9日、殺人罪で。

浦：そうです、だから3年後です。1974年に結成された弁護団がすぐ国賠訴訟を起こしました。国賠訴訟で園長さんと保母さんが証言されたのが偽証だということで、偽証罪で逮捕され、同時に山田さんが殺人罪で逮捕されるわけです。その点は渡辺さんが詳しいんじゃないですか。

---

(6) 甲山事件とは、1974年に兵庫県西宮市の知的障害者施設の甲山学園で園児2人の死亡事故が発生したことに端を発する事件で、1985年一審神戸地裁は無罪判決、1990年控訴審大阪高裁は破棄差戻、1998年破棄差戻審神戸地裁は無罪判決、1999年差戻審控訴審大阪高裁は、検察側控訴棄却。事件発生してから25年後に無罪が確定した冤罪事件。松下竜一『記憶の闇—甲山事件1974→1984』(1985年、河出書房新社)、浜田寿美男『証言台の子どもたち—甲山事件／園児証言の構造』(1986年、日本評論社)、上野勝・山田悦子『甲山事件／えん罪のつくられ方』(2008年、現代人文社)参照。

渡辺：私は、1970年代後半はまだ大学院にいた頃です。当時私が経験できたのはいわば純粋培養的な研究者になっていくコースでした。実務の動き、個別事件の動きやその重要性などにはあまり敏感ではありませんでした。ただ、新聞報道の中で甲山事件と呼ばれる事件が神戸で動いていることは知っていました。ですが、この頃は京大大学院生の多くがそうであったように、特定のテーマについて、まずいずれか外国のことを勉強し、比較をやった上で考え方、原理、解釈指針を学び取る形でまとめるというオーソドックスな勉強しかしていませんでした。外国法の制度と運用を学ぶのではなく、比較法研究と言いながらいわば法哲学を学んでいるようなものでした。我が国の実務のあり方と学者の原理論のあり方を突き詰めて考えながら、世の中の出来事、現場の動きの中でどう研究していくのかを考えていくのは、1984年～1986年のアメリカ留学を終えて帰国した後のことです。

下村：僕が弁護士になったころの一般の弁護活動っていうのはどんなんだったかという話なんですけども。

僕自身は、弁護士になる前から東大や京大の学生運動に対する弾圧事件っていうのを、よく見てたんで、弁護士になってからはそういう先鋭的な弁護活動、刑事弁護をやりたいなと思っていたんです。

弁護士になってみると、やはりそれは一部、そういう労働公安事件の弁護活動は、ほんとに先鋭的にやられてたけども、それ以外の一般事件の弁護活動っていうと、いわゆるヤメ検の人がやっているというのが一方にあり、それから一方には、さっき浦さんが言われたように、刑事弁護の名に値しないような手抜き弁護、そういうのが結構横行してました。

僕の印象からいくと、非常に寂しいことだったんですけども、やはり裁判所や検察官が弁護士をばかにしてると。もう腹の底では非常にばかにしてるっていうのが分かりました。そこで、一般の事件についても、その労働公安事件における先鋭的な、先進的な弁護活動の手法、今言ってた準抗告なんかを一般事件にも適用していかないといけないなというふうに考えていった経過があります。

後藤：私はちょっとだけニュアンスが違います。私は佐々木哲蔵先生のところにいました。佐伯千仭[7]、佐々木哲蔵というお2人が大阪におられて、やくざの事件、なかなか引き受け手がなく、他の地方ではヤメ検の人だけがやってる、その分野を一生懸命やってはったわけです。非常にレベルの高い弁護をしておられました。それがあったから、大阪のわれわれ、その当時の

若手も、やくざの刑事弁護をやることに抵抗感がなかったと思うんです。

下村：僕は佐伯先生と一緒に京大の学生運動の弾圧事件の弁護活動を1年目か2年目にやってたんですけども、そのときに、やくざの事件を佐伯先生がやっていたんでしょうね。やくざが逮捕、勾留されて、佐伯先生が、僕の横でその事件の接見報告を聞いておられる場にいたことがあります。佐伯先生が「えっ、やくざの親分のくせに黙秘もできひんのか」って、かーって怒って、「俺はすぐ接見に行ってどやしつけてくる」言うて走っていかれたんです。僕はそのとき非常にびっくりしまして、こんな大先生がと。僕自身は、今でこそいわゆる暴力団の事件も幾つもやってますけど、当時はそういう意味では先進的な労働公安事件の、いわゆる労弁のつもりでいましたんで、そんな弁護活動をこんな立派な先生がやってるんだって非常にショックだった。いまだにそれは印象的に覚えてます。

山口：このころは、普通の弁護士は被疑者の段階の捜査弁護なんか何もやらないのが通常でした。全部調書が出来上がって、出来上がった調書を前提に、どうけんかするかっていうことに刑事弁護の主眼があったと思う。だから労働公安事件とやくざ以外は、弁護人は付かないっていうのが当たり前だった。

下村：今でこそ捜査弁護っていう言葉をわれわれ使ってるけど、当時は起訴前弁護と言っていましたね。起訴されることが前提であって、その前の弁護活動で何するかって。そういう言葉からして違った。

(4) 公安事件における公判

浦：ちょっと話が前後しますが、いわゆる公判における東京方式・大阪方式と言われることがありました。とりわけ公安事件における公判につきましては、東京では機動隊あるいは警察隊に守られて、それで徹底した強権的な訴訟指揮をしながら公判を行っていくという、そういうスタイルが東京方式と言われました。

それに対して大阪方式というのは、ある程度最初の数回の公判期日は、被告人が腕章とかヘルメットとかそういうものについて論争して過ごすわけだけれども、そのうちに被告人の発言が

（7）　佐伯千仭は、刑法・刑訴法学者、弁護士（大阪弁護士会所属）、法学博士。1907年生、2006年没。著書は刑法総論などのいわゆる基本書の外、『刑法における期待可能性の思想（上・下）』（1944年、1946年、有斐閣）『刑事裁判と人権』（1957年、法律文化社）、『法曹と人権感覚』（1970年、法律文化社）、『陪審裁判の復活』（1996年、第一法規）等多数。

《座談会》日本の刑事弁護の到達点と課題

ごとう・さだと

1947年大阪府生まれ。大阪大学法学部卒業。日本弁護士連合会刑事弁護センター死刑弁護プロジェクトチーム座長、日本弁護士連合会取調べの可視化実現本部委員会副本部長などを歴任。
〈主な著書・論文〉『被告人の事情／弁護人の主張：裁判員になるあなたへ』（2009年、編著、法律文化社）、『裁判員裁判刑事弁護マニュアル』（2009年、編著、第一法規）、「死刑事件の弁護」『実務体系　現代の刑事弁護　第2巻　刑事弁護の現代的役割』（2013年、第一法規）など。

次第にその事件の中身に入っていって、腕章とかヘルメットに関する発言も衰えていくわけです。それを待ちながら裁判所が辛抱強く審理を進めて、それによって、その事件の中身に入った審理が行われていました。われわれが弁護士になった当初は、そういう大阪方式の下で公判審理を受けてきたと

いう経過があります。なぜその大阪方式が定着したかというと、これは石松竹雄先生が最近日本評論社から出された『気骨』(8)という本の中に、書いておられます。名前を挙げられているのは毛利与一先生(9)、それから佐伯千仭先生、こういう大御所が大阪にはおられて、その先生方が公安労働事件なんかについての指導力を発揮されたと、その結果だろうというふうにおっしゃってます。石松さんの意見には私も賛成です。

後藤：浦さん、指導力を発揮されておとなしゅうしてましたか。

一同：（笑）

浦：私個人としては、いわば、佐伯先生の手のひらの中で暴れていただけ、というのが実情でしょう。

信岡：後藤さんも同じような……（笑）。

後藤：私は……もっとおとなしいです、元々。

浦さん、1つだけ聞きたいんですけど。冤罪事件をやりたい、あるいは労働公安事件をやりたい。要するに正義の味方をしたいというのが入り口としてはそういう人多いですよね。

（8）　石松竹雄『気骨』（2016年、日本評論社）。
（9）　毛利与一は、大阪弁護士会所属の弁護士。法学博士。1901年生、1982年没。東京裁判で平沼騏一郎の補佐弁護人。1959年、大阪弁護士会会長。著書は『自由心証論―有罪心証としての―』（1956年、有信堂）、『裁判の根拠と理由』（1973年、日本評論社）等多数。

浦：そうですね。

後藤：それがもうやくざだろうが、極悪非道だろうが弁護するというのは、浦さんの感覚ではどういうふうになってたんですか。

浦：私も、後藤さんとおなじで、佐伯先生からやくざ事件についての関与の在り方というのを教えていただきました。最初は若干抵抗はなかったとは申しませんが、佐伯先生と一緒にさせていただくに従って、やくざ事件であっても、特別なものは何もない、普通の事件とおなじようにやればいいんだ、そういうふうに考えるようになりましたね。

後藤：しかも、違法捜査の最前線って感じですよね。ほんとに殴る蹴るが当たり前でしたね。

浦：やくざに対しては、まさに数々の暴行を、屈強な警察官たちが加えてました。

後藤：府警四課の事件を受任すると、殴る蹴るをいかにやめさせるかっていうのが捜査弁護の一番大事なところだというような感じがあったんです。

山口：柔道場に連れて行くっていうやつだな。

浦：柔道場へ連れて行かれて、柔道の締め技で首を締められたということもよく聞きました。

(5) 弁護人抜き裁判法案

信岡：1978年いわゆる弁護人抜き法案が出て[10]、1979年には廃案になっているんですが、この頃はどのような運動があったんですか。

下村：弁護人抜き裁判法案が1978年に出てきて、その過程で法務省や最高裁からは弁護士会の懲戒制度の運用に対して批判が出ました。それに対して、日弁連理事会では1978年11月に、弁護士自治の問題に関する答申書を採択したと、こういう経過があるんです。その答申書の中に、一般国民に支持される弁護活動じゃないといけないというくだりがあって、僕とか後藤さんなんかは、それに対して非常に反発したのを覚えています。そうでしょ。

後藤：そうね。大論争になった。

下村：そのとき大論争したかいがあったのかどうか分かりませんが、今、いわゆる刑事弁護活動が国民に支持されなきゃならないという論理はほとんど出てこなくなった。後の弁護士職務基本規程にも出てこなくなった。そのとき思いっきり論争したから良かったなと。たとえ国民に支持されなくて

---

(10) いわゆる「荒れる法廷」等を契機として、1978年、弁護人の裁判ボイコットの際に刑事訴訟法289条に該当する必要的弁護事件でも、被告人に責任がある場合「弁護人がいなくても審理を進めることができる」とする刑事訴訟法改正案（弁護人抜き裁判法案）が国会に上呈されたが、成立には至らず、1979年廃案になった。

も、刑事弁護活動はやらなきゃいけない。弁護士会が、国民に信頼され支持されなきゃならないのは当たり前の目標だけども、個別の弁護活動が国民に支持されなきゃならないっていうのは、絶対刑事弁護の本質からいうとおかしい。こういう議論をしました。

信岡：その辺りのことを繰り返しおっしゃっていただかないと。例えば、今の修習生からは、何であんな悪いやつの弁護をするんですか、みたいな質問はしょっちゅう出てくるので。やっぱりそれは当然のこととして、理屈としてはもう確立してるんだけども、繰り返し先輩の先生方が機会あるごとにおっしゃっていただかないといけない話だと思います。

浦：今、弁護人抜き裁判法案の話が出ましたけど、この弁護人抜き法案が出たときには、私はほんとに危機感を持ちました。ある意味ではその出方が唐突だったんです。それ以前に弁護人抜きで判決されるケースは幾つもありました。東大事件だとか、それから10・11月事件なんかで実際に、弁護人抜きで行われていたのです。したがって、1978年の時点では、特段の立法事実がなかったにもかかわらず、さらにあえて必要的弁護事件で弁護人無しでも審理し判決できるという規定を作ろ

うというわけです。しかも、あれよあれよという間に法案になって、国会に提出されるわけです。そういうことで私たちは大変危機感を持って、弁護士会も学会も一丸となって抵抗運動、反対運動を展開しました。

最終的には法曹三者の協議の中で収束していきました。弁護士会では懲戒規定を整備して、懲戒委員会だとか綱紀委員会の中に外部委員を入れるということになっていったのです。それから先ほど下村さんが言われたけれども、退廷命令を受けた弁護士、あるいは出頭しない弁護士を懲戒できるように弁護士倫理上の規定を設けるということでようやく収束したわけです。

結果として、それが良かったのか悪かったのか、私には分かりませんけれども、しかし、あのときに大変危機感を感じたことは間違いなく、それを何とかして廃案に追い込めて、ホッと胸をなで下したということだったような気がします。

下村：念のために、大川真郎さんの『司法改革——日弁連の長く困難なたたかい』[11]という本の一部分なんですが。

「日弁連の弁護人抜き裁判特例法案に反対する闘い。1968年から70年にかけ、東大裁判がその被告弁護団は、裁

---

(11) 大川真郎『司法改革—日弁連の長く困難なたたかい』（2007年、朝日新聞社出版）。

判所の強権的・高圧的な裁判の在り方に反発し、裁判不出頭戦術を取った。これに対して政府は、1977年の10月、ダッカ事件を契機にハイジャック対策の一環として、弁護人不在のままでも裁判ができる法案を国会に上程した。この法案は被告弁護団の責任だけを取り上げ、裁判所の異常な訴訟指揮権の行使を不問に付したものであることに、全国の弁護士会はこれに反対して立ち上がった。そして、長年にわたる精力的な運動によってついにこれを廃案にした。」

この長年にわたる精力的な運動が、さっき言った弁護人抜き法案の問題に関する答申書を巡る議論がなされました。その結果、1979年の法曹三者協議、その付属了解事項として、日弁連の懲戒、日弁連と各弁護士会の懲戒委員会および綱紀委員会の委員構成の変更などがありました。懲戒委員会に弁護士以外の外部委員が増員され、また、綱紀委員に参与制度が導入されると。それからまた弁護人は理由のない辞任・退廷をしてはならないという決議(12)も上げたりして、結局弁抜き法案は廃案にすることができたと。それは歴史として皆さん知っていないといけないことです。

しもむら・ただとし

1948年生まれ。京都大学法学部卒業。大阪弁護士会刑事弁護委員会委員長、日本弁護士連合会刑事弁護センター副委員長などを歴任。現在、刑弁フォーラム副代表世話人。
〈主な著書・論文〉『実務刑事弁護』(1991年、共著、三省堂)、『刑事弁護の技術』(1995年、共著、第一法規)、「弁護実務と違法収集証拠排除法則」『刑事手続の最前線』(1996年、三省堂)、「共同被告人の弁護人間の倫理」『実務体系 現代の刑事弁護 第1巻 弁護人の役割』(2013年、第一法規) など。浦功弁護士の古稀を記念して、『刑事弁護人のための隠語・俗語・実務用語辞典』(2016年、現代人文社)を発刊。

信岡:その1979年は財田川、免田、松山という死刑冤罪の再審決定が出た年になるんですね。

3 刑事弁護をめぐる1980年代の状況

(1) 再審死刑無罪4件

信岡:それでは、1980年代にお話を

---

(12) 1979年5月26日日本弁護士連合会総会決議(「刑事法廷における弁護活動に関する倫理規定—昭和54年8月26日会報第22号—」の制定とともに決議された)。

移していただきます。

後藤：死刑事件の再審無罪4事件[13]、あれがものすごい大きなインパクトを一部には与えたけれども、大きな流れにならなかったとも言えます。例えば死刑廃止とか。私はまだペーペーでしたから、浦さんに。

浦：そういう意味では、各弁護団の努力っていうのは非常に大変なものがあったことはまちがいありませんが、それが刑事弁護に携わる弁護士の間の問題意識として普遍化されていったかどうか。他方で、これらはもう非常に特別な冤罪事件だったというような見方があったんでしょうか。個別の弁護団としては大変偉大な成果を上げられたと思いますけども、その成果というのが必ずしも刑事手続の制度問題や刑事弁護の問題として行き渡ってはいなかったという感じは当時もしてました。

後藤：だから、個別の事件として成果があったのは事実で、4件もの死刑確定者が実は冤罪だったっていうことは分かるわけです。当時の新聞記事なんかでも、そうやってかなり大きくは扱ったけれども、それが死刑廃止とか裁判制度の見直しとか捜査手続の見直しとかいうことに結実しなかった。

浦：弁護士会としては、捜査側に対して冤罪4事件に関する検討の結果を出せとかいって迫ったりはしてたようですけど、その検討結果は検察内部にとどまり、オープンにされていません。裁判所は、裁判官として、やや危機感持った方がおられたようで、この後ですが、取調べ経過一覧表が裁判所の提案で出てくるんです[14]。ところが、弁護士会として制度改革を提案していくというような具体的主張につながったというのは、私の当時の記憶としてあんまりないんです。

(2) 学界、弁護士会の対応

信岡：渡辺さん、その辺の学界の状況はどうだったんでしょうか？

渡辺：1986年の秋に、アメリカから帰ってきたとき、4つの再審事件について、多くの刑事訴訟法の学者の方々が、すでに再審の基礎理論から事例分析、裁判支援まで包括的な取組みをずっとやっておられていました。深まっ

---

(13) 免田事件（1948年熊本県人吉市で起きた強盗殺人事件で1952年死刑判決が確定したが、1984年再審で無罪が確定した冤罪事件）、財田川事件（1950年香川県財田町で起きた強盗殺人事件で1957年死刑判決が確定したが、1960年再審で無罪が確定した冤罪事件）、松山事件（1955年宮城県松山町で起きた強盗殺人事件で1960年死刑判決が確定したが、1984年再審で無罪が確定した冤罪事件）、島田事件（1954年静岡県島田市で起きた強姦殺人事件で1960年死刑判決が確定したが、1989年再審で無罪が確定した冤罪事件）
(14) この問題の最初と思われる公刊物として、「取調経過一覧表をめぐって」判例タイムス42巻27号（1991年）参照。

た議論が続く中、それに追い付くのにはもうとうていのことでは間に合わないと思いました。ただ、再審固有の枠から次に通常審も含めた刑事裁判のあり方を当時可能であった法解釈を主な武器として変革するのにはどうするかという議論は次の課題として残されているように感じました。

　他方、東大を中心とする学者たちは、基本的に研究会としては一緒にやっておられる方もおられましたものの、「死刑再審無罪」という深刻な事態を踏まえて、通常の法解釈論に落とし込む作業は恐らくやっていなかったと思います。特殊な事例として扱われて後に21世紀に入って迎えることとなる司法改革のような大きな変革を生むことなく幕を閉じた感が強いのです。

山口：いくつかの弁護士会では1970年代から被疑者国選って話は出ていましたけれどもね。各単位会では人数少ないのにどうするのか、誰がやるんだとか、そんな議論も1970年代の初め頃からしてるんです。それで全然単位会で、まとまりがつかなくって、どこでも何かまだ早いな、できないみたいな話でしたね。だから、その4つの無罪判決をきっかけに、捜査段階から弁護が必要なんだという提言になりませんでした。公判でどうするのかっていうところにばっかり目がいってて。

渡辺：死刑再審で無罪がでることを異常な事態と受けとめ、その病理の原因と対策について、これらの事件をきっかけとして捜査から公訴の提起、公判、そして上訴と、全般的な見直しを例えば法曹三者の責任で、あるいは法務省の主導であったり、さらには、革新的な国会議員団によって国政調査権の包括的な行使としてでも、検討と提案がなされて、もう少し早い時期に刑事司法の構造改革をする、いいきっかけにできてもよかったと思います。

　日本はこうした構造改革のための調査活動を、例えばある時期のイギリスやアメリカと違って全くやらないように思います。立法改革にあたっても、立法事実よりも官僚と識者の見識を中心とする「見立て」による法改正をする傾向が強い。そういう体質の国としかいいようがないのですが、このため、刑事司法の抜本的な改革のせっかくの機会を逃したと言えます。もっとも、幸いにも、ある程度の実情調査に基づく法改正は、10年から20年遅れて、まず21世紀初頭の司法改革で、さらにその後の村木事件をきっかけとする平成28年の刑事訴訟法改正である程度実現したように思います。

後藤：今回の司法改革・刑訴法改正が村木事件[15]の影響もあって、ようやくできた素地は、氷見事件[16]、志布志事件[17]など、弁護士会がその前からいろんな事件を取り上げて、ずっとやっ

《座談会》日本の刑事弁護の到達点と課題

やまぐち・けんいち

1949年鹿児島県生まれ。大阪市立大学法学部卒業。日本弁護士連合会「刑事弁護センター」委員長、大阪弁護士会会長、日本弁護士連合会副会長などを歴任。
〈主な著書・論文〉『虚構と真実―豊田商事事件の記録』(1992年、共著、耕文社)、「外国人事件と公判」『新刑事手続Ⅱ』(2002年、悠々社)、「日本における国選弁護制度のあり方について」『実務体系 現代の刑事弁護 第1巻 弁護人の役割』(2013年、第一法規)など。

てきたっていうのがあります。それに比べても4死刑事件ですよ。4つもです。同じ時期に。私は一体何してたの

かって思いますよ、もう弁護士になってたから。それを考えると、やっぱり弁護士会もあかんかったんでしょうね。

山口：あかんかった。それは松江の人権大会までは、もう言ってみれば平野さんが「絶望や」って言うぐらいで、どうするんやっていうばかり。89年の人権大会まで、やっぱり何とかせなあかん、何とかせないかんって議論はいっぱいあるのに、どうするんやで終わってた。

浦：その刑事弁護全体をこう掌握する、そういう部署が日弁連にもなかった。

山口：人権擁護委員会の一部がやってたんです。

浦：今や袴田事件(18)1件でも死刑廃止っていう問題提起ができる時代です。だから、4件の死刑再審無罪事件が出たとき、渡辺さんがおっしゃった

---

(15) 障害者団体向けの郵便割引制度を悪用し、企業広告が格安で大量発送された事件に関連し、2009年大阪地検特捜部は、厚労省の村木厚子元局長らを虚偽有印公文書作成・同行使容疑で逮捕・起訴し、2010年大阪地裁が村木元局長に無罪を言い渡した冤罪事件。その後、特捜部検事が証拠のフロッピーディスクを改ざんするということも発覚した。
(16) 2002年、富山県氷見市で発生した女性2人に対する強姦、強姦未遂事件で、柳原浩氏が懲役3年の有罪判決を受け、刑に服した後に本件の真犯人が自白し、再審無罪となった。
(17) 2003年の鹿児島県議選で当選した県議が、妻らと共謀して同県志布志市で投票依頼したとして、住民を含めて15人を公職選挙法違反容疑で逮捕。13人を起訴したが、2007年鹿児島地裁は12人に無罪を言い渡した(1人は公判中に死亡)。
(18) 1966年、静岡県清水市(当時)のみそ会社専務の一家4人が殺害、放火され、会社の従業員で元プロボクサーの袴田巖さん氏が強盗殺人などの疑いで逮捕、起訴され、1980年に死刑が確定した冤罪事件。2014年3月静岡地裁が再審開始を決定、袴田氏は釈放された。検察側が即時抗告し、現在も東京高裁で再審をめぐる審理が続いている。

3　刑事弁護をめぐる1980年代の状況

ように、何でこのときできなかったの不思議ですよね。

(3) **ずさんな捜査**

下村：だからやっぱり戦後のずさんな、あまりにもずさんな捜査で、今はもうそんなん違うと思ってたんだね、特別なことなんだと。

山口：そんな感じ、分かるな。

下村：そんな感情があって、もう二度とおんなじようなことはないやろうという思いがあった。

山口：松川事件[19]なんかあんな形で終わったけど、その後の事件は違うやろという感覚もあったんやろうなあ。

後藤：だから、本来は私らみたいな、府警本部のひどい取調べに対して弁護をしてる連中が、「いや、そんなことない」「今もまさにあるんや」ってことを一生懸命言わないとダメでしたね。

渡辺：関西の有力な刑訴法の学者の方々は、どうでしょうか、私の感覚では、京大をはじめとして、1970年代、80年代から90年代と比較的リベラルな感覚で研究をされておられたのではないでしょうか。ですから、佐伯先生らがおられる大阪刑事訴訟法研究会[20]が研究者にとってもいわば登竜門の役割を果たしていました。ただ、それでも大阪府警の取調べの一般的なあり方、体質のようなものについて、弁護の現場におられる弁護士の方々と同じ様な現場感覚でつかんでいるとは言えなかったと思います。暴力的取調べに関する実状が研究をする際にも日常的な情報であったとはいえなかったと思います。

やや自慢げに聞こえるかも知れませんが、今はもう還暦も超えている我々の世代が若手の頃に、いわば「再審後」の研究テーマとして、再び刑事裁判の通常審に目を向け、被疑者取調べ、強制処分と令状主義といった一般的なテーマにも目を向け始めて、その際、全国的にみても、具体的なケース、現場の動きについてかなり細かく

---

(19)　松川事件：1949年8月、東北本線松川・金谷川駅間で列車が転覆し、乗務員3名が死亡した事件で、20名が起訴され、一審では死刑を含む全員有罪（仙台高裁では3名が無罪）とされたが、最高裁は事件を仙台高裁へ差し戻し、63年全員無罪が確定した冤罪事件。

(20)　大阪刑事訴訟研究会は、1955年ころ関西における刑事法研究者、裁判官および弁護士で構成され、主たる目的は生きた刑事訴訟法を考えてみようということであった（刑事訴訟法研究会　佐伯先生卆寿祝賀論文集編集委員会編『新・生きている刑事訴訟法　佐伯千仭先生卆寿祝賀論文集』成文堂1997年はしがき参照）。同会についての最近の文献として、石川元也「大阪刑事訴訟研究会における裁判官会員の果たした役割（石松竹雄先生卒寿記念シンポジウム）」近畿大学法学63巻3・4号340頁以下参照。

各地の弁護士の方々に接して実状を把握するようになっていくのではないでしょうか。私もアメリカの留学から帰ってきて次どうするかを考えたときに、かなり法廷ウオッチをしてみました。そのときに、下村さんもおっしゃってたとおりで、私は法廷を通じてですが、いろんな事件を見る中で、現場の問題に気付くようになりました。ただ、同時に、実は、刑事弁護のありかたにも強い疑問を持つようにもなりました。時には、傍聴しながら、内心では、「これ、何やってんねん、この弁護人は！」という感じを抱くケースも少なくなかったと思います。一例ですが、弁護人が、法廷ではじめて被告人を見つけたが、名前知らなかったとか……。

一同：（笑）

下村：起訴状一本主義やという。

渡辺：被告人が弁護人に「示談、どうしたらいいんですか」って法廷で初めて相談してるのに、「そんなもん知らん、自分でやれ」みたいな感じでさっさと出ていく姿も見ました。「正月は反省して過ごせ」とか捨てぜりふを吐いて法廷から出ていく年寄った弁護士たちがいる、それが今日の前の法廷でライブでみている「日本の刑事裁判」というドラマの実状だなって思っていました。これは何とかしなければいけない、そして再審にはついていけなかった研究の遅れを取り戻すのは、ここかなと思ったのも事実です。「暗黒の刑事裁判」と正直に思っていました。

(4) 平野絶望発言

信岡：平野さんが絶望発言をしたのは1985年です[21]。日本の裁判所は有罪であることを確認する所であるとおっしゃったわけですけど。その少し前に戻ると、私、1981年から2年研修所にいて、その当時の刑弁教官というのがほとんど元検察官、裁判官でした。

浦：元検察官とか元裁判官？

信岡：はい、だからとにかく元々刑弁をしっかりやってる、闘う弁護をやってる先生方なんて全然いなかったんです、教官自体に。

浦：だから、研修では刑弁はサボってもいいという、そういう科目になってたんです。

信岡：そういう意味では、今の修習生恵まれてるなと思いますけど。

後藤：今も似たり寄ったりかもしれない。

浦：その当時はそうでしょう。平野さんの発言以外にも、石松さんの、「わが国の刑事被告人は裁判官による裁判を本当に受けているか」、そうい

---

(21) 平野龍一「現行刑事訴訟の診断」団藤古稀(4)423頁。

3　刑事弁護をめぐる1980年代の状況

う講演もありました(22)。石松さんの講演は1989年でした。1980年代ってやっぱり、そういう時代だったんですね。

(5) **刑事弁護離れの時代**

下村：1980年代いうのは、刑事弁護離れの時代と言っていいんじゃないですか。一部の先進的弁護活動は別として、一般の刑事弁護は非常に停滞して。能力、刑事弁護する能力も、ある程度経験もある人が、もう刑事弁護ばかばかしくてやらないと。裁判所に全然主張がまともに取り上げられないと。それで刑事弁護離れという現象があった。

山口：あのころは、修習生のときに、公判立会検察官が担当裁判官の裁判官室にいて、次の審理をどう進めるかっていうことを話していた。しかもずっと裁判官室にいて、お茶飲んで昼飯食べてずっといて。あそこから法廷に2人が出てくるっていう時代やねん(23)。

信岡：35期のときでも、まだ合議部と単独部が別の時代でしたけど、しょっちゅう検察官が相談に来てました、「これ、どうしましょか」と。

後藤：公判部の指導検察官は、新任の検事に、おまえちゃんと裁判官室に入り浸れよ、という指導をしてたんで

わたなべ・おさむ

1953年北海道札幌市生まれ。京都大学法学部卒業。京都大学大学院法学研究科博士課程後期課程満期退学。コーネル大学ロースクール修士課程修了。博士（法学・京都大学）。甲南大学法科大学院長。
〈主な著書〉『被疑者取調べの法的規制』（1992年、三省堂）、『捜査と防御』（1995年、三省堂）、『刑事手続の最前線』（1996年、三省堂）、『刑事裁判と防御』（1998年、日本評論社）、『刑事裁判を考える』（2006年、現代人文社）、『基本講義 刑事訴訟法』（2014年、法律文化社）、『現代の刑事裁判』（2014年、成文堂）など。

す。

山口：もう何を決めるにしても、検事と裁判官が意思一致をしてて弁護人にいろいろ言うてくると。あれが不思議で不思議でしょうがなかった。

下村：同じ経験や、山口さんと。僕ら修習生のときっていうのは、今はほんまに考えられないと思う。今の裁判

---

(22) 石松竹雄・北海道大学講演「わが国の刑事被告人は裁判官による裁判を本当に受けているか」（講演要旨）法セミ423号（1990年）62頁。なお、同『刑事裁判の空洞化―改革への道標―』（1993年、勁草書房）。
(23) 石松・前掲注(8)122～124頁参照。

官はやっぱり検察官と一線画してるでしょ。当時は全然そんな雰囲気ないんだな。証人尋問終わったら検察官が「今の証人、うそばっかり言うてますね、裁判官」言うて入ってくるぐらいで。

一同：（笑）

山口：要するにずっとおるんや、1日。

下村：それがばかばかしくって、刑事弁護離れっていうのはやっぱりあったと思うんよ。今は変わったね、そこは。

浦：多分当時の裁判官でも、人によるんでしょうね。石松竹雄さんの『気骨』なんかを読むと、それは絶対しなかったとおっしゃる。打ち合わせはもちろんされるわけだけども、別の部屋を取って、そこで検察官と会ってたと書いておられます。

後藤：原則として、検察官と会うときは弁護人も立ち会えるようにする。弁護人と会うときも、検察官の立ち会い求める、あるいは了解を取る。そうでなかったらあかんわね。

山口：そうなったのは、もう1990年なってたのかな。ほんまに腹立ってたよ。

後藤：そら変わってきた。顕著に変わってきた、時間はかかったけど。

(6) 一般的指定

信岡：委員会活動の話に戻すんですけど、1983年に接見交通権確立実行委員会が日弁にできましたね。

山口：ポイントは、指定書の話。

浦：一般的指定ですね。

山口：そうそう、一般的指定。

信岡：翌1984年に大阪の人権大会でその話が出てるんです。

山口：この頃は、一般指定は違法だと裁判起こしても、みんな負けてて、もうほんと累々と敗訴判決積み重ねていってる時代です。

浦：一般的指定に対しては、昭和42（1967）年に違法だという鳥取地裁決定があるんです[24]。ところが、それが内実化されないままで、一般的指定がずっと通用してきたんです。

ある時期に、一般的指定は処分じゃないということで準抗告の対象にならないという判断が、東京地裁で出てるんです。それで全然準抗告が通用しなくなる時期があるんですが、それがいつころまで続いたか私も記憶は定かではないんですけれども。

接見交通権確立実行委員会というのは、弁護士会の活動としてこの指定書の問題についてそれなりにうまく対応できた委員会じゃないでしょうか。検察庁との協議の中で、何とかその一般

---

(24) 鳥取地決昭和42・3・7下刑集9巻3号375頁。

的指定に関する根拠については、改正させるということに成功したりもしています(25)。ただ、実際には一般的指定は検察庁と拘置所や警察との間の内部でやっとるわけだし、具体的指定についても内部ではやってたようです。

(7) 1989年の松江の人権擁護大会

信岡：1989年の松江の人権大会が刑弁センターができるきっかけになって。

浦：きっかけになりましたね。

山口：センターが1990年ですよね。

山口：1989年に松江で人権大会やって、刑事専門の委員会を作ろうと、人権擁護委員会下の一部会じゃなくって、センターとしてちゃんと委員会を作って、全国から委員を集めようってことになったんですね。

浦：そうです。平野先生の日本の刑事裁判はかなり絶望的だっていう論文があり、それから石松さんの先ほどの講演がありました。そのとき、そういう絶望的だって一方で言われながらも、裁判官・検察官は、刑事裁判は非常にうまくいってるって評価しているわけですよね。中山善房さんの『刑事手続 上』の中の論文は、当時のその

3　刑事弁護をめぐる1980年代の状況

警察・検察・裁判を通じて、その運用状況は良好であるとみてよいと言われていました(26)。これは、1988年ですよね。

それともう一つ、その当時非常に頭にきたのは、同じ『刑事手続 上』の中の河上和雄さんの論文(27)なんです。河上さんは刑事弁護をこき下ろすわけです。今のこういう状態は、刑事弁護の体たらくによって維持されてるっていうようなことをくどくどとおっしゃってます。わが国には刑事専門の弁護士がいないし、存在したとしてもその質が低いとか、刑事訴訟法に対する弁護士の認識は極めて不足しておって、非常に寒心に耐えないとか、法廷では、書証について、民訴と同じように理解して認否していて、「成立を認める」というような弁護士もいるなどと言われました。当時、実際に刑訴と民訴の区別ができてないような弁護士がいたのも事実です。

信岡：いましたね。

浦：そういう意味では、河上さんには逆の意味でわれわれを叱咤していただいたんかなと思えないでもないですが（笑）。

---

(25) 日弁連と法務省は1991年3月までに接見交通に関する協議会を15回重ね、その結果、いわゆる一般指定書は廃止された（「接見交通権マニュアル第17版」130～139頁参照。

(26) 中山善房「日本の刑事司法の特色―裁判の立場から」刑事手続（上）1頁。

(27) 河上和雄「日本の刑事司法の特色―裁判の立場から」刑事手続（上）11頁。

後藤：それは当たってるのとちがいますか。一面正しいんちゃいます。

浦：当たってる、いや、まさに。正しいと思いますよ（笑）。

後藤：それがその弁護人のせいであるという言い方が正しいかどうかは別です。それは間違ってるとは思うけど、弁護人がそうであったということはそのとおりなんでしょうね。

山口：あの当時、新人は地方に行くと1年目から独立をします。国選事件を年に100件ぐらいやります。それで金を貯めて、独立したり、蓄えをするっていうのが地方ではやっていました。

そうすると、ほとんど公訴事実認めて、あとは情状で一丁上がりみたいなことをずっとみんなやってたんです。普通の弁護士は。ベテランになるとめんどくさいし、安いから、もう刑事弁護やってられんと。だから、新人が来たら、新人にみんな国選登録させてた。

だから、被疑者国選作ったときに、そんなの全部新人にやらせればいいという話があった。

浦：当時は、弁護士会内部でもそれなりの反省が徐々に出掛かってくるんでしょうね。

後藤：と思いますね。

浦：松江の人権大会は89年10月でしたが、その年の3月に三井誠先生の「刑事弁護の40年と今後」[28]という、刑訴法40周年記念の論文が出ます。その中に「刑事司法が停滞しているとすれば、刑事弁護にその一因があるのではないか。現在の刑事司法が活性化していないとすれば、それを生き生きとしたものとするキーは、刑事弁護の充実化にあるのではないか。諦観したり絶望したりする前に、なお刑事弁護にはなすべきことはあるのではないか」ということを書かれるわけです。当時、三井論文に共感した弁護士は、随分多かったように思います。それが松江の人権大会につながったことは間違いないでしょう。

後藤：その辺で反転するんですよ。

浦：反転しますね。いいほうに反転した。非常に大きな転機だったんです。

山口：1989年から1991年ですよね。

浦：それまで確かに、私達弁護士は、刑事弁護をサボってきたと言われても仕方がない。それをようやく自省して、刑事弁護の改革というのはもっと真剣に取り組まなければならない問題だという認識に至ったのですが、今から思えば、まさに当たり前の議論なんですけどね。

(8) 闘う弁護について

後藤：闘う弁護っていうのがあって、それは下村さんが言ったように公

---

(28) 三井誠「刑事弁護の40年と今後」ジュリ930号（1989年）148頁。

3　刑事弁護をめぐる1980年代の状況

安事件をやってた人たちを含めて、佐伯千仭さんたちの先鋭的なのがずーっとあったんです。一方はもう惨憺(さんたん)たるもの、しかばね累々というのがずうっと続いてきました。研修に力を入れだすのも、その辺のところからでしょうね。

信岡：渡辺さん、1980年代の学会のテーマは？

渡辺：1985年はいろんな意味で転機だと思っています。

アメリカにいたときに甲山の弁護団のある方からはがきが届きました。無罪でした。「えっ？」と思いました。他方で故平野龍一博士の刑事司法絶望論、陪審導入論も出ました。このバランスの中で、絶望していても仕方があるまいし、いずれにせよ「研究」の側面からどのように刑事司法の現実に関わっていくのか、どうやって現状を変革していくのか、深刻に考えなければならない状況でした。しかし、その中でも、甲山事件でも無罪が出るという事実は、重い意味をもっていました。手始めに、と思いながら帰国後、大阪、神戸の法廷で法廷傍聴を始めた次第です。

むろん、アメリカのロー・スクール留学中にもすこしだけ法廷傍聴しました。すごい生き生きとした法廷でのや

のぶおか・としこ
1954年大阪市生まれ。京都大学法学部卒業。

りとりがなされていました。そのとき、どう評価したり持ち帰ることができるのか、はっきりしないまま、漠然と「これやな」と思っておりました。法廷技術の講義も聴き、いわゆる"advocacy"に関する本も買い込みました。一冊は、今でも大事にしています。そんな中で、陪審員を説得する「3秒の沈黙」というのも法廷で実際にみる機会がありました。いろいろと勉強して帰ってきて日本の法廷のふつうの姿をみますと、見るも無残な状況と受けとめていました。

1989年3月8日は、私の研究にとって転機でした。何があった日かといいますと、最高裁のメモ自由化判決が出た日です[29]。それまで私は法廷傍聴を

---

(29) いわゆるレペタ（法廷メモ訴訟）判決は、最大判平成元・3・8民集43巻2号89頁。

していてもメモができなかったのです。まず、じーっと聞いて、慌てて飛び出して、廊下でベンチに座り、さっとメモするということを繰り返していました。判決がマスコミで報じられた翌日から、大阪地裁ではもう完璧にノーチェックでした。ワープロも持ち込みました。「それだけは先生、ちょっとうるさいからやめてくれ」って言われました。それからずっとメモしながら、いろんな法廷模様を見ること、記録すること、そしてどうするべきか考えることができるようになりました。

通常の公判をどうにかしなければいけないけれども、ではどうしたらいいのか、というところをずっと悩みながら見ているうちに、『実務刑事弁護』を作ろうという現場の先生方の企画に参加できる機会をもらいました。

通常事件の適正化を視野に入れた研究に私も参加できることとなりました。大出さんや後藤昭さんが中心となって再審問題の検討で得た教訓などを弁護士の方とも一緒になってまず令状審査のありかたに反映させていく研究会も立ち上がっていたかと思います。捜査から通常審の適正化のための理論化。これが立法が動かない時代に、研究者が目指した改革のための手法であったと思います。その際、私自身もそうであったように、刑事弁護の経験が豊富な弁護士の方々との共同研究が珍しくないようになっていったのではないでしょうか。

90年代にかけて、関西でも、日本刑法学会関西部会の機会に、私自身何度か研究者と弁護士のコラボによる共同研究を試みております。

こうして学会の中に現場がぐっと浸透してきて、それを変えるための理論研究というのが、再審だけじゃないいろんな面で広がっていきました。そういう意味で、1990年代がある意味で転機だと思います。

下村：その松江の人権大会のころについて、日弁連の『21世紀弁護士論』[30]を読み上げとこうか。「1989年の松江の人権大会で刑事弁護についての実践的な課題が提起された。刑事弁護センターの設置が提案され、とりわけ被疑者段階の弁護活動の実践を中心として、刑事手続き全般にわたる運用の改善と改革の課題を提起した。絶望的な刑事裁判を前にして、刑事弁護離れが進行している時期であった。しかし、個別の課題を実践し改革に結び付ける、そのような発想が刑事弁護の担い手たちの共通の認識とされた。まさに歴史を画する大会であった。」

---

(30) 日本弁護士連合会編『21世紀弁護士論』（2000年、有斐閣）。

4　刑事弁護をめぐる1990年代の状況

(1)　刑事弁護センターの発足当番弁護士制度

信岡：では、1990年代に入ります。1990年4月に日弁の刑弁センターの発足がありますが、その経緯を。

浦：1990年4月に日弁連刑事弁護センターが設立され、発足します。その年の9月に大分、それから12月に福岡で当番弁護士制度が発足します。1991年には福岡の国選シンポジウムで被疑者公選弁護制度試案というのが出された。扶助協会を中心にやろうという発想でした。当番弁護制度発足2年後の1992年10月には、当番弁護士制度が全国化する。幾つかのレベルはあるんですけど、全国の各50単位会で当番弁護士制度が論議され一応の制度化がなされると。それと同時に、いま再び弁護士会で取り上げられている「刑事司法改革の実現に向けてのアクションプログラム」の策定の作業に入ります。そういう意味では、弁護士の側から刑事弁護に対する極めて積極的な取組みが開始されるという、そういう時代に入ります。

(2)　『実務刑事弁護』

信岡：1991年には『実務刑事弁護』が三省堂から出版されました。渡辺さんも1992年に『被疑者取調べの法的規制』[31]という本を出されてると思うんですが、その辺りを。

渡辺：これは浦さんと丹治さんがグループ作られたんですよね。

後藤：そうです。

渡辺：神戸大学名誉教授の三井誠先生のお薦めで渡辺が理論面のアドバイザーとして紹介頂きました。

この本を作る過程の中で、公判の現場で刑事弁護は何をやるのかということを実践的にも理論的にも検討することとし、かなり詰めた話合いと調査をしました。合宿を含む打合せ会議も数度開いた上でまとめた本です。相前後して刑事弁護に関して各種のマニュアル的なものを作る動きが出てきます。その中でも、比較的早い段階でワンセット、公判における刑事弁護を中心とするマニュアルでありまたそれぞれの実践について解釈面・理論面からも裏付けられるものとしてまとめました。実践すべき公判弁護をまとめて示したという意味でシンボリックなものでした。この程度の水準のものはその後もたくさん出てきますが、刑事弁護が現場でも徐々に質の変化を起こし始めている時期の初期に出版できた、という意味では意義があったと思います。

---

(31)　渡辺修『被疑者取調べの法的規制』(1992年、三省堂)。

下村：それまで刑事司法に関する本っていうのは実務家、学者・研究者が別々に書いていました。実務家いうのは裁判官・検察官で、弁護士が書くということはなかったんです。ちょっと自画自賛になるけども。やはり、今まで弁護士がこういうある程度勉強して理論的な論文集を作るっていうのは、渡辺さんが言われたみたいに歴史的な意義があるんです。

それまでは京都の若松芳也さんが接見交通について本を出されていた。立派やなと思ってたんですけど、この公判弁護全般について、勉強会を何回も渡辺さんも含めてやってこの本にしたというのは、やはり今でもこの本の値打ちはあると思ってます。

後藤：この本の値段も上がってるでしょうな。

一同：（笑）

信岡：絶版になってるのね、これ。

浦：絶版が1冊8,000円になっていると聞いています。

下村：プレミア付き。

浦：やっぱり事前の、出版までの勉強会に意義がありました。丹治初彦さんはもとより、後藤さんや下村さんや、亡くなった高野嘉雄さんとか、それからあと大勢が集まって、いろんな分野での自分の経験を出し合ってまとめていって、そういう意味では大変意義があったように思います。捜査段階は大阪の刑事弁護委員会の……。

信岡：『捜査弁護の実務』[32]。

浦：それはそこに任せるということで、公判に特化して作業したんですけど、丹治さんの叱咤によって、若い弁護士がみんな力を入れて書いた。当時は皆さん若くてはりきっていた。

渡辺：私もまあ30代後半で若かった。この前後が、刑事弁護から刑事手続を改革していく、ある意味では反転攻勢の時期であったと思います。この頃、接見交通の実務も相当の変化を見せていくのではないでしょうか。接見指定制度が事実上崩壊していく、被疑者取調べ中でも中断して接見の優先が実現する、そんな時期ではなかったでしょうか。

下村：検察庁のほうには公判弁護対策のマニュアルがあって、それをわれわれが手に入れたら、要するに弁護人がこういうふうに言ってきたらこういうふうに切り返すとか、言ってる。まあほとんど要するに労働公安事件における闘いを検察庁のほうは教訓にして、弁護士がこう言ってきたときにこうせえとか、証拠開示求めてきたとき

---

(32) 大阪弁護士会刑事弁護委員会『捜査弁護の実務』（大阪弁護士協同組合）は、1991年刊、新版が1996年刊、第3版が2009年の刊行である。

はこうやって反撃せよとか、そういうマニュアルがあったんです。

浦：「公判立会い100問」とか、何かそんな本でしたね。それまでの、いわゆる闘う弁護としてやってきたことに対する、検察側の内部マニュアルがあったんです。それを意識して、われわれはもっとその理論的水準を超えようということ勉強して作ったんです。

信岡：公判弁護は、何か分からないことがあったら大体『実務刑事弁護』に書いてありましたから、すごくいい本で。今でも使ってます。

(3) **大阪刑事弁護委員会の発足**

信岡：1992年に刑事弁護委員会が大阪でも誕生してるんですよね。

浦：ええ、そうです。

後藤：大阪の初代委員長が小林つとむさん。

浦：そう。

後藤：小林さんの次が大川真郎さん。

信岡：大阪で当番ができたのと同じころ、ですね。

浦：正確には、被疑者弁護人援助制度というのを先に作っていて、刑訴法78条に基づく弁護人選任の申し出があったら弁護士を派遣するということは、それ以前から始めてたんです。1990年ぐらいからだと思います。それに当番日を決めるというやり方で当番弁護士制度に昇格させたっていう感じでした。

山口：あのときは、北海道の一部だけ除いて全国の単位会で、2年間で全部出来上がったんです。大阪からも全国に制度作りのためのいろんな情報を送りましたね。

信岡：井上計雄さんらですね。

山口：信岡さんとか僕とか。ちょうど当番弁護士制度作らないかんということで、今でも使っているあの少年用・成人用っていう冊子も、信岡さんと僕たちが何人かで作った。この冊子を全国にも紹介したりした。

信岡：今、改訂されてますよね。人権擁護委員会の裁判部会があって、それと国選委員会が合体して刑弁委員会ができて。

山口：国選部会で作ったね。

信岡：人権擁護委員会の部会のときから、ずっと当番のことをやってました。上野勝先生がずーっと昔の会館の事務局に通い詰めておられた。

浦：そうでしたね、上野さんの力が大きいのですね、大阪で当番弁護士制度ができたのは。

山口：福岡とかのパンフレットがあったんでそれを取り寄せて、全面改訂をして作った。

信岡：大体1993年には全国的にできていくんですね。90年に大分、福岡でしょ。

浦：全国化っていうのは、われわれは1992年にと言っています。それぞれ

各弁護士会の当番弁護士制度には、待機制とそれから名簿制とかいろいろ違いはありましたけれども。

(4) 当番弁護士制度

信岡：1994年にはあのぶ厚い『刑事弁護の技術』という本が刊行されました。

浦：あの、上、下二巻になった本ですね。

信岡：このころ、接見妨害などについての対応も、当番ができたことに伴ってマニュアルがいろいろできてきた時代ですね。

山口：大阪で当番弁護士制度の報告集を作り始めたの、このころやな。

信岡：そうです。後藤さんどうですか、空気は変わってきてました？

後藤：自分ではそういう感覚は全然なかったですけど、今から考えればもうくっきりとしてる感じがします。

信岡：下村さんはどうでした。

下村：捜査段階で面会に行くと警察のほうも何かびっくりしたような感じやったけど、だんだん捜査段階で弁護士が来るのも当たり前という感じになっていきました。最初のころは警察も慣れておらずに、留置管理の人がもたもた、もたもたしていたけど、変わってきました。捜査と留置の分離も行われていた[33]。

後藤：弁護士会が代用監獄廃止を求め続けてました。向こうが対応策として捜査と留置とを分けてますと、もう大丈夫ですという言い方をしたんです。分けてみると、留置の人も何かこうプライド持ってきて、「捜査のやつはけしからん」とか言い出すことは確かにあるんだけども、そうは言っても、警察の中です。

山口：同じ警察だからな。

浦：留置担当というのは、大阪府では府警単位で選任されるって聞いてる。署じゃなくって、大阪府警のほうに属していると。

後藤：署の中で勝手に自由に、勝手に決めるということではないんでしょう。

浦：そういう状況ではないと聞いてます。

山口：捜査と留置を分離自体をしたんは1980年ですか。そんな古いの。

下村：ただ、今でも古い警察署によったら、刑事部屋と留置施設とちょっとついたてがあるぐらいのとこがまだ残ってますよ。

---

(33) 1980年の警察庁組織令（政令）の改正によって捜査部門と留置部門の組織上の分離がなされ、警察留置における捜査と留置の機能分化がされた。しかし、両機能の分化が実質化しているかについては疑問が強かった（葛野尋之「警察留置と『捜査と拘禁の分離』」立命館法学306号（2006年）81頁参照）。

(5) **アクション・プログラム**

山口：アクションプログラムについて言うと、最初にアクションプログラムの話をしたのは、いつかな。

下村：1995年にアクションプログラム[34]が理事会の承認を得たと。その中身は代用監獄の廃止、起訴前保釈、刑訴法39条3項の削除、取り調べ立ち会い権の保障、録音テープによる取調べ全過程の可視化、被疑者段階の国選弁護制度、全面証拠開示、刑訴法321条1項1号の削除、事実誤認および量刑不当に対する検察官上訴の禁止。

信岡：その当時、浦さんは大阪弁護士会刑事弁護委員会の委員長されてたんですね。

浦：そうだったですね。

後藤：このアクションプログラムの辺りから、大阪と日弁はちょっとだけ路線が違うんですね。

浦：ちょっと違ったかもしれないですね。

後藤：ちょっと違ったんです。大阪はそんな総花的にアクションプログラムなんて言ってもあかん、ひとつも前進しない。だから、変え得る核は何かとかいう議論をして、それは取調べだと。それで突破できる。だからそこに資源を集中せなあかんというのが、大阪の刑弁委員会。

山口：あのアクションプログラムって、ものすごく総花的で、何からしろというのかなという感じがしてたね。

後藤：大阪がそういうふうに言ったのに対して、日弁連の人は「いやあ、そんなものより立ち会いが大事や」とか、「いや、代用監獄問題が要だ」とか言う人がいてました。「可視化いうのは、可視化すれば何でもようなるように言うけども」とかいう、そういう言い方もあったのです。

浦：そうです。その後大きく取調べの在り方を変えましたね、大阪の可視化運動は。

後藤：大阪の刑弁では、可視化に集中しようという議論が大勢を占めてたように思うんですけど。

浦：小坂井論文[35]が先鞭つけたんです。

後藤：それが正しかったと思います。総花的に全てを要求することは何も要求しないと一緒になります。そう

---

(34) 「刑事司法改革の実現に向けてのアクション・プログラム（第1回〜第5回・完）」（1995年10月17日／日本弁護士連合会）については「自由と正義」1995年5月号〜9月号参照。
(35) 大阪弁護士会刑事弁護委員会発行の「刑弁情報」11号から16号（1995年から1998年）にかけて、小坂井久「取調べ可視化論の現在―取調べ全過程のテープ録音に向けて」という表題で連載された。

いうところがあって。

山口：そういうとあの時代、浦さんの時代も含めて、当番弁護士のいろんな活動ってすごい。上野さんの時代もそうやけど、かなり一生懸命刑弁委員会ってやったと思うな、大阪で。

浦：当番弁護士の活動報告いうのを、出していた。

山口：そう、活動報告書を作って。みんな若い人たちに、こんな成果上がったって書いてもらって。かなり長い間出しましたね。毎年毎年出した。

浦：毎年出してましたね。

信岡：そう言えば、再審無罪になった東住吉放火殺人事件の委員会派遣をしたの私なんですけど。あの事件に関しては、当時まだ接見妨害されてました。1995年には『季刊刑事弁護』[36]が発刊されて。反転攻勢時代となりますね。

後藤：そうでしょうね。

山口：『季刊刑事弁護』ができたときに、どう売るのかという話をして、各地の刑事弁護をやってる人達に売ろうと、そうでないとこの雑誌は成り立たないっていう議論をしたことあるな。

浦：確かに、雑誌というのは大抵3号か4号ぐらいでなくなるんですよね。そういうことになったらいかんというようなことは、いろいろ何かお互いに論議し合ってたような気がしますね。

山口：刑弁センターでも、これ売るための会議をやってたよ。

浦：いまだに私とこは毎号2冊買っていますけど（笑）。

後藤：創刊号、何やったか知ってる？　特集、量刑です。

山口：量刑か、覚えてない。

浦：平野先生の「被疑者の弁護人は何をなすべきか――被疑者国選弁護制度の早急な実現のために」という論文[37]が掲載されるのは創刊号でしたか。

(6)　ミランダの会の結成

信岡：同時にミランダの会[38]が結成されて。

浦：1995年だったですかね。

信岡：ミランダの会に対するスタン

---

(36)　現代人文社が1995年1月、刑事手続全体を視野に入れ、弁護の視点から理論と実務の架橋を目指して敢行された。2017年までに91号が発刊されている。

(37)　平野はこの論文で、被疑者国選弁護について「外部との交通の窓口になる活動」、「ゆき過ぎた被疑者取調べを抑止する効果」、「検察官と弁護人にとの話し合いによる事件の解決が可能になる」という機能が期待されるとしている。

(38)　ミランダの会は1995年2月に結成、「全ての事件において、弁護人が内容を確認しない限り、被疑者に一切の供述調書への署名・指印を拒否させる」弁護活動を展開していた。これに対して、同会発足前から実践された同様の弁護活動に対し、1994年6月に当時の検事総長が「刑訴法の精神を無視ないし曲解している」として批判し、その弁護活動が論争になっていた。

4 刑事弁護をめぐる1990年代の状況

スっていうのは、大阪はどんな…。

後藤：大阪、結構冷たかったんです[39]。

一同：(笑)

後藤：その重要性がよく分かっていなかったいうところがあるけど。

山口：というか、とことん徹底するとそうかも分からないけれど、どうやったらそんなことができるのかという雰囲気やったね、僕なんかは。

浦：何でもかんでも黙秘、いや黙秘とは言わなかったかな、調書に署名、押印するなと。それから黙秘だったかな。

後藤：全く正しいです。

浦：建前としては正しいけれども、なかなか実践しにくい。

山口：ミランダの会の人と論争して、「そんなん実際には難しいやろ」とか言うと「そんなこと言うといつになったら実現するんや」って、ようけんかしてました。

後藤：それを実践として広めるということでいけるか、という。こういう感じやね。

山口：ごく最先端の人たちはやってくれたらいいけども、みんなでやるのは無理じゃないかなという感じやね。

信岡：録画・録音時代になると、それは正しかったと。

後藤：全く正しいと思うけど。

山口：実践ができる時代になったよね、少しずつ。

後藤：だから、本来はもうちょっときちっとミランダについてのシンポジウムでもやって、議論を深めたりしていたら、基本的にそれで結局正しいねという確認ができたかもしれないです。

(7) 浦委員長時代
——若手の育成——

信岡：大阪の特徴として、若手を育てるというか層を厚くするっていう意識がすごくあったと思います。その辺り、浦委員長時代に工夫されてたことはありますか。

浦：それまでの修習生に対する研修、これを以前は大先生が出てこられて、まあいわば自慢話（笑）をされる。それが研修やったんです。ところがそれじゃ駄目だっていうことで、後藤さんや下村さん、それから高野嘉雄さんやね。その辺がやっぱり実務を徹底的に教育するというか、熱意を持っ

---

(39) ただし、大阪弁護士会刑事弁護委員会委員長浦功「取調べ拒否をめぐる弁護活動について東京地方裁判所が批判を表明されたと報道されていることに対する刑事弁護委員会の意見」大阪弁護士会月報1995年12月号は、法務省見解に対して、ミランダの会の活動を徹底的に擁護する表明をしている。併せて「産経新聞の『主張』に対する刑事弁護委員会の見解」も表明した。

て研修されたと。これは、やっぱり若手を育てるに非常に大きなインパクトを与えたように私は思っています。

信岡：スキルを育てる。

後藤：あれ、何年でしたか。

下村：僕と後藤さんが修習生の刑事弁護の研修をやるようになった時期やね。

信岡：40期台でしょうね。

後藤：僕の手元にある受講生名簿に秋田真志さん（41期）の名前ある。

信岡：私のときは、大先生が「刑事弁護は金もうけじゃない」みたいな面白くない講義を…。

後藤：僕らの前は石川元也さんが講師だった。石川元也さんの話はええ話やったと思うよ。ただ、基本的にどういう事件で何をやった、何をやったいう話なんです。

下村：僕と後藤さんが始めるときに、今までどんなことやってたかを見たら、選挙違反事件の不当な押収に立ち会ってチェックせえとか、関連性のないもんは押収されんように弁護人の立ち会い認めえとか、そういうのがずっと捜査弁護の研修やったね。

後藤：下村さんと話したのは、ソクラティックメソッドというのがどうもハーバード大学であるらしい、よう分からんけども、とにかくそれを使おうぜとか言うて。

下村：ハーバードはかっこええなかいって。

一同：（笑）

後藤：よう分からんなりに、要するにゼミ形式というわけでもないけど、その当時修習性は人数が限られてたから、どんどこどんどこ当てていくわけです、いくつかのテーマについて。

まず逮捕されて、ちょっと来てください言われたらどうするのか、なんて言って。どこに行って何するのかと。僕らが警察官役なったり検事役なったり、ロールプレイをばーっとやるの。すごいスピードでやっていくわけです。ところどころで、刑訴の何条にあるのか、なんて聞いていく。六法持ってない修習生がいたら、六法持ってけへんのか、とか何とか言うてやってやったわけ。結構おもろかったんです。

修習生へのアンケートがあるわけです、どの講義が良かったとかいった。もう他を圧して、2人でやったのが評価高かった、圧倒的に。それはずっとやってました。初め捜査をやってたんです。公判を高野さんがやってたんやけども。

浦：私も一時講師をしたことがあります。

後藤：それで、途中でまた同じ方式でやろうということで、公判も変えたんです、ロールプレイ方式に。それが今でも残ってるんじゃないかな。

信岡：そうですね。今でもやってま

す。ただ、あんまりにも修習生が多いので、講師のマンパワーが追いつかなくて。

浦：いまはそのことが問題になってますね。

後藤：講師としてやるには結構知識と技能が要ります。知識や技能がないとおもろうないんです。講師がマニュアル見てやってたら面白くない。臨機応変にやらんといかんっていうのはある。

下村：捜査弁護のフルコースっていう言葉を作ったんがその研修でした。フルコースなんて東京じゃ通用しない言葉って思ってる。大阪だけ。

浦：最近は東京でも言ってますよ。後藤さんや下村さんが講師されたその影響で、やっぱり刑事弁護っての面白いというようなことになって、やり始めた若い弁護士は結構いるんじゃないんですか、大阪では。

下村：僕は、闘う弁護って言ってて、はじめは、政府や国家権力と闘う人を弁護すんのが闘う弁護っていう感じで先進的にある程度やってたんだけど、よく考えてみたら、闘えない人、闘おうにも戦えないような人の弁護をちゃんとやんのが本当の闘う弁護じゃないかなというふうに僕の意識も変わってきたんです。

後藤：下村さんの言うとおりです。初めはやっぱり冤罪事件をやりたい、

4 刑事弁護をめぐる1990年代の状況

闘う人の弁護をやりたい、正義の味方をしたい。だから殺人事件で「俺やってる」とか言うてる人のはやりたくない。分かりやすく言うとそういうことですよね。だけどそれは違う、と。だんだんやってるうちに思ってくるわけです。

昔はやくざの事件をやりたくない。やくざをやって金取ってる、ボスはそんなんやってるって、ちょっとよくないんちゃうかと思ってたわけです。それがだんだんそういうの当たり前にやってく。佐伯千仭さんなんかは、オウムのをやりますっていって言ったら、おお、じゃあきみ、ちゃんとお金取ってやりなさいよ、とこう言ってくれるわけ。

下村：佐伯さんとそのオウムの話、しました？

浦：多分そう。佐伯先生ならそうおっしゃると思います。

後藤：想像の話や。

下村：相談する時期、重なってるかな。

浦：重なってますよ。それはオウムの事件と重なってますよ。

下村：佐伯さん？

浦：そのころ佐伯先生、まだお元気だったと思いますよ。

信岡：オウムの事件が阪神大震災の年です。1995年、平成7年ですから、21年ぐらい前です。

渡辺：その研修で育った人たちが公判に出始めるの、何年ぐらいからですか。

後藤：一番最初はいつか、忘れました。

浦：秋田さんぐらいからでしょうか。

後藤：秋田さんも受けてるよ。ちゃんと名簿にあったから確かです（笑）。

(8) **公判廷における若手弁護士の活動の変化**

渡辺：僕も時期を定かに記憶しておりませんが、裁判傍聴を継続している中で、ある時期から公判廷における国選弁護人になった若手の弁護士たちの活動が装いを変える時期があります。確か、国選弁護人から年輩の方に遠慮してもらったり、受任できる件数を制限するなどの動きがあったように聞いております。

下村：ああ、定年制を設けようとかいう話で。

渡辺：研修を受けて、接見を含め事件を事前によく検討して準備して公判に臨む、今から思えば当たり前の国選弁護人の活動が現場に浸透していく時期があったのではないでしょうか。国選弁護の担い手が若手の弁護士になっていくのが傍聴でも見て取れます。そして、きちんとした準備をしてくる。例えば、情状証人として身内を法廷に同行し、打合せも済んでいるといったことでした。当初はいかにもならったせりふを言ってるという生固さはあったのですが、むしろそれがすがすがしい印象であったことを今も鮮明に記憶しております。情状証人の在廷、第1回公判までの示談の終了などなどが見て取れました。繰り返しますが、これはトレーニングを受けて実践している、そうした若手が公判の現場に入り始めたと感じました。そして、大阪は、刑事弁護で刑事手続を変えることができると傍聴していて分かった時期があったわけです。これは正直にすごいと思いました。

山口：例のガイドライン論議から、国選の準則、そして被疑者国選にいくんだろうっていうときあたりです。そこから、世代交代になっていくんです。ちょうど浦さんが刑弁センターの委員長の時代に入っていくんですけど。

(9) **刑事被疑者弁護に関する意見交換会**

浦：ガイドラインの問題に入る前に、被疑者弁護に関する意見交換会というのをはじめるのです。当初は、法務省との間で「当番弁護士に関する協議会」というのをやっていたのですが、それを、1998年に「刑事被疑者弁護に関する意見交換会」というのに衣替えするんです。それには最高裁もオブザーバーとして入ってきたのです。

その中で、具体的に被疑者段階の国選弁護を導入することを話し合うようになりました。

ただ、一方で、その被疑者段階の国選弁護制度を導入して、国費を投入する以上は、その弁護活動は国民の納得を得られるものでなければならないというのが法務省の見解でした。

そこで、協議会の中で、法務省側が出してくるその違法・不当な弁護活動の例として29事例というのが俎上に上がりました。法務省があげた事例は、真相解明に逆行する弁護活動とか、捜査で闘うことを優先するような弁護活動とか、それから被疑者に供述拒否を慫慂してその意思決定に不当な影響を与えるような弁護活動などです。

下村：慫慂と言ってましたね。

浦：あるいは、参考人に対して、出頭拒否とか供述拒否を「慫慂」するなんてことも、違法・不当な弁護活動だっていうような言い方をしていました。

日弁連はそれに対しては、そんなことはないと。むしろ、弁護活動というのは、先ほど下村さんがおっしゃったように、捜査と対立するのが当たり前のことで、それによって捜査がやりにくくなるっていうのは、その弁護活動がそれだけ熱心に効果的に行われている証左なんだっていうような言い方で、弁護活動は、憲法34、37、38条に根拠を有しており、憲法上も保障されていて、むしろ捜査に対して優越するものだというような立論をして反論していました。

後藤：浦さんが刑弁センターの委員長されてるちょうどそのときでしょうね。

浦：そう、そのころです。

山口：1998年の8月から2000年の5月まで、15回くらいやってるんです。その2000年っていうのは、浦さんが日弁連刑弁センターの委員長をやってるころ。1998年の8月位は、ちょうど浦委員長時代ですね。3年間やってるんで。

後藤：ちょうどそのときの話だ。

⑽　ガイドラインの議論

浦：刑事弁護ガイドラインっていうのは、確かに法務省側からもやっぱり弁護活動には何らかの基準ってのは要るんじゃないかという話が出たことは間違いないんですけど、それ以前に、大阪のわれわれの間で、下村さんや後藤さんも含めて、ガイドラインとまで言わないけども、弁護活動に関する具体的な基準が必要ではないかということで、これはかなり議論してたと思うんです。

山口：刑弁センターの記録の中に、98年10月から刑事弁護委員会でガイドライン会を担当する部署を設置して作り始めたってあるし、その前に大阪で

検討が始まったって書いてある。

浦：大阪ではもう既に検討していました。

下村：何かやってましたね。

浦：例えば、当時の『講座・現代の弁護士』っていう本の中に、宮原守男さんが書いておられます。接見した際に被疑者からある証拠、具体的に証拠と言わなくても、あそこに何かあるので、それを隠してくれって言われたときに弁護士としてどうするかという問題について、宮原さんは、接見のときは、そうかわかったと聞きおくだけにして、それは誰にも伝えないで弁護士が自分の腹に収めておいて、被疑者が釈放された後で、そのようにしたと説明しろと書いてあるんです[40]。

後藤：そう書いてある。

浦：うん。それで、僕らは下村さんも後藤さんも含めて、これはおかしいのと違う？　と。被疑者から要請されたら、連絡をするんならする、しないならしない、それはっきり言うべきで、できないものはできないとはっきりさせるべきだ、それが弁護活動ではないのかということ。それが１つのきっかけになってる。

そういうことから、やっぱりいろいろこれまでの弁護の在り方について

は、もっと具体的に考えなければならないのではないか。特に共犯者に関する弁護人の選任の問題については、共犯者っていうのは、同一の事件をしているのだから、同一の弁護士が弁護するのが当たり前で、国選弁護の場合など、当然のことのように、被告人は共犯２人です、２人の弁護をやってくださいっていうような、そういう要請が来てました。その点について私達の間で相当議論をしました。そういう下地があって、この刑事弁護ガイドラインの問題に入っていくわけなんですけど。

下村：共犯者の受任とか利益相反とか、ものすごく議論してましたね。

浦：侃々諤々やりましたね。

下村：その後、僕の記憶では、元東京地検の刑事部長をやった髙井康行さんなんかにも、大阪へ来てやるから加わってくれって言われてやりましたでしょ。

後藤：あれはガイドラインの正式の議論でしょう。

浦：ガイドラインの議論が始まった後ですね。

下村：髙井さん、あれは頑張ってくれてた。

浦：髙井康行さんは、大阪へずっとお越しになってました。われわれとす

---

(40) 宮原守男「弁護士の使命と職業倫理の基本問題」石井成一編『講座現代の弁護士１』（1970年、日本評論社）170頁。

4 刑事弁護をめぐる1990年代の状況

れば、ここまでは弁護活動としてはできるんだと、ここまでやらないかんよと。しかし、やったらいかんこともあるでしょと。そういうことの一定の準則っていうか、準則とまでいかないまでも目安みたいなものはやっぱり必要ではないか。とりわけ若い人は、警察との関係の中で非常に危険な領域に踏み込んで、分からずにやっちゃうこともあるかもしれないというふうなことで、警察、検察に対する防波堤でもあり、われわれの弁護活動の指針になる、そういうものとして刑事弁護ガイドラインを提起すべきではないかと考えて提起したんです。それが2000年です。忘れもしません（笑）。

山口：2000年のあたりで１回通るんです。

浦：刑事弁護ガイドラインは、刑弁センターの全体委員会で１回可決されるんですよね。

山口：可決されるんです。58対２対５って記録にある。熱海の刑弁センターの合宿で可決されて、そこから全国の単位弁護士会に照会をかけて、日弁の関連委員会に照会をかけた。そしたら、これ守らんかったら懲戒されるんやないかとか、これを守らんかったら検察側から「ガイドライン違反やけど」と言われたらどうするんやとか、

そんな議論がすごく巻き起こって。あのときに大議論しましたよね（笑）。

浦：大議論がありました（笑）。

下村：あのときの議論っていうのは、それまであんな形で全国的に刑事弁護の内実について議論したっていうのはなかったから、非常に有益だったと思います。

山口：最終的には、分けるんです。準則、要するに最低限守るもの、１回も接見に行かずに公判に来るな、みたいな部分と、あるべき刑事弁護の目標みたいなものとに分けて、前者が準則になって後者がハンドブックになっていったんです。

浦：そうです。武井康年さんと森下弘さんの『刑事弁護ハンドブック』[41]に結実するのです。

後藤：ガイドラインでの私の関心事の一つは、結構多くの人たちが利害対立などおかまいなしに、共犯者を全部１人で受任してしまうことでした。一方で、ネコの世話なんかできるかいうて、われわれがやる範囲はこれだけだといって他は何もしないというのがあるわけです。

捜査段階でネコの世話するかに象徴されるような、一体われわれが被疑者の弁護をするというのはどうことかという議論をだいぶしました。一方で、

---

(41) 武井康年・森下弘編『ハンドブック刑事弁護』（2005年、現代人文社）。

共犯関係の利害対立の問題があった。それが、大きな2つやったのでは。ものすごい不適切な弁護と、不適切とは思われてない、先鋭的と思うてるけれども利害対立あるの全部やってるというその辺があったんやと思う。それでガイドラインをいろいろみんなで考えて、かなり深い議論をした思うんですけど。

下村：今までの先進的な弁護活動といわれるのは、労働組合とか政治関係とかの弁護やってたら、組織から依頼を受けて、労働組合だったら委員長と副委員長と書記長とまとめて弁護してると、弁護団作って。そういうことを巡っての問題がないかと、本質的にどういう問題はらんでるのかとかその辺を徹底的にやっていますよね。

後藤：それが、ガイドラインを粉砕せよという人たちの一番のテーマだったんです。

山口：もう一つは、当番弁護士から被疑者国選にいくときに、国が負担するのだから、弁護士会がちゃんと自分たちで管理しろ、という話も法務省からあって、そこらあたりが反対派のテーマだった。法務省から指図をされてそんなもん作るんかと、ということの論争でもあった。

浦：「弁護士法1条の会」は、あのガイドラインの反対をめぐってできたもので、だから、私達は「1条の会」の生みの親と言えそうです。

一同：(笑)

下村：従来の労働公安事件の弁護活動に対する、やはりかなり対立軸を立てたっていう感じはあった。それに抵抗あったんやな。

(11) 刑事司法の健全運営義務

下村：だけど、議論できてよかった。あのときの話で、キーワードは刑事司法の健全運営義務なんです。今や死語になっちゃったけど。

僕は、刑事弁護ガイドラインを作ろうという思いで論文書いたけど、それは要するに今までいろんなとこから攻撃されても刑事弁護を守るシェルターに成り得るような基準を作ろうという形で考えてました。検察官のほうは検察官倫理がないわけです。弁護士のほうはこういう基準を作るというのは、アメリカの法曹協会の規定だったら、裁判官も検事も弁護士もABAの共通の倫理基準を作ってるわけです。ところがわが国では残念ながら弁護士だけで、検察官倫理規定っていうのはないわけだから、弁護士で独自に作らなきゃいけない。

そのときに、刑事司法を健全に運営する義務をみんなは持ってるんだという点。僕はそれなりの意識でいたんです。それは、今の日本の刑事司法は、病気で言えば絶望的な症状やというふうに平野さんが言ったのに対して、い

や、われわれは検察官も裁判官含めて健全に運営する義務あるんだと、こういう形で切り返していきたいなと思ってたんです。今、ちょっと死語になっちゃったけど。

後藤：私なんかそういう意識あんまりなくって。検察庁が問題にした29事例の弁護活動について検察庁の考え方が間違っていることを明らかにしたかった。提起された問題について、こう考えて、こうすべきが弁護人の役割だという、そういうことでガイドラインをきちっとやりたいと思ってた。反対する人たちからは、それが懲戒のネタになるとか、山口さんが言うたように法務省の回しもんちゃうかっていうふうになったんやけど。

山口：出発点として、彼らと僕らの違いは、刑事弁護って全部自分の判断でやるべきもんなんやと。

後藤：そういう話があったね。

山口：だから、そこに指針を作ったりガイドラインを作ったりして、しかも下手をすると弁護士が懲戒されるようなことは、弁護人の独立性に反するやないかと。そこが出発点。

浦：基本はそこでしたね。

後藤：一番大きな批判ですね。容喙すべきではないと。

下村：彼らのよう言う言葉では、刑事弁護は千差万別であると。従来の労働公安型の弁護活動、まあ僕もやってきたけど、それと抵触するっていうか、その抵抗感があったな。

信岡：その当時から原理主義的な感じでしたか。

後藤：いや、原理主義っていうと、トーンは違う。労働公安事件で被疑者・被告人を全部やるわけです。なかには末端の人で、いや、もう早いこと俺終わりたいと思うてる人いるわけ。委員長はそうかもしれんけど、俺は早いこと終わってね、という。そういう人をどうするのかというのが、僕らの課題。刑事弁護は、それぞれ1人1人にベストを尽くさなあかんのに、その人がグループから離れたら、あれ裏切り者やいうて、本流だけ弁護するのかと。こういうことを考えてた。

山口：労働公安事件やってるときはまとめてやってたもんなあ。

後藤：そうそう。

山口：それを全然不思議と思わなかったし、そこから落ちていく人がおるみたいな前提ではないものね。

後藤：そういう人を全部まとめて弁護人になる。これ、ガイドラインに反することになるのか。検察から利害対立する3人もやっとるぞと懲戒請求されたら懲戒なるんちゃうかと。そんなもん作るとはけしからんっていうのが、反対の大きな理由なんです。そもそも弁護は千差万別やから、それに口出すなというのがあるんですが、その

中で一番取り上げられたのは、利害対立と共犯者の問題。

山口：刑事弁護センターの合宿で議題を採決するときだと思うんだけど、僕が司会やってて、浦さんが横で委員長として座っておられて。反対派はもう採決すらさせないと。で、もう何かというと怒号で「こら、浦委員長裏切りもん」とか何とか言われて。しまいに切れてしまって、浦さんが「こら、表出ろ」って言うてね（笑）。立ち上がってしまったんや。

浦：それで、こう、そで引っ張られてな（笑）。

山口：僕がそでを引っ張ってね。それでも浦さん、立ち上がって「表へ出ろ」って言われて止められて、それなら委員長、出るのやったら出ようやないかみたいなことになって。最後、採決するときに議決権のない幹事がいっぱいいた。手を上げると、幹事がどの人か分からないから、僕は「幹事の人たち、外へ出てください」って言うたんや。そしたら、「わしらは傍聴する権利もないんか」ってなって。それでしゃあないから「壁際、みんな立ってくれ」って言った。「傍聴に来てるわしらを全部立たせるってどういうことやねん」ってまたなって。で、すったもんだしたあげく、採決した。

下村：僕は議論としては非常に有益やったと思ってます。無駄な議論をしたわけじゃないと思う。

浦：それは、最終的には、国選弁護制度と結び付けていて、不適切弁護を排除する国選弁護人推薦準則という形で収束させました。

山口：そう、最後はね。

浦：大阪では、以前から不適切弁護をチェックし、排除するような体制を作ってたんですけど、全国的にはそのような体制は全くなかったんです。しかし、あっちこっちで不適切弁護の報告はありましたから、準則を作ることによって不適切弁護は何とか排除できるようなったんじゃないかなと思うんですけど。

後藤：下村さんは、有益やったと言うけど、あのときにやっぱりガイドライン作ってしまうべきだったのではないかと今でも思うけどね。そうすればもうひと押し前進してたんちゃうかっていう感じはします。

下村：せやな、せやろね。

後藤：落ち着いた話ができないようになってきましたね、後になって平行線になって。だけども、もうちょっと詰めた議論をしてガイドラインこしらえてたらやっぱり違うかったなあって感じするけど。

下村：それは、歴史的評価は分からん。

山口：法テラスが法務省管轄となったときに、そこでまた対立する。ガイ

ドラインに反対し、法テラスの制度に反対し、という人たちが結構いたんだよな。そこら辺が歴史的にはどう見るかって、もうちょっと後から見ないといかんって気はする。

後藤：その対立が、公判前整理手続でも裁判員裁判でも、研修でも、全部同じような脈絡になってるような気はする。もうちょっと議論して深めてもよかったんちゃうかなあっちゅう感じはせんでもない。まあ諦めたけどね。

山口：だいぶかかった。準則できる分かれ目まで4年ぐらいかかってる。

後藤：それ以上は無理でした。しかし、深まったいうのは、下村さん言うとおりや。ただ、最後に1つだけ。共犯者の弁護については、私の論文を読んで下さい。

浦：後藤さんの『季刊刑事弁護』22号の論文[42]ですね。

信岡：具体的にご案内下さい。

浦：『季刊刑事弁護』22号に、森下さん[43]、それから下村さん[44]、それから小坂井さんの論文[45]が掲載されていて、それはもう大阪はこぞってその刑事弁護ガイドラインを擁護するという立場を明確に出しています。

後藤：私は論文とも言えないものをたくさん書いて、ろくでもないのばっかりやけど、あれだけはちゃんとしてる。

浦：ということも書いてありますね。

下村：『実務体系・現代の刑事弁護1・弁護人の役割』の小坂井論文[46]のほうが、さらに踏まえて進んでるよな。後藤説を確認してるんで。

5　刑事弁護をめぐる2000年〜2010年代の状況

(1)　高見・岡本国賠

信岡：浦さんが刑弁センターの委員長をしていた2000年5月25日に高見・岡本国賠の判決です[47]。

後藤：浦さんが弁護団長をされた国賠は全勝。負けたのは1回もないんだ。

---

(42) 後藤貞人「共犯弁護と利害対立」刑弁22号（2000年）51頁。
(43) 森下弘「刑事弁護ガイドラインへの一試案」同上39頁。
(44) 下村忠利「被害者と弁護人の関係」同上57頁。
(45) 小坂井久「弁護人の誠実義務」同上44頁。
(46) 小坂井久「刑事弁護における利益相反」現代の刑事弁護(1)115頁。
(47) 被疑者・被告人と弁護人間の信書に対する拘置所による検閲が弁護権侵害だとして提起された髙見・岡本国賠については、髙見・岡本国賠訴訟弁護団『秘密交通権の確立―髙見・岡本国賠訴訟の記録』（2002年、現代人文社）に詳しい。ちなみに、請求額に弁護士費用を加算するか否かは、弁護団での会議を経て、加算しないことにしたという経緯である（この意味で、座談会・浦発言は冗談である）。

浦：その後の後藤国賠[48]も私が団長をさせてもらいました。

信岡：後藤さんですら勝ったと。

後藤：私のが最高額ですよ。

浦：認容額が後藤さんは110万円。高見・岡本国賠は100万円です。この違いは何かと言えば、高見・岡本国賠では、損害として弁護士費用付け忘れたんです（笑）。高見・岡本は、弁護士の援助いらなかったんですよ（笑）。それに対して、後藤さんは弁護士の援助が必要っていう、そういう意味での違いはあるのです。

信岡：後藤さんのが2004年。

浦：そうです、大阪地裁判決は。これは最高裁まで行って勝訴判決が確定してるわけですから。ただ、今も時々出るんですけど、高見・岡本国賠を一審で確定させたのはちょっとどうやったかなという、そういった議論はあります。

後藤：あのときはあれでだいぶ議論をして、それで確定させようということになったんだけど。

浦：小坂井さんが事務局長をされていたのです。

(2) 司法制度改革審議会意見書

信岡：司法制度改革審議会で浦さんが散々苦労されました。

浦：司法制度改革審議会は、1999年に司法制度改革審議会が設置されて、それで、最終意見が2001年6月に出ます。

山口：そうですね。

浦：その間に、この刑事弁護に関する審議会の開催は、回数とすれば9回程度で、全体の中ではそれの一部にしかすぎないのですけど。

そのうちの1回は審議会に出席して、日弁連、法曹三者がプレゼンテーションをしたことがあり、私もこれには当時の日弁連副会長の城口順二さんと一緒に出ました。当時、法務省は古田佑紀さん、それから宗像紀夫さん。最高裁は白木勇さん、後に最高裁判事なられました。それから当時刑事局長で今は最高裁判事の大谷直人さん。その辺が出てプレゼンテーションをしたんです。

その中でやはり一番大きかったのは、証拠開示の問題で、証拠開示については時間をかけて随分議論しました。古田さんとか宗像さんらは、証拠

---

(48) 被疑者・被告人との自由な接見交通権に関して、拘置所での証拠のビデオ再生拒否に対する後藤国賠については、後藤国賠訴訟弁護団『ビデオ再生と秘密交通権　後藤国賠訴訟の記録』（2004年、現代人文社）、同『控訴審編』（2005年）、同『上告審編』（2008年）に詳しい。なお、弁護士費用の加算については、弁護団会議で議論の議論の結果、決めたことである（この意味で、座談会・浦発言は冗談ではない）。

5　刑事弁護をめぐる2000年～2010年代の状況

開示というのは、今ではあんまり問題になることはないんだと、問題になっている例はごく少数の事件についてであると言われたのです。

ちょうどそのときに、信楽高原鐵道の事故(49)の刑事事件で証拠開示が問題になっていました。というのは、事故というのは信楽高原鐵道とJRの車両が正面衝突するわけですけど、検察側は、JR側には責任はなく、すべての責任は信楽高原鐵道側にあるという立場で、立件をしたのです。ところが警察段階ではJR側にも責任があるという立場で証拠を集めたり、調書が作成されたりしていました。その警察段階の証拠の開示を巡って随分もめました。たまたま審議会の委員だった中坊公平さん(50)が信楽高原鐵道事件の民事訴訟で高原鐵道側の代理人をしておられた。私は信楽高原鐵道の職員が業務上過失致死傷罪で起訴された事件の刑事弁護を担当していました。そこで、信楽高原鐵道事故を例に、証拠開示が問題になることが少ないということはなく、極めて重大な問題としていまだにあるんだということを言って、法務省にかみ付きました。

それと同時に、古田さんなんかがよくそのとき言ってたのは、数多くの証拠の中でどの証拠が、当該事件にとって必要か必要でないかということを検察官のほうで判断して、必要だと思われるものは、できるだけ広く見せるように運用しているということを強調されていました。

しかし、その証拠が被告人にとって必要か必要でないかっていうのは、弁護人の立場から見ないと分からないんだから、検察官が判断する前にできるだけ多くのものを弁護側に開示しなければいけないのじゃないかっていう議論をしました。それが、そのときの自分の感覚ですけども、審議会の委員の間には割合通ったのかなあって感じはするんです。そして、その後、２段階の証拠開示を組み込んだ公判前整理手続の創設という流れにつながって行ったと思っています。

山口：公判前整理手続につながってるよね。

信岡：当時の裁判所、裁判官委員の意見はどうだったんですか。

---

(49)　信楽高原鐵道事故は、1991年５月14日に滋賀県信楽町（当時）で発生したJR西日本の列車と信楽高原鐵道の列車が正面衝突し、42名が死亡し、500名以上が負傷したもの。JR西日本の関係者はいずれも不起訴となったが、信楽高原鐵道鉄道関係者３名が起訴された。浦功弁護士は、その刑事弁護人の１人として活躍した。

(50)　中坊公平は弁護士（大阪弁護士会所属）。1929年生、2013年没。1990年日弁連会長。その後住宅金融債権管理機構（その後、整理回収機構）社長となった。社長時代の不適切な債権回収の責任をとって弁護士廃業。

浦：証拠開示に関してほとんど発言はなかったんですね。。

山口：取りあえず裁判員と被疑者国選と証拠開示とが主な柱やった。浦さんは刑弁センターの委員長として、その全部について提言をしてるんですけど。

浦：裁判員裁判制度につきましてはちょっと担当が違っていて、日弁連では、国民の司法参加部会が担当するという切り方してましたから、そちらのほうの担当の四宮啓さんがおられました。

山口：それは検討会でしょ。審議会の中では、多分全体を言いに行ってると思う。

浦：はい、刑事司法に限った形では全体について発言してます。その後に引き続いて検討会があるのですが。

山口：司法制度改革審議会が1999年7月から2001年の7月まであって、2年間やって、意見書[51]が出て、そこから内閣の下に検討会が作られて、浦さんが検討会の委員になったっていう流れですよね。

浦：そうです。検討会では裁判員裁判・刑事の検討会と、公的弁護制度と2つに分かれて、その裁判員裁判・刑事のほうは四宮さんが担当、公的弁護制度は私が担当しました。これはもう双方の検討会は、弁護士会だけは2名で、他の委員は1名の委員が双方兼ねてやっておられました。ただ、弁護士会の2名はそれぞれ全会議に出席しましたので、裁判員裁判・刑事と公的弁護制度の会議を合わせると四十数回の会議があったんですが、これはもう全部出席しました。

後藤：大変だったでしょうね。

浦：ちょっとこのときは大変でした。バックアップ委員会を作ってもらって扶けてもらいました。

山口：毎回毎回出る前にバックアップ委員会をやって、途中途中の議論をして、どんな形で意見を言うかを決めて、それをまた浦さんが原稿を直して、それで行ってましたね。

浦：ただ、後の法制審特別部会での小坂井さんのお立場も一緒だと思いますが、いろいろバックアップはしてもらうんだけども、最後は委員が自分で決断しなければならないのですよ(笑)。

信岡：それはそうですね。

浦：その辺が大変です。あと、この

---

(51) 「司法制度改革審議会意見書—21世紀の日本を支える司法制度」は、司法制度改革審議会設置法に基づき1999年7月から2001年7月までの間、内閣に設置された司法制度改革審議会が2001年6月に公表した。その中で、知的財産高等裁判所の設置、法科大学院の設置、裁判員制度の導入、行政事件訴訟法の改正、ADR制度の充実等広範囲の提言をしている。

点は弁護士会から批判されて、後ろから鉄砲を打たれたりはしないかというのを常に意識しながら、しかし前進させなければならないということで。だから委員は大変難しい立場に立たされます。

(3) **公的弁護制度**

信岡：公的弁護制度についてはいろいろ賛否ありましたからね。

浦：ありました、賛否っていうか。

信岡：その運営主体について、特に。

浦：それと対象事件をどうするかっていうこと。これは弁護士会はもう最初から全勾留事件だと。

山口：逮捕段階も。

浦：逮捕時点で身体拘束全件を対象とすると言ってたんですけど。実際に冷静に当時の弁護士会の力量を考えますと、段階的に、法定合議事件、それから必要的弁護事件、それから次の段階と行かざるを得ない。今回の2016年改正によってようやく、第3段階まできました。当時の検討会の中では、対象事件については、段階的な実施ということを提案すれば何とか通るかなという雰囲気でした。

あと運営主体ですよね。大変議論しました。国選弁護は従来どおり裁判所が選任するというシステム。それから従来の被疑者援助制度の延長線上で扶助協会を運営主体とするというもの。これは民営（公営）になるわけです、

それともう一つは、何か新たな団体を作るという3案がありました。しかし、裁判所は当初から、うちはもう国選弁護はやりたくないということを盛んにおっしゃっていました。

山口：そうでしたね。

浦：そうすると、裁判所案というのは消えてそれから扶助協会っていうのも、公的弁護制度とそれから一般の扶助を全部含めると予算額が随分大きくなるわけです。それを民間が担うというのはなかなか難しいんではないかというような議論もありました。

最終的には新たな団体、独立行政法人という装いの団体を作ることになりましたが、それは法務省の管轄下に入る。ただ、司法に関係する独立行政法人ということから、裁判所もかなりの程度それに関わるというようなシステムになっています。さらに弁護士会としても、充分に役割を果たすべきだということから、総合法律支援法という法律が制定されます。それで法曹三者が関わっていくということで、「日本司法支援センター」ができました。

ただ、そこで問題なのは、法務省管轄の新たな団体が弁護人を推薦するということになると、その基準をその団体が策定して、刑事弁護に関する評価を行って、刑事弁護に介入してくるのではないかという議論が出てきました。今で言えば、法テラスの法律事務

取扱規程というものをどのように策定するかというような問題になりまして、そこで、その規定の仕方によっては、やっぱり弁護士、弁護活動の自主性・独立性が脅かされることになるのではないかという厳しい議論がたたかわされました。

最終的には、それは日弁連の職務基本規程のうち、国選弁護に該当する部分だけを取り上げるということでダブルスタンダードにならずに落ち着いて、そういう意味では、最終的には事なきを得たのです。しかし、指摘されるように、弁護活動の自主性・独立性に関わるような規定になりかねない恐れがなかったとは言えないと思います。

山口：このとき、国選弁護の内容・質のための準則の日弁連モデル案を作って、単位会に全部送って、これを最低水準にして準則を作ってほしいと。要するに国選弁護人を選別するマニュアルを作ってくださいといって全部の単位会に作ってもらって、それで、これでいいだろうといって最終的な意見書にして、浦さんに、検討会で意見を言ってもらった。ところが、法テラスには、かなりの人たちが登録を拒否した。

信岡：大阪でもありました。

浦：実際には、裁判所も関与するんですけれども、予算は法務省の管轄下にあります。

信岡：選任権者は今でも裁判所ですよね。

山口：そうそう。

浦：そうなんです。法テラスが弁護人を推薦して、選任するのは裁判所です。

信岡：相変わらず弁護士会の名簿に基づいてますけど。

浦：あとひとつ、問題があったのは、弁護士会には国選弁護人の推薦権があったではないかと。それがどうなるんだという点です。しかし、これまでの弁護士会の国選弁護人推薦権というのは事実上の取り扱いにすぎなくて、法的な根拠はないといわれています。確かに最高裁と弁護士会との間に申し合わせ事項はあるのですが、それは、弁護士会の意向を無視して弁護人の推薦はしませんというような、その程度の申し合わせにすぎず、法的な根拠とまでは言い難いと思われました。

山口：法律では、司法支援センターが推薦をして、裁判所が選任するってなってて。その推薦に関して言うと申し合わせ事項だけど、少なくともその法テラスが推薦することについて裁判所は尊重すると。要するに異議を言わないという、そんな取り決めはしましたよね。

浦：そうなんです。最終的には弁護士会と各地の法テラスとの間で協議を

5　刑事弁護をめぐる2000年〜2010年代の状況

して、これまでと同じように弁護士会が名簿を作る、法テラスはその名簿の中から弁護人を推薦するという関係は、現在でも各地で保持されています。

　もう一つ、法律事務取扱規程と同時に、法テラスにかかわる弁護士の弁護活動、法テラスで受任した事件に対する弁護活動について、法テラスは文句言えるのかどうか。つまり、法律事務取扱規程に違反した弁護士について、法テラスとの間の契約を解除できるかということも問題になりました。

　総合法律支援法上、審査委員会というものが作られまして、審査委員会は裁判所、検察庁、弁護士会、学識経験者で構成します。裁判所と検察庁は各1名ずつ。弁護士会は2名。それから学識経験者が5名という構成なんです。それに私も……。

　山口：できた直後から。

　浦：2000年に法テラスができてから4年間、その審査委員をやりました。ただ、そこでの議論は、先ほどの法律事務取扱規程というのが、弁護士職務基本規程の中の国選弁護に関する部分だけ取り出して引き写したようなものだったということもありまして、その運用をめぐって特に問題になるようなものは、私の在任中はありませんでした。むしろ、学識経験者の委員の中には、弁護士にもうちょっと頑張っても

らってもいいんじゃないですかというふうな激励を頂くような場面も幾つかありました。大抵が弁護士会で既に懲戒処分に付された弁護士の問題が、その後に法テラスの審査委員会に上がってきて、そこで、最高3年間の契約解除等の措置がとられ、その間は法テラスの仕事を受任できなくなるという構造になっています。

　信岡：大阪みたいに、国選の名簿から外す作業をしてるのと、契約解除の関係はどうなってるんですか。

　山口：今そこら辺がすごい問題。

　浦：それは二重に、それぞれ別々に効力を有するという関係にあり、各地の弁護士会で、国選弁護人の推薦基準に基づいて推薦から外されていても、法テラスの審査委員会に上がってこないかぎり、法テラスで契約解除の対象にならないこともありうるし、双方もできる、そういうシステムになってたので、それをできるだけ一元化しようとするという動きはありました。

　山口：法テラスの契約の解除は向こうしかできない。大阪だと弁護士会の基準に合わせて、基準としては相談センターの名簿から外す、相談センター名簿から外すと、事実上国選も外すっていうことになるんだけど。しかし最終的に法テラスの解除は、法テラスの本部しかできないんです。

　信岡：でも推薦はそもそもされない

ことになりますね。

山口：うん。弁護士会の推薦がそこで切れる。でも法テラスで解除するときには、弁護士会の意見を聞かないかん。それから審査委員会の意見を聞かんと身分を剥奪はできないって、もうがちがちにしたんです。

浦：法テラスが法務省管轄になることになり、次に大問題になったのは、弁護士報酬問題。法務省管轄の法テラスが弁護活動を評価して報酬を払うなんてあり得ないという意見が多かった。報酬の基準をどうするか、額は、と課題が山積していました。

この問題で、日弁連の責任者として、法務省や最高裁と長期にわたって交渉にあたり、日弁連理事会の説得にもあたった山口さん。大変苦労されたと思いますが、そのあたりを。

山口：それまでの公判国選の報酬が低かったので、被疑者国選の報酬をできるだけ多くし、公判国選の報酬も上げようと思っていました。そして、報酬基準の明確性と、労力に見合った報酬をと、法務省との交渉に臨みました。

浦：そこで法テラスが報酬を支払うという仕組みになったので、裁量を入れない報酬制度ということになるわけですね。

山口：そうなんです。法テラスに査定はさせないということになると、客観的な基準を作るしかありません。そこで、約款で支払い基準を決めて、約款に定めのある弁護活動には報酬を支払うが、基準がなければ支払わないというところから出発しました。

そして、被疑者段階は接見回数で、被告人段階は公判回数と審理に要した時間数で、という基本的な方針を決め、そこに、個々の弁護活動ごとに報酬の額を決めるという手順で交渉を続けました。

浦：弁護活動って千差万別で、その全てを約款に書き込むなんてできませんよね。

山口：そうなんです。できるだけ盛り込もうとしても限界があり、約款に書かれていない弁護活動に報酬が払われないという不満が噴出しました。今でもそれは、基本的には克服されていません。

浦：今後、それはどう克服していくことになるのでしょうか。

山口：現在の基準を前提にしながら、評価に値する弁護活動には裁量で報酬を支払うという仕組みが考えられると思います。その場合、裁判所、弁護士会、法テラス等で構成する機関を作り、そこが査定するようなことも検討すべきだと思います。

ただその場合、国の予算を増やさないとできません。財務省からの抵抗は大きいし、マイナスの査定も入れろと

言われるのは、必至です。

浦：裁判員裁判の国選弁護報酬は、山口さんに奮闘して頂いたおかげで、かなりの水準を確保することができ、弁護士は喜んでいます。さらに言えば、一般の国選報酬も、もっと上がると、不満も少なくなりますよね。

山口：本当にそうですよね。

信岡：被疑者国選が非常に一般的になって、刑事の私選をたくさんやっておられる後藤さんや下村さん、弁護活動は、それぞれのお立場で変わりましたか？

後藤：私は大して変わらなかったけど、去年ぐらいから、私選の事件数は減っていると思います。

信岡：去年から減ってるのは、特殊な事情じゃないんですか（笑）。

後藤：いや、それは関係ない。

下村：やっぱり私選弁護は減っていってるし、私選弁護と国選制度との関係をどう発展させるかっていう問題はあると思います。

(4) 刑事司法の大変革

信岡：渡辺さんにお聞きしたいのは、日弁連の動きとか、大阪弁護士会の、今例えば浦さんらがいろいろやっておられた動きなんか、研究者のお立場からどういうふうに映ってるんでしょうか。

渡辺：すこし異なる角度から感想を述べます。1999年は、20世紀から21世紀にちょうど変わる節目です。そしてその通りに、日本の刑事司法にとってすごく大きな変革の年でもあったと思っているのです。

戦後現行刑訴法が制定されて以来50年近く、死刑事件の再審無罪、学生運動事件、オウム裁判、外国人事件の増大などなど多様な変化について、法制度を動かさずに、ある意味で柔軟な運用とこれを支える最高裁判例による立法的とさえ言える法解釈。これによって、いろいろな問題を解決し、あるいは解決を回避してきました。「立法が動かない時代」であり、言葉を変えると「法解釈・法運用の支配」の時代でした。

その結果、条文の解釈をする権力を持つ側、基本的には最高裁を頂点とする保守的な官僚機構、捜査資料を管理する検察庁、拘置所をしきる法務省など権力の側の運用が固まっていて、これをいかにして突き崩すのか考えなければなりませんでした。

私などは、いかにしてその壁の中に穴を作っていって、少しずつ少しずつ変えていくかという理論面からの戦いを試みたつもりでした。恐らく刑事弁護を担われてきた先生たちも現場で同じ思いで実践を重ねられたのではないでしょうか。

現場の問題を提起する弁護士とそれに気付いた学者たちが、小さなテーマ

であってもひとつひとつていねいに法解釈の方向性を変えて現場を支える……接見の自由化でもそうではなかったでしょうか。「法解釈・法運用の時代」だからこそ、正面から刑事弁護を支えるあらたな法解釈と新たな法実践をぶつけていき、それが徐々に運用を変えていったと思います。

そして、私の個人的な思い入れでもあるのですが、1999年に甲山事件無罪判決が確定します。これは、日本の刑事司法の大きな流れの中ではすごい重要な意味があると考えています。長期間の再審闘争には頼らず、むろん長期裁判とはなりましたが、通常事件として被告人、弁護人、支援の方々の努力で、「冤罪の確定を防いだ」という意味で刑事弁護が勝てた、と言えるでしょう。法解釈・法運用の時代に権力の側だけが支配するのではなく、正義を実現できる、これは結構いけると私も思いました。通常事件をきちんと戦っていけば無罪で確定できる、それだけの隙間がある、それを実践するべきである、と考えました。

しかし、時代は動きます。21世紀に入り、「立法と制度の時代」に入ります。ふたたび支配する側、官僚の側が刑事手続の構造を一定の方向に歪めることが可能な時代になってしまいました。立法過程を経ますから、野党はじめ様々な政治的な力関係の中で、一方的な改悪にはなりません。裁判員裁判制度や検察審査会の改正（市民が起訴議決ができる制度）などみるべきものも多々あります。

ただ、私のような関西の私学にいる研究者の立場では、「立法と制度の時代」は変な意味ですが、困った時代であることを正直に認めなければなりません。「法解釈・法運用の時代」であれば、ひとつの実践を理論で固めて正当化する、その積み重ねを展望することにより、改革の方向を示すことができました。しかし、「立法と制度の時代」では、いわば口出しする機会がなくなります。政治活動的なことは苦手な私にはどうしようもなくなったという感じをもちました。いやな言い方ですが、政府筋にたって立法作業に関与できる研究者集団の方達の独壇場の時代になってしまった、ということです。実は、弁護士登録をすることにした理由は、ここにあります。「立法と制度の時代」はふたたび制度の運用の時代に入る、立法の時代が過ぎた後に、立法に基づく制度が運用されていくときに再びどう戦ってくのかということを、考えながら、法制審の動きなどみておりました。

この時代、幸いホームページで審議の経過が資料とともに可視化されるようになりました。ずいぶん助かりました。被疑者国選、弁護権の充実、それ

から裁判員裁判……想定される制度が分かりますから、運用を見越してなにが課題になるか考えることができました。新時代の刑事司法を変える立法過程では、一方で、冤罪を防ぐ構図、被疑者の権利を守っていく構図が取り入れられますが、他方で、大きな意味での司法取引が正面から正当化され、また全勾留事件の国選弁護、という形で、効率的効果的な事件処理の仕組みが取り込まれます。これらが運用に移るときに、生じる諸課題〜あらたな形での「冤罪の構造化」を防ぎ、打ち破る理論と実践をどうするのか、どう作っていくのか考えながら、いわば眺めていたのですが、裁判員裁判の導入にあわせて、弁護士登録をして、現場の中から理論の課題も見出す、今までと異なる研究活動を目指すこととしたのは、以上のような時代の流れに押されたものです。

(5) 公判前整理手続、証拠開示の評価

信岡：2005年11月に始まった公判前整理手続の評価っていうのは、どんな感じでしょうか。

後藤：半々でしょう。証拠開示はやっぱり大きい。

山口：証拠開示は大きい。

後藤：下村さんとやったオウムの事件では、共犯者の調書が開示されない。共犯者の調書を一審で出せ、出せ、出せ、出せ言うても出てこんで、高裁になって初めて出てくるんです。そのときの証拠開示をしない検察の理由や裁判所の理屈見たら、もう屁理屈もええとこです。弁護人がそんなもん見んでもちゃんと裁判できる。弁護人には権利ない。こんな感じです、ずーっと。

最高裁昭和44年4月25日決定以来の実務はもう惨憺たるものですね。それと比べると、公判前整理手続が導入されて証拠開示の請求権があるとなると、それはもう天と地の開きがあるという感じがします。だから、そこがやっぱ大きい。

山口：他がどうかやな。

後藤：他はまちごうとるのいっぱいありますよね。

下村：今の証拠開示の前に入れとかないといけない話が、調書開示とか反対尋問がどう行われてたかっていう話。要するに、かつては労働公安事件などで闘うと、検察側は被害者、会社側とかそういう被害者側の調書は一切開示せずに、直接証人尋問を請求してくる。会社の社長が殴られたというようなでっち上げ事件だとしたら、会社の社長の直接の証人尋問を請求してくる。その人の捜査段階の供述調書は開示しない。直接主尋問をして、その後ようやく反対尋問のために必要だという議論でその人の捜査段階の供述調書

が開示されて、それを基に次回期日で反対尋問すると。こういうパターンが多かったね。

後藤：そうです。

下村：そういう意味ではめちゃくちゃなんです。元々直接証人尋問請求をしてくる、調書請求せずに証人尋問請求してくるから、その主尋問がどうなるんか、それとも誘導なのか誤導なのかもチェックの異議の言いようもないし、反対尋問は当然調書開示された後、次回になるから、非常に迂遠な裁判だったわけです。それが当たり前だった時代があるんです。

信岡：コロンブスの卵みたいで、今の開示制度を前提にすると、裁判所がなぜ当時開示を嫌がってたのかがよく分からなくなっていく。

浦：そうなんです。最高裁は、戦後一貫して訴訟の促進って言ってきたでしょう。訴訟の促進っていうのは、今や証拠開示によって実現したとは言わないけども、極めて短期間の審理で判決にまで至るようになったじゃないですか。これまで、訴訟の促進が実現できなかったのは、根本的に裁判所が、証拠開示がどれだけ重要かっていうことについて、思いを致さなかった点が一番大きいんじゃないですか。

後藤：最高裁昭和44年4月25日決定の前もその後も、裁判官や検察官とのやりとりを聞いてたら、一体この人たちは、無実だと訴えてる被告人がその当時集められた証拠をちゃんと見せてくれという誰が考えても正しい理屈を、正しいと思わん時代がずーっと続いたっていう、もうほんとに信じ難いね。

下村：捜査官の収集した証拠は誰のものかっていったら、それは捜査官のもんであって、弁護人とかに見せるのは恩恵的には見せてもいいけど、そんなもん見せんでもええんじゃないっていう理屈。

後藤：冤罪事件を、それこそ死刑冤罪事件を経ていながら何でそういう発想になるのかが私には理解できないけども、世界的にも実はそうなんですよ。証拠開示いうのは初めっから当然だと思われてたわけではない。日本が決定的に遅れてるかっていうたらそうでもない。10年、20年の差はあるという感じはしますけど。あれは不思議なもんですね、やっぱり。

渡辺：最高裁昭和44年決定について一言述べます。この決定は、法294条などが予定する受訴裁判所の訴訟指揮権を根拠にして、検察官に証拠開示に応ずる義務を課すことを認めたこととなります。要するに法解釈によって強制処分を作り出すこととなります。市民の権利を制限するものではないので、憲法31条に関わる問題等は生じませんが、どうしても法律に基づくもの

ではない強制命令となる点では運用しにくい面があります。証拠開示を促すなど事実上の調整はすることはあっても、端的に個別証拠の開示命令はほとんど使われてないでしょう。

後藤：そうです。われわれはしょっちゅうやりましたけど、そもそもやる人が少ない。やっても抵抗が大きく、結局裁判所が勧告、命令しない。

下村：証拠開示を求めると、検察官も決まり文句で「弁護人のやってることは唾棄すべき証拠あさりである」というようなことをしょっちゅう、もう耳にたこができるほど聞いた。

渡辺：但し、最高裁昭和44年決定の下で、証拠開示の運用については、検察庁の側で姿勢を変えてきた時期はあったんじゃないんですか。それ、いつぐらいになりますか。

後藤：やっぱりそれはあったいう感じは何となくします。

浦：裁判所による証拠開示の勧告というぐらいまではいくんです、勧告が出たケースは何例かあります。ところが「命令」を要求したら、裁判所は突如としてそこで怯懦(きょうだ)というか、非常に臆病になってしまい、証拠開示命令までは出すのをためらうのです。

下村：公判の検事が「勧告をしていただければ公判部長を説得しやすいので、勧告してください」とかいうわけで自分の判断では開示できなかった。

後藤：最高裁昭和44年決定後、訴訟指揮を求める人は結構増えてきて、裁判所もその限度では前向きになったところもあることはあると思いますけど、裁判官にもよりましたね。

浦：それはもう大きい。

後藤：何でこんなもん出さないのかいうものも出さなかったこともあるし。

山口：でも証拠開示の話は前進ではあったと思う。ゆがんでできたのが、目的外使用っていう。

後藤：目的外使用は、ほんまにこれなんとかしなければなりませんね。

山口：あのとき日弁連は、絶対に目的外使用禁止の規定を外せっていって、みんなで正当な目的の場合以外に使用してはならないという条文案を持っていって。持っていったけど、正当な目的の解釈でもめるとかって言われて。そしたらただし書きで、「ただし正当な目的以外は」というふうに入れようと提案しても、それも駄目って言われて。結局国会に持ち込まれて、最終的には民主党に頼んで、あの訳の分からん条文になったんです。

信岡：2004年ぐらいの話ですね。

山口：そうそう。

(6) 弁護士職務基本規程

信岡：では、それとほぼ同時にできた職務基本規程について。

下村：職務基本規程は、旧弁護士倫

理を改定しようというのが、今のまあ全体の流れの中にも位置付けられると思うんだけども。2001年に日弁連で弁護士倫理委員会っていうのができて、最終的に出来上がったのが2004年11月ですね。

山口：そうです。

信岡：山口さんが大阪刑弁委員会の委員長をされてたころから小坂井さんが委員長ぐらいの間です。

山口：そうです。

下村：刑事弁護における規律ということで、刑事弁護の心構え、接見の確保と身体拘束からの解放、防御権の説明等、国選弁護人対価受領等という、4条、刑事弁護の記述があるんだけど、それ以前に旧弁護士倫理にあった、真実の発見をどうするかという議論がありました。旧弁護士倫理では、弁護士は勝敗にとらわれて真実の発見をゆるがせにしてはならないって、訳分からんような規定があったんです。これは真実尊重義務があるのか、積極的真実義務までくむのかという議論があって、その辺で浦さんはいろいろ論文を書いておられるんです。浦さんの整理で僕は頭に入ってるんだけども、つまり積極的真実義務と消極的真実義務を分けて、積極的真実義務を負わないという。これ、そういうことでいいんですね、論理的には。

浦：それでいいと思います。

下村：ただその議論は、またそれで議論百出で、真実とは何かという神のみぞ知るのか、訴訟法的真実とか、実体的真実は何かとか、神学論争になってしまって、弁護士倫理の中に真実という言葉を入れるのは有害無益だというのが刑弁センターの意見で出てます。僕は刑弁センターの当時副委員長だったか何だかで、この日弁連の弁護士倫理委員会の委員になったんです。で、今の議論をその中で展開してたんです。

刑弁センターとしては、真実という言葉を弁護士職務基本規程の中には入れるべきではないということを終始言って、それはまあ言いっ放しは言いっ放しやったんかも分からんけども、刑弁センターとしての意見を表明しました。浦委員長のご見解を僕は代弁してたつもりでいます。

信岡：岡本正治先生と一緒でしたね。

下村：そうそう。だから最終的には、日弁連の執行部直属機関の弁護士倫理改正ワーキンググループいうのができて、僕が属してた弁護士倫理委員会の手を離れて、執行部の責任で最終案を作って、理事会、総会で決議をしたというわけです。最終的にはどうなったかという議論ですが、最終的には、誠実義務の中に入ったんです。刑事弁護のとこにはもう入らなくて、一

般論の第5条で、信義誠実義務の中に入りました。僕は実は最終案できるまで知らなかったんですけど。弁護士は、真実を尊重し、信義に従い、誠実かつ公正に職務を行うものとする。こういう形で、真実を尊重し、というのが入ったいきさつです。浦説と矛盾しないですね、これで。

浦：それと職務基本規程の議論で大きいのは、被疑者・被告人の「正当な」権利・利益、の「正当な」という文言を取る、というのがあったんです。

下村：ありました。

浦：それが大きかったと思う。権利と利益だけど、正当な利益と権利を擁護するという規定から、その「正当な」という文言を削除したでしょう。

下村：それは随分議論がありまして。

浦：多分議論されたんだと思います。

下村：権利および利益を擁護するために最善の弁護活動に務める、というところで、その正当なという文句を入れると、何が正当か不当かという議論に陥るだけであって、権利というからにはもうそれは正当なものだというのは決まってると、法律解釈として。こういう意味で、正当な利益といわなく

ても、それはもう被疑者・被告人の利益というのはもう当たり前という感じで、それは落ちつきました。

後藤：あれは相当議論なりましたね。

下村：虚偽証拠の提出なんかもやっぱり随分議論があったんですけど。

後藤：この辺はしかし、弁護士会内ではあんまり先鋭的な対立なんていうのはなかったですね。

浦：そうですね。あまりなかったと思います。

後藤：全部、一応了解できる、みんな。

山口：作る前に、日弁連の手続として、結構いろんなとこで議論されてるから、単位会に送っていったときにある程度固まってました。

後藤：それと、あんまり原理的に対立することなく、大体それは一致してたいう感じ。

下村：真実義務という議論は、浦さんの論文が多数ありますんで。

浦：そんな多数でもないですけど[52]。

(7) 志布志事件、村木事件等

信岡：先ほど後藤さんから村木事件があるまで変わらなかったという話が出たんですけど、村木事件の前に2007

---

(52) 浦功「弁護人に真実義務はあるか」刑事弁護の技術（上）11頁、同「弁護人の義務論」現代の刑事弁護(1)13頁。

年に志布志事件がありましたよね。あれも全く普通の方々が冤罪被害にあった、しかもやられてることはかなりひどいことだった。それでもまだ変わらなかったというあたりは。

後藤：可視化の運動をずっとしている中で、ぽこぽこぽこぽこ、ぽこぽこ出てきた。われわれも敏感になってるから、きちっとフォローして、それを埋め込んで攻めていったというところはあるんでしょうね。

山口：志布志事件と日弁連との関係で言うと、例の、弁護人と接見した直後にその被疑者を検事が呼び出して、今日は弁護人からこう言われましたって調書を作って、それが問題になった。鹿児島県弁護士会が抗議をしたら、検察官から国選弁護人解任しろって言われて、裁判所が解任したんやな。それでもうかんかんになって、鹿児島県弁護士会は国選弁護の推薦に一切応じませんと、ボイコットやとなって、日弁連から調査に行った。結局裁判所は最終的には、また選任するのだけど。弁護活動に対する検察と裁判所の姿勢について、えっ、こんなことまだするのや、と僕らびっくりしたけど、それに抗議をすると裁判所が態度を変えるってことも、それまでとは変わってきてると思わせた。あの捜査自体もめちゃめちゃやったと思うけど。

信岡：警察ですね。被疑者に対する取調べの監督規則[53]ができて、原則1日8時間までにせないかんとかですね、監察官を置くとか。

浦：そう、苦情申立ての手続きもできていますね。

下村：村木事件は、僕が弁護した上村(かみむら)事件で、改ざんしたフロッピーディスクを送ってきて、そこから問題にしたんです。前田恒彦検事が改ざんしたフロッピーディスクが今回のいろんな司法改革のきっかけになったんであれば、200年後にできるであろう刑事弁護歴史博物館にやはりちゃんと展示することになるでしょう。

信岡：あれはオウンゴールの印象ですけど、私からすれば。

後藤：オウンゴールだろうけども、出るべくして出てきたという感じです。だって、氷見とか志布志とか、ああいうのを続けてったらさらにその先のが出てくるんだって、やっぱり。それが出てきたと思う。

信岡：渡辺さん、氷見事件、志布志事件、それから足利事件、村木事件、いろいろ出てきてるわけですけど、そのあたりについて、学者としてどうみておられますか？

渡辺：私は、再審事件と制度につい

---

(53) 2008年4月「被疑者取調べ適正化のための監督に関する規則」。

ての研究には立ち後れました分、接見の問題と取調べの可視化の問題については強い関心を持っておりました。志布志事件での秘密交通権侵害については由々しき問題だと受けとめました。被疑者取調べの場で接見内容を事実上暴露させるのは、権利保障にとって致命的な問題を生じます。権利の崩壊を招きかねないほどのものです。被疑者本人が任意に話すならよい、という問題ではありません。ことは、憲法が保障する「被疑者・被告人と弁護人との接見の秘密」なのです。

要するに弁護の後から、取調べという権限によって、秘密であるべき接見の中身が全部暴露されてしまったならば、刑訴法39条1項、憲法34条がもう解体してしまうのです。絶対許してはいけない運用、捜査権の濫用、被疑者の防御権、弁護人依頼権を根底から覆す取調べのあり方です。問題は、被疑者・被告人と弁護人の秘密交通権の保障の広がりです。両者が接見をしてる場だけの秘密ではなくて、さらに問題なのは、様々な形で被疑者・被告人と弁護人がそれぞれ接見を通じて共有し「それぞれが保管している状態（ストックしている状態）の情報」をいかに法的に守るものかということでした。その重要性に気付かないままに、ある

いは知りながらあえて、接見内容の取調べを平然と行い調書化し、それを逆に被疑者と弁護人の信頼関係を破壊する材料にするなどもっての外でした。そうしたことを認容する警察捜査、これを放置し黙認する検察の姿勢は徹底的に改善しなければならないものでした。

幸い国賠で、裁判所もかかる実務を違法と宣言しました。正しい判断を示したと思います[54]。

権力は常に弱いところを狙っていって、必ずそこにつけこんでいくのに対して、どうやって被疑者・被告人を防御していくのかという課題が常に残ります。今はかろうじて守り切れてるけれども、私はまた次の穴は出てくると思っています。3年後に施行される一連の司法取引関係立法があらたな「えん罪の構図」になりかねません。

山口：それはそうかもしれないですから、きっちり対応していかねばなりませんね。で、話を戻しますが、村木事件は、検察の取調べはどれだけでたらめだったかというのが一番よく出てきた事件ですよね。どれだけ自分たちでストーリー作っていって、それに当てはめて全部作っていったかって。

浦：特捜事件といったら、これまで常にそのことが指摘されていながら一

---

(54) 鹿児島地判平成20・3・24判時2008号27頁。

向に改善されなかったのですが、村木事件でそのことが極めて明瞭に実証されましたね。

山口：ほんと明瞭に出てきたと思う、それは。

信岡：大体は警察での無理な取り調べっていうのが多かったですからね。村木事件をきっかけに検察の在り方検討会議ができたり、村木事件で最高検がいろいろ意見を出したりとか、反省してるふりは始めたんですけれど。で、そこから後は可視化立法とか2016年改正の話になりますが……。

6　2016年改正と今後の課題

(1)　IT機器と施設管理の問題

信岡：それでは、最後は浦さんに、この間の流れをずっと見て、今度の改革も含めてどう見ておられるか。

浦：それは2004年のあの改正以降、私は、具体的な事件として裁判員裁判は、1件しか経験していません。従って、今どういう状況かというのは他の方のお話、いわば学者が実務家の話を聞く程度の話ししかありません。

ただ、今の2016年改正までの間に大きく変わったとすれば、接見については、これはあんまりもう接見それ自体については問題ないということでしょう。ただ問題は、今や非常に先端的な問題として、IT機器と施設管理の問題です。これは、もろに今ぶつかっている。しかし、時代の流れからしても、接見に際して当然IT機器の利用というのは、できなければいけません。いまだに刑事施設側がそれに応じようとしないことは、もう極めて不当だと思うんですけど、なかなかその壁を破れないというのが現状のような気がします。

後藤：裁判所がよくないですよね。

山口：それもそうだし、今ほんとにどんどん変な判決ばかり出てきてて。今、日弁連の最大の課題の1つです。昔の指定書の裁判でいっぱい負けても、最終的に国賠を繰り返したみたいな感じ。

浦：刑事施設や裁判所が言っていることはいかにも不合理・不条理じゃないですか。今ごろIT機器、パソコン持ち込んで接見するのって当たり前の話でしょう。

後藤：最高裁がそう考えるかです、あの人たち。

浦：あの人たちも、IT機器が全然わかっていないのではないですか、多分、私と一緒ですよ（笑）。あの人たちもIT機器を使ってないんでしょう、きっと。

山口：使ってない。

後藤：使ってなくっても、理屈の上では非常にシンプルだと思うんですけど。何で、ああいう判決が出るんか、

私にはもう理解できないですけどね。

山口：それと、東京高裁なんかは、昭和20年代にできた法律ではIT機器は、接見の際には予定されてなかったから持ち込めないと。むっちゃくちゃやな。

浦：そうであっても、その時代に合うように解釈して運用していくのが裁判所の役割じゃないですか。

後藤：メモがIT機器に代わっただけの話ですね。あの判決を見てると、証拠開示に関して、40年とかあの辺に裁判官が言ってたあのむちゃくちゃさ加減というか、分かってないさ加減いうのが、同じように出てるなっていう感じします。

渡辺：司法のIT化を拒むのは、一種の「裁判官文化」でしょうか。保守的な価値観が刑事手続の適正化、被疑者・被告人の防御権保障、令状手続の簡易迅速化、手続全般の可視化を妨げているように感じています。

後藤：理解ができないです。われわれはものすごく常識的なことを言ってるわけです。

浦：そう、当たり前のことなんです。旧石器時代の考え方でやっているわけですからね。何としても破りたい。私達弁護士としては、何としてもぶち破らないかんのですけども、その辺のことは。

渡辺：法改正の中で、刑事手続全般のIT化という議論はないようですね。

山口：何のIT化？

渡辺：例えば、今令状請求にしても書面主義です。捜査機関は令状請求を紙ベースでやらないといけない。例えば、職務質問の現場状況をスマホで写して、こういう状況だから採尿令状出してくれという申請を口頭で、しかし録音録画が残る形で行うことはさほど難しいことではありません。令状もネットで届けることで迅速化が図れます。そうしたIT時代にそった刑事手続の運用は、十分に技術的には可能だと思います。

後藤：ただ、ものすごい大きな障壁があります。セキュリティーです。検察は今でもオンラインでは結びません。庁内だけで結ぶかもしれないけれども、裁判所とのやりとりとか弁護士とのやりとりとかに、それ絶対使わないです。セキュリティーの問題があるからという理由で。そこは何か、突破できないのではないか。

山口：ただ、この間韓国でびっくりしたけど、韓国の民事裁判、特に離婚の裁判なんかは全部もうIT化されてて、それぞれの出された書面を全部裁判所にデータで送って、それでデータで見れて。裁判所もパソコンのモニターが置いてあって、データで見てやりとりしてるんです。

後藤：ええなあ。

山口：え、これセキュリティーどうなってんのかと思たけど、びっくりした。

後藤：私は本来そうなるべきやと思うんですけどね。セキュリティーを一生懸命工夫すれば、本来はいけるものだと思います。それを、危ないからと検察庁全然しないです。

(2) 取調べの可視化

山口：浦さん、私からの質問ですけど、これからの刑事裁判と刑事弁護の在り方とか展望とかは。

浦：やっぱりこれは小坂井さんをはじめ、可視化の運動の成果だと思うけど、取調べが大きく変わりましたよね。先ほど後藤さんおっしゃったように、大阪の捜査四課は殴る蹴るの取り調べをやっていた、これはもう常識だったんですけど、今やそれは影潜めたと言ってもいいように思います。

私がたまたま2007年に担当した事件、これはやくざのノミ行為なんです。10年にならない9年前の事件ですけど、警察の取調室で、殴る蹴るの暴行されるんです。それが顔面にあざを残し、体にもTシャツを脱げばあざが残ってて暴行の痕跡が明瞭なんです。そこで移監の申し立てをして、これを裁判所が認めて拘置所に移され、被疑者はそれで起訴されずに済んだ事件があるんです。今やそんな話はまず聞かなくなった。

後藤：ないでしょう。今は。

浦：それと同時に、かつてのミランダの会が黙秘を勧めたことについて、本人が望んでもいないのに黙秘を慫慂するのはおかしいというような形で検事総長が批判したということがあったわけだけど、今や弁護マニュアルの中では、まず黙秘させろというのがある。それが弁護の今の常道になってるんです。

そのような黙秘権の行使が一般市民にも随分浸透していて、最近は接見の際に被疑者のほうから、もう黙秘しますわっていうような発言がさかんに出てくる、やくざ事件でしたが、やくざでも、捜査が進むまではしばらく黙秘しときまっさ、というような発言をする。そういう事件が増えてきており、そういう意味でその黙秘権の行使がかなりしやすくなった。これまでの黙秘権の行使についての高いハードルが相当低くなってるように思われます。そういう意味では取り調べ状況は大きく変わっていくんだろうという気がします。また、今後さらにどう変わるのか分かりませんけどもそういう意味ではいい方向に進んでいると思っています。

それともうひとつ、今後の、裁判員裁判がどういうふうに進むかっていうのはちょっと分からないんですけども、今でも最高裁は公判前整理手続が

時間かかり過ぎているっていうことをさかんに言っておるようですけど、実際それはどうなんでしょうか。最高裁は今、実証的な検討してるところだっていうのは、何かで読んだことがありますが、しかし全体として、審理期間はずいぶん短縮されている。刑事事件は、これまで数年のオーダーでかかっておった事件が、公判前整理手続に1年や2年費しても、公判自体は一番長い公判でも半年ぐらいで終わっているわけです。そのことから考えると、訴訟の促進は随分図られておって、この点は、もう最高裁が文句言うべき筋合いは全くないんじゃないかと思うんです。

後藤：最高裁が問題にしているのは、認める事件です。争ってる事件は長期間かかっても結局のところ帳尻は合ってる。しかし、争ってない事件で、ぱっぱっと終わるはずが、公判前整理手続が長くなってるから、結局1カ月とか2カ月の単位ですけど、統計を取ると延びてると。こういう説明です。

浦：争いのない事件でも、弁護側が予定主張出さない、それに時間がかかっているということを、最高裁は言いたいんですかね。

山口：いろんな要素があるんでしょうけど、少なくとも認めてる事件、何でこんなにかかるんやと。

浦：それは実際そうなんですか。

後藤：統計を取ると、2カ月ぐらいとかそんな感じで延びています。起訴から判決までを見ると。

浦：証拠開示もなかったですから記録の検討も要らんかったんでしょうけど、今や証拠開示された事件、それはやっぱり義務として検討するの当たり前ですから、時間かかりますよね。

後藤：その原因が弁護人にあるのか、それとも裁判所が整理に一生懸命で、情状事実についても争点整理するとかあほなことを言い出すもんだから時間がかかってるのか、弁護人がのんびりしてるからなのか、分かりません。検察官が急いでることは間違いないです。

浦：それと公判、裁判員裁判の公判自体は特に問題ってないんでしょうか。つまり、これまでの調書裁判ではなくって、直接主義・口頭主義が、まあ実地に行われておるわけですから、それはそれで問題ないといっていいんでしょうか。

後藤：それはそうではないとは思いますけど。

浦：まあ上手下手はあるんでしょうけど、その弁護側の弁護活動として。しかし、直接主義・口頭主義で分かりやすく、裁判員にとって分かりやすい尋問をする、分りやすい弁論をすると。それ自体としては何か否定的な、

否定せないかん問題ではないようには思うんですけど。

それと、『論究ジュリスト』で三井先生が「コミュニケイティブ司法」、要するに、現在司法は、法曹三者あるいは裁判員との間でコミュニケーションを保ちながら運営されるというふうに動きつつあるということおっしゃっておられます(55)。

これまで確かに20世紀、1900年代は2000年入るまで、あるいは入ってからもそうですけど、今年の今回の改革も含めて、2度の大改正があるわけですが、それまで、2004年改正以前は、やっぱり裁判所・検察庁と、対弁護士会側という対立的な構図というのは、これはもう抜き難いものがあったように思ってます。ところが、今やその対立の構図っていうのがかなり解消されてきたというか、どういう意味で解消されたかは問題ですけど、とにかくまず裁判員裁判を実現させるということで模擬裁判を行いましたが、これは法曹三者の全面的な協力でできました。それから裁判員裁判が始まってからも、

なお法曹三者、少なくとも大阪では法曹三者で裁判員裁判意見交換会というのはずっと続けてます。それと同時に、個別事件でも反省会、最初は反省会と言っていたのが、今や意見交換会ということになるようですけど、それも裁判官が主導して、検察官、弁護人が一緒になって、当該事件についての問題点を出し合っているという、そういう活動もされてるようです(56)。

これが私にとっては、ある意味ではかつてとは絵柄ががらっと変わって非常にいいことのようにも思えるんですけども、さあそれでもろ手を挙げて賛成していいのかどうか。やっぱり、弁護士と裁判所、弁護士と検察庁の違いっていうのはどっかで色分けして、截然（せつぜん）としたものは本来は必要なんだろうと思うんです。その辺、法曹三者は今や一体となって、逆に言えばというか、簡単に言えば、裁判所に教えてもらって裁判員裁判をやっておるという図式のように見えます。

これには非常に不満で、われわれ弁護士がもっと力を付けて、それはやは

---

(55) 三井誠「コミュニケイティブ（communicative）司法」論究ジュリ2号（2012年）104頁。裁判員裁判は、法曹三者と裁判員とのコミュニケーション（communication）を図りながら裁判を進めること、そのプロセス自体に価値・意義を認める制度であり、ここに大きな特徴があると思われると述べている。

(56) 大阪では、さらに2015年4月ころからは、当該事件の担当裁判官、検察官および弁護人以外に、オブザーバーとして検察庁からは公判部副部長等、弁護士会からは刑事弁護委員会の副委員長や裁判員部会等の委員が参加して、当該事件について裁判所から裁判員の意見を伝えてもらうなどして意見交換をしている。

り、裁判所や検察庁を凌駕(りょうが)できるだけの力量をつけないといけない。本来はそのはずだと思うんですが、まだそこまではいけてない。裁判員裁判とすれば、大過なく運営されておるという大方の見方ではありますよね。それはそれで僕もそれはそうなんだろうと思うんですけども。

しかし、今のままの裁判所主導といいますか。一時「検察官司法」ということを三井先生がおっしゃいました[57]。今や「裁判官司法」になりつつあるのかなと。それはやっぱりさらにこれを逆転させ、「弁護人司法」にしなければいけないというような場面っていうのはこれから求められることになるのかなって思ったりはしてるんです。しかし、私はもう、後があとあんまりありませんが……（笑）。若干とりとめのない感想ですけども、そんなことを考えています。

(3) 刑事事件の減少と弁護人依頼権

下村：いくつか言いたいんだけど、ひとつは刑事事件が減っているということです。ここに、資料持ってるんだけど、大阪拘置所では未決の定員が1,426名なんです。それで23年、5年前には定員をちょっと割れるぐらい被収容者がいたんです。

ところが、平成28年現在は700人程度。つまり、1,426名定員のところ、半分以下しか大阪拘置所に被告人はいないんです。なぜかって、勾留請求却下よくされてる？

信岡：はい、結構。

下村：保釈、よく効いてる？

信岡：効いてる。

下村：それも影響あるかな。

後藤：いや、あんまり影響ない。それは微々たるもんではないですか。

山口：被疑者段階の事件が減ってる。そもそも刑事事件そのものが。

下村：そうそう、そもそも刑事事件が減ってると。日本の治安が非常によくなったと。少子高齢化のおかげで犯罪が減ってると、こういわれてる。それは刑事弁護の客観的な状況の1つです。

それから、今の国選の先生に対して不満があって変えてほしいと言っても変えてもらえない、裁判所が認めない問題です。

『現代の刑事弁護1』に山口さんが日本における国選弁護制度の在り方についてって論文[58]書いてられるよね。

山口：よう読んでおられるなあ（笑）。

下村：結局、被告人の弁護人依頼権ていうのも、こないだ後藤さんに、ち

---

(57) 大澤裕＝岡田薫＝田中敏雄＝三井誠＝渡邉一弘「《座談会》検察改革と新しい刑事司法制度の展望」ジュリ1429号（2011年）8～51頁の三井誠の発言。
(58) 山口健一「日本における国選弁護制度のあり方について」現代の刑事弁護(1)383頁。

ょっと話したらあんまり問題意識なかったですけども、憲法37条の3項は、刑事被告人はいかなる場合にも資格を有する弁護人を依頼することができる。被告人が自らこれを依頼することができないときは、国でこれを附する、となっています。34条のほうは、直ちに弁護人に依頼する権利を与えられなければ抑留または拘禁されない、となっていて、依頼する権利があることになってるわけ。

ところが、この資格を有する弁護人っていうのが有効適切な弁護をする能力のある弁護人という意味であることは決まってるわけで、そういう弁護人を依頼する権利があるというのは憲法の34条でも37条でもはっきり書いてあるのに、今の国選制度の状況には矛盾があるように思います。

いかに国選と被疑者・被告人がうまくいってないというか。

例えば伝言。接見禁止が続いてんのに、ちょっとした家族への伝言もしてくれないとか、証拠を一切見せてくれないとか。そういう不満を僕は、拘置所から依頼が来て接見に行くといっぱい聞くんです。しかし、国選弁護人を代えてほしいといっても、裁判所は認めない。その論理は、被告人には選択権がないんだと。国選弁護人の選択権を与えだすと、この制度はおかしくなるという、それこそ硬直した論理で、裁判所は国選の変更を認めない。

しかし、憲法上弁護人を依頼する権利があるということで言うと、やはりそこんところは国選弁護人の変更いうのを柔軟に、その制度を変えたらええのではないか。依頼する権利という観点から変えていかないといけないんだと、国選弁護の将来はそこにあるっていうように思います。

やっぱり、これからの刑事事件が全体減っていく、私選でなく、国選がほとんどになっていく。そうすると私選弁護と国選弁護がどう違うのかということになると、憲法上は依頼する権利があるとなってるんだから、やはり被疑者・被告人の国選制度が充実していくんであれば、やはり選ぶ権利、資格ある有効適切な弁護ができる弁護人を依頼する権利がもっと重視される方向で運用なり改善させるべきじゃないのかという気がします。

後藤：その件については全然反対しない。国選を柔軟に変えるっていうことは、賛成です。

山口：実はドイツでそうなってる、もう。

下村：そうでしょう。

山口：うん。

下村：法テラスなり裁判所の運用として、国選弁護人が不適切なんで代えてほしいというふうに被疑者・被告人が依頼権を行使しようとしたときに、

選択権ないんだからだめっていうんでしょ。

山口：いったん決めたら国選弁護人どうするかという問題と、依頼権、最初から選べるかって問題はちょっと離して考えるべきものだと思う。

下村：分けていかんとね。だから、最初から私はこの人を国選弁護人として頼みたいということができるように展望すべきでしょう。

山口：将来的に僕はそうならんといかんと思ってる。言うたら要するに病気なったときに、一番いい病院で一番いい医者にその病気を治してもらうのか、勝手にこの医者にすると決められるのか、それと同じ話だと思う。

(4) 刑事弁護の質の向上

渡辺：長い目でみますと、刑事弁護全般について、また公判弁護についても、質が高くなってると思っています。これを示す小さな運用が法廷で見られます。3つあります。

①弁護人は「被告人」と呼びません。「〇〇さん」など名前を言うようになりました。

②裁判員裁判ではない場合はまだやむをえないのですが、裁判員裁判ではとくに弁論について、「早口競争」であったのが止みました。検察官の論告よりもいかに早く読み上げるかと競争している感がありました。今は「ストーリー・テラー」として語っています。「ゆっくり語る」文化が定着しています。

③「クロス」尋問の定着です。1980年代、1990年代は、証人尋問調書を読んでいても、ときどき「あれ、これはどっちが聞いてるのだろう」とふと疑問に思い、尋問者を再確認しなければならない調書がありました。弁護人が行うべき「反対尋問」は"検察官の主尋問と反対側から同じことを聞く"という意味での「反対」尋問ではあってはなりません。主尋問と同じことを聞く反対尋問がはびこっていた時代は終わっています。最近ではほんとに「クロス」する、つまり主尋問の流れを断ち切る尋問、切り裂く突っ込みができる尋問、それが定着しています。法廷文化が劇的に変化を遂げています。

ところが、私は、控訴審中心に刑事弁護を担当しておりますが、反面で残念な刑事弁護の現象にも気づいています。「三無い弁護事件」です。

①弁護人が被告人に「会いに来ない」、「会わない」のです。

②接見に来てても「被告人の話を聞かない」のです。接見の回数はある、しかし、被疑者段階であれば、取調べへの対応、調書に署名指印するかどうかの助言、公判での主張を踏まえた防御方針の説明などが的確になされていない例があります。そんな実状で一審を終えた控訴審の被告人と接見室で話

を聞く例がままあります。正直なところ、内心では「弁護人は一体何してたんやろ⁉」と思ったことが少なくないのです。むろん一審の記録を見返しても、十分な防御活動とは言い切れない軌跡が読み取れます。

③「動かない」が最後です。接見する、ある程度話は聞く、しかし、被告人が求める防御活動について「動いてくれない」「やってくれない」のです。

要するに、「会わない」、「聞かない」、「動かない」。こういう「三無い弁護」の不満を言う被告人は結構おります。

それだけに、今後とも刑事弁護の現場ではなによりも被疑者・被告人との信頼関係を構築した上で適切有効な防御活動を行うためにも、ともかく接見すること、準備が整わなくても会いに行くこと、可能な限りいろんなことをサポートすること、ということをやっていかなければならないと思います。そういうふうに動ける弁護人は私選だろうとそれから国選だろうと同じであるべきです。いずれも基本的に被疑者・被告人の包括的防御権をカバーする適切有効な弁護人として活動しなければならないと思います。

こうしたことを今指摘しておきたい理由は簡単です。今度通った立法では司法取引が入ったでしょう。しかも勾留全件国選でやります。その上に取調べ可視化になるわけでしょう。取調べ可視化時代に司法取引に関する活動も適切に行える弁護人。もう一度改めて研修のあり方を含めて質の強化をしていかなければ、弁護人も巻き込んだ「司法取引『冤罪』」がはびこる司法になりかねません。

刑事弁護が量的に拡散する一方、司法取引を適切に監視できない質の低下を招きかねません。弁護人が巻き込まれた形で冤罪が構造的に生まれていく時代になるのは防がなければなりません。近未来の大きな課題はそこいらではないでしょうか。

(5) 裁判員裁判の問題点

信岡：後藤さん、今の話を受けて、何かあります？

後藤：弁護の質を高めないといけないというのは同感ですね。浦さんがおっしゃったことに関連するんですけど、裁判員裁判が今現在どう、どんな問題抱えてるか、それまでどうだったかっていう話をちょっと簡単にしたいと思います。

それまでの調書裁判による裁判官裁判と比べると、裁判員裁判は圧倒的にいい。圧倒的にいいし、裁判員裁判が多くのものを変えた。取調べの可視化の実現も、裁判員制度と連動してるところがあります。そういう意味では大きなインパクトを与えたと思います。

裁判員裁判の出来具合がどうかっていうと、検察官はいいんです。良くっ

て当たり前なんです。何でそうかというと、その理由ははっきりしてます。検察官は、捜査段階でちゃんと調書とっていて、その検察官調書を並べると、この被告人はどんな人間で、いつ、どんな動機で何をしたか、その結果何が起こったかを説明することはできるわけです。きちんとした筋書きができるわけです。それに沿って立証活動すればいいので、基本的なところで検察官は難しくないのです。

ところが弁護人は、そういうものに対して、無罪主張の場合、何で無罪かっていう説明を筋道立ててするのはむっちゃくちゃ難しいわけです。アリバイがあるのならある意味では簡単です。しかし、そうでない事件で無罪の主張をする場合、検察官主張に沿うたくさんの証拠や事実を無罪方向から説明するのがむちゃくちゃ難しいわけです。その難しいのを弁護人が担ってるから、訳の分からん弁護いうのはたくさんでてきます。それはもうある程度しょうがない。

われわれの務めは、研修を今まで以上に一生懸命やることです。私は研修派というレッテルを貼られているようですが、研修で全ての片が付くとは全然思っていません。しかし、革命は起こらないんだから、われわれは何すべきかいうたら、研修するのに決まっとるわけです。それ以外ないんです。

6　2016年改正と今後の課題

次に、その裁判員裁判のもうひとつの問題は裁判所の問題です。それは何かっていうと、一番最初の世代、裁判員第1世代とでも名付けられる裁判官らは、右も左も分からないときに、これ一体どないなるんだろうかって真剣に考えた。第1世代の裁判官には、俺が裁判員をひょいひょいと操ったろという人はいなかったんです。俺もうどうすべきかと思ってた人ばっかりです。だから、その裁判員とどういう議論をするかについて真剣に悩んで深く考えた人が多かった。

それが第2世代になると、俺10件やった、20件やったこうなってきます。そうすると、来る日も来る日も有罪の事件を見てた、昔の裁判官裁判とおなじように、いろいろ違う考えをもつ素人は入っているけども、俺の考える議論の筋道が正しいからこれに従った議論をさせれば正しい結論にいたると、だんだん自信ができてくるわけです。だから、いかに早くいかに効率よくするか、というところにどうしても頭がいく。私はそういう感じするんです。

今、第3世代と思うんですけど、それはより顕著になってます。要領よくやるためにはどうするかいうたら、公判前整理手続でやる。検事が何を言うか、弁護人が何を言うかを予め知っておく。それだけでなく、証拠の中身もだいたい分かる。民事の弁論準備みた

いなもんで、弁論準備をみっちりやると、最後の証人尋問やる前に勝敗決まります。証拠の推認力まで公判前で議論するかとかあほなこと言うとるわけです。民事の弁論準備と同じになります。基本的な意識が第1世代と比べると相当ずれてきてる。

裁判官が、裁判員にいってしまった権力を、もう一遍取り戻して自分たちが仕切りたいというのがものすごく強くなってるのではないか、というのが私の恐れなんです。それに対してどうするかっていったら、研修派の私としては、やっぱり研修と教育と、それで弁護人が一生懸命やる他ない。

10割はいかんやろ。3割いけたらいい。3割のしっかりした弁護人を養成するために、われわれはまだ一生懸命やらなければならないと感じています。

(6) 日本の刑事司法の変化

山口：多分2000年のあの時代っていうのは、日本の刑事司法が本当に大きく変わるきっかけになった。そこに浦さんはいたと思う。委員長の時代もそうだし、それから審議会も検討会もそうなんですよね。あの2000年から始まった刑事司法改革がほんとに日本の刑事裁判を変えるきっかけを作ったと思うんで。

そこに浦さんがずっといて。しかも大阪での積み重ねがあの検討会の意見にずっと反映されてきたと思う。この実践がどう実現するかっていうとこに関わってこられたという意味ではすごくいい位置におられたと思うし、そこが浦さんの実力やったと思います。

今回の刑事司法改革があって、でも、よくよく考えてみたら、被疑者段階で弁護人が付くことなんて、僕が弁護士になったころは全く考えられなかったし、しかも若手のほとんどがみんな刑事事件に何らかの形で参加をすることもなかったんです。多分僕らも想像もしてなかったし。そういう意味で言うと今は新人中心ですけど、かなりの弁護士が刑事事件に参加をしてるっていう現状捜査段階で絶対弁護人が付くんやっていうのは、画期的やったと思うんです。

今回、裁判員裁判、可視化が実現されると。確かに言われるようにいろいろ問題点があるのですけれども、全員が刑事弁護に携わる、しかも世の中の人たちが、弁護士さんって刑事事件もみんなするんやというような風潮になっていってるというのはすごい良いことだし、拡散って言葉がさっき出てきましたけど、そこはもう後藤さんが言うように研修で乗り切るしかないと思う。

刑事弁護センターの研修として、今回の刑訴法改正で52単位会全部で研修やろうっていって、多分何千人かは参

加すると思います。その研修には。

　それだけでもちろん終わらないので、あとは司法取引だの盗聴だのその他の問題についても毎年ずっとやっていかんと。それが日弁連の課題だし、多分僕らがそこは担わないかん立場にあるんやと思います。

　僕はみんなが刑事事件をする、しかも質の高い刑事弁護をやるっていう点では、かなり前進をしてきてるんじゃないかなっていうふうに見てますけど。

　後藤：しかし、浦さんがこの流れの中心でずーっといてはったんやね、振り返ってみると。

　浦：それはたまたまそうであったということでしょう。流れに翻弄されていたというのが実情ですが、たまたま後から思うとそういうことになるのかもしれません。

　後藤：大阪の裁判員本部の初代の本部長代行が高階貞男さん。その次が浦さん。

　山口：研修で言うと、大阪の研修の中心が浦さんだったし、その後に日弁連でも刑事関連研修PTの座長もしていただいた。

　後藤：振り返ってみるとそうなんだね。

　信岡：若い人たちに喝を入れて。

　浦：まだこれからで、そんな。

　下村：浦さんも、まだまだ若い。

　浦：いやいや、私も相当な年齢になりました。

　ただ言えるのは、2004年の改正にかかる裁判員裁判や2016年の改正にかかる可視化法制などを、被疑者・被告人にとって真に良いものにしていけるかどうかは、刑事弁護に携わる弁護士の活動如何にかかっている面が大きいことです。私達弁護士の力量が今後の刑事手続の在り方を大きく左右するのではないでしょうか。私達弁護士は、このことをよく心しておくべきだと思います。

　信岡：では、この辺で終わりたいと思います。お疲れさまでした、ありがとうございました。

　一同：ありがとうございました。

（2016年10月9日収録）

弁護技術の向上
―― 裁判員裁判を中心にして ――

弁　護　士　西　村　　　健

 Ⅰ　はじめに
 Ⅱ　弁護技術向上が求められる背景
 Ⅲ　日弁連の研修・研究等
 Ⅳ　大阪弁護士会の研修・研究等
 Ⅴ　法廷技術研修の概要
 Ⅵ　裁判員アンケート結果と検討
 Ⅶ　今後の課題
 Ⅷ　おわりに

Ⅰ　はじめに

　依頼者の運命は、弁護技術の出来・不出来に左右される。
　しかし、裁判員裁判の現状は、弁護技術の不十分さで、依頼者の正当な権利が適切に擁護されているとは言い難いのではないかとの懸念が生じている。何故なら、裁判員のアンケート結果によれば、弁護人の方が、検察官よりわかりにくい法廷活動であったとの評価になっているからである。弁護人の法廷技術がわかりにくいとの回答は約19.2％であるのに対し、検察官の法廷技術がわかりにくいとの回答は約5.6％にとどまっている[1]。約4倍もの開

（1）　最高裁判所ウェブサイト（http://www.saibanin.courts.go.jp/topics/09_12_05-10jissi_jyoukyou.html）図表38、39参照。本文の数字は2012（平成24）年までの分であるが、2015（平成27）年8月までの速報版でも、弁護人は17.9％、検察官は4.0％であり、同様の傾向となっている（http://www.saibanin.courts.go.jp/vcms_lf/h27_ankeito_tyuukan.pdf）。

きがある。

　弁護士及び弁護士会は、依頼者の正当な権利を適切に擁護するために、弁護技術の向上を図る必要がある[2]。

II　弁護技術向上が求められる背景

　裁判員裁判では、連日的開廷と直接主義・口頭主義の徹底が不可欠である。弁護技術向上が求められるのは、このことも背景となっている。そこで、この背景に関する歴史を若干振り返るとともに、筆者の見聞の範囲で、複数の諸外国における状況を紹介する。

1　裁判員裁判導入前の刑事裁判

　裁判員裁判導入前の刑事裁判は、五月雨式裁判であった。月に1回程度法廷が開かれていた。主として、公開法廷において、主張や証拠整理と証拠調べ等がなされた。裁判官の交替は当然のごとく受け取られていた。論告弁論がなされた数ケ月経過後に判決言渡ということもあった。

　法廷での審理は、いわば間接主義・書面主義であった。書証の取調べは、要旨の告知が原則であった。しかも、要旨の告知の体をなさない取調べがなされることも多く、いずれにしても、裁判官が裁判官室で書類を黙読することが当然の前提とされていた。同一証人の証人尋問について、主尋問と反対尋問が別期日、あるいは、同じ主尋問あるいは反対尋問であっても、1ケ月程度の間隔を置いて、数期日行われることもあった。裁判官は、実施された証人尋問の証言内容の「記憶」に基づき判決するのではなく、後日作成される証人尋問調書という「記録」を読み、それに基づく判決をしていた（少なくとも、そのように評されても仕方ない状態であった）。論告弁論は、裁判官が

（2）　弁護技術としては、法廷技術のみならず、公判前整理手続の進め方、弁護戦略の立て方等もありうる。また、少なくとも勾留段階から国選弁護人となることが多い現状では、捜査段階からの一貫した弁護の在り方（例えば、捜査段階での被疑者へのアドバイス等）も重要である。ただ、本稿では、主に、裁判員裁判における1審公判の法廷技術の在り方を中心に紹介し、必要に応じて、それ以外にも言及することとしている。

法廷終了後に裁判官室で読むことを当然の前提として大部にわたる書面を提出し、法廷ではその要旨やその一部分を述べるにとどまることも多かった。

これらに応じ、弁護人も、「記憶」に残す弁護活動ではなく、「記録」に残す弁護活動を心掛けていたとも言えよう。例えば、証人尋問の際、如何に法廷で効果的な尋問をするかではなく、如何に証人尋問調書に記載させるのか、という点に神経をとがらせていた。最終弁論では、如何に法廷でわかりやすく主張するかというよりも、弁護人の主張が「細大」漏らさず記載された弁論要旨を作成する、という点に精力を注いでいた[3]。

2　裁判員制度導入前の日弁連の考え方

連日的開廷や直接主義・口頭主義の徹底は、裁判員制度導入前からの日弁連の考え方にも沿っている。即ち、日弁連は、司法制度改革審議会設置以前から、陪審裁判を導入するよう求めてきたが、陪審裁判では、連日的開廷と直接主義・口頭主義の徹底が必要となる。そこで、裁判の審理の在り方もそのようにすべき旨主張してきた。

例えば、日弁連は、連日的開廷に関して、「いうまでもなく、陪審裁判においては、一日で公判が終了しない場合は連日開廷が原則となる。」と述べてきた。また、直接主義・口頭主義の実質化については、「これも陪審裁判を導入することによって、自ずと解決できる事柄である。陪審裁判は、連日開廷となることによって必然的に直接証言を聴いた者が判断する直接主義となり、また市民に膨大な書面を読ませることはできないことから、必然的に証拠調べは証人尋問が中心となる口頭主義が実現する。これが真実の発見にも寄与することは言うまでもない。」と述べていた[4]。

---

(3)　なお、現在でも、裁判員裁判以外の刑事裁判では、大きな変化は見られないと言って過言ではなかろう。裁判員裁判と非裁判員裁判の審理方法が異なるので、ダブルスタンダードとも評されている。ただ、例えば、従前と比較して集中審理が実施される（例えば、争点整理や書証の取調べが終了する段階で、予め一括して証人尋問期日を指定する）事件が増えたり、あるいは、被告人供述調書が同意されても、被告人供述を先行し、調書不要の場合には調書の取調べをしない場合もあるなどの変化は見受けられる。
(4)　2000年7月25日付の「『国民の期待に応える刑事司法の在り方』について」(http://www.kantei.go.jp/jp/sihouseido/dai26/pdfs/26haihu5.pdf) 48、49頁参照。

3 司法制度改革審議会意見書

2001（平成13）年6月にまとめられた司法制度改革審議会の意見書は、刑事司法改革の方向性として、「真に争いのある事件につき、当事者の十分な事前準備を前提に、集中審理（連日的開廷）により、裁判所の適切な訴訟指揮の下で、明確化された争点を中心に当事者が活発な主張立証活動を行い、効率的かつ効果的な公判審理の実現を図ることと、そのための人的体制の整備及び手続的見直しを行うことである。」としたうえで、以下のように述べる[5]。

(1) 連日的開廷

連日的開廷については、「刑事裁判の本来の目的からすれば、公判は可能な限り連日、継続して開廷することが原則と言うべきである。このような連日的開廷は、訴訟手続への国民参加の制度を新たに導入する場合、ほとんど不可欠の前提となる。現在は、刑事訴訟規則において同旨の規定があるものの、実効性に欠けることから、例えば、法律上このことを明示することをも含め、連日的開廷を可能とするための関連諸制度の整備を行うべきである。」と述べる。

(2) 直接主義・口頭主義の徹底

直接主義・口頭主義の徹底については、「伝聞法則（他人から伝え聞いたことを内容とする証言を証拠とすることや公判外でなされた話を記録した文書などを公判での証言に代えて用いることを原則として禁止するもの）等の運用の現状については異なった捉え方があるが、運用を誤った結果として書証の取調べが裁判の中心を占めるようなことがあれば、公判審理における直接主義・口頭主義（裁判所自らが、公判廷で証拠や証人を直接調べて評価し、当事者の口頭弁論に基づいて裁判をするという原則）を後退させ、伝聞法則の形骸化を招くこととなりかねない。」、「この問題の核心は、争いのある事件につき、直接主義・口頭主義の精神を踏まえ公判廷での審理をどれだけ充実・活性化できるかというところにある。特に、訴訟手続への新たな国民参加の制度を導入

（5） 意見書は、http://www.kantei.go.jp/jp/sihouseido/report/ikensyo/index.htmlで検索できる。

することとの関係で、後述する裁判員の実質的な関与を担保するためにも、こうした要請は一層強いものとなる。争いのある事件につき、集中審理の下で、明確化された争点をめぐって当事者が活発に主張・立証を行い、それに基づいて裁判官（及び裁判員の参加する訴訟手続においては裁判員）が心証を得ていくというのが本来の公判の姿であり、それを念頭に置き、関連諸制度の在り方を検討しなければならない。」と述べる。

4　諸外国の状況

筆者は、日弁連の国民の司法参加調査団の一員等として、複数の国の刑事裁判を傍聴する機会に恵まれた。わずか数日であるが、いずれの国においても、市民参加による裁判は、連日的開廷と直接主義・口頭主義の徹底という点で共通していた。直接主義・口頭主義に関連して、数例紹介したい[6]。

(1)　アメリカ

連邦の刑事裁判は、陪審員12人で判断する陪審制である[7]。当事者主義で法廷が進行されている。また、直接主義・口頭主義に基づく訴訟活動が行われている。

書証の取調べは限定的で、例えば、日本でいう実況見分状況等についても、調書の朗読等ではなく、捜査官が法廷で証言している。証人尋問は速記されているが、評議で内容を確認したい場合は、法廷において、必要な部分の速記録の再現がなされることもあるものの、あとは、記憶に基づき評議されている。弁論も、基本は口頭である。パネル等のヴィジュアルエイドが用いられるが、日本のように、詳細な論告あるいは弁論要旨が作成されて評議室で検討材料になることはない。

(2)　フランス

筆者が訪問した当時（2004年、2007年）のフランスの1審は、裁判官3人、

---

(6) 紹介した国以外でも、例えば、イタリアでは、法廷で再現できる証拠は法廷で調べなければならないので、基本的には直接主義・口頭主義である。

(7) 各州でも陪審裁判が行われているが、刑事陪審の基本は12人の陪審員である。例えば、ロ－ク・M. リード＝井上正仁＝山室惠『アメリカの刑事手続』（1987年、有斐閣）254頁以下参照。

参審員9人の参審制であった。2011年に法改正がなされ、参審員が6人になったということである[8]。訴訟進行の在り方に大きな変更がないであろうと推測されるので、訪問した当時の状況をみれば、フランスは、職権主義の訴訟進行であった。また、日本人弁護士の感覚からすると、かなり徹底した直接主義・口頭主義に基づく訴訟進行がなされていた[9]。例えば、裁判長のみが一件記録を読んでおり、参審員のみならず、他の2人の裁判官も読まずに法廷に臨む。書面として存在している一件記録については、その記録の中で裁判長が朗読した部分のみが、口頭によって法廷に顕出されたこととして評議の対象となるにすぎない。その他は、証人尋問や被告人質問中心である。

また、筆者が傍聴した裁判では、被害者参加人が存在し、その代理人弁護士が法廷活動を行っていた。フランスの検察官は、法壇上において、公平中立の立場で簡潔に意見を述べるなどするだけで、強く当事者性を有するアメリカ的検察官の雰囲気はない。しかし、被害者参加人が存在する法廷では、当事者主義的法廷では検察官が行うであろう役割を被害者参加人が行っていた。そこで、被害者参加人が存在する場合は、被害者参加人弁護士対被告人弁護人という当事者主義的法廷の様相を呈していた。例えば、双方が、アメリカの法廷でみられるような、メモを見ず、パフォーマンスも交えた口頭による弁論を行うという状況であった[10]。

(3) ド イ ツ

ドイツの参審制の構成はいくつかの形態があるが、大きな事件では、裁判官3人と参審員2人である。職権主義による訴訟進行がなされる。また、直接主義・口頭主義が徹底している。フランスと異なり、裁判長以外の裁判官も捜査記録を読んでいるが、証拠ではない。また、参審員は読まない[11]。筆

---

(8) 服部有希「【フランス】刑事裁判への市民参加促進のための参審制改革法」(http://www.ndl.go.jp/jp/diet/publication/legis/pdf/02490205.pdf) 参照。
(9) 最高裁判所事務総局刑事局監修『陪審・参審制度(フランス編)』(2000年、司法協会) 150、157頁参照。
(10) ただ、職権主義のため、証人尋問等は裁判長主導である。当事者は補充的に尋問を行っていた。
(11) 最高裁判所事務総局刑事局監修『陪審・参審制度(ドイツ編)』(2000年、司法協会) 142頁参照。

者が傍聴した裁判でも、当事者が書面を提出するというような場面は記憶がない。

(4) 韓　　国

韓国の刑事裁判も、日本と同様に調書裁判で、「死んでいる裁判」と評されていたようである。大法院は、国民の司法参加を導入することによって、当事者が法廷で議論する「生きて、息づく裁判」を目ざそうとした[12]。

韓国では、日本に先行して、2008年から、国民参与裁判が導入された。筆者は、2010年に国民参与裁判を傍聴した。そこでは、弁護人が、まさに、アメリカの法廷のごとく、参加する市民を意識したわかりやすい弁論や証人尋問を行っていた。弁護人の法廷活動は、まさに、「生きて、息づく」法廷にふさわしいものであった。

III　日弁連の研修・研究等

弁護士会は、直接主義・口頭主義が重視されることになるため、様々な研修・研究等に取り組んできた。日弁連は、2004（平成16）年6月、裁判員裁判施行に向けた様々な準備活動を行うため、裁判員制度実施本部を設置した[13]。裁判員制度実施後は裁判員本部と名称変更され、2014（平成26）年6月からは、その活動は刑事弁護センターに引き継がれた。日弁連の研修・研究等は、おおむね以下のとおりである。

1　模擬裁判への取り組み

裁判員裁判が実施された2009（平成21）年以前、各裁判所は、各地の弁護士会及び検察庁とともに模擬裁判を繰り返し実施した。裁判員制度実施本部は、各地の情報やDVDを収集分析して模擬裁判の状況を把握するとともに、問題点や対応策を検討した。

---

(12)　工藤美香「韓国司法改革委員会における国民の司法参加論議について」日弁連司法改革調査室『司法改革調査室報　第4号』（2004年）65頁等参照。
(13)　日弁連の取り組みについてはhttp://www.nichibenren.or.jp/ja/citizen_judge/program/training.html参照。

それなどをもとに、各弁連単位のブロック検討会、自由と正義への連載、出版などを行った(14)。

2 研　　究

裁判員制度実施本部では、公判前整理手続、公判弁護のあり方、法廷用語の日常語化等について、検討・研究・出版を行った。

公判前整理手続に関しては、『公判前整理手続を活かす』、『公判前整理手続を活かすPart 2』(15)として出版された。

公判弁護のあり方としては、『法廷弁護技術』(16)を、裁判員裁判の弁護戦略に関しては、『裁判員裁判における弁護活動』(17)を出版した。

3 研　　修

公判前整理手続については、繰り返しサテライト研修を行った。

法廷弁護技術では、まず、テンプル大学ロースクールの弁護士を講師に迎え、2回にわたって、法廷弁護技術に関するサテライト研修を行った。

また、2008（平成20）年1月と10月には、全米法廷技術研究所（NITA〈National Institute for Trial Advocacy〉）から弁護士を招き、実演型研修を行った。この研修には、全国各地から弁護士が集まり、アメリカ人講師の講義を聞くとともに、実演を行い、アメリカ人講師などの講評を受けた。この研修を受けた弁護士が、各単位会で、同様の実演型研修を行った。その際には、裁判員制度実施本部公判弁護に関するプロジェクトチームの会員が各弁護士会に招かれ、講評を行った。

さらに、2009（平成21）年11月1日には、弁護戦略研修を行った。この研

---

(14) なお、現在、東京や大阪等において、弁護人の弁護技術向上を主たる目的として、模擬裁判及び模擬評議が実施されている。ただ、主に量刑のみが争点となる事例が選定されている。しかし、裁判員裁判以前に実施されていた模擬裁判は有用であり、裁判員裁判実施後も同様と思われるので、裁判員裁判以前に実施されていた模擬裁判と同様の模擬裁判の実施（否認事件含む）が模索されていいのではないかと思われる。
(15) http://218.42.146.84/genjin/search.cgi?mode=detail&bnum=20204
(16) http://www.nippyo.co.jp/book/4487.html
(17) http://www.nippyo.co.jp/book/4142.html

修では、受講者に予め資料を提供し、公判前整理手続に関する書面を作成・提出してもらった上で、それに基づき、裁判員裁判における弁護戦略の立て方等について検討し議論した。

4　法廷用語の日常語化

　裁判員が、法廷で見て聞いてわかる裁判とするためには、法廷で聞く言葉、特に法律用語が、理解できるものでなければならない。これまで法律専門家だけでのみ法廷が進行していたため、法廷で語る言葉は、法律専門家のみが理解できればいいという考えが当然の前提であったと言っても過言ではない状況であった。しかし、考えてみれば、本来的には、法律は、国民皆のものであるし、国民皆が理解できるようなものでなければならない。裁判員裁判の到来は、そのことをも改めて認識させる契機となった。日弁連は、裁判員法成立直後から、法廷用語をわかりやすいものとするため、外部有識者も交えて研究を重ねてきた。その成果は、後藤昭監修・日本弁護士連合会裁判員制度実施本部法廷用語の日常語化に関するプロジェクトチーム編『裁判員時代の法廷用語─法定用語の日常語下に関するPT最終報告書─』（2008年、三省堂）、日本弁護士連合会裁判員制度実施本部法廷用語の日常語化に関するプロジェクトチーム編『やさしく読み解く裁判員のための法廷用語ハンドブック』（2008年、三省堂）という2種類の出版物となって公刊された[18]。

5　情報収集等

　日弁連は、各単位会を通じて、各事件の情報を収集している。所定の情報集約票に必要事項を記載してもらった上、判決、冒頭陳述、弁論要旨等を送付してもらう。

　日弁連に寄せられた情報は一覧表にまとめられる。また、2、3ケ月に一度程度、寄せられた事案の中で紹介しておくと考えられるべき事例を、裁判員裁判判決速報として会員に提供している。個人情報が含まれているため、

---

(18)　http://www.sanseido-publ.co.jp/publ/roppou/kokusai_jitsumu/saibanin_hoteiyogo.html、http://www.sanseido-publ.co.jp/publ/roppou/kokusai_jitsumu/saibanin_hoteiyogo_handbook.html

会員専用になるが、ホームページ等[19]では、裁判員裁判関連情報として、裁判員裁判判決速報、裁判員裁判における無罪等事例集、裁判員裁判の控訴審判決等の情報発信がなされている。

6 分野別研究及び研修

いくつかの個別分野においても、いかなる弁護が適切であるのか、研究・研修が続けられている。

(1) 死刑事件

アメリカでは、死刑事件の審理には、スーパーデュープロセス（Super Due Process）が必要であるとされている。ABA（アメリカ法曹協会）には、「死刑事件弁護人の選任及び任務のためのガイドライン」がある。死刑は、被告人を、この社会から完全に排除する極刑であり、他のどの事件よりも慎重に審理する必要があることは言うまでもない[20]。弁護人の弁護技術も最も高いレベルが要求される[21]。当然ながら、日本でも、死刑事件を担う弁護士を養成する必要がある。少なくとも、死刑事件を担う弁護士は、一定水準以上の弁護を提供しなければならない。その観点から、死刑事件において何が必要なのか、研究が続けられている。そして、弁護士限りであるが、手引き「死刑事件の弁護のために」がまとめられた[22]。また、必要に応じ、講演形式による研修もなされている。

(2) 責任能力

責任能力が争われる事件の弁護に詳しい弁護士が、事例等を分析検討する

---

(19) https://www.nichibenren.jp/opencms/opencms/shoshiki_manual/keiji/
(20) なお、日弁連は、2016（平成28）年の人権擁護大会において、2020（平成32）年までの死刑廃止を決議した（http://www.nichibenren.or.jp/activity/document/civil_liberties/year/2016/2016_3.html参照）。
(21) 以上について、四宮啓「日本における死刑量刑手続について―その公正性・倫理性そして憲法適合性―」曽根・田口古稀（下）771頁参照。なお、他に、岩田太『陪審と死刑』（2009年、信山社）、小早川義則『裁判員裁判と死刑判決』（2011年、成文堂）、同『デュー・プロセスと合衆国最高裁―弁護人依頼権・スーパー・デュー・プロセス―』（2013年、成文堂）等が参考になる。
(22) https://www.nichibenren.jp/opencms/export/sites/default/shoshiki_manual/keiji/documentFile/tebiki_shikei_bengo.pdf

とともに、各単位会に赴き、責任能力弁護をどのように実践するかに関する研修を実施している。

例えば、研修では、そもそも責任能力とは何か、精神鑑定はどのように行われるか、裁判員裁判になって、責任能力を争われる事件がどのように変化したか、判決はどのようになっているか、あるべき弁護活動はどのようなものであるのか、といった観点から講義がなされる。あるべき弁護活動という観点では、接見はどのように行うべきか、捜査段階で何を行うべきか、公判前整理手続ではどのようなことをすべきか、公判での法廷活動はどのように行うべきかといったことが講義される。また、統合失調症、覚せい剤精神病、人格障害といった個別症状に応じた事件類型ごとにどのように対応するのかといったことも講義される。

(3) 量刑研究

裁判員も量刑判断するところ、裁判員裁判開始当初から、裁判員の量刑は裁判官とは異なるのではないかと指摘されていた[23]。実際、現時点では、裁判員裁判が始まってみて、概観すれば、性犯罪では重くなる傾向、強盗致傷事件では執行猶予が付される事例が多い傾向がみられる。また、執行猶予では保護観察が付される事例が多い傾向がみられる[24]。そのようなこともあって、情状弁護をどのように行うべきかについても、改めて大きな課題となっている。日弁連裁判員本部情報分析PTでは、この課題について取組み、その成果を、「裁判員裁判の量刑」として発刊した[25]。

7 刑事弁護研修等に関する活動

日弁連は、2012（平成24）年12月、刑事弁護研修等に関するワーキンググループを設置した。裁判員裁判における弁護人の法廷技術がわかりにくいという声などを受けて、日弁連全体の研修の在り方や体系を見直すことを目的としている。

ワーキンググループでは、2013（平成25）年と2014（平成26）年の2回に

---

(23) 司法研究・量刑に関する国民と裁判官の意識参照。
(24) http://www.courts.go.jp/saikosai/vcms_lf/80803004.pdf参照。
(25) http://www.genjin.jp/kikan2012.html。現在、続編発刊が検討されている。

わたって、全国の研修担当者を集めて、講師養成会議を開催した。各単位会の研修の情報交換、課題の検討等が議題とされ、有意義な会議となった。ワーキンググループは、2016（平成28）年時点では組織変更で存在しないが、刑事弁護センターでは、全国の研修担当者を集めた会議を行うなど、引き続き研修の充実化に向けた活動を行っている。

8 その他

法テラスは、2010（平成22）年に「裁判員裁判弁護技術研究室」を設置した。事件相談、終了事件の検討、事例研究研修の企画等を行っている[26]。研修としては、定期業務研修の一環としての研修、裁判員裁判専門研修、裁判員裁判事例研究研修を行っている[27]。また、定期的に、季刊刑事弁護に、「裁判員裁判事例研究シリーズ」を掲載している[28]。

また、高野隆弁護士を座長とする法廷技術研究会が、日弁連法務研究財団の援助を受けて、法廷技術に関する研修DVD3本を製作している[29][30]。

Ⅳ 大阪弁護士会の研修・研究等

大阪弁護士会は、地方の大規模会の1つとして、様々な研修活動等を行っている。

1 研修カレンダー

大阪弁護士会では、年に3回程度更新で、研修カレンダーを作成している。刑事弁護関連の研修が一覧となっているものである。これを見ることに

---

(26) http://www.houterasu.or.jp/housenmonka/staff_bengoshi/kenshuu_backup/kenshuu08.html
(27) http://www.houterasu.or.jp/houteraspirits/20140513/article13_03.html
(28) 例えば、刑弁87号（2016年）は、「裁判員裁判事例研究シリーズ―スタッフ弁護士の実践から」「一審の弁護側ストーリーが受け入れられなかった理由」である（http://www.genjin.jp/keiji-index.html参照）。
(29) http://www.genjin.jp/shinkan.html
(30) なお、高野隆弁護士は、東京法廷技術アカデミー（http://www.trialadvocacy.jp/）を主宰し、定期的に法廷技術等の指導も行っている。

よって、会員が刑事弁護の研修全体を把握し、体系的に受講できるようになっている。

2　研修の概要

基礎研修としては、法廷技術研修、捜査弁護研修、公判前整理手続・公判手続の基礎研修、少年事件基礎研修、障がい者刑事弁護研修、控訴審弁護研修等が実施されている。

発展研修としては、死刑事件弁護、反対尋問研修、少年事件発展型研修等が実施されている。

3　研修受講義務化

弁護人の法廷技術が問題にされていることなどの状況を踏まえ、大阪弁護士会では、研修受講を義務化した。即ち、法廷技術研修等を受けない会員は、裁判員裁判対象の国選弁護人名簿に登録されず、結果的に、裁判員裁判の国選弁護人に推薦されない仕組みを規則化した。

4　法曹三者の意見交換会

裁判所、検察庁、弁護士会の三者が、年数回、テーマを設定して、裁判員裁判の実務運用について意見交換している（全国各地でも同様の取り組みがなされている）。意見交換会は、三者の率直な意見交換を目的としており、弁護士の視点からすると、個々の裁判官や検察官の法廷外における多様かつ率直な意見を聞ける貴重な機会となっている。

5　裁判員裁判経験交流会

裁判員裁判を経験した弁護人から経験談を聞き、弁護活動の参考とするために行われている交流会である。年数回実施している。2016（平成28）年6月現在、合計37回となっている。

6　リハーサル研修

裁判員裁判を控えている弁護士が、自ら予定している法廷活動の一部（例

えば、冒頭陳述や最終弁論）を、弁護士会の模擬法廷で実践し、アドバイスを受けるというものである。裁判員裁判では複数選任されている例が多いので、弁護団内部でリハーサルをする例も多い。しかし、内部の検討だけでは限界がある。また、弁護団内部に、講師役の経験豊富な弁護士が常に存在するということもない。このリハーサル研修を受けることによって、より良い実践となりうる（ただ、最近は事件数が増え、中断している）。

7　法廷傍聴活動

当番制で、裁判員裁判の法廷を傍聴し、法廷活動について報告する制度である。傍聴された事件の弁護人は、傍聴席に他の弁護士がいることで適切な法廷活動を行おうとする動機づけになる。他方、傍聴する弁護士は、他人の法廷活動を見ることで、自らの法廷活動の参考にすることができる[31]。

8　個別意見交換会傍聴

裁判員裁判の多くにおいて、判決後一定の期間をおいて、当該裁判体、検察官及び弁護人が集まって、当該事件の審理等を振り返る意見交換会を行っている。そこでは、個別事件の訴訟活動等を前提にして、具体的訴訟活動等について忌憚のない意見交換が行われている。これは、当該弁護人のその後の訴訟活動の在り方に活かされるだけでなく、弁護士会の共有財産ともなりうる。この観点から、個別意見交換会に当該弁護人以外の弁護士が傍聴して報告し、その報告を集積分析すること等を通じて、今後の弁護活動や研修の在り方に反映させることを目指している。

9　模擬裁判員裁判

大阪では、2014（平成26）年11月1日に、裁判員裁判開始後初めて、弁護士会の研修に裁判所と検察庁が協力する形式で、模擬裁判員裁判が実施された。午前中模擬裁判、午後から評議、夜には意見交換会が行われた。評議は、ビデオを通じて傍聴可能とされた。模擬裁判は、有罪を認める傷害致死

---

(31)　ただ、報告事例が多数にのぼるため、その分析検討が不十分であることが課題である。

事件が題材とされた。弁護士、検察官は、評議を視聴することを通じて、自らの法廷活動が評議にどのように反映されるのか検証することができる。2015（平成27）年、2016（平成28）年にも実施され、2016（平成28）年には、評議は審理の翌日、つまり2日間にわたった[32]。

10 夏季研修

弁護士会連合会ごとに夏季研修が実施されている。近畿弁護士会連合会でも、毎年3日間、外部講師を招くなどして、夏季研修が行われている。全部で6コマあるが、そのうちの2コマが刑事関連の研修となっている。2016（平成28）年は、「評議を見据えた弁護活動はどうあるべきか～各地の模擬評議分析を踏まえて」、「公判前整理手続と証拠開示」というテーマの研修が実施された。

V 法廷技術研修の概要

日弁連あるいはいくつかの単位会（大阪弁護士会含む）は、裁判員裁判に特化した法廷技術研修を継続的に行っている。この研修は、アメリカの法廷技術研修を参考にしている。そこで、以下、アメリカの研修を簡単に紹介したうえで、現在の日弁連の法廷技術研修を紹介する。

1 アメリカの法廷技術──NITAを中心に──

アメリカでは、陪審裁判が広く行われている。直接主義・口頭主義が徹底され、当事者主義である。ロースクール等で、法廷技術（Trial Advocacy）の授業等が広く実施されている。多数の実務書も刊行されている[33]。法廷技術の研究や教育の歴史も長い。例えば、NITAの歴史は40年以上になる[34]。

---

(32) 東京でも、2013（平成25）年に先行して模擬裁判員裁判が実施され、他のいくつかの地域でも実施されている。
(33) 邦訳のあるものとして、スティーブン・ルーベット／菅原郁夫ほか〈訳〉『現代アメリカ法廷技法』（2009年、慈学社出版）。
(34) ホームページはhttp://www.nita.org/である。本文中のNITAに関する情報は、ホームページ等による。

日弁連は、NITAに弁護士を派遣して、NITA型法廷技術研修を学んできた。また、日弁連及び大阪弁護士会は、NITAから弁護士を招いて、日本において法廷技術研修を実施した。以下、NITAについて若干紹介する。

(1) **NITAの概要**

NITAの本部は、コロラド州ボルダーに存在する。全米各地での研修会、出版等のほか、ウエブを通じて講義を聞けるシステムもある。ラーニングバイドゥーイング（learning- by- doing）、いわば実演を通じて学ぶことを基本としている。

研修参加費、出版費、寄附などが収入源のようである。

(2) **NITA研修の一例**

NITAでは、法廷技術研修、デポジション研修、法廷技術講師研修（法廷技術を教える講師養成のための研修）等が実施されている。例えば、法廷技術研修では、数日間コースの短期間コースや2週間程度の長期間コースなど複数のコースが用意されている。研修は、冒頭陳述、主尋問、反対尋問、最終弁論等の基本編から、専門家証人に対する尋問、交互尋問あるいは模擬裁判等の応用編など幅広い内容となっている。

なお、最近では、反転型研修も取り入れているようである。反転型とは、従来、全員が集まって授業を聞き、後日各自が復習するという研修形態であったところ、それを逆転し、各自は、E-ラーニングシステム等を利用して予め講義内容を聞き、教室では、それに基づいた質疑等を行うというものである。

2　日弁連の現在の研修方法等

日弁連の現在の法廷技術研修は、NITA研修を参考にして、基本的には、2つの方法を採用している[35]。

(1) **集合研修型**

現在、毎年、夏に東京、冬に東京以外の地において3日間研修を行ってい

---

(35) 松山馨「法廷技術のさらなる向上のために」自正67巻1号（2016年）64頁でも、日弁連の法廷技術研修の概要等が報告されている。

る。概ね各班8名前後で、6から8班50から60名前後の受講生を対象にしている。各単位会から万遍なく参加できるよう優先応募枠を設ける等の工夫をしている。

なお、法テラスでは、毎年春に、当該年度の所属新人弁護士のための法廷技術研修を東京で実施している。法テラスの研修も、毎年60から70名程度の新人弁護士が参加している。法テラスの新人弁護士は、各赴任地で裁判員裁判を担う機会が多いため、重要な研修の場となっている。

(2) **講師派遣型**

各単位会や連合会の要請に応じ、講師を派遣する。基礎コース（法廷技術の基礎）、上級コース（責任能力事件の法廷技術）、単科コース（証人尋問や弁論等から1つの課題に絞った研修。最近は、特に反対尋問に特化した研修の需要が高い）を用意している。多くの単位会は、1日あるいは2日の基礎コースを選択している。受講生は新人弁護士が多いが、中には、ベテラン弁護士が受講生として参加することもある。単位会要請の場合も、1班8名体制を原則としている。2班体制で研修する単位会が比較的多いようである。講師をつとめることができる弁護士が存在する場合は、日弁連から派遣させる講師数が減る。将来的には、各単位会で一定人数の講師が存在することが望ましい。

3　日弁連の現在の研修内容

年2回実施されている集合研修のスケジュールはおおむね以下の通りである。

(1) **講　　義**

主尋問、反対尋問、冒頭陳述、最終弁論等の実演に入る前に、講師が、受講生全員に対し、各パートで必要な技術内容等をレクチャーする。時間的には20から30分程度である。

(2) **ブレーンストーミング**

法廷技術研修では、ケースセオリーを重要視している[36]。ケースセオリーとは、①当事者の一方からする事件についての説明で、②それは、ⅰその当事者の求める結論を論理的・法的に導くものであり、かつ、ⅱすべての証拠

---

(36)　マシュー・ウイルソン＝河津博史「法廷弁護技術の基礎」法廷弁護技術18頁等参照。

を説明できるものであって、その説明に矛盾のないものでなければならない、とされている。

例えば、殺人未遂で起訴された被告人の弁護人の場合、殺意を争うのか、正当防衛や責任能力を争うのか、事実を認めて情状立証のみとするのかを決める必要がある。それを前提に、上記基準に沿ったケースセオリーを構築することができるか検討する必要がある。冒頭陳述、主尋問、反対尋問、最終弁論の内容は、当然のことながら、一貫したケースセオリーに沿ったものでなければならない。

ケースセオリーは、すべての証拠を説明できるものであるから、当然のことながら、証拠の吟味が必要である。そのためには、どのような証拠があり、どのような事実が立証できるのか検討しなければならない。そのような検討をしつつ、最終的にケースセオリーを構築するための効果的な手法がブレーンストーミングである。

具体的方法としては、例えば、弁護側で言えば、講師が、受講生に、弁護側に有利な証拠や事実をアトランダムにあげさせる。その上で、全体を見通して、どのようなケースセオリーを構築できるかどうか検討する。次に、一見不利に見える証拠や事実をアトランダムにあげさせる。その不利な証拠や事実を前提にしても、一応構築したケースセオリーが維持できるかどうか検討する。可能であれば、構築できるケースセオリーを前提にして、不利な証拠や事実をどのようにフォローする（説明する）ことができるかどうかも検討する。

ブレーンストーミングの手法は、実際の事件のケースセオリー構築等においても非常に有用である。ブレーストーミング研修を体験することによって、受講生が、実際の事件でも活用できることを目的としている。

(3) **実演型研修**

研修のメインは、実演型研修である。ラーニングバイドゥーイング（learning by doing）である。受講生は、予め与えられた課題（例えば、与えらえた尋問調書を前提に主尋問をせよ等）に基づき、5分程度で、各パートの実演を行う。実演終了後、講師2名が、各実演についてクリティークする（コメントする）。受講生は、その場で、実演のどこを修正すればいいのか、理解する

V 法廷技術研修の概要

ことになる。また、その場にいる他の受講生も、何が重要ポイントであるのか共有できる。

　ア　主　尋　問

　パートⅠとパートⅡに分けている。パートⅠは、主尋問全般（パートⅡを除く部分）、パートⅡは、図面や物の利用に関する（刑訴規則199条の10から12）主尋問を行ってもらう。

　イ　反　対　尋　問

　同じく、パートⅠとパートⅡに分けている。パートⅠは、反対尋問全般（パートⅡを除く部分）、パートⅡは、自己矛盾供述に関する反対尋問を行ってもらう。

　ウ　冒　頭　陳　述

　主に、弁護側にたって、当該事件における冒頭陳述を実演してもらう。

　エ　最　終　弁　論

　パートⅠとパートⅡに分け、主に弁護側の立場での最終弁論を実演してもらう。パートⅠは、証明基準や裁判員への勇気づけ以外の中心的部分に関する最終弁論である。パートⅡは、証明基準や裁判員への勇気づけを含む最終弁論の締めくくり部分の実演である。

(4)　クリティーク（コメント）の4つの基本的ステップ

　講師のクリティークは、4つのパートを意識して、順番に行うべきとされている。4つのパートとその順序は、見出し、再現、処方箋、理由である（処方箋と理由の順は逆でもかまわない）。見出しとは、クリティークしたいポイントである。例えば、主尋問はオープンな質問を心掛けよ、とされている。そこで、誘導尋問が目立つ主尋問実演がなされた場合、まず、見出しとして、「主尋問ではオープンな質問をすべきである」ことについて話します等と述べる。次に再現である。これは、見出しと関係ある実演部分を取り出して指摘することである。オープンではない誘導尋問の場合、例えば、実演者が、主尋問において、「あなたは、昨日、東京に行きましたね」（回答は、「はい」となる）といった誘導尋問を行ったとすれば、その行った尋問部分を、正確に再現して指摘することである。クリティークの説得力を高めるためには、3つ程度の実演部分を指摘することが好ましいとされている。処方

箋は、講師が、その尋問をどのようにすべきであったか実例を示すことである。上記誘導尋問をオープンな尋問にすべきであったということになるので、例えば、「あなたは、昨日、どこに行きましたか」（回答は、「東京に行きました」となる）と問うべきである、などと処方箋を述べることになる。理由は、なぜそうすべきなのかということを述べる。この例では、主尋問は、証人が主人公であり、オープンな質問で証人自ら語らせることが証言の信用性を高めることになるから、などと述べることになる。

ビデオクリティークのコメントとは異なり、実演における会場でのクリティークは、会場内全員が共有できるポイントをコメントすることが基本である。上記の例で言えば、主尋問で誘導尋問すべきでないということは、個人的ではなく、全員が共有すべきポイントであるので、会場で述べるべきポイントということになる。そして、受講生1人に2人の講師が違った観点のポイントを指摘することが原則である。そうすることを通じて、例えば、8人の受講生に対して2人の講師が1項目ごと異ったコメントをすると、合計8×2＝16のポイントについてコメントがなされることになる。つまり、実演全体を通じて、重要ポイントの相当部分を受講生が肌身で学ぶことができることを目標としている[37]。

(5) **ビデオクリティーク**

受講生の実演はビデオ録画され、SDカードに記録される。受講生は、講師のクリティークを聞いた後、このSDカードを別室（個室が望ましい）に持参し、別室で待機している別の講師から、録画を再生しながら、「ビデオクリティーク」を聞く。

ここでのクリティークは個人的なものである。そして、それは、主に、立ち姿、動作、声の大きさ、速さ等外形的な事項について指摘される。また、その場で改善することも意識される。例えば、アイコンタクトが乏しい場合は、録画を一緒に見つつ、アイコンタクトが乏しい旨受講生に指摘して実感してもらう。そして、時には、その場で、講師とのアイコンタクトをとりながら弁論の一部を再現してもらうこともある。このようなことを通じて、ア

---

(37) そのため、日弁連は、講師用のクリティークポイント集を準備している。

イコンタクトとは一体どのようなものであるのか、あるいは、如何に効果的であるのか肌身で実感することになる。

自らの姿をビデオで見るのが初めてという受講生は多い。そのほとんどが自らの姿に衝撃を受ける。しかし、研修終了後の法廷技術改善に大いに役立っている。

5　法廷技術研修の課題
法廷技術研修の主な課題として、以下のようなものが指摘できる。
(1)　専門家証人
基礎研修については、おおむねスタンダードな研修が可能となっている。しかし、バラエティに富む証人尋問については、未だ確立した研修内容ができていない。例えば、証人としては、被害者や目撃者のように主に事実関係の立証に必要な証人のみならず、専門家証人の主尋問や反対尋問も重要である。また、専門家といっても、精神鑑定、科学鑑定、情状鑑定その他様々な分野の専門家がいる。勿論、専門家証人であっても、例えば、主尋問は誘導しないというような基本的な技術は共通している。しかし、専門家証人尋問には、被害者等の尋問とは異なる工夫が必要な場合もあろう。また、専門家の分野に応じて工夫も必要であろう。今後の検討課題である。
(2)　教　材　作　成
教材作成は想像以上に困難が伴う。そもそも、犯人性否認、事件性否認、一部否認（例えば殺意否認）、責任能力が争点となる事件、正当防衛が争点となる事件、情状事件等、研修内容に応じた個別教材が必要である。しかも、実際の事件記録を基に編集することが望ましい。しかし、実際の有罪事件であれば、弁護人側に有利な情報が乏しく、逆に実際の無罪事件であれば、検察側に有利な情報が乏しい等事件選定に困難が伴う。また、適切な事件を選定しても、編集が困難である。例えば、現在、各地の基礎研修では、高橋三郎事件といって、犯人がある家に侵入して現金を盗み、犯人に気がついた居住女性（子供2人、夫は仕事で留守中）を、逃走の際包丁で傷つけたという強盗致傷事件を教材とすることが多い。犯人性否認の事件である。もとは、高橋「一郎」事件であったが、現在では高橋「三郎」事件となっている。これ

は、研修を繰り返しているうちに、例えば、供述内容を変更した方がより適切な教材になるといった教訓を踏まえている。

　研修にふさわしい教材数を拡充し、その内容を改善していくことが、継続的検討課題となっている。

(3) 単位会での独自研修

　大規模単位会では、必要人数の講師が確保できる状況になっているので、単位会独自の研修が実施されている。しかし、小規模単位会では、講師確保が困難であるため、単位会独自の研修は困難である。他方、日弁連から講師派遣とする場合、単位会の費用負担が問題となる。単位会独自でも研修できないかが今後の検討課題である。

(4) 講師養成及び質の向上

　研修を繰り返し行うには一定数の講師が必要である。特に、裁判員裁判を担当する弁護人に研修を義務付ける場合、講師の確保は重要である。前述したように、NITAでは、講師用研修も用意されている。講師自身が、どのようなアドバイスをするか、何に気を付ければいいのか知らなければ、効果の上がる研修はできない。講師の数だけではない。講師の質の向上も必要である。また、講師となる若手弁護士あるいは既に講師となっている弁護士自身も質向上が必要であるため、日弁連等では、講師用研修も時に実施している。今後も、講師の確保及び質の向上が不可欠である。

Ⅵ　裁判員アンケート結果と検討

　最高裁判所は、裁判員裁判が終了した段階で、裁判員や補充裁判員にアンケートを実施している。そのアンケートには、弁護人と検察官の法廷活動に関する質問項目も含まれている。最高裁判所は、2012（平成24）年12月に、施行から2012（平成24）年5月までのアンケート結果の検証を行っている[38]。

---

(38) 「検証報告書」(http://www.saibanin.courts.go.jp/topics/09_12_05-10jissi_jyoukyou.html)。

Ⅵ　裁判員アンケート結果と検討

1　アンケート項目

　法廷活動に関するアンケート項目は、2013（平成25）年1月から、従前と比較して詳細になった(39)。また、従前は、裁判所がアンケート用紙を回収した後に集計作業を行い、弁護士会の要望に応じて数か月後に集計データが交付されていた。しかし、2012（平成24）年11月からは、アンケート用紙の回収後、マスキング処理されたアンケート用紙の写しが速やかに弁護士会に交付されることになった(40)。これらの結果、より詳細に、また、より速やかに、弁護人は、その法廷活動がどのように評価されるのか知りうることになった。

2　アンケート分析

　自由と正義において、アンケート結果を分析した論文が発表された。訴訟活動のみならず、弁護人のスタンスや態度、声の大きさや言葉使い等法廷技術以前の基本的事項が問題になっており、数字以上に深刻と考えるべきであろう(41)。

3　裁判員経験者との意見交換会での意見

　各地方裁判所では、裁判員経験者との意見交換会が定期的に開催されている。その成果がホームページで公開されている(42)。大阪地方裁判所の意見交換会において、弁護人等の法廷活動に関する意見の特徴は、概観すると、以下のとおりとなろう。

---

(39)　アンケート内容の変更については、日弁連会員用ウェブサイトhttps://www.nichibenren.jp/opencms/export/sites/default/shoshiki_manual/keiji/documentFile/enquete_shoshiki.pdf参照。
(40)　アンケートに関する通知（日弁連会員用ホームページhttps://www.nichibenren.jp/opencms/export/sites/default/shoshiki_manual/keiji/documentFile/saibansho_enquete121017.pdf）
(41)　菅野亮＝前田領「我々の弁護活動は、裁判員の心をつかんでいるか？　―裁判員アンケートから見た弁護活動の評価と弁護士会の取組み―」自正67巻1号（2016年）58頁。
(42)　大阪地方裁判所は、ウェブサイトhttps://www.nichibenren.jp/opencms/export/sites/default/shoshiki_manual/keiji/documentFile/enquete_shoshiki.pdf（http://www.courts.go.jp/osaka/saibanin/ikenkoukan/index.html）で、意見交換会の概要を公表している（本文4項で述べる堺支部開催分を含む）。本文でまとめた特徴は、2014（平成26）年6月20日開催分を主としている。

①　やはり、弁護人の法廷活動がわかりにくかったという意見の方が、わかりやすかったという意見より多い。

②　冒頭陳述や最終弁論についてみれば、長い、書面の字が小さい、論点不明等の意見がみられる。弁論の形式面や構成等ごく基本的な点に問題があると指摘されている。しかし、これらは、短くする、書面の文字を見やすくする、論点を明確に打ち出すなどすることによって、今すぐにでも改善できるものであろう。

③　他方、例えば、抑揚をつけて訴えるなど形式的に工夫がなされていれば、理解度向上に役立っている。また、主張すべきことを明確に打ち出すことも、理解度向上に役立っている。

④　ただ、被告人の中には、他人には理解し難い動機を述べる人がいる。そのため、被告人の主張に依拠する弁護人の活動も、被告人の主張に応じて理解し難い内容となってしまうこともあるであろう。そのため、弁護人の法廷活動が検察官の法廷活動と比較して、一定程度わかりにくいという評価になることもやむを得ない側面もあろう。

4　筆者が出席した最近の意見交換会

筆者は、2014（平成26）年2月28日に大阪地方裁判所堺支部で行われた意見交換会に出席させていただいた。この意見交換会において、司会の裁判官から、この日出席された裁判員経験者の方が担当された事件のアンケート結果でも、弁護人の法廷活動の評価が低かったことが紹介された。また、裁判員経験者から、個別に、下記のような意見が述べられている。

【平成26年2月28日意見交換会における意見】
裁判員経験者1：弁護士さん二人、私の場合は付かれてたんですけど、検察の方が聞かれたときと、それに弁護士さんが答えられてはるんですけど、何を答えてはんのかちょっと全然分からなかったんですよ。何を尋ねてはるかもちょっと分からなくて、検察官の方はすごかったんですよ、的確に聞いているというのが分かったんですけど、それに対して弁護士の方が、どういうふうな弁護してるのかっていうのが。

全然筋違いのことを聞いているん違うんかなって、ほんとに素人ですので分からなかったんですけど、それはもうほんとに痛切に感じました（引用者注：その後のやり取りで、証人尋問のことのようであった）。
裁判員経験者２：私が担当させてもらったときは、ちょっと弁護士があたふたされてる場面があったのは確かかなっていうふうに記憶に残ってます。やっぱり、弁護士は悪いことをした方の弁護なので、刑を軽くするじゃないですけども、こういう理由があるからこうなったんだよっていうことをすごく一生懸命、私たちにも説明してくださってたんですけれども、何かどう言っていいのか分かんないですけど、普通に考えたら悪いことをしたのは犯人の方だから、そういう回りくどく説明してはったのが、何かちょっと分かりにくかったかなっていうふうに思いました。
裁判員経験者３：私のときは、弁護士の方は４人いてはったんですけど、一人、何かめっちゃ声が小さい人がいて、何を言ってるか分からなくていらいらしたんですね。それが一つ、分かりにくかった点と、あと、資料としてもらった紙をただひたすら読んでるっていう方、それも、もらった紙を読んでるだけやから、自分で読んだ方が早いんちゃうみたいな気がしました。検察官の方はちゃんと会話をしてるというか、訴えかけてくるっていう感じで、話をしてるっていう感じでこっちも受け止められたんですけど、弁護士の方は、私のときは、ちょっと何を聞いてるのかも分からないし、何が言いたくてその質問をしたのかも分からないことが多々あって、いったい、この弁護士の方は何を目的にしゃべっているのかなっていう、分かりにくい部分がちょっとありました。
裁判員経験者４：私のときも弁護人はお二人いらっしゃったんですけど、確か我々参加したのが５回だったと思うんですね。割と短い方なんかなと回数的に思ったんですけど、何かあらかじめこの事件でこの状態だったら、ここら辺に落ち着くやろうなっていうことを想定して、そこへ持っていくための御発言っていうのがその弁護人の方の発言に感じました。ここら辺りに持っていくのが我々の仕事というとこ

> ろで、何か落としどころって言うんでしょうかね、何かそういうものを感じました。
>
> 裁判員経験者5：二人いらっしゃって、何かすごくずっと資料をめくってる場面がすごく印象に残ってるんですけど、やっぱり何か分かりにくかったです。

この意見を分析すると次のようになろう。

① 裁判員経験者1の意見

この意見は、弁護人の証人尋問のことのようである。主尋問であるのか、反対尋問であるのか不明である。ただ、主尋問であれば、「筋違い」な主尋問は論外である。反対尋問でも、反対尋問は、反対尋問する者の弾劾プレゼンテーションになるべきということからすれば、反対尋問時点でわかりにくかったとしても、最終弁論で、反対尋問の成果を活かすことができたはずである。それでもなおわかりにくい、あるいは「筋違い」との評価になるのは、最終弁論を意識した反対尋問になっていなかったか、あるいは、とりあえず聞いてみた反対尋問であったにすぎないということ等が原因と考えられる。尋問技術の向上が必要となろう。

② 裁判員経験者2の意見

この意見は、弁護人の態度と、わかりにくい情状弁護ということになろうか。あたふたな態度など論外である。今までは裁判官だけしか法廷にいないので、多少あたふたしても、例えば、若手の弁護人で場馴れしていないであろうと理解し、あたふたした態度が心証に大きく影響することはなかったかもしれない。しかし、裁判員は、弁護人の一挙手一投足に着目している。若手であるかどうかなど関係ない。弁護人の一挙手一投足が心証形成に影響する可能性が高くなる。そのような基本的なことがわきまえられていないかもしれない。NITA型研修のビデオクリティークでは、そのあたりの修正もアドバイスされる。

また、情状だけが争点になる場合は、確かに、どこに焦点をあてて弁護すればいいのか悩むことも多い。しかし、多くの事件において、何らかのケースセオリーはたてられるはずである。また、最近では、行為責任主義に則っ

た量刑評議が行われている。この事件の場合は、弁護人が、ケースセオリーを構築していなかったとか、一貫したケースセオリーに基づいた法廷活動を行わなかったとか、行為責任主義を意識した情状弁護ができていなかったなどの可能性がある。

③ 裁判員経験者3の意見

この方の意見も、弁護人の態度と、尋問の趣旨がわからないということのようである。

④ 裁判員経験者4の意見

落としどころの趣旨が不明であるが、想像するに、例えば、極端な例でみれば、弁護人としては、表面的には心神耗弱を主張するが、弁護人の本音は、心神耗弱は認められず、主戦場は情状面というような場合であろうか。しかし、そのような弁護方針は裁判員には通用しないということであろう。やはり、ケースセオリーを構築し、構築されたケースセオリーに基づく一貫した法廷活動（例えば、心神耗弱が通らないと判断すれば、心神耗弱の主張立証をせず、仮に鑑定を行うにしても、情状面に焦点をあてた鑑定を求めるなどの弁護方針を立てるなど）が重要であることが示唆されているように思われる。

⑤ 裁判員経験者5の意見

この方の意見は、主に弁護人の態度のようである。訴訟活動の内容ではなく、法廷での弁護人の態度であれば、研修を受講することもなく、ただちに改められるはずである。

5 検察官が有利な背景

アンケート結果で検察官の法廷活動の方が優位となっているが、ある程度やむを得ない、あるいは、そもそも、検察官が優位になる条件があるとも考えられる。例えば、検察官は、弁護人より数多くの具体的証拠を、多人数で検討し、被告人の反論も想定して、有罪立証できると考える事件を中心に起訴している。犯情や一般情状についての一応の検討は終えて起訴している。起訴後も、公判前整理手続の進展に応じて補充捜査を行ったり、少なくとも複数人数の視点で主張立証を検討する。それ故、事実関係についても、また、情状面についても、わかりやすく主張立証できる下地がある（無理筋で

あれば起訴しない)。他方、被告人側は、そもそも、法律家たる検察官が有罪立証可能として起訴した事件に対応しなければならないといういわばマイナスからのスタートである。公判前整理手続の進行等も手探りである。これら以外に、その背景として、以下のようなことが考えられる。

① 組織的に対応できること

何よりも組織として対応できる。例えば、大阪のような大規模庁では、公判部が組織的に対応している。公判立会検事のみならず、副部長等も直接立会う等して指導監督に当たる場合もあるようである。そして、書面作成、法廷傍聴等検察事務官を動員することもできる。

② 人材を選抜できること

検事の中には捜査向きの検事と公判向きの検事がいるであろう。また、同じ公判立会でも、直接主義・口頭主義が徹底された裁判員裁判の公判立会に長けた検事がいるであろう。研修、実際の公判立会等を通じて、裁判員裁判の公判立会にふさわしい人材を選抜することができる。

③ 専門的に対応できること

公判部が存在する庁では、公判部所属検事は、原則として公判立会のみを担当しているようである。そして、年間通じて、裁判員裁判を繰り返し担当する。基本的には、特定の刑事部に対応して検察官が配置されるから、配属部の裁判長の考え方、訴訟指揮の在り方等にも熟知した公判活動をすることができる。

ただ、このように検察官優位となる理由があったとしても、現在のアンケート結果の差は、その優位さのみでは説明できないような差が生じているのではないかとも思われる。いずれにしても、検察官優位を口実に、弁護士会の研修をおろそかにしてはならない。

6 最高裁の分析について

最高裁は、アンケート結果について、否認事件の場合の弁護人の活動のわかりやすさが低いことを指摘している。その原因として、「基本的には被告人の弁解そのものの理解しにくさが弁護活動に反映しているものと解される。その意味で、ここでいう『分かりやすさ』というのは主張、立証の合理

性、了解可能性のことをいうと考えてよいであろう」と分析している[43]。

　弁護人の態度がわかりやすさに反映している可能性があるが、それは論外であろうから、最高裁の分析は、ある程度的を射ているように思われる。

　たしかに、被告人の主張が理解しにくい場合がある。しかし、接見等を重ね、信頼関係が構築されれば、合理的な主張立証が可能になることもありうる。例えば、アスペルガー障害を抱えた被告人の場合、反省の意を表することが困難な場合がある。もとより、弁護人において、被告人がアスペルガー障害であることを認識する必要があるが、弁護人が認識すれば、アスペルガー障害とは何であるのか、今後どのようにしていけばいいのか、行為責任主義の観点から、これらがどのような犯情に影響するのか等の主張立証を的確に検討することができるはずである。それ故、被告人の弁解が理解しにくいことを理由として、簡単に、弁護人の主張立証もわかりにくくなるのは致し方ないとあきらめてはいけない。いずれにしても、被告人の主張が表面的に理解しにくい場合であっても、弁護人は、的確にケースセオリーを構築し、それに沿った的確な主張立証に尽力すべきである。ことに裁判員時代になって、弁護人の力量が被告人の運命を大きく左右するようになってきたということになろうか。

Ⅶ　今後の課題

　弁護士会は、全国的に見ても、また各単位会としても、それなりの研修を行ってきた。ただ、アンケート結果を見る限り、未だ不十分と言わざるを得ない。前述のように、検察官に有利な事情も存在しうる。また、被告人の主張自体わかりにくい場合がある。しかし、それらを差し引いて考えても、なお、4倍の開きは大きすぎると言えよう。この差を縮めるべく研修等を重ねる必要がある[44]。

---

(43)　「検証報告書」19頁。
(44)　奥村回「弁護士会の研修の在り方について」自正67巻1号（2016年）71頁も、弁護士会の研修の課題等について論じられている。

弁護技術の向上——裁判員裁判を中心にして——

1　課題克服の要点

　課題克服の要点は、裁判員に理解してもらえる最低限の法廷活動を行える弁護士の数を増やすことにあろう。弁護人の法廷活動でも、裁判員から、わかりやすいと評価されているものは存在する。ただ、その多くは、一部特定の弁護人の法廷活動に限定されていると推測される。少なくとも、人数的に、また、平均的に一定程度のレベルを保っている検察官の数に比較して、最低限の法廷活動を行っている弁護人の絶対数が少ないことは否定し難いように思われる。それ故、何よりも、裾野を広げることが重要である。

2　法廷技術研修の継続

　前述のとおり、法廷技術研修は、冒頭陳述、主尋問、反対尋問、最終弁論という法廷活動の各段階におけるプレゼンテーション能力のみならず、弁護戦略の柱ともいうべきケースセオリーの構築方法をも学べる重要な研修である。直接主義・口頭主義の裁判員時代には必須の研修である。しかも、日本の法科大学院あるいは司法修習期間には、十分には用意されていないプログラムである。今後も、この研修を継続して、裁判員裁判を担当する弁護の裾野を広げるとともに、その技術向上を図る必要がある。

3　弁護戦略研修の発展拡充

　法廷技術研修でブレーンストーミングを行い、ケースセオリー構築の研修は行っている。しかし、打ち立てたケースセオリーを、公判前整理手続や公判活動を通じて具体的にどのように活かしていくのか（例えば、ケースセオリーに基づく予定主張はどのように記載するのか、主尋問をどのように構成するのか）についての研修は十分ではない。また、実例ではないので、実際の場面での応用も一工夫必要である。このような観点からの弁護戦略研修が必要である。しかし、他方、教材確保の困難などが伴い、未だ検討課題にとどまっている。

4　研修検討結果の反映

　刑事弁護研修等に関するワーキンググループを一時期設置するなど、日弁

Ⅶ　今後の課題

連でも、研修内容を不断に見直している。そして、その成果を着実に活かす必要がある。この点、コストパフォーマンスも課題となっている。例えば、裁判員裁判の数が少ない小規模単位会では、法廷技術研修に費用をかけるだけの裁判員裁判の件数がないという課題である。各単位会単独ではなく、連合会単位の研修回数を増やす工夫も必要であろう。

5　アンケート結果の分析と活用

裁判員裁判を担当した弁護人は、判決後暫くして、裁判員のアンケート結果を閲覧することができる。そのアンケート結果を参考にして、今後の弁護活動に活用すべきであろう。

6　発展型研修メニューの充実化

弁護士数の増大、権利意識の向上、科学の発展等により、専門分野に精通した弁護士の確保が望まれる。例えば、大阪弁護士会では、障がい者の弁護人となる弁護士は一定の研修を受ける必要がある。そのため、そのような専門分野を扱う研修数の増加、あるいは研修内容の充実化が求められる。

7　研修義務化の拡大

小規模単位会において、裁判員裁判事件を担当するために研修受講を義務化することに抵抗感が大きいかもしれない。しかし、大規模単位会では、裁判員裁判対象事件数に比較して、国選事件を担う弁護士数は一定程度確保されている。そこで、大規模単位会では、今後も、研修義務化が広がっていくのではないかと推測される。

8　研修方法の見直し

研修方法として、日弁連ではE-ラーニングを用意している。しかし、未だに裁判員裁判開始当時のコンテンツになっている科目があるなど更新不十分である。コンテンツの普段の見直しが不可欠である。

9 講師の確保と技術向上

　法廷技術研修は、今後も毎年実施されると想定される。全国規模のみならず、単位会あるいは各連合会レベルでの研修も必要である。現在では、特定の講師の負担が加重となっている状況が続いている。そこで、研修に必要な講師を確保する必要がある。また、講師自身、研修技術の向上に努める必要がある。

Ⅷ　おわりに

　アメリカでは、ロースクールでも、法廷技術科目が充実しているようである。ロースクールのランキングも発表されている[45]。日本の法科大学院でも、臨床科目として模擬裁判科目を用意している例が多いようである。また、司法修習過程でも、模擬裁判が実施されている。ただ、日本の場合は、裁判に慣れる、あるいは裁判実務を体得するという限度にとどまっていると言わざるを得ないようにも思える。少なくとも、法廷技術研修で実施されているラーニングバイドゥーイングというような、法廷技術の向上を目的とする実演的研修ではないであろう。その意味で、弁護士会における研修、特に実演型のNITA型研修は、これからも益々重要になってくるであろう。いずれにしても、依頼者の権利が適切かつ十分に擁護されるために、あるいは、弁護士・弁護人の信頼向上のためにも、弁護士・弁護士会の不断の努力が必要不可欠である。

（にしむら・たけし）

---

(45)　http://grad-schools.usnews.rankingsandreviews.com/best-graduate-schools/top-law-schools/trial-advocacy-rankings

取調べの可視化法制時代の弁護活動
――黙秘権の行使とその解除を中心として――

弁 護 士　鈴　木　一　郎
弁 護 士　森　　　直　也

Ⅰ　はじめに
Ⅱ　可視化法の必要性
Ⅲ　取調べの可視化法の概要
Ⅳ　現行の実務運用
Ⅴ　取調べ可視化のもとでの捜査弁護の在り方論の整備

Ⅰ　はじめに

　2016年（平成28年）5月24日、裁判員裁判対象事件と検察官独自捜査事件について、身体拘束下の被疑者取調べの全過程録画を義務付ける内容を含む改正刑訴法が成立した。これにより、対象は限定されているとはいえ、わが国で初めて取調べの全過程の録画すなわち取調べの可視化が法文化・制度化された（改正刑訴法301条の2。以下当該法制を「可視化法制」という。）。
　可視化法制を含む今般の刑訴法改正は、いわゆる厚生労働省元局長事件が直接の契機となった。当該事件は、大阪地検特捜部がその誤った見立てに基づき、違法・不当な取調べにより複数の供述調書を作成し、これに基づいて起訴に及んだものである。当該調書の大多数は公判において任意性が否定され、結果として被告人とされていた村木厚子氏には、無罪が言い渡された。当該事件の反省を踏まえ、「取調べや供述調書への過度の依存を改め」ることを企図し、今回の刑訴法改正が行われたが、その中核に位置するのは、言うまでもなく可視化法制である。
　一方、可視化法の施行（公布の日から3年以内とされる）を待たず、既に可

視化時代は到来しているとも言える。

　すなわち、最高検察庁は2014年（平成26年）6月16日、運用による録画の範囲を大幅に拡げる依命通知（「取調べの録音・録画の実施等について（依命通知）」）を発した。これにより、従前試行の対象とされていた裁判員裁判対象事件等の4類型の事件では本格実施に切り替えられ、それ以外の事件であっても被疑者、被害者・参考人の取調べを録画することが必要であると考えられる事件について、新たに録画の試行が開始された。既に本格実施事件では100％に近い事件で検察取調べの録画がなされ、それ以外の事件であっても否認事件など争いのある事件では録画は当然のこととされてきている。

　さらに、警察においても、裁判員裁判対象事件のほか、知的障害、発達障害、精神障害といった障害を有する被疑者に対する取調べについて録画の試行がなされている。これに加え、2016年（平成28年）10月1日試行開始の指針では、これら以外の事件についても、録画の必要性がその弊害を大きく上回ると判断されるときは「録音・録画を実施することができる」と明記されるに至っている。

　これらの運用は、一見取調官の「裁量」に委ねられているようにも見える。しかしながら、法制審議会においては、検察の運用に関する依命通知は検察官に対する命令である旨の説明がなされている。また、刑訴法の改正の際には、衆参両法務委員会において、「取調べ等の録音・録画に係る記録媒体が供述が任意になされたものかどうか判断するための最も重要な証拠となり得ること及び取調べ等の録音・録画が取調べの適正な実施に資することに鑑み、刑訴法第301条の2第4項の規定により被疑者の供述及びその状況を記録しておかなければならない場合以外の場合（略）であっても、取調べ等の録音・録画を、人的・物的負担、関係者のプライバシー等にも留意しつつ、できる限り行うように努めること」との附帯決議がなされているところである。これらのことからすれば、法制化されているか、また改正法によって録画が義務づけられた事件であるか否かを問わず、取調べの録画により作成された記録媒体が、取調べ状況を立証するベストエビデンスであることは、もはや所与の前提となっているといえる。

　では、可視化時代が到来すれば、それで刑事司法の問題点は全て解決する

I　はじめに

のであろうか。無論そうではない。従前から述べられてきたように、取調べの可視化は、取調べの事後検証を可能にし、その適正化に資することは明らかだが、あくまで価値中立なものである。刑事司法の担い手であり、被疑者・被告人の権利を守ることを職責とする我々弁護人は、取調べの可視化がなされることを前提として、依頼者に対して効果的でかつ的確なアドバイスを行わなければならない。

　ここで考えなければならない点は、可視化法制化において、黙秘権を中核として、被疑者の供述の自由が確保されることを前提に、捜査段階においてどのような弁護活動を行うべきか、という点である。すなわち、取調べの可視化により、取調べにおいて供述するか否か、また何を供述するかの主導権が、取調官から被疑者側に移るものとされている。その結果、黙秘権を中核として、被疑者の供述の自由が確保されることを前提に、捜査段階においてどのような弁護活動を行うべきかが、可視化時代の弁護活動（被疑者へのアドバイス）の中核に据えられる。

　また、可視化されている取調べにおいては、違法・不当な取調べが減少する反面、被疑者の供述の変遷や不合理な弁解も全てが資料化される。また取調べにおける被疑者の態度も録画により記録が残ることになる。これらの状況について、被疑者に対して適正なアドバイスを行うこともまた、可視化時代の弁護活動においては重要となる。

　可視化法制の導入により、刑事実務の在り方は根本的に変化を遂げる。これに応じて、弁護人の弁護活動も、自ずと変革することが求められる。この時代の変化に適切に対応することが、被疑者・被告人に対する効果的な弁護活動の基本となるのである。

　そこで本稿では、改めて可視化法制定の必要性について述べた上で、今般成立した可視化法（刑訴法301条の2）を概説し、さらに現段階（2017年段階）における実務運用を俯瞰した上で、これらを踏まえた可視化法制下の弁護実践について論考する。

Ⅱ　可視化法の必要性

1　はじめに

　取調べの可視化の有用性は、様々な観点から論じられてきた。

　そもそも、被疑者取調べの録音・録画制度は、現行の自白調書の存在を前提として、公判段階でその任意性・信用性に争いが生じた場合に、事後的検証を可能とすることを志向して生み出されたものであることは疑いない。また、論者によっては、取調べ情況を保全するという被疑者の権利を保障することが、録音・録画の目的・効果だと述べるものもある[1]。その他、裁判員に取調室という「ブラックボックス」の中身を判断させずに済むことから、裁判員の負担軽減に繋がるという言い方もできよう。

　これらはいずれも、可視化の有用性として否定されるものではない。

　しかしながら、可視化の一義的な、そして極めて現実的な有用性は、ブラックボックスである取調室の透明性を高め、もって捜査・取調手続における捜査官の違法・不当な取調べを防止することに見出されるべきである。取調べが可視化されることにより、取調室から、暴行・脅迫・利益誘導等を伴う違法・不当な取調べは、ほぼ完全に放逐される。その結果、最低限の取調べの適正が担保される。そして、これにより初めて、被疑者は真の意味での供述の自由を手に入れるのである。

　そこで以下では、可視化の必要性に直接に影響を与えてきた、我が国の捜査機関による取り調べ態様について、改めて論じておく。このことを確認することが、可視化の有用性理解のために必要と考えるからである。

2　我が国の捜査機関における従来の取調態様とその原因

(1)　従来の捜査機関の取調べ態様──自白強要のための「取調べ」──

　我が国では、1980年代、4つの死刑再審無罪事件（免田事件[2]・財田川事

---

(1)　渡辺修『刑事裁判を考える─21世紀刑事司法野展望─』（2006年、現代人文社）262頁。外に、権利構成としては、小坂井・現在56頁、小坂井・展開12頁、渕野貴生「取調べ可視化の権利性と可視化論の現段階」法時85巻9号（2013年）58頁など。
(2)　熊本地八代支判昭和58・7・15判時1090号21頁。

II 可視化法の必要性

件[3]・松山事件[4]・島田事件[5]）が存しながら、しかも、そのいずれもが被疑者に対する捜査機関の拷問、脅迫、利益誘導などの違法・不当な取調べが原因であることが明らかになってなお、可視化を中心とする取調べ適正化の議論は何ら進展してこなかった。その原因は、言うまでもなく、自白が証拠の王（乃至は女王）と呼ばれ、今なお裁判において事実認定の重要な証拠と位置づけられていること、そのために、捜査機関は被疑者から自白を得ることに血道を上げ、被疑者から自白を得ることのみを目的として、密室における長時間の取調べを行っていることが掲げられる。

すなわち、従来型の捜査・取調べは、一言で言うならば「自白を得るための取調べ」そのものであり、全ての取調べテクニックは、捜査官の有罪心証という思い込みのもと、いかに被疑者から自白を得るかに向けられていたといえる。

(2) 従来型取調べの特徴と原因

上記「自白を得るための取調べ」に特徴的な取調べ手法は、たとえば下記のとおりである。

① 密室による長時間・長期間の取調べ

取調べは通常、警察署乃至は検察庁の取調室で行われる。たいていは狭い、窓もない小部屋に机と椅子のみが置かれており、被疑者はそこで、一人乃至は複数の取調官から取調べを受ける。身体拘束を受けている被疑者の場合、午前中、午後、夜と取調べは続く。

その間、特に接見禁止が付されている被疑者の場合、外部交通は弁護人とのそれを除き一切遮断される。

② 取調べ手法

そのような状況の中で、捜査官から、自白を求められる。通常は、個別具体的な証拠等が直接被疑者に示されることはなく、ただただ事件への関与についての供述を求められる。そこにおいて、被疑者の言い分がすんなりと取調官に受け入れられることはまずない。このことは、ファイル共有ソフトに

（3） 高松地判昭和59・3・12判時1107号13頁。
（4） 仙台地判昭和59・7・11判時1127号34頁。
（5） 静岡地判平成元・1・31判タ700号114頁。

より流出した結果日の目を見ることになった愛媛県警の「被疑者取調べ要領」にも明らかである。そこには、取調官の取調べに対する心構えとして、「粘りと執念を持って『絶対落とす』という気迫が必要」とされ、『調べ室に入ったら自供させるまで出るな』と明言されている。また取調官たるもの「被疑者の言うことが正しいのではないかという疑問を持ったり」してはならず、とにかく「被疑者は朝から晩まで調べ室に出して調べよ」とされている。それが「被疑者を弱らせる意味もある」からである。

③ 被疑者の置かれる状況と心理状態

このような密室による長時間・長期間の取調べにおいては、圧倒的権力と情報量を持つ取調官に対し、何の知識もない被疑者は無力であり、時として権力に迎合して、また時としてとにかく取調べの過酷さから一時でも逃れたいと考え、自らが関与していない事件について、自白をしてしまう。このことは、幾多のえん罪事件において、ほぼ全ての被疑者の「自白」に共通する状態である。(たとえば後に真犯人が現れ、検察官が公判において異例の無罪論告を行った「宇和島事件」[6]において、取調官は被疑者に対して机を叩くなどして「証拠があるんやけん、早く白状したどうなんや。実家の方に捜しに行かんといけんようになるけん迷惑がかかるぞ。会社とか従業員のみんなにも迷惑が掛かるけん早よ認めた方がええぞ。長くなるとだんだん罪が重くなるぞ。」等と言い、自白を強要した。このような取調べに対し被疑者は、「誰も自分の言うことは信じてくれない」と号泣し、自白に転じた。)。

また、同様に自白強要が続く取調べに晒された被疑者は、いつしか自分の記憶自体に自信が持てなくなり(または記憶自体変容し)、やってもいないことを本当はやったのではないかとさえ思うようになるという(たとえば看護師が、高齢の入院患者の足指の爪のケアを行ったことが傷害に当たるとして逮捕・起訴され、一審有罪となったものの、高裁で逆転無罪となったいわゆる「北九州爪ケア事件」において、捜査段階で過酷な取調べに晒された被疑者は、最後は調書の読み聞けをされる際、『自分はなんてひどい人間なんだ、よく看護師などやっていたな』と思い号泣したという[7]。)。

---

(6) 松山地宇和島支判平成12・5・26判時1731号153頁。

Ⅱ 可視化法の必要性

④ 虚偽自白を生む原因

上記のような長時間・長期間の取調べによる自白強要を可能とするのは、人質司法と呼ばれる身体拘束の原則化、及び公判における被疑者供述調書に対する裁判所の任意性・信用性判断の甘さである。

被疑者は、いったん逮捕されれば、軽微な罪でかつ自認しているような場合を除き、原則として検察官から勾留請求される。これを受けて勾留裁判所は、無批判に検察官の言い分を受け入れ、被疑者を勾留する。10日後の勾留延長請求においても同様である。法文上の「やむを得ない事由」が実質的な意味で考慮されることはまずない。こうして、最大23日間にわたって被疑者は勾留され（しかも勾留場所は警察署内に設置された拘禁施設＝代用刑事施設である）、連日長時間の取調べに晒されるのである。

以上のような取調べにおいて自白調書が作成された場合、裁判所はいとも簡単にその任意性を認め、証拠として採用してきた。また、裁判所は、自らが不利益な事実を自認しているのであるから、その信用性は高いとの意識の元に、安易にその信用性を認め、結果として、当該自白調書が、被告人の有罪認定の決定的証拠とされてきた。

このように、裁判所において自白調書を偏重してきたことが、取調官をして、「自白を得るための取調べ」からの脱却を阻んできたとさえいえる。

3　捜査機関の取調技術の高度化に向けた施策

上記のような、伝統的自白強要型取調べ手法が、今日において妥当しないことは言うまでもない。特に、鹿児島志布志事件、富山氷見事件、足利事件における再審無罪判決、そして厚労省元局長事件無罪判決への流れの中で、密室における自白強要型取調べ手法に対する批判が高まったことを受け、警察庁もその重い腰を上げて、取調べの適正化を指向するに至った。すなわち、警察庁は、2008年（平成20年）11月「警察捜査における取調べの適正化（いわゆる取調べ適正化指針）」を策定し、捜査部門以外の部門による取調べの

---

(7)　大阪弁護士会取調べの可視化市民シンポジウム「MBSアナウンサー西靖さんと考える。可視化が法律になるって、ホント？」における元被告人の報告。

監督、監督対象行為の明確化、取調べ時間管理の厳格化、取調室への透視鏡の設置といった改善策を打ち出した。また、2011年（平成23年）4月の録音録画対象事件の拡大に併せて、取調べ手法を体系的に整理し、全ての警察官が一定のレベルの技術を習得できる体制構築に着手し、取調べ対象者から虚偽情報を含まない適切な供述を確保するための技法を心理学に学ぶマニュアルを、2012年（平成24年）12月に作成・公表した（いわゆる「取調べ教本」[8]）。特に後者は、司法面接の第一人者である仲真紀子北海道大学大学院教授の協力を得て作成されており、科学的・心理学的見地から取調べ手法を検討する内容となっている。

4　取調態様は現実に変化するか

しかしながら、上記適正化指針や教本の公表以降も、伝統的自白強要型取調べ手法によるえん罪事件は後を絶たない。我が国の捜査機関（特に第一次捜査機関である警察）においては、組織的に捜査・取調べ手法を研究し、学ぶということは全くというほどされてこなかったと思われる。その結果、取調べ手法について新人の取調官は、概ね実際の取調べ現場において、先輩の捜査官から「一子相伝」のごとき状況で学ぶしかなかった。そして、新人取調官が現場において見聞きするのは、被疑者から自白を得るために「効果的な」取調べ手法（すなわち、自白強要を伴う手法）以外にはなかった。こうして、取調官は、代々密室の取調べにおいて、被疑者から自白を得るための手法のみを学び、それを次世代に伝え続けてきた。そして、警察という組織自体、そのような捜査手法の受け継ぎを、容認してきたのである。

このことを端的に示すのは、いわゆる大阪府警東署脅迫事件[9]（任意取調べの場で被疑者を恫喝し供述を迫った警察官が脅迫罪で有罪となった事件）における、警察官による苛烈な取調べ状況である（これは、被疑者が自ら録音していたため、偶々白日の下にさらされることとなった）。同事件判決文は、以下のように指摘している。

「大阪府警察内部において、被告人ら個々の警察官に対する指導教育に際

（8）　https://www.npa.go.jp/sousa/kikaku/20121213/shiryou.pdf
（9）　大阪地判平成23・4・28裁判所ウェブサイト。

し、いかなる場合であっても本件のような取調べを行ってはいけないという意識を周知徹底できず、さらには、本件のような違法な取調べが行われないよう監視する体制を運用・構築できなかったともいえる。これらに鑑みれば、大阪府警察内部の意識や体制にも本件を誘発した一因があったというべき」

5　取調べ態様の適正化としての可視化

　取調べの可視化の実現に向けての運動は、上記のような捜査機関による伝統的自白強要型取調べに対抗する措置として発展してきた（その意味で、被疑者に対する違法な取調べが後を絶たない大阪に於いて、可視化実現運動が始まったのはいわば当然のことといえる）。

　上述のとおり、日本の刑事司法実務における最大の問題点は、密室における伝統的自白強要型取調べによる虚偽自白の発生、そしてそれによるえん罪の多発である。これを防ぐには、まずもってブラックボックスとなっており、事後的な検証が全く不可能な密室における取調べ過程を透明化することが必要と考えられた。そのために編み出された方策こそが取調べの可視化であった。取調べを可視化することにより、違法・不当な取調べを減少させ、取り調べを適正化することが可能となる。その結果、被疑者は歴史上初めて、真の意味で「供述の自由」を確保しうることになる（後に述べる黙秘権行使の実効化がそれである）。また、取調べの可視化により、取調べ状況は直接的に客観化される結果、自白の任意性立証を容易にする。このようにして、取調べの可視化は、取り調べ態様の適正化、そして被疑者の供述の自由をもたらすものとして志向されたのである。

　以上の可視化の有意性を理解してこそ、今般成立した可視化法の意義・趣旨もより良く理解されることとなろう。

III　取調べの可視化法の概要

1　可視化法の概要

　今回の刑訴法改正により新たに制定された可視化法（刑訴法第301条の2）の概要は、以下のとおりである（なお、以下の説明においては本条3項の説明

は除く。同条項は、刑訴法324条に基づく取調官証人の伝聞供述への本条の準用を定めるものであり、その適用場面は極めて限定的であることが明らかだからである)。

(1) 裁判員裁判対象事件及び検察官独自捜査事件で身体拘束中の被疑者取調べについては、以下の例外事由を除き、全過程の録音・録画が義務付けられる（刑訴法第301条の2第4項）。

① 機器の故障その他やむを得ない事情により、記録することができないとき

② 被疑者が記録を拒んだことその他の被疑者の言動により、記録をしたならば被疑者が十分な供述をすることができないと認めるとき

③ 当該事件が指定暴力団（暴力団員による不当な行為の防止等に関する法律第3条）の構成員による犯罪に係るものと認めるとき

④ 犯罪の性質、関係者の言動、被疑者がその構成員である団体の性格その他の事情に照らし、被疑者の供述及びその状況が明らかにされた場合には被疑者若しくはその親族の身体若しくは財産に害を加え又はこれらの者を畏怖させ若しくは困惑させる行為がなされるおそれがあることにより、記録をしたならば被疑者が十分な供述ができないと認めるとき

(2) 対象事件について、被告人の供述調書等の任意性が争われたときは、検察官は、当該供述調書等を作成した取調べにかかる記録媒体の証拠調べを請求しなければならない（同条第1項）。

(3) 検察官が(2)の記録媒体の取調べを請求しないときは、裁判所は、決定で、供述調書等の取調べの請求を却下しなければならない（同条第2項）。

2 可視化法の解釈[10]

(1) 条文を読む順序

本条は、通常の条文構造とは異なり、第1項から順序立てて読んだので

---

(10) 可視化法（改正刑訴法301条の2）の解釈については、小坂井久「取調べ可視化条項・刑訴法301条の2をめぐって」美奈川・上田古稀357頁、大阪弁護士会取調べの可視化大阪本部編『コンメンタール可視化法—改正刑訴法301条の2の読解と実践—』（2017年、現代人文社）など参照。

は、その本質的理解を阻む構造となっている。本条を理解するために読むべき各項の順序は、上記の説明のとおり、「第4項→第1項→第2項」である。なぜなら、本条においては第4項が行為規範として広範に取調官に録音・録画義務を認める総則的規定であり、いわば可視化法の根本規範であるのに対して、第1項及び第2項は証拠法（証拠調べ）の規定として、録音・録画記録媒体の存否が後の（つまり、公判ないし公判前整理段階の）訴訟手続きでどのように扱われるかを規定するものだからである。刑事手続の流れという時間的順序からいっても4項が先になることは疑いがない。

すなわち、本条は、まず、裁判員裁判対象事件及び検察官独自捜査事件について、逮捕又は勾留されている被疑者に対する取調べの「全過程」の録音・録画を義務づけた（同条第4項）。

検察官が被告人調書・供述書を証拠調べ請求した場合に、被告人・弁護人から当該書面について任意性に疑いあるとして異議が述べられたならば、検察官は、当該書面作成の取調べ（弁解録取を含む）の「開始から終了に至るまでの間」の録音・録画記録媒体の証拠調べ請求をしなければならない（第1項）。そして、同記録媒体の請求義務が果たされないときは当該書面の証拠調べ請求（尋問請求）を却下する形で（第2項）、任意性立証に制限をかけた。

(2) 第4項の概要

ア 可視化法の根本規範

第4項は、取調べを担当する検察官と司法警察職員の双方に対して裁判員裁判対象事件及び検察官独自捜査事件について取調べ「全過程」の録音・録画義務を定める可視化法の総則的規定であり、いわば可視化法制の根本規範と位置づけられる。

既に述べたとおり、本来であれば、第4項をこそ第1項として定め、総則的に録音・録画義務の存在を宣言し、その後、その義務違反が訴訟手続き上どのような意味を持つのかが第2項以下で規定されるべきであった。しかし、本条はあえて総則的規定を第4項として後回しにし、訴訟手続き上の扱いを第1項及び第2項に委ねた。その結果、本条全体が証拠法（証拠調べ請求）の規定として扱われ、自白調書の証拠調べ請求の時期を定める法301条

の枝番として規定されることとなった。

　このような条文の配置構造には問題があるものの、本条において第4項が可視化法の総則的規定であり、根本規範であるという解釈は揺るがない。すなわち、第4項は、第1項で定める事件、すなわち裁判員裁判対象事件及び検察官独自捜査事件の取調べにおいては、第4項各号に定める例外事由に該当しない限り、取調べ（弁解録取を含む）の「全過程」を録音・録画することを義務付けるものである。本条の最も重要な意義は、本項柱書において取調べ「全過程」の録音・録画が義務付けられたことにあるのである。

　なお、ここで対象とされる事件とは、逮捕・勾留の基礎となった被疑事実ではなく、当該取調べにかかる事件である[11]。したがって、たとえば、対象事件にあたらないいわゆる余罪（死体遺棄事件等）にかかる逮捕・勾留を利用して、対象事件について取調べをする場合であっても、その取調べを録音・録画する必要がある。この趣旨からすれば、別件の起訴後勾留を利用して対象事件について取調べをする場合も、対象事件については「被疑者」であるから、取調べの録音・録画が義務づけられると解すべきである[12]。参議院法務委員会附帯決議は、この場合を録音・録画の義務づけの対象外とする理解を前提とするが、適切ではない[13]。

　イ　例外事由の解釈指針

　本条は、可視化法の根本規定であるが、他方で例外が規定されている。当該例外事由の解釈・適用次第では、取調べ「全過程」の録音・録画を義務づけた根本規定も、その適用範囲が狭まってしまうことにもなりかねない。

　この点、本項の規定を忠実に読めば、対象事件については録音・録画をすることが原則かつ必須であり、この義務が解除される場面はあくまでも「例

---

(11)　2015年5月27日衆議院法務委員会における林眞琴政府参考人答弁。
(12)　2016年4月19日参議院法務委員会における河津博史参考人答弁。なお、小坂井久・青木和子＝宮村啓太編著『実務に活かす／Q＆A平成28年改正刑事訴訟法等のポイント』（2016年、新日本法規）76頁参照。
(13)　参議院法務委員会附帯決議は、「別件逮捕による起訴後における取調べ」を録音・録画の義務づけの対象外である「逮捕又は勾留されている被疑者以外の者の取調べ」の1つとして例示した。（同旨、2016年4月21日参議院法務委員会における林眞琴政府参考人答弁）

外」であることがまず確認されなければならない。そのことは、可視化法が制定された経緯、すなわち前述のとおり厚労省元局長事件に端を発し、特別部会での議論を経て、取調べを受ける被疑者の権利、利益擁護ないし取調べの適正化・その供述の任意性確保のために創設されたものであることに鑑みれば、当然の解釈と言える。例外事由に該当するのは、当該被疑者の権利や利益がかえって侵害されるような場合、すなわち権利ないし利益保護を重視するがあまり、逆に被疑者の自由な意思が阻害されるような極限的場合に限られるというべきである。

もっとも、例外事由については捜査機関の恣意的運用の危険性がないとはいえない。供述者の主観的供述困難性に着目した2号及び4号は、より危険性が高いともいえる。供述者の主観は供述者にしか分からないにも拘らず、これを捜査官が判断し、録音・録画の要否を一次的に決するかのような規定ぶりとなっている点は取調官の「裁量」判断が可能であるかのような誤解を生みかねない。これではいくら「全過程」の録音・録画を捜査機関に義務づけたとしても、取調べの適性は実効性のないものとなりかねない。

しかしながら、本可視化法制自体、成立の過程に鑑みれば、その制度趣旨は被疑者の供述の自由を確保するための制度である。とするならば、供述の自由を確保するための情況設定もまた、捜査機関ではなく、当該供述者自身の判断に委ねられるべきである。供述者の利益のために制定された法の適用の有無を、供述者の利益を度外視して決めるなどという解釈は成り立ち得ない。

以上のように考えれば、例外事由に該当し得るのは、本人が録画されているという情況下によらない供述を自発的に求め、そのような真意にもとづき録画を拒絶する場合のみに限られるべきということが論理的帰結となる。もちろん、時系列の問題としては、取調官が例外事由に該当するか否かを判断する構造となっているが、その判断に際しては、あくまで本人が「十分な供述をすることができない」か否かのファクターを重視し、本人の「供述の自由」にとって背理となるべき場合、すなわち本人の真意に基づく録画拒絶の場合（またはそれと同視しうる情況の場合）のみ、例外事由に該当するとすべきである。

ウ　本項の具体的適用場面

最後に、本項が問題となる局面を想定すれば、捜査・公判の各段階で次のように整理できる。

捜査段階においては、事件としては本条第1項に該当するにも拘らず、本項各号（例外事由）に該当するとして、捜査機関が取調べの録音・録画を行わない場面である。ここでは行為規範としての本項の解釈が問題となる。しかし、あくまでも例外事由の存否は、捜査官が主観的に例外事由該当性を認識しているだけでは足らず、裁判所の評価として、事後的に例外事由該当性が立証・認定される必要があることが明らかであり、弁護人としては例外事由の不存在について、積極的に明らかにするためにも、捜査機関に対する可視化申入れを行っておくべきである。

次に公判段階である。まず、検察官が不同意となった被告人の供述調書を法322条に基づき請求し、弁護人がこれに対し本条1項に基づく異議を述べる。この時点で、検察官には記録媒体の請求義務が生じる。しかし、請求すべき記録媒体が存在しない場合などに、当該義務の免除規定である本項各号該当性が問題となるわけである。この局面では、評価規範としての、本項の解釈が問題となりうる。そして、例外事由存在の立証責任は、当然検察官にある。このことは、原則例外の規定ぶりからも明らかである。裁判所としては、本条がその成立過程に鑑みれば、被疑者の供述の自由を確保するための規定であることに意を払い、そのことを重視して例外該当性の判断を下すべきである。

(3)　第1項の概要

第4項で定められた義務が、訴訟手続きにおいてはどのように扱われるかを規定するのが第1項以下の規定である。

第1項は、公判（ないし公判前整理手続）段階において、検察官が被告人による自白調書を取調べ請求し、弁護人または被告人がこの任意性を争った場合には、検察官は「当該取調べ時」の録音・録画記録媒体を証拠請求しなければならないことを定めている。

すなわち、自白調書の任意性が争われた以上は、検察官は記録媒体の証拠調べ請求義務を負うことが手続法上求められているのである。

III 取調べの可視化法の概要

ただし、第4項の例外事由各号に該当する場合はこの限りではない。また、「当該取調べ時」については広狭様々な考えがありうる。結果、本条1項以下は、あくまでも録音・録画義務の履践状況が自白調書の証拠能力にどのように影響を与えるかを定めるものであって、任意性に関してこれまでの実務でなされてきた攻防は変わらずなされうるという点には注意が必要である。すなわち、本条に基づいて自白調書の証拠請求却下がなされなかったという場合であっても、これにより任意性が即座に肯定されるわけではない。そこから改めて任意性に関する判断がなされることとなる。つまり、検察官が主張する例外事由該当性が肯定され（もしくは請求範囲について裁判所が狭義説などに立ち）、結果本条2項却下がなされないことがあるとしても、それだけで任意性が肯定されるわけではなく、そこから検察官は任意性の立証責任を果たす立証活動を開始することになるのである。しかしながら、その立証において、記録媒体というベストエビデンスを欠く以上、検察官の立証は自ずと相当ハードルの高い作業になるはずである。逆に弁護人としても、本条2項却下がなされない場合でも、なお、任意性に関する争いは決着しないことを強く意識して、これまで以上に任意性の疑いを導く具体的主張を行って、十分な任意性立証を検察官に促すべきである。

(4) **第2項の概要**

上記のとおり、第4項により課された録音・録画義務を履行した結果作成された記録媒体は、第1項により公判において検察官に証拠請求義務が課せられている。当該請求義務を検察官が果たせなかった場合、すなわち請求すべき記録媒体が存在しない場合、手続き上どのような扱いを受けるかを定めたのが、本条第2項である。

第2項においては、検察官が第1項による義務を懈怠した場合（すなわち第4項に基づく記録媒体が存在せず、証拠請求できない場合若しくは記録媒体は存在するにも拘らず「開始から終了に至るまでの間」の一部しか請求しない場合）には、検察官が元々請求していた被告人の自白調書の証拠請求を、裁判所は却下しなければならない。

これは裁判所に課された義務であり、例外は認められていない。つまり、例えば4号所定の例外事由がないにも拘らず、当該取調べを記録した録音・

録画媒体が存しない場合、それは当該取調べで作成された供述調書の証拠採用に不可欠な条件を欠くことを意味し、ひいては証拠採用の可能性が（2項却下後の裁判所による職権採用の余地を除いて）なくなることを意味するのである。その意味で、本項は、義務を懈怠した検察官に対する制裁を定める規定であり、第4項が総則的に定めた録音・録画義務の履行を手続法上担保する機能を有するものである。

Ⅳ　現行の実務運用

1　はじめに

　前述のとおり、可視化法は2016年（平成28年）6月3日の公布後、3年以内に施行される。さらに同法は、施行後3年経過後には、取調べ録画の意義を踏まえて制度のあり方を検討し、必要な措置を講ずる旨の見直し規定が設けられている。また、これらの取調べ以外の取調べにおいても積極的に録画を行うことを求める附帯決議もなされており、今や取調べの録画は捜査機関の責務となっていることは疑いない。

　このような状況下、最高検察庁は、裁判員裁判対象事件等の取調べの録音・録画を本格実施に切り替えるとともに、本格実施事件以外の事件についても、身体拘束下の被疑者取調べと被害者などの重要な参考人の取調べについて、必要に応じて取調べの録画「試行」の対象とする方針を打ち出し、否認事件などでは広く録画が行われるに至っている。また、警察も、裁判員裁判対象事件、知的障害等のある被疑者の事件に加えて、それ以外の事件についても録画の試行を始めている。

　したがって、可視化法の施行を待たず、既に可視化時代は到来していると言うべきであり、後述する取調べの可視化の元での捜査弁護実践は、現段階においてもその方法論を確立していなければならない。

　以上の視点から、現段階（2017年段階）における被疑者取調べの録画・録音状況についても、俯瞰しておく。

Ⅳ　現行の実務運用

2　検察庁における被疑者取調べ録画・録音

検察庁は2011年（平成23年）以降、身体拘束された被疑者に限られるものの、
① 　裁判員裁判対象事件
② 　特捜部等の検察官独自捜査事件
③ 　知的障がいによりコミュニケーション能力に問題のある被疑者に対する取調べ

について取調べ録音・録画を試行し、2012年（平成24年）からは、
④ 　精神障害等による責任能力の減退や喪失の疑いがある被疑者に対する取調べ

を加えた4類型で、検察官の裁量による被疑者取調べの録音・録画を試行してきた。

2014年（平成26年）6月16日付の最高検次長依命通知により、上記4類型は同年10月1日、試行対象から、原則として被疑者取調べ全過程の録音・録画を遺漏なく行う本格実施対象に格上げされた。さらに、同依命通知により、上記4類型以外に、取調べや事情聴取を積極的に録音・録画する試行が始まった。試行対象は、公判請求が見込まれる事件であって、
⑤ 　事案の内容や証拠関係等に照らし被疑者の供述が立証上重要であり、被疑者取調べの録音・録画が必要と考えられる事件
⑥ 　証拠関係や供述状況等に照らし被疑者の取調べ状況をめぐって争いが生じる可能性があるなど、被疑者取調べの録音・録画が必要と考えられる事件
⑦ 　被害者・参考人の供述が立証の中核となることが見込まれるなどの個々の事情により、被害者・参考人の取調べ録音・録画が必要と考えられる事件

の3類型である。

この点、本格実施対象はある程度の限定がなされているものの、試行対象事件、特に⑤については、広範な対象が措定しうる。事案の実質に鑑みれば、被疑者供述が立証上重要でない事件類型など、ごくわずかしかない。本格実施対象の4類型に比して録音・録画の実施に関して検察官に一定の裁量

169

がある試行対象とはいえ[14]、上記⑤類型には大半の刑事事件の被疑者取調べが該当する。現に、近時の実務運用では、弁護人が取調べ可視化を申し入れることにより、窃盗罪、詐欺罪等、本格実施の対象外であっても、検察官による被疑者取調べの全機会、全過程が録音・録画される実例が増えている。

取調べ状況をめぐって争いが生じる可能性がある事件を対象とする⑥についても、検察官はむしろ、供述の任意性の積極的な立証手段として、公判で活用することも想定して取調べ録音・録画を実施するものと考えられる。また、被疑者取調べだけでなく、被害者や参考人に対する事情聴取も試行対象とされたことにより、性犯罪の被害者や、犯罪被害に遭った幼児・児童の供述確保等に録音・録画が活用されつつある。弁護側にとっても、被害者や参考人の供述状況の録画映像の開示を受けることにより、被害者や目撃者等の参考人の初期供述の信用性を検証する手段として活用できるものである。

3 警察における取調べ録画の運用実態

大半の刑事事件の被疑者取調べを担う警察は、検察庁以上に取調べ可視化の導入に抵抗し、消極的であった。しかしながら、検察官取調べの録画がある程度定着し、法制審議会新時代の刑事司法制度特別部会の答申によって取調べ可視化の法制化がほぼ確実になるにつれて、その重い腰を上げて、一定程度の範囲で取調の録画を行うことが進められている。

すなわち、従前裁判員裁判対象事件のほか、知的障害、発達障害、精神障害といった障害を有する被疑者に対する取調べについての録画の試行がなされていたが、これに加え、2016年（平成28年）10月1日試行開始の指針では、これら以外の事件についても、録画の必要性がその弊害を大きく上回ると判

---

(14) この点、法制審議会特別部会（第28回会議：平成26年6月23日）において、最高検公判部長の上野友慈委員は、「検察官としましては、必要な録音・録画を行わない場合には、取調べ状況の立証のために最も適した証拠を公判に顕出できなくなり、捜査段階における供述の任意性・信用性等をめぐって争いが生じた場合には的確な立証ができないというリスクを負うことになります。新たな試行におきましては、録音・録画を行うか否かの判断は検察官がすることとされていますが、検察官としては、そのようなリスクを負うため、その判断は、検察官の自由な裁量によってなされるものではなく、当該事案の内容、証拠関係、供述状況等に照らして立証に必要な録音・録画をしていくことになると考えております。」と述べている。

断されるときは「録音・録画を実施することができる」と明記されるに至っている。具体的には、以下のとおりである。

(1) **制度施行に備えるための試行**

制度対象事件（裁判員裁判対象事件）について、逮捕若しくは勾留されている被疑者を取り調べるとき又は被疑者に対し弁解の機会を与えるとき（制度対象外の事件でも、取調べが制度対象事件に関する事項に及ぶ見込みのある場合を含む。）は、一定の例外事由に該当する場合を除き、録音・録画を実施することとする。

ただし、当面の間、例外事由に該当しない場合でも、取調官の録音・録画下での取調べ経験を勘案した上で、取調べの機能が著しく損なわれると判断される場合には、録音・録画を実施しないとすることもできる。

上記に該当しない場合（＝制度対象外の事件）であっても、個別の事案ごとに、被疑者の供述の状況、供述以外の証拠関係等を総合的に勘案しつつ、録音・録画を実施する必要性がそのことに伴う弊害を大きく上回ると判断されるときは、録音・録画を実施することができる。

(2) **知的障害等の障害を有する被疑者に係る試行**

罪種にかかわらず、知的障害、発達障害、精神障害等の障害を有する被疑者であって、言語によるコミュニケーション能力に問題があり、又は取調官に対する迎合性や被誘導性が高いと認められる者に係る事件について、逮捕若しくは勾留されている被疑者を取り調べるとき又は被疑者に対し弁解の機会を与えるときは、試行の目的に照らし、供述の状況、供述以外の証拠関係等を総合的に勘案しつつ、取調べの機能を損なわない範囲内で、障害の程度やコミュニケーション能力等の被疑者の特性、事案の内容、被疑者の精神的負担や供述に与える影響等を考慮した上で、可能な限り広く録音・録画を実施することとする。

V 取調べ可視化のもとでの捜査弁護の在り方論の整備

1 取調べ可視化のもとでの捜査弁護活動の考え方の基本

取調べ可視化は、取調べ状況の全過程が録音・録画記録媒体に記録される

ことを意味する。では、捜査機関の取調べがすべて証拠として残るから、弁護人は、被疑者に素直に供述をしてもらえば足りるのであろうか。

答えは否である。理由は次の通りである。

第1に、そもそも被疑者が事実を正確に認識できているか、記憶(記憶の維持を含む)できているかはわからない。また、記憶している事柄を被疑者が正確に供述・表現できるかもわからない。無実の被疑者が、意図的に虚偽の弁解をする危険もある。

第2に、捜査段階では、被疑者は客観的証拠に基づいて、自らの記憶の正しさを検証する機会がほとんどない(記憶喚起の資料もなければ、曖昧な記憶を客観的資料で確認することもできない。)。捜査段階における客観的証拠に反した供述は、後に弾劾に使用される危険が高い。にもかかわらず、被疑者は、この危険について無知である。

第3に、捜査段階では、現状、弁護人の立会権はない。被疑者はその生活全般から取調べにおいて供述するきっかけとなる取調官の「発問」に至るまでのすべてを捜査機関が「枠付け」(掌握)している状況にある。そのため、被疑者の心理状態は、捜査機関に誘導されやすく、かつ、迎合しやすい危険な状況にあり、また、弁護人の援助も断片的でしかなく、心理的にも法的知識の欠如の点からも被疑者が取調官の無意識的・意識的な誘導に容易に応じてしまう危険が高い。

上記被疑者自身の被疑者供述にかかる問題、被疑者の記憶の検討の機会にかかる問題、そして、捜査機関と被疑者の権力関係の問題を意識すれば、取調べが可視化された状況のもとでは捜査機関の取調べはすべて証拠として残るから、被疑者に素直に供述をしてもらえば足りるという考え方は、安易に過ぎる。

ところで、取調べ状況の全過程が録音・録画という形で記録されることは、捜査段階の実務に次の変化をもたらす。

第1に、取調官の取調べ態様の適正化が一定程度[15]図られる。第2に、取調べの目的である被疑者の供述調書の作成において、取調官による調書内容の作文[16]が困難となる[17]。第3に、捜査機関は被疑者の自白ないし不利益供述に頼ることができないために、客観的証拠の収集に主眼を置くことになろう。

V 取調べ可視化のもとでの捜査弁護の在り方論の整備

　これらの変化は、黙秘権を中核とした被疑者の供述の自由の確保へとつながるという大きな意義を有する。

　従来、取調室はいわゆるブラックボックスであったため、被疑者が黙秘権を行使すれば、これを侵害する取調べが展開され、黙秘権ないし供述拒否権が実質的に保障されているとは評価し得なかった。被疑者は、勾留下における長時間の取調べのなか、しばしば接見等禁止処分まで受け、精神的に孤立させられ、弁解をしても受け付けられることなく、捜査機関の枠付けのもとで捜査機関が推測するところの事件像を押し付けられてきた。

　しかし、取調べの可視化により、黙秘権を中核とした被疑者の供述の自由が確保されうる環境が初めて整ったのである。上記被疑者供述自体にかかる問題、被疑者の記憶の検討の機会にかかる問題、そして、捜査機関と被疑者の権力関係の問題は、いずれも被疑者が黙秘することにより相当程度は回避しうる問題である[18]。

　取調べの可視化のもとでの捜査弁護活動は、黙秘権の行使を中核に据えて

---

(15)　ここに「一定程度」と限定を付したのは、取調べが可視化により違法・不当な取調べは激減したが、それでも、なお違法・不当な取調べがなされているという現実が存するからである。それは取調官の無自覚によるものから確信犯的なものまで様々である。取調べの適正化を調書の証拠能力を否定するという間接的な方法から、取調べガイドラインを設け、これに反した取調べを行った取調官の処分という直接的な方法によるものへと変革しない限りは、違法・不当な取調べはなくならないであろう。
(16)　「調書内容の作文」とは、単に被疑者の供述していないことを供述したかのように作文することだけを意味するのではなく、被疑者が供述した捜査機関のストーリー（事件の見立て）に不都合な事実を調書に残さないことも含む趣旨である。
(17)　「困難となる」としたのは、やはり取調べが可視化されたもとでも、調書内容の作文が現実に行われている状況が認められるからである。調書内容の作文もまた、無自覚的なものから意図的なものまで様々な態様が認められる。警察庁の取調べ教本が策定されたにもかかわらず、いまだに調書内容の作文がなされている。
(18)　なお、取調べの可視化がなされ、黙秘権行使が従前よりも容易になったとしても、身体拘束による被疑者の精神的ダメージには大きなものがあり、これが虚偽供述の動機に強い影響を与えることは多いであろう。この点についての問題が残されていることは、司法取引が導入されようとする今日、法曹関係者において強く意識されなければならない。判決における不利益供述の信用性についての評価から推認されるところであるが、裁判所は、今日においても、身体拘束における被疑者の精神的ダメージについてあまりにも無理解である。身体拘束は、取調べの違法・不当とは無関係に、それだけで多大な苦痛を被疑者に与えることを銘記しておかなければならない。接見等禁止処分が付された場合はなおさらである。捜査段階での保釈制度の新設が望まれる所以である。

考えていかなければならないことは当然のことである[19]。

2 捜査弁護活動の在り方を考える視点

しかし、黙秘権の行使を中核に据えて捜査弁護活動を考えたとしても、どのような事案でも捜査段階において黙秘権を行使し続けることが正解であるとはならない。被疑事実に争いがなく、捜査段階で被疑事実を認め、反省の意思を表明すれば略式罰金になるような事案においては、黙秘権を行使し続けることはかえって被疑者の不利益になることが考えられる。

そこで、黙秘権の行使を中核に据えて捜査弁護活動を考えるとしても、事案によっては黙秘解除を考えなければならない。この黙秘解除を、どのような基準で判断すべきかが捜査弁護活動において重要な問題となる。

この点、筆者としては、黙秘解除の判断基準は、当該事案の公判での帰趨が基準になると考えている。

我が国では、起訴便宜主義の採用もあり、捜査に独自の地位を認める見解も強い。しかし、起訴便宜主義の独自の意味は有罪事案におけるダイバージョン（被疑者の更生可能性という積極的意義が別途存したとしても）に存するのであり、公判を維持できないと判断して不起訴処分とする場合を考えれば、それは公判における無罪判決の先取りでしかない。

このように刑事裁判との関係で捜査を捉えるならば、捜査は刑事裁判（公判）の準備活動でしかありえない。

そうすると、捜査に対応する捜査弁護活動もまた、公判を意識して展開すべきことになる。先の略式罰金の例でも、結局、公判で罰金が言い渡されるところ（なお、起訴されたら現実には懲役刑求刑の可能性もあるが、その特殊性も捜査弁護の方針を立てる上では意識されるべきであろう。）、捜査段階で供述したことにより、ダイバージョンの見地から起訴段階で結果的に処理されたに過ぎないものと捉えるのである。

公判での帰趨を意識した捜査弁護活動を考えた場合、以下のとおりに類型

---

(19) 捜査弁護において黙秘を原則とすべきであることについては、後藤貞人「黙秘権行使の戦略」刑弁79号（2014年）19頁以下、秋田真志＝森直也「シミュレーション 可視化時代の捜査弁護実践」刑弁82号（2015年）31頁以下も同旨と思われる。

化しうるであろう。

　第1に、捜査段階で被疑者が黙秘を貫いた場合、公判段階において被疑者供述の任意性・信用性が問題とされることはない。

　第2に、公判におけるケース・セオリーに反しない限度でのみ、捜査段階で被疑者が供述している場合、やはり公判段階において被疑者供述の任意性・信用性が問題となることはない。逆に、一貫した被疑者供述の存在により、公判における被疑者供述の信用性が増強されることも考えられる。

　第3に、公判におけるケース・セオリーに反した被疑者供述が捜査段階において存する場合、被疑者供述がケース・セオリーに反した理由如何により、被疑者供述の任意性あるいは信用性が争われることとなる。なお、公判におけるケース・セオリーに反した被疑者供述が捜査段階で存在したとしても、捜査段階のなかで、その後の被疑者の供述により公判におけるケース・セオリーに合致する内容に訂正され（リカバリーと言われる[20]）、その訂正が合理的理由に基づいているのであれば、被疑者供述の任意性あるいは信用性が争われる可能性は相対的に低くなると考えられる。

　以上のような公判に被疑者供述が与える影響からすれば、捜査段階において被疑者が黙秘をするか、あるいは、公判におけるケース・セオリーに反しない限度で被疑者は供述をすることが望ましい。

　すなわち、公判での帰趨を意識して捜査弁護活動を展開するのであれば、弁護人は、被疑者に黙秘をアドバイスするか、あるいは、公判におけるケース・セオリーに反しない限度で被疑者に供述することをアドバイスすることになろう。

3　捜査弁護活動の方針の立て方

　では、捜査弁護活動において、被疑者に黙秘をアドバイスするのか、あるいは、公判におけるケース・セオリーに反しない限度で被疑者に供述することをアドバイスするのかを、具体的にどのように判断すべきであろうか。それは、捜査弁護活動の方針の立て方そのものの問題となる。

---

(20)　秋田＝森・前掲注(18)38頁以下参照。

(1) **黙秘権行使のアドバイス**

まずは、黙秘権行使がアドバイスの原則となる[21]。

人の供述が正しいか否かは、他の証拠との整合性の検討や被疑者供述自体の具体性・迫真性・一貫性・合理性の検討をもとに判断される。このことは被疑者供述であっても同様である。

被疑者の接見における供述が正しいと評価しうるかは、上記のように、他の証拠との整合性の検討や被疑者供述自体の具体性・迫真性・一貫性・合理性の検討を経なければならない。

証拠開示を経た公判段階とは異なるが、捜査段階においても弁護人は被疑者供述の信用性を判断するよう努力しなければならない。そして、被疑者供述の信用性判断がなされるまでの間、弁護人は、被疑者に黙秘権を行使するようアドバイスをすることになる。仮に、後に黙秘解除をアドバイスするような事案であっても、弁護人が上記検討を終えるまでの間、黙秘権の行使をアドバイスすることとなる。

弁護人に対する被疑者供述の信用性が判断できたとしても、被疑者が弁護人に対するのと同様に捜査機関に供述・表現しうるかは別の問題である。被疑者供述の信用性が判断できたとしても、捜査機関による枠付けのなかで行われる取調べ(発問が限定され、理詰めの尋問や誤導・誘導もあり得る)のなかで、事実を正確に伝えられるかという観点から、被疑者の供述能力・表現能力をテストしなければならない。

このテストを経て、初めて黙秘解除をして捜査機関に対し被疑者が供述をすることが許容される。黙秘が捜査弁護の基本であるという所以である。

なお、黙秘権を行使する以上、供述調書・供述書の作成に応じないことはもちろん、実況見分における指示説明や再現実況見分に応じないように留意しなければならない。

(2) **黙秘解除の必要性**

黙秘が捜査弁護の基本であるとしても、既に述べたように、捜査段階で黙

---

(21) 精神の障害や性格等により黙秘権行使が不可能な被疑者も存する。黙秘権行使ができない被疑者の場合であっても、少なくとも作文調書の排除・検証という点で可視化の意義は大きい。

秘を解除すべき事案は存する。

　捜査段階で黙秘を解除すべき場合とは、どのような場合であろうか。換言すれば、どのような場合に黙秘を解除する必要性が認められるか。やはり公判での帰趨をもとに考えるべきである。

　黙秘を解除すべき場合とは、抽象的に言えば、被疑者が供述することにより公判（あるいは起訴・不起訴の判断の段階）で有利になることが想定される場合である。

　まず、どのような事案であれ、弁護人や被疑者は強制捜査権限を持たない。そのため、捜査機関でなければ収集できない証拠が存する場合で、それが被疑者の弁解を裏付ける可能性のある証拠の場合には、この点について、黙秘を解除する必要性が認められよう。

　次に、正式起訴が必至の事案の場合、弁護人の主張ないし被告人の供述は、公判前整理手続で主張、あるいは公判廷で供述すれば足りる。したがって、黙秘を継続することが原則であり、黙秘解除の必要性は基本的には認められない。ただし、軽い罪名での起訴が見込まれる場合や共犯事件において共犯者間で押し付けの可能性がある場合には、黙秘解除の必要性が認められる。

　逆に、被疑者が黙秘を継続し続けることで起訴されてしまう場合には、黙秘解除の必要性が認められる。類型化するならば、被疑者が弁解をすることにより嫌疑不十分で不起訴となる可能性のある場合は、黙秘解除の必要性が認められる。被疑者が弁解をすることにより略式罰金や起訴猶予処分となる可能性のある場合も、やはり黙秘解除の必要性が認められる。

　被疑者が弁解をすることにより嫌疑不十分で不起訴となる可能性のある場合とは、いわゆる争点形成責任が被告人に認められるような場合である。例えば、経験則により立証責任が事実上転嫁されるような場合（例えば、覚せい剤の密輸事件で覚せい剤の認識を争うような場合）、正当防衛・緊急避難のような場合である。

(3)　**捜査段階でのケース・セオリーを考える必要性**

　黙秘解除の必要性が認められるとしても、これを許容して、黙秘解除を指示するかは、別の問題である。黙秘解除のもと被疑者が供述したとしても、

不起訴という有利な処分が得られるという保障はない。したがって、黙秘解除の場合は、常に正式起訴されることを念頭に置かなければならない。

黙秘解除のもとなされる被疑者の供述は、公判での弁護活動にもそのまま使えるものでなければならない。すなわち、黙秘解除のもとでなされる被疑者の供述は、公判でのケース・セオリーに沿ったものでなければならない。

しかし、証拠の開示もない捜査段階において、公判でのケース・セオリーが構築できないことは自明である（なお、この点の捜査機関と被疑者との不平等性は、将来的には、捜査段階における証拠開示がなされることによって解決されるべきであろう。）。

ただ、証拠の開示がなされない捜査段階では、本来的意味でのケース・セオリーを構築することができないとしても、被疑者供述をもとに、本来的意味でのケース・セオリーを包摂するところの枠組み（これを、以下「捜査段階でのケース・セオリー」という。）は構築可能な事案は存在するはずである。その枠組みすら構築不能であるのであれば、黙秘を継続するほかない。

そのため、黙秘解除の必要性が認められたとしても黙秘解除を指示しうるかは、公判でのケース・セオリーを包摂するところの捜査段階でのケース・セオリーを構築しうるかによる。

このような捜査段階でのケース・セオリーの構築は、もっぱら被疑者から事情を聴取し、その信用性を検討したうえでのこととなる[22]。捜査機関が被疑者から供述を得たいと考えるのは、被疑者がもっとも事件をよく知る者であるということが前提である。そうすると、犯人性を争う事案は別として、弁護側においても被疑者からの事情聴取をもとに、捜査段階のケース・セオリーを考えることは必要であるし、被疑者供述に頼ることのリスクを念頭に置いておけば、被疑者供述をもとに捜査段階のケース・セオリーを構築することは可能であると思われる。

なお、捜査段階でのケース・セオリーは公判でのケース・セオリーを包摂するものでなければならない。公判でのケース・セオリーの一部が捜査段階

---

(22) もちろん弁護側で収集した証拠が存する場合には、これらの証拠に基づき被疑者供述の信用性を検討することが必要である。

でのケース・セオリーから外れるものであれば、それは捜査段階でのケース・セオリーそのものが誤っていたことを明らかにしている。逆に言えば、捜査段階でのケース・セオリーを構築するにあたっては、想定しうるあらゆる事情が考慮されなければならない。

(4) **被疑者からの事情聴取**

捜査段階でのケース・セオリーは、もっぱら信用できる被疑者供述をもとに構築されるものであるから、被疑者からの事情聴取はもっとも重要なポイントである。

被疑者が捜査機関に対して黙秘している間、弁護人は被疑者から事件についての事情聴取をしなければならない。

被疑者からの事情聴取をする際に、弁護人が注意すべきは、できるだけ早期に、被疑者の頭の中にある情報を、できるだけ正確に聴取することにある。

「できるだけ早期に」とは、可能な限り初回接見において、ということである。記憶は新しいものほど信頼性が高く、他方、事情聴取した内容をもとに弁護側で証拠収集活動を行う、あるいは、示談に向けた活動を行うという時間を確保する必要があるからである。

「できるだけ正確に」とは、被疑者の頭の中にある情報は壊れやすいセンシティブな情報である一方、貴重な証拠となり得るものだからである。供述は、知覚・記憶・表現・叙述の過程を経るものである。それぞれの過程に誤りが介在する危険が存することは公知の事実である。被疑者であっても同様の危険が存する。事情聴取の際には、その誤りが介在する可能性を念頭に、被疑者の供述を聞いていかなければならない。

弁護人は、貴重な証拠となり得る被疑者の頭の中の情報を捜査機関よりも早く、そして、正確に聴取することにより、捜査機関よりも早く当該事案についての捜査段階でのケース・セオリーを構築することが可能となる。そうすると、それを前提に、黙秘を継続し、取調べを通じて得た捜査機関が収集している証拠の内容についての情報、あるいは、弁護側での証拠収集活動により得た情報を通して、捜査段階でのケース・セオリーが正しいものであるのかを検証することも一定程度、可能となる。

被疑者から「できるだけ正確に」事情聴取をすべき方法としては、司法面

接の手法を参照すべきであろう。なお、被疑者から「できるだけ正確に」聴取すべき事情は、あくまでも被疑者自身のその時点での記憶に過ぎないことに留意すべきである。すなわち、その時点での被疑者の記憶が必ずしも歴史的真実を意味するものではないということに留意する必要がある。

事実聴取の方法は、情報収集型の面接手法（グランドルールの設定→自由報告→オープンクエスチョンによる焦点化質問を利用しての事情聴取→選択的質問→最後に聞き手が誤って話を理解していないかを確認する質問の手法）によるべきであろう（なお、被疑者の供述が公判廷で弾劾されるのに対抗するために、この聴取した事実を証拠として利用できるよう残しておくことも検討すべきである）。

グランドルールにおいて、嘘は述べないこと、思い出したことはすべて話してもらうこと、わからないこと・覚えていないことは、わからない・覚えていないと言ってよいし言ってほしいというルールを設定する。

その後、どんなことがあったのかを自由に報告してもらう（時系列がとんでもよい）。被疑者の話は遮らずに聞いていく。

自由報告で聴取した事柄を前提に、オープンクエスチョンでさらに事実を聴取していく（焦点化質問）。焦点化のなかでは、自由報告の形をとってもらう。

焦点をあてる事柄は話が進むにつれて、細かい事柄へとなっていく。さらに聞きたい細かい事実に焦点を当て、できる限りオープンに事実を聴取する（最終的には選択式質問を経る、すなわち、誘導質問に限りなく近くなろう）。

事実聴取する弁護人は、評価ではなく、事実を聴取することに留意すべきである。被疑者のなかには、評価を事実だと思って話をする人が多い。話を聞いている弁護人が、評価であるか事実であるかに留意しながら事情を聴取することが必要である。評価であれば、その評価を基礎付ける事実をオープンな形で聴取していかなければならない。

また、弁護人は、被疑者の話す内容の記憶の程度に留意しながら話を聞くこと（どの程度に自信ある記憶か（断言できる記憶か、かなりの程度確かな記憶か、曖昧な記憶か、自信のない記憶か）やその確認も必要となる。記憶と推測とを区別して事情を聴取することも重要である。

聴取する事実の範囲は、公判を想定のうえで、時間的には被疑事実の前

後・被疑者の生活状況をも範囲に含める（被疑者の人となりは、否認事件においても自白事件においても、例えば動機の有無等に関連して事情聴取が必要である。また、否認事件であればいわゆる前足・後足も含め、自白事件であれば犯行に至る経緯や犯情にかかる行為後の情況も含め、事実聴取しなければならないということである。）。被疑者は捜査機関の取調べに晒されている場合、被疑者自身の視点が捜査機関の視点と同様の視点に固定化されていることが多い。そのため、弁護人は想像力を働かせて、被疑者に有利な事実が存しないかという視点からも、事実を聴取しなければならない。場所、人、物、行為・事象に着目して、被疑者の供述に現れなかった事実の聴取を試みなければならない。さらには、事件の証拠構造を把握するために、目撃者の有無、防犯カメラの有無等についても被疑者のわかる限りにおいて事実を聴取する。そして、例えば、目撃者については、いつ、どの時点でその目撃者を被疑者が認識したのか、その際の目撃者の位置、視点の角度等についても、記憶にある範囲で事情聴取する。目撃者の供述の信用性判断に有意な情報となり得ることがある。

(5) 捜査段階でのケース・セオリーの構築

被疑者から事情聴取をした後は、被疑者から聴取した事実の信用性評価を行う必要がある。信用性評価は、記憶の対象となる事実（例えば、帳簿に記載された数字の記憶などは通常、明確に存しないことが前提とされなければならない。）、被疑者の記憶の程度、聴取した内容の合理性、弁護側収集証拠との整合性、捜査機関の取調べから得られた証拠に関する情報をもとに行うこととなる。なお、捜査機関の取調べから得られた証拠に関する情報は、ときに信用性を欠くので（特に人の記憶が証拠である場合はそうである。）、補助的に利用するに留めるべきであろう。

被疑者から聴取した事実の信用性評価をすると、その信用性が高い部分、低い部分、その間に位置する部分に分けることができよう。信用性が高いと評価できる部分が存しない場合、捜査段階でのケース・セオリーの構築は諦めざるを得ない[23]。

---

(23) 被疑者が精神障害にり患している場合は別である。

被疑者の供述内容の一部で、不合理な点があり信用性が低いと思われる部分については、被疑者が勘違い・記憶の混同等をしている可能性を想定し、勘違い・記憶の混同等の理由がどこにあるのかを弁護人として推察する。

被疑者から聴取した事実のなかで、信用性が高い部分を用い、信用性が低い部分の供述が誤っていたとしても影響が及ばない形で、捜査段階のケース・セオリーは幅をもって構築されるべきである。

捜査段階のケース・セオリーは被疑者と共有する必要はない。共有することはかえって、被疑者の記憶を汚染させる危険がある。

(6) 黙秘解除の許容性の判断

黙秘解除の必要性が認められる場合でも、捜査段階でのケース・セオリーが構築されない場合、黙秘は継続するほかない。捜査段階でのケース・セオリーが構築された場合には、黙秘解除の許容性を考えることとなる。

黙秘解除の必要性が認められるとしても、黙秘権を中核に据えて捜査弁護を考える場合、被疑者の記憶のすべてを供述することが許容されるのは、被疑事実に争いがなく被疑者が供述することにより起訴猶予処分となるような場合等に限られるであろう。

被疑事実に争いがある場合、黙秘解除の許容性を判断する基準は、当該事案が正式起訴され公判前整理手続に付された場合に、主張明示義務が認められるか否かに求めることができるであろう。いずれ主張しなければならない事柄であれば、捜査段階において供述したところで変わりはないからである。

ただし、その供述の詳細さの程度は、捜査段階でのケース・セオリーが証拠開示を受けていないという制約のもとにあることの影響により、概括的で幅のあるものとならざるを得ない。

4 黙秘解除の具体的な手順

黙秘解除をして被疑者に供述してもらう場合、入念なシミュレーションが必要である。既に述べたとおり、被疑者の供述能力・表現能力は様々である。黙秘解除の必要性・許容性が論理的に認められたとしても、被疑者が捜査機関に対して、正確な供述・表現をなしうるかは別問題である。

弁護人としては、接見のなかで被疑者に対し模擬取調べを行い、想定される取調べを行ってみて、被疑者が取調官に対し自らの記憶に基づいた供述を維持できるかを検証しなければならない。これができない場合には、黙秘を解除して被疑者に供述してもらうべきではない。いずれの場合も、被疑者の供述を弁護人作成の供述調書等に必ず残しておくべきである。少なくとも接見内容を記録化しておかなければならない。

上記リスクを考え、特に否認事件においては被疑者に捜査段階で供述させるべきではないとの考え方もある[24]。論理的には、そのような考えは正しいであろう。しかし、起訴・不起訴の判断を行う検察官も人間である。そして、裁判所の判決とは異なり、検察官は判決書を作成する必要はない。不起訴を信じる被疑者が自ら真摯に供述した場合に、その供述態度自体が検察官の心証形成に与える影響は、裁判所のそれに与える影響よりも大きなものがあるように思われる。非論理的ではあるが、被疑者に供述能力・表現能力が認められる場合には、被疑者自らに供述させた方がよいと思う理由はここにある。

黙秘解除の時期は、上記シミュレーションを経た後、検察官の起訴決裁時までのどこかの時点となる。供述をすることにより不起訴を狙う場合には、捜査機関の裏付け捜査に必要な時間は確保しておくべきであろう。

5 おわりに

上記捜査弁護活動を実務において励行する過程において、我が国における黙秘権の保障は初めて実質化しうる。それは、捜査の当事者化を招来し、捜査の弾劾化をもたらすとともに、取調べ受忍義務を肯定しながらも弁護人の立会いを認め、最終的には取調べ受忍義務を否定することへとつながる途の一里塚となろう。

---

[24] 岡慎一＝神山啓史『刑事弁護の基礎知識』（2015年、有斐閣）44頁以下は、この考え方をとるように思われる。ただ、この論を推し進めれば、すべての事件において捜査段階において黙秘することになる。しかし、それは検察官の不起訴処分に期待をかける実務においては正しいものとは思われない。なお、被疑者の捜査段階での供述を許容する場合においては、弁護人に対する被疑者供述を何らかの形で証拠化しておくべきであることは私見においても同じである。

また、取調べ可視化は捜査を変容させるだけではない。公判への問題も提起しているのである。

　旧刑訴法と異なり起訴状一本主義が採用された現行法のもと、捜査と公判は分離された。しかし、伝聞例外規定により、捜査段階で作成された供述調書が公判での証拠として多く採用されるに至ってしまった。そのため、捜査と公判との分離は不徹底となり、ひいては捜査が公判を支配するような状況となってしまっていた。いわゆる厚労省元局長事件は、そのような刑事司法の状況のもと、捜査機関によって作られた事件だったのである。

　同様の過ちが繰り返されないためには、捜査が公判を支配するような状況を改めなければならない。捜査と公判の分離を徹底し、捜査を公判の準備活動として位置付けることが必要不可欠なのである。そのためには、直接主義を徹底し、伝聞証拠の採否を厳格に見極める公判運用が必要である。捜査段階における黙秘権行使は直接主義を裏面から支える。

　我が国では、公判における交互尋問のルールが規定されている。このルールに反して公判で被告人供述、すなわち、証拠を得ることは許されない。そうすると、このルールに反して捜査段階で被疑者供述が得られていた場合、これを公判に顕出することが許されると考えるのは、公判における規律の脱法でしかない[25][26]。公判のルールを無視して捜査段階で得られた供述証拠を利益衡量のもとで公判において裁判所が証拠として採用することは、裁判所自らが、公判における適正手続を無視するものと言わざるを得ない。現状では捜査段階で黙秘権を行使することが公判における適正手続を被疑者に保障してくれるもっともよい方途と言わざるを得ない。

　取調べ可視化は取調べの適正化や任意性判断のツールに終わるものではなく、別途、証拠法の再検討までをも迫るものなのではないだろうか。

（すずき・いちろう＝もり・なおや）

---

(25)　取調記録媒体の実質証拠についての判断であるが、東京高判平成28・8・10判タ1429号132頁に示された裁判所の考え方は非常に高く評価できる。公判中心主義を確立するには、捜査と公判の相違を強く意識しなければならない（近畿弁護士連合会刑事弁護委員会「よーし、可視化法制化　抜け道は許さない！　今こそ弁護実践だ‼」（2015年）3頁以下参照）。

Ⅴ　取調べ可視化のもとでの捜査弁護の在り方論の整備

(26)　前掲注(24)の高裁判決については、清野憲一「捜査段階の供述立証に関する問題解決に向けた一考察」判時2312号（2017年）17頁以下に、批判が展開されている。同批判の骨子は、①「自白獲得に向けた不適切な取調べ」は録音・録画記録媒体を視聴することによって十分に可能である、②弁護人が信用性を争っただけで、当該（捜査段階の）自白以外の証拠による事実認定を優先させるというのであれば、証拠の信用性評価を行うべき裁判所の職責に背を向ける態度と評せざるを得ない、③上記判決が自白以外の証拠で要証事実が十分認定が可能な場合には、任意性が激しく争われている自白調書を、敢えて任意性立証を経てまで採用しなければならない必然性はないという自白の任意性の問題の扱いを自白の信用性の扱いにまで敷衍しているとすれば、問題がある、④取調べの録音・録画記録媒体を取り調べることには「直感的で主観的な判断に陥る危険性」があるとの判示について、録音・録画記録媒体に記録された供述の信用性を判断する手法に問題があると言わざるを得ないという点にある。しかし、論者の①乃至③の批判は上記判決の意図を正解しないものであろう。上記①乃至③で論者によって批判される判決部分は刑訴法301条の趣旨を述べたに過ぎない。①乃至③のような批判をなすこと自体、いまだに自白に基づく立証に固執していることの現れに思われる。また、④の批判は、むしろ録音・録画記録媒体の取調べをする必要性がないことを明らかにするものである。論者は、「自由供述、掘り下げ、追及がどのような順序でなされているか、オープンな質問とクローズドな質問が適切に使用されているか、誘導で出た供述については、更にその事実・心情・理由等の詳細が質問されているか、捜査官の把握していなかった事実が語られているか、本人の口から迫真性のある具体的な供述が語られているか」等々の信用性の判断基準をあげて、この点について録音・録画記録媒体の取調べがなされるべきであるとするのである。これらの判断基準の適切さについても一部疑問はあるが、これらの判断基準を正当としても、これらの判断をするのに何も録音・録画記録媒体の取調べに拘る必要はない。録音・録画記録媒体の反訳書の取調べで十分に足りる。にもかかわらず、論者が録音・録画記録媒体の取調べに拘るのは、やはり上記判決における「直感的で主観的な判断」を裁判員に求める意図でしかない。上記判決の問題評価はやはり正しいのである。

弁護人の接見技術
──面接における聞き取り技術について──

弁護士 　岩　佐　嘉　彦

Ⅰ　はじめに
Ⅱ　面接の技法についての筆者の立ち位置
Ⅲ　接見の技術を検討する意義
Ⅳ　司法面接との関係
Ⅴ　接見をする上での枠組み
Ⅵ　事実関係の確認
Ⅶ　面接の終了
Ⅷ　終わりに

Ⅰ　はじめに

　本稿は、『月刊 大阪弁護士会』（大阪弁護士会）2014年7月号から9月号に掲載された連載記事「シリーズ／取調べ「可視化」の「現在」─面接の技法について」を再構成したものである。月刊大阪弁護士会の記事は、接見におけるハウツー的な記載が中心になっているが、面会の技術の位置づけの部分等を大幅に加筆した。

Ⅱ　面接の技法についての筆者の立ち位置

　私は、面接の技法について特別の訓練を受けたり、何らかの資格を持っていたり、また特別な研究をしたりしているわけではない。ただ、弁護士の依頼人に対する面接の技法について十分深まって議論されているとはいえず、これに言及するものがあまりない状況の中、次の事情があり、面接の技法を

弁護人の接見技術――面接における聞き取り技術について――

語る側に加わっている。

　ア　私が仲真紀子教授[1]の実施している子どもからの事実の聞き取り面接に関する研修（講義）を何度か受けていること。

　本格的な研修を受けたわけではないが、何度かの研修に参加して、いわゆる司法面接の基本的な考え方を学んだ。

　イ　（私的なことだが）私の配偶者が児童相談所で心理職として仕事をしており、仕事のことを相談するなどして「指導」を受けていること。

　私自身、これまで非行少年等と幾度となく面会してきた。子どもと1時間程度の面接をした場合に、聞き取った内容をメモして残すが、同じ時間、児童の面接をした妻が残しているメモの分量のほうが圧倒的に多い（量にして3倍とか4倍という印象である。これは、それだけたくさんの情報を彼女のほうが子どもから収集していることを意味する。逆に言えば、私が、接見でいかに依頼人の話を聞いていないかということ、厳しく言えば、私の聞き取り方が依頼人の話を妨害していることを意味している。しかも私は非行少年が対象となることが多く、少年といっても年齢は高いが、彼女は虐待を受けた子どもからの聞き取りをすることが多く、小学校低学年やそれよりも低い年齢の子どもから聞き取りしている）。

　ウ　私が児童虐待の領域に関わっていることから、学会等で子どもからの被害事実の確認の仕方について、共同して発表したり、他人の発表を聞いたり、関連する論文に目を通したりすることが多いこと[2]。

　このような他人の発表や論文を通じ、弁護士としての面接の在り方を考え

（1）　立命館大学総合心理学部教授。著書、論文は多数あるが、事実確認の面接方法に関する訳書として、英国内務省英国保健省／仲真紀子＝田中周子〈訳〉『子どもの司法面接―ビデオ録画面接のためのガイドライン―』（2007年、誠信書房）、M. アルドリッジ、J. ウッド／仲真紀子〈編訳〉『子どもの面接法―司法手続きにおける子どものケア・ガイド―』（2004年、北大路出版）。

　なお、仲教授の司法面接に関する講義は、「子どもへの司法面接：面接法の改善その評価」プロジェクトのホームページ（http://child.let.hokudai.ac.jp/doc/?r=2）において視聴することができる。

（2）　これまで発表したものとして、第48回（2008年）日本児童青年精神医学会子どもの人権と法に関する委員会パネルディスカッション「子どもの司法面接」第13回（2015年）日本認知心理学会「被疑者接見における面接の在り方とトレーニング」。

る機会を多く持つことができた。

　エ　少年事件や児童虐待ケースに対応することが多く、子どもの発達や認知の特性について、他人より少し詳しいこと[3]。

　発達において特徴を持つ子どもに対する支援（面接の仕方を含む。）を考えることは、それほど発達の遅れや凸凹に特徴を持たない子どもへの支援、そして、成人への支援にも大いに役立つこととなる（困難な対応を迫られることで、自分の仕事の枠組みを考えさせられ、無意識に行っていた作業を意識化し、検証を迫られることになる）。

III　接見の技術を検討する意義

1　依頼人から「正確に」事実を聞き取ることの重要性

　接見をする上で、事実の聞き取りがどのような意義、意味を持つかは、私たち弁護士が何のために接見をするのかと関係があり、さらには、これは刑事弁護の目的とも関係する。

　刑事弁護の目的に関連して、刑事弁護人の役割論について、被疑者・被告人（以下適宜「依頼人」という）に対する誠実義務に純化する考え方と、これに加えて、公益的な義務・責務を加える考え方とがある。この議論に深入りすることは筆者の能力を超えるが、いずれの立場をとるとしても、依頼人の主体性を確保し、依頼人の積極的な参加を得た上で刑事手続きへの対処を行うことが必要であり、その前提として、依頼人から正確に事実を聞き取ることが重要になることは、争いはないであろう。

　ただ、例えば、依頼人が聞いてほしくないと思っているであろう「事実」をどのタイミングで、どのような方法で聞くのか、時には聞かないという選択をするのかといった困難な場面では、事実を聞き取るという作業をどの程度優先させるかという問題が生じる。突き詰めると対立するわけではない可能性もあるが、単純化していえば、依頼人との信頼関係が減退する可能性が

（3）　発達障がいの少年の非行等について、岩佐嘉彦＝松久眞実『あったか絆づくり：発達障害の子どもを二次障害から守る！：問題行動を防ぐ！　ほめ方・しかり方、かかわり方』（2012年、明治図書出版）。

あっても、事実確認を優先するべきかが問題となる場面がありうる。これは弁護人の役割論とも無縁ではない。この点については、後述する。

なお、ここにいう事実の聞き取りとは、聞き取りを行っている時点で、依頼人が認識している事実を聞き取ることであり、その事実が客観的事実と合致しているかどうかはわからない。一定の事実は、最初に認識（認知）した時点で客観的事実と異なって認識してしまっている可能性もあるし、記憶を保持している間に記憶が変容している可能性もあるし、記憶を取り出して話をする時点でその内容が変容する場合もある[4]。

ただ、いずれにしても、依頼人において保持されている記憶をできるだけ正確に聞き出すほうが望ましいことは言うまでもない。

2 可視化時代における聞き取りの意義について
(1) 弁護人による聞き取りの重要性

平成28年5月24日に成立した「刑事訴訟法等の一部を改正する法律」により、裁判員裁判対象事件及び検察官独自捜査事件の2類型について、警察官及び検察官の被疑者取調べ「全過程」の録音・録画義務が定められた。このように法律で明記されたもののほか、知的障がいによりコミュニケーション能力に問題がある被疑者等や精神の障害等により責任能力の減退・喪失が疑われる被疑者等への取調べ[5]、さらにはその他の事件においても、取調べの可視化が進み始めている。

大阪弁護士会に所属し、法制審議会新時代の刑事司法制度特別部会幹事をつとめた小坂井久氏は、取調べの可視化は、捜査機関による違法不当な取調べを抑止する効果があるほか、被疑者が黙秘権を行使しやすくすることに効果があり、捜査段階において被疑者が黙秘権をどのように行使するのか、どの範囲で黙秘権を解除して取調官に話をするのかを検討することがより重要になってくると指摘している。そして、この点について、弁護人が的確にア

---

(4) 出来事に関する記憶は、特定の場所に保持されているのではなく、脳全体に散らばって保持されていることが明らかになっている。
(5) 検察官の取調べの可視化の状況について、法務省ウェブサイトhttp://www.kensatsu.go.jp/kakuchou/supreme/rokurokusikou.htmlを参照されたい。

Ⅲ　接見の技術を検討する意義

ドバイスをするには、できるだけ早期に事件の全容を弁護人において把握する必要があり、依頼人から的確に聞き取りをすることが必須であるという。

また、従前は、争いのある事件だけではなく被疑事実に争いのない事件においても、犯罪に至る動機や犯罪行為の詳細等について、捜査機関の事件の筋書きを被疑者に押し付けるような取調べがなされることが日常的で、捜査段階においては、違法不当な取調べを防ぎ、被疑者を励ますこと（まさに「防御活動」）が弁護人の主な仕事といっても過言ではなかった。そして、中には、あまりよいこととはいえないが、起訴が確実と思われる事案においては、詳しい事情は、起訴後の刑事記録を参考にしつつ、事情を突っ込んで聞いていくというスタイルがとられるといったきらいがあったことも否定できない。

しかし、筆者の経験からも、このような取調べは以前と比較すれば、減少傾向にあると思われる。

そうすると、被疑事実に争いのない事件であっても、捜査段階で早期に事情を把握し、情状のポイントについて仮説を立て、活動を展開するという本来の弁護人としての仕事を行いやすい状態にあり、早期に正確に事実関係を聞きとることが一層重要となる。

(2) 取調べの録音・録画媒体を通じての供述の任意性、信用性の検討

取調べが録音・録画されるようになると、録音・録画媒体をチェックし、その供述の任意性・信用性を検討することとなる。取調官が殴ったり、暴言を吐いたりしているわけではなくても、被疑者は、自らの記憶と異なる供述をしてしまうことがある。

供述の状況をそのまま再現している記憶媒体[6]を検討する際に、取調べ方法の問題点をどのように見出し、それをどのように説明するのか。記憶とは異なる供述を誤って引き出す危険のある質問の方法とはどういうものなのか。このような点を検討する上で、基準となるようなものはあるのかが問題となる。

（6）　ただし画像の撮り方等により、様々な印象を与える可能性もあり、この点の検討は必要となる。

この点、司法面接において、誤った供述を引き出す可能性があるとして、使用してはならないとされている質問の方法がとられているかどうかが逆に検討の基準になる（司法面接自身が、裁判において供述の正確性を判断する手法として発展してきたことを考えれば、当然の帰結とも言える。）のであり、可視化された取調べの内容を検討する上でも、有効であると言える。

3　面接の技術の位置づけ

弁護人が依頼人と行う面接（接見）がうまくできるかどうかは、様々な要因が関係する。この論稿は、「聞き取りの方法」に焦点をあてるが、それは、うまく聞き取りを行う上での要素の一つに過ぎない。

他に、面接者（弁護人）の人柄、依頼人が現在置かれている状況、依頼人がこれまでどのような生活を送ってきたか、依頼人の認知の特性や知的な発達状況等様々な要素が関係する。また、ベースにある、依頼人と面接者との信頼関係も大きく関係する。依頼人が弁護人に多大な不信感を抱いている状況においては、面接のための技術を使っても、何の意味も持たないという場面もありうる[7]。

ここで説明する技法は、基本的な枠組みであり、「型」であると考えるが、他にも重要な様々な要素が関係することを理解する必要がある。ただし、ここで紹介する技術について、その手法がよって立つ考え方の基本やその手法の枠組みを理解し、それを利用することは役に立つと考える。

4　面接の技術を検討する意義(1)

「技術」は、確率の問題といえる。一般的に言われている「聞き取りの技術」なるものがあり、これに沿って面接を行えば、正確に聞き取ることができる[8]確率が高くなるということである。

（7）　例えば、村瀬嘉代子氏は、思春期の来談者の求める良い治療者像は次のようにまとめられるとして、(1)相手の話をよく聴き、同じ地平に立つ　(2)具体的な意味がある示唆　(3)機動性　(4)人間性　をあげているが（村瀬嘉代子『新訂増補　子どもと大人の心の架け橋』金剛出版）33頁、「よい聞き取り」をする上で基本となるものであり、本稿での聞き取り手法は、その中の一コマと位置づけたい。

III 接見の技術を検討する意義

　弁護活動は、人間を相手とする仕事であり、人間の反応の仕方等が科学的にすべてわかっているわけではなく、また人の個性がバラバラであるため、すべてにあてはまる良い方法を一般化することは不可能である。定石を知り、高い確率の手法を利用することにより、依頼人が持つ情報をたくさん引き出す確率が高くなる。

　他の要素も関係することや、すべてにおいて必ず一般化できるわけでもないことから、たとえば、聞き取り方が下手だったが、弁護士さんの一生懸命さが通じて、依頼人がいろいろと話をしてくれたなどということも起こる。また、やってはいけないという聞き方をしてもうまくいくこともある。

　例えば、反対尋問では「なぜ」と聞くのは、禁物といわれる。

　「あなたは、先程この法廷で、当日の犯人の服の色は赤色であったとはっきり証言しましたね。」「あなたは、捜査段階で警察官に、犯人の服の色についてなんと説明したか覚えていますか？」「犯人が着ていた服は青色でした。間違いありません、と説明していましたね。」

　本来反対尋問は、矛盾を浮き彫りにしたこの段階で止めるのがセオリーだ。

　さらに続けて「なぜ」と聞いてはいけない。

　「なぜ、犯人の色についての供述が変わっているんですか。おかしいじゃないですか。」

　「なぜ」と聞くと、証人はもっともな言い訳（説明）を始める。「捜査段階では、私は、最初は赤だといったのですが、刑事さんから青色という情報もあると言われて混乱してしまって。結局、調書では青ということになってしまったんです。もともと私は、云々……」

　しかし、「なぜ、見た色が違うのですか？」と質問したら、「すいません、自分でもわからないです。本当は、そんなにちゃんと見たわけじゃないです。」「では、あなたが証言している犯人はひげ面だったというのは？」「それも、刑事さんにそうじゃないかと言われて、わからないままにこたえてし

（8）　正確には、「真実」が聞き取れるわけではない。相手の記憶している事実を、できるだけ正確に聞き出すということである。

まったんです。」などと展開することもないわけではない。

　反対尋問で「なぜ」と聞いてはならないのは、証言の矛盾を突いて、せっかく証言の信用性が低下したのに、「なぜ」と聞くことによって、信用性が元に戻ってしまう、下手をすると主尋問よりも信用性が増してしまう「確率が高い」からだ。

　私たちは、どういう対応が「確率が高い」方法か（何が定石か）を知ったうえで、対応を考える必要がある。例えば、確率が高い通常の方法をわかりつつも、今日の証人の証言の様子からは、「禁じ手」を使って、さらに突っ込むことで崩れるのではないかと判断するとか、この程度の信用性の低下ではこの事件は突破できないと考えて、あえて「なぜ」と聞く選択もあるかもしれない。

5　面接の技術を検討する意義(2)

　技術は、より良い聞き取りの在り方を検討する上での軸になる。

　面接の技法を知ることで、自分の面接の仕方がよかったかどうか、どこに問題があるのかを検討する上での軸の一つになる。より良い面接を実現するための構造的な理解を助ける。また、研修等で面接の方法を学ぶ際にも、面接の手法の枠組みを知ることで、聞き取りの方法を、系統立てて教え、学ぶことができる。

　これまで経験的に、「何となく」説明されていたことが、系統的に根拠を持って、説明が可能となる。

Ⅳ　司法面接との関係

1　弁護人の接見の構造

　弁護人の接見は、おおむね次のような内容からなると考えられる。

(1)　事実関係の聞き取りを主眼とする側面

　被疑事実の存否はもちろんであるが、当該事件に至る経緯やその後の状況の確認も必要である。また情状のための活動や、依頼人を的確に支援するためにも、依頼人の家族関係や成育歴の聞き取りも必要となる。違法な捜査が

なされたか否かの対応のために、取調べ状況の確認も必要となる。

本稿は、このような事実を聞き取る部分について述べるものであるが、この点に関し、いわゆる司法面接の技法が参考になる（共通となる部分と違いについては後述する）。

(2) **助言・相談・自己決定の促しを主眼とする側面**

弁護人は、依頼人から各種の相談を受け、助言をし、自己決定を促す。この部分は、対人援助職の面接の手法と共通する部分が多い。ソーシャルワーカー等に向けた様々な書籍も出されている。

(3) **本稿での対象**

このほか、弁護人から依頼人に一定の事情を報告するという側面もある。

弁護人のこれらの行為は一体として行われているところもある。また、そもそも(1)と(2)とをどの程度切り離して考えることができるのかという論点もあると思う。ただ、(1)に焦点を当てて検討することで、事実聞き取りの基本的な枠組みを理解しやすくなるという側面と、他の対人援助職以上に、事実の有無についての検討の重要度が非常に高く、公訴事実やそれに関係している事実を裁判所が認定したうえで、判決がなされるという手続きの中で支援をしているという側面があることから、二つの機能があると考え、本稿では(1)に焦点を当てて検討している。

2 いわゆる司法面接との関係について

司法面接（forensic interview）とは、「目撃者・被害者（ときには被疑者）となった可能性のある者から、証拠的価値、精度の高い供述を得ることを目指す面接法」[9]である。司法面接は、基本的に、その面接の内容が後に司法手続きにおいて利用されることが念頭に置かれているが、日本では、証拠法による制約等から、司法と直接結びついているわけではなく、この手法を利用する児童相談所の現場では、「事実確認面接」などと呼ばれている[10]。

この事実確認方法は、弁護士による接見場面での聞き取りとは異なる状況

（9） 仲真紀子「NICHDガイドラインに基づく司法面接研修の効果」子どもの虐待とネグレクト13巻3号（2011年）316頁。

もある。ただ、事実関係の確認の手法としては大変参考になるものであり、頭に入れておくべき一つの「型」[11]のようなものだと考えたい。弁護人の接見において、依頼人から事実関係を聞き取る部分については、司法面接による聞き取りと共通する部分が多く、この手法は大いに参考になる。なお、いわゆる司法面接とは、事情を異にしている部分は以下のとおりであり、「応用」も求められる。

(1) **弁護人による接見では、事実関係の聞き取りだけを行うわけではないこと**

事実関係を聞き取ることが中心となる接見もあれば、アドバイスや励ましが中心となる接見もある。また、これが混然としてなされる場合もある。

(2) **1回だけで事実を聞き取るわけではないこと**

同じことを繰り返して聞くこと自体が、記憶をゆがめる可能性もあり、また相手方の負担が増えることもあり、司法面接では基本的に1回で聞き取りを行うことが想定されている。接見においても、繰り返し聞き取りを行うことが望ましいとは言えない。ただ、時間の経過とともに、関係者からの情報が得られたり、証拠が開示される等して、弁護人に新たな情報がもたらされたりして、事実の確認の必要が出てくる場合もある。

また、被告人質問を前に依頼人の記憶を喚起するという作業も必要になるなど、同じことを繰り返し確認せざるを得ない場合もでてくる。

ただ、だからこそ、最初の1回目の事実の聞き取りを、記憶をゆがめない

---

(10) 近時、捜査機関においても、とりわけ被害児童の取調べにおいて、この手法が意識されつつある。例えば、「「被害児童からの客観的聴取に関する留意点」（執務資料）の送付について」平成23年12月16日警察庁丁少発第251号。さらに、最近、厚生労働省、法務省及び警察庁から、司法面接の手法をベースにした共同面接の実施の必要性について言及した通知が発出された（「子どもの心理的負担等に配慮した面接の取組に向けた警察・検察との更なる連携強化について」平成27年10月28日厚生労働省雇児総発1028第1号、「警察及び児童相談所との更なる連携強化について」平成27年10月28日最高検刑第103号最高検察庁刑事部長通知、「児童を被害者等とする事案への対応における検察及び児童相談所との更なる連携強化について」平成27年10月28日警察庁丁刑企発第69号他。

(11) 「型」は、形式通りに適用するものではなく、基本的な枠組みをもちつつ、そのときの自分や相手の状況を見て、操る必要がある。そして、一見すると、全く普通に会話しているように見えながら、基本となるものがおさえられているという、型がその人の表現に溶け込んでいるような状況が理想といえる。

形で聞くことを意識したい。

(3) 依頼人はすでにほかの者から聞き取りがなされていることが多いこと

刑事弁護の場合、弁護人が聞き取りを行う前にすでに捜査機関（警察官）から、事実関係の聞き取りがなされていることも多い。取調官による暴行脅迫といった違法な取り調べにより記憶がゆがめられることは論外であるが、そこまでいかなくても、取調官が抱くストーリーを押し付けたり、誘導的・誤導的な聞き取りがなされたりすることも少なくない。

だからといって、弁護人が最初から誘導的に聞くことにはならないが、基本的には依頼人からの自由報告を大切にし、その時点での記憶するところをまずは確認するとともに、他からの聞き取りが先行していることにより、自由報告の内容自体において、すでに記憶がゆがんでいる可能性や、依頼人がすでに話をした内容と統一性を保つため虚偽の話をしている可能性があることなどを頭に入れて、聞き取りを進めていく必要がある。聞き取りの冒頭で、この点について注意を喚起する等工夫が必要であろう。

(4) 信頼関係が非常に重要な価値であること

刑事弁護を続けていくうえで、依頼人との信頼関係を保つこと、育てていくことが基本となる。刑事弁護全体を考えた場合に、まずは事実関係を依頼人から聞き取ることが通常は優先するが、状況によっては、柔軟な対応が必要な場合もあるであろう。

例えば初回面接で、あまりにも依頼人が意気消沈していて、まずは、自分が力になること、味方になることを理解してもらうことを面接の優先にすることもありうる。

また、事実関係を今確認することが、信頼関係を崩し、修正が困難であると考えられる場合には、依頼人との関係を優先し、今は聞かない（待つ）という選択をすることもありうる。ただ、一般のカウンセリングと異なり、「待つ」といっても、手続き上の時間の制約や、待ったために依頼人が被る不利益もあるので、この点は、個別具体的な検討をしなければならない。

V　接見をする上での枠組み

1　接見前の準備（面接の計画）

弁護士は、尋問にのぞむ場合に、主尋問（主質問）であれ、反対尋問であれ、何を質問するのかにつき一定の準備をする。これと同様、接見の内容についても一定の準備が必要となるはずである。特に初回の接見は、多くの場合、依頼人の名前、年齢、被疑事実といった程度しかわからないものの、最初にどのように接見を始めるのか、初回接見で最低限聞き取りをしないといけない事項は何か、どういう順序で話を展開するのか等一定の準備をしていたほうが望ましい。

通常の接見で、事前に時間をかけて準備をすることまではあまりないとは思うが[12]、それでも警察署までの電車の中で簡単にイメージをするなどしておきたい。

2　接見の冒頭での対応（初回接見を例として）

(1)　基本ルール

司法面接のガイドラインでは、グランドルールとして、面接の最初に面接の約束事（自己紹介や面接の目的の説明等）の確認をする手順が定められている。1回だけで聞き取りを終わることを予定している司法面接とは違い、弁護人の接見は何度も行われるし、依頼人の「味方」として話を引き出していくという違いもある。ただ、接見をする以上、依頼人が安心して話ができるように、基本ルールを依頼人に理解してもらうことは意識していいと思う（なお、あまり厳密に考える必要はないので、依頼人の様子に応じて、基本ルールの説明の中で次のラポールの形成に入っていくということもあれば、依頼人が「やってない」ということを早くわかってほしいと切実な気持ちが強く、いきなり、依頼人の方から「先生やってないんです」と面接が始まることもあるかもしれな

---

[12]　私も、これまでで、綿密に計画を立てて聞き取りをしたのは、人身保護請求の国選代理人として5歳の子どもから聞き取りをしたときくらいである（それでもうまく聞き取りはできなかった）。ただ、日常の接見にのぞむ際に、警察署や鑑別所にいくまでの電車の中で、簡単に計画を立てたりはする。

い。これから説明するのは、一つの「型」であり、必ずこの通りしないといけないものではないが、「型」がわかっているほうが、自分がやっている面接の意義を理解しやすいという趣旨をご理解いただきたい)。

依頼人は、「自分を担当してくれる弁護士さんはどういう人なのか」、「自分の悩みや希望をわかってくれているのか」、「今から話をすることは警察や関係者に漏れないだろうか」、「接見に来てくれたのはいいけど、今日の面接はどんなふうにすすんでいくのだろうか」、「弁護士さんは何を聞き来たいのか」、「細かな事情を話をしてもいいんだろうか」「自分が聞きたいことを聞いて弁護士さんの気分を害さないだろうか」等様々な不安を持っている可能性がある。こんな不安を抱えたまま、いきなり、接見で「被疑事実は本当か」などと聞かれても戸惑うほかない。依頼人の中には、何が不安であるかにも気が付くこともできず、気が気でないという状況にある人もいるはずである。

接見の冒頭で、少なくとも、「自己紹介」「弁護人の役割」「守秘義務」「今日の面接のテーマ」は示したい。また、依頼人の不安へ対応しながら、次の事実の確認に進みたい[13]。ただ、この基本ルールのところがあまり長くなって、本題にはいれないと、それはそれで依頼人も不安になるので、依頼人の様子をみながら、一部をあとまわしにするなど、応用を聞かせながら面接をしたい[14]。

(2) 弁護人の役割の説明について

弁護人の役割を説明するといっても、複雑なメッセージは依頼人に届きにくい。弁護士の個性に応じて、また、依頼人のコンディションにおいて、いろいろな説明があり得ると思うが、基本的に長々とした説明を避け、端的に

---

[13] なお、依頼人は、何かと心配事があって、弁護士に相談したいと思っていることが多いので、私は、面接のテーマ提示の際に「それから今、あなたが心配なこともいろいろあると思うので、今日は、まず先ほどの点を聞かせてもらい、そのあとあなたの心配事をお聞きして、面接を終えたいと思います。よろしいでしょうか」などと、話をするようにしている。

[14] 供述拒否権や黙秘権、可視化取調べのもとでの注意点等説明をしておかないといけないことも多々あると思う。この点も、弁護士から一方的に説明するのではなく、依頼人の疑問に答えるような形で、依頼人の理解を促したい。

説明することが必要である。

例えば、次のような説明が考えられる。

「こんにちは、弁護士の○○といいます。弁護士というのは、あなたの味方なんです。あなたを守る人なんです。ここで、聞いた内容を他には言いません。どうぞ、安心して話をしてください。」

なお、司法面接においては、聞き取りをする相手に強く共感を示したり、「助けてあげたい」というメッセージを出したりすると、相手が面接者の気に入るような回答をする危険があるために、これを慎むべきであるとされている。この原理は、捜査機関の取調べに際しては、参考にされるべきであると考える[15]。

しかし、弁護人にとっては、被疑者・被告人を守り抜くという援助的な立場が職務の本質であり、しかも、多くの場合、依頼人にとって「不利な」方向での圧力[16]がかかっている状況の中で、依頼人を支援する必要がある。したがって、依頼人を守る姿勢を明確にし、依頼人を安心させ、そのような立場・関係性において、対応を進めることが基軸となる[17]。

この点は、司法面接の原理からすれば、正しく供述を引き出すことの障壁と評価されるかもしれない。しかし、依頼人が国家機関による捜査対象となっており、一定の「圧力」がかかっている状態においては、弁護人の役割を強調することこそが、安心して正しい供述を引き出すことにつながると言える[18]。

(3) 面接のテーマを示す

準備書面等を書くときに、「結論をまず示せ」「この書面はどういう点を主

---

(15) 暴行や脅迫がなくても、取調官に迎合的になって虚偽の供述をする例はよく経験するところである。
(16) 権力が被疑事実を立証することを視野にいれて取調べを行うこと自体が、「不利な」方向での圧力が加えられている構造であるといえる。
(17) ここでも、弁護人の役割論が関係してくるが、弁護人にも一定の公益性があるとしても、公権力と対峙しながら支援をするという独特の関係性は、行政職であるソーシャルワーカー等の援助職とも異なり、援助的立場がより強調されることとなる。
(18) もちろん、弁護人自身も依頼人にとっては権力者であり（依頼人は弁護人に頼るしかない極限的な状況にある）、弁護人に迎合的になって虚偽の供述をしてしまう可能性は、十分に理解しておく必要がある。

張するための書面であるのかをまず書くように」と教えられる。

　これは面接も同じで、今日の面接は、何がテーマなのかがわからないと、依頼人は、弁護士が何をききたいのか、弁護士の質問がどういう意味を持つのかわからないまま、話が進んでいくことになる。このテーマの提示がなされないまま、面接がされていることがとても多いと思う。

　テーマを示すというのは、例えば次のようなやり方となる。

　「今日は初めての面会なので、まず、事件の内容についてお聞きしたいです。あなたが疑われている事実が本当なのか、それとも違うのかはとても大切なことなので、詳しく話をしてください。」[19]

　「こんにちは。今日でお会いするのは、2回目ですね。今日は、2つのことを主に聞かせてほしいんです。一つは、警察での取調べであなたが困っているんじゃないかと心配なので、取調べの様子を聞かせてほしいです。もう一つは、今回の事件のときのことで前回十分時間がなかったので、もう少し詳しく聞きたいと思っています。よろしいですか。」

　例えば、家族関係や成育歴の確認等は、依頼人からすると、弁護とどのような関係があるのかと戸惑いを覚えることもある。また、成育歴等について、肯定的にとらえることができず、弁護士から「嫌なことを聞かれる」という感覚をもつことも少なくないと思われる。このような場合も、いきなり、「家族はどうなっているのか」等と聞くのではなく、「どうして事件を起こしてしまったのかを考える際に、成育歴が関係してくることもあるので、生まれてから今に至るまでのことを聞かせてほしい」「刑を軽くしてもらいたいとして証人に立ってくれる人がいるのかということも考えたいので、家族のことを教えてほしい」などと理由を説明したうえで、面接のテーマを示すことが有用だ。

(4) ラポール（話をしやすい環境）の形成

　司法面接での手順は、基本の約束事を確認した後、ラポールの形成に入

---

[19] 依頼人は、「弁護士は偉い人なので、細かなことをそこは違いますとは言いにくい」「警察に厳しく調べをうけていて、あまり自分の思いを述べすぎても、相手の機嫌を損ねるのでは」と思ってしまっていることもあり得る。「どんなことでもいいので、思ったとおりのことを話して下さい」などと促すことも重要となる。

る。この点、弁護人の接見は1回だけで終わるわけではないことや、「弁護人」というだけで、一定信頼してもらえている側面もある。ただ、そうはいっても、とりわけ初回の接見では、スムーズに話を聞きだすためにも、ラポールの形成を意識したい。

接見が始まって開口一番、事実関係の確認に入るといったやり方がされる場合があるかもしれないが、それは望ましくない。依頼人が話をしやすいように、「前裁き」「助走」がいる。

話をしやすい環境の形成のやり方は、弁護士の個性によっていろいろであろうし、依頼人のそのときの状況によっても異なってくる。典型的には、依頼人の体調を気遣うとか、依頼人が心配していることを聞くとか、趣味の話をするとかいろいろな方法があり得る。また、依頼人が少年であるような場合は、少し時間を使ってでも、話をしやすい雰囲気をつくるということをより意識すべきであろう。以下に、例を示しておきたい。ただ、依頼人によっては、ここにあまり時間を使うと「まどろっこしい」と思うこともあると思うので、依頼人の個性を見ながら判断する必要がある。

【ラポール形成の例】

「(自己紹介や面接のテーマを提示するなどしたあと)○○さん、警察にきて2日間たちますが、ここでの生活はどうですか。つらいことはありませんか？」[20]

「ここでの生活はどうですか。食事はできていますか？」[21]

(5) **依頼人の特徴を知る**

この冒頭の段階でのやりとりは、依頼人がどのような状況にあるのかを確認する作業をする上でも重要である。

依頼人は、話ができるようなコンディションにあるのか、大きな心配を抱

---

(20) このように聞くと、ここで不満や心配事が、どっとでてくることもある。その場でそれにこたえていくか、「そうですか。つらいですよね。今日は1時間ほどしか時間がないので、先ほどお話ししたように、まず事件のことを聞かせてもらって、そのあと、今の心配事等をお聞かせください。いいですか？」等と、コントロールしながら話をすすめることになる。

(21) 依頼人の様子をよく確認することはとても大切なことで、やつれた様子や何かとても焦っている様子があると、それを気遣うことが必要だし、話のきっかけにもなる。

えている状況にあるのではないかということや、知的な発達の遅れや発達の偏り等でコミュニケーションに工夫を必要とする状況にあるのではないか等の点である。

　もちろん、冒頭の話だけで、依頼人の状況を見抜くのは至難の業とも言える。特にソーシャルワーカーでも、臨床心理士でも、精神科医でもない私たち弁護士が、この点を見抜くことには困難はある。弁護人の接見は1回で終わるわけではないので、引き続きなされる接見の内容やその他の情報から、依頼人の特徴についての理解が進むこともある。

　ただ、依頼人がコミュニケーションをする上で困難を抱えているかどうかに関しては、早い段階から、意識して対応する必要がある。

　冒頭のやり取りの中で、誘導にのりやすくすぐに「はい」と答えてしまうのではないか、質問の意味がそもそも分かっていないのではないか、質問の意味を独特の意味に取り違えている傾向があるのではないか等について意識を持ち、気になるところがあれば、関係者に相談する等したい。

　なお、岡田和也ほか『知的障害を有する犯罪者の実態と処遇』（2014年、法務総合研究所）によると、全国77か所の刑務所及び少年刑務所（調査対象施設）に送付し、各施設の職員が、調査票にデータを入力する形で調査を実施したところ、全受刑者の2.4％に知的障がい、または知的障がいの疑いが見られたとしている（ちなみにIQだけで知的障がいの有無を判断できないとの指摘もあるが、2016年矯正年報によると、平成28年の新受刑者中IQ69以下の者は全体の約20％をしめる）。このほか、発達に凸凹があり、独特の認知をする人がいることなども考えると、自分の目の前の依頼人がコミュニケーションをする上で、困難さを抱えている可能性が一定程度あることを理解しておく必要がある。

VI　事実関係の確認

　接見の基本ルールの確認やラポール形成を経た上で、事実確認に入っていくことになる。事実の聞き取りをする上では、できるだけ依頼人から「自由報告」を受けることを意識すべきである。そして、自由報告だけでは確認で

きない部分を、WH質問等を使って確認していくことが基本となる。

例えば、被疑事実を確認したいと考えた場合に、公判で刑事裁判官が被告人に対し、起訴状に対する意見を確認するように、「今年の3月5日午後5時ころ、北区西天満で、被害者を殴り、全治1週間の傷害を負わせたとありますが、これは事実ですか？」「違うのであれば、どこが違うか説明してください。」といった聞き方は望ましくない。

1 自由報告

(1) 自由報告とは何か

司法面接の技法では、「自由報告」が聞き取りの中核であるとしている。まずは自由報告といわれる手法で聞き取りを行い、かつ、できるだけこの手法で必要な情報を得るのが望ましい。

自由報告とは、極端に言えば、質問をせずに依頼人に話をしてもらうということである。こちらが、依頼人に話をしてもらう「きっかけ」を与え、あとは依頼人に自由に話をしてもらう。

例えば、

「今、警察に捕まってしまっていますけど、何があったのが最初から最後まで話をしてくれますか？」

「あなたが疑われていることについて、全部話してくれますか？」

といったように、事実関係について依頼人に自由に話をしてもらうきっかけを与える。

この方法は、依頼人の回答に自由度が高いので、こちらの誘導や示唆を受けにくく、依頼人の記憶に従って、依頼人が話をすべきだと思う内容を話してもらいやすくなる（話の内容が汚染されない）。また、こちらが得ることもできる情報量が多くなる。そして、この自由報告こそが、聞き取りの中核になる。

例えば「あなたがけがをさせたのは事実ですか？」（クローズド質問・誘導質問）と質問してしまうと、けがをさせたか否かという情報しかはいらない。けがをさせたというかどうか微妙な事案（例えば依頼人が大声で文句をいったら相手がびっくりして、転倒してけがをしたとか）だと、「はい」と答えてもら

っても、「いいえ」と答えてもらっても、正確には伝わらない。依頼人も、この質問ではとまどいを感じるかもしれない。

　依頼人が「私がけがをさせたのではありません。」と答えるものだから、それを前提にいろいろな話を聞いていったが、面接の最後の方になって、実は、腹立ちまぎれに腕を振り回していたら、腕がぶつかったもので、けがをさせたとも言えそうな状況だったということがわかり、そこまで聞いた話が台無しになるかもしれない。

　さらに、こういう聞き方をすると「けがをさせてますよね」「けがなんてさせていませんよね」といった聞き手の側の仮説を依頼人に押し付けてしまうことになるかもしれない。

　まずは依頼人の選択に任せ、依頼人の言葉（ニュアンス）で、依頼人の記憶の内容をそのまま話してもらうことが重要となる[22][23]。

　この自由報告は、いわゆるＷＨ質問（「３月５日の夕方、何が（WHAT）があったのですか？」）とは異なる。ＷＨ質問は、話し手に自由度を与えている質問（開かれた質問）とは言えない（特定の事柄について質問するのではなく、自由に話をするように仕向けるのが自由報告である。）。「３月５日の夕方に何があったのか？」との質問は、３月５日の夕方に質問の対象が限定されてしまっている。本当は、依頼人は相手の人と、以前、トラブルがあり、３月５日に偶然出会って口論になったのかもしれず、３月５日以前のことが事件の核心だと言いたいかもしれない。ひょっとしたら前日の３月４日に、依頼人にとって非常にショックな出来事があり、むしゃくしゃしており、そのことが事件の引き金になっており依頼人としては、まずはそのことについて話をしたいと思っているかもしれない。いきなり質問の対象を限定してしまうと、そういう大切な部分が抜けてしまう可能性もある。依頼人から見た事件像をうまくとらえきれなくなってしまうおそれもある。

---

(22)　ただし、いわゆる司法面接と違い、依頼人の記憶が既に捻じ曲げられている可能性もある。弁護士が駆け付けたころには、既に任意で何度も警察から取調べを受けていたり、逮捕後も既に取調べを受けていたりして、記憶が歪んでいるかもしれない。

(23)　なお、記憶が植え付けられてしまうことがあり得ることに関し、著名な書物として、E. F. ロフタス＝K. ケッチャム著／仲真紀子訳『抑圧された記憶の神話―偽りの性的虐待の記憶をめぐって―』（2000年、誠信書房）。

WH質問に移るのは、自由報告が終わって、次の段階となる。

(2) 自由報告をうまく進めるために

自由報告をしてもらうことは、意外と難しく、聞く側も一定の練習が必要である[24]。

例えば、「どうぞ話をしてください。」ときっかけを与えたが、「３月５日、知り合いとけんかになって殴っちゃったんです。」と話をしたまま、依頼人の話が途切れてしまい、もっと、いろいろ報告してほしいけれど、話が続かないこともある。「知り合いって誰ですか？　どんな風に殴ったんですか？」と、ＷＨ質問、クローズド質問に移らないと、話が前に進まないように思える。

ただ、このような場合も、できるだけ自由報告を優先することを考え、「それから何がありましたか？」「それで？」「なぐっちゃったんですか？」などと相づち・あいの手を入れて、さらに自由報告を促すことが望ましい。うまく続かないようだと、「どうぞ、遠慮せずに、あったことを最初から最後まで全部話をしてくださいね。」などと、再度正面から自由報告を促す手もある。

実際に研修などで聞かれる側になってみるとわかるが、自由報告をする側は、しゃべっていて不安になる。どんどん話をしているわけだが、弁護士さんはこんな話を聞きたいのだろうか。こんなに自由に話をしていていいのか。的外れになってないかと。

聞き手の相づちは、「その報告の仕方でいいですよ。」「その調子でもっと話をしてください。」というメッセージでもある。「なるほど、それで？」「そういうことだったんですか。で、それから？」といったように適度に相づちをうって、自由報告を励ますことも必要だ。

また、依頼人は話し出したらとまらない、関係ない方向に話がいってしまうといったこともありうる。

---

(24) ちなみに、われわれは日常的に事実関係を聞く場面があるので、OJTで腕を上げていくとか、知人とペアになって、例えば「これまで食べたなかで最も感動した食事」等とお題を作って、自由報告の練習をしてみる（そしてその内容を録音して、批評し合う）等鍛錬する場面は数多くある。

これは、どこかで、方向転換、舵取りが必要となる。自由に報告してもらうが、面接全体は、こちらがコントロールする必要がある。「少し待ってください。その話はあとで聞きますから、3月5日の話をもう少しきかせてもらえますか？」等と修正をしたうえで、さらに自由報告を促すことが考えられる。どの時点で方向転換を迫るかはケースバイケースとしかいいようがない。こちらの持っている時間、一見関係ないと思われることがらにも重要な事実が隠されている可能性、依頼人が何を伝えようとしているのか等を総合して、判断するしかない。

　自由報告を受けている途中で、そのことはもっと詳しく聞きたいと思うのに、依頼人の話が次の話題に展開していってしまうこともある。

　こちらは、3月5日の「暴行」の態様の詳細を聞きたいのに、「相手が攻撃してきたので、2、3発殴ったのです。」とだけ話をして、依頼人の報告が次のエピソードに進んでいった場合、「さっきの場面をもってくわしくしゃべって。」とするのか、自由報告を続けて次のエピソードを話してもらうのか。

　これに関しては、まずは自由報告を続けてもらうことを考えることになる。こちらが話をさえぎってしまうと、次に依頼人がしゃべろうとしていたことが、実は重要で、しかし、こちらが話をさえぎったために、依頼人のほうで説明し落とすかもしれない。基本は、こちらが、後で詳しく突っ込んで聞くべき事項を覚えておいて、自由報告を続けてもらうことになる。ただ、こちらが持っている時間や依頼人の話の様子等をふまえて個別的な検討を要する。

(3)　出来事に関する報告内容を掘り下げる

　ひととおり、自由報告がなされたら、必要なエピソードを掘り下げていく。

　例えば、先ほどの3月5日夕方の暴行場面をもう少し聞きたいというのであれば、

　「先ほど3月5日夕方に相手を殴ったという場面について話をしてくれましたが、そのときのことをもっと詳しく教えてもらえますか？」
というように、焦点を当ててその内容を掘り下げてみる。

「先ほどの話ですと、事件の後に、相手の家に謝りに行ったら、そこで相手と口けんかになってしまった、とのことですが、そのときのことを詳しく教えてください。」

全体をまず聞いて、必要な部分に焦点をあてて、再びその部分を自由報告してもらう。こういう方法で、さらに詳細を確認していく。

2 WH質問

自由報告のあと、それでは明らかにならないエピソードの内容を掘り下げるのに、クローズド質問や誘導質問ではなく、まずはできるだけWH質問を使っていく。先に指摘した通り、相手に暗示等を与えないためであり、少しでも多くの情報を得るためでもある。

「相手が攻撃してきたということですが、どんな攻撃ですか？」
「その時の様子を見ていた人がいるという話ですが、見ていた人は誰ですか？」
「その出来事はあったのは何時頃のことですか？」

WH質問をして、さらにオープン質問に戻って掘り下げるということもある。

「どんな攻撃ですか？」
「いきなり、私に向かって、どなってきて、さらに殴ってきたんですわ。」
「なるほど、では、その時の様子をもっと詳しく教えてください。」
「ええ、最初はですね、相手が急に……」

なお、WH質問の中でも、「なぜ」という質問の使い方は要注意である。

例えば、「なぜ、いきなり殴ったんですか」「なぜ、殴った後、すぐにその場を去ってしまったのですか」といったような質問は、こちらは、何か理由があるのではないかと思って聞いているのだが、聞かれている方からすると、非難されているように受け取ることもある。

「相手は手を出していなかったようですが、あなたの方から手を出してしまった理由を教えてもらえますか？」というように、「理由を教えてください」「経緯を教えてください」といった質問方法を使うほうがいい。

3 クローズド質問

クローズド質問は、基本的には避けることが望ましい。「あなたは殴りましたか？」と質問してしまうと、殴ったかどうかだけが問題なのかと相手に暗示を与えてしまったり、殴ったかどうか微妙な態様なのに、殴ってないと答えてしまい、その詳細を正確に聞き取れなくなったりといろいろな悪影響があり得る[25]。

それでも、自由報告やWH質問で引き出すことのできなかった情報は、クローズド質問を使って確認せざるを得ない。WH質問と同様、クローズド質問で情報を引き出して、その後にオープンな質問に移行することもある（「あなたが殴ったのは、右手ですか、左手ですか、それともそれ以外の方法でしたか」「右手で殴りました」「なるほど。では、右手で殴ったときの様子を詳しく教えてください」）。

クローズド質問は、「それ以外ですか」という選択を入れておく必要がある。

「相手の服の色は何色でしたか？」

「うーん、明るい感じの色だったと思う。」

「色を思い出せる？」

「うーん。」

「赤色、黄色、それともそれ以外の色ですか？」（「赤色でしたか、黄色でしたか？」とはたずねない）

4 誘導質問

誘導質問というと、「あなたが殴ったんですね」とか「そのとき目撃者がいたでしょ」といった、質問者の回答を押し付けるような質問方法がとりあえず念頭に浮かぶが、質問者が持っている回答、仮説を押し付けるという意味では、「そのとき相手の人は何か言ってませんでしたか？」（何か言ったでしょ）「あなたは殴ったあとにすぐにその場を立ち去ったんですか？」（普通は、

---

(25) 何度も繰り返す通り、既に捜査機関、関係者等から、記憶を汚染されている可能性もあるので、話は単純ではない。

救急車を呼ぶとか何か措置をするでしょ)といった、いろいろな質問が、誘導質問になりうる。

それだけに、繰り返し述べるように、自由報告を基軸にした聞き取りを行うことが重要である。ただ、依頼人によっては、警察に記憶を押し付けられたり、それを維持することが自分にとって利益であると思い込んでしまったりしている場合もある。その場合は、自由報告を中心にしようというだけでは打開できない状況もあり得る[26]。

5 相手の様子や話す内容をよく確認すること

面接全般を通じて重要な事柄であるが、依頼人の話をする時の様子をよく見ること、注意を払うことが重要である。例えば、しゃべりにくそうにしているとか、急にもじもじし始めた等の様子が見られるのであれば、「何かほかにもしゃべりたいことがあるんだろうか。」「話をしてくれているが、話をする上で何かひっかかっていることがあるんだろうか。」等といったことも考えられる。「何か心配なことがありますか？」「ほかに話したいことがあるのですか？」などと確認をすることも考えらえる。

また、話をしてくれている内容においても、例えば、「被害者とよんだらいいんですかね。相手のことは？」との話がでれば、「依頼人は、被害者と呼ぶことに抵抗感があるのだろうか？ それには何か理由があるんだろうか？」などといったことも検討すべきであろう。

依頼人の様子、話をする内容をよく確認し、こちらがひっかかったことがあれば、丁寧にフォローしていくことが重要である。

VII 面接の終了

面接が終わる時には、面接内容について評価をして終わりたい。この作業も意外になされていない。

---

(26) こうなってくると、何が本当の記憶かがわからない状況、依頼人から正しく記憶が引き出せない状況において、どうするかという問題と考えるべきとも言える。

「今日は、事件のときの内容を詳しく聞くことができてよかったです。わかりやすく説明してくれたので、よくわかりました。」

また、依頼人の不安を受け止めることも大事なので、

「今日の話で何かわからないことはありますか？」

といったやりとりもしておきたい。

もちろん、弁護人の接見は、事実関係の聴き取りのためだけにやっているわけではないので、接見の終了時は、事実聴き取りの評価だけではなく、次までに、弁護人はどういう行動をしようと思うかとか、依頼人の不安に対するはげましとか、取調べにおける留意点の確認とか、関係者への伝言とか様々なことがあるので、適宜それを織り込んでいくことになるが、いずれにせよ、面接の評価（しかも、次にもっと依頼人が話をしやすくするために肯定的に評価をして終わりたい）をすることも重要な仕事の一つだ。

Ⅷ　終わりに

本稿は、法律の解釈論を検討するものではなく、内容としてやや異例とも思われるが、私に刑事弁護の基本を教えていただいた浦先生の論文集への参加をお声掛けいただいたことと、私自身も司法面接と弁護人の接見技法との関係を整理しておきたかったということもあり、このような内容になったことをお許しいただきたいと思う。

接見という刑事弁護活動における非常に重要な部分について、構造的、系統的な検討が必要であり、その一助になればありがたいと考えている。

（いわさ・よしひこ）

GPS捜査と弁護活動

弁護士 亀石倫子

I はじめに
II 事案の概要
III 弁護活動
IV 一審の判断
V 控訴審の判断
VI 下級審で分かれる判断
VII 上告審における主張
VIII 平成29年大法廷判決
IX おわりに

I はじめに

「僕の車に警察がGPSをつけていた」「そんなことが許されるのか」平成25年12月、被疑者と初めて接見をした際、こう訴えられた。警察が被疑者の車両にGPSを取り付けて、居場所を把握する——。このような捜査(以下、「GPS捜査」という。)が行われていたことを、私は当時、知らなかった。その場で回答することができず、持ち帰って調査したところ、国内ではGPS捜査の適法性に関する裁判例はなかったが、前年の2012年に連邦最高裁が令状なしでGPSを使用して得られた証拠を許容することは合衆国憲法修正14条に反すると判断していることがわかった[1]。アメリカの判決に関する論評等、GPS捜査の適法性に関する国内の論文がいくつかあったが、その法的性質については、任意処分とするものと強制処分とするものとに分かれていた。

---

(1) United States v. Jones,132 S. Ct. 945(2012).

GPS捜査は任意処分か強制処分か——。その少し前に、他人の携帯電話の位置情報を把握することができるアプリケーションについて、プライバシーの侵害が問題になっていたことを思い出した。GPSを利用すれば、今どこにいるかという一時的な位置情報にとどまらず、対象者の行動を常時監視することができる。自分の行動を常に他人に把握されても構わないと考える人などいない。GPS捜査は対象者のプライバシーを侵害する強制処分だと主張することに、十分根拠があると思った。

それと同時に、GPS捜査の適法性を争うことになれば、公判前整理手続の長期化は避けられず、被疑者の身体拘束の長期化も予想された。理論武装と充実した立証のために、弁護団体制を整え、研究者の協力を求めることが不可欠だろう。他方で、仮に本件GPS捜査が違法であると判断されたとしても、それが量刑に影響しない可能性もある。

それでもGPS捜査の適法性を争うか——。被疑者に判断を委ねたところ、被疑者は、さまざまなリスクを承知の上で、それでも無令状のGPS捜査が許されるのか否かについて裁判所の判断を仰ぎたいと言った。過去にもGPS捜査が行われた事案はいくらでもあったに違いないが、その適法性が争われることがなかったのは、争うことによる被疑者・被告人の負担が大きすぎるからだろう。被疑者が争うと決断したことの意義は大きい。私は弁護人として、責任を全うすることを誓った。

II　事案の概要

本件は、平成24年から同25年にかけて、主犯格である被疑者（起訴後は「被告人」と呼ぶ。）と共犯者3名が、深夜の時間帯に盗難車両と盗難ナンバープレートを使用して、高速で移動しながら店舗荒らしを繰り返した連続窃盗事件である。大阪府警は捜査の過程で、約7か月にわたって、被疑者らの使用車両計19台にGPS端末を取り付け、位置情報を取得しながら監視・追尾するなどした。本件の捜査に利用されたGPS端末は、大阪府警の警察官がセコム株式会社（以下、「セコム」という。）との間で、個人名義で利用契約をしたものだった。

Ⅱ 事案の概要

　本件捜査の根拠とされていたのは、警察庁が平成18年6月30日に各都道府県警察長宛に発した「移動追跡装置運用要領の制定について」と題する通達（以下、「本件通達」という。）だった。本件通達は、捜査対象車両等にGPS端末を取り付けて当該車両等の位置情報を取得する捜査を「任意捜査」であるとし、「使用要件」として、一定の犯罪の捜査を行うにあたって「犯罪の嫌疑、危険性の高さなどにかんがみ速やかに被疑者を検挙することが求められる場合であって、他の捜査によっては対象の追跡を行うことが困難であるなど捜査上特に必要がある」場合にはGPS端末を用いることができるとしていた。そして、対象となる犯罪のひとつに「連続して発生した窃盗の犯罪」を挙げ、「犯罪を構成するような行為を伴うことなく」被疑者の使用者車両等にGPS端末を取り付けることができるとしていた。

　本件通達に基づいて、本件の捜査員らは令状を取得することなく被疑者らの車両にGPS端末を取り付け、取り付けのために私有地に立ち入る必要がある場合でも管理権者の承諾を得たり、令状を取得することはなかった。また当然のことながら、車両の所有者や使用者からGPS端末を取り付けることについての同意を得ていなかった。GPS端末を取り付けられた車両のなかには、被疑者の交際相手の女性が使用する車両も含まれていた（被疑者は当該車両の助手席に一度乗車したことがあるだけだった）。

　捜査員らは、平成25年8月、被疑者らが犯行に使用する可能性が高いと考えた盗難車両にGPS端末を取り付け、当該車両が動き始めると、GPSの位置情報を取得しながら4台の捜査車両で13時間にわたって追尾し続け、被疑者らによる窃盗事件を現認した。

　被疑者ら3名は、このときの窃盗事件で同年12月に逮捕され、共犯者のうち1名は、遅れて逮捕された。

　最初に逮捕された3名の事件は大阪地方裁判所第7刑事部に係属し、遅れて逮捕された1名の事件は同裁判所第9刑事部に係属した。検察官は、捜査員らが犯行を現認した状況を記載した捜査報告書等を証拠請求した。

　第7刑事部に係属した被告人と、第9刑事部に係属した共犯者は、何らかの違法捜査が行われた旨の主張をして、それぞれ整理手続に付された（他の共犯者2名は公判でもGPS捜査の適法性を争わなかった）。

III 弁護活動

1 捜査段階

　被疑者が、自己の使用する車両にGPS端末が取り付けられているのを発見したのは、逮捕される2か月ほど前のことだった。きっかけは、共犯者が、自己の使用する原動機付自転車を修理に出し、修理業者が部品を取り外した際、GPS端末が取り付けられているのを発見したことだった。共犯者から報告を受けた被疑者が、自己の使用する車両の下をのぞき込んだところ、車両の真ん中あたりに黒いひも状のものが垂れているのが見えた。車体の下にもぐりこんで確認してみると、ひも状のものはビニールテープであり、たばこの箱程度の大きさの物体がビニールテープで巻かれた状態で、車体に取り付けられていた。取り外して確認すると、その物体は透明のプラスチックケースで、円形の磁石が2列に4個ずつパテのようなもので取り付けられており、ケースの中にGPS端末が入っていた。被疑者は、警察が取り付けたに違いないと直感したという。被疑者は、取り外したGPS端末を近くに停車していた友人の車両にとりあえずくっつけておいたところ、GPS端末はその日のうちになくなっていた。

　被疑者は、発見したGPS端末の写真を撮ったり、型番を控えたりしていなかった。警察が被疑者の車両にGPS端末を取り付けたことを裏付けるものは、この時点ではなにもなかった。

2 証拠の収集と弁護側立証

　起訴後、検察官の請求証拠のなかに、捜査員らが捜査車両4台で13時間にわたって被告人らの犯行車両を追尾し続け、被告人らによる犯行を現認した状況を記載した捜査報告書があった。報告書にはGPS端末を利用したことを窺わせる記載は一切なかったが、これほど長時間にわたって被告人らを追尾することは、GPSを利用しなければ不可能だった。なぜなら、被告人らは犯行に及ぶ際、高速道路を150キロ以上のスピードで走行し、ETCレーンを突破するなどしていたからである。13時間にもわたって一度も見失うことなく追尾できるはずがなかった。

本件は期日間整理手続兼公判前整理手続に付されたが、本件の捜査でGPSが利用されたことを裏付ける物証がなかったことから、整理手続が始まってからしばらくの間は、類型証拠開示請求を繰り返し、GPS捜査に関する何らかの手がかりを得ようと試みた。

　しかし、開示された類型証拠（捜査員が犯行車両を追尾しながらハンディビデオカメラで録画した動画を含む）のどこにも、GPSを利用したことを窺わせるものはなかった。

　のちに本件通達の存在が明らかとなり、「移動追跡装置を使用した捜査の具体的な実施状況等については、文書管理等を含め保秘を徹底するもの」と定められ、捜査書類にGPSの存在を推知させるような記載をしないこと、事件広報の際はGPS捜査を実施したことを公にしないことを各都道府県警に指示していた。本件の捜査に従事した警察官は、本件通達に従い、本件のGPS捜査に際して作成したメモや記録はすべて廃棄したことを公判廷で証言した。類型証拠開示請求で何も手がかりを得られなかったのも当然である。

　最初の壁にぶつかった私は、主張関連証拠開示請求に切り替えることとし、平成26年4月、最初の予定主張記載書面を提出した。本件の捜査でGPSを利用されていたこと、GPS捜査はプライバシーを侵害する強制処分であり、令状を取得せずに行われた本件のGPS捜査は違法であると記載した。GPS捜査を行ったこと自体を否定される可能性もあると考えていたので、賭けだった。予定主張には、被告人がGPS端末を発見したときの状況（経緯、時期、場所、取り付けられていた位置、取り付け方、GPS端末の状態、形状等）を具体的かつ詳細に記載した。

　検察官は、本件捜査の過程で被告人らの車両にGPS端末を取り付けたことを認め、GPS捜査は任意捜査であり、本件GPS捜査は適法であるとの証明予定事実記載書を提出した。わが国で初めてGPS捜査の適法性に関する判断が示される重要な裁判になる、と思った（実際には、共犯者の事件が係属した大阪地裁第9刑事部で先に判断がなされることになった）。

　この段階で6名の弁護団となり、数ヶ月にわたって主張関連証拠開示請求と求釈明を繰り返した。本件通達やそれに基づいて作成された大阪府警の内部資料（事前承認やGPS端末の貸し出し・返却等に関するもの。なお日々の運用

状況の報告は「口頭で行っていた」として資料は開示されなかった）等が開示され、大阪府警がセコムから少なくとも40台以上のGPS端末の貸与を受けていたことや、平成25年の1年間に捜査第三課だけで少なくとも70回以上GPS端末の貸し出しをしていたこと、本件では合計16台のGPS端末が捜査本部に貸し出され、被告人らが使用する車両合計19台にそれらを取り付けていたことなどが明らかになった。取り付けられていた期間は、短いもので数日、長いもので約3か月に及んでいた。

　検察官は、弁護人の求釈明に対して「一般的な捜査上の秘密にわたる事項であり釈明による弊害が大きいため釈明に応じかねる」「釈明の要はない」などと回答することもあったが、弁護団はこのころまでにGPS捜査の法的性質や違法性に関する80頁以上の詳細な予定主張を提出しており、問題意識を共有していた裁判所からの求釈明に応じるかたちで、検察官から回答を得ることができた。また弁護団は、本件捜査に利用されたGPS端末の契約番号をもとに、セコムに対し弁護士法23条の2に基づく照会を行って、端末ごとに実際に取得された位置情報の取得履歴を入手した。位置情報取得履歴には、位置情報を取得した回数、測位日時、測位結果（衛星や携帯電話の基地局の電波が届かない場合は「検索不能」となる）、GPS端末の位置（緯度および経度と住所で表示される）、精度（実際の位置との誤差がメートル単位で表示される）が記載されていた。本件の捜査では、1台のGPS端末について多いときで1か月に700回以上位置情報が取得されていたことや、ときには数分おき、数十秒おきに位置情報が取得されていたこと、GPS端末の実際の位置との誤差が数十メートル程度である場合も多いことがわかった。

　ところで、被告人の整理手続が続いているなか、大阪地裁第9刑事部に係属していた共犯者の公判が始まり、本件の捜査に従事した主任捜査官とその上司にあたる警察官の尋問が行われた。このとき主任捜査官は、GPS端末のバッテリーを交換するために3、4日に1度は車両にアクセスする必要があり、車両が停車していたコインパーキングや商業施設の駐車場、実際に立ち入ったラブホテルの駐車場に、管理者の承諾を得ずに立ち入ったことがあると証言し、実際に立ち入ったラブホテルの駐車場の構造について「周囲に壁がなく、柱で支えられている下駄ばきの構造」と説明した。この証言に疑問

を抱いた私たち弁護団は、共犯者の弁護人を通じて共犯者が該当期間中に行ったことのある３か所のラブホテルの場所を聞き出し、セコムから入手した位置情報取得履歴から、実際に２か所のラブホテルの位置情報が取得されていることを確認した。そして現地へ行ったところ、主任捜査官の証言とは異なり、建物の１階部分にある駐車場はいずれも周囲を壁に囲まれ、出入り口はビニールのカーテンで覆われて公道から内部を目視できない構造になっていた。弁護団は、この状況を写真撮影した報告書を証拠請求した。

このようななか、大阪地裁第９刑事部は、平成27年１月、GPS捜査は任意捜査であり本件GPS捜査は適法であるとの判断を示した（以下「１月決定」という）[2]。

１月決定は、本件で利用されたGPSについて、「24時間位置情報が把握され、記録されるというものではなかった」「得られる位置情報は正確なものではなかった」「捜査官らは自動車で外出した被告人らを尾行するための補助手段として上記位置情報を使用していたにすぎず、その位置情報を一時的に捜査メモに残すことはあっても、これを記録していたわけではない」等の事実を認定したうえで、GPS捜査の法的性質について「通常の張り込みや尾行等の方法と比して特にプライバシー侵害の程度が大きいものではなく、強制処分に当たらない」と判断した。弁護団にとって、先に共犯者の裁判でこのような判断が示されたことは痛恨の極みだった。

しかし同時に、１月決定はGPSの特質や精度に関する事実認定を誤っており、前提となる事実が正しく認定されれば異なる判断に至るはずだと考えた。そして、セコムが提供するGPS位置情報サービスは、24時間いつでも位置情報を取得することができ、時間を指定して自動取得することもできること、データとして保存される位置情報をダウンロードして加工できること、最良の条件下では数メートルの誤差しか生じないことなどを、セコムのガイドブックやオペレーションセンターへの電話聴取、23条照会で入手した位置情報取得履歴等で立証した。

さらに弁護団は、実際にセコムと契約してGPS端末を入手し、車両に取り

（２）　大阪地決平成27・１・27判時2288号134頁。

付け、位置情報を取得しながらもう１台の車両で追跡するという実験を行った。実験の目的は、対象車両を見失った場合でもGPS位置情報を取得することによって再び捕捉することができるかを確かめることのほかに、いかなる条件が位置情報の精度に影響を与えるのかを把握することにあった。実験の結果、周囲が厚いコンクリートの壁で覆われている立体駐車場（外部と通じる窓はある）では数百メートル程度の誤差が生じたり、トンネル内を走行している場合に位置情報を取得できないことがあったが、周囲に壁や高層の建物等がない最良の条件下では、実際の位置と測位位置との誤差は十数メートル程度であり、高速道路を走行している場合であっても精度に影響はなかった。当然、公道から目視することができない私有地内に対象車両がある場合でも、ほぼ正確に位置情報を取得することができた。この実験の結果を記載した報告書を証拠請求したが、検察官が不同意の意見を述べたため弁護人が証言することとなった。

　また、GPS捜査の法的性質に関する鑑定意見を指宿信教授（成城大学）に法廷でご証言いただいた。

Ⅳ　一審の判断

　平成27年6月、大阪地裁第7刑事部は、本件GPS捜査は対象車両使用者のプライバシー等を大きく侵害することから強制処分に当たり、令状を取得せずに行われた本件GPS捜査は令状主義を没却するような重大な違法があるとして、本件GPS捜査によって直接得られた証拠およびこれと密接に関連する証拠計15点の証拠能力を否定した（以下「6月決定」という。）[3]。

　6月決定は、判断の前提として、弁護側の証拠や警察官2名の証人尋問によって明らかとなった次のような事実を認定している。

　「GPS端末のバッテリーは、おおよそ3日ないし4日程度で充電が必要になっていたため、警察官らは、その都度、GPS端末の本体ごと取り替えていた。この交換作業は、管理権者の承諾も令状の発付もなく、商業施設の駐車

（3）　大阪地決平成27・6・5判時2288号134頁。

Ⅳ　一審の判断

場やコインパーキング、ラブホテルの駐車場等の私有地で実施されることもあった。」

「警察官らは、交換作業に当たり、交換対象となるGPSの位置情報を取得することがあった。」

「本件で使用されたGPS……の測位精度は、……電波状況の良好な場所では十数メートル程度の誤差しか生じず、数十メートルの誤差にとどまることも多いものであった。」

「任意に取得した位置情報や顧客の事前登録により毎日自動で取得される位置情報等は、一定期間、データファイルとして保存されており、これをダウンロードして利用することもできた。」

「警察官らは、被告人らの使用車両に取り付けたGPS端末の位置情報を取得しながらでなければ、被告人らの使用車両を追尾できなかった。」

「捜査機関が、令状取得の必要性、可能性及び令状の種類等に関する具体的な検討をした形跡は窺われず、実際にも、令状を取得することはなかった。」

「（本件通達には）保秘を徹底すべきことが定められており、……警察官らは、実際にはGPSを利用して捜査を行っていたにもかかわらず、捜査報告書等には、その実施状況を一切記載しなかった。」

「警察官らは、取得したGPSの位置情報を記載したメモや取り付けたGPSの稼働状況一覧表等、本件GPS捜査に関する資料は廃棄した旨……供述した。」

「警察官らは、……本件が……整理手続に付された後、弁護人から本件GPS捜査に関する主張がなされるまでの間、同捜査を実施したこと及びその状況についての報告を、検察官にもしていなかった。」

「警察官らは、……今後も同様の捜査を行う可能性がある旨供述している。」

このように、１月決定と６月決定では判断の基礎となる前提事実がまったく異なっていた。６月決定は、本件捜査に用いられたGPSの精度について「それなりに高い精度において位置情報を取得できる機能を有していた」「少なくとも、警察官らが被告人らの乗る車両を失尾した後も、GPS端末の位置

情報を取得することによって、再度、同車両を発見し、追尾することができる程度には、正確な位置情報を示すものであった」と判断し、その特質について「プライバシー保護の合理的期待が高い空間に対象が所在する場合においても、その位置情報を取得することができることに特質がある」としたうえで、本件GPS捜査は「目視のみによる捜査とは異質なものであって、尾行等の補助手段として任意捜査であると結論付けられるものではなく、かえって、内在的かつ必然的に、大きなプライバシー侵害を伴う捜査であった」として、本件GPS捜査は強制処分であると結論づけた。

また6月決定は、警察官らが令状請求を怠ったまま長期間にわたり無令状で本件GPS捜査を続け、そのような検討も怠ったことや、管理権者の承諾も令状もなく私有地に立ち入ったこと、本件GPS捜査の実施状況を検察官にすら秘匿し、GPS捜査の適法性に対する司法審査を事前にも事後にも困難にしたこと等を「令状主義軽視の姿勢の現れ」であると厳しく批判し、本件GPS捜査は「令状主義の精神を没却するような重大な違法」があったと判断した。

わが国で初めてGPS捜査は強制処分であるとの判断を示し、本件の捜査において令状主義を没却するような重大な違法があったことを認めた点で、6月決定の判断は重要な意義を有する。

もっとも6月決定は、弁護人が証拠排除を求めた証拠のうち、一部は違法捜査との関連性が密接でないとして証拠能力を認めた。また、弁護人がGPS捜査はその性質上、法定されている強制処分では行うことができず、実施するためには新たな立法が必要であると主張したのに対し、「本件GPS捜査は、携帯電話機等の画面上に表示されたGPS端末の位置情報を、捜査官が五官の作用によって観察するものであるから、検証としての性質を有する」と判断した。

V　控訴審の判断

GPS捜査の法的性質が強制処分であるとして、それは検証として行うことができるのか、そして、本件GPS捜査と関連性を有する違法収集証拠の範囲

V 控訴審の判断

の問題が残された。この点を争ったのが、本件の控訴審である。

GPS捜査の特徴は、低いコストで位置情報を取得し、その情報を保存・利用することができる点にあり、その情報の性質・量と情報コストの低さとにかんがみた場合、捜査機関による不当な目的外利用の危険性がある。また、GPS捜査は、通信傍受と同様に、継続性および密行性を本来的性質としており、令状の事前呈示が想定されておらず対象者が位置情報取得の事実および記録内容を知悉し得ないこと、「検証」の枠内にとどまる限り違法に位置情報を取得された場合に、それを取り消して原状回復を図る機会が与えられないことなどを踏まえると、これを刑訴法上の「検証」と解するべきではない。GPS捜査が法定されている強制処分に該当せず、そもそも適法に行い得ないとすれば、その違法の程度は極めて重大である。

ところが平成28年3月2日、大阪高裁第2刑事部は、GPS捜査の法的性質について、「実施方法等いかんによっては、対象者のプライバシー侵害につながる契機を含むものである」としながら、「これにより取得可能な情報は、……対象車両の所在位置に限られ、そこでの車両使用者らの行動の状況などが明らかになるものではなく、また、警察官らが、相当期間（時間）にわたり機械的に各車両の位置情報間断なく取得してこれを蓄積し、それにより過去の位置（移動）情報を網羅的に把握したという事実も認められないなど、プライバシー侵害の程度は必ずしも大きいものではなかったというべき事情も存する」などとして、「一審証拠決定がその結論において言うように、このようなGPS捜査が、対象車両使用者のプライバシーを大きく侵害するものとして強制処分に当たり、無令状でこれを行った点において違法と解する余地がないわけではないとしても、少なくとも、本件GPS捜査に重大な違法があるとは解され」ないと判断した[4]。

GPSの技術は、極めて高い精度の位置情報を取得することを可能とするものであり、弁護人による実験でも、ほとんどピンポイントで位置情報を取得することができた。GPSによって得られる位置情報が高いプライバシー性を有し、要保護性の高いものであることは、本件の一審で取調べられた総務省

---

(4) 大阪高判平成28・3・2判タ1429号148頁。

223

の「電気通信事業者における個人情報保護に関するガイドライン」や、「位置情報プライバシーレポート」等にも明示されている。このような位置情報を取得する「行為」自体が、対象者のプライバシーを大きく侵害するのであり、「実施方法等いかんによって」プライバシー侵害の程度が異なるのではない。

　控訴審は、プライバシー侵害の有無や違法性の有無はケース・バイ・ケースであるかのような判断をしており（GPS捜査の法的性質については判断していないが、任意捜査であると解しているように読める）、GPSによって取得できる位置情報の性質をまったく理解していないと言わざるを得ない。

Ⅵ　下級審で分かれる判断

　本件の6月決定後、各地でGPS捜査の適法性に関する判断が出た。名古屋地裁[5]、水戸地裁[6]、東京地裁立川支部[7]では、GPS捜査は強制処分であるとの判断がなされ、名古屋事件の控訴審である名古屋高裁[8]は、GPS捜査は強制処分であるとしたうえで、次のように述べて、初めて立法の必要性に言及した。

　「本件GPS捜査は、既存の強制処分の類型でいえば検証の性質を有することは原判決が指摘するとおりである。検証として行う場合、GPS捜査の特質を踏まえて合理的な規制をするためには、令状の事前提示に代わる条件、検証の対象や期間の特定等、検討を要する種々の問題があり、解釈論的にも解決の必要に迫られているように思われる。加えて、学技術の進歩に伴い、GPSの位置検索精度の高度化、端末の小型化、軽量化が進むことは明らかであり、このような科学技術の進歩の成果を捜査に用いること自体は認められてしかるべきである反面、精度が上がり記録化がより詳細かつ容易になることを考慮すると、プライバシー侵害の危険性も一層高まるものと考えられ

（5）　名古屋地判平成27・12・24判時2307号136頁。
（6）　水戸地決平成28・1・22公刊物等未登載。
（7）　東京地立川支決平成28・12・22 LEX/DB25544851。
（8）　名古屋高判平成28・6・29判時2307号129頁。

る。自動車以外の対象に利用される可能性も高くなるであろう。より根本的には、GPS端末を利用した捜査全般に関する新たな立法的措置も検討されるべきである。」

　他方、広島地裁福山支部(9)と、その控訴審である広島高裁(10)、福井地裁(11)は、GPS捜査は任意捜査であると判断している。

　各裁判例は、GPS捜査の法的性質をめぐって、そもそも制約される利益として何を観念するのかが異なっており、捜査機関において位置情報を取得する際のプライバシー侵害の程度を問題とするものや、情報取得後に位置情報が利用される可能性があることを問題とするもの、GPS端末を対象車両に取り付けるために私有地に立ち入る行為を問題としているように読めるものなどがある。

　また、GPS捜査は強制処分であるとする裁判例のすべてが、その性質を検証と考えており、平成29年1月22日には、千葉県警が全国で初めて検証令状を取得してGPS捜査を行ったことが報道されたが、学説上は立法による統制を求める見解が有力である。

Ⅶ　上告審における主張

　GPS捜査の法的性質をめぐる下級審の判断が分かれるなか、最高裁へ上告していた本件は、大法廷に回付され、平成29年2月22日に弁論が開かれることになった。

　弁護人は、上告趣意書において、GPS捜査によって制約される権利は、対象車両の所有者、使用者および同乗者の位置情報に関するプライバシーであるとしたうえで、捜査機関に位置情報が取得され、行動を常時監視される状況におかれれば、対象者の居住・移転の自由や、信教の自由、表現の自由・集会の自由等の基本的人権が実質的に侵害されることになると主張し、GPS端末を取り付けたり取り外したりする際に、対象車両の所有者の財産権侵害

（9）　広島地福山支判平成28・2・16 WLJPCA02166006。
（10）　広島高判平成28・7・21 LLI/DB07120375。
（11）　福井地判平成28・12・6 LEX/DB25544761。

や私有地への立ち入りによる管理権侵害が起こりうることを指摘した。

　そして、位置情報に関するプライバシーは、容ぼう等に対する視覚的なプライバシーとは異なり、「公私」の空間区分によって、その要保護性、重要性が切り分けれられるものではないことを指摘している。すなわち、位置情報に関するプライバシーでは、特定の地域、建物、施設のうち、具体的にどの場所やどの部屋にいるかということは問題ではなく、当該特定の地域、建物、施設に所在している、または、赴いているということが問題なのである。また、性的少数者が集う場所や地域のごとく、公道を含む当該地域内に所在することが極めてセンシティブな位置情報である場合もある。位置情報のプライバシーにおいては、私的空間である自宅内に所在しているということよりも、むしろ、公共施設である病院、警察署、裁判所等の施設内に所在し、あるいは、赴いている事実の秘匿性が高い場合が多い。また、「外」に出向く場合、基本的には「匿名の存在として」外貌を晒すことにはなるが、そうだからといって、「身分が特定された自身がどこに所在するか」という位置情報に関するプライバシーを放棄しているとも、位置情報のプライバシーへの期待が低いともいえないのである。

　さらに弁護人は、GPS捜査が強制処分であることは、GPS端末を取り付けた期間の長短や位置情報の取得回数、取得された位置情報の内容（結果）とは無関係であり、GPS捜査による位置情報取得「行為」の一般的性質から類型的に判断されるべきものであると主張した。これまで最高裁は、通信傍受について、現実にどの程度の通話を傍受したかを考慮することなく、抽象的に「通信の秘密」や「プライバシーを侵害する」旨を認定した上で強制処分性を肯定しているし[12]、エックス線検査についても「内容物によってはその品目等を相当程度具体的に特定することも可能」と、当該事案における結果を離れてＸ線検査という「行為」が有する技術的特性を判示しており[13]、事前に令状審査を行う必要があることからも、「行為」後の具体的事情は強制処分性に無関係であると考えられる。

---

(12)　最(三小)決平成11・12・16刑集53巻9号1327頁。
(13)　最(三小)決平成21・9・28刑集63巻7号868頁。

また、弁護人は、監視期限付きの検証令状を用いてGPS捜査を行うことは、新たな強制処分を作り出すに等しく、許されないと主張した。GPS捜査は、継続性および密行性を本来的性質とし、令状を事前に提示することが不可能であること、対象以外の情報取得が不可避であり、かつ、取得した情報を除去することが不可能であること、将来発生する犯罪の摘発をも目的とすることが可能で、目的外利用の危険が大きいこと等、通信傍受との共通点が多い。これを検証と解することは、強制処分法定主義に反する。

　上告趣意書の内容に加え、平成29年2月22日の大法廷での弁論では、任意処分として行われている尾行や張り込みとGPS捜査との本質的な違いについて、GPS端末を「眠らない警察官」に例えて述べた。

　警察官が知らない間に自動車の底に張り付いている。この警察官は、疲れを知らず、眠たくならない。食事も必要なければトイレに行く必要もない。そして、決して自動車から離れることがない。指示があればいつでも自動車の正確な位置を報告する。しかも、自動車の位置をいつまでも記憶することができる。GPS捜査は、このような警察官による監視を意味する。このような警察官による財産と私生活への両方に対する侵入である。

Ⅷ　平成29年大法廷判決

　平成29年3月15日、最高裁判所大法廷は、憲法第35条の保障対象には、住居、書類及び所持品に限らず「これらに準ずる私的領域に侵入されることのない権利が含まれる」とした上で、「個人のプライバシーの侵害を可能とする機器をその所持品に秘かに装着することによって、合理的に推認される個人の意思に反してその私的領域に侵入する捜査手法であるGPS捜査は、個人の意思を制圧して憲法の保障する重要な法的利益を侵害するものとして、刑訴法上、特別の根拠規定がなければ許容されない強制の処分に当たる」と判示した。

　さらに大法廷判決は、GPS捜査について、刑訴法197条1項ただし書が規定する令状を発付することには疑義があるとし、GPS捜査が今後も広く用いられ得る有力な捜査手法であるとすれば、その特質に着目して憲法、刑訴法

の諸原則に適合する立法的な措置が講じられることが望ましいとの画期的な判断を示した。

憲法、刑事訴訟法の諸原則に立ち返り、GPS捜査の特質に着目して、私的領域への侵入とプライバシー侵害の可能性を指摘し、強制処分法定主義の観点からも問題がある捜査であるとして立法措置の必要性に言及した点で、極めて重要な意義を有する。

IX おわりに

「世界一安全な国」を実現するべく、社会のいたるところに監視の目が張り巡らされ、その効用がプライバシーよりも優先されつつある。「監視」が人々に与える萎縮的効果は、功利主義の代表的な思想家、ジェレミー・ベンサムが1791年に設計した「パノプティコン」と呼ばれる刑務所の建築デザインにちなんで「パノプティコン効果」として知られている。

この刑務所のデザインは、収監者の独房を中央の看守塔の周りに配置したものであり、看守はこの塔からそれぞれの囚人を見ることができるが、囚人は自分の独房からこの看守を見ることはできない。囚人から看守が見えないと、そこに看守がいてもいなくても、囚人は視線を意識して緊張するようになる。囚人が取るべき唯一の行動は、刑務所の規則に従うことである。なぜなら、どんな瞬間であっても囚人は見られている可能性があるからである。つまり、監視の可能性を知覚しただけで、実際の監視と同じ抑制効果があるのである。

現代では、「パノプティコン」という言葉は、常時監視によって個人の尊厳を傷つけ、人間性を否定する忌むべきシステムという意味を込めて使われる場合が多い。私的な空間における監視だけでなく、監視はすべての状況において個人の人格やプライバシーに対する侵害となりうるのである。

「世界一安全な国」に暮らす人々が、幸福であるとは限らない。時代が変わり、人々の生活がどんなに便利になっても、個人のプライバシーのもつ価値が変わることはない。

私たちの暮らす国が、国民を監視する社会になってしまうのか、それと

IX おわりに

も、個人が強くあるためのプライバシーを大切にする社会であり続けるのか。最高裁は、その分岐点において重要な方向性を示してくれた。いつまでも個人の尊厳が守られる社会であってほしいと願っている。

(かめいし・みちこ)

裁判員裁判と身体拘束からの解放

弁 護 士　**長部　研太郎**

　　Ⅰ　裁判員裁判と保釈の重要性
　　Ⅱ　裁判員裁判と保釈の要件
　　Ⅲ　具体的事例の検討
　　Ⅳ　公判開始後の保釈請求
　　Ⅴ　裁判員裁判と保釈保証金
　　Ⅵ　判断権者についての制度変更

Ⅰ　裁判員裁判と保釈の重要性

1　無罪推定の原則

　保釈制度は、無罪推定の原則の適用を受ける有罪判決確定前の被告人を可能な限り通常人と同様の生活状態において、人身の自由に対する制約をできるだけ小さくして社会生活上の負担を緩和することを図るものである。また、当事者主義を基本とする現行刑訴法の下の裁判において、身体の拘束から解放し、武器対等の原則に従った形で防御活動を行うことが可能となる点でも重要である。さらに、自由権規約9条3項は、「刑事上の罪に問われて逮捕され又は抑留された者は、裁判官又は司法権を行使することが法律によって認められている他の官憲の面前に速やかに連れて行かれるものとし、妥当な期間内に裁判を受ける権利又は釈放される権利を有する。裁判に付される者を抑留することが原則であってはならず、釈放に当たっては、裁判その他の司法上の手続のすべての段階における出頭及び必要な場合における判決の執行のための出頭が保証されることを条件とすることができる。」と定めている[1]。そして、裁判員裁判の被告人についても無罪推定の原則が妥当す

ることはいうまでもない。

2　公判前整理手続

　しかし、裁判員裁判の場合には、通常の事件の場合にも増して保釈を必要とする事情が存する。それは公判前整理手続と連日開廷である。まず、裁判員裁判は、必ず公判前整理手続に付されることとなっているところ（裁判員の参加する刑事裁判に関する法律49条）、公判前整理手続に付されると、第1回公判期日が始まる前に事件の争点と証拠が整理され（刑訴法316条の2）、手続終了後は証拠請求が制限される（刑訴法316条の32）。したがって、公判前整理手続の進め方如何によって訴訟の帰趨が大きく左右されるといっても過言ではない。それゆえ公判前整理手続の間に被告人と弁護人との十分な打ち合わせの機会が不可欠となるのである(2)。

3　連日開廷

　次に、裁判員裁判は、連日開廷で審理される。通常の裁判の公判が間隔を詰めて期日を入れるとしてもせいぜい週に1、2回であるのと比較すると全くといってよいほど事情が異なる。公判終了後は、翌日の公判に向けての打ち合わせが必要となる。弁護人にとって最も便利なのは、公判終了後、そのまま裁判所内で被告人と接見することであるが、拘置所側は、押送の都合などを理由にあまり長い時間の接見を認めない。そこで、被告人が一旦、拘置所に戻ってから再度、接見に行く必要がある。公判審理の時間は日によって多少の前後はあるとしても午前10時から午後5時までというのが一般的である。刑事収容法では、被告人と弁護人との面会の日及び時間帯は、日曜日その他政令で定める日以外の日の刑事施設の執務時間内とされている（同法118条1項）。例えば、大阪拘置所の場合、午後4時までに接見の申込みをしなければならず、接見時間も午後5時までである。これでは裁判員裁判の公判期間中の接見は不可能である。

（1）　緑大輔・新コンメ刑訴法［2版］195頁。
（2）　小野正典「裁判員裁判の意義」自正59巻2号81頁。

4　夜間・休日接見の申合せ

そこで、法務省と日本弁護士連合会は、平成19年3月13日、「夜間及び休日の未決拘禁者と弁護人等との面会等に関する申合せ」を行っている。この申合せによれば、当該面会希望日から起算して5日以内に公判期日（公判前整理期日及び期日間整理手続期日を含む。以下同じ）が指定されている場合には、夜間にも接見することができる（4項ア）。また、当該面会希望日から起算して2週間以内に公判期日が指定されている場合には、土曜日の午前中にも接見することができる（5項ア）。しかし、夜間接見の場合も時間は午後8時までであり、公判終了後、裁判所ないし弁護人の事務所から拘置所までの移動に要する時間等を考えると十分な時間が確保できるとは言いがたい（拘置所の中には、神戸拘置所のように裁判所から相当離れた場所にあるものもある）。しかも、アクリル板に遮られた状態での接見がスムースな打ち合わせの障害となることは今更いうまでもない。

したがって、連日開廷においてその準備のために適時の十分な打ち合わせをするためには、保釈が極めて重要なのである。

II　裁判員裁判と保釈の要件

1　裁判員裁判の対象事件

ところが、裁判員裁判の対象事件は、①死刑又は無期の懲役若しくは禁錮に当たる罪に係る事件、②裁判所法26条2項2号に掲げる事件（死刑又は無期若しくは短期1年以上の懲役若しくは禁錮に当たる罪に係る事件＝法定合議事件）であって、故意の犯罪行為により被害者を死亡させた罪に係るものである（裁判員法2条1項）。したがって、裁判員裁判の対象事件は、全て刑訴法89条1号（被告人が死刑又は無期若しくは短期1年以上の懲役若しくは禁錮に当たる罪を犯したものであるとき）の権利保釈の除外事由に該当することとなる。つまり、裁判員裁判の対象事件は、通常の事件にも増して保釈が重要であるにもかかわらず、権利保釈が認められず、裁量保釈しか認められないのである。

2　権利保釈と裁量保釈の関係

　権利保釈と裁量保釈の関係については、大きく分けて、権利保釈にあたらない場合でも、相当な保証金額を定め、条件を付することによって逃亡及び罪証隠滅の行動を阻止し、公判審理を適正に維持することができ、また、それが適当と考えられる場合に許可すべきであるとするやや広い考え方[3]と権利保釈の除外事由がある場合は原則として保釈が適当でないとされているのであるから、裁量保釈を許可するには被告人の釈放を相当とする特別の事情が必要であるとする考え方[4]の二つがあり、現在の実務では、後者の立場による取扱いが多いといわれている[5]。しかし、弁護人としては、前者の立場に立って、権利保釈の除外事由があることは当然に保釈が適当でないことを意味せず、広く裁量保釈を求めていくべきである。

　なお、平成28年改正前の刑訴法90条は、「適当と認めるときは」とするのみで、具体的な考慮事情を全くあげていなかった。そして、「当該事件の軽重、事案の性質、内容、情状、被告人の経歴、行状、性格、前科、前歴、家族関係、健康状態、公判審理の状況、勾留期間、共犯者がいる場合には共犯者の状況等の諸般の事情を総合的に考慮し、合理的な裁量によって判断していくべき」[6]というのが一般的な見解であった。この点に関し、法制審議会の「新時代の刑事司法制度特別部会」は、平成26年7月9日の第30回会議において、「新たな刑事司法制度の構築についての調査審議の結果【案】」をもって、部会としての意見とし、これを法制審議会（総会）に報告することを決定したが、その中で、「身柄拘束に関する判断の在り方についての規定の新設」として、「裁量保釈の判断に当たっての考慮事項を明記する。」とした。これを受けて、平成28年の刑訴法改正により、90条は次のとおり改正され、考慮事情が明記された。

　「裁判所は、保釈された場合に被告人が逃亡し又は罪証を隠滅するおそれの程度のほか、身体の拘束の継続により被告人が受ける健康上、経済上、社

（3）　東京地決昭和40・4・16下刑集7巻4号787頁等。
（4）　条解刑訴［4版増補］189頁、東京地決昭和48・1・18刑月5巻1号89頁等。
（5）　仁田睦郎＝安井久治・刑事手続（上）263頁。
（6）　仁田＝安井・前掲注(5)263頁。

会生活上又は防御の準備上の不利益の程度その他の事情を考慮し、適当と認めるときは、職権で保釈を許すことができる。」

3　刑訴法89条1号

　裁判員裁判の対象事件でまず問題となるのは、前述したとおり刑訴法89条1号である。89条1号は、「一定以上の重い罪を犯したことをもって、保証金ではまかないきれないほどの定型的な不出頭のおそれを想定し、除外事由としたものである。」[7]とされているのであるから、形式上は89条1号にあたるとしても、当該犯罪の罪質、犯情、被告人の経歴、身分、家族関係等から保釈保証金によって出頭確保が期待できることを主張して、裁量保釈が許可されるようにすべきである。特に、信頼性の高い身元引受人を確保することが重要であると考えられる。

4　刑訴法89条4号

　次に問題となるのが、刑訴法89条4号の権利保釈除外事由である。検察官は、裁判員裁判において、否認事件の場合はもちろんのこと、公訴事実自体に争いがない事件であっても、罪証隠滅の相当理由があることを根拠に保釈に反対することが多いからである。罪証隠滅の相当理由については、実務では、①罪証隠滅の対象、②罪証隠滅の態様、③罪証隠滅の客観的可能性（余地及び実効性）、④罪証隠滅の主観的可能性（意図）の4つの要素から検討するのが一般的である[8]。そして、従来、刑訴法89条4号にあたる場合には、同条1号や3号にあたる場合よりも裁量保釈の余地が少ないとする見解[9]もあった。

　裁判員裁判の施行に先立ち、松本芳希判事から保釈の積極的な運用についての提言がなされた[10]。松本判事の提言で重要であると思われるのは次の2点である。

（7）　鈴木巧・新基本法コンメ刑訴法［2版］121頁。
（8）　条解刑訴［4版増補］148頁。
（9）　司法研究・勾留及び保釈361頁。
（10）　松本芳希「裁判員裁判と保釈の運用について」ジュリ1312号128頁。

裁判員裁判と身体拘束からの解放

　1点目は、「長年の運用により、判断基準が類型化、抽象化している可能性がないかが再検討されるべきであろう。」とされている点である。すなわち、「人質司法批判の中に、被告人が事実を否認ないし黙秘をすると罪証隠滅の徴表だとして保釈を認めない取扱いがなされている、というものがある。被告人が素直に自白している場合には罪証隠滅の意図が少ない（罪証隠滅行為に出る主観的可能性が小さい）と考えられるのに対し、被告人が黙秘又は否認をしている場合には、罪証隠滅の意図を否定的に解すべき事情がないという意味において罪証隠滅の意図を推測できる場合が多くなると言えるので、被告人の供述態度が罪証隠滅の意図の有無を認定する有力な資料になることは間違いない。しかし、被告人の供述態度はあくまでも罪証隠滅の主観的可能性を判断する一資料に過ぎない。否認ないし黙秘の態度のみを捉えて直ちに罪証隠滅のおそれを肯定するのであれば、判断基準が類型化、抽象化しているとの批判を免れるものではない。予想される罪証隠滅行為の態様を考え、被告人がそのような行為に出る現実的具体的可能性があるか、そのような罪証隠滅行為に出たとして実効性があるのかどうか、具体的に検討すべきであって、否認又は黙秘の態度から直ちに罪証隠滅のおそれを肯定するようなことをしてはならない。」とされているのである。さらに、松本判事は、「起訴前の勾留の要件である罪証隠滅のおそれの判断は、捜査が事案の真相解明のために証拠を収集保全するという流動的発展的な性質を有することを前提に行われるのに対し、起訴後保釈の許否に際しての罪証隠滅のおそれの判断は、既に証拠が収集保全されたことを前提に証拠隠滅の可能性、蓋然性があるかどうかについて行われるものであることも改めて確認しておく必要がある。」とされている。

　松本判事の提言の2点目は、「罪証隠滅の対象となる事実については必ずしも犯罪の特別構成要件を充足する事実についてのみ考えるべきものではないとするのが大方の実務の取扱いである。当該事実が犯罪の態様、動機、情状などの抽象的分類のいずれに属するかは問題でなく、社会的事実関係において重要な事実であれば、罪証隠滅の対象となる事実であるとされたり、起訴不起訴あるいは量刑に影響を及ぼす事実であれば、犯行の動機や犯行に至る経緯、共謀の成立経過、共犯者間の役割分担、覚せい剤の入手経路・入手

状況等に関する事実も罪証隠滅の対象となる事実に含まれると解される。」とした上で、「4号該当事由の判断に際し、重要な情状事実であるとして罪証隠滅の対象となる事実に該当するという判断が次第に拡大されてきていることはないか、犯罪の成否に関わらなくても量刑上意味のある重要な事実であるとして、その点に関する関係者の供述に変遷や食い違いがあったりすると、比較的容易に罪証隠滅のおそれが肯定されたりしていないかどうかを、再検討しておく必要があるように思われる。刑事司法の過度の精密化は、審理の中で細部の事実関係まで取り上げて検討する傾向があったことから、そのような細部の事実関係についても罪証隠滅の対象となる事実として取り上げがちであったということは言えないだろうか。もし、そのようなことがあったとすると、罪証隠滅の対象となる事実として量刑上意味のある重要な事実であるかどうかは本来慎重に吟味すべきことであるし、仮に量刑上意味のある重要な事実に該当する場合であっても、犯罪の成否に関わる事実について罪証隠滅のおそれが考えられる場合とは自ずから重要度に差があるのであるから、罪証隠滅の主観的可能性や客観的可能性の判断をより具体的実質的に行うべきことになろう。」というものである。

以上をまとめると次のようになる。

① 否認又は黙秘の態度から直ちに罪証隠滅のおそれを肯定してはならず、予想される罪証隠滅行為の態様を考え、被告人がそのような行為に出る現実的具体的可能性があるか、そのような罪証隠滅行為に出たとして実効性があるかを具体的に検討すべき

② 保釈の許否に際しての罪証隠滅のおそれの判断は、既に証拠が収集保全されたことを前提に証拠隠滅の可能性、蓋然性があるかどうかについて行われるものであって、起訴前の勾留の要件である罪証隠滅のおそれの判断とは異なる

③ 罪証隠滅の対象は、犯罪の成否に関わる事実だけでなく、量刑上重要な事実にまで拡大されてきたが、細部の事実関係まで量刑上重要な事実として取り上げがちであり、慎重に吟味すべき

④ 仮に量刑上重要な事実に該当する場合であっても、犯罪の成否に関わる事実とは重要度に差があるのであるから、罪証隠滅の主観的可能性や

客観的可能性の判断をより具体的実質的に行うべき

全ての裁判官がこのような考えを持つようになれば、刑訴法89条4号に該当して権利保釈が不許可になる事案はほとんどなくなるはずであるが、後でみる具体例からも明らかなように現実はそうはなっていない。

5 公判前整理手続の進行と保釈

また、裁判員裁判においては、公判前整理手続が進行していくにつれて罪証隠滅の相当理由が変化していくことを考慮する必要がある。すなわち、公判前整理手続の進行に伴って争点が集約され、次第に争点から除外される論点が増加していき、最終的に争点が確定する。この中で争点から除外された事項については、罪証隠滅の対象として考慮する必要はないことになる[11]。また、公判前整理手続が進行するにつれて、被告人側の主張も明確になるから、その主張に合致しない態様の罪証隠滅の可能性は否定されることになる[12]。

ただ、三好幹夫判事は、「公判前整理手続が進展すればするほど、罪証隠滅の対象、態様、客観的可能性、主観的可能性をより具体的かつ実質的に予測し、それらを踏まえた判断をすることが容易になっていくのである。」[13]とされているのであるが、そうすると、弁護人としては、「やはり裁判官は普段から抽象的な罪証隠滅のおそれだけで判断しているのではないか」という疑念を持たざるを得ないのである。

6 強盗致傷の否認事件について保釈を許可した準抗告決定

連日開廷への対応及び公判前整理手続の進行と保釈については、保釈請求が却下されたが、準抗告で原裁判が取消され、保釈が許可され、検察官の特別抗告も棄却された事案が注目される[14]。

---

(11) 松本・前掲注[10]148頁、長瀬敬昭「被告人の身体拘束に関する問題(2)」判タ1301号108頁。
(12) 三好幹夫「保釈の運用」令状に関する理論と実務Ⅱ10頁。
(13) 三好・前掲注[12]10頁。
(14) 最(二小)決平成22・7・2裁判集刑301号1頁、判タ1331号93頁、原決定は東京地決平成22・6・22判タ1331号102頁。

この事案の被告人は、①傷害事件、②傷害、窃盗事件、③強盗致傷事件、④器物損壊事件の４つの事件で起訴され、このうち③事件（マンションの入口で、帰宅途中の女子大学生の手提げバッグを奪おうとして刃物様のもので右前胸部を１回突き刺すなどしたが、抵抗されたため、バッグは奪えず、入院加療16日間の傷害を負わせた）が裁判員裁判の対象事件であり、公判裁判所は全ての事件を公判前整理手続に付した。被告人は、②と③事件について犯人性を争っていた。弁護人は、公判前整理手続が終了する前ではあるが、概ね審理計画が定まった段階で、被告人が勾留されていた①、②、③事件について保釈請求を行った。これに対し、裁判官は、①と②事件については刑訴法89条４号に、③事件については同条１号及び４号に該当し、裁量保釈も相当でないとして、保釈請求を却下した。これに対し、弁護人が準抗告したところ、準抗告審である東京地裁は、公判前整理手続の進行について「被告人及び弁護人は、公判前整理手続において、被告人が犯人であることを争う旨の予定主張を明示しているところ、検察官の主張は、現場の遺留物及び被害品と被告人との結び付きや被害者の供述する犯人の特徴と被告人との結び付き等の間接事実を総合評価する構造であること、したがって、検察官の立証は、既に保全されている物、これらに関する科学的知見及び捜査官の供述並びに被害者の目撃供述が中心になること、被害者の供述する犯人の特徴は概括的なものにとどまり、被告人が被害者に対して事実と異なる供述をするよう働きかけるとは考え難く、このことは公判前整理手続がまもなく終了する現時点において、より働きかけが考え難い状況となっていること等に照らすと、現時点では、被告人が実効的な罪証隠滅行為をなし得るとは考えにくく、具体的な罪証隠滅のおそれがあるとは認められない。」とした。

次に、東京地裁は、連日開廷への対応について、「本件は、いずれも裁判官と裁判員の合議体によって、本年７月20日から８日間にわたり、土曜日と日曜日を除く連日開廷で審理される予定であるところ、このような連日開廷に対応した効果的な弁護活動を行うためには、被告人と弁護人が即時かつ緊密に打合せを行う必要がある。」と述べ、この点を裁量保釈の理由の一つにあげている。

そして、この決定に対し、検察官が特別抗告したが、棄却されたのである。

7 裁判員裁判制度施行後の保釈の状況

実際に裁判員裁判制度が施行されて保釈の運用はどのようになったかであるが、裁判官裁判の時代を大幅に上回る数の被告人が保釈されている[15]。すなわち、総数でみれば、裁判官裁判の平成20年及び平成21年の保釈率がそれぞれ4.5％と5.5％に過ぎないのに対し、制度施行から平成23年3月までの裁判員裁判（以下同じ）の保釈率は8.3％である。また、有罪判決を受けた者についてみると、3年以下の実刑の場合、裁判官裁判の平成20年及び平成21年の保釈率がそれぞれ7.3％と6.0％に過ぎないのに対し、裁判員裁判の保釈率は15.3％にのぼっている。そして、死刑、無期、3年を超える懲役の有罪判決を受けた者についても、裁判官裁判の平成20年及び平成21年の保釈率がそれぞれ1.3％と1.8％に過ぎないのに対し、裁判員裁判の保釈率は3.1％もある。さらに、執行猶予付判決の宣告を受けた者についても、裁判官裁判の平成20年及び平成21年の保釈率がそれぞれ21.8％と27.2％であるのに対し、裁判員裁判の保釈率は31.9％である。

したがって、裁判員裁判制度が施行されて、保釈の運用が積極的になっているのは事実のようである。ただ、総数で8.3％、執行猶予付判決の宣告を受けた者であっても31.9％というのは、まだまだ低いと言わざるを得ない。

III 具体的事例の検討

1 事後強盗致傷型

(1) 最も保釈が許可される見込みのある事案

裁判員裁判の対象事件で最も保釈が許可される見込みがあるのは、おそらく事後強盗致傷型の事案であると思われる。明確な数値の裏付けはないが、事後強盗致傷型の事案の場合、起訴の段階で、検察官が暴行の程度が被害者の反抗を抑圧する程度に至らないと判断して窃盗と傷害に分けて起訴するケースが多いのではないかと考えられる。そして、強盗致傷で起訴され、裁判員裁判になった場合であっても、被害者との間で示談が成立している等の事

---

(15) 三好・前掲注(12)13頁の表4。

III 具体的事例の検討

情があれば、起訴直後に保釈が許可されることも珍しくないようである。
(2) ケース1（罪名＝強盗致傷）

例えば、コンビニエンスストアにおいて、アイスクリーム等8点（販売価格合計2,166円）を窃取し、店外に逃走したところ、店長から追跡を受け、逮捕されそうになるや、逮捕を免れるため、店長の襟付近をつかんで投げ飛ばして路上に転倒させ、さらに足にしがみついてきた店長の肩付近をつかんでフェンスに向かって投げつけた上、路上に転倒させるなどの暴行を加えて、安静加療約3日間を要する右肘擦過傷の傷害を負わせたという強盗致傷の事案で（ケース1）、起訴後すぐに保釈が許可されている。なお、保証金額は400万円であった。

2 家族内での殺人・傷害致死型
(1) 3つのケースの紹介

事後強盗致傷型に次いで裁判員裁判の対象事件で保釈が許可される可能性が高いのは、家族内での殺人・傷害致死の事案であると思われる。この類型については、3つのケースを紹介したい。

まず、1つ目のケースは、80歳の夫が認知症を発症していた73歳の妻の首を電気コードで絞めて殺害し、その後、自らも自殺を図って包丁で自分の首及び左手首を切りつけたが、死に至らず、殺人罪で起訴されたという事案である（ケース2）。起訴後すぐに保釈が許可された。保証金額は300万円であった。

2つ目のケースは、重度の知的障害を有した長女を29年間にわたり介助し続けてきた母親が、長女が根治不能の難病に罹患したことによって疲弊を募らせ、うつ病に罹患した結果、長女を浴槽に沈めて殺害したとして、殺人罪で起訴された事案である（ケース3）。公判前整理手続中に保釈が許可された。保証金額は500万円であった。

3つ目のケースは、夫婦喧嘩が高じた結果、34歳の夫が23歳の内縁の妻に殴る蹴るなどの暴行を加え、肋骨骨折、心臓破裂等の傷害を負わせて死亡させ、傷害致死罪で起訴された事案（ケース4）である。公判前整理手続が終了した時点で保釈が許可された。保証金額は450万円であった。

(2) 保釈の理由と疎明資料

　裁判員裁判の対象事件では裁量保釈しか認められないのであるから、保釈請求においていかに説得的な保釈の理由を提示できるか、またそれを裏付ける疎明資料を準備できるかが鍵となる。

① ケース2（罪名＝殺人・被告人＝夫・被害者＝妻）

　ケース2において、弁護人は、まず、刑訴法89条1号に関して、本件はいわゆる介護殺人の事案であり、量刑検索システムによるデータベースによると、その量刑ラインは実刑か執行猶予かといったあたりであって、同号が想定するような長期の懲役刑の可能性はないことを指摘している。

　次に、弁護人は、罪証を隠滅すると疑うに足りる相当な理由に関して、殺害態様や殺意の存在を争うつもりはなく、争点としては、うつ状態であった被告人の精神状態が責任能力に影響を与える程度のものであったか、仮に責任能力に影響を与えるほどではなかったとしても量刑上考慮に値する程度に減弱していたか、殺害に至る経緯・動機であって、これらについては証拠の収集が全て終わっており、罪証隠滅は想定できないと主張している。

　また、逃亡すると疑うに足りる相当な理由については、被告人の年齢や身体に障害のあることを理由に不存在であるとしている。

　そして、保釈の必要性としては、被告人が精神及び身体ともに衰弱しており、医療的治療と介護が可能な精神科病棟へ入院させる必要があることをあげている。

　疎明資料としては、被告人を受け入れることを約束している精神科医の診断書と身元引受書、その病院のホームページ、被告人の長女の身元引受書及び上申書、被告人本人の誓約書及び上申書が提出されている。

② ケース3（罪名＝殺人・被告人＝母親・被害者＝長女）

　次に、ケース3において、保釈請求がなされたのは、公判前整理手続期日が5回、進行協議期日が4回行われた後である。

　弁護人は、保釈請求において、被告人が公訴事実記載の行為に及んだことは争わず、争点は被告人の責任能力の有無、程度だけであるとしている。そして、弁護人の精神鑑定請求が採用され、既に精神鑑定意見書が提出されており、今後の公判前整理手続は精神鑑定意見を中心に進行していくことにな

っていた。検察側の証人予定者は、介護ヘルパーと被害者が通っていた作業所の職員であった。弁護側の証人予定者は、被告人の夫及び長男であった。

罪証を隠滅すると疑うに足りる相当な理由について、弁護人は、専門家である医師に働きかけをして判断を変えさせることは不可能であると主張している。また、介護ヘルパーと被害者が通っていた作業所の職員については、既に検察官が事情を聴いており、被告人が働きかけをしても無意味であると主張している。そして、被告人の夫と長男については、捜査段階において、刑訴法226条に基づく証人尋問が実施されている。したがって、いずれの証拠についても罪証隠滅の客観的可能性がないと主張している。また、罪証隠滅の主観的可能性についても、被告人は、事実を積極的に述べていくつもりであり、それは被害者である娘に対してだけでなく、被害者の遺族である家族に対する責任でもあるからであるとして、主観的可能性もないと主張している。

次に、逃亡すると疑うに足りる相当な理由について、被告人の夫及び長男が身元を引き受けることを約束しており、そのような理由はないと主張している。被告人の夫は被告人の帰りを待つ準備のため、勤務先を退職し、被告人の長男も被告人宅の近所に住んでいる。

保釈の必要性については、被告人の精神状態が悪化しており、精神医学的治療が必要であることがあげられている。すなわち、被告人は、本件直後に自殺を図って池に飛び込んだところを発見され、病院に救急搬送されている。搬送先の病院でうつ状態との診断を受け、鑑定意見書では大うつ病性障害に罹患しているとされている。

疎明資料としては、予定主張記載書、証拠意見書、公判前整理手続調書、被告人の夫及び長男の刑訴法226条に基づく証人尋問調書、被告人の夫及び長男の身元引受書及び陳述書が提出されている。

③　ケース4（罪名＝傷害致死・被告人＝夫・被害者＝妻）

ケース4は、公判前整理手続中に3回の保釈請求がなされたが、いずれも却下され、公判前整理手続の終了後になされた4回目の保釈請求でようやく保釈が許可された事案である。なお、3回目の保釈請求却下決定に対して、弁護人が準抗告の申立をしているが、棄却されている。

1回目の保釈請求は、打ち合わせ期日と第1回公判前整理手続期日が行われた後でなされている。2回目の保釈請求は、第2回公判前整理手続期日が行われた後でなされている。3回目の保釈請求は、第3回公判前整理手続期日が行われた後でなされている。保釈請求却下決定の理由は、3回とも「被告人は刑訴法1号、4号に該当し、かつ、諸般の事情に照らして保釈の許可をするのは適当と認められない。」というものであった。

　弁護人が当初、本件の争点と考えていたのは、被告人の暴行と被害者の死亡との因果関係、暴行に至る経緯であった。そして、弁護人は、被告人の暴行と被害者の死亡との因果関係については、既に証拠化されたものの評価の問題であり、また、救急隊員や医師に働きかけを行っても実効性はなく、被告人が罪証の隠滅を図ることは不可能であると主張している。また、暴行に至る経緯については、暴行の現場が被告人の自宅寝室であるところ、目撃者はおらず、隠滅の対象となる証拠は被告人の供述以外存在しないと主張している。検察側の証人予定者は被害者の母親及び姉であるところ、接触は可能であるものの、両名とも被告人に対して厳しい感情を持っており、被告人が働きかけを行っても供述を変えることはあり得ない。特に、被害者の母親は、被害者参加の申し出をしており、委託弁護士も就いている。したがって、罪証隠滅の客観的可能性はないと主張している。なお、弁護人は、第3回公判前整理手続期日に先立って提出した予定主張記載書において、暴行と死亡との因果関係を争わないことを明示したことから、本件の争点は、暴行に至る経緯に確定している。

　罪証隠滅の主観的可能性について、弁護人は、被告人はそのような意図は有していないと主張している。ただ、具体的な根拠がやや不十分ではないかと思われる。

　逃亡すると疑うに足りる相当な理由について、弁護人は次のように主張している。すなわち、被告人には、被害者との間に生まれた生後間もない子と前妻との間に生まれた3人の子がおり、本件の前は、被告人、被害者、生後間もない子、前妻との間に生まれた子のうちの1人（13歳）の4人で暮らしていた。被告人は、子らの生活状況を常に心配しており、被告人の帰りを待つ子らを置いて逃亡することはあり得ず、また、幼い子らを連れて逃亡する

ことは不可能である。なお、生後間もない子は被害者の遺族が引き取っており、前妻との間に生まれた子のうちの１人は被告人の知人宅に預けられていた。

保釈の必要性についても、弁護人は子の存在をあげている。突然母親を亡くし、父親とも離れることを余儀なくされた子らの心理的な悪影響を理由に被告人を子らの元に帰すべきであるとしている。また、被告人は、相当期間懲役に服さなければならないであろうことを踏まえ、前妻との間に生まれた子のうちの１人について、前妻に親権を移す手続も必要である。

疎明資料としては、公判裁判所作成の整理手続等経過メモ、予定主張記載書、証拠意見書、被告人の両親の身元引受書が提出されている。

(3) 検察官の準抗告

ア　裁判員裁判の対象事件では、保釈が許可されても、検察官が準抗告の申立をすることが多い。上の３つのケースでは、ケース３とケース４で検察官が準抗告（及び裁判の執行停止）の申立をしている。

検察官が準抗告の申立を行ったときは、弁護人としては、反論の意見書を提出するとともに裁判所と面談することは通常の事件の場合と同じである。ケース３もケース４も準抗告は棄却されている。決定の内容の概要は次のとおりである。

イ　ケース３の準抗告決定は、「本件の主要な争点である被告人の責任能力の判断に関わる事実については、被害者の在宅介護を担当していたヘルパーや被告人の夫等の関係者らの証人尋問が予想されるところ、本件事案の重大性や被告人の上記関係者らとの関係性等に照らせば、被告人が上記関係者らに自己に有利な供述をするよう働きかけるなどして責任能力の判断に関わる事実や重要な情状事実について罪証を隠滅すると疑うに足りる相当な理由があり、刑事訴訟法89条４号に該当する事由があることは否定できない。そこで、裁量保釈の当否について検討すると、弁護人は、公判前整理手続において、本件犯行自体については概ね争わない旨主張している上、証拠意見からしても前提となる事実関係に大きな争いはないことが見込まれる。そして、公判前整理手続において被告人の精神鑑定が実施されているところ、既に鑑定作業が終了して鑑定メモも提出されていることを考えると、現時点で

被告人を保釈しても、罪証隠滅を図る具体的な可能性や実効性はそれほど高くないと考えられる。これらの事情に加え、本件事案の性質及び内容、被告人の身上経歴関係、自宅で同居する夫と近隣に居住する息子が被告人の身柄の引受けや監督を制約していること、被告人の心身の状態等に照らせば、被告人の自宅を制限住居とするなどした上で、保釈保証金を500万円と高額に定めて、裁量により保釈をすることが相当と認めた原裁判の判断が誤りであるとは認められない。」としている。

ウ　次に、ケース4の準抗告決定は、「本件は傷害致死の事案であり、被告人に刑事訴訟法89条1号の事由があることは明らかである。」としている。また、本件においては、公判前整理手続が進められて争点整理及び審理計画の策定がされ、被害者の母及び姉、被告人の知人が証人として採用されているが、一件記録上明らかな本件事案の性質、態様や被告人の供述状況などに照らすと、被告人が証人予定者に対して、被告人の主張に沿った証言をするように働きかけるなどして、罪証を隠滅するおそれがあることはなお否定できず、同条4号の事由も認められる。次に、裁量保釈の可否について検討する。上記のように、被告人については刑事訴訟法89条4号の罪証隠滅のおそれをなお否定できないものの、公判前整理手続が終結しており、新たな証拠請求は容易でないこと、被害者の母及び姉への働きかけについても、被害者の母が被害者参加を許可され、委託弁護士もあり、そのような働きかけも容易でないことや、証人による立証予定事項なども踏まえると、上記の罪証隠滅のおそれは現時点ではかなり低減しているものというべきである。他方、被告人は本件犯行当日に逮捕され、その後勾留されているところ、公判前整理手続が終結し、公判期日が約1か月後に迫っていることなどからすれば、弁護人の主張する身辺整理等の必要性もある程度肯定できる。そうすると、被告人に対して、450万円と相当高額の保証金を定め、被害者の母及び姉との接触を禁止するなどの各条件を付した上、保釈を許可した原裁判は相当である。」としている。

Ⅲ 具体的事例の検討

3 殺人未遂で殺意を争っている場合
(1) 5回目の保釈請求で許可されたケース（ケース5）

ア 裁判員裁判では、殺人未遂罪で起訴されたが、殺意の有無を争うケースが少なくないと思われる。そこで、まず、5回目の保釈請求でようやく保釈が許可されたケース（ケース5）を紹介したい。

イ 事案の概要は次のとおりである。被告人は、10年近く不倫関係にあった女性（傷害事件の被害者）から別れを切り出され、女性に対する未練から復縁を迫るメールを送信したり、女性の家族に危害を加える旨伝えたりするようになったことから、女性が夫（殺人未遂事件の被害者）に打ち明け、警察に相談した結果、被告人は、警察から警告を受けた。その後、被告人は、女性と連絡が取れなくなり、女性と復縁したいという気持ちが高じる中、それに応じようとしない女性及び女性と被告人との接触を妨害する女性の夫に対する憤まんの情を募らせ、女性とともに自転車で走行していた夫に対し、自己が運転する自動車を衝突させ路上に転倒させたが、入通院加療約1か月間を要する傷害を負わせたにとどまり、引き続き、同所において、女性の顔面を拳骨で殴打するなどして入院加療約1か月間を要する傷害を負わせた。被告人は、殺人未遂及び傷害で起訴された。また、被告人は、覚せい剤取締法違反（自己使用）で追起訴された。

ウ 弁護人は、公判前整理手続において、類型証拠及び主張関連証拠の開示を受け、検察官請求証拠について一部留保付であるものの証拠意見を述べ、殺意を否認するという予定主張を明示した段階で、1回目の保釈請求を行ったが、保釈請求は却下された。却下の理由は、「被告人は、殺人未遂及び傷害については刑訴法89条1号、4号、5号に、覚せい剤取締法違反については刑訴法89条4号に各該当し、かつ、諸般の事情に照らして保釈を許可するのは適当と認められない。」というものであった。

エ 弁護人は、全ての検察官請求証拠について証拠意見を述べ、証人予定者もほぼ確定し、争点と証拠の整理がほぼ終了した第6回公判前整理手続が行われた当日に2回目の保釈請求を行った。しかし、保釈請求は、前回と同様の理由で却下された。そこで、弁護人は準抗告の申立を行った。準抗告審は、覚せい剤取締法違反について、原裁判を取り消して保釈を許可したが

（保証金額は100万円）、殺人未遂及び傷害については、準抗告を棄却した。決定の概要は次のとおりである。「本件の争点は上記夫に対する殺意の有無であり、検察官は、公判前整理手続において、本件犯行に至る経緯や被告人の犯行前後の言動等から被告人には確定的殺意があったと主張している。したがって、今後の公判においては、被告人の殺意の有無のみならず、殺意があるとした場合にはその程度等が重要な情状事実として審理の対象となるところ、検察官の立証上、後者の点に関し被告人の親族及び知人等の証人尋問が重要な証拠調べとして位置付けられている。このような検察官の立証構造に加え、本件事件の性質及び内容、被告人の供述内容等に照らせば、現在では、公判前整理手続が進行し、双方の主張、立証についてある程度の見通しが立っていることなど、弁護人が指摘する点を考慮しても、被告人が上記証言予定者らに働きかけるなどして罪証を隠滅すると疑うに足りる相当な理由があり、刑事訴訟法89条4号に該当する事由があると認められる（なお、被告人と被害者らの間で代理人を介して合計400万円を支払ったこと等を考慮すると、被告人につき刑事訴訟法89条5号に該当する事由があるとまでは認められない。）。また、本件の性質等の上述した事情に照らせば、公判に向けて被告人と打ち合わせを行う必要があることなど弁護人が主張する諸点を考慮しても、被告人に対し、裁量により保釈を許可するのも相当とは認められない。」

オ　弁護人は、第8回公判前整理手続が行われた当日に3回目の保釈請求を行った。この時点で、判決予定日までの公判期日の仮押さえがされ、証人予定者も概ね確定し、被害者である夫については証人尋問を行わない旨が決まり、次回の第9回公判前整理手続で公判前整理手続を終結する予定であった。しかしながら、保釈請求は、「被告人は刑訴法89条1号及び4号に該当し、かつ、諸般の事情に照らして保釈の許可をするのは適当と認められない。」との理由で却下された。

カ　弁護人は、最後の第9回公判前整理手続の4日前に4回目の保釈請求を行った。しかしながら、保釈請求は3回目と同様の理由で却下された。

キ　弁護人は、公判前整理手続が終結した約1か月後（第1回公判期日の約1か月前）、5回目の保釈請求を行った。裁判官はようやく保釈を許可した。保証金額は500万円であった。保釈許可決定の理由の概要は以下のとお

III 具体的事例の検討

りである。まず、刑訴法89条4号については、「本件の最大の争点は殺人未遂の訴因に関する殺意の有無・程度であるが、その判断については、実行行為の客観的態様のほか、犯行前後の被告人の言動にも、間接事実として意味のあるものが少なくなく、その立証が関係者（被害女性、被告人の弟及び友人）の供述に依存する証拠構造であること、現段階での被告人側の主張を踏まえても、それらの点に関して上記各人と被告人の供述に差異が見られること、上記各人と被告人との人的関係等に照らすと、被告人が上記の者らに働き掛けて、殺意に関連する前記事項や、傷害の関係を含めた犯行経緯、計画性等、情状面で重要な事実について、罪証を隠滅すると疑うに足りる理由があり、同条4号の事由も認められる。」とした。次に、裁量保釈については、「裁量保釈の当否について見ると、各犯行態様が危険、粗暴で、結果（傷害の訴因に関するものを含む。）も重大であること、勾留に伴う弊害に特に深刻な事情を認め難いことなど、保釈を消極視すべき事情も少なくない。しかし、外形的な事実経過に関しては、特に顕著な対立はないことに加えて、被害女性については、現在の人的関係や損害賠償の実践等から見て、罪証隠滅のおそれは主観的可能性の点でさほど高いとは認められず、被告人の弟及び友人についても、同人らの供述調書に対する一部不同意は供述の弾劾を主たる趣旨とするものではないこと（弁護人が援用する「保釈請求再補充書」で述べている以上、そのように解するほかない。）、上記両名及び被告人が相互の接触を控える旨約していることなどに照らすと、やはり、罪証隠滅の主観的可能性はさほど高くない。また、身柄引受人ら各人には、事件の経緯に即して見れば、監督能力を疑問視すべき事情が認められるが、各人の意識や被告人との信頼関係、被告人の精神状態は相当改善されていることが窺われ、実効性のある監督に一定の期待ができる状況に至っている。そのほか、今後、公判期日までの弁護人との打合せの必要性等、弁護人が主張する各事情も考慮し、裁量保釈が許されると判断した。」としている。なお、決定の中に出てくる「保釈請求再補充書」は、弁護人が書証について一部不同意にしたのは、裁判員裁判においては直接主義・口頭主義の要請が強く働くことから、書証によらず、証人尋問をした方が適当であるという観点に基づくものであり、検察官がそのことをもって4号該当性の根拠にしているのは誤解である

という内容である。

　ク　この保釈許可決定に対し、検察官が準抗告の申立を行った。準抗告審は、次のような決定をした。まず、刑訴法89条4号について、「本件では、争点及び証拠の整理が完了し、公判前整理手続が終結しているものの、本件の最大の争点である殺人未遂の訴因に関する殺意の有無、程度、さらに傷害を含めた犯行に至る経緯、動機、計画性等の重要な情状事実を立証するに当たり、被害女性をはじめとする関係者らの公判廷における供述が重要であることは否定できず、本件事案の重大性、被告人と被害女性を含む関係者らとの人的関係等に照らせば、被告人がこれら関係者らに働きかけ罪証を隠滅すると疑うに足りる相当な理由はあるといわざるを得ず、同法89条4号の事由は認められる。」とした。次に、裁量保釈について、「上記のとおり、被告人が罪証隠滅行為に及ぶおそれは否定し難いものの、公判前整理手続が終結している現段階においては、被告人が新たな証拠を作出して公判廷に提出することは考え難いこと、犯行前後の被告人の言動に関する証人である被告人の友人及び実弟についても、関連する客観的証拠の存在に争いはない上、原裁判が指摘する各事情があることなどからすれば、被告人が罪証隠滅行為に及ぶおそれは、さほど大きいとはいえない。また、原裁判指摘のとおり、両親や実弟夫婦ら家族と被告人との関係は、現在では、家族が被告人の暴力行為に畏怖するなどしていた本件犯行当時とは異なり、相当程度改善されており、前述した被告人の精神状態の安定も併せ考えれば、被告人の更生に尽力している両親による実効性ある監督に一定の期待ができる。これらに加えて、連続的に開廷される裁判員裁判において、弁護人と被告人との間で防御の準備を行う機会を十分に確保する必要があることなど、弁護人が主張する諸事情を考慮すれば、被害女性、その夫、友人及び実弟との接触禁止を指定条件とし、500万円という保証金額を定めて被告人を裁量により保釈することとした原決定は、本件事案の重大性及び性質を考慮しても、おおむね妥当である。」とした。ただし、原裁判が、被害女性及びその夫について、損害賠償ないし慰謝に関する事項について、接触禁止条件を付していたのに対し、準抗告決定は、これらの事項に限定せず一切の事項について、接触禁止条件を付すのが相当であるとし、さらに、本件事案の性質及び内容、被告人

が本件犯行に至った背景事情、被告人が犯行直前に抱いていた被害女性に対する強い未練や怨恨、証人となる被害女性が今もなお被告人に対し強い畏怖感を抱いている状況等を踏まえると、接触禁止条件に加え、被害女性及びその夫の身辺につきまとい、又は住居、勤務先その他通常所在する場所の付近をはいかいしてはならないという指定条件を付加するのが相当であるとした。そして、結論として、「原裁判は、保釈を許可した点では相当であるが、一部付した条件において十分でない点があるので、本件準抗告の申し立てはその限度で理由があり、原裁判を取り消した上、別紙のとおり指定条件を定めて被告人の保釈を許可する」とした。

ケ　このように本件は、証人予定者が被告人と親しい者であったことから弁護人は罪証隠滅の客観的可能性を払拭するため、大変な努力を払い、その結果、ようやく保釈が許可されたものと考えられる。疎明資料としては、被告人の父親、母親、弟及び義妹の身元引受書、被告人の母親及び弟の上申書、被告人の弟及び友人の誓約書、被告人の母親、弟、義妹及び友人の陳述書、被告人の陳述書兼誓約書、弁護人の示談交渉経緯に関する報告書、被害者に対する申入書、被害者との合意書、被害弁償金の領収書、各地方裁判所の準抗告決定書、特別抗告決定書、被告人の精神状態に関する上申書、公判前整理手続の進捗状況に関する報告書、証拠意見の経緯についての報告書、殺人罪で公判前に被告人を保釈したとの新聞記事が順次提出されている。

(2)　**三好判事の説例**

次に、三好判事が以下のような設例をあげて検討されているので、紹介したい[16]。

設例は「丁は、殺人未遂罪で起訴されたが、同人は捜査段階で殺意を否定し、また、犯行経緯に関する丁の供述と被害者の供述は大きく異なる内容となっている。本件については、公判前整理手続に付され、同手続において、殺意の有無、犯行状況及び犯行に至る経緯が争点であり、検察官請求証拠のうち被害者及び犯行の目撃者の供述調書の取調べが不同意となって、両名の証人尋問を実施する旨、裁判所、検察官及び弁護人の間で争点及び証拠の整

---

(16)　三好幹夫・実例刑訴Ⅱ67頁。

理の結果の確認がなされた後の時点で保釈請求がなされた。保釈すべきか否かを判断するに当たり、公判前整理手続の進行の程度を考慮することは相当か。」というものである。

　三好判事は、「保釈請求は、争点と証拠の整理の結果の確認がなされて公判前整理手続を終了した後のものであるが、この時点において、罪証隠滅の対象は、争点である殺意の有無、犯行状況、犯行に至る経緯に絞られたのであるから、その他の事項は原則として考慮する必要がない。検察官の立証は、被告人丁の供述とは経緯が大きく異なるという被害者の供述に依存し、この供述を目撃者の供述等の他の証拠が支えるという大まかな証拠構造が想定できよう。このような立証構造を前提とし、供述以外の証拠の質や量、特に凶器の性状や傷害の部位程度といった客観的な証拠の存否やその証明力の程度、証人予定である被害者や目撃者と被告人との親近度、被告人の主張や供述等を総合的に考察した結果、罪証隠滅のおそれの存否やその程度が明らかになるのである。採用決定のあった被害者や目撃者は、その供述が犯行態様や犯行に至る経緯を立証する上で決定的な意味を持つことが少なくないが、両者と被告人との関係いかんでは、その通謀の可能性を慎重に考慮しなければならないであろう。そのような総合的判断として、裁判所において、相当額の保釈保証金のほか、被告人丁と被害者や目撃者との面談禁止等の適切な条件の下に、被告人丁の出頭が確保できるとともに、真実解明に対する妨害を排除できるとの判断に到達すれば、裁量保釈とされることがあり得るのである。」とされている。

　ここで注目すべきなのは、「証人予定である被害者や目撃者と被告人との親近度、……を総合的に考察した結果、罪証隠滅のおそれの存否やその程度が明らかになるのである」、「被害者や目撃者……と被告人との関係いかんでは、その通謀の可能性を慎重に考慮しなければならない」という部分であると思われる。三好判事は、「証拠の整理が進めば証人予定者が決まっていくが、例えば、その証人予定者が警察官であるとすれば、被告人との通謀による罪証隠滅の可能性を考慮する必要はなく、逆に、証人予定者が被告人の知人等の親しい者であれば、その者との通謀の可能性を念頭に置かなければならないことになる」と述べており、証人予定者の属性が罪証隠滅の客観的可

能性を大きく左右すると考えているようである。弁護人の一般的な感覚からすれば、被告人と証人予定者とが親しい関係にあるからといって、通謀するとは限らない（むしろ敢えて偽証罪を犯してまで通謀しないのが普通であると思われる）。しかし、裁判官がこのような考え方である以上、弁護人としては、このことを踏まえた上で、被告人と証人予定者が通謀する可能性がないことを積極的に主張して、裁判官を説得していく必要がある。

また、証人予定者が被告人と親しい者でない場合でも、検察官は、罪証隠滅の相当理由があると主張する。この場合、三好判事の立場に従えば、罪証隠滅の客観的可能性は否定されるはずであるが、実際の事件で裁判官はそのような判断を行っているであろうか。先に見たケース5のようになかなか保釈が許可されなかった事案があることからすると、単に接触の可能性があるというだけで、働きかけが奏功するか否かを考慮せずに、客観的可能性を肯定している事案が相当あるように思われる。

4　その他
(1)　2つのケースの紹介
最後にその他のケースとして、次の2つの事案を紹介したい。

1つ目のケースは、看護師が自己の勤務する精神病院において、入院患者を布団でくるんで窒息死させたとして、逮捕監禁致死罪で起訴された事案である（ケース6）。この事案では、起訴後すぐに保釈が許可されている。保証金額は300万円であった。

2つ目のケースは、とび職の親方及びその配下の職人の計5名が、仕事を無断欠勤するなどした仲間の1名に殴る蹴るの暴行を加えて左右肋骨多発骨折等の傷害を負わせ、失血死させたとして、監禁・傷害致死罪で起訴された事案である（ケース7）。保証金額は300万円であった。

(2)　ケース6（罪名＝逮捕監禁致死）
弁護人は保釈請求において、本件の争点は、被告人の行為と発生した結果との因果関係、被害者の体調を含む客観面についての被告人の認識、第三者の行為の介在の有無であるとしている。そして、因果関係については、専門家である医師の意見が重要な証拠であり、第三者の行為の介在については、

本件当時、被告人と一緒にいた他の看護師の認識が重要な証拠であるとしている。その上で、専門家である医師への働きかけは実効性がないし、被告人は、本件当時の勤務先を既に免職されており、当時の同僚と接触することは困難であり、また、接触を禁止する指定条件を付せば足りる。したがって、罪証隠滅の客観的可能性はないと主張している。

また、被告人は、本件について、自らの行為が原因になったのではないかと危惧して自ら警察署に出頭した真面目な人物であり、罪証隠滅の主観的可能性もないと主張している。

次に、逃亡すると疑うに足りる相当な理由については、被告人は、本件の後、約半年間もの間、自宅で待機していたものであり、そのような理由がないことは明らかであると主張している。

そして、保釈の必要性については、被告人は多感な時期にいじめに遭い、不登校になったことがあり、本件について責任を感じている被告人を刑事施設への収容を継続することは、被告人にさらに精神的な負担を課すことになると主張している。

疎明資料としては、被告人の両親の身元引受書が提出されている。

(3) **ケース7（罪名＝監禁・傷害致死）**

とび職の親方とその配下の職人の計5名が関与した事件であるが、親方と配下の職人のうち少年であった1名は別の手続で審理され、残りの3名が併合審理された。そのうち1名だけが保釈請求し、許可されたのである。ただし、保釈が許可されるまでは時間を要している。その経過は次のとおりである。

弁護人は、第1回公判前整理手続において、予定主張記載書を提出し、公訴事実は争わない旨述べ、また、検察官請求証拠についても一部について不必要の意見を述べた以外は全て同意した。弁護人の主張は、当該被告人は本件においてほとんど手を出していないという行為態様に関するものと被告人の職場では、親方ともう1名の職人が常々他の職人に対して暴行を振るい続けており、親方らの命令に逆らうことができない状況にあったというものであった。

弁護人は、第2回公判前整理手続の後、1回目の保釈請求を行ったが、却

下され、準抗告も棄却された。弁護人は、第3回公判前整理手続の後、2回目の保釈請求を行ったが、却下され、準抗告も棄却された。保釈請求却下決定の理由は、2回とも「被告人は刑訴法89条1号、4号に該当し、かつ、諸般の事情に照らして保釈の許可をするのは適当と認められない。」というものであった。準抗告決定の概要は、「本件事案の内容、被告人及び共犯者らの供述内容並びに被告人と共犯者らとの人的関係等に照らせば、被告人には、重要な情状事実に係る罪障を隠滅すると疑うに足りる相当な理由があるといえ、同条4号所定の事由も認められる。」というものであった。このように共犯事件の場合、罪証隠滅の客観的可能性に関する裁判官の判断は、容易に可能性を認める方向で働く傾向にあるものと思われる。

弁護人は、公判審理の内容がほぼ決まった第4回公判前整理手続の後、3回目の保釈請求を行い、ようやく保釈は許可された。

逃亡すると疑うに足りる相当な理由について、弁護人は、被告人は真摯に反省しており、そのような被告人が逃亡することはあり得ないと主張していた。

保釈の必要性については、職場で受けた暴行により全ての前歯がボロボロになっており、このまま放置すれば口腔内全体が悪化するおそれがあり、治療の必要性があると主張していた。

疎明資料としては、被告人作成の「今回の事件、被害者遺族の気持ちを考えて」と題する書面と被告人の姉の身元引受書が提出されていた。

ただし、本件では、保釈保証金の準備に時間が掛かり、実際に被告人が保釈されたのは公判が始まる直前であった。

Ⅳ 公判開始後の保釈請求

1 公判開始後に保釈請求を行うケース

裁判員裁判において、公判開始後に保釈請求することはほとんどないと思われる。公判が始まれば、数日で判決宣告に至るため、意味がないと考えられるからである。しかし、中には公判開始後に保釈請求を行うケースもある。一例を紹介したい。

2 ケース8（罪名＝覚せい剤取締法違反・関税法違反）

このケースは、ウガンダから関西国際空港に着いた際、コーヒー豆の袋の中に覚せい剤を隠して密輸したとして、覚せい剤取締法違反、関税法違反で起訴された女子大学生とその女子大学生に渡航を依頼し、密輸させたとして共謀共同正犯で起訴された元会社員の女性の事案である。被告人両名は、覚せい剤を密輸するつもりはなかったとして全面的に否認していた。

公判前整理手続の段階では、被告人両名から保釈の希望がなく、保釈請求は行われなかった。そして、公判は9月9日から始まり、同月12日に元会社員の女性の被告人質問が行われ、同月17日に女子大学生の被告人質問が行われた。そして、同月18日に被告人両名について保釈請求が行われ、同月19日、保釈が許可された。保証金額は200万円であった。

審理は同月18日に終結し、判決の宣告は同月27日であった。

このケースは、否認事件であり、また被告人が2名であったことから、評議に日数を要したことから、保釈が許可されてから判決宣告まである程度の日数があった。したがって、公判開始後に保釈請求を行う意味のあるケースであったと考えられる。なお、このケースでは、無罪判決が宣告され、確定している。

V 裁判員裁判と保釈保証金

1 保釈保証金の準備

昭和40年から昭和50年代の前半にかけて40％台から50％台であった保釈率が、その後、低下を続けた原因の一つとして、保釈の許可基準の厳格化の他に保釈保証金の高額化があげられている[17]。そして、裁判員裁判の対象事件は、刑訴法89条1号に該当することから保釈保証金の額が通常の事件と比べてある程度高額になることは否めないところである。他方で、裁判員裁判の対象事件は、国選弁護事件であることが多いことからも明らかなように、被告人本人ないしその家族に高額な保釈保証金を準備するだけの十分な資力が

---

(17) 松本・前掲注(10)141頁。

あるとは限らない。そこで、保釈保証金をどのようにして準備するかが問題となる。

2 保釈保証金の立替業者

被告人本人ないしその家族が保釈保証金を準備することができない場合、家族に替わって保釈保証金を立て替える業者が平成16年ころから現れた。新聞記事（平成19年4月14日付毎日新聞夕刊）によると、ある業者は、事業を始めた平成16年度の立て替え件数は55件であったが、平成17年度は314件、平成18年度は823件と取扱い件数を増やしていった。

立替業者を利用する場合の仕組みの概要は以下のとおりである。①被告人の家族や知人が立替業者に申込みを行う。②立替業者が申込者の資力等について審査を行うとともに、弁護人に対し事件（公訴事実の内容や公判審理の状況等）についての聴き取り調査を行う。③審査が通った場合、立替金は、弁護人の口座に振り込まれる。④立替金は保釈保証金全額の場合もあるが、最近は9割を立て替えて、残りの1割は申込者が負担する場合が多いようである。⑤保釈保証金が没取となった場合は、申込者が返還義務を負う。

立替業者の最大の問題点は手数料であった。当初、ある業者の手数料は、立替金が150万円までは2か月間で一律63,000円と設定されており、150万円を超えるときは、50万円ごとに12,000円が加算されることになっていた。150万円の場合、年利は25.2％になり、この利率は利息制限法の上限利率である15％を超えていた。また、返還時期によっては、その当時の出資の受入れ、預り金及び金利等の取締りに関する法律の上限金利である29.2％を上回ることもあった。例えば、150万円を1か月で返還した場合、年利は50.4％の高利となったのである。さらに、立替は、実質的にみれば貸金であると考えられるところ、立替業者の中には、貸金業の登録をしていないものもおり、その場合は貸金業法に違反することになる。

立替業者については、以上のような問題点が弁護士会の消費者保護委員会等から指摘され、金融庁が指導を行うということもあった。しかしながら、被告人の身体拘束からの解放という利益に優るものはないとの見地から、弁護人の方から被告人ないしその家族に対して立替業者の利用を勧めることは

適当ではないとしても、被告人ないしその家族から立替業者を利用したいとの申し出があった場合、これを拒むべきではないとして、利用に協力するというのが多くの弁護人の考え方であったと思われる。その結果、立替業者の利用はさらに増加し、現在では違和感のないところまで定着している。また、手数料もその後、引き下げが行われ、現在では、利息制限法の範囲内に収まっているようである。さらに、立替業者について懸念されていた被告人ないしその家族が実際に保釈保証金を出捐しないことによる保釈保証金相場の上昇ということも起こっていないようである。

3　全弁協の保釈保証書発行事業

弁護人が当初、立替業者の利用を躊躇った理由の中には、被告人の身体拘束からの解放をネタに金儲けをしようとすることに対する抵抗感のようなものがあったと考えられる。しかし、資力のない被告人ないしその家族のために保釈保証金を準備するシステムが必要であることは疑問の余地がない。

そこで、全国弁護士協同組合連合会（以下、「全弁協」という）は、平成25年7月から保釈保証書の発行事業を開始した。保釈保証書は、裁判所の適当と認める被告人以外の者が差し出す保証書を保釈保証金に代えるものであり（刑訴法94条3項）、従来はほとんど利用されていなかった。

全弁協の保釈保証書発行事業の概要は以下のとおりである。①保証委託者（身元引受人）の依頼を受けた弁護人が所属の弁護士協同組合を経由して全弁協に事前申込みを行う。②全弁協が保証委託者の資力等を審査する。③審査が通ると、弁護人は保釈請求及び保釈保証書による代納許可の請求を行う。④保釈決定及び代納許可決定が得られ、保釈保証書で保証する金額が決まると、弁護人は本申込みを行う。⑤保証委託者が、全弁協に対し、保証金額の2％の手数料を支払うとともに保証金額の10％にあたる額の自己負担金を預ける。⑥全弁協が弁護人に対し保釈保証書を発行する。⑦保証する金額の上限は300万円である。⑧没取になった場合は、保証委託者が全弁協に対して返還義務を負う（10％は自己負担金なので、最高で270万円）。

このように保証する金額の上限が300万円であり、また裁判所は保釈保証金の全額を保釈保証書による納付に代えることを認めるとは限らないことか

ら、高額になりがちな裁判員裁判の対象事件の保釈保証金の準備として必ずしも十分とはいえない。しかし、今後、一定の役割を果たしていくであろうことは疑いのないところであり、益々の制度の拡充が待たれるところである。

4 殺人未遂被告事件について保証金の全額が全弁協の保証書に代えることが認められた例(ケース9)

なお、殺人未遂被告事件について保証金の全額が全弁協の保証書に代えることが認められたケースがあるので(ケース9)、紹介したい。このケースは、高齢の夫が被告人、重度の痴呆状態にある妻が被害者となったいわゆる介護殺人(未遂)の事案である。弁護人は、客観的な証拠については、捜査機関が既に収集済みであるから証拠隠滅の可能性はなく、被告人は捜査段階で事実関係を認め、詳細な供述調書を作成しており、公判で供述を変える可能性は極めて低く、被害者は重度の痴呆状態で、介護者による全面介護を要する状態にあって、被告人が働きかけを行って自己に有利な供述をさせる等の実効的な罪証隠滅を行える状況にはないとして、罪証を隠滅すると疑うに足りる相当な理由はないと主張した。また、被告人は、公訴事実を認めており、かつ、高齢であることから、逃亡する意思を有しておらず、逃亡のおそれもないと主張した。

疎明資料としては、被告人の次男、妹及び義妹(被害者の妹)の身元引受書及び身分証明書、被告人の制限住居予定のマンションの契約書が提出されている。

そして、「許可決定にあたっては、刑訴法94条3項に基づき、保証金の全額を、全国弁護士協同組合連合会の発行する保証書を差し出すことをもって、保証金に代えることの許可を求める。」旨の請求と添付資料として、「保釈保証書発行事前申込書の写し」及び「事前申し込みに対する全弁協からの承認の回答の電子メールをプリントアウトしたもの」が提出された。その結果、保証金額は200万円とされ、その全額について、全弁協の保証書をもって代えることを許可する旨の決定がなされたものである。

Ⅵ　判断権者についての制度変更

1　裁判官による保釈の判断

　公判前整理手続中に保釈請求が行われた場合、その許否を判断するのは裁判官である（刑訴法280条1項）。これは、予断排除の趣旨から公判裁判所ではなく、裁判官が行うものとされているのである。したがって、この裁判官は、原則として、当該審理に関与しない裁判官でなければならないとされている（刑訴規則187条1項）。

　このため、保釈請求について判断をする裁判官は、公判前整理手続にも関与していないため、その内容や進行状況について全く知らないということになる。そこで、保釈請求にあたっては、公判前整理手続調書やその他の提出済み書面などを疎明資料として提出した上で、さらに面談において公判前整理手続の内容や進行状況について説明することになる。しかし、これらの資料の提出や説明は隔靴掻痒の感は否めないし、何と言っても裁判官は被告人の顔すら見ていないのである。

2　公判裁判所による保釈の判断

　それでは、公判前整理手続の内容や進行状況を把握しており、しかも被告人が公判前整理手続に出席している場合には被告人の顔も見ている公判裁判所が保釈請求について判断すればよいのであろうか。

　これは予断排除の見地から認めるわけにはいかないであろう。公判裁判所が保釈について判断することになれば、不同意書証も全て公判裁判所に見られてしまうことになる。

3　公判前整理手続を公判裁判所以外の裁判所（裁判官）が担当

　そこで、検討されるべきなのが、公判前整理手続を公判裁判所以外の裁判所あるいは裁判官が担当することとし、その裁判所あるいは裁判官が保釈請求についても判断するという制度変更である。公判前整理手続を担当した裁判所あるいは裁判官は、争点及び証拠の整理を終えると、その結果を公判裁判所に引き継ぐのである。元々、公判前整理手続には、起訴状一本主義（予

断排除の原則）との関係で疑問が呈されていた。この制度変更は、この疑問を払拭することもできる。

　公判裁判所は、いきなり争点と証拠の整理を終えた所からスタートさせられることになるが、それは現在の裁判員も同じ状態である。アマチュアの裁判員にできて、プロフェッショナルである裁判官にできないはずがないのではないか。

〔参考文献〕
　本文中に掲げたもののほか
・川出敏裕「身柄拘束制度の在り方」ジュリ1370号107頁
・宮村啓太「裁判員制度と刑事司法改革課題の現状」自正62巻9号22頁
・丹治初彦編著『保釈―理論と実務―』（2013年、法律文化社）
・大阪弁護士会刑事弁護委員会『大阪における当番弁護士活動　第15集―保釈実務の傾向と対策―』（2008年）

（おさべ・けんたろう）

証拠開示論の21世紀的展開

弁護士　小坂井　久

I　はじめに
II　証拠開示の意義・目的、あるいは、機能
III　証拠開示の憲法的基礎
IV　証拠開示論の歴史的経緯（証拠開示の欠缺を経て）
V　現行証拠開示制度（2004年法）から
VI　2016年法の概要と評価・対応
VII　まとめに代えて

I　はじめに

　周防正行は、法制審議会「新時代の刑事司法制度特別部会」（以下「特別部会」という）における、証拠開示をめぐる論争を振り返って、事前全面一括証拠開示論を展開した立場から、次のとおり述べている[1]。

　「僕が挑んだ論戦は、残念ながら多くの委員、幹事に支持してもらうことはできなかった。少なくともこの段階では、事前全面一括証拠開示を強く主張した弁護士はおらず、リスト開示に言及するのが精一杯だった。有識者では安岡さん、村木さんが証拠開示が不十分であることを訴えたが、……検察官は、現状の証拠開示制度がいかに公正で優れたものであるかを力説するばかりである。専門家の皆さんに全面証拠開示が相手にされなかった理由は、酒巻さんが言うように、すでに議論を尽くして決着済みだったということな

（1）　周防正行『それでもボクは会議で闘う』（2015年、岩波書店）52頁以下。特別部会第15回会議（2012日）における周防委員発言については、法務省ウェブサイト・同議事録PDF版26頁〜29頁（以下、頁数はいずれもPDF版）参照。

のかもしれない。しかしもしそうなら、それは専門家がこの国の法曹界における摩訶不思議な常識——証拠は検察官のものであるという常識——に囚われているからではないか。もう一度言う。証拠が検察官のものであるなんて、僕にはまったく信じられない」。

私は特別部会の幹事であったが、ここで「リスト開示に言及するのが精一杯だった」弁護士の1人であった[2]。

ある座談会でも、「全面証拠開示で頑張って欲しかった」との周防発言を受けて、私は次のとおり「弁明」している。

「昭和44年4月25日最高裁決定を頼りに細々とした証拠開示を受けてなんとか無罪を勝ち取るといった実務をずっとやってきて、裁判員裁判を契機にやっと証拠開示の制度ができたという経緯を辿ったわけです。周防さんが言われる『弁護士は証拠を当然に全部見られる』という一般の感覚と業界人の感覚とでズレがあった。全面証拠開示についてはもっと本来日弁連が言うべきところを周防さんから見たら言えていないのではないかというご批判を受けたかなと思うのです。公判前整理手続での証拠開示制度が結構有意義だという感覚があって、これは自分も反省しなければならない。ただ全面証拠開示は基本構想段階で落とされました。リスト開示がようやく入った。確かに今回のリスト開示にしても本当に十分な情報のあるリストになっているのか、どこまで手掛かりになるのかはわからない。が、リストが開示される意義は大きいですね。今二段階開示の公判前整理手続で開示を受けても、正直全体の情報の中のどの部分なのか実はわかっていない。少なくともリスト開示が出れば全貌が分かりますよね。現場の実務で弁護人が全面証拠開示を求めていくことの基盤となる、そういう実践が今後リスト開示を挺にしてできるのではないかと思います」[3]。

このように「弁明」しつつ、私自身、証拠開示について、自分なりに、より根本的なところから深く考察する必要があり、可能な限り、しっかりとし

（2） 特別部会第15回議事録37頁以下。なお、小野正典委員も青木和子委員も発言されているが（同30頁以下、同39頁以下）、私より周防発言擁護の色彩は濃いものと思われる。
（3） 周防正行＝後藤昭＝小野正典＝小坂井久＝菊地裕太郎「法制審・刑事司法制度特別部会の結論を受けて」弁政連ニュース39号（2015年）6頁。

た定見を持たねばならないと思うようになった。本稿は、上記「弁明」の延長上にあるものかもしれないが、証拠開示の理論と実務について、私なりに現在的課題を総体として論じることを通して、私見を晒し、各位の御批判を乞おうとするものである。

　これによって、少しなりとも、証拠開示の理論と実務の発展に寄与したいと願っている。大風呂敷を広げるのであれば、証拠開示を如何に見通し実務で展開していくかということが、我が刑事司法実務の21世紀的在り方を規定するものと考えるからである。

Ⅱ　証拠開示の意義・目的、あるいは、機能

　そもそも、証拠開示の意義・目的、あるいは、機能とは何なのであろうか。そのことは既に詰めて考え抜かれたことといえるのであろうか。意外と自明の事柄のように扱われたまま、必ずしも詰めきっては考えてこられなかったのではないだろうか。

　このように問うところから始めつつ、それが刑事訴訟法という手続のなかで持つ意味を考えていきたい。まずは、理論と実務の状況を探っていくこととする。

1　総　　論
(1)　3つの観点について
ア　3つの観点の中身

　改めて、証拠開示の意義・目的・機能を問い、これに実務的な直感で答えてみる。次のようになるのではないか。

　まず、何よりも誤判の防止である（A）。松川事件の諏訪メモのケースを象徴的な典型例とし[4]、この間、発覚した冤罪事件の多くが証拠開示を契機として、雪冤に辿り着いたという歴然たる事実がある。このことは、証拠開

（4）　佐伯千仞『法曹と人権感覚』（1970年、法律文化社）164頁は、松川事件の諏訪メモの例を挙げて「裁判の真実発見主義」を強調される。

示の眼目が、この点にこそあることを示していよう[5]。

そのためには（これと並行的に）、刑事司法手続の公正さが求められることになる（B）[6]。「被告人の防御の準備のため……の必要性」によって、証拠開示を認める現行法（法316条の15第1項、法316条の20第1項）においても、この手続過程を重視しようとする姿勢自体は十分窺われるというべきである。

と同時に、迅速な裁判も求められているものと考えられる（C）[7]。後にも論じるが、現行法において証拠開示制度は公判前整理手続（以下、期日間整理手続を含んで「整理手続」ということがある）に組み込まれている。公判前整理手続は「充実した公判の審理を継続的、計画的かつ迅速に行うため必要があると認めるとき」に付されるものである（刑訴法316条の2第1項）。それゆえ、証拠開示制度もまた、上記Cの機能・目的を有している筋合いとなろう[8]。

イ 3つの観点の意味と相互関係

上記A（「誤判の防止」）B（「手続の公正」）C（「迅速な裁判」）の各機能・目的について、予め結論を言うならば、私自身は、基本的に、いずれもが被

---

(5) 渡辺修「証拠開示の問題状況」渡辺修編『刑事手続の最前線』（1996年、三省堂）218頁は、証拠開示の課題が冤罪防止にあることを端的に述べている。同論攷は、1994年7月の日本刑法学会・関西部会での共同研究「証拠開示の現状と展望」を基にしたものとのことであるが、1990年代半ばの証拠開示についての学界の情況をよく伝えている。さらに、同じ共同研究において、浦功「証拠開示をめぐる様々な事例(1)実践」同書267頁以下は、当時の実務情況を的確に伝えている（浦は、この時期の証拠開示の実情を「新たな閉塞状況」と呼んだ）。なお、2016年5月24日の第190回国会で成立した（同年6月3日に公布された）改正刑事訴訟法における証拠開示制度の拡充については、本文において後に詳しく論じるが、「まさに誤判防止に資するもの」と上川陽子法務大臣（当時）は答弁している（2015年7月7日の衆議院法務委員会における清水忠史委員の質問に対するもの）。

(6) 松代剛枝『刑事証拠開示の分析』（2004年、日本評論社）40頁、117頁、193頁参照（イギリスにおける証拠開示の議論の歴史的経緯・法制を紹介している）。なお、川崎英明「証拠開示問題と刑事弁護の課題」刑弁19号（1999年）18頁は、「事実認定の適正化」（Aと同視できる）のための証拠開示論から「手続の適正化」（Bと思われる）をめざしたものへと議論状況が転移していることを指摘している。

(7) 炭谷喜史＝山田直子「韓国刑事訴訟法における証拠目録提示義務規定に関する一考察」法と政治64巻6号（2014年）85頁、95頁以下など参照（韓国における議論を紹介しているが、韓国においては、「迅速な裁判」を被告人の利益保護の観点から求められる権利とし、これが相当に重視されているようである）。

告人の権利として証拠開示を捉えるべき根拠になるように考えている。ただの政策的議論ではなく、それらは、まさに被告人の権利として構成されるべきである。そして、そう考えることによって、これらＡＢＣの要請は「全面的」証拠開示を基礎づける根拠となるのではないかと思う。言い換えれば、そうであるがゆえにこそ、これらが証拠開示の意義・目的としても位置づけられるはずだということである。

　しかし、結論を急ぐべきではないであろう。Ａ「誤判の防止」、Ｂ「手続の公正」、Ｃ「迅速な裁判」は、後にも述べるとおり、権利性と強く結びつくものと考えられるが、とはいえ、これらが、各々「全面的」証拠開示をダイレクトに導くかどうかは議論がありうる。また、「事前」開示については、「事前」の意味をどう捉えるかにもよって、さらに多様な議論がありうるであろう（ここでは、さしあたり、公判開始前という意味で、「事前」の言葉を用いるが、後に、もう少し肌理の細かい議論を行いたい）。

　確かに、Ａ（「誤判の防止」）やＢ（「手続の公正」）は「全面的」（かつ、「事前」の）証拠開示に明らかに親和的なように思われるが、他方では、Ａのためには必ずしも「全面的」でなければならないわけではない（まして、「一括事前」は相当でない）との見解がある（「誤判防止」と「真相解明」とを一体として捉えたとき、こういう見解も生じうるようである）[9]。

　Ｂのためにも「全面的」である必然（同時に「事前」でなければならない必

（8）　むしろ、上記Ｃの機能を主眼とし、司法の効率化に重点を置いて、現行刑訴法（2004年法）が制定されたとするのが通説的立場ともいえようか。ただし、迅速な裁判は司法の効率化と極めて親和的であるという問題と、他方で、そもそも証拠開示と裁判の迅速化をどうリンクさせるかという根本問題が、本来は、あるのかもしれない（本文でも言及するとおりである）。現に、実務的には、現行の証拠開示の在り方をめぐって公判前整理手続が長期化する傾向があると指摘されているが、この傾向が現行証拠開示制度の在り方と関連性をもつとすれば、これと証拠開示の意義・目的との関係は改めて考察されるべきこととなろう。
（9）　実際、捜査実務家の従来の見解は、「全面的」「事前一括」証拠開示は真相解明に資するものではないというものであった（池上政幸「証拠開示―検察の立場から」新刑事手続Ⅱ316頁以下）。この考えは、今も弊害論のかたちを採って唱え続けられている（あるいは、現行法制のなかにも、この発想は組み込まれていると思われる）が、本文でも言及するとおり、ここには証拠開示をめぐる相応に本質的な問題（根本的な刑事司法観の対立）があるであろう。

然）まではないとする見解もありうるのかもしれない（「手続の公正」をバランス論で捉える立場があるとすると、かような見解も生じえようか）[10]。

　ましてやC（「迅速な裁判」）の観点だけからみると、議論は相当に岐れうるというべきだろう。Cの観点において、「迅速」性を追及するうえでの「効率」論に重きを措くとすれば、「全面」「事前」開示はこれに馴染まないとする向きもあろう。もっとも、Cの観点（すなわち、迅速な裁判を受けるということ）こそ、結局、「全面的」開示を（結局は、「事前」開示をも）要請するとの見解もありうるであろう。

　おそらく、証拠開示という問題は、刑事訴訟手続の在り方そのものと密接不可分なのである。そう思い至ってみると、上記ABCは、いずれも我が刑訴法1条に規定され、刑訴法の根本に存在しているとされる各原則にも相応に適合しているように思われる。

　そのように観たとき、A「誤判の防止」、B「手続の公正」、C「迅速な裁判」は、果たして不可分の要素なのか、相互に少しづつ違っていて、不即不離といった関係なのか、あるいは、異なった原理の上に成立しているのか、整合するのか（逆に矛盾する要素がありうるのか）、これは、刑訴法1条自体を、どこまで統一的原理で説明するのかという議論とも相関する問題になるように思われる。それだけに、いわば大風呂敷を広げた論議にならざるをえないところがあり、収束困難な側面を有するかもしれない。

　ABCのいずれもが、被告人の権利としての側面をもつとともに、まさに制度的側面（そこには、刑訴法に関する諸原則とともに、政策的見地が多分に含まれる）を有しているということであろうか。そのことに改めて気づかされ

---

(10)　「公正」という課題自体について、何処までを権利として構成されるものとみるか、何処から調整原理で処理すべき問題か（あるいは、バランス論か）という議論になるであろうか。あるいは、「公正」というテーマが従来権利性そのものと一体不可分として必ずしも論じられてこなかったということであるのかもしれない。「公正」という課題は従来から、権利性と権利制約の原理とをもともとセットにして論じられてきたということなのであろうか。これは憲法37条1項に書き込まれた、「公平な裁判所の……裁判を受ける権利」が、判例上限定的にしか解されず（最大判昭和23・11・17刑集2巻12号1565頁参照）、「公平（公正）」ということの意義を権利として詰めることのないままに実務が展開されてきたからであろうか。これらの点について、議論の余地があろう。なお、前掲注(8)参照。

るが、これらの関係を刑訴法1条に照らしつつ概観しておく必要があろう。

(2) **権利的要素とその他の要素**

ア **刑訴法1条との関係など**

このように、証拠開示の意義・目的（あるいは、機能）は、刑訴法1条そのもの、すなわち、刑事訴訟の大原則に直結するところがあると思われるのであるが、同条自体は、当然被告人の権利という側面とは異なった要素の存在も含意されている。

刑訴法1条の含意と並行的に論じるならば、たとえば、A（「誤判の防止」）は、既に言及したとおり、事案の真相解明という目的と表裏になりうる[11]。これを、いわゆる「実体的真実主義」というとすれば、それは、被告人の権利として導かれるものとは異質の要素になる[12]。

また、B（「手続の公正」）についていえば、これは、刑訴法1条との関係において、「刑罰法令（の）適正（な）適用実現」という部分に対応し位置することになるであろうが、それ自体を司法運営論と捉えるならば、証拠開示制度を「刑事司法の公正と効率」の増進のためのものというように、一括りにすることも不可能ではない[13]。「公正」と「効率」の両者は、対立するものとしてではなく、むしろ親和的で、かえって、不可分であると考える傾向もありうるであろう。そして、それは、既に述べたとおり、「効率」により重点を措く発想にも繋がりうる。そうだとすると、これは、あるいは、純

----

(11) この観点からは、（私自身は、強烈な違和感を禁じえないが）被告人から検察官への証拠開示という課題も浮かび上がってくる（イギリスにつき、松代・前掲注(6)36頁以下、179頁以下、192頁以下参照。アメリカにつき、酒巻匡『刑事証拠開示の研究』（1988年、弘文堂）134頁、206頁以下参照――もっとも、被告人側からの証拠開示を義務付ける制度は、これを憲法違反とする議論がある――同230頁以下参照）。被告人・弁護人側からの開示という問題は、まさに形式的な意味で「当事者主義」の要請ということになるようにも思われると同時に、当然、「実体的真実主義」の要請を孕んでいることとなろう。これに加わえ、実際は、訴訟効率論からの要請が強いテーマというべきなのかもしれない。

(12) 本来、この問題は刑訴法1条の趣旨に立ち返って考察すべき問題であろう。法1条に既に「アンビバレントな価値対立がある」とも言われるが、「真相解明も適正手続を護りながら行うべき」なのであるから（後藤昭＝白取祐司・新コンメ刑訴法3頁～4頁）、法1条を統一的原理のもとに解釈していくこと自体は可能なようにも思われる。もっとも、上述のような発想自体を批判するものもある（たとえば、中山善房・大コンメ刑訴法［2版］(1)52頁参照）。

粋に政策論であって、権利論とは違うとも考えうる。つまり、B（「手続の公正」）は、Cの一面（迅速な裁判の要請の一環としての「効率化」）に接近することによって、権利論から離脱していくようにもみえる。

さらに、C（「迅速な裁判」）は、刑訴法１条でも唱われているが、それ自体において、効率的な司法運営というテーマと親和的であり、ほとんど同義にもなりうる。ここでも「効率」を重視していくと、被告人の権利論とは質を異にする要素ということになりうるであろう。そして、司法の効率性が、一般に、証拠開示の機能として重視されていることは否定できない。この点は、さらに詰めた議論を要するであろう。

他方で、効率性の追及こそが「迅速な裁判」（C）という権利性を導くという言い方や、効率性のなかでこそ「手続の公正」（B）は現実化するとの見方もありうるかもしれない。そうすると、効率性の要請は必ずしも権利性を否定しないとの考えも生じうる。問題は、結構錯綜しているようにも思われる。

イ　諸原則との関係など

証拠開示の意義・目的と刑事訴訟における諸原則とは、どう繋がっているだろうか。A（「誤判の防止」）やB（「手続の公正」）については、実質的な当事者対抗主義・武器対等原則と繋がっていることは明らかである[14]。これらは、権利論に直結しそうである。また、AやBへと結びつく公共の財産論

---

(13)　酒巻・前掲注(11)265頁参照（「刑事司法の公正と効率」は1980年代半ばのカナダの証拠開示法制化の際の議論上のタームである。なお、同書234頁を併せ参照）。我が刑訴法１条も「適正且つ迅速」との用語であり、これは憲法37条１項の「公平……迅速……裁判」の語においても同旨かと思われる。「公正（公平）の確保」と「効率的処理」の両者の関係をどう捉えるかは、一つの問題であるが、法文上、一括りで記載されていることも事実といえよう。つまり、両要素は重なるところがある。しかし、どこかで分岐するだろう。それをどう解決するかであるが、「公正」であってこその「効率」に意義があるというべきであろう。なお、前掲注(8)、前掲注(10)参照。

(14)　村上保之助「証拠開示」大阪刑事実務研修会編『刑事公判の諸問題』（1989年、判例タイムズ社）148頁は「……実質的当事者対等を実現し無辜の者を罰しないため、できる限り被告人側に防御の機会を与える方向で証拠開示の問題は解決すべきであ」るとする。証拠開示の目的そのものを「実質的当事者対等主義」とする趣旨とも考えられるし、それ自体をAを導く手段と捉えているようにも読める。なお、炭谷＝山田・前掲注(7)94頁は、「被告人当事者主義」を説くが、その意味するところは必ずしも分明ではない。

II　証拠開示の意義・目的、あるいは、機能

も、権利論に（直ちにではないにしても）親和的かもしれない[15]。

　たとえば、これもまた、証拠開示の１つの根拠とされる、検察官の義務論について考えるとどうだろうか。このような義務論は検察官が公益の代表者だとされていることを論拠にするといえるが、検察官の民主化論とともに[16]、これらは、B（「手続の公正」）の裏付けになるように思われるものの、権利論とは、やや質は違い、国家の義務ではありえても、権利構成に馴染まない要素もあると考えうるかもしれない。もっとも、それを単なる職業倫理を越えたもので、訴訟法上においてこそ検察官に課された義務であるとみうるとすれば、むしろ、その（国家機関たる検察官の）義務と刑訴法上表裏のものとして（被告人の）権利を構成可能にするとの見方がありえよう。

　いずれにしても、これらの諸要素（主義・原則・理論など）とA（「誤判の防止」）、B（「手続の公正」）C（「迅速な裁判」）、各々あるいは相互の関係は、必ずしも単線的ではない。権利論、国家の義務論、そして、訴訟運営のための効率論（これは、政策論に帰着していくのかもしれない）、さらには、純粋に政策論のみとして考える在り方など（これには、様々な考慮要素がありうる）、各々をどのように位置づけるか、いろいろな発想が混在しているのが現状というべきだろう。

　もっとも、権利論（あるいは、国家の義務論）は、現実の証拠開示の実務的な議論のなかでは、政策論の後景に退いてしまっているのが現在の情況ではないか。これを前景に押し出すことが必要なように思われるのである（冒頭に掲記した周防の問題意識は、まさに、このことに繋がると思える）。

　なお、証拠開示の「目的」というとき、「受働的防御」と「能動的ないし積極的防御」が挙げられることがある[17]。が、これらは「無罪立証のための

---

(15)　1991年11月７日、カナダ最高裁は、スティンチコム判決において、「……検察官が所有している捜査の成果は、有罪確保のために使用される訴追側の財産ではなく、正義が実現されることを確保するための公共の財産である」と判示した（この判示文の引用は、安原浩「証拠開示の現状と展望」刑弁14号〈1999年〉28頁による）。同判決については、指宿信『証拠開示と公正な裁判』（2012年、現代人文社）77頁以下参照。
(16)　川崎英明『現代検察官論』（1997年、日本評論社）195頁以下は、検察官の客観義務論や準司法官論を「（証拠開示問題についての）問題解決のための不可欠の論理ではない」とし、現代検察官の課題を「検察の民主化」とされている。
(17)　光藤景皎『口述刑事訴訟法(中)』（弘文堂、1992年）39頁。

証拠開示論の21世紀的展開

手段」として語られているわけで[18]、ここで論じているＡＢＣよりは、下位の概念が問題にされているといえるであろう（基本的には、ＡないしＢの下位概念というべきかもしれない）。ここでは、こういう用語の使用例よりは大きな（上位の）意味で、「目的」という言葉・概念を用いたい。

2 各論――各意義・目的の実質的根拠――

そこで、上記ＡＢＣについて、今一度、その実質的な根拠をトレースしながら考えてみたい。そうすることで、権利的な構成と「全面的」（かつ、「事前」）開示の要請が、やはり、証拠開示制度の鍵として視えてくるのではないだろうか。

(1) 誤判防止（Ａ）について

とりあえず今日まで論じられているところを私なりに整理すると、Ａ（「誤判の防止」）についていえば、次のとおりとなろう。

検察官は捜査機関が収集した証拠の全てから、いわゆる「犯罪事実」を解明したとし、犯人と想定される人物を割り出したとして、訴追する。検察官は、証拠を全て検討したうえ起訴したはずで、捜査機関が収集してきた証拠の検討を洩らしたり、評価を見誤ったりはしていない筋合いである。しかし、人間の行うことであるから、誤りは常に存在しうる。思わぬ見落としや検討不足がありうる。

実際、捜査機関が収集したさまざまな証拠の中には、検察官の主張と直接、あるいは、間接に、矛盾したり、整合しない証拠が存在していることがある。検察官の主張に疑いを生ぜしめる方向に作用する証拠が含まれていることがある。その証拠単独で180度違う証明になるとまではいわなくとも、比喩的に言えば、90度の違いであっても、あるいは、幾分かの相違によっても、総合評価では要証事実を異にすることになる証拠というものがある。

違った眼で見れば（対立当事者の側からの視点で見れば）、これらのことがより判る。これは、やはり、証拠開示の眼目ともいうべきものである。

そして、さらに、誤判防止という目的を全うする見地からは、開示対象を

---

(18) 田宮265頁。

検察官が現に検討し保管している資料に限定する合理的な理由は見出せないことになってくる。このテーマは、ＡＢＣを横断する問題ともいえるであろう（取調べメモ開示問題に則して、後に論述することとする）。

なお、公共の財産論も、Ａを導く要素ではあるが、この要素自体は、先ずはＢの論点に力点を措くものになるものとも思われるので、これについては後述することとする。

結局、Ａ（「誤判の防止」）という意義・目的は、やはり、権利構成に馴染む。それこそが被告人の権利そのものともいえようし、これは、「全面的」開示を要請するものというべきである。また、過ちを改めチェックする機会は早期のほうが望ましいといえるから、「事前」開示もまた権利として要請されるというべきである。

もっとも、以上の論述は、「実体的真実主義」といわれるものの追及とは異なった側面・観点からの論拠・見解になっている（すなわち、検察官側の証拠ないし資料を被疑者・被告人側に開示するという方向性のみを論じるものであり、いわば片面的に発想している）という批判がありうるかもしれない。しかし、仮にそうだとしても、それは同時に、被告人から検察官への証拠開示という問題をどう捉えるかの議論を喚起させる要素ではありえたとしても[19]、証拠開示が被告人の権利に裏打ちされていることを否定したり、検察官から被告人側への「全面的」開示が導かれることを否定するものとはいえまい。ただし、「事前」開示問題については「実体的真実主義」を強調する立場からの反論（「事前全面」開示が、かえって事実を歪めるという主張）がある[20]。この点、後にさらに検討することとなろう。

(2) **刑事司法手続の公正さ（Ｂ）について**

Ｂ（「手続の公正」）は、Ａ（「誤判の防止」）に至る過程自体をより重視するものである。手続的正義の要請といえる。

刑事裁判は、検察官主張の訴因が証拠によって合理的疑いがない程度に立証できたか否かを判断するものである。ここには、そもそも一定のプロセス

---

(19) 前掲注(11)における論述を参照。
(20) 前掲注(9)参照。「事前」の意味をも踏まえて、さらに本文で論及するが、証拠開示をめぐる議論において、かなり根本的に対立するテーマだと思われる。

の存在が当然に含意されている。その判断に供される証拠は証拠法則にしたがって採用された証拠でなければならないが、そのような準則も併せ検討されなければならない。刑事裁判は捜査過程そのものを直接に検証する手続ではないけれども、しかし、裁判というものは、無罪主張がなされる多くのケースにおいて、検察官が「被告人が訴因事実に該当する犯罪を犯した」と「判断した過程」そのものが正しかったか否かを検証するという作業を含むものとなる（それゆえ、いわゆる実質証拠はもとより、いわゆる補助証拠の全てが検討されるべきこととなる）。

　検察官が証拠調べ請求した証拠以外の証拠をも検討しないと、検察官の主張（それが導かれる過程）が正しいか否かは分からない。証拠の収集や作成の過程とその採否などの検討経過及び訴因の構成に至る経緯は、第三者の検証に耐えるものでなければならず、とりわけ、訴追され犯人と名指しされている、対立当事者たる被告人の検証に耐えるべきものである必要がある。本来は、訴追した検察官にあっても、自らの判断の正しさを資料が全て開かれ示されるなかで再検証させることに、本来、問題があろうはずはない（そのような可視化こそが21世紀型刑事司法の原理というべきである[21]）。これがB（「手続の公正」）の眼目ともいえよう。

　また、公共の財産論も、先ずはBを導く要素であると思われる。捜査機関がその強力な捜査権限により収集した証拠は、事案の真相を究明して真犯人を適正に処罰するために、その強大な（そして、強制的な）捜査権限にもとづいて公費により収集されたもので、検察官が保管する証拠は、刑事手続の目的を適正に達成するために収集された公共の財産に外ならない。検察官が独占することを本来予定しているわけではない。「公共の財産」を検察官が便宜上所持しているにすぎないというべきである。

　一方、弁護人には、無辜の被告人を誤った処罰から守り、その人権を保障

---

[21] 可視化を司法的正義を示す21世紀刑事手続の原理とするものとして、渡辺修「被疑者取調べ『可視化』立法への道」法時83巻2号（2011年）53頁以下参照。同「公判前整理手続における捜査メモの証拠開示命令」判評610号（2009年）35頁は、本文でも後述する、いわゆる取調べメモ開示の問題を「全体として『被疑者を対象とする捜査手続の可視化』を最高裁判例群が示唆するものとみてよい」とされる。

する憲法上の使命があるが、証拠を収集する格別の権能があるわけではない。証拠保全請求権（刑訴法179条）はあるけれども、これを検察官の証拠収集権能と対照して論じること自体、相当ではなかろう[22]。その収集力一つをとっても、彼我の差は余りに甚だしく、決定的というべき質的な差がある実情にある。しかも、被告人の手元にあったはずの資料さえ、捜査機関の手元に移管されているのが、むしろ通常なのであるから、検察官の収集した証拠（すなわち、公共の財産）を被告人及び弁護人に検討する機会を与えることこそが公正であり、これは当然のことといえる。

この発想は、刑事手続における証拠収集が捜査機関に「一極集中」しているという実務の現状を踏まえたとき、その意義を一層決定づけるであろう。いや、むしろ、この実務の現状こそが証拠開示論にとって決定的な要素というべきであるのかもしれない[23]。もとより、公共の財産論はダイレクトにA（「誤判の防止」）に連なるという言い方も可能ではあろうが、もとより、B（「手続の公正」）それ自体はAのために存在するというより、B独自の大きな価値を有しているというべきであり、公共の財産論は、これをより強く下支えするものと思われる。

なお、「手続の公正」というものを重視するとき、開示の対象は検察官が現に収集し保管している「証拠」には限られない筋合いである。検察官が現に保管する証拠に限定してよいとの理屈は「公正さ」の要請からは出てこないであろう。

以上、プロセスというものの価値を直視するとき、要するに、B（「手続の公正」）という意義・目的こそ、被告人の権利として構成されるべきものである。同時に、これが「全面的」証拠開示を要請するものであることも、まず疑いがないように思われる。そして、Bの要素は、まさに「事前」開示をこそ強く求めるであろう。

(3) **迅速な裁判（C）をめぐって**

以上のA（「誤判の防止」）とB（「手続の公正」）に比すれば、C（「迅速な裁

---

(22) この点、斎藤司『公正な刑事手続と証拠開示請求権』（2015年、法律文化社）204頁参照。
(23) 斎藤・前掲注(22)364頁、368頁、369頁など参照。

判」)の要請は、やや副次的なものにすぎないようにも思える。「迅速」であること自体にもちろん大きな価値があるであろうが、「誤判の防止」や「手続的正義」そのものよりは、相対的には価値は低いように思われる。しかし、訴訟効率性論は、各国の証拠開示法制化の際に必ず登場する論議であり[24]、証拠開示というテーマに不可欠の要素と考えられている。

　実際、わが現行法(2004年法)の整理手続における証拠開示制度も、既に触れたとおり、このC(「迅速な裁判」)に重点を置いているようにもみえる。確かに、「検察官側に留保され遍在する当該事件に関連する資料を相手方当事者たる被告人側に配分」するとの発想から[25]、全面的一括開示論を排斥し段階的開示論が採用されたという現実の立法経緯をみれば、Cの論理がA(「誤判の防止」)、そしてB(手続の公正)に優越する扱いがなされたかのようでさえある。この点について、AとC、すなわち、「誤判防止論」と「公判迅速化論」とを対立させるかのようにして論じているものもある[26]。

　この相克は、刑事司法手続のなかで、絶えず存在するものといえなくはない。人間のやる手続であるし、時間一つをとっても、無限なわけではない。結論を出すまでのプロセスにも質量の限定はある。社会における問題は可及的速やかに解決されることが望ましいといえば、それはそうであろう。

　しかし、ここでも予め結論めいたことをいえば、現行法もAやBの観点を当然に考慮している。このこと自体は明らかである。証拠開示という場面にあって、Cは決してA及びBを排斥しうる原理ではないはずであるし、そうであってはならない。従来、必ずしも、この点が詰めて考えられてこられなかったというべきではないだろうか。そして、A及びBの側からCを包摂す

---

(24)　松代・前掲注(6)23頁、38頁、191頁など参照(イギリスにおける議論)。アメリカについては、酒巻・前掲注(11)102頁以下(有罪答弁の促進との関係で論じられたようである。なお、同131頁参照)。韓国において「迅速な裁判」が証拠開示制度において重視されていることは、前掲注(7)参照。

(25)　酒巻匡「証拠開示制度の構造と機能」刑事証拠開示の理論と実務6頁以下。なお、法制審議会新時代の刑事司法制度特別部会第11回会議(2012年6月29日)の酒巻匡委員発言42頁～45頁(なお、後掲注(64)参照)。

(26)　指宿・前掲注(15)206頁。もっとも、同208頁はAとCの「どちらが主かと言えば」Aである——との論旨で、必ずしも対立するものととらえているわけではないようにも読める。

Ⅱ　証拠開示の意義・目的、あるいは、機能

る理論、言い換えれば、A及びB（「誤判の防止」及び「手続の公正」）のためにこそC（「迅速な裁判」）が存在するという論理を構築すべきように思われる[27]。

このような見地からCに重点を措いてみたとき、取調べメモの開示に関する最高裁判例の論理は、かなり示唆的なものを含んでいるように思われる。すなわち、最高裁平成19年12月25日第三小法廷決定は「公判前整理手続及び期日間整理手続における<u>証拠開示制度は、争点整理と証拠調べを有効かつ効率的に行うためのものであり、このような証拠開示制度の趣旨にかんがみれば</u>、刑訴法316条の26第1項の証拠開示命令の対象となる証拠は、必ずしも検察官が現に保管している証拠に限られず、当該事件の捜査の過程で作成され、又は入手した書面等であって、公務員が職務上現に保管し、かつ、検察官において入手が容易なものを含むと解するのが相当である」（下線引用者）として、検察官手持ち証拠以外の「証拠」である「取調べメモ」の開示を認めた[28]。ここで表現されている制度趣旨それ自体は、本来、C固有のようにさえもみえるし、文言上「効率性」に力点が置かれているものともみえる。そのような見地に立って、この制度趣旨において開示対象を広げた最高裁の在り方に懐疑的な口吻を洩らす見方もあるところである[29]。

しかし、これらの制度趣旨（争点整理と証拠調べを有効かつ効率的に行うためのものであるという制度趣旨）が審理の「充実」をこそ目指していることに疑いはない[30]。「充実」に力点を置くことは、「有効かつ効率的」ということ

---

(27)　酒巻・前掲注(25)9頁以下参照。第1次的機能をCとしつつ、ほぼ並列的にBの意味があることを肯定していると読める。川出敏裕「証拠開示制度の現状と課題」刑雑53巻3号（2014年）6頁も同旨か。また、岡慎一「公判前整理手続の課題と証拠開示規定の趣旨・目的」刑ジャ2号（2006年）37頁はAがCの「前提でもあることになる」としている。結局は、本文で言及するとおり、整理手続という枠をはずすのが、その理論的帰結になると思われる。
(28)　最(三小)決平成19・12・25刑集61巻9号895頁（以下「最高裁平成19年決定」という）。
(29)　酒巻・前掲注(25)25頁。「逆方向の議論も成り立ちえないわけではないだろう」とされるから、この制度趣旨からは開示「拡大」の意味を汲み取り難いといわれたいのであろう。
(30)　現行証拠開示制度を定めた法律が「充実した公判審理を目標とした法律」であることは特別部会における酒巻委員の発言でも明確にされている（特別部会第11回会議・前掲注(25)44頁）。

を介在させ（それはC——迅速な裁判——を通して）、A（「誤判の防止」）やB（「手続の公正」）に連動させるということに外ならない。これらの同時実現が志向されていることに鑑みれば、この制度趣旨から開示の拡大を読み取ること自体は極めて自然なことであろう[31]。

結局、Cという意義・目的も、むしろ上記最高裁決定によって、何よりも被告人の防御権を前提とした制度のなかに組み込まれていることこそが明確にされたというべきである[32]。その意味において、Cもまた権利構成を導くものであることは、およそ否定できまい。

もっとも、Cそれ自体は「全面的」証拠開示には必ずしも直ちに親和的ではないとの議論はあるかもしれないし、「事前」開示についても、同様に考える立場はあるかもしれない。現に我が現行法（2004年法）自体は、ここ（「効率」という観点）から全面的一括事前開示を排し、段階的開示という制度を導いたように思われる（このことは、既に述べ、また後述するとおりである）。しかし、この点もまた、改めて、ABCを包摂する観点から見直すべきところであろう（後に言及することとしたい）。

(4) 小括に代えて

このようにみてくるとABCという各意義・目的は、いずれもが、被告人の権利と離れた存在ではないことが明らかで、むしろ、これに結びついていること自体は否定の余地はない。既述のとおり、Cにあっても、「迅速」ということだけではなく、審理の「充実」ということをも経由して、やはりAやBが目指されているというべきであり、被告人の権利というものに強く結びついている。一言で言えば、それは被告人の防御権に外ならない。そして同時に、それらは国家の義務を構成しているのではないかと思われる。

結局、A（「誤判の防止」）、B（「手続の公正」）、C（「迅速な裁判」）とも、

---

(31) 門野博「証拠開示に関する最近の最高裁判例と今後の課題—デュープロセスの観点から—」原田退官149頁は、最高裁決定を「デュープロセスの観点からの決断であったということができる」とされ、同頁の脚注において、前掲注(29)の酒巻見解を批判されている。

(32) 大澤裕「証拠開示制度」法時86巻10号（2014年）47頁は、現行の公判前整理手続が「被告人側の十分な防御準備を不可欠の前提とする」証拠開示制度を組み込んでいるという立論をされている。

単なる政策問題・政策的要素ではなく、これらが（被告人が有する防御権にもとづく）証拠開示の権利性に強く結びついていることが判るというべきであり、そこからは憲法の要請をもみてとることができるはずである（なお、場合によっては、「被疑者」が有する権利とも考えうるが、さしあたり、「被告人」という主語のもとで論じることとする）。

ところで、そうだとすると、問題は詰まるところ、その権利性が「全面的」（かつ、「事前」の）開示を導くのかどうか、ということになるであろう。これをこそ検討していく必要があるが、まずは、節を改め、証拠開示の権利性そのものを導く憲法上の条文根拠を考察しておくこととしよう。

Ⅲ　証拠開示の憲法的基礎

1　前　提

以上論じたところからすると、証拠開示の意義・目的・機能として掲げたA・B・Cの要素は、憲法的な基礎を有していよう。たとえば、B（「手続の公正」）については、憲法31条を筆頭として、憲法の刑事人権規定の全てに亘って書き込まれた精神といって過言ではない。これはまた無罪推定原則をも含みつつ、まさにA（「誤判防止」）の精神に向けたものと解されるであろう。C（「迅速な裁判」）については、端的に憲法37条1項が存在している。さらに、いずれもが個人の尊厳に結びついているといえるところからは、憲法13条が根拠条文の根幹に挙げられることにもなろう。

これらからすると、証拠開示の意義・目的は、基本的に憲法的な基礎をもっていると明確に理解されるというべきである。証拠開示という問題に憲法的基礎がないとすることは出来ない。

もっとも、証拠開示について憲法論を中心に据え、いわば体系的かつ総体的にきっちりと論じた論攷自体は、これを私は寡聞にして知らない。とはいえ、この問題については憲法上の刑事人権規定のカタログが全て登場するのではないかと思われるだけの論述自体は既に存在していると思われるし、それらを、ある程度、整理することは可能であろう[33]。

なお、ドイツにおいては、憲法（基本法）103条の法的聴聞請求権が記録

閲覧（ドイツ刑訴法147条の規定——日本における証拠開示に該るが、基本的に裁判所に対する規定である）を基礎づけることが連邦憲法裁判所によって繰り返し確認されているとのことである[34]。さらに、ドイツでは、ヨーロッパ人権条約6条1項の「公正な手続を請求する権利」が憲法上の権利とされ、証拠開示の根拠として論じられている[35]。参考にすべきである。

2 様々なる条文根拠

改めて我が憲法の条文を眺めてみよう。たとえば、我が憲法31条はBに直結することが明らかであろう[36]。捜査過程が記録化され、それが事後的に検証可能であることは、デュー・プロセスの根幹といえると思われる。そして、手続的正義の要請という観点からみれば、憲法37条1項のフェアトライアルの理念は、まさにこれに直結しているといえそうであるし、この憲法の条文の文言そのものに照らしても、同条項はCを基礎づけている[37]。

また、同2項も、証拠開示との関係でよく引用される[38]。それには十分な理由があると思われる。同項後段の示す、証人尋問という手段を通じて自らの主張を立証するという権利、そして、同項前段の、反対尋問という手段を通じて検察側立証を弾劾するという権利、これらの双方が、憲法37条2項に

---

(33) たとえば、渡辺・前掲注(5)224頁は憲法上の包括的防御権をまず挙げている。渕野貴生「『証拠開示の原点』を論じる意義」法と民主主義477号（2013年）32頁も同旨か。
(34) 斎藤・前掲注(22)289頁以下。ドイツ刑訴法147条については、同320頁参照。
(35) 斎藤・前掲注(22)272頁参照。
(36) 松代・前掲注(6)208頁は、証拠開示の権利保障の淵源を憲法31条に求めつつ、フェアトライアルにも言及し（ただし、憲法37条1項については「公平な裁判所」の解釈が既に定着している〈前掲注(10)参照〉として掲げられていない）、さらに憲法37条2項を検討対象にしている。なお、門野・前掲注(31)149頁以下参照。
(37) 確かに「公平な裁判所」の解釈は判例上確立されてしまった憾はある（前掲注(10)参照）。しかし、本来、憲法37条1項はまさにフェアトライアルの理念を謳ったもののはずであり、21世紀の刑事司法実務にあっては、刑事人権規定として、被疑者・被告人の防御権の幅広い適用の受け皿足りうべく新たに解釈されていくべき条項だと思う。現に、鈴木茂嗣「刑事訴訟における証拠開示（二）」神戸法学雑誌14巻2号（1964年）275頁は、片面的事前開示を要請するものとして、憲法37条1項及び2項を挙げておられる（ただし、1項については「迅速な裁判の要請は……一定の資料の事前開示を認めるとき、より満足すべきものとなる」とされ、「迅速」に力点を置かれているように読める）。
(38) 渡辺・前掲注(5)224頁、伊藤睦「被告人に有利な証拠を得る権利」小田中古稀（上）280頁。

Ⅲ　証拠開示の憲法的基礎

よって認められているところ、これらが証拠開示を不可欠の前提とすることは、実務の現実に照らしてみれば、余りに当然のことといえるからである。これらの権利を実質的・実効的に行使するためには、そのような供述証拠の存在を知ったうえで、その経過・内容をも知悉しておかなければ防御権を行使しえない。これは実務における弁護実践からは自明のことと考えられるところであるが、そのような実務上の要請こそが憲法には書き込まれているとみるべきである。

　要するに、人証の関係、あるいは、供述証拠の関係は、おおむね、この条項によって、証拠開示の憲法的基礎に辿りつくものとみてよい。憲法37条2項前段は、現行刑訴法316条の5第1項5号及び6号、同項後段は、同法316条の5第1項6号及び316条の20を要請したものと考えられるのである[39]。

　そして、それとの関係をも踏まえ有効な弁護を受ける権利という意味では、憲法37条3項及び憲法34条から証拠開示を考えることもまた十分可能であると思われる[40]。証拠開示を欠いて、実質的で有効な弁護人依頼権が現実化するとは全く考えられないから、これらの読み込みは、当然の理解ということになる。

　さらに、憲法34条それ自体は、身体拘束との関係において、その根拠とされた証拠資料の開示を求める根拠となろう[41]。

　なお、証拠開示を基礎づけうる憲法の条項として他には、32条説、38条1項2項説もある[42]。32条説は37条1項説と同旨の発想といえるであろうし、38条1項2項は、被告人自身の供述調書の謄本請求について論じられてい

---

(39)　これら現行法（2004年法）の制度は、憲法に則って解釈されるべきものである。後に本文で言及する、今般、2016年法で創設された公判前整理手続請求権も、これら、憲法上の権利に裏打ちされた、具体的な証拠開示請求権行使の途を拓くものとして、同様の憲法的基礎をもつといえる。なお、このような言い方は、もとより、たとえば、刑訴法316条の20の憲法的論拠が、憲法37条2項に尽きているという意味ではない。
(40)　渕野・前掲注(31)32頁、同34頁は、憲法34条に言及されている。
(41)　渡辺・前掲注(5)224頁は、逮捕・勾留手続に関する令状・同意求書・疎明資料等の開示を憲法34条から導いている。併せ、渡辺修『捜査と防御』（1995年、三省堂）110頁、283頁、さらに、斎藤・前掲注(22)382頁以下参照。
(42)　渡辺・前掲注(5)224頁。32条については「紛争解決にふさわしい　手続的保障を伴う裁判を受ける権利の保障」としている。

281

る。また、憲法21条説も存在しており[43]、証拠開示の憲法的基礎は多岐に亘っているといえる。

3 まとめに代えて（可視化原理としての証拠開示）

ここで改めて、証拠開示の憲法的論拠を挙げて再度整理してみる。

個別には、供述証拠関係のうち、自分以外の者の供述については、憲法37条2項であり、自分の供述については、同法38条1項2項が証拠開示の根拠である。また、物証については、同法37条1項や同法31条ということになる。このうち、身体拘束関係については、同法34条にも根拠を求めることができることは前述したとおりである。

いずれにせよ、それらから防御権を全うさせるべき弁護活動が憲法37条3項ないし憲法34条の要請として導かれる。また、根底には、憲法13条の存在があるといってよい。

このように、個々の証拠の性質・関係から見直しても、証拠開示請求権が憲法上の要請であるとの理解をより強く進めて（さらに深化させて）よい段階に来ている[44]。これは可視化法理の具現化でもあるはずである[45]。この点、取調べの可視化がリアルタイムの記録化そのもの、つまりは、取調べ規制・適正化に重点を措く側面があるといえるとすれば、これとの対比でいうなら、証拠開示それ自体は、記録化がなされた後の事後的な可視化であり、事後的な検証に力点があることになるであろう。

ただ、捜査段階の証拠開示の議論を加えうるならば、この様相は変化しうるし[46]、他方、取調べの可視化も事後的な検証可能性に力点を措いてみられることもあり、いずれによせよ、両者は同根であって、ともに、21世紀型の

---

(43) 指宿信「証拠開示をめぐる様々な事例(2)理論」渡辺編・前掲注(5)289頁。
(44) この点、たとえば、大澤裕「証拠開示」新刑訴争点140頁は、「憲法の規定が、……事前全面開示という具体的要請まで含んでいるとみることは、憲法の解釈としていささか性急であろう」とされ、憲法上の要請という考えに否定的な見解を述べられている。ただし、問題は「事前」「全面」という点にあるとみる余地があろう（本文参照）。
(45) 小坂井・展開1頁以下参照。実際、証拠開示の憲法的基礎として位置づけられる各条文は、可視化の権利性を基礎づける各条文とほぼ重なっているといえる。たとえば、参考人取調べの可視化を求める根拠を憲法37条2項に求めているが、これなども、本文で述べたところとリンクしていることは明らかであろう。

可視化原理にもとづく刑事司法にとって不可欠の改革要素というべきである。

歴史的に言えば、いわゆる「聴取書」問題が証拠開示（記録閲覧）にまつわる議論の中心をなしてきたこととも密接に関連するというべきであろう。つまり、取調べの可視化とは、我が刑事司法実務において歴史的にみれば、「聴取書」問題の克服というテーマに外ならなかったともいえるところがある。また、証拠開示にあっては、我が刑事司法実務の歴史においてみれば、正に記録閲覧問題であって、これは、「聴取書」という証拠を認めるかどうか、また、認めるにせよ何にせよ、その扱いをどうするのか、というテーマが伏在し続けていたといえる(47)。両者は「聴取書」問題について異なったアプローチをとりながら、結局は、捜査過程を透明にするというテーマを共有している。

要するに、捜査過程を透明にすることこそが21世紀型の刑事司法のあるべき姿だと思われる。これらについては、我が刑事手続の歴史を考察すべく、節を改め、論じていくこととしよう。

IV 証拠開示論の歴史的経緯（証拠開示の欠缺を経て）

1 旧刑訴法から昭和刑訴へ

(1) 旧刑訴法における記録閲覧制度

旧刑訴法時代にあっては、検察官が公訴提起とともに、いわゆる一件記録を裁判所に提出しており、このように被告事件が公判に付せられた後はこれを弁護人は裁判所において閲覧・謄写出来たとされる（大正刑訴法44条。ただし、証拠物については、裁判長又は予審判事の許可を要した)(48)。したがって、旧刑訴法時代には、このような記録閲覧制度によって、今日の如き、証拠開

---

(46) この点においても、ドイツにおける議論が参考になる（斎藤・前掲注(22)275頁以下、同337頁以下参照）。

(47) 斎藤・前掲注(22)53頁以下、67頁、76頁以下、89頁、97頁以下、108頁以下、118頁以下、134頁以下、142頁以下、159頁、183頁など参照。なお、松尾浩也『刑事法学の地平』（2006年、有斐閣）293頁を併せ参照。

示問題は存在しなかったかのように論じられることがあり、そのような論じ方が、むしろ通説的な立場であったと考えられている[49]。

しかし、そうではなかったという議論も近時強力になされている。すなわち、一件記録なるものは、捜査において収集された証拠の全面的な総体としての記録であったわけではないとされる。一件記録自体、検察官が明らかにセレクトしていたと言われ、また、警察から検察への未送致という問題は旧刑訴法時代もあったのである[50]。

いずれにせよ、記録閲覧制度は、刑事訴訟の在り方（あるいは、少なくとも捜査の在り方）そのものと密接不可分の関係にある制度であったが、強制的な捜査権限を何人が持つかによって、「記録」が何処で生成されるかが決まり、その「記録」を防御側が何時、（どの範囲で）閲覧するのかも、その生成過程をも踏まえつつ、定められてきたといえる。そういう経緯があるが、これを換言すれば、予審判事（のみ）が強制的捜査権限をもつ制度の下では、警察や検察への証拠資料の集中という問題自体が起こらなかったともいえるわけである[51]。

(2) 「聴取書」問題

また、これらの経緯のなかで、中心的な論点として登場していたのが、先にも若干言及した、いわゆる「聴取書」問題であった[52]。「聴取書」の作成自体が許されるのかという問題とともに「聴取書」を一件記録に含めてよいのかどうかという議論は証拠開示問題そのものとは幾分相を異にする論点ではあるものの、明らかに、今日的な「調書裁判」問題と通底する論点であった。

すなわち、捜査段階での「供述証拠」の「作成」と公判への「引き継ぎ」（そして、その検証）が問題となっているという状況自体は現在と同じといえ

---

(48) この関係をも含め、斎藤・前掲注(22)21頁以下は、治罪法からの記録閲覧制度を丹念に描写し、今日の証拠開示制度の在り方をも論じた圧倒的な力作であるが、ここからは、刑事手続法「改正」の都度、捜査機関の側が絶えず「焼け太り」してきた経緯をもみてとることができる（この点、小坂井久「刑事訴訟法を改正するということ」大阪弁護士会月報2015年9月号47頁参照）。
(49) 田宮266頁、松尾（上）223頁、田口285頁など。
(50) 松代・前掲注(6)135頁、斎藤・前掲注(22)137頁、149頁、197頁以下など。
(51) 斎藤・前掲注(22)36頁、66頁以下など。
(52) 斎藤・前掲注(47)参照。

るように思われる。この点、田宮裕は「聴取書」問題について、「任意の聴取なら許される（無効でない）」とされた明治36年10月22日の大審院判決に触れ、これが「捜査機関の権限の拡大という方向」となり、「のちにわが国の手続構造に重大な影響をもたらし、その体質を規定するまでになっていく」と述べている[53]。

　旧刑訴法時代から昭和刑訴への過程を「聴取書」裁判から「調書」裁判への流れとみて連続的に捉える視点は、我が国の21世紀的刑事司法を展望するうえで極めて重要なものであると考えられる。その克服こそが、まず最優先課題というべきだからである。先に取調べ可視化の視点が証拠開示に通底するとした所以でもある。

　あえて述べておくが、2016年の刑訴法改正によって、可視化制度を刑訴法の条文において国家の義務として、これを書き込んだことは、「作文」調書に基づく事実認定を「精密司法」などと呼んだ、「悪しき伝統」による実務の在り方の終焉をまさに決定づけうるもので、「国家100年の大計」を越える単位での成果といわなければならない（この点、「聴取書」裁判から「調書」裁判へ、に代えて、「調書」裁判から「記録媒体」裁判になるのではないかとの論議がある。短絡的な視点ではなく、まず、その異質性を踏まえて議論されるべきであるが、いずれにせよ、捜査段階の嫌疑が公判廷に流入しない仕組みは考案されなければならない。それは捜査の透明化を前提とするものであり、チェックを経たうえでこそ、証拠の法廷での顕出を導きうるという、証拠開示制度の健全な構築・運用と通底する課題と思われる）。

(3) 昭和刑訴の初期段階

　とまれ、そのような問題があったにせよ、旧刑訴法時代にあっては、記録閲覧制度というかたちで、いわゆる「一件記録」のレベルでは証拠開示がなされていたといえる。また、現行法（昭和刑訴）になっても、しばらくは、慣行として、検察官手持ち証拠の閲覧はなされていたといわれている。実際、昭和刑訴制定の際の国会審議においても、「さしあたって」は「今まで

---

(53)　田宮裕「刑事訴訟法（戦前）」『学説百年史』ジュリ400号記念（1968年）172頁。なお、大判明治36・10・22刑録9輯1721頁参照。

裁判所で証拠を閲覧したように、検察庁で証拠を閲覧する」、そのような運用になるとの政府側答弁がなされていたのであった[54]。しかし、この慣行が破られるようになった。昭和27～28年ころからのようである[55]。

かくて、大阪弁護士会に端を発し、日弁連は刑事訴訟規則において「取調べを請求する可能性のある証拠書類及び証拠物を閲覧謄写させなければならない」との新設の規則案を提案し、最高裁、法務省・最高検にも申入れがなされ、議論されるという経緯を辿っている[56]。このような経緯のもと、実務においては個別事件での綱引きがなされていたようである。

「当事者主義」という形式的な建前だけを盾にして、検察官が牙を剥いてきたというべきであろうか。記録閲覧を許さない措置を採ることが一般化してきたのである。かくて、法の欠缺が顕になる暗黒時代に入ることになる。

2 昭和刑訴から最高裁昭和44年決定、そして、それ以降
(1) 最高裁昭和34年決定

職権主義構造の旧刑訴法のもとで、果たされていた記録閲覧が「当事者主義」の名の下になしえなくなるというのは、それが当事者としての防御準備として必要不可欠であることに照らすと、ほとんど悪夢のような話だと思われる。その刑訴法上の欠缺を補う措置を講じることは、本来は、昭和刑訴を現憲法下のもとで運用する試みとして、可能であったはずである。実際、対立が先鋭化するなか、現に画期的な全面的証拠開示を認めた地裁段階の決定が（その理屈の建て方については、様々な議論がありうるとしても）出されるに至っている。

にもかかわらず、これが覆されてしまったのであった。最高裁昭和34年12月26日第三小法廷決定である[57]。

同決定は、「現行刑事訴訟法規の下では、裁判所は検察官に対し、その所持する証拠書類または証拠物を、検察官において公判で取り調べを請求する

---

(54) 斎藤・前掲注(22)184頁以下。
(55) 鈴木・前掲注(37)251頁参照。
(56) 鈴木・前掲注(37)252頁。なお、佐伯千仭『刑事裁判と人権』（1957年、法律文化社）16頁以下は、このときの経緯をリアルに伝えている。

と否とにかかわりなく、あらかじめ、被告人または弁護人に閲覧させるよう命令することはできない」と判示し、法律上定めがないかぎりおよそ開示命令を発する余地がないとした。先述した、国会における運用に関する答弁をも全く無視した判断がなされたというべきだろう。

かくて、昭和刑訴のもと、法の欠缺が確定してしまった。振り返れば、最高裁昭和34年決定はとんでもない歴史的過誤を犯したと評しても過言ではないように思われる。同決定が、我が刑事司法実務における証拠開示の真冬の時代を決定づけたといえる。悪夢の現実化である。

(2) **最高裁昭和44年決定**

最高裁昭和34年決定から10年を経た昭和44年4月25日、訴訟指揮権にもとづく証拠開示命令を発することができる、との2つの最高裁決定が出された[58]。これが長く、我が国の証拠開示の実務運用の基準とされることになる。

最高裁昭和44年決定は、「裁判所は、」「証拠調べ段階に入った後、弁護人から、具体的必要性を示して、一定の証拠を弁護人に閲覧させるよう検察官に命ぜられたい旨の申出がなされた場合、事案の性質、審理の状況、閲覧を求める証拠の種類および内容、閲覧の時期、程度および方法、その他諸般の事情を勘案し、その閲覧が被告人の防御のために特に重要であり、かつこれにより罪証隠滅、証人威迫等の弊害を招来するおそれがなく、相当と認めるときは、その訴訟指揮権に基づき、検察官に対し、その所持する証拠を弁護人に閲覧させるよう命じることができる」と判示している。

証拠開示をめぐる刑事裁判の実務は、整理手続における証拠開示の規定が創設されるまで、この最高裁昭和44年決定の枠組にそって運用されてきた。最高裁昭和34年決定に比して、極寒の冬ではなくなったのかもしれないが、しかし、これは、グローバルスタンダードからみて、いわば周回遅れともい

---

(57) 最(三小)決昭34・12・26刑集13巻13号3372頁、判時219号34頁(以下「最高裁昭和34年決定」という。)。大阪地決昭和34・10・3(刑集13巻13号3403頁以下参照)の第2刑事部・西尾裁判長の(真実究明義務にもとづく全面証拠開示)決定が覆されたのである(西尾決定は、本稿でいえばAの見地だったといえよう)。なお、最(三小)決昭和35・2・9集刑132号181頁も、証拠開示否定の決定例である。
(58) 最(二小)決昭和44・4・25刑集23巻4号248頁、最(二小)決昭和44・4・25刑集23巻4号275頁(以下「最高裁昭和44年決定」という。)。

うべき状況にあったといわざるをえないのではないか。旧刑訴法時代より「劣った」情況が続いたことは疑えないというべきであろう。悪夢から、ほんとうに醒めるには、なお長い時間を要することになる。

　なお、現在においても、整理手続に附されない以上、証拠開示を規律する法理は、理屈としては、未だ最高裁昭和44年決定に拠るしかないことになる。その意味においては、同決定は、なお重要といわざるをえない（もっとも、実務的に言えば、同決定の論理にのせるかたちで——あるいは、そのかたちさえも採らず——、整理手続上の証拠開示請求と同様の趣旨とされる開示が——ただし、いわゆる「任意開示」として——なされているのが実情であろう）。

(3) 最高裁昭和44年決定以降

　最高裁昭和44年決定の枠組下における証拠開示の実務運用は、おおむね次のとおりであったと思われる。

　検察官が請求する予定の証拠は刑訴法299条によって開示され、それ以外の証拠の開示は、次のような手順になった。まず、開示される場合も、証拠調べ手続に入った後の段階でしか開示されない。検察官請求証拠以外の証拠の開示を求めるときは、弁護人が検察官に対して、開示の必要性と防御のための重要性を主張し、それに応じて検察官が任意に開示する場合があった。しかし、基本的には検察官は開示に消極的であったといえよう。このように検察官が開示しない場合は、弁護人は裁判所に、検察官に対して証拠開示を命ずるよう訴訟指揮権の発動を求めることになった。

　裁判所が開示を相当だと判断すれば、裁判所はまず、検察官に対して証拠開示の勧告をした。検察官が開示に応じない場合には、裁判所がさらに証拠開示命令を発する場合と、勧告止まりでそれ以上の訴訟指揮をしない場合があったが、命令にまで至ったケースは極めてまれなように思われる。他方、裁判所が開示が相当でないとし、勧告もせず、何らの職権発動しないというケースもあった。

　以上の次第で、裁判所の措置としては、せいぜい勧告止まりが一般的であったといって言い過ぎではないであろう。

　もっとも、事案の性質や弁護人の対応力（技量）、あるいは、裁判所、そして、検察官の姿勢などによって検察官から開示される証拠は広狭さまざま

であったとはいえるだろう。場合によれば、ほとんど開示されないし、他方、場合によっては、相当に広範囲の証拠が開示される例もあった。だが、相当広範囲の証拠が開示されたといえる場合であっても、検察官請求証拠以外の証拠は、証拠調べ手続以前に開示されることはなく、証拠調べ手続開始後に、まさに「個別的に」開示されるのみだったのである。

最高裁昭和44決定についての評価には様々なものがあるとはいえ、やはり、法の欠缺による冬の時代が続いたと評さざるをえまい[59]。本稿の冒頭で記載した、「業界人」の「感覚」は、この時代に醸成されてしまったものといえる。悪夢から覚醒できないでいたのである。

V 現行証拠開示制度（2004年法）から

上記のような情況・経緯のもと、ようやく、21世紀になって大きな変化がみられることになる。すなわち、司法制度改革審議会の議論を経[60]、さらに検討会で論議されたうえ、2004年に現行の整理手続が創設され、ここに、ようやく証拠開示の法制化がなされたのであった（2005年11月施行）。

裁判員裁判制度の導入が、その契機であることはいうまでもないが、その経過自体は、ここで詳しく論じることはしない。が、本稿の立場から、その内容そのものについては、これを確認しておく必要があるし、これとともに、後に特別部会でも議論された、「全面的事前一括開示排斥論」について言及しておかなければならない。

1 現行（2004年法）制度の状況
(1) 欠缺状態からの変化・創設
昭和刑訴法における証拠開示の法の欠缺状態ないし訴訟指揮権による証拠

---

(59) 浦・前掲注(5)267頁以下参照。
(60) 司法制度改革審議会意見書42頁。「充実した争点整理が行われるには、証拠開示の拡充が必要である。そのために、証拠開示の時期・範囲等に関するルールを法令により明確化するとともに、新たな準備手続の中で、必要に応じて裁判所が開示の要否につき裁定することが可能となるような仕組みを整備すべきである」。

開示というものから2004年に成立した（2005年11月に施行された）改正刑事訴訟法における整理手続上の証拠開示制度によって、実務上大きな変化が生じた。その要点は、およそ次の４点といえようか。

まず第１に、証拠開示が法律上の制度となり被告人・弁護人に請求権が明定された。権利性が明確にされたのである（もっとも、一般的には、憲法から導かれた権利と捉えられているわけではない）。

第２に、開示の時期が最高裁昭和44年決定では「証拠調べの段階に入った後」とされていたのが、公判前の準備手続段階で（公判前整理手続のなかで）開示されることになった。一定の「事前」性が認められたといえる。

この「事前」性は、より具体的には、次のようなものである。すなわち、刑訴法316条の15にあっては、同法316条の16の証拠意見や同法316条の17による被告人・弁護人の予定主張明示より前の段階として、この規定が措かれ、類型証拠開示請求が認められた。他方、請求証拠の後は、２段階の証拠開示になっているわけで、316条の17の予定主張明示を経てはじめて、主張関連証拠開示請求をなしうるものとされ、一定の「事前」性というものが、予定主張明示の前後で２段階に区分けされる構造になっている。

第３に、裁定制度と不服申立制度が設けられた。これも、権利としての性格が認められたことからの帰結である。

第４に、開示請求の対象証拠の特定について「一定の証拠」とされ、特定性を厳格に要求されていたのが、「識別するに足りる」事項を指摘するだけで足りることになった（刑訴法316条の15第２項第１号）。

これらは、法規が存在しない状態での最高裁昭和44年決定下における従前の個別的で限定的な証拠開示とは、決定的に相違している点である。

このような法制度の創設は、冬の時代が、いわば酷すぎたこともあって、画期的なものだったといえる（少なくとも多くの弁護人は、そう感じたといってよい。それゆえにまた、冒頭で述べたような、私の「弁明」の如き感覚が生じたのだといえる）。

しかし、この制度が本稿で述べてきた、A（「誤判の防止」）・B（手続の公正」）・C（「迅速な裁判」）の各目的・意義・機能を全うさせているかどうかといえば、十分でないということにならざるをえないであろう。また、この

V　現行証拠開示制度（2004年法）から

制度が憲法において期するところの要求水準に達しているかどうか、いささかの疑問があるといわざるをえまい。

順次、検討していきたい。

(2)　**刑訴法316条の15**

ア　この制度は、先ずは受働的防御を定めている。これは、既述のとおり、供述証拠の関係では、憲法37条２項後段の要請（被告人については、憲法38条１項及び２項の要請）とみることが出来、非供述証拠の関係では、憲法31条及び37条１項の要請と解してよいであろう（さらに憲法34条及び憲法37条３項からも導かれ、根底には、憲法13条があるといってよい）。

ただ、確かに全面的一括開示論が斥けられた上での段階開示としての制約がある。さしあたり、２点、指摘しておかねばならない。

まず、類型該当性の存在を前提にしているが、類型なるものは証拠全体との関係では網羅的ではない。それゆえ、類型から洩れるものが必ず出る。この洩れの存在は必ずしも論理必然性のある整合的な措置ではない。類型該当性が果たして請求証拠の証明力判断にちゃんとすべからく対応しているという保障はないのであり、たとえば、刑訴法323条各号該当書面なども、基本的に、引っかかってこない体裁といえるが、これを類型証拠開示（請求証拠以降の第１段階の証拠開示）から省かねばならない必然は見出せないであろう。また、先に憲法34条の関係で身体拘束関係の資料は開示対象である旨言及したが、これも直ちには「類型」ではありえない（これも第１段階の証拠開示から省かれねばならない理由はない）。さらに別の角度から言えば、捜査事項関係照会書とその回答書などは、およそ「類型」として拾い難い関係になっているけれども、これを省くべき必然性があるとはいえないであろう。

次に、類型該当性を前提に、「特定の検察官請求証拠の証明力を判断するために重要であると認められるものについて、被告人又は弁護人から開示の請求があつた場合において、その重要性の程度その他の被告人の防御の準備のために当該開示をすることの必要性の程度並びに当該開示によつて生じるおそれのある弊害の内容及び程度を考慮し、相当と認めるときは、……開示をしなければならない」と定められているのであるが、文言上はいささか重たい要件の付与になっている。その「弊害」の強調によっては（あるいは、

重要性・必要性を高度に設定することにより）相当の制約がありうるかのようにも読まれかねない。

　イ　以上の2点の課題は、実務上克服されているところはある。前者については、類型を「実質的」に解釈することによる対象の広範化が相当に実現しているといえる。もっとも、それでもなお、類型的に洩れるものがあり、刑訴法316条の20の主張関連請求を試みざるをえなくなる場面がある。

　もっとも、この点は、6号該当性問題に象徴される攻防によって、供述証拠については相応に広範な開示も可能な面もある（この点、後述する。「6号」は類型証拠開示の問題と主張関連証拠開示の問題とを架橋する部分に位置しているといえようか）。

　後者については、実務上ほぼ解決したといいたくなるほどに、かなり緩やかに相当性は認められているといえるであろう（しかし、事案によっては、開示を拒む材料として用いられるので、全面解決と評しうるわけではない）。

　検察官の請求証拠についての証明力判断の機会付与は広範かつ深いものであるべきである。間接証拠はもとより、再間接証拠レベルも広く捉え、証明力判断に影響する可能性がある以上は全て対象足りうるといわねばならない。このことが、その事件をどのように弁護すべきかの方針を決めるうえで重要なことはいうまでもない。相当性要件を比較的緩やかに解するという実務のトレンド自体はもとより妥当である（それでも、類型証拠開示——つまり、証拠請求以後の第1段階開示——として、なお足りない場合があるからこそ問題があることになろう）。

　この点、現行法制の証拠開示制度のあるべき第1次的機能は、「事件の争点及び証拠の整理」が設定されているとして、証拠の開示は、争点整理と審理計画の策定について資することを重視する見解がある[61]。

　しかしながら、「争点および証拠の整理」といっても、現行証拠開示法制の類型証拠開示制度は、争点の絞り込みそれ自体を目的としているわけではない（それは、いわば、生じることのあるべき反射的効果にすぎないが、「そもそも」論を言うならば、争点の「絞り込み」自体などを公判前整理手続は想定して

---

(61)　酒巻・前掲注(25) 6頁以下参照。

いないというべきところであろう)。被告人の防御のために、一定の類型に属する証拠の開示が必要不可欠である（いわば、最低限必要である）との認識から定められているのであって、「公判審理の……充実……」という目的の中に、被告人の防御権行使を全うすることがまずもって含まれていることは疑いがない。「充実」あってこその「整理」であることは繰り返し述べてきたとおりであって、上記見解もこのような考えを否定しているとまではいえまい（仮に、このような考えを否定しているのなら、本末転倒ということになろう）。

(3) **刑訴法316条の20と段階開示**

ア 次いで、刑訴法316条の20として、能動的ないし積極的防御が制度化されている。

その憲法的論拠は、刑訴法316条の15と変わらないことになろうが、予定主張明示によってはじめて証拠開示が可能となる構造自体に憲法上の疑義がないかどうかは、議論の対象足りうるであろう。

刑訴法316条の17に黙秘権（あるいは、総体的な防御権）侵害の要素がないかどうかは、主に同法316条の32との関係で論じられてきたが[62]、段階的証拠開示それ自体についても同趣旨の議論はありうるものと思われる。被告人において、あらゆる証拠をチェックしうるとの立論を前提に措くなら、そこに辿り着くまでに黙秘を解かねばならないのだろうか——との問いは必然化しうるというべきである。

実際、黙秘権をポジティブな権利と捉えたとき、自らにおいて情報を発することを拒んだうえで、他方、自分以外の証人についての尋問については、同証言にかかわる情報収集を全うさせるべきとの考えもありえよう。たとえば、憲法38条1項と同法37条2項の関係なども極めて興味深い考察対象といえよう。

ただ、この点は、そのような考えが防御権十全化の上で正しいとしても、

---

(62) 小坂井久「主張明示義務と黙秘権」刑弁41号（2005年）77頁以下など。かような見解を最高裁決定が斥けたことについては最（一小）決平成25・3・18刑集67巻3号325頁（細谷泰暢・最判解刑昭和25年度109頁以下参照）。もっとも、予定主張明示自体は、「供述」ではなく証拠足りえないとの前提が、むしろ明確にされつつあるというべきであろう（たとえば、葛野尋之『刑事司法改革と刑事弁護』〈2016年、現代人文社〉97頁以下参照）。

憲法が具体的に求めるところが、何処までかという問いになると思われる。すなわち、予定主張明示も何も介在させない「一括事前」（かつ「全面」）開示を憲法は求めていると言うことが出来るかどうかである。

本稿で繰り返し論じてきた、ＡＢＣ（とりわけ、ＡＢ）の各目的・機能からすると、「一括事前全面」開示が望ましいこと自体は明らかである。そのほうが、より「誤判の防止」に資するといえようし（Ａの観点）、「手続の公正」（手続的正義）も全うされることは疑いがなかろう（Ｂの観点）。それが、「迅速な裁判」と親和的かどうかは議論がありうるだろうが、複雑な段階的開示よりは、その方が迅速で、むしろ効率的ともいえそうである（Ｃの観点）。

以上のようにいえると思われるが、「望ましい」からといって、憲法上の具体的な要請であることまでが、直ちに導かれるわけではないかもしれない。

イ　この点、「捜査で収集される資料には、当該事件の事実認定や量刑判断におよそ関係しないものも含まれることがあるし、……当該事件の事実認定や量刑判断に関係するが当該被告人の防御には関連しない資料が存在することもあるが、……これらを含むすべての証拠の開示を防御権保障から導くことはできない」とする見解がある[63]。観念的には（あるいは、純客観的にいうならば）、それはそれで正しいであろう。しかし、防御に関連するかどうかは、チェックの機会を与えられなければ判断しようがない。そういう関係に立つ。

観念的（純客観的）に防御権に意味がない資料だとしても、チェックの機会を経なければ、それは（そうであるかどうかは）現実化しない。この意味では、Ｂ（「手続の公正」＝手続的正義）の意義・目的は大きいというべきであろう。Ｂを介してＡ（「誤判の防止」）が導かれ、Ｃ（「迅速な裁判」）もまた、Ｂを介してこそ導かれる（「拙速」では意味がない）。

その意味で「事前全面一括」開示は、やはり、有意というべきであり、憲法の要請に適合的だといえる。逆に言えば、「事前全面一括」開示が排斥されねばならない格別の理由は、実は、ＡＢＣの諸機能の何処からも出てこな

---

(63) 岡慎一「証拠開示制度―『要綱（骨子）』の意義と残された課題―」論究ジュリ12号（2015年）95頁。

V　現行証拠開示制度（2004年法）から

いように思われるのである。むしろ、現行法の如き段階的開示が論理的に必然化するわけのものでもないことのほうが明らかである。

　仮に弊害なるものが観念しうるのだとしても、そちらの方が、まさに個別的要素（個別的勘案事項）であることは明らかであろう。

　以上のとおりだとすると、事前全面開示を前提としたうえで、弊害問題をも含め、防御の必要性を別途、検討するシステムをセットすれば、論者によっては懸念が存在するとされている問題も、本来、解決可能というべきではないかと思われるところである。憲法上の要請に、この考えは適合的ではないだろうか。

　すなわち、現在の類型証拠開示の段階をこそ事前全面一括開示として位置付け、ただし、弊害があるといわれるときは、不開示を個別に許容したうえで、この場合、必要性を強度化する「主張の明示」によって、改めて必要性と弊害の各々の要素を相対化しつつ、開示の是非を問うというシステムである（かようなシステムにおいては、後述するとおり、整理手続は不可欠なものとはいえないであろう）。

　後にも言及するが、憲法が直ちに全面的な事前一括開示を要求しているとの解釈論までは採りえないのだとしても、上述のごとき制度それ自体は、憲法の要請に適っていると思われるのである。

2　「全面的」証拠開示論の排斥という問題（法制審議会特別部会の議論をめぐって）

(1)　その論理

　ではなぜ、現行法下では、「全面的」証拠開示論は排斥されたのか、改めて、これを検討しよう。現制度について、「この制度は、現行刑事訴訟法の制定のときに作り損なった部分を補完した」ものであり、「当事者主義の訴訟というのは、……裁判所ではなく、検察官と被告人・弁護人双方が訴訟を主導する、双方が自分の主張を裏付ける証拠を公判に提出する、そして、裁判所はその結果として判断者に純化され……当事者主義の訴訟を作った以上は、本番の訴訟をやる前の段階に、相当徹底した、両当事者による準備の手続というのが必要だった……しかし、それがほとんど欠落していた」との前

提を措いたうえで(この前提自体は正しいと思われるが)、この点について、現制度の構想者は、次のように「解説」している[64]。

　まず、「捜査機関が強制力を用いて集めた証拠ですとか、関係者の取調べの結果を記録した調書ですとか、鑑定結果ですとか、そういうものは捜査機関の手元にございます。……、被告人・弁護人の防御の準備、本番で的確な防御活動をするための準備、つまり、検察官が主張して証明しようとする犯罪事実について、合理的な疑いを生じさせるような防御活動をするのに必要な資料は、基本的には準備の段階で被告人・弁護人側に配分する、共通に利用できるようにするような仕掛けが必要だった」といわれている。これ自体は納得のいく考えのように思われなくはないが、実は、この考えのもとに、検察官の主張・立証というもので、ア・プリオリに、証拠開示の範囲の枠付けをするという考えが表明されている。

　すなわち、「そういう当事者主義の訴訟が健全に充実して行われるようにするために公判前整理手続というのを作って、その中に証拠開示の制度も埋め込んだ。そういう設計思想・全体構造になっています」と語られているのも、その意味であり、「そこに埋め込まれている証拠開示というのは、要するに目標は検察官が主張して証明しようとする事実に疑いがないのかどうか点検する、それが防御活動ですから、それに資する素材になるものはできる限り、具体的な弊害がない限り、配分する、そういう設計思想でできております」という考えである。この見解が「当事者主義」を前提として語った所以は、まずは検察官主張・立証(その点検)という枠組みを設定するところにあったことがわかる。しかし、そうすることで、抜け落ちるものが必然的にあるのではないか。

(2)　**その批判**

　ア　上記の論理は、現行法の段階的開示を必然化させるものとはいいにくいのではないか[65]。たとえば、検察官の主張立証構造の枠外に(少なくとも、

---

(64)　特別部会第11回会議・前掲注(25)の酒巻委員発言。
(65)　実際、斎藤・前掲注(22)366頁以下は「……・防御活動のためには、検察官の視点に加えて、被告人側の視点も含めて『すべての証拠』のチェック・検討が必要であるという論理もありうる」とする。

V　現行証拠開示制度（2004年法）から

枠外ともみえるところで）、無実を明らかにする証拠が眠っているということはありうる。この理屈によって予め、開示対象の出発点において限定を施したとき、そのような質的な欠陥が生じると思われる。

　また、現在にあっては、検察官の請求証拠の選別自体が相当に限定的である（少なくとも、そうなりうる）という実情は何処まで意識されているだろうか。検察官は自らの立証に必要でないと判断したものを、いわば、削ぎ落としていくのであるが（刑訴規則189条の２参照）、それで厳選された請求証拠の各々の証明力に必ずしも直接的に関連しない証拠群は、類型証拠請求段階では開示される余地が（全くなくなるとまではいえないとしても）、少なくとも乏しくなることは否めない。関連性が遠いとして、それゆえに非該当との論理は絶えずありうるし、証明力判断への影響が微弱といった論理もありうる。このとき、直ちに質的な欠陥を生じなくとも、量的には未開示分は増加しうるし、それが要証事実（立証可能性の判断如何）についての質的変化をも招きうる。それはＡ（「誤判の防止」）を阻害することがありうる。Ｂ（「手続の公正」）を直視するプロセスとしても正しいとはいえないだろう。

　さらには、わざわざ段階を踏ませることで、手続が渋滞することは現に起こっているのであって、Ｃ（「迅速な裁判」）の要素についても問題が生じているといえる。現行法のような類型証拠開示をしたうえで、その後の予定主張明示を経由して主張関連証拠開示請求に及ぶ手法が、ＡにとってもＢにとっても（そして、Ｃにとっても）、ベストであるとは到底考えられない。

　現行法の段階的開示の制度設計は、「それだけの証拠開示を受けた上で被告人の御意見も聞いて、弁護人の方が被告人に有利な主張をしようとする場合には、その主張が具体的であればあるほど、それに関連する証拠も、弁護人が請求し、それがあれば出ます」というものである。此処にある発想は、「証拠開示それ自体は自己目的ではありません。最終目標は充実した公判の審理を行うこと、そのためには争点と証拠を整理すること」であるというものであり、「この新しい法律は争点整理と有機的に連動された、ひいては充実した公判審理を目標とした法律だ」というわけである。

　証拠開示そのものが目的でないのは、そのとおりだとしても、果たして、これが「充実した公判の審理」という目的にとってベストの方法かと問われ

ばならない。そうは思えまい。さらにもし「裁判員に分かりやすい裁判をするために準備段階では、ベストエビデンスに証拠と争点を絞る」ためだとしても、このような制度設計がベストという必然性はあるまい。

　イ　実のところ、この関係で問題とされている場面は、次のようなものにすぎない。

　すなわち、「捜査機関は、それぞれa、b、cについてあらかじめ供述調書を取って、その日は被告人に会っていないと、そういう調書を取っていくということがあるかもしれません。そのa、b、cの調書をあらかじめ一括して全部お見せしたら、私が被告人なら別のdというお友達に頼んで、いきなりアリバイ証人とするだろうと思います。そのときに、順々に調書を示していき、『aと会っていた』と言えば、『aは会っていない』という調書を示し、そうすると、また供述を変えたというようなことが有り得るわけですけれども、当事者主義の訴訟の場合で、いきなりアリバイ証人dが出たら、そういう供述の変遷過程は出てきませんから、事実認定者は誤った認定に導かれるおそれがあるでしょう。そういう訴訟のやり方をしている以上は、全面一括、最初から全部というのは制度としてやはり無理がある」というのである。

　説得的だろうか。これは有罪方向での真相解明（あえてそれを「誤判防止」と言うならば、「誤判防止」）を全面事前一括開示は妨げることがあるという論理である。しかし、これは、いささか観念論に過ぎると言わざるを得まい。

　現在の実務上、このようなことは現実に可能とは、なかなか思い難いからである。ここでは、そこまでの証拠収集での圧倒的な彼我の差が現に存在しているという問題はおよそ顧みられていない。そのうえ、補充捜査が現になされるという現実についてもあまり考慮されているようには思えない。また、実際の被告人の主張場面・時期などを踏まえ、相当な検討が可能であり、現に、そのようにされていることも考察されていないようである（そのことの是非をさて措くとして、もし「後出しじゃんけん」をしていると事実認定者に判断されるという場面があるとすると、そのリスクはずいぶんなものがあるのが現実である）。

　そして、もし仮にこのようなことで、「誤判」があるというのならば、む

しろ、それこそは一人の無辜をも罰してはならないとの法格言が妥当する場面だという価値判断をすべきところであろう。現行の段階開示制度が論理必然であることを導けるだけの論拠とは到底思われないのである。

(3) **小括に代えて**

現行法の二段階開示制度を擁護する論者は「現行の個々の条文の制度の趣旨・目的を正当に理解・把握して、個別具体的な条文の意味内容を少なくとも使いこなすレベルまで理解すれば、検察側の主張を裏付ける証拠、それに疑いを生じさせる証拠、更にそれに基づいて弁護人側が被告人の言い分に基づいて主張しようとしている正当な反論を裏付ける証拠も、あれば全部出ます。そう作ってありますので、刑事訴訟制度の健全正確な目標達成にとって、それ以外の何を見る必要が防御側としてあるのか。それが私には理解できない」と述べている[66]。「……全部出ます」と言われているところの趣旨は必ずしも定かではないが、この説明に対しては、「全部」かどうかも「全部見なければ分からない」と答えるしかないだろう。実際、とりわけ、犯人性を争うような事件では、基本的に手探り状態になること自体避けえないところがあって、既に述べたとおり、無罪証拠が眠ったままになることはありうるのであり、「見なければ分からない」という場面に直面することがあるというべきである。逆に言えば、「全部」開示されるとの保障などはないということである。

そうだとすると、「全体を認識していない事実認定者の前で、両当事者が訴訟を主導してぎりぎりの攻防をやる。そういう場面について考えていただければ、全面一括開示というのが制度として適当でないというのは、理解していただける」ことにはならないと思われる。現行二段階開示制度が証拠開示の在り様としてベストと言い難いことはもちろん、ベターであるとするにも相当の疑問がある。あえて言えば、弁護人の技能によって、開示の範囲に広狭を来たす制度がまっとうといえるかどうか、それ自体、今一度、検討されるべきであろう。

結局、構想すべき証拠開示制度は、全面開示を原則とするものであるべき

---

(66) 特別部会第11回会議・前掲注(25)の酒巻委員発言参照。

である。そのうえで、既述のとおり、必要性と弊害を考慮する相当性論で絞りをかけるという制度ならありうるかもしれない。検察官が一定の弊害を主張して開示を拒んだものについては、改めて、必要性を明らかにする主張明示を経るという制度はありうるであろう。その段階で裁判所が開示如何を決める（裁定する）といった段階論である。そういう制度設計で問題はないものと思われるのである。

Ⅵ　2016年法の概要と評価・対応

　もっとも、今般の改正（2016年改正）は、一応、現行法の二段階開示制度をベースにしつつ、その拡充を図ったものである。すなわち、2016年の法改正で、新たな制度にもとづく弁護実践課題として、可視化問題と並んで強く意識されなければならないのは証拠開示制度の拡充である。私見を述べれば、今般の法改正によって、当事者対抗主義をまさに実務上現実化させる途が拓かれたというべきである。現実に、弁護人において苦難の道を歩むことにもなることが予見されるとはいえ、可視化と証拠開示の拡充が何よりも弁護人にとっての武器となりうるときが来ている。

　今般の改正は、二段階開示の基本構想を維持したうえでの修正といえば、そのとおりであろう。しかし、実は、根本的変革の契機になると考えられる。すなわち、これを梃子にして全面開示的な運用へと向かっていくことは、まず、間違いないと思われるのである（そういう基盤がある以上、弁護実践によって、そこまでいかなければならない）。

1　概要と問題点・意義など
改正されたのは、次の３点である。
① 　証拠の一覧表の交付制度の導入（法316条の14第２項ないし第５項）
② 　整理手続の請求権付与（法316条の２第１項及び第２項、法316条の28第１項）
③ 　類型証拠開示の対象の拡大（法316条の15第１項８号・９号及び第２項）
これに対しては、この３点にすぎないとの見解がある。特別部会の議論の

過程で、全面的証拠開示論が退けられ、現行の段階的開示論を進めるかたちの改正となったこと自体にも、もとより大きな批判がある。また、再審における証拠開示についても改正マターとしては挙示されずに終わった（再審における証拠開示は、今般の改正についての附則9条3項で検討対象とされ、衆参両議院各法務委員会の附帯決議でも、議論の注意喚起がなされているが、それにとどまったことは事実である）。そして、あくまでも整理手続という枠内でしか証拠開示制度が存在しえないという枠組みも変更されてはいない。これらは、まさに残された大きな問題である。

しかし、特別部会の議論経過を辿れば明らかなように、此処にようやくかろうじて到達したというのが、むしろ現実だといわねばならない。逆に言えば、現時点では此処まで来るのが精一杯だったのであり、そうであるからこそ、証拠開示に関しての制度論にせよ、運用論・実践論にせよ、今回の法改正が橋頭堡そのものなのである。これを機に進展する兆しをこそ見出さねばならないし、それは可能である。

のみならず、結論的なことを言うならば、まさにジ・インポッシブルドリームとしての「全面証拠開示」への途が実践への課題になる。新制度は、そのように機能するまさに転機と評価しうる。

2　一覧表交付の課題と対応（①について）

(1)　一覧表交付の課題について

①は、検察官請求証拠の開示後（類型証拠開示請求前）に、被告人・弁護人からの請求によって、検察官保管証拠のリストを交付するものである。証拠開示の「手がかり」となるべきものであり、それこそが立法趣旨・制度趣旨である。検察官手持ち証拠の全体像を把握しうること（同時に、その外枠が判明すること）の意義は極めて大きいというべきである。もっとも、実務上、検討し、乗り越えるべき課題がある。

制度上一覧表に記載すべきは「（証拠物につき）品名及び数量」、「（供述録取書につき）標目、作成年月日、供述者の氏名」、「（証拠書類につき）標目、作成年月日、作成者の氏名」とされ、これでは、証拠開示請求の「手がかり」を付与するに足りないことになりかねないところがある（これへの対応

が実務的には、いちばんの課題となるので、この点は後述する)。

　また、例外事由といわれるものがある。もっとも、これについては、衆議院法務委員会の質疑の過程で、リスト表示の例外問題は消極証拠だから載せないということはあり得ないとされ、証拠の内容を考慮する規定ではないことも、林眞琴法務省刑事局長によって表明されている[67]。この点は、大澤裕参考人の意見陳述で、学説的にも、明確にされたように思われる[68]。結局、例外があるとすれば、項目を記載しないという方法になると林刑事局長は述べており[69]、黒塗り方式以外ないものと思われる。一つの証拠が全体的に隠されることはあり得ないとの答弁である。

　次いで、証拠開示リストについては、検察官保管であるため、たとえば、警察の取調メモは、まず、送致対象とは考えられないのでリストには入らない(その意味で、最高裁平成19年決定と一覧表記載には齟齬がある前提である)。

　しかし、衆議院の法務委員会審議で、検察官の取調メモは、一覧表表示対象だと、林刑事局長は言明している[70]。

　とまれ、リストによって検察官保管証拠の一応の全体像(全体量)、そして、いわば外枠は明らかになるわけである。

(2)　リストについての弁護人の実践的対応(その1)

　ところで、弁護人の対応として、最も問題となるのは、「標目」が示されることになっていることに関してである。現実の「標目」の記載で「手がかり」足りえない場合が生じうる。この記載をめぐって、弁護人が、そのようなリスト全てについて釈明を求めていくことも考えられなくはない。が、実践的には、おそらく、いったん類型証拠開示を受けたうえで、未開示分について、その必要を明らかにしつつ、「手がかり」足りうる釈明を求めていくのが現実的であろう。まず、きっちりとした類型証拠開示請求によって、検

---

(67)　衆議院法務委員会2015年7月7日(山尾志桜里委員質問)、あるいは、7月10日(階委員質問に対する答弁)。
(68)　衆議院法務委員会2015年7月8日の大澤参考人見解。
(69)　衆議院法務委員会2015年7月10日(若狭勝委員質問に対する答弁)。このような措置自体、まれにしか生じないのではないか。
(70)　衆議院法務委員会2015年7月7日(山尾委員質問)。もっとも、廃棄問題に絡めての質問である。

察官保管証拠の相当部分を開示させること（すなわち、類型証拠については、その全てを開示させること）は可能であると思われ、それを先行させていくことになろう。

すなわち、実践的に言えば、類型証拠開示請求は、網羅的な開示請求を心がけるべきである。検察官証明予定事実記載書面に書かれていることを一行宛辿りながら、その「人」「物」「場所」（あるいは、「行為」「事象」など）について、それにかかわる類型証拠の開示請求をしていけば相当量の証拠（ほぼ全ての類型証拠）は開示されうる[71]。そうだとすると、標目のうちの未開示部分が相応に浮かび上がってくる関係になると思われる。

それゆえ、この開示を経た後の未開示部分については、類型としての開示洩れがないかをチェックするという観点から釈明を求める要素を一層見出しうると思われる。要するに、以上を経たうえで、未開示分について趣旨不明な「標目」の表示があるとき、それ自体、釈明の対象になると考えなければならない。リスト交付の趣旨は、まさに開示の「手がかり」の呈示なのであるから、「手がかり」を与えられるまでの情報は必要というべきだからである。その意味で、検察官は釈明に応じるべきである。そうでなければ無意味な立法になりかねない。

いくつかの「おそれ」によって、リストへの記載を「しないことができるもの」とされていることと併せ、意義ある制度になりうるか否かは、まさに、そのような実践にかかっている（類型証拠開示請求の後、上述したような求釈明を行い、次いで、主張関連証拠開示請求を行って、さらに求釈明を繰り返すことになるであろう）。

---

(71) これは、大阪弁護士会における研修において、しばしば言及されている方式であるが、山本了宣弁護士の発案にかかるため、我々は了宣方式と呼んでいる。2016（平成28）年度の近畿弁護士連合会の夏期研修でも同弁護士によってこの点の講演がなされている（日本弁護士連合会編『平成28年度研修版・現代法律実務の諸問題』〈2017年、第一法規〉516頁以下参照）。ポイントは、対象とすべき証拠の識別可能の外延を可能な限り広く、はっきりさせた（一義的に明確にした）うえ、類型該当性は、むしろ、後から考えればよいということである。ちなみに、山本了宣弁護士は、証拠リストのデータベース化を提唱している。これは法曹三者にとって（あるいは、警察をも含め）、有意な管理システムの構築を呼びかけるもので、我が刑事司法実務にとって、画期的な提言となろう。

(3) リストについての弁護人の実践的対応（その２）

　さて、ここまで論攷を進めた段階（ほぼ論攷全体を書き終えたと考えた段階）で、実は2016年12月１日を迎えた。かくて、証拠一覧表が次々交付されることとなっている。その最初期段階で、上記した点がまさに現実の問題としてクローズアップされてきている。実際、各県警のなかには、捜査報告書の類の表題に一切括弧書きをしないところがあることも判明している[72]。

　以上の現実を踏まえて、上記したところとの繰り返しを恐れず、弁護実践についての試論を論ずるとすれば、次のとおりである。

　時間がかかっては困る事件については、やりにくい項目もあるとは思われるものの、基本的には、既に論じたところを前提にしつつ、次の手順を踏むべきである。

　(ⅰ)　「手がかり」になる限度で「件名」など一義的な内容を明確にせよ、という求釈明をする。それが、立法趣旨であり、それは全うしてもらわねばならない。

　(ⅱ)　基本的には、検察官は、(ⅰ)を拒むことが多いであろう。このとき、「これが、手がかりになるだろうか。真面目に考えるべきである」という論争にならざるをえないところがある。そして、裁判官に求釈明申立てをすることになる[73]。

　(ⅲ)　同時に、あるいは、(ⅱ)のあとに、類型で出ている証拠と一覧表とを突合する（もっとも、リストの記載が大部の場合、既開示と未開示の区別は検察官に明らかにするよう求めることになるであろうし、証拠開示の「手がかり」の提

---

(72)　実際の書類の題名が「捜査報告書」のみの場合は、それしか書かれない（他方、「捜査報告書」――あるいは、捜査復命書――の記載に続いて括弧書きがあれば、それはその括弧書きがそのまま書かれる（大澤裕＝酒巻匡＝小坂井久＝福島直之＝大場亮太郎＝髙木勇人「〈座談会〉新たな刑事司法制度の展望と課題」法の支配184号（2017年）33頁において、最高検察庁新制度準備室長の大場亮太郎検事は「そのまま右から左に転記する」旨述べている）。たとえば、私の現段階の経験では、兵庫県警や岡山県警は、「捜査報告書」という表題しかないようである。もっとも、兵庫県警の場合、表題の数行後には「件名」という記載欄があるところ、現段階では、これも記載されていない。しかし、これなどは、何の新たなワークプロダクト性もなく括弧書きと全く同じなのであるから、当然記載対象にならねばならない。すなわち、これは、この条文・制度のもとでは、「標目」であると解されよう（「標目」概念は、多義的・相対的であり、たとえば、法335条１項と統一的に解さなければならないものではない）。

供という意味からも、未開示分は明らかにしてもらうべき筋合いとなろう。現に、これは、そうされている場合が多いと思われる）。

(iv) そして、未開示分について、順次、「当たり」をつけて、類型なり、主張関連なりで、開示請求をしていくことになる。リストの記載で「手がかり」として足りていると言われるのなら、そうである以上、逆に「当たり」が外れても、リストに記載されている、この分が、こちらの求めている対象のはずだと言って請求するのは当然の筋合いとなる[74]。

(v) それで、開示されれば良いことになる。(iv)で該当しない、という回答であれば、何故、該当しないのか、具体的に明らかにせよ、と、求めることになる（刑訴規則217条の24参照）。これで、求釈明に応えるのと同じ機能が果たされることになっていくはずである。

(vi) これに応じないときは、裁定請求することになる。かくて、(iii)〜(v)を繰り返し、適宜、(ii)を挟むこととなろう。

(vii) 開示請求の際、もともと一定範囲で、開示請求をしておき、裁定では、裁判所に提示するリスト作成を求めるよう、裁判所に働きかける方法があるものと思われる（刑訴法316条の27）。これ自体は、インカメラであるが、こちらは、要領（内容・要旨）をも記載することになるから（刑訴規則217条の26）、結局、それに準じて（少なくとも一義的な範囲では）、検察官は弁護人にリストを交付せざるをえなくなるのではないか。

---

(73) 「捜査報告書」という表示のみが並んだ一覧表を裁判所に示せばよい。誰がみても「手がかり」足りえないのであるから、自分の頭で考える裁判官なら、勧告するはずである。「標目」と解しうる範囲は検察官は当然答える義務があるし、仮に義務ではない場合であっても、刑訴規則208条1項の求釈明の対象にはなりうるであろう。なお、大澤＝酒巻＝小坂井＝福島＝大場＝髙木・前掲注(72)32頁において、酒巻匡教授は、「捜査報告書」とのみ記載されたリストについて「弁護人が……求釈明するのはもっともであるように思います」と述べている。同教授が特別部会から求釈明不許容説であったことに照らすと、この発言は有意味であろう。
(74) 確かに、当たりをつけるのは難しいといえなくもない。しかし、「外れ」を気にすべきいわれはない。「手がかり」足りえない事態が正常ではないからである。ちなみに、私の経験では、公訴権濫用の予定主張明示によって、一覧表上の相当の証拠について開示に至ったケースがある（ただし、「任意開示」との前提である）。なお、かつてとは異なって、証拠開示に積極的な検察官は相当に増えていると思われる。時代は変化したというべきであろう。このことは特筆しておいて良いと思う。

305

(ⅷ) いずれ（どれくらい時間がかかるかはともかく）、検察官は、警察には、「必ずリアルタイムで、要旨を括弧書きするように」と、厳しく指示するようになると思われる。

(ⅸ) さらに、検察官保管証拠の外枠がわかっている以上は、全ての「任意開示」を求めることも考えられる。これを以上の手段と併用していくとき、検察官は、やがては、弁護人に、「全部見せるから、見に来るように」と言うことになるものと予見しうるのである。

　以上述べたとおり、実務的に相当に苦難の道ともいわざるをえないとはいえ、リスト交付は全面的開示への途を拓くことに必ずなるはずである。実践が伴うことを前提にしていえば、それは必然というべきであろう。

　もとより、制度として言えば、弁護人の力量などや検察官・裁判官のいわば個別のセンスなどに対応して、開示の広狭が変わるというシステムは正しいとは思えない。少なくとも証拠検討の出発点自体は、平等でなければならないだろう。結局、本来的には、既に述べた、全面開示システムにならねばならない。ただ、そこまでの道のりは、まだ相応に存在すると見込むべきなのであろう。

　そして、本来は、むしろ、全面的開示の後こそが問題というべきであろう。なるほど、証拠開示は、それ自体が目的ではない。開示された証拠をどう検証していくかこそが肝腎である。それは大変な作業でもある。それが既に始まっているのである。

　証拠を読み解き、事案のケースセオリーを打ち建てなければならない。弁護実践の量と質がストレートにまさに問われることになる。弁護活動そのものが厳しく問われるのである。

3　整理手続の請求権について（②について）
(1)　請求権付与の意義など

　②の整理手続の請求権付与は、整理手続が当事者追行主義のもとに行われることを象徴する意義をもつといってよい。従来、整理手続自体、当事者主義と職権主義双方の構造を折衷したもののようにもみえ、どちらにも振れる手続のようにも思われた[75]。しかし、様々な試行錯誤をも経つつ、本来、当

事者追行によるべきことは、法曹三者の共通理解になってきているものと思われる。そのことが請求権付与によって一層明らかになったといえる。まさに、整理手続は、当事者対抗・当事者追行主義のもとでなされるべき手続なのである。

　この問題についても、即時抗告の制度が規定されていないとはいえ、優れて実践的テーマであることは多言を要すまい。ちなみに、特別抗告は当然可能であろう。もとより、そのためには基本的に、証拠開示制度の憲法的基礎が確認されるべきこととなる（本稿で述べたところはその少なくとも一端を示しているはずである）。

　もっとも、現在の実務では、いわゆる任意開示の運用がどんどん進んでいる。したがって、証拠開示の必要性ということだけで、直ちに整理手続の請求が認められるというわけではない。弁護人としては、任意開示による運用では問題が生じうるケースであることを主張する必要が出てくるであろう。併せて、当然のことながら、争点整理自体が不可欠なことを主張することになる。充実した審理が目的であることを訴えることになろう。

(2) 整理手続と証拠開示制度

　上述したとおりではあるが、本稿で述べてきたとおり、証拠開示の意義・目的・機能は、誤判防止（A）、手続の公正（B）、迅速な裁判（C）、以上の3つにあるのであって、そうとすれば、証拠開示制度というものが、整理手続のなかにビルドインされねばならない必然性は、本来的には存在しているわけではない。上記Cの点が整理手続と関連することはいうまでもないが、とはいえ、それも絶対的な結びつきではない。そして、AやBは、整理手続と無関係とまではいわないまでも、むしろ、これとは別個独立した、まさに普遍的な刑事司法上の課題であることが明らかである。

　このような意味において、整理手続の請求権付与という2016年法の改正は、証拠開示制度にとっては、暫定的な措置と評価すべきことになるであろう。いうまでもなく、上記した視点にあっては、2004年法自体の見直しをも展望することになる。実務的には、任意開示というものが、上記ABCの観

---

(75)　小坂井・前掲注(62)77頁以下参照。

点において十分なものかどうかというテーマになるとは思われるが、法的な規制のない任意開示において、これを肯定する答えは、いわば原理的に、導きえないであろう。かくて、証拠開示制度は整理手続の軛から解かれる必要があるといわざるをえない。証拠開示を全ての公判請求事件、そして、それ以前の段階においても、組み込む制度の構築をこそ構想しなければならない。

4 類型証拠開示の拡充（③について）

③の類型証拠開示対象の拡充については、身体拘束下の共犯者の、いわゆる8号書面が対象とされたことの実務上の意義は小さくない。このことは、この問題でエネルギーを使ったことのある弁護人なら誰もが理解することだと思う。

証拠物に係る差押調書などについても同様のことがいえよう。物の証拠保管についての開示の意義は大きい。保管の連鎖を問う地盤が出来たのである。すなわち、証拠物に関しては、すべからく開示を受けるというスタンスで臨み（一覧表が交付されているため、その請求自体は容易である）、さらに問題と思われる物に関しての関連書類は、拡張された類型分の外、収集・保管の過程に疑義がある旨の予定主張明示を行うなどし、主張関連証拠請求を行って、保管の連鎖をきっちりと確認すべきであろう。

特別部会で相当に議論されたが、結局、法文上盛り込まれなかったものとして、いわゆる6号問題としての捜査報告書問題がある。この点、既に様々に論じられているので改めてここで論じることはしないが[76]、私の基本的認識は、裁定請求にまで持ち込めば、まず「任意開示」されるのが現在の実務だと思われるということである。むろん、様々な取り扱いはあるのやもしれない。しかし、捜査報告書の6号該当性を否定する合理的理由のないこと自体は明らかだと思われる。

---

(76) たとえば、前田巌「類型証拠6号要件の該当性について」刑事証拠開示の理論と実務185頁以下、三村三緒「証拠開示に関する問題（その1）」判タ1328号（2010年）65頁以下など参照。

5 今後の展望

弁護実践上、今日まで、冒頭で述べたような意義・目的は明瞭に意識されてきたであろうか。我々は、長らく、最高裁昭和44年決定に、何とか則って証拠開示申立するという実務の現場の在り方に必死であったともいえるし、公判前整理手続の制度が出来て以降は、これに基づいて、類型証拠開示請求をし、主張関連証拠開示請求をするという実践に注力してきたといえるのではないか（また、整理手続に付されなかった事件や控訴審などは、規範としてはなお最高裁昭和44年決定にもとづき、他方で、整理手続下の手順に応じて、何とか開示の途を見出そうとしてきたし、現にしている）。

実務の現場感覚で言えば、私などは、そのような対応をとることに精いっぱいであり（私だけかもしれないが）、前記したような意義・目的をきっちりと意識化し、原理的観点を詰めるという作業を必ずしも行ってこなかった憾がある。それゆえ、冒頭に掲げたように、「全面的証拠開示」を、ほとんど見果てぬ夢のように考えて、この問題を構想するようになってしまったというべきかもしれない。

しかし、悪夢から目覚めなければならない。既に言及したとおり、証拠のリスト交付は、実務上で、我々に全面的証拠開示への、まさに契機を与えるものと捉えるべきものである。検察官手持ち証拠の全体像の大要を観念しうることで、前記Ａ（「誤判の防止」）及びＢ（「手続の公正」）の観点から、証拠の全体像を、その中身にまで踏み込んで、より掌握しようとするモチベーションが強く生まれ、それはＣ（「迅速な裁判」）の観点をも全うすべきもののはずだからである。

上述したとおり、早晩、全ての証拠の「任意開示」を求めるということになるかもしれないが、まずは、類型証拠開示による受働的防御をきっちりと果すことによってこそ、能動的ないし積極的防御の道筋は視えてくるところがある。そうすることで、不開示部分の意味（それは、リストに記載されていない証拠――未送致証拠――をも含めて）が判り、あるいは、これを問う必要も現実化するように思われる。

この制度化のもとでは、まさに、それが現段階での実践的課題になるだろう。困難な営みではあるが、道は拓けているというべきである。同時に、そ

れは、証拠開示の憲法的基礎を実務的なテーマとして掲げることに繋がるのではないだろうか。

そのとき、(それは地道な実務の積み重ねによってであるが) 全面的証拠開示への途が拓かれ、それが新たな制度化へのうねりをも創り出すものと考える。証拠開示は、捜査手続過程の事後的可視化という課題であって、これは可視化法理の具現化の1つであると考えているが、このことが今後の実践の展開によって、より明確に示されていくのではないだろうか。証拠開示の分野においても、我々にあるのは、一に実践、二に実践なのだと思う。

Ⅶ　まとめに代えて

今回の特別部会の経緯・議論内容・結果を考慮しても、今後のさらなる制度改革の困難さは十分推量しうるところがある。しかし、そうではあるが(あるいは、そうであるからこそ)、弁護実践によってこそ活路が拓かれるのであり、そのなかで時代は明らかに「転換期」にある。今、まさに転換されつつあるというべきである。

本稿で繰り返し述べているとおり、改正刑訴法によって、当事者対抗主義を現実化する途が拓かれている。証拠開示法制もまさにその意味において、新たな段階を迎えたことは疑いがない。

このような過程のなかで、改正刑訴法附則9条2項における制度的な見直しの展望もまた視えてくるというべきであろう。

本稿では、重要な課題である再審における証拠開示には言及できなかった。本稿で若干言及した、整理手続からの解放というテーマとともに、検討しなければならない。また、捜査段階の証拠(情報)開示も大きな検討テーマである。他日を期さねばならない。

いずれにせよ、新たな証拠開示法制のもとでの今後の弁護実践こそが我が国の21世紀の刑事訴訟実務を切り拓いていくであろう。

(こさかい・ひさし)

弁護人の予定主張明示義務と予定主張のあり方

弁護士 秋田 真志

I 問題の所在——弁護人の予定主張はいかにあるべきか——
II 事例紹介——車椅子放火事件——
III 弁護人の予定主張の在り方をめぐる法規定と解釈論
IV 車椅子放火事件のてん末とその教訓
V まとめにかえて

I 問題の所在——弁護人の予定主張はいかにあるべきか——

言うべきか、言わざるべきか、それが問題だ。

シェークスピアのハムレットではないが、多くの刑事被疑者・被告人が直面する難題である。
被疑者、被告人だけではない。弁護人も同じである。
特に、2004（平成16）年刑訴法改正により、公判前整理手続が導入され、弁護人に予定主張の明示義務（刑訴法316条の17第1項）が課されたことにより、この問題は、より深刻な形で弁護側に突きつけられることとなった。

主張すべきか否か？
主張するとしてそれはいつか？
どこまでの内容を主張するか？

予定主張のあり方は、最善の弁護活動を考えるにあたって極めて重要な課題である。そして、2004年改正の当初は、予定主張の在り方をめぐって、先

鋭的とも言うべき議論も展開されたところである[1]。その後、すでに改正から13年以上の年月を経て、予定主張のあり方についても、それなりの実務運用が積み重ねられてきたはずである。そして、2016年の刑訴法改正により、公判前整理手続の請求権が認められた（刑訴法316条の2第1項）。弁護人がこの請求権を行使するかどうかは、予定主張の在り方についての弁護戦略を抜きにはできないはずである。

　しかし、従前の弁護人の予定主張について、実務運用が一体どのようなものかは判りにくい。一つには、公判前整理手続そのものは非公開で行われることがある[2]。また、判決で認定されるのは、原則として公判における攻撃防御であって、公判前整理手続における予定主張それ自体が、判決等で問題にされる機会は必ずしも多くないということもあろう。そのためか、2004年法改正当初の白熱した議論がなされたことに比較して、その後、予定主張のあり方をめぐる議論の深化は必ずしも十分ではないように思われる。そして、予定主張のあり方は、各弁護人がそれぞれ自己流で対応している側面も否定できないのではなかろうか。場合によっては、検察官主張に対する認否や詳細な予定主張を求める裁判所の事実上の訴訟指揮に唯々諾々と従ったり、民事事件の準備書面を作成するような発想で予定主張をしたりしている弁護人もいるとも聞く。

　かくいう筆者も、正直なところ、予定主張のあり方について、日々呻吟を繰り返しているのが実情である。そのような呻吟の中、裁判員裁判において、犯人性を否認するある傷害致死事件（以下、「車椅子放火事件」という）に弁護団の一員としてかかわることになった。筆者自身は、同弁護団に公判前整理手続の途中から関与したもので、その予定主張は弁護団の山本了宣弁護士が主導したものである。結果として、その事件は無罪で確定したが、そ

（1）　代表的なものとして、2004年法改正直後の「〈特集〉裁判員制度の導入」ジュリ1268号（2004年）、「〈特集〉刑事裁判の充実・迅速化」現刑6巻12号（2004年）、「〈特集〉公判前整理手続・連日的開廷が始まる」刑弁41号（2005年）における座談会や各論文などが挙げられる。
（2）　公判前整理手続は、非公開で行われることもあり、その実務運用や経験が共有されにくい。公判前整理手続に関する情報の共有化は、公判前整理手続の在り方を検証し、よりよいプラクティスを確立する上でも、今後検討すべき課題と言えるであろう。

I 問題の所在——弁護人の予定主張はいかにあるべきか——

の一因には予定主張をめぐる山本弁護士の戦略があったことは疑いの余地がない。山本弁護士の卓見は、筆者にも予定主張のあり方を改めて考えさせる契機となった。

他方、周知のとおり、最(二小)決平成27・5・25刑集69巻4号636頁（以下「平成27年最決」という）は、「公判前整理手続は、充実した公判の審理を継続的、計画的かつ迅速に行うため、事件の争点及び証拠を整理する手続であり、訴訟関係人は、その実施に関して協力する義務を負う上、被告人又は弁護人は、刑訴法316条の17第1項所定の主張明示義務を負うのであるから、公判期日においてすることを予定している主張があるにもかかわらず、これを明示しないということは許されない」とした上で[3]、あくまで一般論としてではあるが、「(被告人又は弁護人が) 前記主張明示義務に違反したものと認められ、かつ、公判前整理手続で明示されなかった主張に関して被告人の供述を求める行為（質問）やこれに応じた被告人の供述を許すことが、公判前整理手続を行った意味を失わせるものと認められる場合（例えば、公判前整理手続において、裁判所の求釈明にもかかわらず、『アリバイの主張をする予定である。具体的内容は被告人質問において明らかにする。』という限度でしか主張を明示しなかったような場合）には、新たな主張に係る事項の重要性等も踏まえた上で、公判期日でその具体的内容に関する質問や被告人の供述が、刑訴法295条1項により制限されることがあり得るというべきである」との判断を示した[4]。その上で、当該事件の事例判断としては、「公判前整理手続の経過及び結果、並びに、被告人が公判期日で供述しようとした内容に照らすと、前記主張明示義務に違反したとも、本件質問等を許すことが公判前整理手続を行った意味を失わせるものとも認められず、本件質問等を同条項によって制限することはできない」として、アリバイをめぐる被告人質問を制限

---

(3) 最(一小)決平成25・3・18刑集67巻3号325頁は、予定主張の明示義務は憲法38条1項に違反しないとした。予定主張の明示義務を課すことと黙秘権の保障との関係は、重大な論点であるが、本稿ではこの問題について深入りしない。この論点については、小坂井久「主張明示義務と黙秘権」刑弁41号（2005年）77頁、葛野尋之「公判前整理手続における被告人・弁護人の主張明示義務と自己に不利益な供述の強要」判評670号〔判時2235号〕（2014年）173頁、細谷泰暢「刑訴法316条の17と不利益な供述の強要」最判解刑平成25年度260頁等を参照されたい。

弁護人の予定主張明示義務と予定主張のあり方

した原々審の訴訟指揮を違法とした。

　ここで最高裁は、制限が許されうるかどうかの判断として、①「公判前整理手続における被告人又は弁護人の予定主張の明示状況（裁判所の求釈明に対する釈明の状況を含む。）」、②「新たな主張がされるに至った経緯」、③「新たな主張の内容」等の「諸般の事情」の総合的考慮を求めた上で、A「前記主張明示義務に違反したものと認められ」ること、かつ、B「公判前整理手続で明示されなかった主張に関して被告人の供述を求める行為（質問）やこれに応じた被告人の供述を許すことが、公判前整理手続を行った意味を失わせるものと認められる場合」とする。そのような制限が許される場合の例示として「アリバイの主張をする予定である。具体的内容は被告人質問において明らかにする」と述べたような場合を挙げる。さらに、そのような場合でも、「新たな主張に係る事項の重要性等も踏まえた上で」、制限されることが「あり得る」というにとどまる。このように見ると、平成27年最決は、実際に新主張に関連する被告人質問等が制限されうるのは、極めて限定的な場合であることを示したものと言える[5]。

　しかし、平成27年最決を見ても、いかなる場合が、A「主張明示義務違反」となるのか、あるいはB「公判前整理手続を行った意味を失わせるもの

（4）　この判例の評者の中には、最高裁が「主張」制限を認めたものと解するものが見られるが、この決定は、あくまで主張に関連する被告人質問について、法295条1項に基づく制限の可能性について述べたもので、主張そのものの制限を正面から認めたものではない。そもそも法316条の17が制定される議論の過程において（司法制度改革推進本部の裁判員制度・刑事検討会）、証拠制限とは別に主張制限の是非が問題とされ、結果としてその旨の規定が一切置かれなかったのであるから、公判前整理手続で主張明示がなされなかったからといって、主張制限が直ちに認められるものでないことは明らかである（法廷意見及び小貫補足意見もこれを認める）。なお、平成27年最決前の高裁判例として、東京高判平成21・2・20高刑速平成21年90頁は、控訴審での新たな主張に関してではあるが、主張制限を認めるかのような判示をしているが、不当な判断と言うべきであろう。また、平成27年最決と同様に新主張に関する被告人質問の制限可能性を認めつつ、事例判断として原審の制限を違法としたものに広島高岡山支判平成20・4・16高刑速平成20年193頁がある。

（5）　最高裁調査官の平成27年最決の評釈である石田寿一「公判前整理手続で明示された主張に関しその内容を更に具体化する被告人質問等を刑訴法295条1項により制限することはできないとされた事例」ジュリ1485号（2015年）109頁は、「本決定は、本条項による被告人質問等の制限が幅広く行われるという事態を想定したものではないと思われ」るとしている。

I 問題の所在——弁護人の予定主張はいかにあるべきか——

と認められる場合」に該当するのかは、必ずしも自明とは言えないように思われる。なお、平成27年最決における小貫芳信裁判官の補足意見は、「公判前整理手続の核心は、当事者に対し公判における主張・立証を予定している限り、それらを手の内に留めないことを求めることにあり、このことをなくしては公判前整理手続の存在理由はないといっても過言ではなく、主張明示義務は、主張についてこの核心を支えるものである。また、被告人は、弁解する権利を有するが、訴訟上の権利は誠実にこれを行使し、濫用してはならない（刑訴規則1条2項）のであり、主張明示義務に意図的に反する権利行使はその濫用として許されない。したがって、法廷意見が例示するような、公判前整理手続の核心を害し、弁解権の濫用と認められる事例については、刑訴法295条1項の『その他相当でない』ものとして制限されることがあり得ると解すべきである。」とする[6]。この小貫補足意見は、「主張明示義務に意図的に反する権利行使」を挙げ、「弁解権の濫用」という概念を提示するが、A「主張明示義務」がどういう場合であるか、B「公判前整理手続を行った意味を失わせる場合」がどのような場合か、という問いに対する答を明らかにするものとは言えないであろう。

ちなみに車椅子放火事件では、弁護人としては、より積極的なアリバイ主張があり得たが、最低限の抽象的な事実の指摘に止めた。他方で、裁判所は、被告人のアリバイを認める形で、被告人に無罪を言い渡した。しかし、そうだからと言って、車椅子放火事件の予定主張の在り方が、決して主張明示義務に反したものとは考えていないし、「弁解権を濫用」したとも言えまい。

本稿は、以上のような問題意識を踏まえて、あらためて予定主張をめぐる従前の議論を整理しつつ、主張明示義務の範囲及びあるべき弁護実践を探ることを目的としたものである。なお、予定主張の明示義務については、情状事件でも問題となるが、本稿では事実に争いのある事件に限っての考察であることを予めお断りしておきたい。

（6）　小貫補足意見における「弁解権の濫用」は、「主張」そのものの制限を肯定している趣旨ともとれるが、意図的な「濫用」というのであるから、より究極的な場合を念頭に置いた傍論というべきであろう。

弁護人の予定主張明示義務と予定主張のあり方

II　事例紹介──車椅子放火事件──

　まず、筆者が経験した上記の傷害致死事件の概略を紹介しておこう。

　事件は、大阪府内のある病院の病室（以下、この病室を「現場病室」という）で発生した。ある休日、認知症の入院患者の一人（以下、「被害者」という）が、暴力的な振る舞いをしたことなどから、向精神薬を投与された上で看護師らによって、現場病室で車椅子にひもで結束されることになった。

　ところが、被害者が結束された日の昼下がり、現場病室内で、突然被害者が車椅子ごと燃え始めたのである。数分後、火災報知器の警報で駆けつけた守衛が消火器で火を消し止めたが、被害者は全身火傷で亡くなった。周囲に火の気はなく、捜査機関は何者かによる放火として捜査を開始した。

　事件から約6ヶ月後、同病院の患者の一人であった被告人が、車椅子に火をつけた犯人であるとして逮捕・起訴された。捜査機関が被告人を犯人として目をつけた理由はいくつかあるが、本稿との関係では、もっとも重視された一つの点だけを指摘しておこう。出火直後に現場病室に駆けつけた看護師の一人（消火に当たった守衛とは別人物）や現場病室の別の患者が、被告人が現場病室にいるのを目撃したと供述したのである。被告人は現場病室とは別室（現場病室から約20メートル離れた位置にある。以下、「被告人病室」という）の入院患者であり、出火当時、現場病室にいる理由はない。したがって、出火直後に現場病室にいたとすれば、放火の犯人であると疑われても仕方ない状況ではあった。

　これに対し、被告人は、目撃者の証言を真っ向から否定し、出火時点では、被告人病室にいて、現場病室にいたことはない、と否認した。典型的な犯人性否認の事件である。

　この事件において、弁護人らはどのような予定主張をすることが考えられるであろうか。

　少なくとも、①「放火の犯人であることを争う」と主張するであろう（「犯人性」）。もっとも、現場にいなかった被告人には、出火の原因は分からない。何者かの放火によるものか、何らかの失火なのかも不明である。そうである以上、犯人性以前の問題として、②「放火があったことを争う」と主張する

ことも考えられる（「事件性」）。

　また、①の「犯人性を争う」という主張の方法にもバリエーションがある。単に①「犯人であることを争う」とだけ主張するほか、より積極的に③「現場病室にはいなかった」と主張することが考えられる（現場不存在主張）。さらに積極的に、④「出火時には被告人病室（別の場所）にいた」と主張することも考えられる（アリバイ主張）。

　⑤「真犯人は○○だ」と主張することもありうる（第三者犯行主張）。この⑤第三者犯行主張は、被告人が出火時に現場にいても、いなくても成立する。したがって、③④の主張と併せて主張することもあれば、③④を主張しないまま単独に主張することも考えられる。

　これらの選択肢の中で、弁護人は一体どのような予定主張をすべきなのであろうか。

　ただここで注意しなければならないのは、予定主張の明示義務には少なくとも2つのレベルがあるということである。

　すなわち、

　ア　いかなる内容について主張する義務があるかというレベル（予定主張明示義務の範囲の問題。「広さの問題」とも言えるであろう）

　イ　主張義務の内容について、どこまで詳細・具体的に述べるべきかというレベル（予定主張明示の詳細さの問題。「深さ」の問題と言える）

の2つである。もっとも、この広さと深さは相互に連関しているとも言える。詳細に述べることが義務づけられるというのであれば、必然的に明示義務の範囲が広がると考えられるからである。これら2つのレベルは連関していることを意識しつつ、両者を分けて考察することが有益であろう。

III　弁護人の予定主張の在り方をめぐる法規定と解釈論

　車椅子放火事件における予定主張についての検討に先立ち、弁護人の予定主張の在り方にかかわる法規定とその解釈論を整理しておこう。

弁護人の予定主張明示義務と予定主張のあり方

1 予定主張の明示義務の範囲
(1) 事実上及び法律上の主張

まず、法文からみた明示義務についてである。

弁護人が予定主張として「明らかにしなければならない」のは、「証明予定事実その他の公判期日においてすることを予定している事実上及び法律上の主張」（刑訴法316条の17第1項）である。

ア 法律上の主張

法文の順序とは逆になるが、まず「法律上の主張」について見よう。

「法律上の主張」に、刑訴法335条2項が定める「法律上犯罪の成立を妨げる理由（違法性阻却事由、責任阻却事由）又は刑の加重減免の理由となる事実」が含まれることは明らかであろう。正当防衛、緊急避難、中止犯、自首などの主張である。それ以外の法律上の主張として、刑罰法規が違憲無効であるとの主張や公訴権濫用による公訴棄却の主張などが挙げられる。

犯罪が訴追されている以上、構成要件該当事実が存在する限り、原則として違法性、責任、可罰性等の存在は推定されることになるから、これら法律上の主張は、弁護側から明示されなければ争点化されない。したがって公判期日でこれらの主張を予定している以上、公判前整理手続において明示する義務があるとは言える。弁護人としても、このような「法律上の主張」を明示すべきことに異論はないであろう。

もっとも、「法律上の主張」を明示すべきといっても、ここで、「正当防衛が成立する」「責任能力を争う」と主張しただけでは、争点が整理されたとは言えないであろう。法令違憲の主張などで純粋な法律上の主張は別として、多くの場合は、法律上の主張はそれを基礎づける事実と密接不可分である（法令違憲の主張であっても、通常は立法事実の有無など事実の存否が問題となるであろう）。そうである以上、少なくともその法律上の主張を基礎づける事実が明示されなければ、争点・証拠の整理はできない。正当防衛を主張する場合は、「急迫不正の侵害」に該当する事実を明示する必要が生じる。心神喪失を主張する場合は、精神疾患を基礎づける事実を明示すべきことになる。

このような弁護人に争点形成責任を負う法律上の主張について、少なくと

III 弁護人の予定主張の在り方をめぐる法規定と解釈論

もその主張を基礎づける事実の限りでの主張明示義務を負うこと自体に異論はないであろう。

但し、事実レベルの主張が必要だとしても、その「深さ」は別途問題である。すなわち、これらの事実をどの程度具体的に主張すべきかである[7]。例えば被害者による攻撃に対する反撃だったとして正当防衛を主張する場合、「被害者による攻撃」をどこまで具体的に主張すべきかが一義的に明らかなわけではない。この点は、その他の明示義務の範囲について確認した上で、改めて検討することとしよう。

これら「法律上の主張」と類似するのが、違法収集証拠を排除すべきとの主張や自白の任意性を争うなど、証拠能力をめぐる主張である。これらも弁護人が争点化しなければ、通常は審理の対象とはならない。実務運用上は、弁護側として、これらの主張を予定している場合、予定主張として明示した上で、争点整理・証拠整理がなされるのが通常であろう。しかし、これには有力な反対説がある。これらの主張は、予定主張以前にまず証拠意見（刑訴法316条の16）として述べられるべきであって、予定主張の問題ではないというのである。確かに、証拠能力の争いは、予定主張を待つまでもなく証拠意見のレベルで述べられるべきものである。さらに反対説の実質論としては、違法性や任意性を争う際に問題となる事実は、いわゆる補助事実であって、弁護人は補助事実について予定主張の明示を義務づけられるべきではないとの考えがある。この点、一般的に補助事実についてまで予定主張の明示を義務づけるような解釈運用はゆるされないであろう。その意味で、反対説の指摘は重要である。

もっとも、反対説においても、証拠能力の個別の争いの内容は、証拠意見として述べられることになる。また、これらの争いに関連して、主張関連証

（7） 平成27年最決の評釈である角田正紀「公判前整理手続で開示された主張内容を更に具体化する被告人質問等を制限することの可否」平成27年度重判解174頁は、「弁護人の予定主張は、争点や証拠の整理に必要な程度の具体性が必要であるが、その程度の具体性があれば足り、それが明示義務に違反することはないということになる」と述べつつ、「予定主張が、主張明示義務に違反するか否かを判断する際の切り口については、……被告人側に要求できる程度の具体性を持っているかどうかという視点も必要だと思われる」とする。

拠の開示（刑訴法316条の20）を受けようとすれば、一定の予定主張が必要となろう。現に、取調べメモの開示を認めた３つの最高裁決定は[8]、いずれも主張関連証拠開示についての判断であった。このように、結果として主張関連証拠との関係で証拠能力に関し、予定主張がなされる以上、これらの主張が証拠意見の問題か予定主張の問題かを論じる実益はさほどないようにも見える。しかし、後に述べるとおり、従前の議論は予定主張に重きを置きすぎたと言える。審理予定の策定に当たっては、証拠意見のあり方こそが重要と言えるのである。任意性をめぐる争いなど証拠能力をめぐる争いを第一義的に証拠意見の問題ととらえる反対説の指摘は、十分に意識されるべきである。

　イ　事実上の主張

　いずれにしても、弁護人が法律上の主張を予定する場面は、それなりに限定的であろう。これに対し「事実上の主張」は、事実に関する主張であれば、どのようなことでも該当しうる。訴因事実を否認する主張はもとより、訴因事実を認める旨の主張も事実上の主張である。「証明予定事実」も事実上の主張の一例である。前述のとおり「法律上の主張」を基礎づける事実に関する主張も事実上の主張となりうる。

　このように事実上の主張の範囲は無限に拡がりうるが、公判期日において主張することを予定している以上、そのすべてを明示する義務があるとすれば、それこそ公判前整理手続は際限なく肥大化することとなりかねない。明示義務の範囲を合理的に画する解釈論が必要となる所以である。

　それでは、事実上の主張について、明示義務の範囲を合理的に画するものとして、どのような基準が考えられるであろうか。

　この点は、第１に主に訴因や検察官の証明予定事実（刑訴法316条の13第１項）についての弁護人の応答の在り方として、議論されてきた。それとは別に第２として、弁護人が積極的に立証しようとする事実、いわゆる証明事実の問題がある。これらについて個別に検討しよう。

（８）　最（三小）決平成19・12・25刑集61巻９号895頁、最（三小）決平成20・６・25刑集62巻６号1886頁、最（一小）決平成20・９・30刑集62巻８号2753頁。

a　訴因その他の検察官主張に対する弁護人の応答と主張明示

　検察官の主張である訴因や証明予定事実について弁護人の主張は、いかにあるべきか。この問題は、立法当初から、弁護人は検察官が主張する事実のうち、いかなる事実について「争う」旨を明示すべきか、という論点として呈示され、議論されてきた。

　(a)　認否説

　検察官の主張について、「認否」の形で「争い」の有無を明示すべきという議論がある。2004年の刑訴法改正当初、検察官の論文では、「検察官が具体的に証明予定事実を明らかにすれば、被告人は少なくとも自分の行動に関する部分については、特段の事情がない限り、その認否ができるはずであ」る、「争点の整理は、検察官主張の間接事実も含めて具体的に主張がなされ、争点が明らかにされなければ（ならない）」[9]「訴因を構成する各事実に対する認否にとどまらず、正当防衛等の違法性阻却事由や心身喪失等の責任阻却事由に当たる事実、被告人による犯罪の存否に関わる重要な間接事実、重要な情状事実に関する主張なども明示しなければならない。この主張明示は、その目的に照らし、具体的でなければならないことは言うまでもない」などと主張された[10]。ここでは、「被告人……の行動に関する部分について……（の）認否」「訴因を構成する各事実に対する認否」とされているが、この議論を押し進めていけば、民事訴訟のように、弁護人は検察官が摘示した証明予定事実の一つ一つについて逐一「認否」を求められることにもなりかねない。本稿冒頭でも述べたとおり、現に公判前整理手続において、弁護人に「証明予定事実に対する認否」を促すかのような発言をする裁判官もいたようである。他方で弁護人の側でも認否をするかのような詳細な予定主張を提出した例もあったと聞く。

　しかし、筆者の知る限り、当初一部に見られたこのような動きは実務運用として定着しなかったと見て良いであろう。その理由としては、そもそも立

---

(9)　本田守弘「裁判員制度と検察官から見た訴訟追行の在り方」ジュリ1268号（2004年）96頁、特に97頁以下。

(10)　例えば、尾﨑道明「刑事裁判の充実・迅速化—検察官の立場から—」現刑6巻12号（2004年）34頁。

321

法過程において、予定主張が弁護人に逐一認否を求めるものでないことは確認されていたこと(11)、詳細な認否を求めることはかえって争点整理を煩雑化するおそれがあること(12)、弁護士会でも認否すべきでないことを繰り返し呼びかけ、弁護人間でも認否をするべきではないとの認識が共通化されたことなどが挙げられるであろう(13)。認否を否定する運用は、刑訴規則217条の19第2項が「…主張を明らかにするについては、事件の争点及び証拠の整理に必要な事項を具体的かつ簡潔に明示しなければならない」と規定していることとも整合すると言える。

もっとも、このように「認否」は不要だとしても、それだけでは問題は解決しない。弁護人が、いかなる事実について争う旨を明示する義務を負うかという問題設定を前提とする限り、その問題設定に対する答は何ら得られていないからである。

(b) 重要な間接事実説

この点、主に裁判官から「弁護人が公判期日において、重要な間接事実について争うことを予定している場合には、その旨を明示すべきである」との見解が示された（以下、「重要な間接事実説」という）(14)。弁護士サイドからもこの考え方に沿った解説がなされることも多く(15)、いわば通説的な見解と言

---

(11) 司法制度改革推進本部事務局「刑事裁判の充実・迅速化について」（いわゆる事務局「たたき台」）において、「被告人又は弁護人は、公判廷において、検察官主張事実の全部又は一部を否認する主張、関係する事実の主張その他事件に関する主張をする場合には、……準備手続において、あらかじめこれを明らかにしなければならないものとする」とのA案は、被告人に対し、検察官主張事実について個別に細かく認否を求め、被告人は、否認することを明らかにした部分以外は、積極的に認めるということを明らかにしなければならないという趣旨であるかのように受け取られるおそれがあるとして、採用されなかった経緯がある。
(12) 裁判官の論稿として、村瀬均「刑事裁判の充実・迅速化—裁判官の立場から—」現刑6巻12号（2004年）28頁以下、特に30頁。
(13) 後藤貞人「刑事裁判の充実・迅速化—弁護人の立場から—」現刑6巻12号（2004年）44頁。岡慎一「『公判前整理手続』における弁護の課題」自正56巻3号（2005年）61頁、特に73頁。小坂井・前掲注(3)79頁。拙稿「シミュレーション公判前整理手続」刑弁41号（2005年）58頁、特に62頁以下。
(14) 村瀬・前掲注(12)30頁。杉田・後掲注(17)16頁以下。
(15) 岡・前掲注(13)74頁。岡慎一＝小坂井久＝髙野隆＝後藤昭＝秋田真志「〈座談会〉公判前整理手続・連日的開廷で刑事弁護はどう変わるか」刑弁41号（2005年）31頁、43頁以下の岡慎一発言を参照。

えるであろう。検察官証明予定事実の細かな内容についてまで「認否」を求めることによって生じ得る上記のような問題性を回避しつつ、少なくとも重要な間接事実のレベルで争点を明確化しようとする考え方である。実務の大半は概ねこのような見解を念頭に進められていると見て良いであろう。実際、多くの事件は、それで支障は生じていないと考えられる。

しかし、実務上あまり支障が生じていないとしても、直ちに理論的な説明が尽くされていると言えるかは別問題である。そもそも「重要な間接事実」についてどうして弁護人に明示義務が生じるのか、必ずしも自明とは言えない。それに重要な間接事実説には、一体「重要な間接事実」とは何かが不明であるとの疑問も残る。

これらの問題は、次項で述べる弁護士の有力説を踏まえた上で再論することとしよう。

(c) 「すべて争う」説と杉田批判について

他方、弁護士サイドからは、「検察官主張する事実をすべて争う」と明示さえすれば争点は明確になるのであって、弁護人としてはそれで明示義務を果たしたことになるとの見解が示された[16]（以下、「すべて争う説」という）。

このすべて争う説に対し、重要な間接事実説の故杉田宗久元判事から厳しい批判（以下「杉田批判」という）が加えられた[17]。

杉田批判は、以下のようなものである。

「やや残念なのは、弁護士の論文や座談会での発言の一部に、『争点』の意義を誤解されているのではないかと思われる点や広範な証拠開示を得るためには『争点』を漠然とさせた方がよいというようないささか極端な主張が見受けられることである。」

「弁護士の論考には、『検察官から犯罪事実認定と量刑判断に必要な事実が明示されれば、被告人側がこれらをすべて争うと主張したときでも、「争点」は明確にされる。』『訴因の一部を特定して「争う」と主張しても、

---

(16) 後藤・前掲注(13)44頁。岡＝小坂井＝髙野＝後藤＝秋田・前掲注(15)41頁以下の主に髙野発言参照。
(17) 杉田宗久「公然整理手続における『争点』の明確化」杉田・理論と実践3頁。

「無罪」であるとのみ主張しても、それで争点は明確になるのである。」などという主張が見受けられる。その言わんとする趣旨が、公判期日においても検察官主張のすべてを争うとだけ主張することを予定している場合には、その旨明示すれば、刑訴法316条の17の規定する予定主張明示義務に違反したとにならないというのにとどまるのであれば、特段異論を述べるつもりはない。しかし仮に、上記のような弁護士の主張が、訴因の全部又は一部を争うとさえ主張すれば、十分な争点整理が行われたことになるという趣旨まで含むのであれば到底賛同することができない。このような理解は、『争点』というものを平板に捉えすぎているのではなかろうか。」

この杉田批判は、すべて争う説が争点を「平板に捉えすぎている」という。では、「平板に捉える」とは、どういうことか。以下の杉田論文の記述が説明しているものと思われる。

　同じ殺人の公訴事実でも、被告人側の主張内容いかんにより争点の数・大きさ・深さ・重さが大きく異なってくるしこれに伴い公判審理の範囲や重点の置き方も自ずから違ってくることになるのである。もとより、民事訴訟と異なり、刑事訴訟においては被告人側が公訴事実の全部又は一部を認めたからといって、原告官たる検察官が証明の必要から解放されるわけではない。しかし民事・刑事を問わず、およそ証拠調べというものは、当事者が最も争っている部分については手厚く行い、比較的争いの少ない部分についてはさらっと済ませるというのが法曹関係者の常識であり、このようなメリハリの効いた証拠調べを行ってこそ、真に争いある部分について審理を集中することが可能となるし心証形成も容易となるのである（単に訴訟の効率性のみの問題ではない。）。刑事訴訟においても、公訴事実に対する被告人側の認否や主張の具体的内容のいかんにより、公訴事実の各部分に関する立証の厚さ・深さが異なってきて当然であるし、むしろこれは望まれることでもあるのである。特に.裁判員裁判においては、裁判員に過度の負担とならず、しかも分かりやすい審理を実現する必要があるから以上のことは不可欠の要請である。

Ⅲ　弁護人の予定主張の在り方をめぐる法規定と解釈論

その上で、杉田批判は、以下のようにも述べる。

「争点には範囲の広狭ともに、軽重や深浅という観念があり（これは法曹関係者の常識であろう。）、このような要素も加味することによって初めて審理計画策定のための真の争点整理が可能になるのではないだろうか。……要するに、真っ当な審理計画を立てるためには、単にどの部分を争うのかというだけでなく、各争点がどの程度のウェイトを有しているのかという点に関する必要最小限度の情報も示されなければならないのである。」

「『全部争う』というだけですべてが争点になるとの上記のような理解は、しょせん自己満足にすぎず、真の争点を埋没させるおそれのあることを指摘しておかねばならない。」

「それだけではなく、そのような漠然たる主張は、被告人側にとっても決してプラスにはならないように思われる。…抽象的な争い方は裁判員の理解を得られないのではなかろうか。」

「しょせん自己満足」とは非常に手厳しい批判である。ここで杉田批判は、「訴訟のメリハリ」の重要性を強調し、「弁護人には、真に争う部分を明示して、メリハリある訴訟に協力する義務がある」とするものと理解できる[18]。

この杉田批判は正鵠を射ていると言えるであろうか。結論から言えば、否であろう。まず、そもそも杉田批判は、「すべて争う」と述べることの意味を誤解していると言わざるを得ない。また、メリハリ云々は、弁護人の訴訟活動について、何らかの法的義務を負わせる根拠となり得ないのである。

この点、杉田批判では、「当事者が最も争っている部分」「真に争いある部分」「真の争点」という表現が使われ、あたかも「すべて争う」という主張の中には、「真の争い」の部分と「真ではない争い」の部分があるかのような前提となっている。しかし「すべて争う」というのは、検察官が立証責任を負う訴因事実の存否のすべてが「真に争いのある部分」だということにほ

---

(18)　同様に争点整理との関係で審理のメリハリを問題とする論文として、松本芳希「裁判員制度の下における審理・判決の在り方」ジュリ1268号（2004年）81頁、特に84頁。

かならない。弁護人として、それ以上に「この争点は一応争っていますが、本気で争っている訳ではありません」「真の争点はこの部分です」などと述べる余地はそもそもないのである。

この点は、車椅子放火事件のように、事件性や犯人性を争う例を考えてみれば明らかであろう。自らが犯人でないと主張している被告人の場合、被害者が死亡したのかどうか、その死因が放火によるものなのかどうか、いずれも「不知」である。その際に、弁護側が、死亡や死因について「争わない」あるいは「真には争わない」などと述べる義務を負わないことは当然である。仮に、弁護人が死因の鑑定書を不同意にすれば、検察官は鑑定人の証人尋問で立証しなければならない。訴訟のメリハリをつけるために、「当事者が最も争っている」わけではない死因の鑑定書について、弁護人は同意すべきなどという立論は成り立ちようがない。ここで杉田批判にいう「各争点がどの程度のウェイトを有しているのかという点に関する必要最小限度の情報」とはいかなる情報かは判然としないが、弁護人がそのような情報を明示する義務を負う理由はない。

なお、杉田批判は、「すべて争う」と述べただけでは、「しょせん自己満足」「裁判員の理解を得られない」ともされるが、これも当を得ないであろう。「すべて争う」と述べた場合に、裁判員の理解を得られなくなるとも思えないが、仮にそのようなことがあったとしても、それはあくまで弁護戦略の問題である。そのような弁護戦略の当否が、弁護人に法的に「メリハリに協力する義務」を負わせる根拠とはなりえない。明示義務を負うかどうかの問題と、弁護戦略は別個のものである。両者は混同されてはならないのである。

(d) 「争う」主張の明示義務の範囲——重要な間接事実説との対比——

もっとも、すべて争う説に立ったとしても、それだけでは「検察官主張事実のうち、いかなる事実について争う旨を明示すべきなのか」という問題設定に対する答が自明となったとは言えない。例えば、車椅子放火事件でも、すでに述べたとおり、犯人性を争うときの主張の仕方には様々なバリエーションがありうる。その場合に、どのような主張明示が求められるのか。重要な間接事実説と比較しながら検討しよう。

Ⅲ　弁護人の予定主張の在り方をめぐる法規定と解釈論

　まず、弁護人が単に①「犯人であることを争う」とだけ主張したとする。これに対し、裁判所は、検察官に対し、被告人の犯人性を基礎づける間接事実を整理して明らかにするように求めることになろう。これに対し検察官は、例えばａ被告人が出火当時犯行時現場にいたこと（現場性）、ｂ被告人がライターを所持していたこと、ｃ被告人は病院に恨みを抱いていたこと（動機）、ｄ被告人が事件直後に動揺した態度を示していたことなどを、犯人性を基礎づける間接事実であると主張してくることになろう。

　このように検察官が主張を整理した場合、重要な間接事実説では、弁護人が①「犯人であることを争う」と主張するだけでは主張明示として不十分だということになると思われる。すなわち、裁判所としては、検察官が主張する間接事実のうち重要な間接事実について争う場合は、それを明示することを求めることになるであろう。上記のａ～ｄのうち、少なくともａの現場性は重要な間接事実ということになるはずである。したがって、弁護人が現場性について争うのであれば、その旨を明示する義務があるという帰結になる。例えば「被告人は出火当時、現場の病室にいたことを争う」旨の明示が必要となってくる。

　しかし、この帰結については、なぜ「犯人であることを争う」では足りず、「現場にいたことを争う」との明示までが義務づけられるかは明らかとは言えない。先の杉田批判からすれば、「争点には、軽重や深浅」があり、弁護人には訴訟のメリハリに協力する義務があるからということになるのであろう。確かに、すでに見たように「犯人性」が否定される理由についても、単に犯人かどうか不明である、というものから、③現場不存在、④アリバイ成立、⑤第三者犯行などのバリエーションがありうる。その限りでは、争点に「軽重や深浅」があるというのも理解できる。しかし、だからといって、争い方がそのいずれであるかが公判前整理の段階で明示されていなければ、争点整理として不十分であろうか。証拠の整理が不十分で、公判期日を開けないであろうか。必ずしもそうとは言えないはずである。

　この点を検証するために、弁護人が「犯人性を争う」と述べただけで、それ以上の主張を明示しなかった場合を想定しよう。検察官としては、間接事実として「ａ被告人が出火当時犯行時現場にいたこと」を挙げた以上、弁護

弁護人の予定主張明示義務と予定主張のあり方

人がそれを争う旨を明示するか否かにかかわらず、その立証をしなければならない。その立証方法として、検察官が「出火当時に被告人が現場にいた」と目撃した旨の目撃者の供述調書を得ていたとしよう。弁護人がその供述調書を不同意にすれば、当然検察官は、証人尋問によってその事実を立証しなければならない。結局、弁護人の予定主張如何にかかわらず、証拠意見の段階で、証人尋問が審理予定の中に組み込まれてくることになるのである。

　ちなみに、仮に現場に被告人がいたとしても、厳密に言えば、放火をしたのが真に被告人であるかどうかは別問題である。検察官は、aの現場存在に加えて、b～dのような間接事実の立証を積み重ねて、被告人が犯人であることを合理的な疑いが残らない程度に立証しなければならない。

　このように見てくると、現場性に関する限り、弁護人が供述調書を不同意にした以上、検察官の立証の負担はさほど変わってこないことになる。それは、弁護人が予定主張として「現場性を争う」旨を明示するか否かにかかわらない。尋問に要する時間も要証事実によって自ずと決まってくるはずである。弁護人が反対尋問の見込み時間（刑訴規則188条の3第2項）を述べることも可能なはずである。つまり、弁護人の予定主張を待たずとも、証拠意見の如何によって審理予定の策定も可能なのである。結局、「犯行時の被告人の現場所在」が重要な間接事実であるとしても、弁護人がそれを争うか否かを明示しなくても審理予定の策定は可能なのである。

　もっとも審理予定の策定ができるというだけでは、不十分と思えるかも知れない。たとえば杉田批判は、単なる審理予定を超えて、訴訟のメリハリを問題にしている。しかし、弁護人の予定主張明示義務の範囲を確定するにあたり、訴訟のメリハリに協力する義務をその根拠とすることができないことはすでに述べたとおりである。

　明示義務を課す以上、その理論的な根拠が必要である。争点及び証拠を整理し、審理予定を策定することの必要性は、その義務を課す根拠として明確である。これに対し、重要な間接事実について争う旨の明示が義務づけられるとの見解は、その明示がなくとも、争点・証拠の整理、審理予定の策定が可能という意味で、理論的な根拠になお疑問が残る。

　翻って、検察官が主張立証責任を負うのは、あくまで構成要件事実であ

り、訴因事実である。そもそも検察官は、弁護人が争うと主張するか否かに関わらず、そのすべてについて立証責任を負う。すべての訴因事実は、弁護人の予定主張以前にすでに争点であると言える。間接事実はあくまで訴因事実を基礎づけるための二次的な事実にすぎない。予定主張以前に争点である訴因事実について、弁護人から争う部分が主張明示されれば、その争点は「より」明確になる。弁護人の明示義務としても十分なはずである。もとより「すべて争う」という主張も、何ら問題ない。この点、杉田批判では、「すべて争う」という主張を「漠然たる主張」あるいは「抽象的な争い方」であるとされるが、誤解というほかないであろう。「すべて争う」との主張は、構成要件に該当するすべての主要事実を争点化することを意味するのであって、なんら「漠然たる主張」でもなければ、「抽象的な争い方」でもないからである。

その意味では、そもそも「弁護人は検察官が主張する事実のうち、いかなる事実について争う旨を明示すべきか」という論点設定自体に問題があったとも言えよう。敢えて言えば、検察官主張事実のうち訴因事実（主要事実）について争う旨が明示されれば、必要にして十分というべきである。

b 証明予定事実

これに対し、検察官の主張を争うにとどまらず、弁護人が積極的に④のアリバイ主張をする場合は、以上とは別の考慮が必要となることは否定できない。弁護側立証の必要が生じてくるからである（平成27年最決もまさにアリバイが問題となった事例である）。刑訴法316条の17第1項が、事実上の主張の一例示として挙げる「証明予定事実」の主張の問題である。

仮に、弁護人が当該アリバイの事実を弁護人請求証拠により証明しようとしていた場合（厳密には弁護人は証明責任を負っていないので、「反証」というべきであろう。しかし、法文上「証明予定事実」と記載されているので、以下「証明」の語を用いる）、弁護人にも整理手続の中で証拠の請求義務が課され（同第2項）、その請求をしなかった場合の失権効が定められた（刑訴法316条の32第1項）。審理予定の策定のためには、審理予定に当該証拠の取調べ手続を盛り込む必要があるから、この規定については合理性があるとは言える。そして、証拠を請求する以上、その証拠により証明しようとする事実を、予

定主張として明示すべき義務が生じそうである。実際、証明事実が明らかにされなければ、裁判所としては、その証拠の採否判断が困難だという側面はあろう。また、相手方である検察官がその存否・内容について検証する機会が必要だというのも事実である。原則としてアリバイについての主張明示義務があることはそのとおりであろう。平成27年最決も、原則としてアリバイに主張明示義務があることを前提としている。

　もっとも一口に主張明示義務と言っても、その予定主張としてアリバイをどこまで具体的に主張すべきかは、別途問題である。平成27年最決の第1審では、まさにそのことが問題とされた。この点、平成27年最決では、「公判前整理手続において、裁判所の求釈明にもかかわらず、『アリバイの主張をする予定である。具体的内容は被告人質問において明らかにする。』という限度でしか主張を明示しなかったような場合」は、主張明示として不十分であるとされたのである。これに対し、当該事件では、公判前整理手続において「被告人は、平成23年8月頃、和歌山県内へ行ったが、それ以来、平成24年7月18日まで同県内には来ていない」「被告人は、本件公訴事実記載の日時において、犯行場所にはおらず、大阪市西成区内の自宅ないしその付近に存在した」旨のアリバイの主張を明示していたという。抽象的にアリバイがあると主張しただけではなく、その主張は一定の具体的事実を伴っていたのである。

　では、どこまで具体的に事実を主張すれば明示義務を果たしたと言えるのであろうか。この点で留意すべきなのは、責任能力を争う場合の精神疾患を示す証拠など一部の例外を別として、弁護人が請求する証拠は、多くの場合は直ちに主要事実そのものを証するものではないということである。弁護側証拠は、検察官立証の反証となる間接事実や補助事実を示す証拠であることが多い。そもそもアリバイとは、論理的に犯行時被告人の現場不存在を示す事実であって、それ自体が「被告人が犯人である」との主要事実を否定する「間接事実」である。このような間接事実や補助事実について、弁護人が証拠を請求するからと言って、その詳細な内容を予定主張として明示しなければならないと解することは、立証責任を負う立場にない弁護人に過剰な負担を課すものと言えるであろう。かえって争点を煩雑化することにもなりかね

III 弁護人の予定主張の在り方をめぐる法規定と解釈論

ない。

結局、この点も目的論的に決するべきであろう。公判前整理手続の目的である争点・証拠の整理、審理予定の策定に必要な限りで具体的であることが必要であるが、その限度で足りる。より実践的には、検察官が証拠意見を述べ、裁判所が当該事実を証明する弁護人請求証拠の採否・取調べ時間を決定することができる程度に具体的であればよいといえるのである。

もっともアリバイについて主張明示義務が存することが原則とは言え、公判前整理手続においては、アリバイの主張明示が困難な事例もありうることに注意すべきである。この点は、車椅子放火事件において弁護方針として問題となった。被告人は、犯人性を争う主張（犯人性）や出火当時現場の病室にはいなかったとの主張（現場不存在）を超えて、出火当時には別の病室にいたこと、さらにはそれを他の患者が目撃していたという主張（アリバイ主張）と立証を積極的にすべきかどうかが議論の俎上に上ったのである。というのも、被告人自身は、弁護人に対し、出火当時現場から20メートル離れた自分の部屋にいたと説明していた。そして、現に捜査機関が録取した被告人と同室の患者の供述調書の中には、出火直後に被告人が同じ病室にいるのを目撃したという内容が含まれていた。仮に、この患者を弁護人側証人として請求するのであれば、予定主張としてアリバイの内容を明示することが不可欠であるかのようにも思える。

しかし、車椅子放火事件において、弁護人は別室の患者供述に関連した積極的なアリバイを主張せず[19]、患者を弁護側からは証人請求もしなかった。それは幾つかの理由による。まずその患者について、検察官側が証人請求してきたことがある。検察官は、出火直後に被告人が自室にいたとしても、放火直後に急いで現場から自室に戻ってきたにすぎないと見ていた。その見立てを前提に、出火直後の被告人の行動は、むしろ犯人性を基礎づける事実となりうるとして、当該患者の証人尋問を請求してきたのである。確かに、そ

---

(19) もっとも、弁護団もアリバイに関わる主張を全くしなかったというわけではなく、「被告人は、自室において非常ベルを聞いた」という限りでの事実主張は行った。被告人の姿を目撃したという他の患者証人の証言との関連性等は明らかにせず、あくまで抽象的なレベルでの簡潔な事実主張に止めたのである。

弁護人の予定主張明示義務と予定主張のあり方

の患者の供述は、あくまで「出火直後に別の病室で被告人を見た」というものであって、アリバイが成立するかどうかは微妙である。他方で、検察官立証は、出火直後に現場病室に被告人がいたのを目撃したという看護師供述がその中核である。その看護師は、曖昧ながら出火より相当後の時間まで被告人は現場にいたかのような供述をしている。微妙とは言え、当該患者の供述は、検察官の最重要証人である看護師の供述と矛盾し、アリバイとなる可能性もあった。そうである以上、弁護人としては、予定主張としてアリバイ主張を明示した上で、当該患者を弁護側証人としても双方請求するという選択肢もあり得た。しかし、仮に弁護人がそのような予定主張をして、アリバイの成否を積極的に争点化すれば、検察官は当然看護師証人にそのアリバイ主張を意識した証言をさせてくるであろう[20]。また、当該患者が検察官証人として出廷する以上「被告人が出火直後に自室にいた」という供述が検察官の主尋問事項に関連することは明らかであって、反対尋問で引き出すことは可能であろう。あえて弁護側証人として請求しなければならない必要性もない。そのような判断から、弁護人は、予定主張として積極的なアリバイ主張をしなかったのである。そして、結果としてこの判断が功を奏し、被告人の無罪判決につながったのである。

　この例では、アリバイが成立するかどうかは微妙である以上、そもそもアリバイ主張は「未定」であり、「予定していなかった」という整理も可能かも知れない。しかし、そうだとしても、やはり弁護人の予定主張の範囲を考える上でも、重要な視点を提供しているように思える。なぜなら、アリバイについての弁護側の予定主張の明示がなくても、争点や証拠の整理、審理予定の策定も十分にできた例だからである。もちろんこの事例は、弁護人独自の証拠請求が不要であったという特殊性はある。しかし、それでもなお、そもそもアリバイ主張の有無にかかわらず、スムーズに公判審理が進行したことは極めて重要なことと考えられるのである。

---

(20) 同様の検察官による供述コントロールの危険性について、後藤・前掲注(13)44頁、特に註(7)。なお、小坂井・前掲注(3)79頁は、予定主張明示の前提として、「検察官主張が一義的に明確にされ」ること、「主張明示義務が果たされて以降の検察官の補充立証が限定される」ことが必要であると指摘する。前掲座談会47頁以下参照。

Ⅲ 弁護人の予定主張の在り方をめぐる法規定と解釈論

　翻って、検察官は犯人性、ひいては被告人の現場存在についての立証責任を負っているのであるから、弁護人が現場存在を争っている以上、アリバイ主張を明示するかどうかを問題にするまでもなく、争点は明らかである（争点整理の視点）。

　また、証拠の整理、審理予定の策定についても、多くの場合、弁護人の証拠意見が明らかになり、検察官請求証拠の採否が決まること、採用証拠の取調べ予定時間が明らかになれば可能である。他方、弁護側の請求証拠がある場合には、その採否判断のために、弁護人の予定主張が必要だとは言えよう。もっとも、詳細な予定主張がなくとも、その採否判断の前提となる検察官の意見は、立証趣旨や証人の場合は供述要旨書面（刑訴法316条の18第2号）をみれば述べることが可能なことも多い。裁判所としても、少なくとも詳細な予定主張がなくとも、ほとんどの事例で、その立証趣旨や検察官の意見から採否を決定することは可能なはずである。

　すなわち、通常は弁護側の予定主張を待つまでもなく、争点及び証拠の整理、審理予定の策定は可能と言えるのである。

　もちろん、揺らぎのない詳細な予定主張は、弁護側の主張の説得力を増すことはあろう。また、詳細な予定主張を前提とした証拠請求であれば、裁判所としてはその証拠の採否を決めやすいという側面もある。そのような側面も踏まえて、弁護人が、その戦略として、証拠により証明する事実を詳細に明示することもあり得えよう。しかし、それはあくまで弁護戦略の問題であって、明示義務の問題ではない。義務としての範囲は、争点及び証拠の整理、審理予定の策定のために必要と言えるかどうかから帰納的に考えるべきである。従前、それら争点及び証拠の整理、審理予定の策定のために、弁護人の予定主張が果たす役割が大きいと考えられてきたと思われる。しかし、実際には審理予定の策定に大きな役割を果たすのは、予定主張より取り調べられる証拠の採否であり、その内容である。その観点で弁護実践として重要となるのは、むしろ証拠意見（刑訴法316条の16第1項）、尋問見込み時間（刑訴規則188条の3）の述べ方である。弁護人としては、従来とかく強調されがちであった予定主張の意義を改めて見直す必要があろう。

2 議論の整理とパラダイム転換の提唱──内容より目的を重視すべきである──

議論を改めて整理しよう。

従前、公判前整理手続の目的である争点及び証拠の整理の柱として、弁護人の予定主張の明示が重視されてきた。その明示の在り方如何が、争点・証拠の整理の在り方、ひいては裁判の帰趨そのものを大きく左右するかのような議論がなされてきたのである。

そのような議論の中では、杉田論文に典型的に現れているとおり、明示の在り方如何が、訴訟のメリハリを決することになり、弁護人としてもそのような訴訟のメリハリに協力する義務があるかのような主張につながっているのである。しかし、それらの議論は、弁護人としての義務論と戦略論とを混同している側面がないか、もう一度見直す必要があろう。義務論と戦略論とはきっちりと区別して考えるべきなのである。

また、従来の議論の多くは、「主要事実」か否か、「重要な間接事実」か否か、「補助事実」か否かといった具合に、主に主張すべき事実の「性質」から、「いかなる内容を明示すべきか」という観点から明示義務の範囲を画そうとするものが中心であった。演繹的なアプローチということができるであろう。しかし、ここで発想の転換が必要であるように思われる。事実の評価や具体性のレベルはそれこそ無限定であって、どのような明示をすべきかという問いに対して、どのような性質の事実を主張すべきかを議論してみても、結局、問いをもって問いに答えようとしているにすぎないと思われるからである。例えば、「重要な」間接事実といっても、前述のとおり、何が「重要か」をめぐって、新たな問いを生むことになる。公判前整理手続でこの議論に深入りしてしまえば、本来公判で決着すべき証拠評価や、その前提にある経験則について、公判前整理手続で先取りすることにもなりかねない[21]。相撲に喩えれば、公判前整理手続で、「相撲の取り方」まで決めておこうということになりかねないのである。しかし、公判前整理手続は、あくまで「土俵の設定」である。「相撲の取り方」を決める場ではない。事実の評価に踏み込むことになれば、公判前整理手続を肥大化させることにもつながりかねず、公判中心主義、なにより刑事裁判に市民感覚の反映を目指した

III 弁護人の予定主張の在り方をめぐる法規定と解釈論

裁判員裁判の趣旨に反すると言えるであろう。

重要なのは、予定主張を明示する目的であり、さらに遡れば公判前整理手続の目的である。公判前整理手続は、「充実した公判の審理を継続的、計画的かつ迅速に行う」（刑訴法316条の２）こと（以下、「計画審理」と呼ぶことがある）、さらには連日的開廷（同281条の６）を実現することがその目的である。計画審理による連日的開廷の実現のためには審理予定の策定（刑訴規則217条の２）が重要であることは言うまでもない。争点整理、証拠整理と審理予定の策定は、計画審理の実現という目的のための手段である。予定主張の明示についても、その目的に必要な限度で義務の範囲を考えるのである。帰納的なアプローチとも言える。

計画審理を実現する上で、何より重要なのは、審理予定の策定（刑訴規則217条の２）ができるかどうかである。平成27年最決における「公判前整理手続を行った意味を失わせるものと認められる場合」も、この審理予定の策定を根底から覆すような場合と考えればわかりやすいであろう。但し、後述するとおり、審理予定に変更が生じたからといって、直ちに「公判前整理手続を行った意味を失わせる」と考えるべきではない。

この点、従来私たちは、審理予定の策定における予定主張の機能を過大評価してきた嫌いがある。弁護人の予定主張の明示こそが、計画審理の要諦であるかのように強調されてきたのである。確かに、弁護人の予定主張の明示による争点整理が、一定程度その目的に寄与することは事実である。しかし、そもそも検察官が全ての訴因事実について立証責任を負っている以上、

---

(21) 筆者は、車椅子放火事件とは別の、犯人性を争う裁判員裁判事件の弁護を担当した際、公判前整理手続において、裁判長から「公判前整理手続において、予め論理則・経験則を詰めておかないか」と示唆された経験がある。当該裁判長は、最（一小）判平成24・２・13日刑集66巻４号482頁以降の最高裁が、「控訴審が第１審判決に事実誤認があるというためには、第１審判決の事実認定が論理則、経験則等に照らして不合理であることを具体的に示す必要がある」と判示したこともあって、「論理則・経験則違反」に対し、神経質になっていたのではないかと推測される。しかし、「論理則・経験則」は、裁判員と裁判官が、当事者の主張も踏まえて評議すべきことがらであって、法曹三者が公判前整理手続で固定するとすれば、本末転倒であろう。当該事件は、その後裁判長から同様の示唆はなく、公判前整理手続で、予め「論理則・経験則」を議論することはなかった。

335

弁護人の予定主張を待つまでもなく、訴因事実はすべて争点と言える。弁護人の予定主張如何によって、立証の程度が軽減されるわけでもない[22]。その意味では、本来立証の必要性やそのための審理予定の策定において、予定主張の果たす役割は限定的とも言えるのである。

この審理予定の策定は、予定主張より、証拠調べの在り方にこそ大きく左右される。実践的には、予定主張の明示如何より、証拠意見の在り方の方がよほど影響は大きいはずである。その意味で、弁護人としては証拠意見の方法論・技術論にこそ、十分な研鑽が必要といえる[23]。予定主張の明示義務の範囲とその具体性の程度に話を戻せば、審理予定策定のために必要最小限度で足りるというべきである。具体的には次項3のとおりとなろう。

3 主張明示義務の範囲と内容
(1) 訴因に現れた事実について

訴因に現れた事実については、弁護人が争うかどうかにかかわらず、本来検察官がそのすべてについて立証責任を負っているのであるから、理屈の上

---

(22) 東京高判平成28・1・13判タ1425号233頁は、覚せい剤密輸における被告人の覚せい剤の認識を認めて有罪判決を言い渡した原判決に対し、「原審裁判官は、公判前整理手続において、当事者の主張する事実の中から被告人の犯意を推認させると考えた要素を抽出し、これらの事実には当事者間に争いがないと整理した上、原判決において、その争いがないと整理した要素を、証拠調べの結果に基づいて認定することなく、所与の前提事実であるかのようにして、被告人の犯意を推認したものと思われる」とした上で、「以上のような事実の再構成又は抽象化、あるいは当事者間に争いがないと整理した要素だけを摘示することによって、事実が持つ本来の意味やそれにより推測される事柄は変わってしまっている」、「原判決の推論は、摘示した要素から「特段の事情がない限り」被告人の犯意が推認されるとすることによって、犯意がないことの立証責任を被告人側に負わせる構造に陥っている疑いもある」とする。そして「原審の公判前整理手続及び原判決の判断の在り方は、証拠に基づき事実を認定するものとなっていないから、これを是認することはできない」とした。その上で、新たに原審証拠を精査し、被告人には故意が認められないとして、原判決を破棄し、被告人に無罪を言い渡した。公判前整理手続における予定主張（争いがない旨の主張）と、証拠による認定を峻別すべきことを明示している点で、参考になる判決例と言えよう。
(23) 弁護士会の研修などでは、証拠開示や予定主張の技術論に時間が割かれることは多かったが、証拠意見の在り方をめぐる技術論が取り上げられる比重は相対的に低かったのではないかと思われる。証拠意見の在り方をめぐる技術の深化や研修方法の見直しが、弁護人にとっての今後の課題と言えるであろう。

では、弁護人がこれに対し、いちいち争うか否かを明示する義務はない。あえて言えば、「すべて争う」と言えばそれだけで争点は明確となるはずであるが、仮に何ら主張を明示しなくとも、検察官が立証責任を果たせば良いことになる。

(2) 訴因外の事実について

これに対し、訴因外の事実については、争点化や立証のために一定の主張明示義務が生じうる。

ア　犯罪の成立、刑の減免に影響する事実

正当防衛など違法阻却事由の存否を争う場合、責任能力など責任阻却事由の存否を争う場合に、それらを争う旨を明示するとともに、緊急状態や精神疾患など、それらを基礎づける事実の主張を明示する義務がある。

イ　証明予定事実

弁護人が証拠により証明しようとする事実については、検察官が証拠意見を述べ、裁判所がその採否判断を必要とする以上、その判断に必要な限度で主張明示義務の対象となる。逆に、弁護人が予定主張を明示するまでもなく、検察官の証拠意見が可能で、裁判所も採否判断が可能な場合は、主張明示は義務とまでは言えないと考えることができる。例えば、被害者との示談書などは、示談の事実について予定主張の明示を義務づけるまでもないはずである。もっとも、示談の事実は、明示義務を課したとしても、弁護側に負担とは言えない。また、証拠制限（刑訴法316条の32第1項）との関係で、公判前整理手続で証拠請求は義務づけられるのであるから、その証拠請求の時点で、予定主張をしたのと同じことになる。実務では事実上問題となり得ないし、議論の実益には乏しいであろう。

それでは、被告人質問のみによって立証しようとする事実についてはどうであろうか。弁護人は、そのような事実についても予定主張明示義務を負うのであろうか。平成27年最決で問題になったのは、被告人質問において、公判前整理手続では主張していなかったアリバイの詳細を述べようとしたことを法295条1項に基づき制限することの可否であった。平成27年最決の原々審は、検察官の異議を認める形で供述を制限したが、高裁及び最高裁はその制限を違法不当とした。

弁護人の予定主張明示義務と予定主張のあり方

　異議を述べた検察官の論理は、詳細なアリバイ供述を認めれば、検察官がそのアリバイに対する反証の機会を奪われて不当だというものと思われる。平成27年最決も一般論としてではあるが、「主張明示義務に反し」かつ「公判前整理手続を行った意味を失わせるものと認められる場合」には、被告人質問や供述の制限があり得るとしているが、検察官の反証のために、現に「公判前整理手続を行った意味が失われる」ような場合があるとすれば、平成27年最決の立場としても、被告人質問が制限されることが検討されることになるのかもしれない。

　確かに被告人が、検察官の全く予期できなかったようなアリバイ供述を始め、新たな補充捜査をしなければならないという場合、公判前整理手続で策定された予定の変更を余儀なくされることはあろう。しかし、現実問題としては、検察官が被告人を実行犯と主張する以上、被告人の現場存在を立証すべきことは当然であって、一定のアリバイ主張も予想した上でその捜査はなされているはずである。平成27年最決のように公判前整理手続で「大阪市西成区内の自宅ないしその付近に存在した」と主張していた場合はもちろん、公判前整理手続において、被告人・弁護側が犯人性を争うことを明示しているだけでも、検察官にとって被告人の主張が「現場不存在」を含みうることは当然に想定できる。いわゆる「足取り捜査」は、捜査の基本のはずである。

　さらに、被告人質問にとどまる限り、その審理予定への影響はさほど大きなものとは思えない。そもそもわが国の実務運用上、多くの場合被告人質問そのものは予定されることが大半であって、その被告人質問でアリバイ供述をしたからと言って、策定された審理予定そのものが根底から覆されることにはならないであろう。検察官としても、そもそも証拠構造から被告人の現場存在及び犯人性は十分に立証できると踏んで公判請求しているはずである。公判においてアリバイ供述がでてきたからといって、その場で有効な反対質問ができないことにはならないだろうし、反対質問を待つまでもなく、その立証を尽くしていなければならない立場である。この点、平成27年最決の小貫補足意見は、被告人質問に異議を述べた原々審の検察官の「関連性がない」旨の異議は「無理であろう」としつつ、「検察官としては、被告人の

供述の信用性を吟味し、真偽確認に必要な反対質問をするのが相当であったと思われる」とするが、その限りでは、全く同感である[24]。

この意味では、平成27年最決の法廷意見が被告人質問等の制限例として挙げる「裁判所の求釈明にもかかわらず、『アリバイの主張をする予定である。具体的内容は被告人質問において明らかにする。』という限度でしか主張を明示しなかったような場合」であっても、なお被告人質問等を制限することは疑問である。この点法廷意見も、制限には「新たな主張に係る事項の重要性等も踏まえた上で」との限定を付しているが、あくまで被告人質問等の制限が検討されるのは、例外的・極限的な場合であることが意識されなければならない。

他方、被告人質問そのものが審理予定になかったにもかかわらず、突然被告人質問を求めてアリバイ供述を始めたような場合や、当該アリバイ供述に対する補充捜査が必要となる場合には、審理予定を混乱させることもあろう。しかし、仮にそのアリバイ供述が軽々に排斥できないというのであれば、審理予定を変更してでも（場合によっては期日間整理手続に付するべき場合もあろう）、さらに審理を尽くすべきなのであって、主張明示義務をことさらに強調して、被告人質問を制限すべきとも思われない[25]。

つまり、仮に公判の被告人質問においてアリバイ供述を始めたとしても、直ちに「公判前整理手続を行った意味を失わせる」（平成27年最決）ことにはならないというべきである。新たな主張に関する被告人質問を認めた場合、すでに取調べ済みの証人のほとんどを調べ直さなければならなくなるなど、

---

(24) もっとも小貫補足意見は、検察官に対してのみ注文を付けているのではなく、弁護人については、「公判前整理手続終了後に主張内容に追加・変更があることは被告人質問に先立って判明することが多いであろうから、……それが判明したときは、刑訴法295条1項の相当性判断に意味を有することもあり得るので、速やかに主張内容の追加・変更があることを明らかにすることが期待される」とし、裁判所に対しては、「『自宅付近にいた』との主張については、釈明を求めて具体的内容を明らかにさせ、それが不可能であるというのであればその理由も含めて記録として残しておくべきであった」と、三者それぞれの対応について言及している。

(25) 石田・前掲注(5)111頁は、平成27年最決について、「本決定は、……当然のことながら、新たな主張に係る事項の被告人質問等を制限した結果、事実認定を誤っていいなどということはおよそ想定していないものと解される」と指摘する。

従前の公判前整理手続による審理予定の策定を根底から覆するような限定的な場合に初めて「公判前整理手続を行った意味を失わせる」かが問題となりうると言うべきである。その場合でも、安易に被告人質問等の制限をすべきではない。むしろ、新主張が審理予定の策定を根底から覆さなければならないような内容を含んでいるとすれば、それだけ重要な内容だということになるはずである。結局、「新たな主張に係る事項の重要性等も踏まえ」れば、被告人質問等を制限することはできないことになる。結果として、平成27年最決を前提とする限り、被告人質問を制限すべき場合は想定すること自体が困難となるのである。平成27年最決の意義は、新主張に係る被告人質問等の制限は事実上許されないとの趣旨と読むこともできるのである。

ちなみに、平成27年最決の事例においては、すでに述べたとおり、弁護人は公判前整理手続段階において、「被告人は、平成23年8月頃、和歌山県内へ行ったが、それ以来、平成24年7月18日まで同県内には来ていない」「被告人は、本件公訴事実記載の日時において、犯行場所にはおらず、大阪市西成区内の自宅ないしその付近に存在した」旨のアリバイの主張を明示していた。検察官としては、先に述べたような意味で十分に対処可能だったはずである。原々審の検察官の異議やそれを認めた裁判所の訴訟指揮は明らかに不当である。平成27年最決がその不当性を認めたのは当然と言うべきであろう[26]。

いずれにしても、弁護人が被告人質問のみによって証明しようとする事実については、多くの場合、争点や証拠の整理、審理予定の策定の観点からみて、予定主張明示を義務づけ、その義務違反に被告人質問等の制限を認めなければならない必要性は乏しいであろう。

(3) **具体性の程度**

弁護人が予定主張として述べる事実の具体性の程度も、争点及び証拠の整理、審理予定策定の可否を踏まえて帰納的に考えるべきである。訴因事実に

---

(26) 角田・前掲注(7)175頁は、「本件におけるアリバイ主張は明示義務に反するとみる余地はないと思われる」とする。小貫補足意見も「公判における被告人の供述は公判前整理手続の主張をより具体化したにすぎず、主張の変更ないし新たな主張とまでは言えないとの評価も十分にあり得た」とする。

ついては、争う旨を明示すれば足りるし、法律上の主張など訴因外の事実で弁護人が争点形成責任を負う事実については、争点が明らかになる程度ということになろう。弁護人が証拠により証明しようとする事実については、検察官が弁護人請求証拠について意見を述べ、裁判所にとって採否判断が可能な程度に明示すれば足りる。いずれにしても、弁護側の主張としては、簡潔なもので十分であり、詳細である必要はない[27]。

4 戦略論の視点

なお、以上の議論はあくまで義務としての主張明示について考察したものである。これらの義務論とは別に、弁護戦略論として主張明示がいかにあるべきかは、検討の余地がある。主張の一貫性や説得力を意識して、あえて義務の範囲内とは言えない事実を主張したり、あえて詳細かつ具体的に事実を述べたりすることも考えられる[28]。それでは、戦略論として、予定主張はどのように考えるべきなのであろう。

結局、予定主張は最小限の範囲かつ簡潔なものとすることを大原則として、戦略論としてどこまで広げるかを考えるべきことになると思われる。

より実践的には、個別の事案毎に、詳細な主張をすることによるメリットとデメリットを抽出し、そのメリット・デメリットを比較検証することになる。その際の考慮要素としては、当該主張に揺らぎがないのか、特に証拠との関係如何が最重要ポイントとなろう。弁護側に活用可能な証拠が固く、訴訟の将来的においてもその主張に揺らぎようがなく、検察側から弾劾される

---

(27) 角田・前掲注(7)175頁は、「公判前整理手続において要求される弁護人の予定主張は、冒頭陳述や弁論と異なり、裁判体の心証形成に関わるものではなく、手続の目的である争点・証拠の整理のためのものである」とした上で、「争点や証拠の整理に必要な程度の具体性が必要であるが、その程度の具体性があれば足り、それが明示義務に違反することはないということになる」とする。

(28) もっとも、角田・前掲注(7)175頁も述べるとおり、公判前整理手続は、裁判体の心証形成の場ではなく、戦略論としても、予定主張の説得力を意識することには異論もあり得るであろう。岡慎一＝神山啓史『刑事弁護の基礎知識』（2015年、有斐閣）90頁は、「詳細な予定主張書面は「重要事実が何か明らかにならず争点整理という目的に資さない。また、『書面によって、公判前に、裁判官を説得する』という考え方には疑問がある」とする。

おそれもないというのであれば、詳細かつ具体的な主張も可能と言える。他方、詳細な主張を明示した上で、客観的証拠と矛盾していることが判明し、その主張を変更しなければならないような事態となれば、弁護側の痛手は大きい。無実の人であっても、記憶違いや勘違いは十分にありうることであって、詳細に述べれば述べるほど、結果的には誤った説明をしてしまうリスクも高まる[29]。そして、被告人の供述に関する限り、僅かな勘違いや変遷が、その信用性を否定される要素として重視されがちであることは、刑事弁護にかかわる弁護士にとって共通の思いであろう。客観的な証拠との整合性もさることながら、詳細な予定主張は、検察官に弁解つぶしのターゲットを与えたり、検察官証人に辻褄あわせの供述変更をされるきっかけを与えることもある。弁護人としては注意を要する。

　それ以外の考慮要素として、主張関連証拠の開示請求をするためや保釈請求のためには、詳細な予定主張をした方が、証拠開示や保釈を得られやすいということはあり得るであろう[30]。これらの点も、戦略論的には帰納的に考えるべきことになろう。主張関連証拠との関係で言えば、予定主張と開示請求する証拠との関連性・必要性を明らかにする程度の具体性は必要であろうが、逆に言えば関連性・必要性が明らかになれば足りる。保釈については、罪証隠滅を疑うに足りる相当な理由の存在を否定できるかが重要となろう。

　いずれにしても、弁護人の予定主張として、それほど詳細な主張が必要とは考えられない。弁護実践としては、あくまで原則は、審理予定策定のために、必要な限度で、簡にして要を得た主張に止めるべきことを意識すべきである。その上で、上記に述べた戦略論の観点から、より詳細な主張をすべきかどうかを検討すべきことになる。その際にも、先に指摘したような詳細な

---

(29) 特に被疑者の立場に置かれた無実の人は、取調官に無実であることを理解してもらおうと、記憶が曖昧な部分でも積極的な供述をしがちである。そのような誤った供述を回避するためにも、黙秘権の行使は重要な防御である。従前、わが国では黙秘権の行使が批判的にとらえられることも多かったが、その重要性は、今後より強調されていくべきである。
(30) 角田・前掲注(7)175頁は、前記のとおり「公判前整理手続において要求される弁護人の予定主張は、……手続の目的である争点・証拠の整理のためのものである」とした上で、「端的に言えば、主張関連証拠開示の前提として十分なものかどうかが問題となる」という。

主張のリスクを意識すれば、やはり詳細な主張をすることには、慎重な上にも慎重であるべきことが、弁護の基本方針となるはずである。

IV　車椅子放火事件のてん末とその教訓

　さて、以上の私論を前提に、再度車椅子放火事件の予定主張について確認しておこう。

　車椅子放火事件では、犯人性を争ったわけであるが、予定主張明示としては、単に「犯人であることを争う」というだけのものから、積極的なアリバイ主張や第三者犯行説まで、様々なバリエーションがありえた。

　しかし、弁護団が公判前整理手続において、結果的に予定主張として明示したのは、あくまで「現場不存在」がその中核である。アリバイ成立や第三者犯行の可能性は示唆したが、あくまで抽象的なレベルに留めた。

　その第一の理由は、それらの主張を明示したとしても裏付けるものは基本的には被告人供述だったことである。

　もっとも、被告人のアリバイを裏付けるかのような供述をする別患者もいた。この別患者を弁護側から積極的に証人尋問請求をすることも考えられた。しかし、その別患者は、検察官が証人として尋問請求をしていた。しかも、その供述が真のアリバイ証言になるかどうかは、被告人の現場存在を目撃したとする看護師の証言内容によって変動しうる状況であった。そうである以上、弁護戦略の観点からも、審理予定策定の観点からも、あえて当該別患者の供述を前提としたアリバイ主張や弁護側からの証人尋問請求をしない方が良いであろうという判断に至ったのである。

　結果として、裁判所は、当該看護師の公判証言と、別患者証言の矛盾を重視した上で、アリバイを認める形で被告人に無罪を言い渡した。

　特殊な事情を前提とした結果オーライの事例にも見えるが、弁護人予定主張の明示義務を考える上で、恰好の素材を提供しているとも言えるであろう。

　この点で、弁護人の教訓として指摘しておきたいのは、裁判の流動性である。いろいろな事情から見て、弁護人としては当該事件がえん罪であったこ

とに確信を持っているが、仮に予定主張明示によって、その手足が縛られていた場合、本件で無罪判決に至ったかどうかは確信の限りではない。弁護人としては、証拠構造のみならず裁判の流動性も意識して、柔軟な対応こそが必要であることを、改めて再認識させられた事件でもあった。

V　まとめにかえて

　言うべきか、言わざるべきか。

　この問いに対する答として、本稿の結論としては、審理予定の策定の見地を重視しつつ、公判前整理手続の目的、弁護戦略の観点から、帰納的かつ機能的・柔軟に決めるべきだということに尽きる。
　そして、弁護人にとっては、少なくとも詳細には「言わざるべき」という選択になることが多いであろうというのが、筆者の率直な印象であることは、改めて付け加えておいて良いであろう。弁護人が予定主張を明示する際には、少なくとも本当にそれが必要な主張なのか、証拠の採否や審理予定策定にとって不可欠と言えるのか、弁護戦略の足かせとならないのか、より簡潔に述べることはできないのか、といった観点を検証する姿勢が不可欠なのである。

（あきた・まさし）

数学的刑事弁護
——検察官の誤謬に打ち克つ——

弁護士 大川 一夫

 I はじめに
 II コリンズ裁判
 III ベイズの定理
 IV 日本の裁判では
 V 検察官の誤謬
 VI 弁護人の誤謬
 VII イギリスの禁止令
 VIII 改めて日本の裁判では
 IX これからの刑事弁護
 X 終わりに

I はじめに

　裁判員裁判が実施されるまでそのころ良く行われていた模擬裁判のとある題材が私には印象に残った。それは、直接証拠のない事案で、間接証拠（例えば犯行現場近くに被告人がいたなど）の積み上げによる有罪立証をテーマにした題材である。無論そのときは、統計的議論や確率的議論がなされているわけでない。

　しかし私にはアメリカのコリンズ裁判を思い出すと共に、早晩、立証における確率・統計問題はこの日本でも問題となるであろうと思った。

　そこで当時、発表させて頂いたのが「コリンズ裁判と訴追者の誤謬」である[1]。

　コリンズ裁判は、我が国では確率・統計の翻訳本やミステリ本では人々が誤りやすい事例としてよく紹介されながらも、一般の法律書では紹介されて

いなかったため、前述の拙稿は幸い好評を得た。

その後、確率・統計の分野で名高い『ベイズの定理』を日本で一躍有名にしたのは何と言っても吉川英治文学新人賞、日本推理作家協会賞等の受賞作家垣根涼介氏の歴史小説『光秀の定理』[2]である。

そしてもう一つは、学生向け雑誌である法学セミナーでの森田果東北大学准教授の分かりやすい解説「法律家のための実証分析入門」[3]だろう。

相前後して、そのころから、我が国でも裁判と統計に関する学者の研究が発表されてきた。そこで、本稿では、もう一度この問題を整理するものである。

以下、前述の拙稿と重複するがコリンズ裁判の説明を行い、そして『ベイズの定理』を知って頂くために、『光秀の定理』と「法律家のための実証分析入門」(「ベイジアンは滅びぬ、何度でもよみがえるさ!」)を紹介しつつベイズの定理を説明し、そして、刑事裁判における統計・確率の問題、ひいては認知バイアスを論ずる。

II コリンズ裁判

1 あなたが弁護人なら

裁判員裁判において、次のようなケースをお考え下さい。

目撃証人は、(犯人の顔は見ていないために)法廷にいる被告人が、犯人であったかどうかは分かりません。しかし、犯人が①男であり②身長175センチ以上であり③左利きであり④あごひげを生やしており⑤右足を引きずって歩いており⑥逃げた車は黄色であったことは間違いないと証言しました。

---

(1) 拙著『「裁判員制度」の本義』(2009年、一葉社)所収。本稿は、言うまでもなく、統計・確率の全ての分野を論じているわけではない。実体的真実主義の立場から、真実に近づく為の統計・確率を論じているわけでもない。あくまで刑事弁護人の立場から注意点を指摘しているものである。

(2) 垣根涼介『光秀の定理』(2013年、角川書店)。『小説野生時代』に2012年3月から連載、2013年8月に単行本化される。本文にも書いたが大変面白い著である。

(3) 2011年から法セミ誌上で連載。第26回に「ベイジアンは滅びぬ、何度でもよみがえるさ!」という名論考が出る。『実証分析入門』として、2014年に日本評論社より単行本化される。学生向けといっても大変あなどれない名連載である。

検察官は、裁判員を前にして、次のように論告しました。

「目撃証人の証言が信用できることは皆さんもおわかりでしょう。その証人が述べた『犯人の6つの特徴』のうち、ひとつ一つの確率はおよそ次の通りです。

① 男　　　　　　　　　　　　1／2
② 身長175センチ以上　　　　　1／5
③ 左利き　　　　　　　　　　1／8
④ あごひげを生やしている者　1／50
⑤ 右足を引きずって歩く者　　1／100
⑥ 黄色の車を持っている者　　1／150

この①から⑥までの全ての特徴を備える確率は、全部掛け合わせて、何と6千万分の1です。

これは、偶然では、全く起こりえない確率です。

さて皆さん。皆さんの目の前にいる被告人は、この①から⑥の全ての特徴を揃えています。偶然では起こりえない全ての特徴を、皆さんの目の前にいる被告人が備えているのです。それは、何故でしょうか。奇跡の偶然が起こったからではありません。この全ての特徴を揃えている被告人が、真犯人だからです」

あなたは弁護人です。

裁判員に対して、この「検察官の誤謬」を分かりやすく説明できるでしょうか。

尚、若干横道にそれるが、アメリカでは著名なこのprosecutor's fallacyを日本語にどう翻訳するかという問題がある。未だその訳に定説はない。前著で表題に「訴追者の誤謬」としたのは、ゲルト・ギーゲレンツァーの名著[4]の翻訳に従った[5]。「検事のパラドックス」と翻訳している著書[6]もある。分

（4）　ゲルト・ギーゲレンツァー／吉田利子〈訳〉『数字に弱いあなたの驚くほど危険な生活』（2003年、早川書房）。O. J. シンプスンの例が興味深く書かれている。
（5）　ゲルト・ギーゲレンツァー・前掲注(4)195頁。
（6）　ジョン・A・パウロス／はやしはじめ＝はやしまさる〈訳〉『数学者が新聞を読むと』（1998年、飛鳥新社）。DNAを例にあげて「検察官の誤謬」を説明している。

かりやすく「検察官の誤り」がよいと意見もあるだろう。

この翻訳を巡る議論は、取調の可視化を求めた運動時の議論を思わせる。つまり、取調の可視化を求めるなら、難しい言葉は使うべきでない、むしろ『見える化』とか『透明化』とか他にも分かりやすい言葉をつかうべきだという意見である。しかし、大阪弁護士会刑事弁護委員会は『可視化』という言葉を使い続けた。難しい言葉であっても浸透すれば、却ってその難しい言葉が求める内容を端的に分からせるからである。

その先例にならって、「検察官の誤謬」と統一することにした。

2　コリンズ裁判の問題提起

さて本論に戻る。前項の事例は、アメリカの実在の事件「コリンズ裁判」をモデルとしたものである（とはいえ前項に挙げたひとつ一つの特徴は、日本用に分かりやすく、私が勝手に変えたものであり、確率数値も私が勝手に作ったものであるからその点では正確ではない）。

このコリンズ裁判とは、今から実に約半世紀前の、1964年に、米ロサンゼルスで生じた強盗事件の裁判をいう。この裁判では、目撃証人が、犯人の幾つかの特徴を述べ、それを検察官が統計学者を利用して、犯人の特徴の組み合わせは、偶然ではあり得ないように「確率・統計を誤信」させた。その結果、陪審員が「確率・統計」に騙されて、被告人を「有罪」としたという冤罪事件である。つまり、先に述べた検察官の説明に市民たる陪審員は騙されたのである。

このケースは我々弁護人にとっても深刻な問題を投げかける。つまり、先の検察官の説明（それは実際は誤謬なのであるが）に対して、その誤謬を分かりやすく陪審員に説明しなければ、依頼者たる刑事被告人を救えないことになる。つまり弁護人自身も問われるわけである。

これに対して、反論があるだろう。

日本では、市民だけの裁判員裁判ではない。日本の裁判員裁判では、プロの裁判官がいる。だから心配することはない。

確かに、そうであってほしい。しかし、日本の裁判官が果たして確率・統計学に詳しいのか疑問の声もある（この点は後述するが、戦後最大の冤罪とさ

れた弘前事件では、誤った古畑鑑定を裁判所は見破れなかった。)

だからこそ私は、裁判官にも、「検察官の誤謬」を見破って貰いたく本稿を論じている。

さてコリンズ裁判に話を戻す。一審で、検察官の誤謬に引っ掛かり有罪となったが、これは統計学的には誤りである(それ故に「検察官の誤謬」という)。

この事件自体は、控訴審では正しく無罪となった。この為アメリカでは、(陪審員たる市民が騙された「確率・統計」の事例という意味で)極めて有名な事件である。何故有名な事件かと言えば、私自身が法曹関係の専門書でその事実を確認したのではなく、一般書(翻訳書)で、繰り返し、繰り返しコリンズ裁判や「検察官の誤謬」が紹介されていたからである。

例えば前述の書物の他、キース・デブリン=ゲーリー・ローデンの著[7]にも、コリンズ裁判が詳しく紹介されている。つまりこれくらいアメリカの一般書(翻訳書)にいくつも書かれているという事実自体がコリンズ裁判が有名であるということである。

尚、一般市民が確率・統計に騙されやすいという例は他にもある。例えば、アメリカで水兵募集の際に「アメリカ水兵の死亡率は、ニューヨーク市民の死亡率よりも低く、アメリカ水兵は安全」と募集した誤りは、統計学の一般書によく例に出される。言うまでもなく、ニューヨーク市民にはお年寄りも多いが、アメリカ水兵は、屈強な若者ばかりである。これは、対照集団(コントロール)の条件の違いの誤りである。統計的比較を行うには、調べたい事柄(この例ではアメリカ水兵の死亡率)以外の条件は同じでないといけない(つまり、比較すべきは水兵でない屈強なアメリカ若者の集団)。当然のことである。しかし、この種の誤りは、驚くほど繰り返し用いられている。しかもこの対照集団(コントロール)の誤りは日本の裁判でも出てくる。

この点については後述する。

---

(7) キース・デブリン=ゲーリー・ローデン/山形浩生=守岡桜〈訳〉『数学で犯罪を解決する』(2008年、ダイヤモンド社)。

3　陪審制における常識と裁判員制度

さてコリンズ裁判に見る、「検察官の誤謬」はどこにあるのであろうか。

幾つかの「特徴」があるとき、その全ての「特徴」を有しているものの確率は、ひとつ一つの「特徴」が起こる確率を掛け合わせるということ自体は間違いない。

しかしそれはあくまで、犯人の「全ての特徴を有する」確率でしかない。

そのことと（全ての「特徴を有した」ものが）「真犯人である確率」は、別問題である。このように、コリンズ・ケースは、「犯人の全ての特徴を有している確率」と、「そのような人物が犯人である確率」を混同しているところにある。

分かりやすく言えば、①から⑥まで、の特徴を有する者が、仮に「2人」いれば、被告人が真犯人である確率は、それだけで2分の1となるし、「100人」いれば、被告人が真犯人である確率は100分の1となる。

もう一つの誤りは、実際はそれぞれの特徴が「独立」していない、という誤りもある。

確率で掛け合わせることが出来るのは、それらの特徴がいずれも他に影響されず「独立」していなければならない。独立しているからこそ、一つひとつの確率を掛け合わせて良いのであり、それぞれの「特徴」がお互いに影響しているのであればそれを掛け合わせるのは誤りである。

先の例では、④あごひげをはやすのは圧倒的に男であろうから、①の男の確率と、④のあごひげの確率を単純に掛け合わすのは誤りである。

さてコリンズ裁判は著名な「陥りやすい誤り」だということで挙げた。このように陪審制の国で広く知られている常識は、裁判員制度のもとにおける我々も当然知っていなければならない。

4　検察官の役割

さて「犯人の全ての特徴を有している確率」と、「そのような人物が犯人である確率」は違うと述べた。このように書けば、「犯人の全ての特徴を有している確率」が極めて稀なくらいに少ない場合、つまり、地球上で一人しか想定できないくらいに絞れたらどうなのか、という質問が来る。貴重な質

問である。

しかしこの答えは簡単である。

それは弁護人の役割ではない。

むしろ学者やそれを利用した検察官の役割である。我々弁護人はあくまで、もっともらしい「検察官の証明」があったときにそれを見破るのが重要なのである。

さて次に、統計学で著名な『ベイズの定理』を挙げる。

Ⅲ　ベイズの定理

1　光秀の定理

このベイズの定理ほど誤解されやすいものはないだろう。そこで『光秀の定理』と「法律家のための実証分析入門」(「ベイジアンは滅びぬ、何度でもよみがえるさ！」)を紹介しつつベイズの定理を説明する。

サントリーミステリー大賞でデビューした垣根涼介氏の名作であるが『光秀の定理』の帯に「ベイズの定理」という言葉が出ている。興味深いのはベイズの定理を説明する、表紙カバー裏の次の下りである。

「光秀の闘い長光寺城攻めをして、その山城に至る山道は四本。うち三本には伏兵が潜む。光秀は二つの道は見極めた。残る二つにひとつ。だがその確率は、本当に五〇パーセントか!?」

限られた字数の帯文句ゆえ分かりにくいかも知れないが、これは著名なモンティ・ホール問題を歴史小説にしたのである。

元は著名な数学（統計学）問題であり、論理パズルマニアにはお馴染みの問題である。『光秀の定理』は冒頭に、このモンティ・ホール問題を利用したインチキの賭け事をする場面から入る。なかなか興味深くかのモンティ・ホール問題を面白く小説に取り入れる手法が凄い。無論、数学の知識を小説に生かすという手法自体はこれまでもある。『まただまされたな、ワトスン君！』[8]や『数学者シャーロック・ホームズ』[9]などが名高い。

『光秀の定理』が素晴らしいのは、時代設定である。世界に誇る「和算」の江戸時代ならそういう知識人、というか数学者がいてもあまり珍しくな

い。(と言っても実際はこの問題は現代人も勘違いする名問題であるが)。それを、光秀の時代に、持っていったところが素晴らしい。大変興味深い設定の上、著名なモンティ・ホール問題を分かりやすく説明しているのである。

未読の方は是非お読み頂きたい。

2 モンティ・ホール問題とは

さて、モンティ・ホール問題とは何か。それは、モンティ・ホールというアメリカの人気司会者の1990年代の人気ゲーム番組で紹介され、激論を生んだ問題である。

モンティ・ホール氏という人は、日本で言えば、かつてのみのもんた氏のような人気者で、番組における問題というのは、みの氏の、あの「ファイナル・アンサー」のようなものである。

激論を生んだ問題は次の通りである。

3つのドアの内、1つに「当たり」の新車が隠れている。

残り2つは、はずれの山羊がいる。

その状態で、プレイヤーは3つの中から、1つのドアを選ぶ。

そして、その選ばれたドアを開ける前に、司会者モンティ・ホールは(彼は正解を知っている立場から)プレイヤーが選んだドア以外の(2つのドアから1つを選んで)、山羊(つまりはずれ)のドアを開ける。

残っているのは、もともとプレイヤーが選んだドアと、そしてもう一つのドアである。

この状態で、モンティ・ホールは尋ねる。

「最初に選んだドアを変えてもいいですし、無論そのままでもいいです。どうしますか?」

……どちらを選んでも、所詮、確率は二分の一。

ならば、最初に選んだ通りで行くか。

---

(8) コリン・ブルース／布施由紀子〈訳〉『まただまされたな、ワトスン君!』(2002年、角川書店)。私はミステリ好きでシャーロキアンなのでこの種の著作はかなり持っている。
(9) 瀬山士郎『数学者シャーロック・ホームズ』(1996年、日本評論社)。

こう考えたあなたはまさしくカモである。

実は、ドアを変えた方が、当たる確率は2倍になる。

これが、ベイズの定理からの帰結である。

しかしこれが大議論を呼んだ。

2倍になるのはおかしい、という反論である。

実際はこの反論自体が間違っているのであるが人々の感覚とは合わず激論になったのである。

大議論を呼んだことから、ベイズの定理という言葉よりもモンティ・ホール問題という言葉の方がよく知られている。現に、統計本やパズル本ではよく出ている。

これくらい有名であるのは、人々の直感に反するからだろう。何故、2倍になるのか、どうしても理解出来ない。その感覚との齟齬がますますこの問題を有名にする。

前述垣根涼介氏の『光秀の定理』は、そのモンティ・ホール問題を、歴史小説にしたのであるからその大胆且つ新鮮な発想は見事である。要するに『ベイズの定理』の説明を歴史小説の形をとりながら分かりやすく説明したのである。

3　ベイズの定理の重要性

もう一つ森田果東北大学准教授の分かりやすい解説「法律家のための実証分析入門」の功績は大きい。法学セミナーという月刊誌は、法学生、ロースクール生などを主な読者対象にした法律専門誌である。対象は学生でも、内容は高度である上むしろ分かりやすく書かれている。「法律家のための実証分析入門」という連載記事の中で「ベイジアンは滅びぬ、何度でもよみがえるさ！」という論考を発表されている。

森田准教授の説明は分かりやすいので、以下引用する。

「まず、ベイズの定理を、新型インフルエンザの検査薬を使った具体例で考えてみよう。今、1万人あたり100人の割合（1％）で、感染者がいることが分かっているとする。感染者かどうかを調べるための検査薬は、真の感染者を98％の確率で陽性と判定し（2％は間違って陰性と判定）、感染者でな

い人を5％の確率で間違って陽性と判定する（95％は正しく陰性と判定）としよう。では、あなたがこの検査薬によって陽性と判定された場合、本当に感染している確率はどのくらいだろうか？

　98％の確率で陽性ならばもうあきらめざるをえないと感じるかもしれないが、そんなことは全くない。直感的には、次のように考える。1万人の被験者を準備すると、そのうち、9,900人は非感染者であり、感染者は100人だけだ。すると、この1万人のうち、検査薬によって陽性と判定されるのは、$9900 \times 0.05 + 100 \times 0.98 = 593$人だ。この593人のうち、本当の感染者は98人だから、陽性と判断された人が本当の感染者である確率は、$98 / 593 = 16.5\%$ということになる。

　ここで重要なのは、検査薬を使う前は、あなたが感染者である確率は1％だったのに対し、陽性というデータが追加されたことによって、あなたが感染者である確率が16.5％にアップデートされた点だ。ここにベイズの定理が働いている。」

　非常に分かりやすい説明である。尚、この引用は論文冒頭のごく一部であるので、ぜひ森田論文全文をお読み頂きたい。

　さて説明が後先になったが、「ベイズの定理」とは、事前確率が事後情報をはさむことによって、事後確率がかわるというものである。

　先の「光秀の定理」モンティ・ホール問題がその例である。森田准教授の「ベイジアンは滅びぬ、何度でもよみがえるさ！」の意味は、発表された18世紀からベイズの定理が理解されたのではなく、脚光を浴びず、しかしその後、何度も何度もよみがえってきたという意味である。法学セミナーにこのような論考が掲載されるということは人々が間違いやすいベイズの定理は法律家・実務家として当然知っておくべきである、としているわけである。まあ、実際、統計学を知らない法律家がいるのは事実であり、そこで、法律家になる前の、学生の段階からしっかり勉強せよ、というわけである。

4　モンティ・ホール問題をどう説明するか

　モンティ・ホール問題の分かりやすい説明について述べる。

　事前確率が、事後情報によって、事後確率がかわるというのがベイズの定

理である。学生向け法学セミナーの前述の森田准教授の説明で十分なはずであるが、それでも、先のモンティ・ホール問題が理解出来ないと言う人がいる。

　先の例で言えば、プレイヤーは３つの中から、１つのドアを選ぶが、その選ばれたドアを開ける前に、〈司会者モンティ・ホールがプレイヤーが選んだドア以外の（２つのドアから１つを選んで）、山羊（つまりはずれ）のドアを開ける。〉

　これが事後情報であり、元の事前確率を変えるのである。

　しかし幾ら理屈で説明しても感覚にあわず受け付けない人がいる。

　私がこの種の解説書で一番分かりやすいと思ったのが次の説明である。

　ドア３個でなくて、ドア1,000個と考える。あなたはその内ただ一つの当たりを目指して一つ選ぶ。さてモンティ・ホールは、今度は、残る999個のドアから、998個のドアを次々と開けるも、全てはずれである。残るは二つ。

　あなたはどうするか。最初選んだドアに固執するか、変えるか。

　この例なら、最初、一つ選んだとき（1000分の１である）それがまさか当たりとは思わないだろう。

　変えるのが正しい。

　誰が最初に説明したのかいささかはっきりしないが、分かりやすい説明としてはこれが一番だろう。

　「分かりやすい説明法」の一つとして、〈例えを挙げる〉という方法があるが、この説明法は〈数値を極端化する〉という方法である。

　尚、本稿執筆中に、『数理法務のすすめ』[10]と『「超」入門ベイズ統計』[11]という著が発行された。いずれも大変素晴らしい著である。とりわけ後者は、図示、イラストを駆使し、しかもミステリ・タッチに進めている。『超』入門、というにふさわしいであろう。しかしながら、両書とも、数式を使って

---

(10)　草野耕一『数理法務のすすめ』（2016年、有斐閣）。法の数理分析を網羅的に書かれており、大変な労作である。事例を掲げて分かりやすく書かれている。ただ本文にも書いた通り数式がふんだんに出てくる。

(11)　石村貞夫『「超」入門ベイズ統計』（2016年、講談社）。おなじみブルーバックスシリーズで大変いい著作であるが、数式が出てくるのが、文系の『超』入門者にはどうかと思ってしまう。少なくとも、裁判員に、数式を使って説明するのはまず無理だろう。

いる。無論、数式自体は説明において正しいのであるが、「裁判員に分かりやすく説明する」という点ではどうなのかと思ってしまう。

Ⅳ 日本の裁判では

1 はじめに

確率・統計の誤用などは日本の裁判ではおこりえない、と思われるかもしれない。

しかし、実際には、これまでも裁判の中で誤った主張をされてきたことはいくつも報告されている。

私自身も幾つか経験した。以下刑事事件とは離れるが私自身の係わった例を挙げる。

2 釜ヶ崎監視カメラ撤去事件

古くは、釜ヶ崎監視カメラ撤去訴訟という事件がある。釜ヶ崎に監視カメラが多いことからその撤去を求めた事案である。被告大阪府は監視カメラの多い理由として「釜ヶ崎は犯罪の発生率が高い」と主張した。しかしこの「発生率」を単純に「高い」とだけ見るのは統計的に誤りである。

裁判に協力してもらった棟居快行教授は、その著書[12]において成人男性単身者の多い釜ヶ崎の町を、赤ちゃん、子供、女性もたくさんいる他の町と比較するという単純な誤りを皮肉をもって指摘している。どこかで聞いたような話ですね。このように被告大阪府の主張は、第2項記載の前述アメリカ水兵の誤り同様、対照集団(コントロール)の誤りである。しかも教授はさらに「犯罪だらけの特殊な地区」と言わんばかりの被告の主張に対して「1台ウン百万(?)のハイテク機器がよじ登れば手の届くところにあって、それでも盗まれもせず壊されもしないというのは、かなり平和ではないだろうか」[13]と皮肉っている。

---

(12) 棟居快行『憲法フィールドノート [第3版]』(2006年、日本評論社)。棟居教授には何かとお世話になっている。本書の事例のいくつかは私がお世話になった事件である。
(13) 棟居・前掲注(8)43頁。

Ⅳ　日本の裁判では

3　水俣病裁判と多変量解析

しかも、こういう誤った主張は国においてもある。私が弁護士になって以来かかわっている水俣病裁判は誤った統計学の宝庫である。

有名なのは井形昭宏氏の多変量解析である。

多変量解析とは、対象を特徴づける複数の変数を同時に解析することで、対象を分類したり、変数同士の相関関係を調べたりする統計的手法といわれている。

水俣病にそくして言えば、水俣病か否かを判定するときにどういう症状（感覚障害、運動失調など）があれば水俣病と認定されるのか、それを多変量解析したという。

「多変量解析」！　数学が苦手なものからすれば、その言葉だけで、〈きちんとした解析をするのだから間違いないだろう〉と思ってしまいますね。

しかしこれはインチキ・トリック[14]である。

患者側の証人にたってもらった岡山大学の津田敏秀教授は、この多変量解析、とりわけ判別分析のことについて、第三次検診にまで残ったメチル水銀中毒症の疑いが非常に濃い人たちを、曝露の評価ではなく、自分たちが任意に定めた診断基準で水俣病群と非水俣病群に分類し、それを判別分析したところで、自分たちの診断基準が正しいかどうかの判断はできないと説明している。

この説明も難しいが、要するに水俣病と認められた人の症状を多変量解析（判別分析）というおどろおどろしい言葉の手法で分別すると、どの症状が着目されているかが分かるというのである。しかし、もともとその前提たる「水俣病と認められた」というのは実は自分たちが認めている水俣病なのである。これは一種の循環論法である。

4　「確率・統計」の誤りの主張

水俣病訴訟においては他にもある、被告国は、長年にわたって、「確率・

---

(14)　インチキ・トリック。ミステリとマジックのファンたる私としては、中立的性格の「トリック」という言葉が、マイナスイメージで使われるのには心外であり、それゆえマイナス・イメージで使うときは「インチキ・トリック」という言葉を使っている。

統計」の誤りを主張してきた。

　詳細は省略するが、前述津田教授によれば、「病気でない者のうち、病気と診断された者の割合」と、「病気と診断された者のうち、病気で無かった者の割合」を混同させるという、実に初歩的な誤りをしているとことをとらえて「あまりにも単純でありふれた誤りなので、おそらく本人達もしくは第三者が故意に作り上げたものでないかと私は想像している」とまで断言しているのである[15]。

　さて「故意に作り上げた」かどうかは別として、今後も、無自覚なままに、誤った確率・統計の誤用が主張される可能性は常にある。

　それは裁判員裁判においても同じである。

　そして、もしも、そういった誤用がされたら、弁護人としては、直ちに、そして分かりやすく裁判員にその誤りを指摘しなければならない。

V　検察官の誤謬

1　認知バイアス

　さて改めて「検察官の誤謬」の問題に戻る。「検察官の誤謬」とは、聞いてみれば何のことはない、初歩的な「騙しのテクニック」にすぎない。

　つまり認知バイアスの一つである。

　認知バイアスとは、認知心理学や社会心理学での様々な観察者効果の一種であり、非常に基本的な統計学的な誤り、社会的帰属の誤り、記憶の誤り（虚偽記憶）など人間が犯しやすい問題といわれている。このように認知バイアス自体は非常に広い誤りを含んでいる。

　無論、弁護人は認知心理学者や統計学者ではないから認知バイアスの全てを理解する必要はない。

　しかし、法廷で出てきやすい認知バイアスは知っておくべきだろう。

---

(15)　津田敏秀『医学者は公害事件で何をしてきたのか』（2014年、岩波書店）153頁。津田教授にも何かとお世話になった。本書は痛快な書物である。

2 ウェイソン教授の実験

さて分かりやすい説明で、先にモンティ・ホール問題を極端化する説明を述べた。

しかも、予め、そういう「誤謬」のあることを知っていれば、突然、検察官が誤用しても直ちに対応できるであろう。

そして、市民相手の、自分なりの分かりやすい説明パターンを作り上げておけば、それは全て応用ができる。

ジョン・A・パウロス教授によれば、どんな事例に限らず基本は「AならB」と「BならA」の違いを区別することである、と述べている[16]。(前述津田教授の誤った国の主張を思い出されたい)

我々は学生時代に「逆は真ならず」と繰り返し教わってきた。このことは、人は「逆も真」と誤る危険性が大きいことを物語っている。そのため「逆は真でない」事を分かりやすく説明する自分なりのスタイルを持っていることが強みとなる。

そして同教授によれば、コリンズ裁判の「検察官の誤謬」もこの基本の「変種」であるという。同教授はそう述べたうえ、ピーター・ウェイソン教授の4枚のカードの実験を引用している。ウェイソン教授の実験も有名で色々な書物に引用されているのでご存じの方も少なくないであろう。

ウェイソン教授の実験の対象となった問題は次の通りである。

テーブルに4枚のカードがあり、どのカードも、一方の面は数字、反対側の面には文字が書かれている。当然、テーブルに置かれているときには、カードの上になっている面しか見えない。

今、テーブルに置かれた4枚のカードの表面に見えているのは次の通りである。

［A］［F］［2］［7］

問題はこうだ。

「カードの一方に母音が書いてあれば、裏には偶数が書いてある」という規則を確かめるため、めくらなければならないカードはどれか、特定しなさい。

---

(16) ジョン・A・パウロス・前掲注(6)76頁。

(この実験をご存じでない方は、ここで、少しお考え下さい)

ウェイソン教授の実験によれば、多くの人が、[A]と[2]をひっくり返すという誤りを犯すという。

正解は[A]と[7]である。

裁判員制度においては、言ってみれば、これを分かりやすく説明する工夫がこれから求められるわけである。

尚、このウェイソン教授の実験は至る所で紹介されている[17]。ただ元々のウェイソン教授の実験がいつ行われたのかは書物によって違うので、はっきりしない。おそらく1960年代から1970年代にかけて何度も行われたのではないかと推察される。いずれにせよ、コリンズ裁判であれ、このウェイソン教授の実験であれ、およそ約半世紀前の出来事であり、少なくとも、現代の我々としては、その論理を十分に理解しておく必要がある。

Ⅵ 弁護人の誤謬

1 弁護人の誤謬とは

一方、弁護人の誤謬もある。弁護人の誤謬とは「検察官の誤謬」とは裏腹の問題であり、出現率の誤謬を「真犯人でない」方向に導くものである。

田中教授がその論文[18]の中で例に挙げたO. J. シンプスン事件がその一例である。

著明なアメリカンフットボールプレイヤーであるO. J. シンプスンが元妻を殺したとして起訴され、最終的に無罪となった事案である。検察側はO. J. シンプスンが元妻にDVをふるっていた事を証拠に「平手打ちは殺人の前奏曲」だとした。それに対して弁護団は「1992年には約400万のDVがあるが、

---

(17) 古くは、ウィリアム・パウンドストーン／松浦俊輔〈訳〉『ビル・ゲイツの面接試験―富士山をどう動かしますか？―』(2003年、青土社。ブームになった「面接試験」モノの第1号。)や、最近ではマッテオ・モッテルリーニ／泉典子〈訳〉『経済は感情で動く―はじめての行動経済学―』(2008年、紀伊國屋書店。行動経済学の一般向け代表作。)など。

(18) 田中規久雄「米国における統計的証拠の意義と技法―もう一つの法情報学―」法政論集250号（2013年）367頁。

そのうち殺害にまで至るのは1,432件なので、パートナーにDVをふるう男性の内、殺害までに至るのは概ね１／2500未満となる。」と反論した。これが「弁護人の誤謬」の一例である。検察官の誤謬を見破ったものなら簡単だろう。DVを受けていた被害者はすでに殺されている。殺した犯人はパートナーかそれ以外かである。このとき必要な統計は、DVを受けていた者が殺されたとき、犯人がパートナーである確率とそれ以外の確率のはずである。田中教授はこれを「弁護人の誤謬」というより「弁護人の詭弁」と言った方が正鵠を得ているかもしれない、と皮肉っている。

　まあこういう詭弁は日本の場合は、弁護士倫理上故意に出来ないが、誤って主張することはありそうである。

2　弁護人の過誤

　もっとも弁護人が確率・統計を分かっていなければそれは弁護人の過誤ともなり得る。

　コリンズ裁判（検察官の誤謬）やベイズの定理の無理解の上、検察官の（誤った）立証を見逃す、ひいては、認知バイアスを見抜けないのであれば、弁護人の過誤ともなってこよう。

Ⅶ　イギリスの禁止令

1　ベイズの定理の利用

　コリン・ブルースの著書[19]がある。

　ホームズ・ファンに嬉しいパスティーシュであるが数学をトリックに使っているところが味噌であり、その第８話に「ベイズの定理」を利用した一作がある。ホームズが、直感と数学（統計学）の違いを指摘するというものでベイズの定理を分かりやすく説明した大変面白い話である。

　しかし興味深いのは著者の後書きで「現在イギリスの弁護士は、ベイズの統計学を陪審員に説明してはいけないことになっている。混乱させてしまう

---

(19)　コリン・ブルース・前掲注(8)。

からだ」という一文が出ていた。一体これは何なのか!?

同書自体はあくまでパスティーシュであり、それ以上の説明はない。

2　ベイズの定理禁止令

そもそもイギリスにおけるベイズの定理禁止令とは何か。いささか安直であるが、インターネットで調べると2011年に次のような記事がある。

　裁判官が法廷でベイズ統計の使用を制限

　〜テリー・プラチェット効果に判事が立腹

　By Tim Worstall

　Posted in Law, 5th October 2011 09:00 GMT

英国のある事件の裁判官が、ベイズの定理（犯人特定の確率を予測するため、裁判所で使用される手法）は、刑事裁判では使用されるべきではないと判決を下した。

少なくとも、近年見られるような依存をするべきではないという。同裁判官によれば、被告が有罪である可能性について陪審員に説明するため、鑑定人がデータを同定理に当てはめるなら、それ以前に、基本となっている統計は概算推定ではなく、「確固たる」ものであるべきだからだ。この考えにより、DNAは別として、薬物の痕跡、衣類の繊維、足跡などが容疑者と適合する確率などにも影響が出る可能性がある。

上訴中のある殺人事件で、犯罪現場に残された足跡にその靴がほぼ適合したことを理由に、ある人物に有罪判決が下されたのだが、以下の論点が指摘された。

この種の推測を行うのに必要なデータは、しかし、常に利用できるわけではない。そしてこの事件の専門家が攻撃されたのは、この点だ。裁判官は、この国に特定のタイプのNike Trainerが何足あるか、正確に言う事はできないと指摘した。国内のスポーツシューズの売上高は、概算推定に過ぎないのだ。

3　ベイズの定理の真理性

正確には不明だが、興味深い。

ベイズの定理はもとの確率は主観確率でもよい（この点は前述森田准教授の論考に詳しい）。また概算推定でも構わない。

ベイズの定理自体が真理であるから、人々が間違えやすいとしても、禁止して良いのか、という点には疑問が残る。

ただこのイギリスの問題はあくまで著書の注釈とインターネット上の検索で知ったに過ぎず、もう少し研究する必要がある。

Ⅷ　改めて日本の裁判では

1　横浜セクハラ事件

Ⅴで誤った主張の例を挙げたが、実際の裁判の判決で使われている例もある。

横浜セクハラ事件は、労働事件では有名である。オフィスで男性上司が女性部下にセクハラを行ったとき、女性が逃げたり、声を上げたりしなかったことから、地裁で認められなかったセクハラが、高裁では統計データ（セクハラなどの女性被害者はむしろ大人しくしている方が多い）を用いて一転してセクハラが認められたという例である。

2　石黒教授らの分析

他にも統計を利用した判例は色々とある。

特に、石黒教授らの著書は労働事件、公害事件等多数の判例分析がなされ貴重な論考である[20]。

3　刑事事件では

刑事ではあまりにも著名な弘前事件がある。

---

(20)　石黒真木夫＝岡本基＝椿広計＝宮本道子＝弥永真生＝柳本武美『法廷のための統計リテラシー──合理的討論の基盤として──』（2014年、近代科学社）。石黒教授らの分析は大変重要であり、学者の先生方にはこういう研究を引き続き重ねて頂ければと思う。なお、私が代理人として係わった昭和シェル事件判決について石黒教授らは、東京地裁判決（原告敗訴）のみをあげているが、同判決は東京高裁で逆転している。無論、その法論理も変わっている。

古畑鑑定の誤りとして著名である。古畑は、ＡＢＯ式におけるＢ型の出現割合を21.7％、ＭＮ式によるＭ型の出現割合を30％、Ｑ式によるＱ型の出現割合を33％、Ｅ式による（Ｂ型における）Ｅの出現割合を約87％として、ＢＭＱＥ型の出現確率はほぼ1.5％であり、殺人が行われた家屋の畳表の（被害者の）血痕と被告人の開襟シャツに付着していた血痕のいずれもがＢＭＱＥ型であることから、両者が同一である確率は$P = 1／(1 + 0.015)$、おおむね98.5％または98.6％であるとの鑑定結果を示したという。

おお！　「検察官の誤謬」ですね。

ご丁寧に同鑑定には、ベイズの定理の誤った使い方もしている。

古畑鑑定は、検察官の誤謬とベイズの定理という誤りやすい２大要因が見事に揃った例である。この場合のベイズの定理の誤りは事後情報の恣意性である。

「恣意性」つまり都合よく「情報」を入れ込むのであり、これは結局、形を変えた「循環論法」であることが分かる。

刑事裁判史上、冤罪を生み出したとして著名な古畑鑑定は、実は、「誤謬」のオールスター揃いだったのである。

4　DNA型鑑定の重要性

古畑鑑定時代は、血液型が、主な対象であったが、今日ではDNA型鑑定が重要である。後にDNA型鑑定で冤罪が立証された足利事件も、当初有罪の根拠とされた初期のDNA型鑑定は「検察官の誤謬」である。今後は、DNA型鑑定において「検察官の誤謬」が無いかを弁護人としてチェックしなければならない[21]。

5　裁判官と確率・統計

裁判官は確率・統計に詳しいか。

残念ながら、この古畑鑑定を見破れなかったことなどを見れば「詳しい」

---

[21]　「甲は血液型がＡ型である」という場合の偽陰性率と、「甲のDNAが、現場遺留物のDNAと一致した」という場合の偽陰性率が同じかどうかという点もチェックされなければならない。無論、偽陰性率の根拠自体も……。

とは言えないだろう。前述石黒教授らは、前述の論文の中で、「検察官の誤謬」について「職業裁判官もおそらく裁判員もこの問題の存在を十分に理解していない可能性がある」と指摘している。

　津田敏秀教授は前掲著[22]において色々な事例を挙げた。津田教授は関西水俣病訴訟の大阪高裁の証人に立った学者である。大阪高裁裁判は患者勝訴であったが、理由に、津田教授の証言は引かず、裁判官は同教授の論説を理解できなかった可能性がある。

6　統計学的に見る保釈の運用

　私の問題意識をあげる。我が国における保釈の運用について、私は統計学的に疑問をもっている。

　本来、「逃亡する者には保釈を認めず」「逃亡しない者には保釈を認める」のが正しい判断であるが、神ならぬ人が判断することである以上「逃亡する者に、保釈を認める」「逃亡しない者に、保釈を認めない」という両用の誤った判断があり得る。無論、この誤りを無くす努力は重要であるが、統計学上、誤りは避け得ないとも言える。「疑わしきは被告人の利益に」という理念は、たとえ被疑者・被告人を処罰から逃れさせることがあっても、被疑者・被告人に対する人権侵害は極力避けようという思想であり、人権擁護に優位をおいた理念とも言える。この理念からすれば、疑わしい場合には結果として「逃亡する者に、保釈を認める」ことはあっても「逃亡しない者に、保釈を認めない」事は極力避けるべきである。その場合に一定の比率で「逃亡」が生じても、むしろ「疑わしきは被告人の利益に」という理念で進められていることの結果と考えられる。そうだとすれば、逆に逃亡のない社会というのはどういう意味を持つのか自明であろう[23]。

　私は、有罪立証でも同じような危険性はあるのではないかと思っている。

---

(22)　津田・前掲注(15)。
(23)　統計学的に言えば、「偽陽性」と「偽陰性」の問題である。説明を大幅に省略するが二項分布の2つの重なりの真ん中が、保釈を認める、認めないの境目であるべきところ裁判所は、偽陰性を恐れるあまり、その境目が偏っているという指摘である。尚、「疑わしきは被告人の利益に」の立場からすれば「真ん中」ではおかしいのであるが、あるべき位置については論じない。

なおあるべき比率については私自身考えていない。それはVで述べたところと同じである。

IX　これからの刑事弁護

1　「検察官の誤謬」と「ベイズの定理」の重要性

認知バイアスの一部として代表的なものをあげた。認知バイアスの中で代表的なものは検察官の誤謬とベイズの定理である。とはいえ、これら以外にもコントロールの誤りや、循環論法の誤りはくり返し出てきたことも分かるだろう。

弁護人は統計学者でないから認知バイアスの全てを知る必要はない。しかし、「検察官の誤謬」「ベイズの定理」などについて知ることは重要である。

2　統計的手法の重要性

とはいえ裁判で必ずしも統計的手法が出るとは限らない。

しかし注意する必要はある。

冒頭の模擬裁判の例のように統計的数字を出したり確率を使わなくても、数少ないケースと主張することはあるかもしれない。つまり形を変えた「検察官の誤謬」はあり得る。

3　分かりやすい説明の重要性

裁判員裁判では分かりやすい説明が求められる。無論、それらについて裁判員に対して分かりやすく説明する必要がある。

4　弁護人の役割

真相へ向けてあるべき統計をどう考えるかという問題がある。

私は確率・統計は科学的真理と思っているゆえに、正しく使えば「真実」に近づく、と思っている。しかしこれまでに述べてきた通り、「真実」に近づく手法の検討は弁護人の役割ではないだろう。

現状として、正しく使われていないゆえに、弁護人としてそれをチェック

すべき立場から確率・統計の〈考え方〉を知るべきというのが私の問題意識である。

X 終わりに

　数学ミステリ、論理パズル、確率・統計は昔から好きであった。翻訳書を読んで「コリンズ裁判」がしきりに出てきた。それが前回の論考を書くベースとなっている。その後の発表は「はじめに」で書いたとおりである。

　さて、浦功先生が大阪労働者弁護団代表幹事をされたときに私が事務局長をさせて頂いた。同じく浦先生が連合大阪法曹団代表幹事をされたときにも私が事務局長をさせて頂いた。いずれのときも執行部として法律家団体を担う役割を浦先生とご一緒させて頂いたことは貴重であり、そういうご縁で浦先生の今回の論文集の執筆者の一人に指名を頂いたことは大変光栄である。

　とはいえ執筆内容は私自身がかねてより関心あるテーマでありながら、十分に研究する時間がなかった。論文の体をなしてないとの御批判もあろう。

　不十分なところがあるものの、前回の論考同様、あまり知られていないところなので、その反響は嬉しい。現に執筆中から色々なご意見を頂いたのは大変参考になった。

　本稿をきっかけに議論して頂ければ私としてもこれにすぐる喜びはない。

　私自身本稿を、分かりやすく説明したつもりであるが、果たして分かりやすくなっているだろうか。

　所詮「大川の誤謬」と言われるかもしれないが……。

〔参考文献〕
本文中に掲げたもののほか
・ハンス・ザイゼル＝デイビッド・H・ケイ／細谷雄三〈訳〉『数字で立証する―裁判と統計―』（2012年、牧野書店）
・ジェフリー・S・ローゼンタール／中村義作〈監修〉＝柴田裕之〈訳〉『運は数学にまかせなさい―確率・統計に学ぶ処世術―』（2007年、早川書房）

・レナード・ムロディナウ／田中三彦〈訳〉『たまたま―日常に潜む「偶然」を科学する―』(2009年、ダイヤモンド社)
・ジョエル・ベスト／林大〈訳〉『あやしい統計フィールドガイド―ニュースのウソの見抜き方―』(2011年、白揚社)
・ダンカン・ワッツ／青木創〈訳〉『偶然の科学』(2012年、早川書房)
・ディヴィッド・J・ハイド／松井信彦〈訳〉『偶然の統計学』(2015年、早川書房)
・ダレフ・ハフ／高木秀玄〈訳〉『統計でウソをつく法―数式を使わない統計学入門―』(1968年、講談社)
・豊田秀樹＝前田忠彦＝柳井晴夫『原因を探る統計学―共分散構造分析入門―』(1992年、講談社)

（おおかわ・かずお）

裁判員裁判における科学的証拠と専門家証人に対する尋問

弁護士 小 田 幸 児

I　はじめに
II　科学的証拠の意義と危険性
III　科学的証拠の証拠能力
IV　科学的証拠に対処するための準備
V　科学的証拠／専門家証人と弁護活動（特に尋問について）
VI　結びに変えて

I　はじめに

　自白偏重の捜査を克服するため、さらには，近時の科学技術の発展によって刑事裁判、捜査において「科学的証拠」が重視されていることは周知のところである。「人から物へ」の捜査方法から「物から人へ」の捜査方法へ転換の中で「科学的証拠」が重要視されてきた。裁判員裁判において客観的証拠がますます重視されていくことが予想され、「科学的証拠」の問題は一層重要になってくると思われる。「科学的証拠」は事実認定において正しい認定を強力に裏付ける一方で、誤った認定の強力な証拠となり冤罪を産み出しかねない危険な証拠でもある。とりわけ裁判員裁判においては、「科学的証拠」の意味するところを正確に裁判員に認識してもらうとともに、その問題点、有効性、限界をいかに理解してもらうか、いかに対処すべきか大きな課題である。
　筆者は、いわゆる和歌山カレー毒物混入事件において、SPring-8[1]の放射光を用いた蛍光X線分析による混入亜砒酸に関する化学分析鑑定等最先端の科学技術に基づく証拠が問題となった裁判を経験し、その影響力の大きさを体験した。同事件確定審では、中井泉東京理科大学教授（以下、「中井教授」

という）の行ったSPring-8の放射光を用いた蛍光X線分析によるいわゆる異同識別鑑定（以下、「中井鑑定」という）は、起訴前にマスコミを通じてセンセーショナルに報道され[2]、判決においても重大な影響を与えた。しかし、近時中井鑑定が、科学鑑定として鑑定の基礎にある理論や方法が科学的に有効なものであるか、また、その理論や方法が当該事実に適切に適用されうるものか等（後記Daubert判決参照）の点について、誤りであることがわかってきた。すなわち、中井鑑定に対して、異同識別鑑定の指標元素として重元素を用いたことや、各資料在中の軽元素を無視したこと、各容器内の砒素濃度の不自然さ、「異同識別」＝「起源解析」とすり変えたこと等に関し、その根本的な誤りを指摘する見解が河合潤京都大学教授（以下、「河合教授」という）から示されている[3]。のみならず、中井教授は蛍光X線分析の専門家としてあり得ない誤りをしていることも河合教授により明らかにされ，その誤りを中井教授自身が認めた[4]。

（1） SPring-8は1997年10月供用が開始され、「SPring-8を一躍有名にした『和歌山のカレー事件』では、砒素化合物の同定が重要な手掛かりになった。その分析を依頼された東京理科大の中井泉教授は、BL09Wの高エネルギーX線を用いてカレーに含まれた複数の重元素不純物を定量し、その含有量の比較から原料産地や処理過程などの『物質履歴』を調べる手法を開発した」（理化学研究所『理研八十年史』〈2005年〉198頁）とする。しかし、中井教授は明確に定量分析を否定しており、パターン認識を行ったと証言している。また、本鑑定では原料産地や処理過程など分析していない。誤りである。
（2） 平成10年12月26日、中井教授らは鑑定結果について記者会見を開き、翌27日付日朝日新聞等で報道され、その2日後Mさんは殺人罪で起訴された。
（3） 河合潤「和歌山カレー砒素事件鑑定資料―蛍光X線分析」X線分析の進歩43（2012年）49頁、同「和歌山カレーヒ素事件鑑定資料の軽元素組成の解析」X線解析の進歩44（2013年）165頁、同「和歌山カレーヒ素事件における卓上蛍光X線分析の役割」X線解析の進歩45（2014年）71頁、同「和歌山毒物カレー事件の信頼性は十分であったか」現代化学507号（2013年）42頁、同「和歌山カレーヒ素事件鑑定の問題点」海洋科学研究27巻2号（2014年）111頁、杜祖健＝河合潤「和歌山カレーヒ素事件鑑定における赤外吸収分光の役割」X線解析の進歩45（2014年）87頁等。それ以外に中井鑑定等の誤りについても河合教授のホームページhttp://www.process.mtl.kyoto-u.ac.jp/参照。同教授は、1992年に日本分析化学会奨励賞、2003年第3回DV-Xα研究協会学術賞などを受賞し、海外の大学や学会から招聘を受けるなど、国際的に活躍している分析化学、とりわけ蛍光X線分析の第一人者である。
（4） 中井教授は、中井泉編著『蛍光X線分析の実際』（2005年、朝倉書店）において特性X線スペクトルの帰属について，分析化学の専門家であれば間違えるはずのない間違いをしており、中井教授自身、「『蛍光X線分析の実際』（朝倉書店）の訂正願い」X線分析の進歩46（2015年）375頁で間違いを認めて訂正をしている。

この河合教授の意見を踏まえれば、そもそも中井鑑定は証拠として許容されるべきではなく、仮に証拠能力を有しているとしても、その信頼性は全くないといってよい。にもかかわらず、同事件確定審の第一審、控訴審及び上告審はいずれも、その誤り、問題性を認識できず、科学的証拠という装いに惑わされたといわざるを得ない。その他にも古くは死刑再審無罪事件、近時の袴田事件や足利事件等が、端的に科学的証拠の危険性を示しており、科学的証拠に関する裁判官の判断も実は危うく、誤りやすいものであるかということを明らかにしている。

本稿では、筆者が経験したことを踏まえ、最先端の科学技術を用いたいわゆる科学鑑定をはじめとした科学的証拠の意義と危険性、それに対して裁判員裁判でいかに科学的証拠に対処すべきか、また、専門家証人に対する尋問についてどのように準備し、行うべきかについて考察していきたい。

II 科学的証拠の意義と危険性

1 科学的証拠の意義と危険性

科学的証拠について、明確な定義はないが、一応「一定の事象・作用につき通常の五感の認識を越える手段、方法を用いて認知・分析した判断結果」（東京高判平成8・5・9高刑集49巻2号181頁〔足利事件控訴審判決〕）と定義しておく。このような科学的証拠（鑑定分野）としては、①理化学鑑定（血液・毛髪・DNA・毒物・薬物・金属・繊維など）、②法医学鑑定（死因・死後経過時間・血痕・歯形など）、③精神医学鑑定（責任能力など）、④心理学的鑑定（幼児の証言能力・目撃供述・ポリグラフ検査など）、⑤工学鑑定（機械・コンピュータ・交通事故原因など）、⑥文書鑑定（筆跡・印刷物など）、⑦犯罪鑑識その他（指紋・足跡・声紋・銃器・臭気選別など）に分けることができるとされる[5]（以下、本稿では、通常の五感の認識を越える手段、方法を用いて認識・分析した判断結果のことを「科学的証拠」ないし「専門的証拠」といい、これらの証拠に関する専門的知見、見識を有する証人のことを「専門家証人」という）。これ

---

(5) 浅田和茂「科学的証拠」村井敏邦＝川崎英明＝白取祐司編『刑事司法改革と刑事訴訟法 下巻』（2007年、日本評論社）791（253）頁。

らの証拠が、少なくとも「刑事裁判で証拠として許容されるためには、その認知・分析の基礎原理に科学的根拠があり、かつ、その手段、方法が妥当で、定型的に信頼性のあるものでなければならない」(6)と解すべきである。

ところで、わが国の従前の裁判例では、科学的証拠に関する証拠能力の問題は、一般に関連性の問題として位置付けられており、裁判所は安易に証拠能力（許容性）を認め信用性レベルで処理する傾向が一般的であったと思われる。その背景にある大きな理由のひとつは、わが国では陪審制をとらず、職業裁判官による裁判制度のもとで「証拠の許容性判断者と事実認定者（証明力の判断者）が同一であるため、証拠能力段階では科学的証拠を広く許容した上で、証明力段階で実質評価を行えば良いという認識が実務界で広く共有されてきたこと」(7)であるといえよう。これは、科学に一般的に素人であるにもかかわらず、裁判官は、科学者の行った鑑定（科学的証拠）を、あたかも科学を知っているかのごとく評価判断できるとの認識を前提としているように思われる。「知らざるを知らずと為せ、是知るなり」（論語）について余りに無邪気に無自覚であったと評することも可能であろう(8)。

特に新規の科学的証拠に関する鑑定においては、新しい方法へ目が行き悪しき「飛びつき主義」的な傾向も散見され、例えば足利事件確定審におけるDNA型鑑定についての評価をみれば、「飛びつき主義」的な科学的鑑定の危険性が明らかである(9)。和歌山カレー毒物混入事件確定第一審判決は、「最

---

(6) 東京高判平成8・5・9高刑集49巻2号181頁（足利事件控訴審判決）。なお、光藤景皎『刑事証拠法の新展開』(2001年、成文堂) 3頁参照。ところが、この足利事件確定審は当時のMCT118DNA型鑑定の許容性を安易に認め、それが誤りであったことが再審無罪判決（宇都宮地判平成22・3・26判時2084号157頁）から明らかになっている。これは前述のとおり、科学的証拠の危険性を示しているものである。
(7) 成瀬剛「科学的証拠の許容性(1)」法協130巻1号 (2013年) 46頁。
(8) 井上正仁「科学的証拠の証拠能力(2)」研修562号 (1995年) 8〜9頁は、「科学技術の高度の専門性の故に事実認定者がその内容を理解し、実質的に評価することが困難である一方、まさにその『科学』という名の故に客観的に確実だと誤信ないし過信され易いということであろう。」「裁判官といえども、高度に専門的な科学技術については門外漢であり、その内容を理解し、実質的に評価できるだけの能力や素養を必ずしも有していない——まさにそれ故にこそ、そのような事項については特別の学識経験を有する者の鑑定が求められるのである——という点では、一般の人と本質的な違いはないともいえる」と述べるが、この指摘に対して、果たして、裁判官はどれほど自覚的であろうか、疑問なしとしない。

Ⅱ 科学的証拠の意義と危険性

先端の科学技術を用いて得られた科学的知見、とりわけ、刑事裁判においてその経験が蓄積されていない分野における科学的知見の信用性を判断するに当たっては、その証拠化のあり方や信用性の判断手法を検討する必要がある」としながら、「中井教授……による放射光分析の原理や方法は、その科学的原理が理論的正確性を有し、具体的な実施の方法も、その技術を習得した者により、科学的に信頼される方法で行われたものであり、また、弁護人が指摘する『それが所属する特定の分野において一般的承認を得たもの』であることも明らかである」と安易に証拠能力を認めた[10]が、上記のとおり中井鑑定の根本的な誤りを踏まえると、確定審判決の判断の妥当性は大きく崩れているのである。

さらに、科学的証拠に関する専門家証人の公平性・中立性および科学性の検証等も問題とされなければならない。例えば、和歌山カレー毒物混入事件において中井教授は、「悪事は裁かれるという科学の力を示すことで、全国の毒物混入事件に対する抑止力になる」[11]として本件鑑定を行ったことを明らかにし、鑑定の結果について鑑定書も作成していないどころか、Mさんが殺人罪で起訴されてもいない段階から、自らその結果をマスコミに喜々として公表した[12]。中井教授等は、科学者として「科学研究によって生み出される知の正確さや正当性を科学的に示す最善の努力を払」い（「声明　科学者の行動規範——改訂版——」日本学術会議　平成25年1月[13]〔科学者の姿勢〕2）、

---

(9)　村井敏邦『刑事訴訟法』(1996年、日本評論社) 261頁は、「DNA鑑定については、これまでの方式の具体的な妥当性についての検討が、少なくとも日本においては不十分である。にもかかわらず、……新しい方法へと目が行く……悪しき『飛びつき主義』は刑事裁判においては、決してあるべきではない。仮にDNA鑑定の方法の妥当性が肯定されるとしても、ひとつの方法での一致では、証拠として用いるのは不十分である。少なくとも、同一の方法による同一の結果が出ること、2以上の方法が並行して用いられることが必要であろう」と主張しているが、足利事件では導入初期のDNA型鑑定が刑事裁判に用いられ、最高裁がその証拠能力を認め、有罪が確定していたが（最(二小)決平成12・7・17刑集54巻6号550頁）、その後再審請求審で再鑑定が行われ、無罪が確定している（宇都宮地判平成22・3・26判時2084号157頁）。
(10)　和歌山地判平成14・12・11判タ1122号403、453頁。
(11)　朝日新聞社『サイアス』1999年4月号10頁。
(12)　朝日新聞社・前掲注(11)10頁は「中井泉教授と……山内博・助教授の記者会見は、ヒーローインタビューのようだった」と記載している。
(13)　http://www.scj.go.jp/ja/scj/kihan/kihan.pamflet_ja.pdf

「自らが携わる研究の……結果を中立性・客観性をもって公表」(同〔説明と公開〕5)したとはいえなかった。また、科学者が助言を行う際、「科学者の発言が世論及び政策形成に対して与える影響の重大さと責任を自覚し、権威を濫用しない」(同〔科学的助言〕12)との倫理にも反したといわざるを得ない。

一方、弁護人も科学に関して素人であることから、総じて、証拠能力および信用性を十分吟味することができていなかったということも、残念ながら事実であろう。弁護人の科学に対する無(未)理解と敬遠感が科学鑑定に対する不十分な吟味にとどまっていることの一因になっていないか、自戒を込めて厳しく問われる必要がある。

前述のとおり、SPring-8という最先端の科学技術を用いた鑑定について、かつ、その鑑定をした鑑定人の専門的知見について、当該科学分野の専門家から根本的な疑問が提起されている。この根本的疑問に対して、法律家として真摯に対応していかなければならない。

法曹は、科学的専門的な知見に無(未)知であること、一方、「科学的証拠」が重視される中で、その有効性、限界、危険性に十分に自覚的である必要がある。その上で、「科学的証拠」が争点となる事件においては、当該科学分野の専門家との連携・協力を求め、「科学的証拠」に真剣に向きあっていくことが必要であり、重要である。

2　裁判員裁判と科学鑑定

従前の判例の立場は、職業的裁判官が科学的証拠の許容性判断者であり、事実認定者であるという制度を前提としていると考えられるが、裁判員制度の導入によってその前提は大きく変化したというべきである。

すなわち、裁判員裁判のもとでは、第1に法律の素人である裁判員が裁判官ともに事実認定を行う一方、証拠の許容性判断は裁判官のみによって行われるから、証拠の許容性判断者と事実認定者(証明力の判断者)が異なる状況が生まれる、第2に裁判員は、個別的に特定の事件に関与するに過ぎず、通常科学的証拠についての前提知識を有していないと考えられる、第3に公判審理は原則として連日的開廷であり、裁判員、裁判官ともに公判廷におけ

る専門家証人による証言で心証形成をしなければならず、問題となる科学的証拠の実質的価値をじっくり検討する時間的余裕はない、第4に公判中心主義の結果、当事者による公判廷での訴訟活動の結果が重視され、公判開廷後には裁判所が改めて補充的に鑑定等を行うことは事実上困難になると思われるからである[14]。しかも、裁判員裁判では事実認定について、法律の素人である裁判員が関与することから、「『科学』という名の客観性に対する安易な信頼の危険性はますます増加することが予想される」[15]。

　かような状況、すなわち、科学については裁判官も裁判員と同様素人であること、事実認定については法律的な素人である裁判員も関与すること、科学的証拠について実質的価値をじっくり検討する時間的余裕はなく、当事者による公判廷における訴訟活動の結果で判断しなければならないこと等を踏まえれば、裁判員裁判において科学的証拠、とりわけ先端科学、技術を用いた証拠については極めて慎重な態度が要請されるべきことが帰結されるはずである。これらの証拠については、信用性判断レベル以前の証拠能力・許容性判断レベルで厳格に判断されるべきであるといえる。

　ところが、裁判官は従前と同様に、科学的証拠について結論的には信用性レベルで判断すれば足りるし、適切に科学的証拠について証拠能力および信用性を判断できると考えているようである。司法研究において次のように述べる。「我が国における科学的証拠の証拠能力論、関連性論は、公判で事実認定者に示してよいかどうかの議論ではなく、審理後に最終的に有罪判断の基礎となる資料としてよいかどうかの議論」[16]であること、証拠の許容性の議論は「日本では、刑事裁判のみの要件論」であること、「科学捜査を担う側も、刑事裁判における証拠の適性を意識し、慎重な態度で臨んできた伝統もあり、少なくとも公的な鑑定機関が行う鑑定に限れば、アメリカと比べてジャンクサイエンスが刑事裁判に登場する蓋然性はかなり低いといった現実認識も踏まえる必要」[17]があるという。かかる認識を前提として、「職業裁判

---

(14)　成瀬・前掲注(7)46〜48頁参照。
(15)　成瀬・前掲注(7)5頁。
(16)　司法研究・科学的証拠32頁。
(17)　司法研究・科学的証拠32〜33頁。

官は、法律家として科学的証拠の持つ特殊性、危険性について認識があり、個々の裁判において、科学的証拠の意義と限界の双方を審理で明らかにすることが重要であることを知って」[18]おり、「科学的証拠の意義と限界を意識することが重要であることを認識している裁判官からは、証拠法の解釈としていえること、例えば、証拠裁判主義を逸脱しないようにとの指摘は裁判員法66条5項に基づいて、個別具体的な証拠評価に関する意見は裁判官個人の意見として、評議に提供されることになる」ことから、「科学的証拠の持つ危険性が現実化しない防波堤がある」[19]と自己評価し、従前の裁判所における科学的証拠に関する証拠判断の枠組みを変える必要はないとしている[20]。

しかし、かかる自己評価が全くの誤りであったことは、死刑再審無罪4事件や足利事件再審無罪事件から明らかである。結局、上記司法研究の立場は、証拠能力が否定されるのは「ジャンクサイエンス」のみであり、それ以外の証拠については裁判所の裁量により須く証拠能力を認め、従前の裁判官裁判と同様、信用性判断の問題として自由心証主義に任せようとするものである。「このような立場を採用すれば、ある証拠の許容性を判断する基準やその過程が明らかにされないまま、適正な事実認定を脅かすような証拠が法廷に持ち込まれることを許すことになり、危険である。」「科学的捜査・証拠を巡る運用をほぼ全面的に肯定し、そこでは不適正な証拠が法廷に入ってくることはまずない、という考えを前提に置く……現在の科学に対するこのような妄信的態度こそが批判されるべきなのであり、だからこそ、科学的証拠の採否を、裁判所の自由な裁量的判断にゆだねることには慎重であるべき」[21]である[22]。

---

(18) 司法研究・科学的証拠34頁。
(19) 司法研究・科学的証拠35頁。
(20) これに対し、家令和典「裁判員裁判における科学的証拠の取調べ」原田退官205頁は、裁判員裁判で証拠能力の要件をより厳しくすべきであると主張している。
(21) 笹倉香奈「科学的証拠と誤判」法時85巻11号（2013年）105頁。
(22) 河合教授の司法研究・科学的証拠に対する批判について、河合潤「職権鑑定」刑弁89号（2017年）152頁参照。

III 科学的証拠の証拠能力

1 科学的証拠に対するわが国判例の傾向

わが国の判例は科学的証拠について証拠能力の問題については一般に関連性の問題として位置付け、安易に証拠能力（許容性）を認め信用性レベルで処理する傾向にあった。すなわち、ポリグラフ検査に関する最(一小)決昭和43・2・8日刑集22巻2号55頁、声紋鑑定に関する東京高判昭和55・2・1東高刑時報31巻2号5頁、判時960号8頁、判タ407号58頁、警察犬に関する臭気選別に関する最(一小)決昭和63・3・3刑集41巻2号60頁等では、「当該検査の基礎にある科学的根拠の信頼性を積極的に確認することなく、当該事案における検査過程の適切さのみを、検査者の有する知識・経験・技術や用いられた器具の性能、検査手順や検査資料の採取・保管過程の観点から規律していくという立場」を示していた[23]。足利事件確定審最高裁決定は「本件で証拠の1つとして採用されたいわゆるMCT118DNA型鑑定は、その科学的原理が理論的正確性を有し、具体的な実施の方法も、その技術を習得した者により、科学的に信頼される方法で行われたと認められる。したがって、右鑑定の証拠価値については、その後の科学技術の発展により新たに解明された事項等も加味して慎重に検討されるべきであるが、なお、これを証拠として用いることが許される」（最(二小)決平成12・7・17刑集54巻6号550頁）とした。この決定について、科学的証拠の証拠能力、証明力を認める要件は、「①科学的法則を応用した技術に理論的妥当性があること、②その技術を特定の状況で、正確に用いたこと、つまり、適切な検査資料を、技術及び経験を有する適格な検査者が、検査機器の作動や試薬の性状が妥当である状態で、正確にデーターを解析し、読み取って実施すること、の二つの要件を具備することが必要である」と解説されている[24]。

このように、判例は科学的証拠の証拠能力について科学的法則を問題にする。しかし、それは、科学的根拠が確立されていることまでをも要求してい

---

(23) 成瀬・前掲注(7)36頁。
(24) 後藤眞里子「いわゆるMCT118DNA型鑑定の証拠としての許容性」最判解刑平成12年度177～178頁。

るとはいえない。単に、抽象的に科学的原理が理論的正確性を有していることをもって足りるとし、検査方法・技術に理論的妥当性があること、具体的実施における検査者の適格性や機械の正常な作動等の定型的な信頼性が認められることを要件として、最小限度の証明力があれば証拠として許容した上で、実質的評価は裁判官の「自由な心証」に委ねてきた[25]と解される。

しかし、科学的証拠の証拠能力については、「①基礎となっている科学的原理が確かなものであること、②用いられる方法（技）が、その原理によく適ったものであること、③その技法で用いられた機器類が正しく作動していたこと、④その検査にあたって正しい手続がとられたこと、⑤検査を行った者およびその結果を解析した者が必要な資格を備えていたこと」[26]という要件が必要と解すべきである。判例は、最も争いとなるはずの、②の問題を等閑視しており、関連性を確認するだけの趣旨であれば、この基準で足りるといえるが、それでは危うい鑑定と信頼できるものとの振り分けは、ほとんどなされないことになるといわなければならない[27]。のみならず、③や④の問題についても、判例は十分に意を払っていなかったと思われる。さらに翻って、科学的・専門的分野について素人である裁判官をはじめとした法律家が、そもそも①〜⑤について適確に判断できるのか、という問題があるといわなければならない。

この科学的証拠の証拠能力に関して参考になるのが、以下のアメリカの証拠能力をめぐる議論状況である。

2　Fryeテスト、Daubert判決等

アメリカにおいて科学的許容性に関して議論が活発に行われている。いわゆるFryeテストは、次のように述べる。

「裁判所は、十分に認められた科学的な原理ないし発見から演繹される専門家証言を許容することによって、それを（筆者注：事実認定の際に、）大い

---

(25)　辻脇葉子『科学的証拠の関連性と信頼性』明治大学法科大学院論集第7号（2010年）429頁参照。
(26)　光藤・前掲注(6)3頁。
(27)　徳永光「『科学鑑定の活用に向けて』刑弁71号22頁。

に活用することができるであろうが、他方、そのような演繹の根拠となる事柄（the thing）は、それが属する特定の分野において一般的な承認（general acceptance in the particular field）を得たものであることが十分に確証されなければならない。」[28]その「最も中心的な理由として、①科学的知識を持たない裁判官は科学的証拠の有効性を判断することができず、専門家集団にその評価を委ねざるをえないこと、及び②科学的証拠の有効性を評価するのに最も適した人々に決定的な発言力を与えることによって、証拠の信頼性を確保できることが挙げられた。また、補助的な理由付けとして、③科学的証拠に関する判断の統一化に資すること、④法廷が科学論争の場になるのを防げること」[29]であるとされる。

このFryeテストには様々な批判もあり、1993年Daubert判決において、Frye基準の「一般的承認」は、連邦証拠規則により廃棄されたとされているが、Daubert判決は次のように判断した。

「……②……専門家の証言が『科学的知識』に基づかなければならないとしているから、専門家証言として許容されるのは、その基礎となる理論と技術が、証拠として関連性（relevancy）があるだけでなく、科学的有効性に立脚した信頼できるもの（reliability）でなければならない。また、……③関連性（relevancy）及び信頼性（reliability）の二つを判定するには、a)当該証言の基礎となっている理由付けや方法が科学的に有効なものであり、かつ、b)その理由付けや方法が当該事実に適切に適用され得るものであることを確認する必要がある。この判断には多くの要因が関連するが、

ア）当の理論や技法がテスト可能なものであり、また現にテスト済みのものであるかどうか

イ）それが他の専門家による吟味を受けているかどうか

ウ）当の特定の技法につき、誤りがどの程度発生しており、あるいは発生する可能性があるか、また、その実施を規制する基準が存在するかどうか

エ）それがどの程度幅広い承認を得たものであるかが通常考慮に入れられ

---

(28)　成瀬剛「科学的証拠の許容性(2)」法協130巻2号（2013年）436頁。
(29)　成瀬・前掲注(28)440頁。

るべきである。「一般的承認」ということも、この③の要素としては意味を持つが、究極的な問題は、あくまでも当の証言の基礎をなす原理や方法の科学的有効性の有無であり、その判定は柔軟になされるべきである。

④これに加えて、専門家証言は評価が困難なため誤導のおそれも大きいので、不当な偏見や誤導の危険が証明上の価値を上回るときは、連邦証拠規則403条の規定により証拠から排除されるべきである。……」[30]

このDaubert判決を受け、連邦証拠規則702条が改正され、次の(1)から(3)が付け加えられたとのことである。「知識、技術、経験、訓練又は教育によって専門家としての資格を有する証人は、科学的知識、技術的知識その他の特別な知識が、事実認定者による証拠の理解、又は争点となっている事実の判断に役立つ場合において、(1)証言が十分な事実又はデータに基づいており、(2)証言が信頼性のある原理及び方法の結果であり、かつ(3)証人がその原理や方法を当該事件の事実に信頼性をもって適用したときは、意見又はその他の形式で証言することができる。」[31]

なお、このDaubert判決は、「『一般的承認』は依然として考慮に値する。『信頼性の評価は、関連する科学者コミュニティが明示的に識別できることや、そのコミュニティ内における受容の程度が明示的に決定できること、を判断要素として受け入れるとは言え、それらを常に要請するというわけではない。』広範囲の承認は、証拠を許容するうえで１つの重要な要素であり、『そのコミュニティ内でわずかの支持しか得られない技術』は、疑念の目で見られて当然だと言える」[32]と述べている。「実質的内容に関して、……双方の基準に異なるところはないと思われる。Frye基準との類似性については、Daubert基準の提示する各項目が、Frye基準において一般的承認を審査するために考慮されてきた項目と同様であることが指摘できる。」「科学分野に関しては素人の裁判官が、有効性の有無につき実質的な判断を行うことは困難であることから、Frye基準は、科学界における一般的承認を許容性の指標

---

(30) 司法研究・科学的証拠29〜30頁。
(31) 司法研究・科学的証拠29〜30頁。
(32) 髙野隆編著『ケースブック刑事証拠法』(2008年、現代人文社) 183頁。

として適しているという説明を行っているのである。従って、むしろDaubert基準は、Frye基準の実質化といえるだろう。」と指摘されている[33]。

かかるDaubert判決が指摘したような視点は、信用性や証明力の判断において十分に参考となる[34]だけではない。そもそも、裁判官も科学については素人であり、裁判官ですら適切に判断することが困難と思われる科学的証拠、とりわけ新規の科学的証拠については、本来的には証拠能力・許容性の問題として位置付けるべきである。

Ⅳ　科学的証拠に対処するための準備

科学的証拠が問題となる事件では、当然のこととして弁護人は当該専門分野についての知見、知識を獲得し、また、科学的検査等に関する手続、手順およびデータ等の必要な情報を得なければならない。自らが学習し知識を習得するとともに、当該専門分野についての情報収集が必要である。また、効果的な反対尋問を構築するためには徹底した証拠開示請求が必要である。

以下では科学的専門分野に関する知識等の修得および証拠開示等、科学的証拠に対処するための準備として必要と思われることについて述べておきたい。

1　科学的専門分野に関する知識、知見についての自主的学習

科学的証拠を検討する場合、問題となっている当該科学的知識の基礎となっている科学的原理についての知識、知見を学習し理解する必要がある。と

---

(33)　徳永光「DNA証拠の許容性―Daubert判決の解釈とその適用―」一橋法学第1巻3号（2002年）828頁。浅田・前掲注(5)788（250）頁は、フライ基準について、当該専門分野における一般的承認が欠けているということは、有効な再鑑定が困難であることを示しているからであり、検証可能性こそが科学的証拠たる所以と考えるから、なお原則として有効な判断基準と思われるとしているが、徳永と同様の立場であろう。河合教授は、前掲注(23)152頁で科学鑑定書に対し、公判に先立って、あるいは公判と並行して査読者あるいはピア・レビューアー（同じ分野の同格の研究者）によるチェックする体勢の必要性を説いている。
(34)　司法研究・科学的証拠33頁は、本文のとおり基本的にDaubert判決は信用性や証明力の判断レベルで参考になるとするにとどめている。

はいっても、科学的知見について門外漢の弁護士にとって科学的な知識、知見は取っつきやすいものではない。しかし、この知識・知見の獲得が科学的証拠の検討、さらには尋問のいわば出発点でもあるから避けることはできない。

筆者は、和歌山カレー毒物混入事件の化学分析が問題になったときには、まず、理系の大学入試向け化学の参考書で原子の構造等の基本的な勉強をした。その参考書は、色刷りで図なども多く使っており分かりやすかった。そこである程度学習し、化学的知識への敬遠感を払拭し、問題となっている化学分析の基本原理の大まかなイメージを掴んでいった。未知の専門的知識を学習する場合には、まず、文字数が少なく図等によって分かりやすくイメージしやすい入門書的な本を読むべきであろう。化学分野でいえば、例えば、技術評論社『イラスト・図解』シリーズのものやナツメ社『図解雑学』シリーズのものなどが読みやすい。さらに、学習が進んでいけば初歩的な専門書等にも当たっていく。この場合、数式等は読み飛ばして、当該専門分野における科学的原理や用いられた方法・技法等について自分なりにイメージを固めていくことが大事である。専門書は1冊に限るのではなく、「必ず別の著者の本を比較して読むことである。そのことによって、同一事項についての説明の違いから、理解が深まることは必然である」[35]。また、大型専門書店で当該科学分野関連の本を立ち読みしたりするなどのことも、知識が深まっていくことに役立っていくように思われる。

2 専門家による協力

自主的な学習、知識習得をしても弁護士は素人でしかないため十分な知識、知見を得られず浅い理解に止まることも多々あるし、思わぬ誤解に陥っていることもありうる。とりわけ、用いられる方法（技法）が、その原理によく適ったものであるかどうか、その技法で用いられた機器類が正しい作動環境にあったかということや、検査にあたって正しい手続がとられていたか

---

(35) 松波淳一『ある反対尋問―科学者証人への反対尋問例―』（1998年、日本評論社）7頁。松波弁護士はイタイイタイ病等の公害裁判や原発訴訟で数多くの専門家証人を尋問している。同書によると書籍による専門的知識について複数の本を読むという取得法は、評論家の立花隆氏も同様であるという。

等、実験等における実務的な事項等については本をいくら読んでも理解には決定的な限界がある。それ故、専門的な科学的知識、知見を理解するには当該領域における専門家に教授してもらうべきである。それによって、独学による間違い、勘違いも是正され正しい知識を身につけていくことができる。また、専門家の実務感覚は、当該専門家に直接助言を受けるに勝るものはない[36]。さらに、専門家の助言を受ければ、反対尋問対象専門家の弁解や言い逃れ等をある程度予測することもできると思われる[37]。

今日では、インターネットを通じて専門家にアクセスしたり、また、刑弁フォーラム等のメーリングリストを通じて協力してくれる専門家を探すことも容易になってきている。これらを十分活用すべきである。人にもよるが社会的バッシングがすさまじいような特別な事件等といったことや、よほど事情がでない限り、突然の依頼でも専門家は意外と弁護人に対して専門的知識の教授等についても協力してくれるという感覚が筆者にはある。図々しいと思われても積極的にアクセスすべきである。

とにかく、専門家の助力、協力が科学的証拠の検討および専門家に対する尋問にとって不可欠であり、それがなければ極めて困難であることを肝に銘じなければならない。それとともに、公正・中立的な科学的知識等に関する専門家にアクセスできる態勢が是非とも構築されなければならないと考える[38]。

3 専門的論文等の調査、収集および検索

当該専門領域における論文の収集、検討も重要である。当該専門家証人の

---

(36) 加藤良夫『患者側弁護士のための実践医師尋問』(2006年、日本評論社) 8頁は、医療過誤訴訟について「法律家は、成書や文献である程度医学的知識を補うことは可能であっても、臨床医の実務感覚のようなものはなかなか学び取れない」と述べるが、この理は、他の専門分野にも当てはまる。
(37) 河合・前掲注(3)「和歌山カレー砒素事件鑑定資料―蛍光X線分析」71～72頁には、鑑定受託者から開示された生データをプロットし直したグラフと鑑定受託者のグラフを比較して「X線分光に詳しい支援者が弁護側についていたはずである」と述べられているが、この支援者(筆者の友人)の協力は反対尋問をするに際し不可欠であった。
(38) 専門家からの協力を得るに際し、費用的な問題も生じうる。大阪弁護士会では弁護活動について必要な実費に関して援助する制度があるが、同様の費用援助制度の整備、拡大が望まれる。

本来の専門分野や研究実績等の調査もしなければならない。これについては、インターネットによる検索が大きな力を発揮する。筆者は、当該科学的専門分野に関する論文は、主として独立行政法人科学技術振興機構のJDreamⅢのデータベース[39]によって収集している。例えば、和歌山カレー毒物混入事件では、「SPring-8」「蛍光Ｘ線分析」「異同識別」等をキーワードとして検索しヒットした論文の中からその他のキーワード等をも参考に謄写すべき論文を収集していった。検索システムとして他には国会図書館のオンラインサービス[40]やCinii[41]等が利用できる。また、当該専門家証人自身の論文等をも収集することも重要であり、同人のホームページ、G-Search[42]内の人物情報データベースによって、本来的な専門領域や経歴等も調査しておきべきである。協力専門家から当該専門家証人の学問的実績や論文等についての情報を収集することも必要であろう。

4 積極的な証拠開示請求

当該専門家証言に関連する鑑定や実験等に関して積極的に証拠開示請求をしなければならない。例えば、DNA型鑑定については、次のような資料が開示の対象として考えられるが、かかる開示対象資料を参考にして、問題となっている専門分野に関して同様に積極的に証拠開示請求をしなければならない。

「1　採取・保管・鑑定の経過における管理の連続性に関する資料

　(1)　各現場資料自体

　(2)　各現場資料、対照資料に係る各捜索差押調書、任意提出書、領置調書

　(3)　各現場資料、対照資料の各採取前、採取中、採取後の状況を明らかにし、又はその手続を記録した実況見分調書、捜査報告書、写真撮影報告書等

---

(39)　アドレスは、https://jdream3.com/
(40)　アドレスは、http://www.ndl.go.jp/jp/service/online_service.html
(41)　アドレスは、https://dbs.g-search.or.jp/jds/dj/display-file-select
(42)　アドレスは、http://db.g-search.or.jp/index.html

(4)　各鑑定嘱託書
　(5)　捜査機関又は鑑定機関内における各当該資料に係る出し入れ、管理の記録など
　(6)　現場資料、対照資料の鑑定前、鑑定後の状況を明らかにした記録等
２　各型鑑定自体の信頼性に関する資料
　(1)　各当該型鑑定に係るエレクトロフェログラム（複数回行われた場合は各回のデータのほか、陰性検査、陽性検査のデータを含む。）
　(2)　各鑑定作業の手順及び経過を記録した鑑定ノート等
　(3)　各鑑定において、同一試料につき異なる機会の検査結果の突き合わせ・照合や他の者による審査が行われている場合は、その経過及び結果を記録した資料等
３　異同識別に関する資料
　各鑑定について、統計学的分析を行った過程に関する記録、シミュレーションデータ　など」[43]
　このような関係資料、データの開示について、最近は検察官も比較的支障なく応じてくれていると思われる。その上で二の矢、三の矢を射るかを検討することになる。

5　特別弁護人（刑訴法31条２項）

　簡易裁判所または地方裁判所は、弁護士でない者を弁護人に選任できる。いわゆる特別弁護人である（刑訴法31条２項）。近年はほとんど利用されていないようだが、「殊に普通の弁護士の知識だけでは心もとないと思われるような事件について、特別な専門的知識を利用して為される特別弁護人の活動は意味がある」[44]。科学的証拠が問題になる事件は、まさに当該分野における特別な専門的知識が必要であり特別弁護人の活動に意味がある。とりわけ、実験等における実務的な事項等については、当該専門家による活動は被告人の防御権を全うするために極めて有益であると思われる。近時、いわゆ

---

(43)　司法研究・科学的証拠131〜132頁。
(44)　熊谷弘「特別弁護人についての考え方—それはどういう場合に有用か？—」判タ430号３頁。

るPC遠隔操作事件においてITの専門家が特別弁護人に選任されたことが報道されている[45]。

　もっとも、当該専門家については、特別弁護人としてではなく証人として証言してもらった方がむしろ有益な場合もあるので、その点は考慮を要する[46]。

　なお、起訴前段階において特別弁護人を選任することができるかどうかについて、最高裁は否定的な判断を示し（最（三小）決平成5・10・19刑集47巻8号67頁）、実務的には決着したともいわれているが、積極説も有力に主張されており[47]、事案によっては起訴前段階でも裁判所に特別弁護人の選任を求めるべきである。

　また、立法論として控訴審等においても特別弁護人の選任が認められるべきである。現行法上、特別弁護人の選任は、刑訴法31条2項によって簡易裁判所または地方裁判所と列挙規定されている。また、刑訴法387条および414条により控訴審および上告審においては弁護士以外の者を弁護人に選任することはできないことになっている。しかし、少なくとも控訴審は最後の事実審であり、事実問題として科学的証拠が重要な争点となることもあり得る。その場合には、当該分野の専門家が特別弁護人として活動することが有用な場合が想定できる。旧刑事訴訟法においては、控訴審においても特別弁護人の選任が認められていたのであり[48]、科学的証拠の重要性と危険性に照らせば、特別弁護人の選任についてより柔軟な立法を考えるべきであろう。また、再審においても、特別な専門的知識を利用してなされる特別弁護人の活

---

(45)　http://iwj.co.jp/wj/open/archives/113925。IWJ Independent Web Journal 2013. 11. 29 同事件は、2012年の初夏から秋にかけて、被告人のK氏がインターネットを通じて他人のパソコンを遠隔操作し、そのパソコンを通して殺人等の犯罪予告を行ったサイバー犯罪事件。K氏に対して2015年2月4日、東京地方裁判所は、懲役8年の実刑判決を下し、確定した（東京地判平成27・2・4 2015年2月4日livedoor NEWS）。
(46)　熊谷・前掲注[43] 3頁によれば、文芸作品のわいせつ性が問題となったサド事件において、仏文学者の平井健三郎および作家の埴谷雄高が特別弁護人に選任されたが、両名は証人としても証言したという。証人として証言する間は、特別弁護人の地位からは離れることになるが、特別弁護人に選任されたからといって証人になれないわけではない。
(47)　中武靖夫・注解刑訴法（上）95頁、白取［9版］43頁。新コンメ刑訴法［2版］66頁も最高裁決定に対して疑問を示している。

動が意味のある事案もあるのではなかろうか。

V　科学的証拠／専門家証人と弁護活動（特に尋問について）

1　専門家証人尋問に関する基本的視点

　最高裁は、精神鑑定に関し「専門家たる精神医学者の意見が鑑定等として証拠となっている場合には、鑑定人の公正さや能力に疑いが生じたり、鑑定の前提条件に問題があったりするなど、これを採用し得ない合理的な事情が認められるのでない限り、その意見を十分に尊重して認定すべきものというべきである」（最（二小）判平成20・4・25刑集62巻5号1559頁。以下「最高裁平成20年判決」という。）と判示している。かかる立場からすれば、精神鑑定のみならず、法的判断の前提として科学分野等をはじめとした専門的な知見が証拠となっている場合でも、かかる視点を十分に尊重すべきであると解される。

　こうした判例の立場や前述のアメリカにおける議論等を前提にすれば、専門家証人の証言については、「①基礎となっている科学的原理が確かなものであること、②用いられる方法（技法）が、その原理によく適ったものであること、③その技法で用いられた機器類が正しく作動していたこと、④その検査にあたって正しい手続がとられたこと、⑤検査を行った者及びその結果を解析した者が必要な資格を備えていたこと」[49]という点について慎重に吟味していくことが必要になってくると思われる。さらに、当該専門家証人の公平性・中立性に対する検討、吟味も必要である。これらを踏まえた上で、専門家証人の証言の信用性は、証人が専門的知見について意見を述べる資格があるかどうか、科学的な良心に従った証言であるかどうか、その上で、当

---

(48)　今井功「特別弁護人」公判法体系Ⅱ13頁注(1)によれば、「特別弁護人制度の淵源は古く、治罪法226条、明治23年の刑事訴訟法179条においても認められ、旧刑事訴訟法（大正2年法律75号）40条は「弁護人ハ弁護士中ヨリ之ヲ選任スヘシ裁判所又ハ予審判事ノ許可ヲ得タルトキハ弁護士ニ非サル者ヲ弁護人ニ選任スルコトヲ得」とし、一審のみならず控訴審においても特別弁護人を認める（上告審は430条で特別弁護人は認められなかった）とともに、他に弁護士である弁護人がいることを要件としていなかった」とある。
(49)　光藤・前掲注(6)3頁は科学的証拠の証拠能力について論じているが、これらは、専門家証人に対する尋問のポイントともいえるだろう。

該証人の意見が、正しい手続や適正な技法による機器類が正しく作動し、それに基づいた検査等による実証的な根拠・データに基づいているかどうか、そして、そのような意見が科学的な原理・法則に基づいているかどうかによって判断されるといえよう[50]。

しかも、裁判員裁判においては、とりわけ裁判員に対して専門家証人の証言の内容、問題点、有効性、限界をいかに理解してもらうかが大きな課題である。

2　専門家証人の人的特異性と尋問者の態度等
(1)　専門家証人はコントロールが困難な証人である

専門家証人は、一般的には、訴訟関係者の誰よりも当該専門分野については知識、経験を有している。裁判の証拠として現れる事項、事実および意見等の背景には膨大な研究の成果に基づく学識、知見が存在している。そのためもあってか、専門家の証言においては、その膨大な経験、学識、知見を披瀝したがる傾向が強い。主尋問ですらなかなか一問一答の尋問状況を形成しにくく、証人がその見解を縷々陳述する傾向が強いように思われる。ましてや反対尋問においては、一問一答形式、誘導尋問等による証人のコントロールは一層困難である。しかも、科学者の中には、法廷の対審構造に基づく尋問、とりわけ誘導尋問に対し強い嫌悪感を示す研究者もいる[51]。

専門家証人に対する主尋問では、証言が予定を越えあるいは脱線する危険性もある。一方、反対尋問では、尋問にストレートに答えず、はぐらかせたり自説を長々と答え、コントロールが困難になることも往々にしてある。その場合、後述のとおり再度同じ質問、または、図やグラフ等を使った尋問を

---

(50)　髙野隆「専門家に対する主尋問」刑弁84号（2015年）29頁は、専門家証言の信用性は、まず、証人が証言の主題について意見を述べる資格があること、次に、証人の公正さ（科学的良心に基づく証言等）、第3に意見が実証的根拠（基礎データ等）に基づいていること、第4に意見が科学的に合理性が認められた原理・法則に基づくものであることという4つの要素に分析している。浅田・前掲注(5)807(269)〜808(270)頁は、専門家証人に対する尋問について、第1に、当該鑑定の科学的原理そのものについて、第2に当該鑑定人の能力および適格性について、第3に、鑑定資料の適切性特にその収集・保管について、第4に、具体的な鑑定の方法・経過および結果について検討を要するとしている。

繰り返す等によって対応する、あるいは、分かりやすい比喩を用いて尋問すること等臨機応変に対処できるよう、事前に考慮しておく必要がある。

(2) **尋問者の態度等**

具体的な尋問については、弁護人の尋問の態度、使用する用語や概念等について細心の注意が必要である。

専門家証人は、一般的にプライドも高く、弁護人の基礎的知識不足が露呈されると、打ち合わせもスムーズにいかなくなる可能性もある。また、反対尋問に対して強い警戒心を有している者もいる。基本的には、専門家証人に対して敬意を払い（これは一般的な尋問でも同様であると思う）、プライドを傷つけないように丁寧な態度で接するべきであろう。

とりわけ、「鑑定人の反対尋問で最も重要なのは弁護人に対する警戒心をいかにしてなくすかであり、反面でいかにして弁解をさせないかである。……鑑定人には専門家としての敬意を払うことが絶対に不可欠である。いかに鑑定内容が被告人に不利益であっても、鑑定人に対して怒りをぶつけたりしてはならない。攻撃的尋問は、一般の証人尋問でもそうであるが、鑑定人の場合は最悪である。積極的な反撃を直ちにもたらす可能性が高いからである」[52]ということに心しなければならない。

主尋問であれ、反対尋問であれ専門用語や概念について、分かりやすく説明を求める工夫が必要である。裁判員の場合、理解不能な専門用語や概念が出てくると、理解がそこでストップすることが危惧される。想定される理解困難な専門用語や概念に関し、公判前整理手続の際の事前カンファレンス等で分かりやすい説明や言葉の言い換え等について打ち合わせておくべきである。

---

(51) 本堂毅「法廷における科学―科学者証人がおかれる奇妙な現実―」科学80巻2号（2010年）158頁は、「日本の法廷では科学的証拠に対し、『対審構造』と呼ばれるディベート的討論システムを、制度上の問題に気づかず、無制限（ナイーブ）に用いているのである。この結果として、法的強制力を以て証人を呼び出す公共空間＝法廷で、捏造合戦のような不毛な議論が続く。……現在の一問一答式の一方向的尋問形式は、誘導尋問によって事実をねじ曲げることが可能である」と述べる。また、本堂毅「科学者から見た法と法廷」長谷部恭男ほか編『岩波講座 現代法の動態6 法と科学の交錯』（2014年、岩波書店）63頁も参照。
(52) 高野嘉雄「鑑定による立証」実務刑事弁護170頁。

3 専門家証人に対する尋問に関する一般的なこと
(1) 基本は一般的尋問と変わらない

専門家証人に対する尋問においても、一般の証人に対する場合と同様、証人に対して、「彼らに何を言って欲しいかを知り　それから彼らにそれを言わせ」なければならない[53]。

主尋問においては、「説得力のあるストーリーを組み立て、証人から証言を引き出すことによって、そのストーリーがよって立つ事実を証明しなくてはなら」[54]ない。専門家証人の場合には、自らのケースセオリーに則って、当該専門家の「科学的、技術的もしくはその他の専門知識が、事実認定を行う者が証拠を理解するのを助け、または争点となっている事実を判断するのを助ける」[55]ものであることが必要である。反対尋問においては「自分が欲する答をあらかじめ知り、その答のみを導く一連の質問を組み立て」[56]ることが重要である。専門家証人に対する場合には、その学識・経験のなかから、弁護側の主張を支持することにつながるような科学的知見を引き出し、一方、不利な意見の重みを減殺させなければならないのである。

(2) 科学的証拠に関する弁護戦略の見立て

何よりも事前に検察官から開示される鑑定書や意見書を十分検討しなければならない。そのためには当該専門分野に関する知識、知見を深め、専門家の協力を得るべきこと、積極的な証拠開示を求めるべきであることは前述したとおりである。そのような準備をしつつ、さらに再鑑定を請求するのか、あるいは弁護側証人による立証を予定するのか、もしくは反対尋問のみにとどめざるを得なくなるのかについて明確に意識しておくべきである。この点は、弁護側証人として専門家がどの程度協力してもらえるかにかかる面が大きいが、まずは、弁護側証人による立証を目指すべきであると考える。というのも、検察側専門家証人をいかに反対尋問で弾劾し得たとしても、裁判所

---

(53) キース・エヴァンス著／高野隆〈訳〉『弁護のゴールデンルール』(2000年、現代人文社) 89頁。
(54) スティーヴン・ルベット／菅原郁夫＝小田敬美＝岡田悦典〈訳〉『現代アメリカ法廷技法―弁論・尋問の分析と実践―』(2009年、慈学社) 41頁。
(55) アメリカ連邦証拠規則702条参照。
(56) キース・エヴァンス・前掲注(53)110頁。

が弾劾のみで、弁護側に有利な判断をすることはなかなか困難であると思われるからである。また、再鑑定請求をした場合に、鑑定人選任、および鑑定事項が必ずしも弁護人の意向に沿わないこともよくあることだからである。

そして、当該科学的証拠が、全証拠群の中でどのようなものとして位置付けられているかについて考慮しながら[57]、ケースセオリーに基づいた主尋問、反対尋問を組み立てなければならない。

(3) 専門家証人による鑑定書、意見書等の検討の留意点

尋問を組み立てるにあたって、事前に開示された専門家証人の鑑定書や意見書、弁護側専門家証人の意見書等を十分に分析、検討しなければならない。次のような点に留意して分析すべきであろう[58]。

① 有利な部分と不利な部分との区別
② 事実に関する部分と、評価・解釈に基づく部分との区別
③ 具体的な記載のない部分について、記載がないのは「事実として不存在か」それとも「ルーティンとしての事柄だから省略しているのか」等の区別
④ 専門的的知見の正確度、精確度等の検討
⑤ データと分析検討結果との照合、一致、不一致等の検討
⑥ 推論（理由づけ）の特徴の検討
⑦ 述語等の表現（「である」「であると思う」「であると推測する」など）の検討
⑧ 専門分野（科の中でも特に何か）、著書等の把握

等。

---

(57) 豊﨑七絵「法医鑑定と刑事事実認定」福島至編著『法医鑑定と検視制度』（2007年、日本評論社）118～121頁は、鑑定の証拠群の中での位置付けとして、①鑑定が自白の信用性を補強する証拠とされる場合、②鑑定が犯行と被告人との結び付きを証明する証拠とされる場合、③鑑定が①②双方の役割を果たす証拠とされる場合に分類し、①では自白の裏付け証拠＝補助証拠であり、②では間接証拠であり、③では補助証拠であり間接証拠であることがおさえられなければならないとする。
(58) 藤田康幸編『医療事故対処マニュアル』（2000年、現代人文社）298頁参照。医療過誤訴訟に関して論じているが、専門家証人の意見書等を分析する視点として役立つと思われる。

(4) 最終弁論を意識した尋問

専門家証人に対する尋問に関しても、尋問のみで完結すると考えるべきではない。当該専門家証人の証言ないし科学的証拠の位置付けを全証拠群のなかで考察し、常に弁論との関係を考慮して戦略的に主尋問・反対尋問を検討していかなければならない。すなわち、当該事件の証拠構造を意識して、当該専門的、科学的証拠が全証拠群の中における位置付け、その証拠によって立証される事実の射程範囲、他の証拠との関係、弁護側立証との関係等を考慮しながら尋問を組み立てていくべきである。

(5) 専門家証人に対する尋問の手法に関するいくつかの一般的留意点

ア 専門用語ではなく日常的な言葉の使用

専門家証人は当該専門領域において膨大な経験、学識、知見を有していることから、一般人には理解しがたい専門用語、技術用語、略語等を使ったり、また、言葉自体のニュアンスが一般的な用法とズレていたりすることがある。専門家が自らの専門領域で使っている用語や言葉の遣い方をそのまま証言でも使用されると、事実認定者、とりわけ裁判員には理解不可能となり兼ねないということに十分に留意が必要である。

それ故、弁護人は、専門用語を日常用語に置き換えて分かりやすい言葉に言い換えなければならない。これは、準備段階で徹底的に検討すべきである[59]。また、どうしても専門用語を使用せざるをえないような場合は、公判前整理手続段階で専門用語について用語集を作成し、証拠として請求することも考慮すべきであろう。

さらに、尋問の際に、証人が専門領域の言葉、言葉遣いに陥ったときには速やかに説明を求める必要がある。また、弁護人自身が、専門家の言葉遣いを借用することがないように常に注意しなければならない[60]。

---

(59) スティーヴン・ルベット・前掲注(54)200頁は、専門用語から離れて、日常的な言葉の領域に証人を導くことは、弁護士の職務であり、複雑な職務上の用語を避けるよう徹底的に準備しなければならないとする。

(60) スティーヴン・ルベット・前掲注(54)201頁は、多くの弁護士が、たぶん学識があり物事に精通しているように見せたいという願望からか、専門家自身の専門用語を用いて専門家証人を尋問しがちであるが、そのような尋問は弁護士と証人との間で内輪の、そして、まったく理解できない会話という性質を持つようになるという。

イ　具体例と類似例、比喩的描写の使用

専門的な説明、複雑な説明については、具体例、類似例、または比喩等を使って裁判員が理解しやすいように工夫すべきである[61]。公判前整理手続の段階で、カンファレンスの場で、あるいは専門家証人に面談し、当該専門的な説明について具体例や類似例、比喩等を検討することを考慮すべきであろう。専門家もこのような言い換えには慣れていないこともあると考えられるから、事前に準備しておく必要がある。

ウ　証言の語りの長さを適切なものにすること

専門家は往々にして自分の専門領域のことがらについては、自らの見解を披瀝したがる傾向が強い。ともすれば予定を越え、あるいは脱線することすらある。そうなると、証言のコントロールがきかなくなり、裁判員が専門家証人の証言について行けなくなってしまう恐れが強くなる。その上、専門用語が加わると一層理解不能となってしまう。

したがって、弁護人は専門家証人の語りの長さを適切に保つことを常に留意しなければならない。この観点からも、専門家証人の場合にはプレゼン方式によるのか、一問一答方式によるべきか慎重に検討すべきである。また、反対尋問において、専門家から長々と回答があったような場合、証言をコントロールするため同じ質問を繰り返す等して端的に回答を求めたり、回答の射程範囲を限定する等の工夫も必要となってくる。

エ　両義的・多義的な専門家の言説に注意すること

科学的な事項に関する専門家は往々にして、断定的ではなく、両義的・多義的な言葉の使い方をする。例えば、「……の可能性がある」、「……と考えても矛盾しない」、「……ではないとは言い切れない」等々。これは科学的な鑑定ないし専門家の証言においては「科学的原理・法則やその適用による事実判断は論理必然的な確実性にあることはほとんどなく、何らかの意味で蓋然性や可能性の程度にあ」り、「科学的原理・法則の正しさは、一般的に、同じ条件の下での再現性にかかるといわれている」が、「個体差」、「個人差」、

---

(61)　スティーヴン・ルベット・前掲注(54)203頁は、主尋問について具体例と類推の使用を説くが、反対尋問においても適切な具体例や類推の使用は分かりやすさに資すると思われる。

「特殊性」があるかもしれないという抽象的・理論的可能性がつきまとうので、「断定的表現を回避した確率的表現が用いられることがある」[62]からである。

　また、異同識別鑑定等において、その同一性や類似性の表記として「一致」、「同種」、「類似」、「不明」、「異種」等の用語が用いられることがあるが、これらの用語の使用法について鑑定人ごとにその用語の意味する水準が必ずしも統一されているとは思われない。そもそも、これらの用語について数値的な意味合いがどれほど確実であるかも不明である[63]。

　このように、専門家は確率論的表現をよく用いるということ、区別のために使う用語の意味する基準が専門家毎に必ずしも同一ではないという状況を踏まえることが必要である。その上で、これらの用語について自らのケースセオリーに則り、弾劾するのか、「活かす」のかを検討し尋問を考えていかなければならない。

　　オ　ヴィジュアルエイド（視覚資料）の使用

　専門家の証言あるいは専門用語は複雑であり、往々にして分かりにくい。その理解を助けるためには、主尋問であれ、反対尋問であれ、図形、グラフ、模型等のヴィジュアルエイドを用いた尋問は不可欠である。このようなヴィジュアルエイドは何をどのタイミングで、どのように使用するかについて、予め検討し準備しておく必要がある。その場合、専門家証人が作成した

---

(62)　豊﨑・前掲注(57)123～124頁。（独）科学技術振興機構社会技術研究開発センター委託研究プロジェクト「不確実な科学的状況での法的意思決定」『法と科学のハンドブック（ver. 201208166）』69頁も「科学的言明というものは、既存の理論に基づいて仮説を立てて実験を行い、得られた多数の観測値によって仮説を検証することによって得られます。実験と検証が繰り返されることで言明が真である可能性は大きくなっていきますが、どこまでいっても100％の真になるということはありえません。……そのため、いかなる言明も新しい実験によって根本的に覆される可能性を持っているといえます。」と述べる。

(63)　河合潤「微物や繊維片の同一性―同種と類似―」刑弁87号（2016年）189頁は、平岡義博龍谷大教授の2015年に法科学技術学会微生天然物研究会で行った講演において、科警研や科捜研は、「一致」、「同種」、「類似」、「不明」、「異種」という用語の意味合いについて、順に「100％の合致」、「80％の類似性、誤判別の確率20％」、「60％の類似性、誤判別の確率40％」、「50％、どちらともいえない」、「0％、別の物」という表現で異同識別の水準を区別しているとしている。

スライド等についても弁護人自身が事前にチェックして、裁判員にとって分かり易いかどうか検討しておく必要があり、スライド等に問題があれば当該専門家に修正、場合によっては撤回を求めなければならない。

4 専門家証人に対する反対尋問

専門家証人に対する反対尋問を考えるに当たって次のことを基本とすべきである。

「鑑定の弾劾のためにはまず弁護人自身が鑑定に対する正確な理解、評価を確立しておかなくてはならない。鑑定は科学的装い、専門的装いをこらしているため一見すると非常に難しいように見える。専門家からの説明を受け、学術書を参考にする等して、鑑定書の記載内容を弁護人が完全に理解し、その問題点を見つけ出さなければならない。鑑定の問題点を発見するのは多くの場合は専門家ではなく、弁護人であることを銘記すべきである。難解さに絶望することなく、鑑定書を何回も何回も繰り返して読み返し、鑑定資料の現物を何回も観察し、論文を検討し、専門家の意見を聞く中で必ず道は開けてくるという確信をもつべきである」[64]という熱意と意欲、確信である。

前述のとおり、弁護人は当該専門分野についての知見・知識を獲得し、徹底した証拠開示請求をし鑑定書や意見書を徹底して読み込み十分な準備をしなければならない。専門家証人に対する反対尋問ではこのことは強調しても強調しすぎることはない。

専門家証人に対する効果的な反対尋問を行うためには、一般の尋問に比しこのような準備の比重が極めて高く、完璧な準備が反対尋問の技術であるいっていいかもしれない[65]。

(1) 専門家証人に対する反対尋問の組み立てと工夫等

専門家証人に対する反対尋問においても、基本は一般の証人の場合と変わらない。「反対尋問を通じて、事実認定者に伝えるべき明確なメッセージを

---

(64) 高野嘉雄・前掲注(52)167頁。
(65) 松波・前掲注(35)4頁で、ルイス・ナイザー弁護士の著作を引用して、効果的な反対尋問の99パーセントは準備であり、完璧な準備が反対尋問の技術であると述べている。

見極めたうえで、そのメッセージを、確実に事実認定者に示すようにしなければならない……。……あくまで尋問者と証人の一問一答によって、間接的にメッセージを伝え……尋問者は、的確に証人をコントロールし、自らのメッセージを浮かび上がらせなければならないのである」(66)。また、専門家証人の学識、経験のなかから、弁護側の主張を支持することにつながるような科学的知見を引き出し、弁護側に不利な意見の重みを減殺させるいう方向に向けられるべきである(67)。専門家証人対する反対尋問でも、弁護人のケースセオリーに基づき「殺す尋問」(不利な知見、情報の弾劾)および「活かす尋問」(有利な知見、情報の獲得)を駆使しなければならない。

とはいっても、専門家証人は専門的な学識経験に基づき認識し得た具体的事実や意見について証言するという者であるという点で、一般的な目撃証人等とは決定的に異なっており、慎重な検討や尋問についての工夫が必要である。

ア 専門家証人に対する反対尋問の戦略と尋問の組み立て

ケースセオリーとの関係でどのように尋問を組み立てるのかという視点が重要である。何よりも事前に開示される鑑定書や意見書を十分検討し、まず、証拠構造を考察し弁論を意識して組み立てなければならない。鑑定書や意見書を検討する場合、次の点に留意すべきであろう(68)。

① 弾劾の方針として、反対尋問による弾劾のみにとどめるのか、再鑑定まで請求するのか、あるいは弁護側証人による立証を予定するのかを明確にしておく(69)。

---

(66) 秋田真志「反対尋問」法廷弁護技術161～162頁。
(67) F. L. ウェルマン／林勝郎〈訳〉『反対尋問の技術〔上〕』(1975年、青甲社) 93頁は、「鑑定人の学識・経験のなかから、当該弁護士側の論旨を支持することにつながるような別な事実や別の論点を引き出すために、その注意力と思慮分別を働かせながら……自分の側の主張を補強するような科学的事実を鑑定人の知識の中から引き出し、かくしてその鑑定人が述べた自分の側に不利な意見の重みを減殺せしめるという方向に向けられるべきなのである」と述べる。
(68) 高野嘉雄・前掲注(52)169～170頁参照。
(69) 趙誠峰「鑑定から専門家証言へ」現代の刑事弁護(2)375頁は、これまでの弁護活動は、検察側専門家証人をいかに弾劾するか、あるいは裁判所にいかにして鑑定を採用させるかという観点から論じられてきたが、裁判員裁判時代においては弁護側による専門家証言による立証を目指すべきだと論じる。

②　再鑑定請求を予定している場合や弁護側証人による立証を予定している場合、それらの鑑定等の資料となるべき事項、鑑定資料の形状等原鑑定の判断の前提となった客観的資料をできる限り正確に、詳しく法廷に顕出することを反対尋問の重要な目標のひとつとする。

③　弁護側証人による立証を予定している場合には、弁護側専門家証人の予定証言の基礎となるべき原理、用いられる技法等や客観資料等が信頼できること等を法廷に顕出することを反対尋問の目標のひとつとすべきである。

④　再鑑定を採用させるためにも原鑑定の内容を反対尋問で弾劾しておく必要がある。

⑤　再鑑定を予定していない場合や弁護側証人による立証を予定していない場合は、鑑定内容自体の弾劾を反対尋問の中心とする。

専門家証人に対する具体的な反対尋問の構成としては、まず、基本的事項、知見、一致する部分や争いのない事実や見解の部分から始めていくべきであり、その上で、「活かす」尋問を十分検討し、欠落や矛盾論文の存在や異なる知見の存在を示して弾劾へと進むべきであると考える。専門家証人の警戒心を解き、その専門的経験や知見を披瀝してもらい、被告人にとって有利な知見を引き出した上で、欠落、矛盾、限界を顕出していくことが効果的であるように思われるからである。

反対尋問においては、獲得目標を明確にすべきであり、無目的な尋問、総花的尋問は決してしてはならない[70]。

イ　最終弁論を意識した反対尋問

専門家証人に対する反対尋問でも常に弁論との関係を考慮して戦略的に反対尋問を行わなければならない。専門家証人に対する反対尋問は成功すればすばらしいが、極めて困難である。専門家証人に対する反対尋問で取り返しのつかない失敗をすれば、それだけで被告人の利益を決定的に害しかねな

---

(70)　F. L. ウェルマン・前掲注(67)93頁は、「鑑定人に対しては、彼にもう一度自説を詳述する機会を与えたあげく、彼を鑑定証人として喚問した相手方弁護士が主尋問で十分に引き出しえなった彼の意見について彼自身にその理由を述べる機会を与えることになるような大まかな質問は、絶対にしてはならないのである」と述べる。

い。したがって、専門家証人に対する反対尋問においては、一般の証人に対する場合以上に、弁論を意識し、弁論で使えない尋問は基本的には厳に慎むべきである。

ウ 「活かす尋問」（有利な知見、情報の獲得）

専門家証人に対する反対尋問では、弁護側の主張を支持することにつながるような科学的事実や知見を引き出し、弁護側に不利な知見、情報の重みを減殺させるという方向に向けられるべきである[71]。「活かす尋問」を意識的に検討し目指すべきである。弁護側専門家証人の尋問が予定されていれば、検察側専門家の証言の判断の前提となった客観的資料や情報をできる限り正確に、詳しく法廷に顕出することが反対尋問の目標のひとつとなる。かかる資料や情報を前提として弁護側専門家証人の証言を基礎付けるのである。また、「たとえ自分の最終的な結論と一致しなくとも、相手方の専門家は、例えば、自分の主要な前提のいくつかについて同意する可能性もある」[72]から、この観点からの「活かす尋問」を十分に検討すべきである。反対尋問で弁護側にとって有利な知見を獲得できれば、その効果は極めて大きいと考えられる。

エ 生データ等を利用した尋問、「欠落」の指摘等の尋問

専門家証人に対し効果的な反対尋問を行うには、証拠開示で得られた具体的な生データに基づく尋問の工夫をしなければならない。まず、どのようなデータか、どのように収集されたのか、どのように保存されていたのか、保存状態はどうだったのか、資料の収集から保存、検査等に至るまで保管の連鎖は認められるのか等を検討する。収集した資料と検査した資料の同一性の有無等についても検討を加えるべきである。この場合にも専門家の協力を得て検討を行う必要がある。また、得られた生データを利用して、数値的なものは図やグラフ等に置き換えて、可視化し分かりやすくすることを考慮すべきである。

何よりも、協力専門家の援助を得ながら当該鑑定や検査、分析において「欠落」がないか十分に検討しなければならない。「欠落」の指摘は、一般的

---

(71) F. L. ウェルマン・前掲注(67)93頁。
(72) スティーヴン・ルベット・前掲注(54)213頁。

な反対尋問でも有効な手法であるが、専門家証人に対する反対尋問でもかなり有効であると思われる。

一般に科学的証明は、仮説に基づいて実験や検査等を行いその正しさを検証していく作業を伴うが、措定した仮説に合致したデータだけを集め、反対仮説の検証が不十分なこともよく見受けられる。あるいは類似事例との比較検討、検証の欠落もある。想定される仮説であれば、当然なされなければならない検査や前処理、統計学的な処理、検証等について「欠落」を指摘できれば、素人でもその専門家証言の信用性の低さが分かりやすいし、効果的である[73]。

和歌山カレー毒物混入事件では、砒素に関する中井鑑定につき、例えば、「犯罪現場からのサンプリング（試料）、検体（または試験片）間の異同、異なる日の測定による変動、異なる分析者による変動、ビームラインの相違によるスペクトルの変化など分析研究者ならあって当たり前の変化が、無いと仮定して示された結果は信頼性に問題がある」[74]という欠落が河合教授から指摘されている。「専門家が重要な検査または手順を実行しなかった場合、あるいは、専門家が全ての重要なファクターを考慮することを怠った場合、専門家は反対尋問で危険にさらされる可能性がある」[75]のである。

　オ　関連論文等による専門家証人の知識、知見の矛盾や限界等に関する尋問

当該専門的分野に関連して収集した論文によって、当該専門家証人の知見や見解と異なる論文等を指摘することも効果的である。当該専門的分野において当該証人と異なる見解が存在することを指摘することにより、当該証言の限界を示しその見解の妥当性、信用性を相対化できるからである。とりわけ、当該専門家証人の現在の見解と矛盾する自身の過去の見解の指摘は有効である。いわゆる一般的証人に対する自己矛盾供述に該当する論文の存在で

---

(73) スティーヴン・ルベット・前掲注(54)219～221頁は、ほとんど全ての専門家は、自分の意見を述べる過程で、何らかのその他の仮説を述べなければならないが、その仮説は、非現実的であったり、信頼できないものであったりする可能性もあり、その場合には、仮説の変更や、基礎となる事実の変更、および代わりの説明を提示することによる確実性の程度に対して有効な弾劾が可能であるとする。
(74) 河合・前掲注(3)「和歌山カレー砒素事件鑑定資料―蛍光Ｘ線分析―」83頁。
(75) スティーヴン・ルベット・前掲注(54)218頁。

ある。もっとも、科学的見解は、前提条件や実験条件あるいは検査機器の改善発展等により知見の変化があり得ることを前提とし含意している。それ故かかる前提条件等の異同によって、自己矛盾論文の存在は必ずしも決定的とはならないこともあることは十分留意しておいた方がいいと思われる。それでも、自己矛盾論文の存在は専門家証言を弾劾する上で大きな武器とはなりうる。

そして、専門家証人に対する反対尋問をするときには、上述の「欠落」を指摘する場合も含めて、法廷ではいつでも収集した関係論文を利用し取り出す必要がある。そのような「矛盾」、「限界」、「反対仮説の存在可能性」等を指摘できるように準備しておかなければならない。

カ　科学的原理の問題、鑑定の方法（技法）等についての尋問

専門家証言については5段階の観点[76]からの吟味が必要であり、科学的原理の問題、鑑定の方法（技法）等についても検討をしなければならない。しかし、検討したからといってこれらについて必ず尋問しなければならないということではない。自らのケースセオリーに基づき、上記事項につき弾劾できるのか、あるいは有利な事実を引き出せるのかを慎重に検討し、否定的な結論に達すれば、かかる事項に対する尋問は回避すべきである[77]。とりわけ、科学的原理や鑑定の方法（技法）については、明確に弾劾できるとの確信が持てない限り、「殺す」尋問の観点からの反対尋問は控えることが賢明であると考える。

キ　専門家証人自身の公平さ、能力についての尋問

前述のとおり、「悪事は裁かれるという科学の力を示すことで、全国の毒物混入事件に対する抑止力になる」[78]との立場から鑑定するなど、公平性・

---

(76)　光藤・前掲注(26)3頁。
(77)　F. L. ウェルマン前掲注(67)90〜91頁も、「反対尋問家が鑑定人に対して相手の土俵の中で対抗しようと試みることは、賢明な策ではない。その鑑定人の理論なり学説について長々と反対尋問をしたりすると、必ず悲惨な結果におちいるのであって、めったなことに試みるべきではない。……たいていの場合は、……すでにした証言をさらに詳述させ、さもなければ陪審が誤解をしあるいは全く見逃がしていたかもしれないところを説明しなおす機会を与えるだけなのである。……医師に対しては、めったなことに彼の専門分野のことで反対尋問をしてはならない」と述べている。

中立性に疑問のある専門家証人はいる。また、「飽和」の意味内容や有効数字を理解していない分析化学者、鑑定書をほとんど作成しないという法医学鑑定者もいる。そのような専門家証人は、能力に大いに疑問があり、本来かかる専門家の証言は証拠能力が否定されるべきであるが、現在の裁判所は残念ながらそのような見解にたっているとは思われない。

それ故、かかる観点からの尋問については、ポイントを絞っての尋問に限らざるを得ないと思われる。能力に関しては、当該専門家の専門分野、過去の論文等を検証し、当該専門分野の他の専門家の批判的見解を参照すべきことはもちろんだが、基本的な知識をいくつか尋問することを検討してもいいかもしれない。公平性に関しては、「①鑑定人の警察・検察に関連する職歴その他のかかわりの有無、②当該鑑定にあたり、捜査官が犯行状況等に関する資料を提供しているか否か、③捜査官からの一方的情報に引きずられていないか」[79]等、また、日本学術会議「科学者の行動規範」等をも参照して検討すべきであろう。

(2) **反対尋問の手法に関するいくつかの留意点**

専門家証人に対する尋問一般について留意すべきことを踏まえて、反対尋問において留意すべきことを繰り返しも含めて若干述べておきたい。

ア 同じ質問を繰り返し証言の散漫化や言い逃れを逃がさないこと

専門家証人は、概して自らの見解を縷々説明し知見を披瀝したがる傾向が強い。ひとつの質問に対してひとつの回答をするのではなく、ひとつの質問を契機として、自分の見解を披瀝するのである。そのような場合、証言が散漫化し、反対尋問に答えていないにもかかわらず言い逃れを許してしまうことにもなってしまいかねない。

このような回答を避けるには、まず、尋問を短くすること、端的に結論から聞くこと、回答の前提条件をきちんと確認すること、端的に回答することを尋問の中で求めること等の工夫が必要であろう。それでも、長々と散漫に回答されることはよくある。その場合でも、回答の途中で証言を遮ってはな

---

(78) 朝日新聞社・前掲注(11)10頁。
(79) 高野嘉雄・前掲注(52)168頁参照。

らない。遮ると、弁護側にとって不利な証言をされたと受け取られかねないからである。そうではなく、一旦最後まで証言させた後、同じ質問を繰り返すのである。「先ほどの私の質問にお答えになっていないようですので、再度同じ質問をします。……」。それにもかかわらず、証人がまた質問に答えていない場合には、再々度同じ質問を繰り返すことになる。このように同じ尋問を繰り返すことによって、専門家証人が証言を逃げていること、回避していることを印象づけるとともに、明確に回答を迫るのである。場合によっては、裁判所に対し、専門家証人が質問に対して端的に答えるようにとの訴訟指揮をすることを求めることも考慮すべきである。

　イ　両義的・多義的な言説等に注意した尋問を検討すること

　専門家証人は、両義的・多義的な言説、確率論的表現をよく用いるということを念頭に、反対尋問も検討する必要がある。例えば、主尋問で「Aという可能性がある」「Aと考えても矛盾しない」等の説明があった場合、「それは(a)『現時点ではAという結論が正しくそれを覆す具体的実験等はないが、理論的にはBもあり得るかもしれない（将来裏付けられるかもしれない）ので、その意味でAと断定しない』といったBについての理論上の抽象的可能性——抽象論——を含意しているのか、逆に(b)Aの方が理論上の抽象的可能性にすぎないのか、それとも(c)Aを否定し得る（Bを肯定し得る）別の科学的原理・手法があるなど（鑑定を行う者がそれに賛同するか否かは別として）Bについて何らかの現実的可能性があるのか」[80]等の尋問について、自らのケースセオリーに照らして、するのかしないのか、するとした場合、どのような尋問の仕方をするべきかをも考慮しておくべきである。

　ウ　ヴィジュアルエイドの利用

　開示された生データだけでなく、収集した資料から図やグラフ等を作成できるのであれば、積極的に行うべきであるし、模型等の利用も考慮すべきである。専門的な知識、知見および情報については文字情報だけでは分かりにくい。特に、裁判員裁判ではこのような視覚化のためのツールは大いに活用すべきである。和歌山カレー毒物混入事件においては、鑑定書添付のチャー

---

(80)　豊﨑・前掲注(57)126頁

ト図の生データを元にプロットした図に、証拠開示された別の資料付着物のデータをプロットした図を重ね合わせて鑑定資料付着物の異同識別に関する蛍光Ｘ線スペクトルのチャート図を作成した。もともとの鑑定書添付のチャート図は資料一個だけで、チャート図も一本だけのものだった。それに対して、開示された他の資料のデータを重ね合わせて図示したことで、ピークの位置による元素の特定、強度の強さについて資料間の比較が可視的になった。河合教授からは、中井教授のチャート図よりも弁護人作成のチャート図の方が見やすいと評価された[81]。

筆者ら同事件確定審弁護団は、そのチャート図を弁号証として請求、提出し反対尋問で活用はしたが、弁論では利用しなかった。裁判員裁判では弁論でも大いに利用すべきであると考える。

(3) 専門家証人対する反対尋問の例

ア 事案の概要

筆者自身の医師に対する反対尋問で「欠落」を指摘したり、「反対仮説の存在可能性」等を指摘して効果的な弾劾をした経験があるので以下に紹介したい[82]。

事案は、横領事件である。

Ａさん（56歳）は、同居していた長男と折り合いが悪くなり１人暮らしをしていたＢ子さん（80歳）と親しくなり、日常的に面倒を見るようになった。ＡさんはＢ子さんから信頼され預金通帳や銀行印をも預かる仲になり、自分の会社経営の資金繰りに行き詰まった折り、Ｂ子さんの承諾を得て、Ｂ子さんの口座から数回にわたって約１億円を引き出し、運転資金に使った。

その後、それまでＢ子さんの面倒を見たことがなかったＢ子さんの次男がＢ子さんを引き取ることになり、そのもとで、Ｂ子さんはＣ医師の診察を受けた。Ｃ医師は、Ｂ子さんを中程度の老年期認知症であり、その症状は数年

---

(81) 河合・前掲注(3)「和歌山カレー砒素事件鑑定資料―蛍光Ｘ線分析―」71頁。
(82) 大阪弁護士会刑事弁護委員会ダイヤモンドルール研究会ワーキンググループ「専門家証人の反対尋問のコツ（その２）先生、調べましたっけ？ ―欠落を突け！」刑弁83号（2015年）101頁、同「専門家証人の反対尋問のコツ（その３）先生、なるほど！……でも、ということは……？ 専門性を逆手にとったスーパーテクニック」刑弁84号（2015年）143頁参照。

前から出ていたはずと診断した。次男は、B子さんの保佐を申し立て、その過程でAさんによるB子さんの口座からの約1億円の引き出しを知り、Aさんを刑事告訴した。Aさんは逮捕され起訴された。

公訴事実の概要は、Aさんは、B子さんが老年期認知症のため、その事理弁識能力が著しく不十分であることを知り、同女名義の普通預金口座の普通預金通帳等を管理・占有し、同女のため同預金を預かり保管中、ほしいままに、※年※月※日、▲銀行の同女の口座から現金1,000万円を出金し、これを横領したものである、というものである。起訴の決め手となったのは、C医師の診断であった。

これに対しAさんは約1億円の引き出しに当たって、B子さんの承諾を得ていたとして無罪を主張した。引き出し時のB子さんの事理弁識能力が最大の争点となり、C医師の診断の信用性が問題となった。

　イ　C医師の供述

C医師の検察官調書の内容の概要は、次のとおりであった。

「私が、初めてB子さんを診たとき、次男さんに連れてこられました。次男さんの話では、B子さんは、長男夫婦と離れて1人暮らしをしていたのですが、次男さんが引き取ることになったということでした。B子さんの様子を診ますと、歩くときの歩幅が異常に小さく、特に左下に強い筋強剛がみられました。また、振戦、つまり、細かい震えも出ていました。顔には表情はなく、仮面様顔貌を呈していました。こうした症状は、パーキンソン症候群の典型的な症状でした。

頭部CTを撮りました。すると、側脳室、つまり脳の中の左右にある空間が通常時よりも拡大しており、皮質と基底核の萎縮が認められ、左側頭様に小さな脳梗塞巣がみられました。これらの脳梗塞は、小規模なものですぐに倒れるようなものではありませんでしたが、簡単に言うとB子さんの脳の血管は、あちらこちらで流れが悪くなっていたのです。私は、CTの結果から、B子さんにパーキンソン症候群とともに認知症の疑いがあると思い、カルテに『脳血管性認知症の疑い』と記載しました。抗パーキンソン剤を処方しました。その後、B子さんは1週間おきに通院されましたが、パーキンソン病の症状は明らかに改善していきました。

V　科学的証拠／専門家証人と弁護活動（特に尋問について）

　B子さんが約1ヶ月後に来院されたときには、一緒に来院した次男さんが、最近B子さんが大小便を失禁するようになって、家の中でトイレの位置を間違えると話してきました。こうした症状は、認知症に見られる見当識障害のひとつで、時間や場所など、自分が置かれている立場がわからなくなったり、人を区別することが困難になる症状です。認知症として中程度と言えます。この症状を受けて、私はカルテに傷病名として、はっきり『脳血管性認知症』と記載しました。

　私が診察までは、頭部CT以外には顕著な認知症の症状は見られませんでしたが、このころに初めてB子さんが認知症になったということではありません。慣れないところで生活を始めれば、最初は緊張して気を付けていますから、トイレを間違えたりすることはありませんし、周りの人も気を遣って、『おばあちゃん、トイレは？』などと声をかけたりしているので、認知症の症状が見られないのです。それが、引っ越してからしばらく経って緊張が解け、認知症の症状が分かり易く出てくるようになったのだと考えられます。また、家族も同居して様子を見ているので、そうした変化にすぐに気付いたのでしょう。

　ですから、B子さんの認知症の症状は次男方に引っ越す前から出ていたものと思われます。B子さんの脳のCTに顕著な萎縮が見られることからしても、こうした萎縮は数か月程度でできるものではないので、数年以上前からジワジワと悪化していたものと判断できます。もちろん、脳の萎縮が即認知症の症状につながるわけではないので絶対とは言えませんが、日常生活に見られる失禁などの認知症の症状と併せ考えると、数年以上前からB子さんに認知症の症状が見られていたはずです。認知症の症状は、日々一緒に生活していたり、毎日の様に見ていればすぐにわかりますから、Aという人が、B子さんの面倒を見ていたという以上、遅くとも私の診察より1年前頃には、認知症であったことは当然分かっていたと思います。Aさんが、私の診察より5ヶ月前にB子さんの口座を引き出したとすれば、認知症と分かってしたとしか考えられません」

ウ　基礎的情報収集の不備・欠落を弾劾する反対尋問の例

　筆者は、C医師の認知症との診断結果に対して、同医師は、記憶について

も見当識についてもB子さんから十分な問診をしていないこと、なすべき検査等をしていないことを明らかにし、弾劾することを目標とした。そのために、カルテ等を吟味し、関係文献を調査して、「欠落」を明らかにしようとした[83]。

弁護人　B子さんの診断経過についてお聞きしたいんですけど、★年★月★日、初診ですね。

C医師　はい。

弁護人　このときは高血圧とパーキンソン病を前提に診察に来られたということでしょうか。

C医師　はい。家族の方が前の病院の紹介状を持参されまして、ターゲットが認知症ではございませんでした。

弁護人　その際にB子さんの問診はなさいましたか。

C医師　ええ。問診票及び看護師による家族、ご本人からの予診の上、私自身が診察してご本人の様子を見ました。そしてCTを撮ったといういきさつです。

弁護人　問診の際に、記憶障害とかに関しては何か気付くことありましたか。

C医師　カルテを見ていいですか。（カルテを見ながら）……いわゆるパーキンソン症候群といわれる錐体外路症状が目先について、左右非対称性の筋強剛なんかが見られますし、まずはパーキンソン症状は前医院の診断に間違いないであろうということが１つございまして、血圧が少し高いということと、変動しやすいということがございまして、あと、その日にできてきたCTの結果から前頭葉の萎縮が見られるもんですから、その辺の後日調査をしなくてはならないと考えました。

---

(83)　大阪弁護士会刑事弁護委員会ダイヤモンドルール研究会ワーキンググループ・前掲注(82)「専門家証人の反対尋問のコツ（その２）」101頁は、専門家証人に対し、専門的経験則の当てはめの前提となるデータの不備を突くことは可能でありその欠落矛盾や、証人の証言を前提とすれば当然存在するはずの帰結が欠落していることを示す帰結矛盾を突くことが有効であるとする。

V　科学的証拠／専門家証人と弁護活動（特に尋問について）

弁護人　私の質問は、問診してＢ子さんの記憶に関して何か障害があったのでしょうか、ということです[84]。

Ｃ医師　……余り目立たなかったように記憶してます。

弁護人　記憶について、カルテに全然記載はないですね。

Ｃ医師　（うなずく）

弁護人　見当識障害についてはいかがですか。

Ｃ医師　書いてありませんね、カルテにはね。余りそこまで突っ込んで見てなかったと思います。

弁護人　目立つ所見というのはなかったという理解でよろしいですか。

Ｃ医師　大まかには、はい、そう思っております。

弁護人　主尋問で前頭葉に障害があると、善悪やモラルの判断とか、人を疑う疑わないなど社会生活上の機能について障害が生じるとおっしゃいましたよね。

Ｃ医師　（うなずく）

弁護人　Ｂ子さんと、それに関連した問診をした記憶はありますか。

Ｃ医師　器質的な所見と血圧の所見だけでございますね。

弁護人　その日以後に、カルテにＢ子さんと問答した結果について記載されてる部分はありますか。

Ｃ医師　特に疑いの所見だけで追究はしてなかったように記憶してます。

弁護人　問診で、見当識とか記憶がどうだったのかに関しては、カルテに書かれていないですね。

Ｃ医師　……書いていません。ただ、カルテに記載がないから症状がないというのとはちょっと違うと思います。

弁護人　カルテを見ますと、Ｂ子さんが認知症であるということをうかがわせるような所見は、要するにＣＴ像のほかには、家族が言ったせん妄があるとか、あるいは失禁していることは分かりますが、他にありますか。

---

(84)　Ｃ医師は、筆者の質問にきちんと答えていないので、前述したように、同じ質問を繰り返して、同医師が質問をはぐらかしていることを印象づけるとともに端的に回答を求めた。

407

C医師　あとは情緒不安定な状態ですね。ささいなことでものすごく騒ぐとか。特に夜間に多く、体が震えるほどまで不安になるとかですね。それから不安があると即血圧が上がったりするとかですね。

弁護人　そのうち、大小便の失禁などが多くなったということは、家族からお聞きになったんですか。

C医師　はい。

弁護人　トイレの位置なんかは分からないようになってるんだと、それも家族からお聞きになってるんですね。

C医師　はい。

弁護人　B子さん本人に聞かれたんでしょうか。

C医師　B子さん本人については、説明、検査しておりません。

弁護人　B子さんに、時間、場所、人などについては分かるかどうか、そういう見当識は確かであるかどうかなどの問診はしてないんですね。

C医師　しておりません。

弁護人　初診のとき、長谷川式簡易知能評価スケールの検査はしましたか。

C医師　しておりません。

弁護人　行動評価による老人知能臨床的判定基準による検査もしていませんね。

C医師　しておりません。

弁護人　要するに、認知症診断にあたり知能検査はなさっていませんね。

C医師　しておりません。確かに臨床検査で説得力があるのは、長谷川式であるとか脳研式だとかいうのがございますね。しかし、何といっても、十分臨床の中で対応していくと、検査をしなくとも、認知症という症状は疑われるものが如実に出ることはよくあります。たくさんの患者さんを診ている中では、検査をはしょってしまうこともあります。もちろん第三者に診断書を書くとかですね、そういう段階では恐らくしたと思いますが、長谷川式よりは私どもが臨床経験で見たほうがよっぽど精密度が高いんです。そういう自負がありま

すので、しなかったからといって問題がある訳ではないと思っています。

弁護人　認知症だと診断されましたら、今後のケアの問題とか、家族がどういうふうに対処していかなければならないとかということを考える上からも、どの程度なのか、それはきちんと診断しないといけないですよね。

Ｃ医師　そうですね、それはおっしゃるとおりだと思います。

弁護人　家族に対して、こういうことに注意しなさいとか、そういう指示は何かなされましたか。

Ｃ医師　この家族は、息子さん夫婦も実は私の外来にも通っていますので、当然Ｂ子さんをうちに置いて息子さんとか奥さんがこちらに来るということがあり得るわけですね。だからそういう形のコンタクトをとっておりますので、その辺は、大変言い方はまずいかもしれないけれども、あいまいなコンタクトと言われたらそれは仕方ないと思いますけれども。

弁護人　家族に対して、Ｂ子さんは認知症だからこういうことに気を付けなさいという指示は記憶にないわけですね。

Ｃ医師　……そうですね、

エ　反対仮説の存在可能性の不検討を弾劾する反対尋問の例

Ｃ医師は、Ｂさんが認知症であると診断したが、カルテの検討や関連文献の検討に照らすと、認知症様の症状を示す他の病気の検討や投薬した薬の副作用について十分に検討していないと思われた。そのことから、筆者は、Ｃ医師が「反対仮説の存在可能性」を検討していないことを明らかにしてその信用性を弾劾しようとした[85]。

弁護人　今回先生はＢ子さんを脳血管性認知症と診断されていますが、こ

---

(85)　大阪弁護士会刑事弁護委員会ダイヤモンドルール研究会ワーキンググループ・前掲注(82)「専門家証人の反対尋問のコツ（その３）」145頁は、「合理的な疑い」とは、検察官主張に対する「アナザー仮説」存在の可能性の提示であり、専門家証人に対する反対尋問でも同様に証人が想定していないアナザー仮説の存在可能性を示すことが有効であるとする。

　　　　　れは脳血管障害が原因となって認知症を生じるということでいいですね。
Ｃ医師　はい。
弁護人　ＣＴ像では左側頭葉の小さな脳梗塞巣があるという理解でよろしいでしょうか。
Ｃ医師　はい。
弁護人　いろんな脳血管障害がありますが、脳血管性認知症の大部分は多発梗塞性認知症ではないでしょうか。
Ｃ医師　ええ、各所に梗塞が起きてきて、起きた梗塞がもとで認知症症状を呈するという形でいいと思います。
弁護人　その原因としての脳血管障害は、脳血栓が多いのではないですか。
Ｃ医師　動脈硬化、脳血栓が多いと思います。
弁護人　脳血管の梗塞は認知症と診断されない健康な中高年にも、無症候性のものがあるんですね。
Ｃ医師　ございます。
弁護人　画像検査で小さな梗塞が認められても、それだけで脳血管認知症とは診断できないですね。
Ｃ医師　正しくはそうですね。
弁護人　Ｂ子さんに見られた小さな脳梗塞巣というのは、脳梗塞、脳血栓とか脳塞栓、脳内出血とか、そういうものに基づくと言えるかどうか、それはわかりますか。
Ｃ医師　わかりません。
弁護人　認知症を呈する疾患は、アルツハイマーとか脳血管性認知症以外にもいろんな病気があって、それらを除外して初めて認知症だという診断を下されるのですね。
Ｃ医師　はい。
弁護人　Ｂ子さんは、パーキンソン病との診断がありますが、パーキンソン病でも認知症様の症状を呈することもありますよね。
Ｃ医師　ございます。Ｂ子さんは、パーキンソン病じゃなくて、パーキン

ソン症候群と理解しております。パーキンソン症候群というのは、主に脳血管の障害によって出てきたり、薬剤性によって出てきたりします。B子さんは血圧が高かったり、動脈硬化があったりで、それも認知症の診断の裏づけになっております。

弁護人　パーキンソン症候群以外にも薬剤によっても、副作用として認知症と見間違うような症状を呈することはありますか。

C医師　あります。

弁護人　たとえば、向精神薬、抗不安薬、抗うつ薬、催眠剤とか、それから抗パーキンソン病薬について、精神神経症状が起こったり、悪化したりすることがありますね。

C医師　ございます。

弁護人　とくに抗パーキンソン薬として抗コリン製剤、これについては、とくに副作用として認知症様の症状が出るということは言われてますね。

C医師　はい、それはそうですね。

弁護人　B子さんにはいろんな薬を処方されてますけれども、まずニトロダームTTSを処方されてますね。

C医師　はい。

弁護人　このニトロダームTTSの副作用として尿失禁がありませんか。

C医師　投薬は当直医がしたんですが、血圧のコントロール、循環障害に対する安定性その他を求めておそらく投与したんだろうと思います。

弁護人　尿失禁の副作用はありませんか。

C医師　サイドエフェクトっていうか、この薬剤のいわゆる副作用については、ちょっと私は記憶にございません。

弁護人　治療薬マニュアルによりますと、ニトロダームTTSは尿失禁の副作用があるという記載があるんですが。

C医師　この薬剤の説明書きというのは、非常に何かあると訴訟の対象になったりなんかすることがございますので、些細なものが1例でも2例でもありますと、即情報として流すんですね。ですから記載に

載ります。だけど必ずしもすべてに出るようなものじゃないと思いますね、おそらく。
弁護人　B子さんに処方されたアダラート、これは頻尿の副作用があると治療薬マニュアルに書いてあるんですけれども、ご存知ですか。
C医師　……アダラートの副作用については、私はそこは理解しておりません。
弁護人　やはり処方されたレンドルミンには、せん妄、尿失禁の副作用が治療薬マニュアルに記載されてるんですが、それはご存知ですか。
C医師　レンドルミンの副作用として、せん妄状態になるということは知っております。
弁護人　処方のセルシンにも失禁の副作用があると記載されてるんですが、それはご存知ですか。
C医師　承知してます。
弁護人　B子さんに処方された抗コリン剤のアーテンには、せん妄とか、見当識障害などの副作用がありますね。
C医師　はい、あります。

オ　判決とその教訓

　本件においてC医師の診断と関係する横領の事実についてはAさんは無罪であった。しかし、判決はC医師の診断が信用できないという理由ではなかった。C医師の診断については次のように判断した。
　「C診断は、B子の病状を臨床的に診断するという性格が強く、B子について認知症の症状を呈しているとの診断は、2箇月近くの期間に複数回にわたりB子に対する問診を重ねた結果、問診中に情緒不安定な挙動や短期記憶障害等の所見が表れ、初診時の頭部CT検査において脳萎縮が疑われたことや、次男による失禁等の申告を基礎としてなされたもので、認知症症状の発現を確認したという意味では、十分に合理的な根拠をもってなされているものということができる。……各種の知能検査等は、経験ある医師の十分な問診や観察等でも代替可能な検査といえる。失見当や短期記憶障害がなかったとしている点も、C医師は、B子が徐々に適応が不能になってきて短期記憶等も障害されていたと思う旨述べているのであって、……臨床医師の判断と

V 科学的証拠／専門家証人と弁護活動（特に尋問について）

して認知症症状の発現を確認したという限度では、C 診断はこれを信用できるというべきである。」

他方で、判決は次のように、被告人にはB子が経済的活動能力を失っていたことを認識していたことを証明する証拠がないから無罪とした。

「日常接している人物の衰えにはかえって気付きにくい可能性も存すること、またC医師も指摘するように、経済的な面での判断力等はともかく日常生活上の支障は目立ったものでなかったことに徴すると、この時点以降直ちにB子の能力喪失を被告人が認識するに至ったと認定するのはやはり困難というべきである。してみると、被告人の認識に具体的な影響を及ぼす外部的事象があって初めてB子の能力の減退についての認識を認定できるものといわざるをえない。被告人は、B子に財産を処分するについてその意味を理解するに足るだけの能力が残されていないとの認識を有していたとは認めるに足りない。したがって、B子がその経済的活動能力を失っていたことが認められるものの、B子が経済的活動能力を失っていたことについて、その認職を証明するに足る証拠は存しないというほかな」い。

筆者は、判決がC医師の診断について信用性を認めたことについては疑問を持っているが、ただ、C医師の診断について反対尋問でそれなりに弾劾できたからこそ、判決は被告人のB子の症状に関する認識を問題にすることになったのではないかと考えている。

もっとも、専門家に対して反対尋問で弾劾しただけでは、裁判所に専門家の意見、判断と異なる判断をさせる困難であるということも、この判決は示している。したがって、科学的証拠、専門家証人の証言が問題になるときには、弁護側からの専門家証人による立証を常に考えておくべきであるし、また、反対尋問については、徹底した準備とケースセオリー、および証拠構造等を念頭に置き、弁論を意識しながら効果的な尋問を検討していかなければならない。

その際、裁判所は科学的分野に関して素人であるにもかかわらず、科学的証拠の持つ特殊性、危険性について認識があり、その意義と限界を意識しており、科学的証拠の持つ危険性が現実化しない防波堤があるとの根拠のない自己評価をしているという、裁判所の科学に対する謙虚さを欠いた残念な現

実を十分認識し、対応することを考えておかなければならないだろう[86]。

5 当事者鑑定／鑑定の請求と専門家に対する主尋問
(1) 専門家証人による立証の準備

弁護側から専門家証人による立証は、通常、検察側の科学的証拠あるいは専門家証人による立証に対する反証としてなされると思われる。しかし、検察側の科学的証拠による立証の有無にかかわらず、弁護側が積極的に科学的証拠による立証をする場合もあり得る。いずれにしても、専門家証人による立証もケースセオリーとの関係で考えなければならず、尋問についても同様にケースセオリーを念頭において尋問を組み立てるということが重要である。

弁護側立証は、自らのケースセオリーに照らして、検察側専門家証人に対する反対尋問と総合して弁護側専門家証人による立証を考えていくことになる。そのためには、検察側専門家証人に対する反対尋問において検察側立証に対する弾劾ポイント、弁護側の主張を支持するポイント、あるいは、反証のための資料となるべき事項、原鑑定の判断の前提となった客観的資料はどのようなものであるのか等を分析することが必要である。

弁護人は、当該専門領域の専門家に協力を求める場合には、弁護側による立証、主尋問請求の可能性をも含めて協力依頼をしておくべきである。さらに、面談に応じてくれた専門家が証言することが不可能な場合には代わりの専門家の紹介を受けておく必要がある。

加えて、専門家に証人としての証言を依頼する場合には、依頼する専門家の資格、公平性、正しい手続や適正な技法、機器類の作動性、実証的な根

---

(86) 司法研究・科学的証拠32〜35頁参照。なお、和歌山カレー毒物混入事件再審請求において、中井鑑定等の欺瞞性、非科学性が河合教授の意見書等により暴露されているにもかかわらず、和歌山地裁は2017年（平成29年）3月29日、Mさんの再審請求を棄却した。これは、裁判所がいったんなされた鑑定および専門家の判断等について、科学的正当性や適正性、信頼性を判断する能力に欠けているということを示しているといえよう。それは、「科学的」装いが施された証拠がいったん採用されると、裁判所がそのような証拠の欺瞞性の「防波堤」になっているともいえるのであり、非科学的であるといわざるを得ないように思われる。Mさんは即時抗告した。即時抗告審の判断が注目される。

拠・データのこと、および科学的な原理・法則の点についてもできるだけ事前に情報を得るようにしておかなければならない[87]。

加えて、専門的知見の豊富さや学識、あるいは権威という観点からだけではなく、法廷で分かりやすく専門的知見を説明し、素人に対するコミュニケーション能力等の観点も考慮する必要がある。弁護人は、証人候補となる専門家には原則として書面は証拠にならず証言が証拠となることから、法廷における口頭による分かりやすい解説が重要である旨を十分に説明しておく必要もある[88]。

(2) 当事者鑑定あるいは鑑定請求の検討

科学的・専門的な意見、判断が事案の帰趨を決する事件では、弁護人としてはさらに鑑定請求に基づくか、当事者鑑定によるか、いずれにせよ当該専門領域についての積極的な主張、立証が必要となる。

弁護側専門家証人(当事者鑑定)の証拠調請求をするときは、証言予定記載書(刑訴法316条の18第2号)を作成しなければならない。当該専門家証人候補者に鑑定の趣旨を記載した簡潔な意見書を作成してもらうとともに、意見の基礎となった実験結果やデータ等の証拠請求、および検察官へ開示をしなければならない(刑訴法316条の17第2項)。また、証人候補者の経歴や業績を開示することも必要である。

当事者主義訴訟構造の観点から、本来的には当事者鑑定によるべきであろう[89]。しかし、現在の法制度の下では、当事者鑑定は、裁判所の選任による鑑定に比べて困難が伴う。第1に費用の点である。当然、専門家証人による

---

[87] 現状では、刑弁フォーラム等やその他のメーリングリストによって、専門家を紹介してもらうことが有効であるが、後述のとおり、将来的には弁護士会を通じて専門的な分野における相談に乗ってもらえる専門家証人のネットワークを構築することが望ましいといえる。
[88] 髙野隆・前掲注(50)27頁は、望ましい専門家証人はその分野の第一人者の呼ばれる人であるが、学識や権威だけで決めるべきでなく、法廷において素人に対して熱意を持って分かりやすい説明する意欲と能力を持った人でなければならないとし、証人候補者への口頭での説明の大切さを説明しなければならないと述べる。
[89] 趙・前掲注(69)375頁は、裁判員裁判時代においては弁護側による専門家証言による立証を目指すべきだと論じる。その理由は、訴訟構造の他、裁判所への鑑定請求の問題点は、立証活動を弁護人がコントロールできず、しかも、どのような鑑定が法廷に検出されるか分からないことにあるとする。

鑑定を行う時には、費用は弁護側が負担しなければならない。専門的な鑑定の費用は、いかなる鑑定や実験をするのかによって当然異なるが、いずれにせよ弁護側が負担しなければならず、限界がある。この費用には、当該専門家自身に対する報酬の他、施設や実験道具の使用料等が含まれる。第2に、対象となる物や人の利用、使用について限界がある。捜査機関に押収された物等を弁護側専門家による鑑定のために利用、使用することはほぼ不可能である。人についても、例えば、被告人の精神状態を判断する場合でも被告人が身体拘束されていれば、精神科医は、接見室でアクリル板越しに、かつ、拘置所職員等の立ち会いの下で、しかも、時間を制限された中で面談等しなければならないという限界がある。このような場合には、執行停止（刑訴法95条）を求めることをも考慮すべきである。また、証拠保全（刑訴法179条、刑訴規則137条、138条）をも検討すべきであろう。

　このような困難な情況の下での鑑定作業であることから、収集される基本資料やデータが、裁判所による鑑定や捜査機関による嘱託鑑定に比べて不十分とならざるを得ない結果となる。しかし、積極的な証拠開示によって生データやその他の実験ノート、メモ等の基本的な資料の開示を受け、当該データ等に基づく嘱託鑑定の再評価や、嘱託鑑定に対するいわゆるセカンドオピニオン的な鑑定等は可能であり、これらについても検討すべきである。

　とはいえ、以上のように当事者鑑定には限界があることから、勢い裁判所に鑑定を求め、その採用を目指すことにならざるをえない場合が多いと思われる。その際には、弁護側協力専門家の意見をも参考に、鑑定事項について弁護側からの意見を十分反映させるべきである。また、必要な資料を提供しなければならない。さらに、鑑定人についても、様々な人脈やルートを使って、適切な鑑定人を推薦するよう心がける必要がある。裁判所の呈示する鑑定事項、資料鑑定人等を安易に受け入れるべきではない。

　さらに、裁判所が鑑定を採用したときは、当該鑑定人に対して機会を捉えて接触し、鑑定の際に行っている実験や検査のこと、専門的知見について教示してもらうべきである。鑑定人はいやしくも裁判所に選任されて公平中立な立場にあるから、鑑定作業等に支障のない限り、面談等に応じてくれるはずである[90]。このような鑑定人との接触、面談を通じて尋問の手がかりを得

ることもできる。

(3) **主尋問の組み立てと工夫**
ア **主尋問のための事前準備の重要性**

専門家証人による立証の場合も、基本は一般の証人の場合と変わらず、自らのケースセオリーに則り、当該専門家の専門的知識が、事実認定者が証拠を理解したり争点について判断するのに役立つものでなければならない。

そのためには、当該専門領域に関する学習を踏まえ、かつ、当該証人と主尋問事項のみならず、想定される反対尋問についてディスカッションしておくことが望ましい。とりわけ、反対尋問対策との関係で、当該専門家証人の本来的な専門領域と証言予定事項との関連性、収集した資料やデータ、その他についての不十分点や、証言の射程距離は必ず確認しておくべきである[90]。

また、専門用語を分かりやすくいい直すこと、具体例と類似のことがらを当該専門家証人とともに検討しておく必要がある[92]。ヴィジュアルエイドの活用等をもきちんと検討しておかなければならない。とりわけ科学的証拠の場合にはヴィジュアルエイドは不可欠であるから、何をどのタイミングで使うかについても細かく検討しておくべきである。

さらに、専門家証人といえどもコントロールすることを考えなければならない。そのためには、事前のリハーサルを行うことが必要であると思われる。専門家証人は自らの見解を長々と話し、ともすれば、争点と関係ない事

---

(90) 和歌山カレー毒物混入事件の鑑定人であった谷口一雄元大阪電気通信大学工学部教授は、2013年8月26日龍谷大学において開催された「〔公開シンポジウム〕刑事裁判と科学鑑定—和歌山カレー事件における科学鑑定の意味」において「裁判所から選任された鑑定人は、勉強会をいくらやっても構わないんですよね。私の記憶では十数回、検察側の方は勉強会に参加しました。もちろん裁判所の方も参加しました。しかし、弁護団側からは1回も要請はありませんでした」と発言し、事前に検察官および裁判官と勉強会を開いたことを明言している(龍谷法学46巻4号〈2014年〉443~444頁)。しかし、筆者ら弁護人には勉強会開催の件は知らされなかった。
(91) 髙野隆・前掲注[50]28頁は、証言を聞く人は素人であるとしても、尋問する弁護人は専門家にならなければならず、そのためには、関連する文献を網羅的に読み、証人自身執筆の文献については全部目を通しておくべきだと述べる。
(92) スティーヴン・ルベット・前掲注[54]203頁は、「複雑な考えの多くは、具体例、類似例や比喩を用いることで理解できるようにすることができる。専門家証人には、そのような比喩的描写を通じて自分の証言を明確化することが奨励されるべきである」とし、このような説明方法を用いることは準備の間にすべきであるとする。

項についても詳細に単調に話すこともある。一問一答形式による証人のコントロールも概して困難である。それ故、事前のリハーサルによって、証人の証言の傾向、脱線の危険性等を把握し、専門家証人に法廷での証言は、大学等での講義とは全く違うのだということをきちんと認識してもらう必要がある。そのためには実際リハーサルをやることに勝るものはない。その上で、法廷における尋問はどのようなものかを説明し、尋問者と証人が二人三脚で取り組まないといけないことを理解してもらうのである。

また、尋問の仕方についてもいわゆるプレゼン方式にするのか、通常の証人尋問と同様に問答方式にすべきかをも検討しておくべきである。プレゼン方式では尋問者が証言をコントロールすることが極めて困難であること等の理由から、専門家証人に対する主尋問も問答方式で行うべきであるとの見解が有力に主張されている[93]。傾聴に値する見解である。尋問においては尋問者が証言をコントロールすることが重要であることはいうまでもなく、自らのケースセオリーにとって専門家からいかなる証言を得るべきか常に意識しておかなければならない。

しかし、一方、専門家証人の中には問答方式、とりわけ一問一答方式に不慣れで、いかに注意しても逸脱して、延々と証言する者もいる。また、かかる尋問形式は科学的知見の正確性に対して不適当である旨表明している科学者もいる[94]。専門家証人に対して、非専門家である弁護人が当該専門事項に関する証言をコントロールすることは困難を伴う。コントロールを強めると、当該専門家との信頼関係を損なう危険性も生じるように思われる。それ故、筆者は、立証事項や当該証人の特性や証言経験、および当該証人の証言のしやすさや事実認定者に対する分かりやすさ等を考慮して、尋問の仕方を考えるべきだと考える。いずれかの方式によるべきか、択一的に決める必要もなく、一定の事項に関してはプレゼン方式、ある事項に関しては問答方式といった混合的な形態をも視野に入れて柔軟に対処していくべきだと考えている[95]。

---

(93) 髙野隆・前掲注(50)28〜29頁。
(94) 本堂・前掲注(51)「法廷における科学」158頁、および同「科学者から見た法と法廷」63頁。

V 科学的証拠／専門家証人と弁護活動（特に尋問について）

イ 主尋問の構成

　主尋問の構成は、一般的には、自己紹介、導入、舞台設定、動作という構成が妥当であるとされる[96]。専門家に対する主尋問も基本的には一般の証人の場合と同様、自らのケースセオリーに則って当該専門家の専門知識に基づき、事実認定者が証拠を理解するのを助け、または争点となっている事実を判断するのを助けるものでなければならない[97]。それ故、かかる事項に関する証言をいかにすれば裁判員に分かりやすく理解してもらえるのか、検討する必要がある。

　そのためには、①証人の紹介と予告（専門家証人の証言の主題の呈示）、②資格（当該主題を証言するのに証人がその問題に関する専門家であり、証言の資格があること）、③意見とその基礎（当該問題に関する証人の意見の結論とその基礎となった説得的根拠）、④説明と裏付け（意見について裏付ける原理、結論に至る推論過程、データの信頼性、仮定等）、⑤結論（最も重要な結論の繰り返しによる締め括り）という構成が適切であると思われる[98]。

① 証人の紹介と予告

　まず、証人に専門分野を自己紹介してもらい、事件との関わりを説明してもらう。簡単に専門分野を紹介してもらい、証言の主題を呈示してもらうことになる。事実認定者に証人が何を証言するのかその核心部分を話してもらい、その後に続く専門的な説明が続くことを予告しておくのである。

---

(95)　とはいっても、専門家証人が質問に対して、予定を越えあるいは脱線して長々と証言することに対しては、常に警戒しておくべきである。スティーヴン・ルベット・前掲注(54)201～202頁は、専門家証人の自由な物語方式による証言、専門家に長い途切れのない証言を認めることは、陪審員の注意散漫を招くとし、それを避けるために、弁護人は専門家の証言の論理の切れ間で中断質問を入れることによって初頭効果を再現し、それによって、絶えず専門家の証言の強調を繰り返すことの意義を論じている。
(96)　髙野隆「主尋問」法廷弁護技術105頁以下参照。
(97)　スティーヴン・ルベット・前掲注(54)190頁は「専門家証人は、事実認定者が受け入れることができるような理由を、そして望むらくは、専門家の視点を自分自身の視点とするような理由を与える首尾一貫した説明を示さなければならない」とする。
(98)　髙野隆・前掲注(50)29頁以下参照。また、スティーヴン・ルベット・前掲注(54)191～199頁もほぼ同じ構成を紹介している。以下では、スティーヴン・ルベット・前掲注(54)の「第8章　専門家証人」および、髙野隆・前掲注(51)の記述を参考に述べていくことにしたい。

② 資　　格

　証人が専門家として証言する資格を有することを示すために、その知識、技能、経験、訓練または専門教育を受けていることを明らかにしなければならない。学歴、経歴、経験、あるいは著作や鑑定経験等をも証言してもらい、当該事件に関する専門的な事項について証言する資格を有することを示すことになる。資格に関して特に問題のない場合、上記に関する事項や証人の紹介に関する簡単なペーパーを用意して、簡略に行うことも考慮してよいと考える。ただし、証人が当該事件の争点に関して特に専門的観点からの業績を有していたり、関連論文を執筆していたりする場合にはその点は、特に強調して証言してもらうべきである[99]。また、弁護側専門家証人は、検察側専門家証人が有しない適格性があることが明らかになる場合、その分野の適格性を強調するような尋問をして、検察側証人との差異を示さなければならない。

③　意見とその基礎

　意見とその説明が、専門家証人の証言の核心的な部分であり、事実認定者に対して十分に理解してもらわないといけない部分である。この場合、説明よりも先に、まず、意見を述べてもらうべきである。なぜなら、事実認定者は意見を知りたがっているからである。専門家の結論が明確に述べられると、それに続く説明的な証言についても道筋を示すことができると思われる。しかも、往々にして専門家の説明は、複雑なことが多く、専門用語ひとつでもその理解に躓く、とその後の説明は理解不能に陥る可能性もあるので、意見を後回しにすると、肝心な専門家の意見を事実認定者に理解してもらえないことになってしまいかねない。

　ゴールをまず示した上で、引き続き意見の基礎になっている説得論拠、資料について述べてもらうべきである[100]。どのような資料を使って、どのような経緯で結論に至ったかを簡単に述べてもらわなければならない。

---

(99)　スティーヴン・ルベット・前掲注(54)193頁は、証人の説得力ある資格については、専門家証人の履歴書等を示す方がよいことがよくあるが、履歴書は弁護士が証人の最も注目させたい才能を強調する機会を奪うことになるから、証人の資格に関する尋問の完全な代替物として用いられることはない、とする。

Ⅴ　科学的証拠／専門家証人と弁護活動（特に尋問について）

④　説明と裏付け

意見の内容を証言した後で、専門家証人にはその根拠となった資料データ等、および意見に至った原理、仮説、実験の内容等を分かりやすく説明してもらうことになる。

最高裁平成20年判決も、鑑定の前提条件に問題があったりするような場合にはその鑑定結果を採用し得ない合理的な事情が認められると解してるが、その前提条件のひとつは資料や基礎データ等である。この資料等に関する専門的見地からの妥当性、適正性等を証言してもらうことになる。また、自身が行った実験、計算方法、仮説等を説明してもらわなければならない。

続いて、そのような資料等に基づいて自身の結論に至る原理、理論等を説明してもらい、当該資料等をもとに、そのような原理、理論等がなぜ、専門家自身の意見、結論を裏付けるのか、どのように裏付けるのかを説明してもらうことになる。

このような資料等を根拠に、理論的な背景をもとに意見に至る論証過程の証言は、専門家証言の核心部分である。ただし、専門的であるが故に、事実認定者が理解困難に陥る危険性も十分にあることは留意しなければならない。事実認定者にとっての分かりやすさという観点から、争点に必要なデータ等を選択厳選し、また、ヴィジュアルエイドを使ったり、あるいは比喩や喩え話を使った証言の工夫をする必要がある。

さらに、当事者鑑定の場合、資料が不十分だったり被告人からの聴き取り等について制約があったりすることがあるが、そのような制約的な条件と意見の関係、射程をも証言してもらわなければならない。専門家に対して、前提としての資料等と理論からいえることの限界を超えて意見を求めるべきで

---

(100) 髙野隆・前掲注(50)30 〜 31頁は、意見の前に意見の基礎を明らかにする尋問をしなければ、いきなり意見を述べさせても、意見が宙に浮いている印象を与えると述べる。一方、スティーヴン・ルベット・前掲注(54)195 〜 196頁はまず「意見第一」であり、一旦意見の陳述がされたら、直ちにその基礎となっている説得論拠を述べなくてはならない、とする。確かに、一般的には証言の基礎（foundation）を明らかにした後、主題の証言を得るべきであるが、専門家証言は資格の証言をし、主題を呈示しているのであるから追加的な根拠なしに意見を述べることができるとされているから（スティーヴン・ルベット・前掲注(54)195頁）、まず、意見を述べその後直ちに資料等の説得論拠を述べるという順でいいと思われるが、ここの順序はそれほどこだわることはないであろう。

はない。前提たる資料等や一定の条件の下で専門家として証言できる限界や射程があれば素直にその旨証言してもらうべきである[101]。

また、同じ争点についての対立する他の専門家の意見があったり、検察側専門家証人の証言があれば、資料の面、理論の面、および意見に至る論証過程等の面について反論の証言をしてもらう必要もある。このような証言をしてもらうことによって、当該専門的観点に関する争点が明確となり、事実認定者が検討すべき論点がはっきりすることになる。しかも、客観的な資料等や理論、およびその理論の当てはめといったいわば客観的な側面における反論であるから、反対専門家の人格攻撃や党派的な対応とみられることを避けることもできるのである。

⑤ 結　　論

最後に、専門家証人の証言を整理して、重要な結論を力強く簡潔に繰り返す形で締めくくり、事実認定者に印象づけて終えるべきである。

ウ　主尋問の手法に関するいくつかの留意点

専門家の証言は複雑で長大になりがちである。素人には得てして非常に分かりにくい。また、専門家証人はコントロールが困難である。しかし、弁護人は事実認定者に分かりやすく専門的な見識を伝え、証人をコントロールすることを考えなければならない。そのために前述した一般的な留意点を踏まえて、主尋問で特に留意すべきと思われるいくつかの点について簡単に述べておきたい。

① 結論が先、説明は後

専門家証人はともすれば、結論に至る背景、根拠を述べた後で結論を論じる傾向がある。特に大学教授等は講義での語りの順序で説明しようとする。そのことによって結論に至る思考法を学生等に感得してもらうことをも意図しているのではないかと思われる。しかし、法廷は大学等の講義ではない。限られた時間の中で、専門家証人には弁護側のケースセオリーに則った専門

---

(101) スティーヴン・ルベット・前掲注(54)208頁は、専門家の適格性を誇張したり、専門家の独立性に干渉しようとすることは、倫理に反することであり、尊敬すべき専門家は、弁護士が自分の意見に影響を及ぼすことを許さないし、弁護士は専門家の地位を常に尊重しなければならないとする。

的な見地からの意見、説明をしてもらう場である。事実認定者は、複雑で長々とした説明にはなかなかついて行けない。また、結論を知りたいと考えている。まず、説明のゴールを示すことで事実認定者の注意力をひきつけ、その後に意見の説明をしてもらうべきである。法廷での証言になれていない専門家証人については前もって、「結論が先、説明は後」ということをきちんと説明しておかなければならない。説明だけでは足りず、事前に尋問リハーサル的なことをすることによって、法廷での証言というものをイメージしてもらうことも必要であろう。

② **証言の語りの長さを適切なものにすること**

専門家の知見、意見を事実認定者に理解してもらうために、証言の語りの長さを適切にコントロールすることを考えなければならない。これは、プレゼン方式を採用するか、一問一答形式を採るかにかかわらず検討しなければならないことである。例えば、証言の論理の切れ間に中断を入れる質問をすることが考えられる。見出し的な質問を挿入したりしてもよい。また、重要な事項に関する意見を説明した場合にはループクエスチョン（直前の証人の答えの一部を次の尋問の中に取り込むという方法）を利用することも有用であろう。その他、語りの量を抑えるために、ナンバリングをいう方法もある。そのためには、諸要因や考慮事項をいくつかの概念としてまとめるということを準備しておく必要がある。ナンバリングについては、尋問者が例えば「根拠はいくつありますか。」と質問する、あるいは、証人に「根拠は★点あります。」と答えてもらうなどのために尋問を工夫するなどの仕方がある。

このような証言の語りの長さを適切にするためにも事前の準備が必要であるし、できれば事前にリハーサル的なことをやるべきである。

③ **両義的・多義的な言説や条件等に注意した尋問を検討すること**

主尋問の場合でも、専門家証人の両義的・多義的な言説、確率論的表現については検討しておくべきである。自らのケースセオリーに則り、「Aという可能性がある」「Aと考えても矛盾しない」等について、反対尋問の項で述べたような意味合いのいずれなのか、さらに詳しく説明を求めるべきか否か、さらに説明を求める場合には、どのような説明をすれば分かりやすくなるかも検討しておく必要がある。

また、専門家証人の説明が、一定の条件を前提とした説明である場合、その条件下における証言の妥当性の限界や射程範囲を意識しておく必要がある。その条件等について詳しく主尋問で聞くべきか否かの検討もしなければならない。
　このような両義的・多義的な言説あるいは確率論的な表現は、得てして曖昧で結論が弱いとの印象を与える危険性がある。それを避けるためには、専門家として確実にいえることを確定し、その確実に意見を述べることができるような尋問を工夫する必要がある。
　スティーヴン・ルベット・前掲注(55)206～207頁において、弱い言葉遣いの例として、「答：私のこの時点での最も確実な予想は、レストランチェーンがおよそ320万ドルをかせいだはずであるということです。」を挙げ、より強い表現として「答：私は、失われた利益を320万ドルと計算しました。」あるいは、「答：私の見積もりはレストランチェーンが320万ドルをかせいだはずであることを示しています。」と、置き換えられるとしている。とすれば、これらの答を引き出す尋問の表現を考えなければならない。例えば、「問：先生は、失われた利益をいくらと計算しましたか。」あるいは「問：先生の見積もりはいくらになりましたか。」等となろうか。いずれにしても、事前に証人と打ち合わせして、その言葉の使い方等について検討し、質問の際の言葉の使い方等を検討しておかなければならない。あくまでも確率論的な表現にとどまらざるをえない場合、そのまま証言してもらいケースセオリーに則った上でその意味合いを証言してもらうことになろう。
　また、両義的・多義的な言説や確率論的表現について主尋問ではあっさりと済まし、敢えて反対尋問の際に詳しく回答してもらい、証言を際立たせるという戦略も考慮しておくべきであろう。

④　例外的な誘導尋問の効果的活用

　主尋問については原則としてオープンクエスチョンを用いるべきである。しかし、専門家証人の場合には例外的に誘導尋問を効果的に使用することも必要である。専門家証人の場合、争点と関係ない事項について長く単調に話すことがある。弁護人は、争点、問題の核心にスムーズに導いていかなければならない。そのために、当該専門分野について確実なことがら、見解であ

ればその部分について、また、争点に関する予備的なことがら等については誘導尋問を用いるのである。さらに、争点と争点をつなぐような場面でも誘導尋問を活用することが考えられよう。

争点に関してはオープンクエスチョンによらなければならないが、ナンバリングの手法等をも駆使して、わかりやすくきちんと聞いていくことである。

⑤ ヴィジュアルエイドの使用

ヴィジュアルエイドの利用は、主尋問では反対尋問以上に重要である。主尋問の目的は自らのケースセオリーを事実認定者に理解してもらう、立証する場であるからである。専門家の証言を分かりやすくするためには図形、グラフ、模型等のヴィジュアルエイドの活用は不可欠である。このヴィジュアルエイドはどのようなものをどのタイミングで、どのように使用するかを考慮しておかなければならない。専門家証人が作成したパワーポイントのスライド等についても弁護人自身が事前にチェックした上で、自らのケースセオリーを理解してもらうためにどのようなスライドにしてもらうのか等について、専門家証人と十分に意見交換しなければならない。

(4) **主尋問の例**

ア **事案の概要と弁護方針**

殺人の公訴事実に対して、同意殺の成立を主張し争った事案を紹介したい。不倫関係にあった被告人と被害者がラブホテルで心中を図り、被害者は死んだものの被告人は死に至らなかったという事案である。検察官は法医学の嘱託鑑定人の証言によって単純殺人を立証しようとし、その証言の後に弁護側証人として法医学の医師を証人として尋問した。殺害に関する被害者の真摯な同意がなかったということについては、合理的な疑いが残るということを立証したいと考えた。もちろん、弁護側専門家証人によってのみ反証が可能となるものではなく、他の証拠との総合判断によることになるが、検察側専門家証人の信用性を弾劾し、殺害についての同意の有無について、弁護側の専門家証人の証言は極めて有効であった。

本件では、特に被害者の頸部の爪痕様の評価が問題になった。すなわち、当該爪痕が被害者の抵抗を示すものか否かである。検察側専門家証人はこれは被害者の抵抗を示すものであると証言した[102]。

この証言を弾劾し、当該痕跡が被害者の爪によって生じたものであることについて合理的な疑いがあることをY医師に証言してもらった。

本件主尋問は必ずしも十分なのもではないが、ひとつの参考として紹介したい。

イ　証人の紹介と予告、資格

証人の紹介と予告、資格については経歴書等でまとめておき、その中で証人が当該事案で証言の資格があることを示す重要な事実、本件では法医学鑑定の経験および執刀体数については明確に証言してもらった。

弁護人　（速記録末尾添付書面1を示す）先生の御経歴は、このY医師の略歴と書いたこの書面のとおりでよろしいですか。

Y医師　はい。

弁護人　専門領域、学会会員などを記載していますが、このとおりで間違いないですか。

Y医師　はい。

弁護人　先生は、法医学鑑定の経験はどれくらいおやりになってるんでしょうか。

Y医師　年数にして30年くらい、執刀体数では600体くらいだと思います。

弁護人　それは、法医学鑑定ということでよろしいですか。

Y医師　はい。

ウ　意見とその基礎

意見とその基礎の証言について、いかなる資料を検討したか、また検討するについて不十分な点はあったか等について簡単な尋問した後、意見の趣旨を述べてもらった。本件では検察官請求証拠である鑑定書等添付の写真等を検討してもらい、鑑定人の見解と証人の見解が異なるということを証言してもらった。

---

(102) 福島弘文編『法医学［改訂第2版］』(2009年、南山堂) 95頁によれば、「他殺例では被害者が索条物を取り除こうとした際に、上下方向に走る線状表皮剥脱が形成されることがある（警察用語では『吉川線』と呼んでいる）」としているが、本件で、嘱託鑑定人はこれをいわゆる吉川線であるとして、被害者が抵抗を示していることを示す根拠であるとしていた。

Ⅴ　科学的証拠／専門家証人と弁護活動（特に尋問について）

弁護人　本件で、主としてどのようなものを資料として検討しましたか。

Y医師　弁護人から提供してもらった写真などです。

弁護人　どういうものを御覧になってますか。

Y医師　K助教授が書かれました鑑定書と、それから、実況見分調書に添付された写真と、死体解剖立会書か何か、そういったふうなものだったと思います。

弁護人　先生は、実際、死体自体は見ていなくて写真しか見てないわけですね。

Y医師　はい。

弁護人　そういう点で、判断上、不都合な点とか、そういうのはなかったですか。

Y医師　写真にだまされると言いますか、ひょっとしたら光源の状態とか、影で変わりますので、何枚かの写真を見なければ検討が難しいと考えたところはありました。しかし、十分に死体の写真などを検討しました。

弁護人　本件の被害者の死因に関しまして、鑑定書によると、幅の広い索状物で絞めた、で、窒息死だと鑑定書に記載されていますが、この結論に異論はないでしょうか。

Y医師　ありません。

弁護人　鑑定書の30ページから31ページに、
　「頚部の損傷は基本的に一つの損傷であり、索状物による圧迫を示すものといえる。創の形状から考え、幅３cm以上の索状帯により首を絞められたものと考えられる。また、右後頚部にみられる、皮下出血を伴う逆Ｖ字型の蒼白帯は、結び目を示すものと思われ、結び目の直下に皮下出血生じたものと考えるのが妥当であろう。つまるところ、ネクタイのような幅の広い索状帯で、右後ろから一重に輪をつくり、右後頚部に結び目ができるような状態で頚を絞められた可能性が高いように思われる。」という記載があるんですけれども、この記載について、先生の見解はいかがでしょうか。

Y医師　結び目うんぬん以外は、大体それで正しいんじゃないかと思いま

弁護人　そうすると、幅の広い索状物で、首を1周囲して絞めたと。ただ、結び目のところに関しては留保つきという、そういうことでいいですか。

Y医師　はい、そうです。

弁護人　(検察官請求証拠の捜査報告書添付の資料を示す)。これは、被害者の右頚部の写真なんですけれども、これについて、K助教授は、5個の横状に並んでいる表皮剥脱、それから、それより右前方の黒く写ってる部分、その前方下の4個の表皮剥脱は爪による抵抗の痕だと、そのような証言をしてるんですが、先生の御見解はいかがでしょうか。

Y医師　一般的に申しまして、首に索状物があって、それ以外の損傷がある場合、まず第一番に考えますのは、爪ではないかということです。私も最初は話を聞きまして、爪じゃないかと考えました。しかし、実際の爪の大きさと表皮剥脱の大きさを考えてみますと、どうしても爪ではできないんじゃないかと、そういうふうな結論に達しました。ですから、爪の可能性を一応否定する方向です。

エ　説明と裏付け

　被害者の頚部に残っている5個の横状に並んでいる表皮剥脱が、被害者の抵抗を示す痕跡といえるのか否かが、検察官が主張するような単純殺人なのか、被告人が主張する被害者の同意に基づく嘱託殺人なのかを判断する上で最も重要なことがらのひとつである。証人は上述のとおり5個の横状に並んでいる5個の表皮剥脱は爪によってなされたということは否定した。その理由の説明と裏付けを求めた。

弁護人　鑑定書によりますと、5個並んでいる表皮剥脱、これについては幅が2.6センチの間に5個表皮剥脱があったと述べてるんですが、これについてどう判断しますか。

Y医師　狭すぎます。爪と爪の間がそれぞれの表皮剥脱の幅よりは大きくなるんじゃないかと、こういうふうな狭い間隔で、爪の痕がつくとは考えにくいというのが第一番の理由です。

V 科学的証拠／専門家証人と弁護活動（特に尋問について）

弁護人　仮に爪なんかであるというような場合、爪によって表皮剥脱したかどうかは確認するものなのですか。

Y医師　大体その可能性を疑われる場合は、遺体の爪の状態は一応チェックしますけれども。何が詰まってるかどうかまでは無理としましても、何かあるかどうかは一応調べます。

弁護人　先ほど右頚部を示しましたが、K助教授は、（5個のうちの）4個の表皮剥脱が索状物の圧迫痕の上縁と下縁の間に認められることについて、まず、爪を立て抵抗した後、索状物で絞めた可能性があると、そういうふうな証言をされてるんですが、その見解は妥当でしょうか。

Y医師　爪を立てたからには何らかの襲撃やら攻撃があったと思うんですけれども、それが何か全然見当がつきません。K助教授の鑑定の0.9掛ける0.3の表剥のことやと思うんですけども。

弁護人　（検察官請求証拠の捜査報告書添付の資料を示す）。黒い固まりというか、K助教授はこれも表皮剥脱と言ってるんですが、その下前方に4つぐらい、これが先ほど申し上げたけれども圧迫痕の上縁と下縁の間にできてるんですけれども、これはなぜそういうふうにできたとお考えになりますか。

Y医師　一応、私は被告人が供述されているように、仰向けの被害者の首にネクタイを巻いて、後ろのほうで交差させて引っ張ったわけですね。それを見てみますと、絞痕の上縁と下縁が前頚部では大体まっすぐやったんですけれども、これで上のほうに上がってると、この辺で恐らくネクタイの縁か何かが折れ曲がるか何かしたんじゃないかと思う。それに応じて皮膚も影響を受けまして擦れたんじゃないかと、そういうふうに解釈してます。

弁護人　（検察官請求証拠の捜査報告書添付の資料を示す。）今、この辺で折れ曲がってとおっしゃいましたが、それはどこら辺でしょうか。丸で囲んでいただけますか。

Y医師　前頚部ではまっすぐ、上縁、下縁、はっきり分かつたんですけれども、この位置になって、下のほうが上のほうに曲がってます。そ

429

れと、この４個の表皮剥脱が一致してますので、ということで。
弁護人　折れ曲がってるとおっしゃってた指で指されたところ、それを囲って①と記入してください。
Ｙ医師　この部分ですね、この折れ曲がってるというか（記入した）。
弁護人　上縁の辺りのとこ、５個、横に並んでいる表皮剥脱、これが上縁の縁に大体沿って生じておりますね。
Ｙ医師　はい。
弁護人　これについて、Ｋ助教授は、索状物と皮膚の間に指をこじ入れようとした、だから不思議ではないんだと証言されているんですが、この見解については、いかがお考えになりますか。
Ｙ医師　表皮剥脱が１つか２つで、間隔が広がっておれば、その見解に、問題なく賛成したと思いますけれども、このように５つ並んでいて、間隔か狭いと、到底、指の爪では説明がつかないと思います。
弁護人　上縁に沿ってるということについては、いかがでしょうか、上の縁に圧迫痕。
Ｙ医師　そうですね、一番縁のとこですから、皮膚がよじれたと、その可能性がありますね。もし爪でしたら、もう少し上のほうについてもおかしくはないと思います。
弁護人　指幅よりも狭いということにつきまして、何回か引っかいた、あるいは指をすぼめてこじ入れる、そういうようなことによってこの５個の表皮剥脱ができるということは考えられないでしょうか。
Ｙ医師　少なくとも指をすぼめるという場合は、前後関係が生じますね。それでもちょっと無理でしよう。こうなりますと、上下関係ができまして、２つつくとは限らない。そうすると、無理やと思います。何回かに分けたということなんですけども、それも表皮剥脱の間隔が狭すぎるのと、そんなに３回ぐらい分けて防御できるのかどうか、それはちょっと分かりませんね。
弁護人　この表皮剥脱の部位、これが右頸部にあるんですけれども、抵抗する場合、右後ろから絞められているから、右の頸部辺りに抵抗痕がついても不自然ではないと、そういうようにも、Ｋ助教授は言っ

V　科学的証拠／専門家証人と弁護活動（特に尋問について）

　　　　てるんですが、その点についてはいかがですか。
Y医師　それは一応言えると思いますね。
弁護人　首を絞めている場合、先生の御経験からで、気道を確保するために、前方のほうに手を入れる、こじ入れる、そういうケースのほうが多いんではないのでしょうか。
Y医師　こういったふうな傷が残ってる症例というのは、あんまりありませんので、一般的と言えないですけども、反射的にやるもんですから、そこまでちょっと、私は推論できないです。常識的には、前のほうをやってもおかしくないと思います。
弁護人　この右頚部以外に、何かしら首の周りで、抵抗を示すと思われるような所見はあったでしょうか。
Y医師　ありません。これだけです。抵抗したとすればですけども、これだけです。
弁護人　首を絞められて抵抗するような場合、右手だけ、あるいは左手だけ、通常、そういうふうにするんでしょうか。
Y医師　片一方の手が使えないという条件があれば別ですけど、それがなければ両手を使うのが普通やと思いますけども。

　オ　結論

　本件で証人は、被害者の頚に残っている５個の横状に並んでいる表皮剥脱が、被害者の爪によってできたものではなく、ネクタイの縁か何かが折れ曲がるか何かしてそれに応じて皮膚も影響を受けて擦れたと証言したことから、この点にかかる尋問の最後として、そのメカニズムについて尋問した。

弁護人　先ほど、右頚部の表皮剥脱、これは爪によるもんではなかろうということですが、どういうメカニズムでできたというふうにお考えになるんでしょうか。
Y医師　まず写真で分かったことですけども、右頚部全体の皮膚がけばだっているということですね。それからもう一つは、被告人が供述された犯行のとおりいきますと、被告人の利き手が右手としますと、力が強いわけですね。そうしますと、一番強く、引っ張る力が被害者の右頚部に当たると、ですから左より右のほうに、そういった皮

膚が大きな変化を受ける可能性が高いと考えました。それから考えても、場所的には合うんじゃないかと思います。

カ 判決

判決は、ほぼ弁護側の主張を認めた。右頸部の5個並んだ表皮剥脱について「右頸部の表皮剥脱はいずれも索条痕の内側にあるところ、最も範囲が広い5個の表皮剥脱でも、2.3cm×0.4cmの範囲内に、5個が並んでおり、被害者が小柄な女性であることを考慮しても、人の手の大きさからみて、これらが手指の爪によって生じたとは考えられない。手指の先を寄せたり、数回にわたり爪を動かしたりすれば、数個の表皮剥脱が前記範囲に生じうるとしても、傷が閉じ高さで一直線上に並んでいる点と矛盾する。したがって、被害者の手指の爪によって前記表皮剥脱が生じたとみることは困難である。以上に加えて、被害者が抵抗したとすれば、頸部の索条物をほどくため両手を使うなどして、前頸部や手指等にも表皮剥脱等があることが多いとみられるところ、被害者の前記表皮剥脱は右頸部に限局されており、この点はY医師が供述するように、右利きの被告人が被害者の前方から、同人の後頸部でネクタイを交差させ締め付けた際、右頸部に最も力が加わって、同部に擦過等による表皮剥脱が生じた可能性は否定できない（なお、Y医師は、表皮剥脱は、ネクタイの上縁がよれて生じた可能性がある旨供述している。）」等と判断し、その他室内には被害者の抵抗を示すような事実は認められないとして、嘱託殺人が成立すると判断した。

本件では、検察側専門家証人に対する反対尋問においても、弁護側の前記Y医師のアドバイスがあり、効果的に弾劾できた。かつ、同医師が証言してくれたおかげで判決も弁護側の主張をほぼ認めてくれるという結果になった[103]。

科学的証拠、専門家証言が問題になる事案では、専門家の協力が不可欠であることをこの事件は如実に物語っている。

---

(103) 山本啓一「A-1439 絞頸された被害者の頸部に認められた表皮剥奪群は防御創かどうか」法医学の実際と研究50（2007年）165-169頁に本事案の法医学的観点からの報告が記載されている。

6　対質尋問とコンカレント・エヴィデンス
(1)　対質尋問の概要と活用
ア　対質尋問の概要

　専門家証人は、当該専門分野に関して、特に、①基礎となっている科学的原理に関する事項、②用いられる方法（技法）が、その原理によく適ったものであるかどうか、③その技法で用いられた機器類が正しく作動していたかどうか、④その検査にあたって正しい手続がとられたかどうかということや、⑤実験等における実務的な事項等については、素人である弁護人の尋問によってどこまで正確に立証できるか（主尋問の場合）、あるいは弾劾できるか（反対尋問の場合）等について、非常に困難であることは事実である。また、公判廷における一問一答式の一方向的尋問形式は科学的知見の正確性に対して不適当である旨表明している科学者もいる[104]。さらに、当該専門分野にわたる事項に対して専門家の見解が複数存し、いずれの判断が妥当であるか困難な場合もあると思われる。

　このような場合、刑訴規則124条に基づく対質尋問を求めることが考えられる。

　対質尋問について、特に刑事事件では実践例は多くなく[105]、僅かに故杉田宗久判事がその積極的活用を主張しておられる[106]。以下、同判事の論文に基づき対質尋問について述べていきたい。

　同論文によれば、刑訴規則123条において個別尋問を、124条において対質尋問を規定しているが、この両者の関係については個別尋問が原則的形態であり、対質尋問は個別尋問の原則の趣旨に反しない範囲で必要性があるとき、例外的に認められるとする。「必要があるとき」とは、①既に個別尋問

---

(104)　本堂・前掲注(51)「法廷における科学」158頁、同「科学者から見た法と法廷」63頁。
(105)　2010年7月福島地裁においてホーム入所者暴行死事件に対する裁判員裁判で死因に関する法医学の専門家に対する対質尋問や、2014年11月美濃加茂市長に対する贈収賄事件で証人対する対質尋問が行われた旨報道されている。他にも2014年（平成26年）12月和歌山地裁で傷害致死事案の裁判員裁判において法医学者の対質尋問が行われたことがある（LEX/DB 25541172参照）。
(106)　杉田宗久「裁判員裁判における対質尋問の活用」杉田・理論と実践251〜293頁において詳しく論じられている。

が先行して行われた後、さらに各証人・被告人間に供述の齟齬が存するような場合や、②各証人・被告人相互間に供述に不当な影響を及ぼす懸念がない関係があって、かつ、前述のような必要性が存する場合には、個別尋問を先行させず、いきなり対質尋問を行っても個別尋問の原則の趣旨に反しない。また、対質尋問が採用された場合に、その機会に対質対象者相互間で対話する方式の供述（同論文は、これを「対話方式」と呼ぶ）も許されると解し、民事訴訟の先端的な訴訟運営を行う裁判官においては対話方式の対質尋問を有効に活用しているとされる。

対質尋問が採用されるとしても、原則として、対質尋問は対質対象者に対する個別尋問をひととおり行った後、必要と認められる場合に限り行われるべきであるとされる。もっとも、例外的に、むしろ対質尋問から入った方がその供述内容がよく理解でき、かつ、このような方法によっても特段弊害は想定できないという場合には、端的に対質尋問を行うことも可能であるとする。その例として、鑑定人や専門家証人を対質するような場合をあげる。それは、専門家の間ですら結論の分かれる問題について、裁判員、裁判官はその対立点についていずれが説得力を有するかを判断する必要があり、このような場合には、専門的証人を対質尋問し、対質対象証人相互に他の証人の考え方に対する理解、意見を問いつつ納得いくまでその意見の合理性に関し尋問を重ねることによって、説得力のいかんを確認することができるように思われるからであると述べる。

イ　対質尋問の活用の例と弁護人の対応

同論文では、福島地裁郡山支部における専門家証人に対する尋問が紹介されている。それによると、専門家に対する対質尋問で特に問題と感じられる点はなく、裁判員にとっても、対質尋問により問題点が浮き彫りになり理解しやすくなったのではないかと思われ、自らが感じている疑問点を直接双方から確認できるということが心証形成を容易にすることができたとされる。ただ、この場合には、対立点や尋問のポイントを予め明らかにする必要性があること、当事者の準備に若干時間がかかったこと、複数専門家の協力等の問題等も指摘されている。

このように、対質尋問は現在もそれほど活用されているわけではなく、公

判前整理手続における主張をいかに整理すべきか、いかに専門的知見について素人にも分かりやすい尋問をするか等、検討すべき課題も多いと思われる。しかし、検察側の科学的証拠（専門家の証言）と相異なる弁護側証拠（専門家の証言）がある場合、この対質尋問の活用をも考慮すべきである。その際、重要なことは、弁護人自身が当該専門分野についての知見、知識を十分準備し、対質尋問について見立てを行い、戦略的に請求を検討すべきである[107]。

また、専門的知見が鋭く問われるような事案においては、前述した特別弁護人の選任を求めることをも併せて考慮に入れて対処すべきであろう。

(2) **コンカレント・エヴィデンスの紹介**

なお、対質尋問と絡んで、「コンカレント・エヴィデンス」という手法が注目される[108]。この手法は、現在の法廷が、科学について常に唯一の正解を用意してくれることを前提とした仕組みになっていることを批判的に検討し、科学的知見に対する証拠調の手法としてオーストラリアで始められたものであるという。すなわち、科学的判断は一般的には「線引き」を行った確率的なものであること、科学的予測には不確実性がともない、特に新しい現象の未来予測には原理的な困難性があることを考慮して、次のような手法を提起している。①科学者は個別に意見書を作成する、②争点となっている点について、科学者証人同士で話合い「合意できる点」、「合意できない点」をまとめる（コンカレント・レポートの作成）、③法廷に複数の証人が同時に出廷し、裁判官がコンカレント・レポートを参考にしながら疑問点を質問（尋問）し、それに証人たちが答えていく。その際、他の証人の証言に疑問のある証人は、名乗り出てコメントや意見を加えることが推奨される、④裁判官だけではなく、弁護士なども裁判官と同様に尋問することができるというものである。このコンカレント・エヴィデンスの手法を支持する研究者は、こ

---

(107) 杉田・前掲注(108)264頁は、対質尋問を行うか否かの決定に当たっては、刑訴法297条1項により当事者の意見を聴く必要があるものの、最終的には裁判所の裁量により決することになるとする。

(108) (独)科学技術振興機構　社会技術研究開発センター委託研究プロジェクト「不確実な科学的状況での法的意思決定」・前掲注(62)67頁、本堂・前掲注(52)「科学者から見た法と法廷」81頁参照。

の手法によれば、日本の裁判では学問的に明らかな誤りを、特に無自覚に、時に意図的に述べる科学者が後を絶たない中で[109]、この手法を用いれば、質の低い科学者は証人出廷しなくなり、「法律家自身が専門的科学的知識を身につけなくても、科学者の自浄作用が活用できるため、法廷での証言の質が自ずと高まる」し、「法的判断に必要な前提条件での科学的知識を見いだしやすいという意味で、法側が（科学者の証言に引きずられず）イニシアティブを保ちやすく、法的判断に必要な真実を見いだしやすい」と主張する[110]。

かかる手法は、対質尋問の活用と並んで有効であると思われ、具体的な審理方法として十分考慮すべきであろう。

Ⅵ 結びに変えて

科学的証拠、専門家証言は、正しい事実認定を強力に基礎付ける一方で、誤った事実認定に導きかねない危険な証拠でもある。とりわけ、裁判員裁判においては、「科学的証拠」についてその問題点、有効性、限界を裁判員に対していかに理解してもらうかは大きな課題であり続けている。にもかかわらず、相変わらず裁判官は、科学的証拠、専門的証拠に安易な信頼性を置き、法律家として科学的証拠の持つ危険性について十分自覚のないまま、その証拠を適切に判断できると自己評価をし、従前の裁判所における科学的証拠に関する証拠判断の枠組みを変える必要はないとしている[111]。しかし、「科学的」であるということがどういうことであるのか、これまでの科学的証

---

(109) 筆者が経験した和歌山カレー毒物混入事件における山内博聖マリアンナ医科大学助教授（当時）は、証拠調の結果、高校の化学レベルである「溶解度と再結晶」について正しい科学的知識に欠け、また、各報告書に数字を転記するに際して、再点検も原データとの照合もなにもしていないことが明らかになったが、和歌山地裁は同助教授が砒素研究の専門家であること等を根拠に同人の鑑定結果の信頼性を肯定した（和歌山地裁判決書66頁）。しかし、同助教授の鑑定が全く科学的に信用できないことは、河合『連載鑑定不正の見抜き方　第３回　外注鑑定は無理筋の鑑定である』季刊刑事弁護№86所収164～173頁で明らかにされている。他に同教授のホームページhttp://www.process.mtl.kyoto-u.ac.jp/も参照。
(110) 本堂・前掲注(51)「科学者から見た法と法廷」83～84頁。
(111) 司法研究・科学的証拠32～35頁参照。

拠、鑑定が、果たして科学界から真に科学的であると評価されるようなものだったのか、再度真摯に振り返ってみること必要であると思われる。げんに、和歌山カレー毒物混入事件において当時の最先端の科学装置であるSPring-8の放射光を用いた蛍光X線分析によるいわゆる異同識別鑑定が誤っていることが河合教授の一連の論考で明らかになっている。のみならず、法律家が科学に関する実験等のことを知らないこと、統計的手法による判断をすること等を知らず、数々の鑑定不正があることを同教授は論じている[112]。

かかる論考に謙虚に学び、科学的証拠、専門家証言の意義、限界、および危険性を十分に認識した弁護活動をしていかなければならない。そのために本稿で、科学的証拠、専門家証言について筆者が日ごろ考えていることを述べてきた。科学的証拠、専門家証言は多種・多様であり、各分野領域によってそれぞれ個別的にさらに検討していかなければならないと思う。

科学的証拠、専門家証言が問題になるときには、是非とも当該分野における専門家の協力が不可欠である。現在は各弁護人が個人的にコネを通じたりして個別的に専門家を探すケースが大多数だと思われる。この点、専門家との提携協力等について弁護士会等が組織的対応をすることが望まれる。また、文献調査等についてもインターネットを通じた文献検索について弁護士会が対応することを考えていくことも必要であろう[113]。

筆者の科学的証拠、専門家証人に対する尋問の検討はまだまだ不十分である。今後とも研鑽を積んでいきたい。

（おだ・こうじ）

---

(112) 河合潤「〈連載〉鑑定不正の見抜き方(1)〜(6)」刑弁84号（2015年）〜89号（2017年）等。
(113) 浅田・前掲注(5)808(270)頁も、再鑑定のために適切な鑑定人を選任することには困難が伴うこと等を考慮して、日弁連が主導し各単位会を通じて日常的に情報を収集・蓄積・分類しておき、随時利用できるようなシステムを整備すべきであろうと述べる。

反対尋問

弁護士　山　本　了　宣

- I　はじめに
- II　耳という器官の性質
- III　質問が下手だとどうなるか
- IV　発問の基本原則
- V　発問の細則
- VI　知識：尋問には、質問外の発言（予告、指示、情報提供）が含まれる
- VII　技法：質問を分ける——質問ではない部分に注目して——
- VIII　詳論：証人の視点・立場に沿った質問を作る
  ——尋問者の頭の中の分析——
- IX　おわりに

I　はじめに

　なにごとにも仕組みというものがある。仕組みを理解している者は対象を自在に使いこなすが、仕組みを理解しない者は決まった使い方しかできない。そしてトラブルに対応できない。仕組みを理解しない者は、いわば対象に振り回される。反対尋問の世界でこのことを考えてみたい。
　反対尋問教育は、いま法廷弁護技術研修を抜きにして語ることはできない。法廷弁護技術研修は大きな役割を果たした。それは確かに反対尋問のレベルを底上げした。
　しかし同時に限界も見えている。研修は、反対尋問という対象物の「使い方」を熱心に教えている。しかし、その「仕組み」を教えていない。たとえば反対尋問は全て誘導せよ、誘導尋問はクローズドクエスチョンである、答えの知らない質問をするな、３Ｃはこの手順で行え、といったことを教え

る。しかし「なぜ誘導が必要なのか」「なぜクローズドクエスチョンなのか」を教えない。その結果受講生は、「常にクローズドクエスチョンで誘導する」ことはできても、それ以外のことはできない。「決まった使い方しかできない」のである。

　この状況をコンピューターにたとえてみよう。仕組みをよく理解した技術者は、コンピューターにトラブルが起きても原因を見抜き、対処法を考えることができる。仕組みを理解しない一般ユーザーはそうではない。決まった使い方はできるが、それ以外の使い方はできない。そしてトラブルが起きたらもう手をつけられない。

　法廷弁護技術研修が生まれる前は、いわば「パソコンを触れる人が一握りしかいない」状態だったかもしれない。そこで法廷弁護技術研修は、広く、反対尋問の「触り方」を教えた。その結果、反対尋問の「一般ユーザー」の数を拡大することに成功した。しかしそれは「触り方」にとどまっている。受講生は、「常にクローズドクエスチョンで誘導する」といった決まり切った使い方しか知らない。形式だけは型通りだが、効果をあげない。的を外す。また、トラブルに対応できない。

　ここで同時に懸念されるのが教える側の意識である。教える側は上の状況を果たして自覚しているであろうか。自分が教えていることが「パソコンの触り方」であって、「パソコンの仕組み」ではないこと、そして、受講生は「一般ユーザー」のレベルでしかないことを分かっているだろうか。いや、そもそも、「パソコンの仕組み」と同じように「反対尋問の仕組み」をきちんと考えてみた人は、どれだけの数いるのだろうか。

　筆者はこのような問題意識から、2014年末に反対尋問の仕組みを考え直し、その結果を10万字ほどの論考として記述したことがある（未公刊）。同論考につき、本論文集への掲載のお話をいただいたことから、若干の手直しを加えたものが本稿となる。2万字の字数制限をいただいたことから、本論文集に掲載させていただくのは、そのうちの3章〔発問技術〕の部分となっている。

　本稿の検討対象について述べる。

Ⅰ　はじめに

　反対尋問においては、何を訊くか、どう訊くかという大きく二つの問題がある。どう訊くかという問題の中には、
　① 　事実を訊くとはどういうことか
　② 　一問から数問単位での質問をどう作るか
　③ 　尋問の全体構成をどのようにすべきか
　④ 　誘導尋問をどのように利用すべきか
といった問題がある。
　ここで取り扱うのは、上記②のテーマ、すなわち１問から数問の単位での質問を作る技術である。文章にたとえると、どんな言葉を用いるか（単語）、１文をどう作るか（文法や語順）、段落をどう構成するか（文と内容の配置）というレベルでの作文技術に相当する。これを【発問技術】ということにする。
　発問技術は、反対尋問における最小またはそれに近い構成要素であるから、これを正確に分析しておくことは、巧みな質問を作るための基礎となる。本稿ではその分析を通じて、発問の基本的な原則を導き出すと共に、指導論にも適宜言及することとする。
　ここで、本稿で用いる用語を定義しておく。
●訊く　証人に対して、質問することを言う。「聞く」にもこの意味はあるが、「音を聞く」などもあるから、「聞く」は多義的である。「質問する」という意味のときは、「訊く」と表記するほうがよい。
●質問　質問文そのもの及び質問をする行為。「――が分かりにくい」「――する」。
●質問文　発音、間などを捨象した当該質問のテキストそのものを、「質問文」と表記することにする。文の作りに着目して批評するときに使う。「――に無駄な言葉が多すぎる」
●尋問　本稿では尋問手続全体を言うときに用いる。具体的な質問行為は、質問や発問と書く。「――のどこかでこの点を訊く」
●発問　質問を発すること。「質問」に置き換えることもできるが、尋問者が個々の質問を出すその動作に注目するときに用いる。特に一問から数問レベルでの質問行為を本稿では原則として「発問」と表記する。「――が

441

反対尋問

上手である」「関連性は具体的な——を待ってから判断する」
● 問答　質問及びそれに対する証言。問いと答えをまとめて指し示すときに使う。
● 尋問者　証人に質問をしている主体。

II　耳という器官の性質

発問技術を身につけるためには、まず、耳という器官の性質をよく知る必要がある。

利き手を出し、その拳を握り、それからその指を少しだけ緩めて欲しい。筒ができる。筒の親指側に片目を当てて、もう片方の目を閉じ、なんでもいいので文章を読んでみて欲しい。このときに筒を調整して、1行だけが目におさまるようにする。

普通に目で読むのと比べると、次のような違いに気付くはずだ。

① 一度に数文字しか見えない
② 後ろが見えない
③ 前が見えない

文字通り、視野が狭くなる。そして、読む速度は落ち、また、理解も難しくなったはずだ。

耳に入ってくる言葉は、これと同じ状態である。正確に言うと、口調や表情やその場の空気というものがあるから、話し言葉には文字とは違う独自の情報がある。しかし、一度に聞こえるのは1語ずつである。そして、先は見えていないし、後にも戻れない。

したがって、耳は、すぐにオーバーフローを起こす。また、不明瞭な言葉への対応力が低い。そして理解は多面的というよりも一面的である。

質問はそれを踏まえて作られなければならない。

① 一問に含まれる情報量を落とすこと（普通は1事実。複数の事実を入れるとしても、全員にとって既知であり容易に共有されるレベルで）
② 単純な事柄を取り扱うこと（一考を要するのでは不適切）
③ 言葉が簡単明瞭であること

耳に言葉を聞かせるときには、これらのルールを守る必要がある。

反対尋問では、事実を、完全に明瞭に、伝えなければならない。上の要請は、日常会話を遙かに超えるレベルで、反対尋問に強く当てはまる。

Ⅲ　質問が下手だとどうなるか

「下手な質問」の例を挙げる。

（問答例）

A

弁護人　私としては、あー、被告人に殴られたあと、証人が驚かれて、それで身を守るという意味合いもあって、被告人に反撃をするという可能性もあったんじゃないかと思うので、えー、その点の証人の認識を確かめたいから訊くんですが、証人は、その点についてはどう考えているということになるんですか。

証人　まあ、そういう面もあるとは思います。

弁護人　そういう面もあるというと、何かしらの対応はしているということになるんでしょうか。その点はどうなるんでしょう。

証人　犯人のほうから急に殴ってきたので、私のほうでも何かしないと身を守れないということで、一定の行動はとったということになります。

弁護人　すると、やはりそういう事実はあったわけですね。

証人　はい。

弁護人　それについては、犯人に対しては、かなり強力なものかもしれない、そういう見方もありますが、証人はその点は記憶していないでしょうか。

証人　ちょっと分かりません。

B

弁護人　あなたが被告人に殴られたという場面がありましたね。

証人　　はい。
弁護人　そのときあなたも被告人を殴ったんですよね
証人　　いえ、そういうことじゃないんですよ。被告人がなんの理由もなく突然殴りつけてきたので、私も驚きますし、自分の身を守らないといけないですよね。
弁護人　いえ、でも殴ったんでしょう？
証人　　殴ったとかそういうことじゃなくて、まず単なる通行人である私に対して、被告人が突然襲いかかってくるという状況があったわけです。で、そういう人間が何をしてくるのか分からない、刃物を持っているかも知れない、横には子供も連れていましたし……。
弁護人　ですから、私が質問しているのは、あなたが被告人を殴ったかということです。ちゃんと質問に答えてください。
証人　　いえ、ですから……。

　Aの問答で、いったい何事が獲得されただろうか。証人は反撃したのだろうか。していないのだろうか。したとして、その細部はどうなっているのだろうか。何も明らかになっていない。また、そもそもこの質問の意味は明瞭だろうか。こんな質問を聞かされること自体が、退屈極まりなく、苦痛ではないか。

　Bの問答は論争に陥り、決着がついていない。尋問者が正しい訊き方ができなければ、永久に事実は獲得できないだろう。この問答のターゲットを証人から引き出すことは本来簡単である。「殴った」という言葉に非難の色があるからもめているのであって、「あなたの手が被告人の顔に当たった事実はあるか」などと中立的な訊き方をすればよいだけだ。この尋問をずっと聞かされる事実認定者が、どれだけ退屈するだろうか。しかもおそろしいことには、こんな尋問をして、「証人が反抗的だった」とか「証人を追及してやった」などと思っている人がいる。

【下手な質問の法則】

1．質問が下手だと、事実を引き出せない。
2．不明確な質問に対しては、不明確な答えが返ってくる。
3．長い質問に対しては、長い答えが返ってくる。
4．言葉の選択が拙いと、問答は紛糾する。または非効率になる。
5．質問の語数が増えるほど、その文意は不明確になる。
6．質問に余計な言葉を入れると、その文意は不明確になる。
7．質問が分かりにくいと、答えに集中できない。
8．分かりにくい質問を聞かされるのは苦痛である。
9．分かりにくい問答は、記憶に残らない。
10．質問が分かりにくいと、証人が質問に答えたかどうか分からない。
11．質問が分かりにくいと、証人がはぐらかしたことが分からない。
　　また、証人を咎めることもできない。

Ⅳ　発問の基本原則

具体的にどうすればよい発問ができるか。原則を掲げる。

【発問の原則】
（基本原則）
　1　最も直接的な質問をせよ
　2　役目の無い言葉を削れ
　3　音そのものを少なくせよ
　4　一つの質問で一つの事柄を扱え
　5　証人の視点・立場を考えよ
（修正原則）
　6　証人を刺激しないようにする
　7　音・リズム・繰り返しを調整して、質問を聞きやすくする
　8　とっさにうまく言えないことを許容する

反対尋問

順に説明する。

1　最も直接的な質問をせよ

犯人がどの場所に立っていたか、覚えていますか。
　　A　はい、覚えています。
　　B　電柱の前でした。

　この質問は、「覚えているかどうか、YES・NOで答えてください」という意味である。したがって、正しい答えはAである。こういう質問を、〔犯人の居場所を訊く〕という意図でしてしまう人が居る。質問の意図と、質問文が論理的にくいちがっているのである。
　正しい訊き方は、
●「犯人はどこに立っていましたか」
●「犯人が立って居た場所はどこですか」
のどちらかである（なお、後者のほうが、「場所」に対してより強く焦点を当てた訊き方になる）。
　これと同種の悪い質問例として、次のものがある。
●「犯人がどこに立っていたのかという点について、証人の認識はどうですか」
●「犯人の立っていた場所は分かりますか」
●「犯人の立っていた場所というのは今言えますかね」
　更に、この種の訊き方には、質問が不明確になるだけでなく、証人から事実を引き出しにくいという弊害もある。
　「覚えていますか」「分かりますか」という類いの尋ね方は、日常会話では、〔普通は、〔覚えていない／分からない〕可能性が高いことをたずねてみる〕という場合に使われることがある（例：この手帳を購入した年月日なんて分かります？）。尋問でも同じ心理効果があり、こう訊かれると、証人はなんとなく、分からないと答えたほうが自然なような感じがしてしまうのである。その結果、「いいえ」「覚えていない」といった答えを誘発してしまう。

証人がその答えを知っているはずだとこちらが確信していて、答えさせたいときには、必ず「どこに立っていましたか」と端的に訊くべきである。

2　役目の無い言葉を削れ

> A　被告人が立っていた場所<u>というの</u>はどこなんですか。
> B　<u>被告人の立っていた場所について聞きたいんですけれども、</u>被告人はどこに立っていましたか。
> C　<u>えー、</u>被告人の、<u>おー、</u>立っていた場所は、<u>あー、</u>どこでしたか。
> D　被告人が立っていた場所<u>なんですが</u>、どこだったでしょうか。

これらの質問例の下線部は、省くことができる。省くことができる言葉は、原則として省く方向で考えるべきである（ただし、リズム等の問題がある⇒原則7参照）。そのほうが質問が明晰になる。

個別に説明する。

Aの「という」は、取り立てて言う（強調する）意を表す。たとえば、証人の話が色々ともつれた時に、「結局被告人が立っていた場所というのはどこなんですか」と質問するような場合がある。しかし、尋問者の頭にそういう意識が無く、漠然と口癖のように付加されているものがほとんどである。たいていの場合、この種の言葉は省く方が良い質問になる。

Bは、前置きである（【質問の前置き】）。前置きをつけることで質問が分かりやすくなることは確かにあるが、一方で、癖になって濫用している人がいる。Bの例は、後段と完全に重複してしまっている。尋問の流れにもよるが、省いたほうがいい例だろう。

Cは、尋問者が発する、意味を持たない音である。録音反訳ではこの種のものをケバと言う。発問から全ての【ケバ】を取り除くと、明晰さと迫力が増す。逆に、ケバが多いと緊張感がなくなる。

Dは、「なんですが」でも通じるが、「は」と言えばよい。質問のリズムを取ったり、強調のために意味が無いわけではないが、濫用されがちである。

上のような例は、一つくらいならそれほど不明確ではないが、困ったこと

にこれらはしばしば複合する。

　「えー、被告人がどこに立っていたかっていう点なんですが、被告人が立っていた場所というのはどこだったかというのは、証人は覚えているんでしょうか」

こうなるともう台無しである。

　質問をする際には、必ず、最も端的で短い質問を頭に思い描いておく必要がある。そして、そこになんらかの言葉を付け足すときには、「なぜこの言葉を付け足す必要があるか」と自問しなくてはならない。

3　音そのものを少なくせよ

> A　犯人はどこに立っていましたか。
> B　先ほど証人が証言した背の高い男が、暴行を振るう前、どの場所にたっていたか、説明して下さい。

　Bの質問は、無駄な言葉が入っているわけではなく、文法も乱れていない。しかし、もっと短くできる。「先ほど証人が証言した背の高い男」に対して、既に「犯人」という呼称があるなら、そう呼んだ方が質問は短くなる。また、「どの場所にたっていたか説明して下さい」よりも、「どこに立っていましたか」のほうが短い。「暴行を振るう前」という特定文言も（⇒Ⅶ－2参照）、順番に質問しているときなら、省略してよいはずだ。

　音が短い方が、質問の意味が取りやすい。質問が長くなるほど、頭の中でペンディングになる情報を増やし、ワーキングメモリを圧迫する。また、質問は単純であるほど、意味が明瞭になる。

　よって、質問の音そのものを、できるだけ少なくするのが原則である。上の例では、通常、Bの訊き方よりもAの訊き方を、優先すべきである（ただし、原則7）。

■　同じ内容をより少ない音で表現せよ
■　より短い単語を探せ

Ⅳ　発問の基本原則

- ■　より短い構文を考えよ
- ■　出来事や人の呼称を考えておけ
- ■　意味が十分通じるなら、主語や場面も省略せよ

4　一つの質問で一つの事柄を扱え

A
弁護人　犯人はどこに立っていましたか。
証人　　電柱の前です。
B
弁護人　犯人はどんな服装で、どんな様子で、立っていたか、場所も含めて教えてください。
証人　　……もう一回お願いできますか。

　Bのようにたずねると、質問は分かりにくくなる。すると、証人の答えは、質問に対応しないものとなりがちである。また、聴き手も質問と答えの対応を把握しづらくなる。理解が不正確になる上に、記憶に残りにくい。
　逆に、一つの質問で、一つの事柄だけを扱えば、問答は常に明瞭になる。
　なお、上の例では「もう一回お願いできますか」としておいたが、実際の答えとしては、「私が家を出たときは犯人の姿というのは見えなかったんですけど、ぱっと左を見るとなにか男の姿が目に入った、そういう状況です」というようなものになりそうである。つまり、［何を答えたらいいか分からないので、とりあえず関連することをしゃべっておいた］といった種類の答えを招く。この場合の弊害について⇒【下手な質問の法則】

5　証人の視点・立場を考えよ

（「Ⅲ　質問が下手だとどうなるか　問答例B」を再掲）
弁護人　あなたが被告人に殴られたという場面がありましたね。
証人　　はい。

> 弁護人　そのときあなたも被告人を殴ったんですよね。
> 証人　　いえ、そういうことじゃないんですよ。被告人がなんの理由もなく突然殴りつけてきたので、私も驚きますし、自分の身を守らないといけないですよね。
> 弁護人　いえ、でも殴ったんでしょう？
> 証人　　殴ったとかそういうことじゃなくて、まず単なる通行人である私に対して、被告人が突然襲いかかってくるという状況があったわけです。で、そういう人間が何をしてくるのか分からない、刃物を持っているかも知れない、横には子供も連れていましたし……。
> 弁護人　ですから、私が質問しているのは、あなたが被告人を殴ったかということです。ちゃんと質問に答えてください。
> 証人　　いえ、ですから……。

　こういう質問がよく行われる。
　上の例は尋問者が100％悪い。それは、証人の【視点・立場】を理解していないからだ。「証人が反抗的」なのではない。
　この証人は、通りすがりの被告人に突然襲いかかられたので、やむなく自衛の行動をとっている。その証人の意識は、不法や野蛮のイメージを伴い、非難のニュアンスの含まれた「殴る」という言葉からはほど遠い。
　この証人は、尋問者の質問を聞いて、「悪者扱いされた」「非難された」と感じている。だから「私は悪者ではない」「私に非難されるべき点はない」という説明を始めた。人として当たり前の反応である。
　たとえば、弁護人は、次のように質問するべきである。

> ⅰ
> 弁護人　あなたが被告人に殴られたという場面がありましたね。
> 証人　　はい。
> ⅱ
> 弁護人　そのときあなたは身を守る行動をとったということを証言しま

したね。
証人　　はい。
iii
弁護人　あなたの手は被告人の顔に当たったんでしょうか。
証人　　当たっています。
iv
弁護人　げんこつですか。
証人　　そうです
v
弁護人　たとえばストレートパンチのような動作ですか。
証人　　どういうんでしょうか。前に向かって拳を出しましたが。
vi
弁護人　すると、握った拳の正面部分が当たったわけですね。
証人　　まあその点は私も自分の身を守る必要というのもありましたし、やむを得ないところもあったと思うのですが。
vii
弁護人　すみません、証人の拳がどういう風に被告人の顔に当たったのかという点の事実を確認しておきたいんです。それでおたずねするんですが、「証人の拳の正面部分は被告人の顔に当たりましたか」、どうでしょう（少し区切って言う）。
証人　　当たりました。

　身を守る行動をとったのだという、証人の視点・立場をよく理解する。そしてそれにふさわしい言葉を選択する。

　上の例では、証人が「身を守る行動をとった」という点への理解を先にしめした（ii）。それに続いて、「手は被告人の顔に当たった」という価値中立的な表現を選択した（iii）。これであれば証人も同意可能である。

　次に、それにまつわる個別具体的な事実を質問している（iv、v）。これも証人に同意可能である。

　viに対して、証人がついつい釈明を始めてしまった。だがこういう流れを

作ってあれば、viiのように、やんわりとたしなめることができる。事実認定者も、事実を答えるべきところで証人が逸脱したと理解する。

ルールは、次のようにまとめられる。

- 証人の視点・立場をよく理解せよ
- 証人の視点・立場に沿った言葉を選べ
- 言葉を繊細に取り扱え

いずれにしても、証人を非難するようなニュアンスを出さないことが大切である。「私は事実を訊きたい」とか「結論を聞きたい」といった意思表示をすることが基本である。ほか、「すみません、時間の関係もあるので結論だけ…」などと時間を持ち出す方法も証人を刺激しない。

6　基本原則1～5についてのまとめ

まず、基本原則1～5にしたがって、最も明確で、最も無駄が無い発問ができる技術を持つ必要がある。これによって、原則的な発問が作られる。

実際の発問は、その場の状況によって、微妙な変化が加わる。そのことはもちろん必要だが、しかし、原則的な発問が分からないままに、その場その場の雰囲気で色々な訊き方をするということを繰り返すと、発問はいつまで経っても上達しない。

具体的なトレーニングの場の一つは、尋問事項書の作成である。それを見ながら、上の原則にしたがって、尋問を添削する。ただし、普通は添削というより、削削添削削という感じになる。そのほか、自分や他人の尋問の速記録を見ながら、また、他人の尋問を聞きながら、その質問が原則形態からどのように離れており、どのように修正すればよくなるかを考えてみることが有益である。

発問の分析方法の一つは、その発問を最も短く無駄の無い形式に書き換えてみることである。これによって、そこに付加されている「異物」をはじき出すことができる。そのはじき出した異物の性質を分析すると理解が深まる。

なお、刑訴規則199の13第１項が、「簡潔な尋問」を要請していることも、知識として確認しておく必要がある。

【指導論】原則的な発問を身に付けさせる
　講師が指導する場合には、受講生の具体的な発問を取り上げて、「これをもっと直接的に訊けませんか」「これをもっと短く訊けませんか」などとたずね、修正した発問をさせてみることが有効と考えられる。もちろん、講師自身がきちんとした処方を示すことも必要である。

7　修正原則について

上の基本原則１～５は、前後の尋問の流れや、事案の特質などを、捨象して考えている。実際の尋問で、１～５しか考えていないと、かえって悪い尋問をしてしまうことが起こりうる。そこで、修正原則が必要になる。その代表的なものが次の３つである。簡単に説明する。

(1)　原則６　証人を刺激しないようにする。

あまりストレートすぎると、証人が気分を害したり、ぶしつけに響くことがある。そういう場合に、「という」とか「といった」とか「この点について」とか、少し無駄な言葉を入れるとクッションになる。必要に応じて使う。ただし、濫用は許されない。

(2)　原則７　音・リズム・繰り返しを調整して、質問を聞きやすくする。

同じ質問が続くと、単調になる。その場合に、適宜質問の形式をいじるということをする（例：「ですか」と「ですね」を混ぜる。５Ｗ１Ｈに、「説明して下さい」をまぜる。その他、同じ語の重複を避ける）。また、文には音のリズムというものもあるので、適宜調整が要る。また、「すると」とか「では」とか、ほどほどに接続詞が入った方が聞きやすい場合がある。この種の微調整である。

　ただし、いずれも濫用は許されない。

(3) **原則8　とっさにうまく言えないことを許容する。**

　うまく表現が見つからなかったら、発問の乱れは気にしないほうがよい。表現にとらわれて発問が萎縮したのでは、本末転倒である。本番では、内容が重要である。

　裏返すと、発問技術は、あらかじめ研究・練習して、体が覚えている状態にしておかなくてはならない。本番では、表現をじっくり考える余裕は無いので、「素」が出る。「素」が既に巧みな発問であるということが、重要である。

V　発問の細則

　基本的な部分は、IVに書いたとおりなので、もう少し細かな点を補足して述べる。

1　指示語を減らす

> 弁護人　Aさんが、会社の資金繰りができないからこうしてほしい、ああしてほしい、それについてはこういう話ということを言われた。それに対して、全く話の内容に具体性がないと、こう言われたんではないですか。
> 証人　　……

　証人は沈黙してしまった。質問の意味が分からないからだ。
　原因の一つは、指示語が多すぎることである。「こうしてほしい」「ああしてほしい」「それについては」「こういう話ということを言われた」「それに対して」「こう言われた」。4行の質問の中に、6個も指示語がある。こうなると、質問の意味は甚だ曖昧になる。どの指示語が何を示しているのか分からなくなるからだ。
　なお、このうちの「こうしてほしい、ああしてほしい」は、相談をしたということを会話調でイメージ提示している。それ自体はありうる訊き方だ

が、少なくともこの質問では、他の部分と相まって、質問全体の曖昧さを増大させている。

- 指示語の多用は質問の意味を曖昧にする
- 「これそれあれどれ」を減らせ
- 指示語をできるだけ減らせ

2　あいまい語・俗語を使わない

> （捜査官に対して）
> 弁護人　で、あなたはそこにあったノートをおさえたんですね。
> 証人　　はい。
> 検察官　異議があります。「おさえた」という言葉が曖昧で、何をたずねているのか分かりません。

　異議の文言のとおりだが、「おさえた」という言葉は甚だ不明確である。押収したという意味かもしれないが、［手の平をノートに当てて床の方向に向かって力を加えた］という意味かも知れない。言葉の指示対象がはっきりしない。
　この種の言葉が出てくると、証人は何を答えたらいいのか分からない。また、聴き手も、何について問答がなされているのかが分からず、問答の意味が理解できない。最悪なのは、その曖昧な問答が文脈から善解され、しかもそれがこちらに不利な意味になることである。
　上の例では、「押収した」「差し押さえた」などと正確な用語を用いる。
　また、押収プロセスが論点になるならば、「押収した」では抽象的すぎるかもしれない。「ノートを選別して机の上に置いた」、「ノートを押収することに決めた」、「ノートを押収すると告知した」、「押収品目録を作成して本人に交付した」、など、更に具体化して訊く。必要なら、「ノートを押収すると告知した」ときの実際の言い回しや、会話の長さなどまで降りていくこともできる。

反対尋問

- 曖昧言葉を使うな
- 多義的な言葉を使うな
- 専門用語は正確に用いよ
- 慣用語、俗語を避けよ

3　価値観の入った言葉

(いずれも客観的事実に争いはないとして)
A
弁護人　あなたはＸさんに嘘をついたんですよね。
証人　そんなことないです
弁護人　でも、商品の値打ちをだましてるじゃないですか。
証人　いや、そういうことじゃないです……。私は……。

B
弁護人　あなたはＸさんを殴りましたね。
証人　殴ったんじゃないです。ちがいます、私はそもそも……。

C
弁護人　あなたは不当な要求をしたわけですね。
証人　……どういうことですか。そんなんじゃないですけど。

　基本原則5「証人の視点・立場を考えよ」を使いこなせば、この過ちを犯すことはないが、価値観の入った言葉という観点で、改めて説明する。

　証人を非難する結果になる言葉は、慎重に回避しなければならない。悪いイメージのついた言葉は、たいてい証人を非難することになる。こうした質問は、問答を紛糾させるもとになる。全く無駄である上に有害である。この種の言葉を、仮に【色付き言葉】と呼んでおく。

　Aの例が［10万円の価値しかない骨董品を500万円で売った］ということだとすれば、①骨董品の真実の価値は10万円である、②その価格を500万円

V　発問の細則

と告げた、③代金として500万円を受け取った、が外形的事実になるだろう（なお、④真実の価値をいついつの時点で知っていた、という事実も想定できる）。①から③の事実を、色付き言葉を除いて淡々と訊くのが正しい方法である。

　Bの「殴る」には攻撃的イメージがある。

　Cの「不当な要求」も悪人のイメージがある。要求という行為の５Ｗ１Ｈ、そしてその内容を客観的に訊けば足りる。

【指導論】なぜ尋問者は色つき言葉を使うのか

　価値観の入った言葉を使う人はとても多い。なぜそうなるのだろうか。

　原因は次のものがある。

① 視点の置き換えができない。
② 言葉に鈍感である。
③ 価値観の入った言葉を使うことで、質問の効果が高まると思っている

　①②は能力の問題であり、③は考え方の問題である。

　①は、証人の視点で物を見ることができない、すなわち、証人の気持ちを理解できていないということである。「だました」などという色つきの言葉を使われたときに、証人がどう感じるかが分かっていない。また、それがいかに不毛な問答を招くかが分かっていない。このタイプの人には、［色付き言葉を使うとどうなるか］ということを、知識として知ってもらうと共に、証人役を体験してもらうなどして、［色付き言葉がいかに不快で反論したくなるものか］を、一人の人間として実感してもらう必要がある。

　②は、［この言葉に色が付いているということ自体がピンと来ない］、または、［よく考えれば分かるが、とっさにその場では判断できない］という症状である。尋問事項を書いてみて何度もなおしてみる、他人の尋問を訊きながら自分なりに色つき言葉を批評してみる、日常生活の中

で色付き言葉を意識して見つけてみる、といったトレーニングが要る。
　③の人は、［尋問者が価値観を表明しながら証人を攻撃することで弾劾の効果が高まる］という誤解をしている。知識としてそれを修正する必要がある。
　①②③はいずれも複合しうる。
　講師はこの構造をよく理解した上で、受講生の能力や認識のどこに問題があるかを突き止め、それに向かってアプローチをするべきである。

4　相対的な言葉を避けよ

弁護人　証人は手紙を受け取ったんですね。
証人　　はい。
弁護人　<u>あっち</u>からはどういう話でしたか。
証人　　契約を早めに進めたいということでした。
弁護人　<u>こっち</u>はどうするということになりましたか。
証人　　承諾する方向で進めました。
弁護人　<u>前の</u>手紙はどういう内容だったんでしたか……。

「あっち、こっち」では、そのうちどっちか分からなくなる。また、「前の」手紙では、何通も出てきたときに、必ず混乱する。
　指示語の一種とも言えるが、ここで特に取り上げたのは、基準点が動くと、指し示すものが変わる言葉である。
　たとえば証人から見れば、自分自身は「こっち」だが、手紙の相手もまた自らを「こっち」と言うかもしれない。3月の手紙から見て、2月の手紙は「前の手紙」だが、1月の手紙から見て2月の手紙は「後の手紙」である。
　この種の質問は、「Aさん」「Bさん」「○月○日の手紙」などと、絶対的な表現を用いることで改善する。

■　相対表現を回避せよ

■ 絶対表現を使え
■ 固有名詞や日付で特定せよ

5　尊敬語と受動態に注意

> 弁護人　あなたはそのことを、友人にきかれましたか。
> 証人　　……私からきいたという意味ですか？

日本語で、尊敬語と受動態が同じ形になる言葉がある。上の例は、「私が友人に質問した（尊敬）」のか、「友人が私に質問した（受身）」のか、区別がつかない。

上の例は、たとえば次のように訊く。

① あなたは、そのことを友人に質問しましたか
② あなたは、そのことについて、友人から質問を受けましたか（又は、友人は、そのことをあなたに尋ねましたか））

■ 敬語表現を使い過ぎるな
■ 尊敬と受身が完全に一致するときは、表現を変えよ

6　違う物に同じラベルをつけるな　表現の重複を避けよ

> ⅰ
> 弁護人　証人は、娘さんから、強制わいせつの被害にあったという告白を受けたことがあるんでしたよね。
> 証人　　はい。
> ⅱ
> 弁護人　その後、強制わいせつの被害になんて実はあったことがないという告白を受けたことがあるんでしたよね。
> 証人　　はい。
> 弁護人　あとのほうの告白について訊きますが……。

> 被害にあったという告白のときに、娘さんは……。
> 前のほうの告白について聞きますが……。
> 実はなかったという告白のときに……。

　こういう訊き方をしてしまうと、必ずどこかで混乱が起きる。尋問者が i のほうを訊きたいのに、証人が ii を答える。あるいは、証人が「告白のときに」などと話し始め、どっちのことを言っているのか分からなくなる。
　原因は、異なるものに、「告白」という同じラベルを付けてしまったことである。異なるものは異なる名前で扱う。
　上の例では、たとえば i のほうを「被害の相談」、ii のほうを「嘘だったという告白」などと呼ぶと混ざらない。

■　異なるものには、異なるラベルを付けよ
■　短く、混同せず、直感的に分かるラベルを考えよ

> 【指導論】ラベルを統一せよについて
> 　「ラベルを統一せよ」という指導がある。これは正しい。しかし、山田太郎さんを、山田さんと言ったり、太郎さんと言ったりする程度では、深刻な間違いは起きない。
> 　むしろ危険なのは、異なるものを［同じ／似た］名前で呼んでしまうことである。「異なるものに、異なるラベルをつける」ことの方が大切である。

7　似た言葉・似た音を避ける

> （Credit の中で）
> 弁護人　あなたが見たこと<u>聞いた</u>ことについて、警察官は<u>聞き</u>ましたね。

> 証人　……はい。

　これを耳で聞くと、「聞いた」（あなたが聞いた音）と「聞きました」（警察官があなたに質問した）が一瞬まざる。同じ文脈のなかで、同じような言い方を耳にすると、我々はそれが同じものを指し示すと、直感的に感じてしまう。

　もちろん、ゆっくり考えれば両者は区別できる。しかし、耳で聞いていて一瞬意味がとりづらくなるのは、反対尋問では致命傷である。

- ■　似た音を回避せよ
- ■　似た表現を回避せよ

8　争うべき証言に言及するときは、引用符を付けて、かつ、短く

> （証人が主尋問で述べた内容を確認している場面）
> 弁護人　証人は、信号の前に来ましたね。
> 証人　　はい。
> 弁護人　そして、事故がありましたね。
> 証人　　はい。
> 弁護人　事故を起こした車の運転者の様子を見ていましたね。
> 証人　　はい。
> 弁護人　運転者が携帯電話をいじりながら事故を起こしたんですね。
> 証人　　はい。

　争うべき事項をこのように訊いてしまう人がいる。弾劾したい対象の提示をしたいのだと思うが、絶対にこういう訊き方をしてはいけない。

　争う対象を「ですね」という風に順々にたずねていくと、尋問者がその通りだと納得しているようにしか聞こえないのである。上の尋問を聞いた人は、「ああそうだったよね、それで？」「弁護人のほうもそこは納得してるってことね」「もう知ってるよ。退屈だね」と思うだけだ。

反対尋問

主尋問と同じ事実は、原則として訊かないほうがいい。それを知った上で、「質問場面を特定する」「その後の質問を分かりやすくする」などの積極的必要があって訊くとしても、次のようにするべきである。

　「さきほど証人は、事故を起こした車の運転者が、携帯電話をいじっているのを見たと証言されましたね。」

ポイントは２つである。

① 短く訊く

この場合は、意味が分かる範囲で、一問に複数の事実を入れてしまってかまわない。かつ、要約してしまう。こういうことを言ったということだけ分かればいい。数問に分けたり、細部を訊いたりするのは有害である。

② 引用符を付ける

「〜と証言されましたね」「〜とおっしゃいましたね」「〜ということだったでしょうか」などという風に、私は引用しているだけですよというアピールをする。これを【引用符】としておく。繰り返すが、これが無いと、尋問者が納得しているように聞こえてしまう。

なお、悪い質問を【引用符無し質問】としておく。

【指導論】塗り壁尋問

　いわゆる塗り壁尋問というものがある。意味の無い（聞くに堪えない）尋問の典型例と考えられている。

　塗り壁尋問を定義するなら、「主尋問に既に現れた事実を、反対尋問でもう一度なぞって再質問し、主尋問と同じ答えを得る」ということになる。ただし、法廷弁護技術研修を受講した人の塗り壁尋問は少し特殊である。「主尋問に既に現れた事実を、いちいち細かく分解し、「ですね」の形式で延々質問する」というものになる。いわば、【分解誘導型塗り壁尋問】である。これを行う人は、極めて多い。

　大きな原因は講義にある。【分解誘導型塗り壁尋問】は、３つの教えの帰結である。３つの教えとは、

　　①獲得すべき事実を訊け

　　②誘導で訊け

③細かく分解して事実を訊け

である。ペンドリルなどもこれを強化する。

　3つの教えをきちんと理解できた受講生は、たとえばこう考える。

　　「この事件で弁護側の主張を成り立たせるために必要な事実はA、B、C、D、Eである。主尋問で出た部分を含め、A、B、C、D、Eを弁護人自身が反対尋問で獲得する必要がある。これらを誘導尋問で質問する。かつ、A、B、C、D、Eは、どれもできるだけ細分化する。」

　これをそのまま実行すると、主尋問で既に証人が証言した事柄について、細かく分解して延々と「ですね」と訊く質問を続けることになる。そして、【分解誘導型塗り壁尋問】が完成する。更に上記の受講生の思考回路は、どの部分をとっても講師の①から③の教えと矛盾していない。

　ここで、質問事項が主尋問と重複するだけならまだよいが、尋問者が、「証人のストーリーの流れそのものが不合理だ」と考えている場合に、証人のストーリーをそのまま細かく分解して、ひたすら「ですね」で訊き続けるという尋問をすることがある。こうなると更に事態は悪くなる。上に指摘したが、引用符無しで主尋問の内容を反復すると、尋問者が納得しているようにしか聞こえない。しかも既に聞いた話なのに、やたらに細かく分割されている。【分解誘導型塗り壁尋問】は、主尋問のストーリーを細切れにして、尋問者自身が納得しているようなたずね方で、無用に細かく分割して長々再質問する、事実認定者は退屈しながらそれを聞かされるという、ほとんど最悪と言える尋問である。

　こういう間違いが起きる原因は、上の指導の中に、「主尋問で既に出た事実をどう扱うか」という観点が存在しないことにある。

　尋問というものは事実を法廷に出すために行う。たとえば弁護側が必要な事実として、1番から10番の事実があると考えたとしよう。反対尋問の準備段階では、1番から10番の全てが拾えるような準備がなされる。そこまではよい。しかし主尋問がなされたあとは話が変わる。主尋

問では、1番から3番とか、多いときには1番から6番くらいまでの事実が、検察官によって質問されるものなのである。そうなったときには1番から6番までの扱い方を変えなくてはいけない。

以下の点をおさえて指導する。これは講義段階で触れておくべきであろう。筆者自身が以下の点に留意した全体講義を試みたときには、受講生はほとんど塗り壁尋問をしなかったので、全体講義レベルで防止できる問題と考えられる。

- その質問で事実が増えるかを考えよ
- 「さきほど○○という証言があったが、もう少し確認したい」など、前置きの工夫をせよ
- なにか事実が増えるようにせよ。たとえば主尋問で出た事実の不自然さを強める前提状況や細部について質問せよ。
- 主尋問で出た事柄は、圧縮して質問せよ
- 圧縮のためには、①要約せよ、②1問に多数の事実を入れよ
- 弁護側が争う事実には必ず引用符を付けよ

なお、研修には教材の問題もある。証人の供述調書くらいしか材料が無いという教材だと、反対尋問もいわば「ネタがない」ため、主尋問に既に出たような話を使うしかなくなってくる。教材には証人の供述調書以外に、何か使える材料（捜査報告書、弁護人の調査メモ、被告人の知る有利な素材（証人の調書に書いていないこと））を仕込んでおくべきである。

また、証人の主尋問を実演した方がよい。これによって、「主尋問で既に出た事項」とそうでない事項の区別が生まれる。

いずれにしても、塗り壁尋問が生じる原因のほとんどは講師側にある。受講生のセンスが悪いなどと考えるのは論外である。

※補足
① 「誘導尋問で訊け」というルールに伴って、全ての語尾を「ですね」とせよ、というような硬直的・画一的な指導がなされることがある。

これも分解誘導型塗り壁尋問の要因の一つとなる。講師自身が、塗り壁部分を是正しないどころか、その部分を更に細かく分解して「ですね」で質問するように指導（分解誘導型塗り壁尋問を推奨）していることさえある。

② 主尋問で既に出た事実を敢えて取り扱う場合はある。その狙いは、a)その流れの不自然さそのものを浮き彫りにする、b)その事実関係が持つ意味をはっきり示す、といったことが考えられる。その場合には相応の質問方法の工夫が必要となる。

③ 「主尋問を繰り返すな」というフレーズをよく聞くが、これは全く有効ではない。まずそのメッセージ自体が曖昧で、具体的に何をどうしたらいいのか分からない。更に冒頭に指摘した「３つの教え」とどういう関係に立つのかよく分からない。互いに矛盾するようにも思える。これでは受講生は混乱するだけである。実際、研修で観察していても、「主尋問を繰り返すな」の指導によって、分解誘導型塗り壁尋問は改善していない。それよりも「その質問で事実が増えるかどうか考えよ」「ストーリーを反復しても不自然さは浮かび上がらない」などの指導のほうが、より本質的であるし、正確に伝わる。

Ⅵ　知識：尋問には、質問外の発言（予告、指示、情報提供）が含まれる

尋問者の発言をよく観察すると、そこには「質問」とは言いがたいものが含まれていることが分かる。

このことを認識しておくために、以下、言語化して説明する。

1　予告・宣言

A
弁護人　３月10日に、証人が送ったメールを見てもらいながら質問しますね。

反対尋問

```
　　証人　　はい。
B
　　弁護人　では、現場の状況について質問していきますね。
　　証人　　はい。
C
　　弁護人　甲○号証写真撮影報告書の3頁を示します。
```

これらは質問というよりも、尋問者から［証人／事実認定者］へのメッセージとでも言った方がいい。ここでは、仮に【予告】【宣言】としておく。いわゆる「見出し」もここに含まれる。

2　情報提供

```
A
　　弁護人　この調書が作られたのは、12月15日なんです。それを前提にお
　　　　　　答えください。
B
　　弁護人　あなた自身の公判で弁護人が提出した弁論要旨には、「被告人
　　　　　　は従属的な立場である」と書かれているんですが、これが、あな
　　　　　　たが自分の公判でした主張ですよね。(根拠資料を明示した情報提
　　　　　　供＋誘導)
```

誘導尋問の一手法として用いられるが、この下線部分は、質問というよりも、尋問者からの情報の提示である。【情報提供】としておく。

3　指　　　示

```
A
　　弁護人　結論だけで結構なので、YESかNOでお答え下さいね。あなた
　　　　　　は、この事件以前に、被告人と面識がありましたか。(回答方法
```

の指示）

B
弁護人　証人に○○を示します。まず全体を見てもらえますか。（行動の指示）

C
弁護人　○○の一番下の行を声に出して読んでください。（行動の指示）

これらは証人に対して、質問するのではなくて、一定の行動を求めている。【指示】としておく。

Ⅶ　技法：質問を分ける——質問ではない部分に注目して——

一つの事実で一つの事柄を訊くというルールを守れば、自ずと質問は細かく分かれてくるだろう。しかしこのことをより深く理解するために、次のことを検討する。

1　注釈を外に出す

証人は1月5日、すなわち、事件の1週間前ですが、この日に被告人から手紙を受け取りませんでしたか

この質問の本体は、
　「証人は1月5日に、被告人から手紙を受け取りませんでしたか」
である。事実としてはこれで足りている。
　しかしそこに、「すなわち、事件の1週間前ですが、」という言葉が挟み込まれている。
　この部分は注釈なのである。つまり、単に「1月5日に〜」とだけ質問すると、1月5日がどういう意味を持つか分からないので、尋問者が自分で、「1月5日」という日時に対して、注釈をして意味づけをしているのである。
　それ自体は意味のある行為である。ただし、質問が長くなる。

そこで、この注釈部分を別の質問にする。

> この事件が起きたのは、１月12日でしたね。
> 　　はい。
> その１週間前の１月５日に、証人は、被告人から手紙を受け取りませんでしたか。
> 　　受け取りました。

このように変えるだけでずいぶんすっきりする。

2　特定部分を外に出す

> 弁護人　証人は、<u>１月16日の夜に、証人の自宅で、友人と電話をしているときに、</u>大きな物音を聞きませんでしたか。

この質問は、証人が大きな物音を聞かなかったと質問している。下線部は、その日、場所、タイミングを特定するための文言である。
　こういった特定文言も、しばしば質問を長くする。
　実際には、ここに、上記の注釈も加わって、「証人は、<u>事件の４日後である１月16日の夜に、証人の自宅で、友人と電話をしているときに、</u>大きな物音を聞きませんでしたか」などとなったりする。いかにも長い。
　この対処法は２つある。

①　複数問にする（特定文言をくくりだして、別の質問にする）

> 弁護人　事件の４日後の、１月16日のことをききますね。
> 証人　　はい。
> 弁護人　この日の夜、証人は自宅にいましたよね。
> 証人　　はい。
> 弁護人　そのときに、友人と電話をされたことがありますよね。

Ⅶ　技法：質問を分ける——質問ではない部分に注目して——

> 証人　　はい。
> 弁護人　その電話をしている最中に、大きな物音を聞きませんでしたか。
> 証人　　聞きました。

　このように、特定部分も、一個一個を質問にして、順にたずねてゆく。これによって、質問は短く明瞭になる。
　なお、特定・注釈の長い質問をする人は、文章を起案する感覚で尋問事項を書いているのではないかと想像する。目で読む文章として、「証人は、１月16日の夜に、証人の自宅において、友人と電話をしている際、大きな物音を聞いた」というのは（良い文章と言えるかは別として）そこまで読みづらくない。しかし、耳で聞くと大変分かりにくい。目と耳の違いをよく理解する必要がある。

②　カッコに入れて扱う

> 弁護人　証人はですね、（間）「１月16日の夜に、証人の自宅で、友人と電話をしているときに、大きな物音を聞いた」（※少し声色を変える）（間）、こういう出来事はありませんでしたか。
> 証人　　はい。

　質問対象たる事実を、カッコに入れて取り扱うことで、質問がいくぶんくっきりする。
　この場合、カッコに入れた部分について、声色を少し変え、一語一語区切るなどすることで、証人も事実認定者も、ここはカッコに入れているんだなということを予想して聞くことができる。ただし、それでも上の例は、やはり少し情報が多すぎると思われる。

469

VIII 詳論：証人の視点・立場に沿った質問を作る——尋問者の頭の中の分析——

証人の視点・立場というテーマについて、更に詳細に検討する。

A

弁護人　被告人は扉の前に立っているあなたに対して、道路北側のポストのある方角から移動してきて、そして殴りかかりましたか。

証人　はい。

弁護人　あなたは走って逃げましたか。

証人　はい。

弁護人　そのとき目撃者がその状況を見ていましたか。

証人　はい。

B

弁護人　あなたはどこに立っていましたか。

証人　扉の前です。

弁護人　男はどこに立っていましたか。

証人　左手のポストのあたりに立っていました。

弁護人　男は何をしましたか。

証人　私に近づいてきました。

弁護人　どうなりましたか。

証人　拳を振り上げて殴りかかってきました。

弁護人　あなたはどうしましたか。

証人　逃げました。

弁護人　周囲に人はいましたか。

証人　はい。女性がいました。

弁護人　その人はどうしていましたか。

証人　こちらを見て声をあげていました。

Aの質問は、評価的であるが、それと同時に、第三者的であるという特徴がある。

Ⅷ　詳論：証人の視点・立場に沿った質問を作る――尋問者の頭の中の分析――

　Aのような質問をする尋問者の頭の中には、こういう世界が描かれているだろう。

　　　　被告人は、扉の前に立っている被害者に対し、道路のポストのある方向から殴りかかった。証人はこれに対して走った逃げた。目撃者はその状況を目撃していた。

　ここで尋問者は、神の視点に立っている。ここに主体は３つあり、それぞれの主体ごとに動作をさせ、客観的に分かっている情報も加味しながら、主語→述語というように、場面を記述している。箱庭を上から眺めて、コマをつまんで動かすようなイメージである。これを【神の視点】と仮に呼んでおく。

　これに対して、Bのような質問をする尋問者の頭の中には、こういう世界が描かれているはずである。

　　　　私は扉の前に立っていました。すると左手のポストの前あたりに男が立っているのが見えました。男は私に近づき、拳を上げて殴りかかってきました。私はあわてて逃げました。そのとき、女性がいるのが見え、こちらを見て声をあげていました。

　違いが分かるだろうか。Bの質問は、全部、そのときの、「私」の認識から物事が展開している。「その男＝被告人」「女性＝目撃者」という事後的な情報は含まれていないし、ポストが北にあるという客観情報も無い。また、証人の目から見れば、「被告人が証人に向かって移動した」というより、「男が私に近づいてきた」という絵が見えている。「私」にカメラを持たせて、そのカメラに映る絵を説明するような質問である。これを【証人の視点】とする。

　証人尋問における質問は、原則として全て【証人の視点】からなされるべきである。

　原理的には、証人尋問は、その証人の体験を語らせる場だからだと説明できる。また、実践的にも、証人の視点に立った質問は証人にとって答えやすいが、神の視点の質問は答えにくい。事実認定者にとっても、証人の視点の質問のほうが絵が浮かびやすい。

　また、証人の視点原則は、登場人物の呼称も決める。

上の事例で、当時証人を殴った男は、あくまでもポストの前にいた「男」であった、「被告人」ではない。被告人というのは、公判という場に来て初めて与えられる、事後的な情報である。当時の証人の体験を訊く以上、その呼称も、「男」などとして訊くのが原則である。

なお、陳述書や供述調書は、証人の視点型文書の典型である。視点がどこにあるかを考えながら、これらの文書を読んでみることも、視点についての理解を深める上で有益である。

IX　おわりに

以上、反対尋問の発問技術（一文から段落レベルの質問の作り方）について、指導論もまじえながら、筆者なりの一通りの見解を記載した。

筆者自身は、反対尋問に対してモデル的な捉え方をしている。このモデルの要素は、①事実認定上の反対尋問の役目（事実の提供）、②人間の認知（言語の理解）、③事実認定者の心理、④証人の心理、⑤弁護人の心理、⑥質問の論理的意味、⑦質問の音韻的側面、といったものが主となっている。これらの要素をじっくり考え、組み合わせることで、一定の答えを導こうとした。経験や観察に照らし合わせてはいるが、仮説的な部分も多い。実際の反対尋問や、研修で使ってみることで、現実を正しく説明できているのか確かめることが必要だと考えている。ご批判を仰げれば幸いである。

なお、本稿で取り扱ったのは、基本的に発問技術の範囲にとどまっている。反対尋問の「仕組み」という観点では、冒頭にも書いたように、「何を訊くか」などを含め、重要なテーマが複数ある。

最後になるが、筆者が懸念していることの一つは、研修における語彙の乏しさである。語彙は思考を伝達する道具でもあるが、それ以前に物事を適切に理解するための道具でもある。現状の研修は、反対尋問の仕組みや、受講生の現状を理解・描写するための語彙が圧倒的に不足していると思われる。「反対尋問は誘導せよ」といった程度のフレーズでは、反対尋問という複雑なものを斬るにはなまくら刀に過ぎるであろう。本稿では、使いやすく分かりやすい語彙が作れたとまでは思っていないが、その足がかりになるような

分析・概念整理は試みたつもりである。「研修でよく使われるフレーズには問題がある」という認識が広く共有され、どんどん改善されることが必要ではないかと考える。

（やまもと・りょうせん）

実践的反対尋問事項書の作り方

弁護士 髙 見 秀 一

I　はじめに
II　使い勝手のよい反対尋問事項書とは
III　使い勝手の悪い反対尋問事項書とは
IV　各　　論
V　具体的な準備作業はどうやるのか
VI　具体的事件で作成した尋問事項書の大見出し、中見出し、小見出し
VII　尋問終了後に行う作業
VIII　判決書の「理由」との対比を試みてみる
IX　おわりに

I　はじめに

　本稿は、筆者が経験した恐喝罪及び恐喝未遂罪の否認事件（判決は無罪判決が一審で確定した〈高知地判平成25・4・18裁判所ウェブサイト〉）で、恐喝の被害に遭ったと申告した者（及びその場に同席したその妻）に対して行った反対尋問の際に作成した反対尋問事項書の作成経過を振り返ってみることによって、使い勝手のよい反対尋問事項書の作り方についての、1つの試みとして、各位の批評を仰げればと考えるものである。

　筆者が経験したのは、いわゆる裁判員裁判対象事件について行った尋問ではないが、内容は、裁判員裁判においても共通するところがあると考えている。

　ただし、あまりにも技術的な作業についての論稿なので、論稿という名に値しないが、その点はご容赦をいただきたい[1]。

　この論稿の構成は、次のように試みた。

ⅡとⅢで、総論的な記載をし、ⅣとⅤで各論的な記載をした。Ⅵでは、筆者が実際に担当した事件で作成した尋問事項書とそれに対応する証言調書の抜粋をしてみた。Ⅶでは、尋問後にやるべき作業を記載した。最後にⅧで、作成した尋問事項書が実際に役に立っていたと言えるのかについて、判決書の記載と対照することもしてみた。

いずれも、極めて実務的・技巧的な論述である。そのため、文献の引用などは、極めて少ないし、論稿という名に値しない内容であるが、実際の事件でどのように尋問事項書を作っていくかの作業を振り返ってみることによって、更に改善点を考えるきっかけになると考えた。

読者が本論稿を読んで、読者の尋問事項を作成する際に「これは取り入れてみよう」「こんなこと考えたことなかったけど、なるほど」と思っていただけることが1つでもあって、読者の今後の弁護活動の向上の何らかのきっかけになるのなら、望外の幸いである。

Ⅱ 使い勝手のよい反対尋問事項書とは

使い勝手のよい反対尋問事項書とは、次のような要素を充たしている必要がある。当たり前のことであるが、それぞれについて、どうしてこの要素が必要なのかをⅣで論じてみることにする。

1 見やすいこと
2 何が獲得目標かが一目でわかること
3 弾劾の資料が具体的に引用されていること
4 ワープ(ジャンプ)に対応できること
5 聞くべき事実が最小レベルまで練れていること
6 異議への対応が準備されていること

---

(1) なお本稿は、筆者が連載を担当した「使い勝手の良い反対尋問事項書を作ってみよう(その1)〜(その3)」刑弁79号(2014年)〜81号(2015年)に手を入れ、またその後に改めて考察した結果などを踏まえて改めて加筆し書き直して作成したものである。

Ⅲ　使い勝手の悪い反対尋問事項書とは

使い勝手の悪い反対尋問事項書とは以下のようなものだと思う。

1　場合分けしてあること（チャート図になっていること）

基本的に、反対尋問は、「答えの分からない質問をしてはならない」という原則がある（もちろん例外もあり、あえて「分からない質問」をする場合もあるが、基本的には「答えの分からない質問をしてはならない」）。であるからして、「証人が○○と証言した場合」と「証人が××と証言した場合」とを場合分けして、さらにその下に樹形図のような尋問事項を並べるということ自体が、「求める答えを明確に出来ていない」ということを示している。筆者も弁護士になったばかりのころは、このような場合分けの尋問事項書を作っていた。これは「反対尋問とは、そもそも何か？」ということが分かっていないからこそなせる技だったと、今になってわかる。

2　証拠の所在がわからないこと

尋問の際に、「あれ、この質問はどの証拠との関係でしているんだろうか？」とか「弾劾のための供述記載は、どこにあった？」とか探しているようでは、メリハリの効いた尋問が出来るはずがない。

「誤導尋問である」という異議に対応するためにも、自分の尋問の前提となっている事実（あるいは証拠）がどこにあって、そこに何が書かれているのか、が、瞬時にわからなければならない。それができないと、証拠の所在を探すために、事実認定者の冷たい視線を背中に感じながら、冷や汗を流すことになるし、結局見つからず、予定していた尋問ができない（撤退せざるを得ない）ことになってしまう。

3　具体的な獲得目標がわからないこと

「証人の証言を弾劾すること」とか「証人の証言が信用できないことを示すこと」とかを獲得目標にしても、何の意味もない。そのために何をしたらいいのかが、何も分からないからである。このような、抽象的な獲得目標を

掲げても、全く無意味である。

「脅迫されていたとしたら両立しない事実を認めさせること」とか「脅迫されていたら当然しているはずの行動をしていないことを認めさせること」とかの、具体的な獲得目標を考え、さらにその獲得目標を獲得するために具体的にどのような発問をするのかを準備しておかなければならない。

Ⅳ　各　　論

1　見やすいとは

見やすくなければ使い物にならないことは当たり前のことである。
ところで「見やすい」ということはどういうことだろうか。
「書いてあることが瞬時に分かること」
「探している場所が瞬時に分かること」
ということになるだろう。

尋問の際には（特に反対尋問の際には）、証人の答えに即応して、質問を発しなければならない場面に遭遇することが多々ある。そのような場合に、「どこに書いてあったっけ？」がすぐに分かり、また「何が書いてあるのか」がすぐに分かる尋問事項書（尋問メモ）がないと、即応することはとても困難である。

そこで、「見やすい」ためには、どのような工夫が必要かを考えてみると、次のような項目が考えられる。

⑴　字の大きさ
⑵　フォント・太さ・(色)
⑶　記載してある場所（ペーパーの左か右か真ん中か）
⑷　行の開け方
⑸　ページ分け

などである。

⑴　「字の大きさ」と　⑵　「フォント・太さ・色」について

これは、いずれもは言わずもがななので、詳しく論じる必要はないと思う

が、「字の大きさ」を変化させておけば、見やすさのレベル（第一層なのか、第二層なのか、ということ）の違いを作ることができるし、「フォント・太さ・色」についても同様である。

⑶ **「記載してある場所」について**

この点の工夫とは、次のようなことである。

多くの人は、Ａ４のペーパーを縦長に使い、尋問事項書を作成すると思う。その場合、記載されているのが「獲得目標」なのか「尋問事項」なのか、はたまた「証拠の引用」なのかが、瞬時に分かるようにするには、それらを記載する位置（ペーパーの左端からの位置という意味である）を、それぞれ決めておけば、瞬時に分かるはずである。

「獲得目標」（次項で述べる「中見出し」）はゴチック体の太字で左詰め、「尋問事項」は明朝体で左端から少し開ける、「証拠の引用」は右詰め（さらにゴチックで太字で）、というように、位置やフォントを決めておけば、探す対象もすぐに分かるはずである。たとえば、供述調書の中の具体的な供述記載で弾劾しようという場合に、ペーパーの右詰めでゴチックで太字になっている場所を、ペーパーをめくりながら、「ささっ」と探すことができる。

⑷ **「行の開け方」について**

質問の固まりが一段落したら行を開ける、という当たり前の工夫である。

あるいは、尋問の中で、証言を書き込む必要が生じることが予想される場合には、あらかじめ書き込むための空間を空けておく、ということである。

⑸ **ページ分け**

筆者は、次項に述べる「中見出し」ごとにページを変えることも１つの試みとして考えられると思っている。但し、これ（いわゆる「改ページ」）が再々になると、ペーパーの下の部分が空白のペーパーが20〜30頁にも及ぶ尋問事項書（尋問事項「本」）ということになってしまいかねない。従って、もちろんケースバイケースということになるが、後に述べる「ワープ（ジャンプ）に対応できる」という要求に応えるためには、この「ページ分け」をしておくと、とても対応がしやすい。

2 何が獲得目標かが一目でわかるとは
(1) 大見出し・中見出し・小見出しに分かれていること

具体的イメージは、筆者が具体的事件で作成した尋問事項書をご覧いただきたい。

D 尋問事項 (2013/01/11) ⑤

2013/01/11 8:39 バージョン

第1．獲得目標
5．恐喝（脅迫）されていたとしたら両立しない事実を認めさせること
　　① 2／7にその場でM田置様に電話していること

　　昨日は、2／7は9時ころGに行ってずっと怖い思いをしたと言うことをおっしゃったんですかね

　　　Gには、●●病院の前の桂浜タクシーの待機所からタクシーで行ったんですね。

　　　（タクシーの記録（甲16添付常務記録）によると20：52に乗車して21：00に到着）

　　おっしゃることだと、いきなり土下座させられて、続いてすぐに脅しが始まったということなんでしょうか？

　　　で、「皆さんに迷惑をかけて大変申し訳ございません」と謝ったということでしたね。

　　あなたは、ヤクザの人が現場にいて、ず～～っと怖かったということなんでしょうか？

　　　で、怖くて、何も言えなかったとおっしゃったんでしょうか。

　　あなたは、ずっと小さくなって、ただひたすら頭を下げて謝り続けるしかなかったということなんですね

　　　　　　私はただひたすら頭を下げて、すいません、すいませんと言って、B院長、●●さん、●●さんに謝るしかありませんでした（6／9KS②p23～24）

　　~~件外の御証言だと、その場は、妥当に2時間くらいやった、とおっしゃったんですよね~~
　　（あえて放置）

　　　で、●●さんと●●さんが先に帰ったんですね。

-1-

Ⅳ　各　論

　　　Ｂ　、　Ｃ　、●●、●●がカラオケに行ったんですね。

その後あなたはタクシー呼んでもらって帰ったということでしたね。

その間、帰るまでに、あなたは外に出ることはしていませんね

昨日のお話だと、Ｇの中に２時間ぐらい居たと証言されたんですね。

ところで、あなたは、２１：１２：５７からＭ田さんに電話していますね
（甲１５。弁２１）

これは、先ほどの話だと、土下座をさせられて間がない時間ですね。

ちょうど脅されている真っ最中の時間ですね

その間２５秒電話しているんですね。

何の話をしたのですか（冒頭の答えによっては、この質問はしない）

**２／７　２２：０８：４２〜３１分２７秒長電話　０８０３１６８８３８８へ
　　　　２２：４０：５３〜５２分５０秒長電話　　〃
　　　　←これは一体誰ですか？**

①-2
(2／7) Aさんから「借金を2200万円の半分の1100万円にしてやる」と言われたことも思いだし、この部分は本当に助かったと思った（6／9KS②p26～27）

　昨日のお話だと、借金は、これまでの利息の支払いで、もうゼロになると思っていたのに、1100万円残っていて、不満だったとおっしゃったんでしたね？

　本当にそんな風に思っていたのですか？

　あなたは本当は、「借金が半分になって、助かった」と思っていたのではありませんか？

　昨日もお聞きしましたが、23／12／19の骨折した日の転ぶ前のGでの話で、「B院長の話を聞いて、利息を止めてもらうだけでもラッキーと思っていた」ということでしたよね？

　●●検事にも、23／12／19のB院長の話を聞いて、「利息を止めてもらえることになるかも知れない」などという、淡い期待を抱きました、と話してますよね（甲2p15）

　ですから、元金がなくなるなんて、思っていなかったのではありませんか？

　2／7のGでの話を聞いた時の気持ちとして、借金が半分になったことについては、本当に助かったと思ったのではありませんか？

　　　　　　　　　　「借金を2200万円の半分の1100万円にしてやる」と言われたことも思いだし、この部分は本当に助かったと思ったのですが、Aさんからは「院長を裏切るようなことはするな」等ときつく言いつけられたので、今後院長に逆らえなくなったと不安にもなったのでした（6／9KS②668から始まるものp26～27）

　　　　　　　　　　「私は確かに、借金の話をまとめてくれたAさんには礼をしなければならないと思っていました（がB院長が提示した4000万円という金額に驚きを隠せなかったのでした）
　　　　　　　　　　（6／9KS②p31）

-3-

(2) 大見出し・中見出し・小見出しの内容
ア 獲得目標

　尋問事項書の作成にあたり、多くの人が、獲得目標を設定する。たとえば、「Dの証言に信用性がないことを明らかにすること」などである。しかし、この獲得目標には、全く意味がない。なぜなら、「そのために何をしたらいいのか」が全くわからないからである。このような抽象的な獲得目標を「大見出し」にしても、ほんとうは、ほとんど無意味なのである。

イ 中見出し

　そこで、「中見出し」を考える。
「脅迫されていたとしたら両立しない事実を認めさせること」
「脅迫されていたなら当然あるはずの事実が抜けていることを認めさせること」
などである。この「中見出し」の設定をした後に、「小見出し」を考える。

ウ 小見出し

　「小見出し」には、ブレーンストーミングの作業の中で、重要な事実として把握した事実を認めさせること、を掲げることになる。
　たとえば、
　「2／7にその場で（脅されているというまさにその最中の時間に、取引先の）M田重機に電話していること」を認めさせること
　である。これが、1つのゴールである。これらの事実がそのまま認定されていけば、その積み重ねが無罪判決につながっていくことになる。小見出しの設定のためには、求める結論（弁論で書けること、そして、それがそのまま判決に書いてもらえる事実）を明確にすることが必要である。この小見出しを設定する作業で、ケースセオリーが、より明確になってくるはずである。

エ そして具体的な尋問事項の作成へ

　そして、「2／7にその場でM田重機に電話していること」を認めさせるために必要な具体的な質問を、考えていくことになる。
　そこでやるべきことは、この「2／7にその場でM田重機に電話していること」を認めさせるための具体的事実を、とにかく細かく分けて質問を並べるということである。

(3) 「小見出し」が明確になっていること

特に、「小見出し」が明確になっていることが必要である。これが明確になっていれば、「自分は今、何を認めさせる尋問をしているのか」が再度、はっきりと認識（確認）できる。法廷では、頭が研ぎ澄まされているのではあるが、緊張・疲れ・動揺などが原因で「自分はいったい今何を求めて質問しているのか？」を忘れてしまうこともある。しかし、「小見出し」が明確になっており、それが瞬時に目に入る状態で記載されていれば、「自分の求めるゴール」が何であるのかを忘れたピント外れな質問をしてしまう可能性を小さくすることができる。

また、「小見出し」を明確に把握できていれば、尋問事項を離れた質問を、その場で、自分の頭で瞬時に構成できる場合も、ないわけではない。

3　弾劾の資料が具体的に引用されていること

弾劾の材料（証人が逃げだそうとしたときに、首根っこをつかむ材料）を尋問事項書の中に書いておく（尋問事項書で自己完結できている）ということである。そのためには、以下の(1)及び(2)が含まれている必要がある。

(1)　証拠の特定（証拠番号・作成者・作成日・頁）

(2)　具体的な供述記載の内容も引用

弾劾の材料としては、自己矛盾供述の場合もあれば、客観的な証拠（通話履歴など）の場合もある。これらを尋問事項書の中に引用しておけば、尋問事項書を離れて当該証拠を探すという動作が不要になる。実はこれは尋問の際にはとても重要なことである。証人がおかしな証言をした場合に、間髪を入れずにそれを弾劾する（あるいは矛盾供述を法廷でそのまま朗読してその内容を法廷に顕出する）ことができなければ、虚偽の証言をしている証人に余裕を与えてしまうし、聞いている事実認定者（裁判員や裁判官）に、「何のための尋問か」（なぜ弁護人はその質問をしているのか）が理解してもらえないからである。

現実の尋問の場面では、証拠の束の中からそれらを即座に抽出することは至難の技であり（天才的な記憶力を持っている人は別だが）、事実認定者の冷ややかな視線を背中に感じながら証拠を探す何秒間は、探している者（尋問者）

にとっては、異常に長く感じるし、冷や汗が流れる。そして尋問のペースは途切れ、予定していた質問ができずに撤退してしまうというようなこともありうる。

であるから、そのように決定的に重要な証拠の具体的部分については、それを抜き出して、出典の場所（「甲○号証の△頁××行」などと）とともに記載しておかなければならない。

そして、尋問事項とは違うものであることが一目でわかるように、**書く場所・フォント・太さ**などの工夫も必要である。

筆者はそのような証拠を書く（写す）場合は、紙の右半分より右側に、ゴチック体で記載するなどしている。

4 ワープ（ジャンプ）に対応できること

反対尋問の際には、質問の途中で、予定していた順序を変えて質問したり、予定していた尋問事項を飛ばして（はしょって）質問したりしなければならないことが起きることが稀ではない。

そのような場合に、該当場所にすぐにワープ（ジャンプ）できるような尋問事項書でなければならない。

そのためには、

(1) 中見出し（又は小見出し）ごとに頁を分けること
(2) 中見出し（又は小見出し）が一目でわかること

の工夫をしておく必要がある。

順番を変え、後回しにした質問を忘れないようにするためには、「飛ばしたこと」が瞬時に分かるようなメモをしなければならないが、頁を分けていれば、その頁の質問全体を後からすればよいので、安心である。

あるいは、少なくとも、「中見出し」（あるいは「小見出し」）ごとに、区切られていることが明白になっていること、が必要である。

5 聞くべき事実が最小レベルまで練れていること
(1) **まず予想される主尋問の要旨（骨子）を書く**

予想される主尋問の内容を明確にすることによって、弾劾すべき対象も明

確になる。主尋問で証言される内容が分かっていなければ、そもそも弾劾すべき対象が分かっていないということになる。

　ア　主尋問で証言される内容をどう予想するか

　これについては、刑訴法316条の14第1項2号に規定されている「その者（証人）が公判期日において供述すると思料する内容が明らかになるもの」によって、予想する。多くの場合は、その証人の供述調書（検察官が取調べ請求してきたもの。検察官調書の場合が多い）によって予想するということになる。（なお、法廷で証人が突然、検察官が取調べ請求していた供述調書の記載と異なる内容を証言し出すこともある。検察官が証人テストでそれをあらかじめ把握していたにもかかわらず、弁護人にそれを連絡してこずに、そのまま証言に入った場合は、明らかにこの条項に違反すると思われ、その際の対応については別途考察を要し、これは重大な問題であるが、本稿ではそこには触れない。）

　イ　弾劾の対象となる証言を明確にして、小見出しの下の冒頭に記載しておく

　弾劾の対象は、供述調書全体ではないはずで、「この証人のどの証言を弾劾しなければならないのか」を明確にしておかなければ、ピント外れの反対尋問になるし、重要な証言部分についての弾劾ができようはずもない。

(2)　**具体的な質問（発問）を考える**

　この作業での視点を以下に示す。

　ア　求める結論に至るための細かな事実を拾い出す。

　イ　具体的事実を細かく分けて聞く。

　ウ　ワンクエスチョン・ワンファクト（1つの質問で1つの事実を聞く）

　　「いつ、どこで、何を見ましたか？」ではなく、「いつ見ましたか」「どこで見ましたか」「何を見ましたか」と分けて聞くということである。

　エ　「はい」と答えざるを得ない質問を並べる。

(3)　**聞く順番を練る**

　自分で何回もシミュレーションをしてみることである。「こう聞いたらこう答える」「だから次にこの質問をして、こう答えさせる」などを、実際に尋問事項を作りながら考えるのである。

そして一旦できあがったら、誰かを相手にして、実際に尋問してみることである。この場合、尋問事項書を、相手になってくれる人に渡して、自分が証人になってみると、「ああ聞かれたら、こう答えたくなるからダメだ」とかがイメージできることがある。

(4) **決まり文句を具体的に書いておく**

書面や物を示して（用いて）尋問する際には、決まり文句を尋問事項書に具体的に書いておくこともある。決まり文句だからある意味では呪文のようなものなのであるが、慣れていないと、この決まり文句が呪文のようにでてこないこともあるからである。以下に示すのは呪文の一例である。

ア　199条の10

・この供述調書にどういう記載があるのかを、本人に確認してもらうために示します。条文の根拠をいいますと、刑訴規則199条の10の、「同一性に準ずる事項」について尋問するために必要があるためです。

・過去におけるこの証人の自己矛盾供述の存在それ自体をこの法廷に正確に顕出するために示すのであって、記憶喚起のために示すものではありません。

イ　199条の11

・記憶喚起のために示すことを許可して下さい。

ウ　199条の12

・証人の供述を明確にするために必要があるので、書面を用いて尋問することを許可して下さい。

6　異議への対応が準備されていること

(1) **誤導尋問でないことを即答できるように**

証拠の出典を、尋問事項書に記載しておく。場合によればその内容を、具体的に書いておく。その場で証拠を探すのは実は容易ではないし、探している時間で、尋問の流れがストップしてしまうからである。

(2) **供述調書の呈示に対する異議申立への対応（「弁護人ご意見は？」への対応）**

すぐにできるように、あらかじめ準備しておく。

- 弾劾のためです
- 記憶喚起のためではありません
- 過去における自己矛盾供述の存在及びその内容それ自体を法廷に正確に顕出するためです
- 内容の真実性を前提にしていません
- 「何を見たのか」についての記憶喚起ではなく、「捜査官に対してどう話したのか？」についての記憶喚起のためです

(3) **供述調書の朗読に対する異議申立への対応**

ア **実質証拠として用いる場合**
- 199条の4は199条の3第4項を準用していません

イ **弾劾証拠として用いる場合**
- 過去における自己矛盾供述の存在及びその内容それ自体を法廷に正確に顕出するためです
- 内容の真実性を前提にしていません
- 「何を見たのか」についての記憶喚起ではなく、「捜査官に対してどう話したのか？」についての記憶喚起のためです

(4) **事前の開示（刑訴規則199条の10第2項、199条の11第3項、199条の12第2項）が直前であることを理由とする異議申立への対応**

（実務的には、直前に示すことについて、負い目に感じる「事前の開示」であるが、実は、主尋問と反対尋問では全く異なるはずである）

- 「あらかじめ」（刑訴規則199条の10第2項、199条の11第3項、199条の12第2項）とは、文字通り「提示する前に」であって、「尋問開始の前に」ではありません。最高裁の刑事局が昭和32年に発行している『刑事訴訟規則の説明書』（刑事裁判資料120号）29頁、31頁、32頁にも「『あらかじめ』とは、示す前にの意味である」と記載されています。
- 主尋問で示す資料については、「証言予定要旨」を、証人請求後速やかに相手方に開示すべしと法316条の14第2号に規定されているように、あらかあじめ相手方に、主尋問において予想される証言を明らかにしておくということが求められますから、「直前の閲覧の機会の付与」では「あらかじめ」の要求を満たしていないと考えることもできますが、こ

れはあくまでも、法316条の14に表れている趣旨（主尋問の内容は、主尋問の前にあらかじめ相手方が把握していなければならないということ）から要求されることです。

しかし、反対尋問において証人に示す書面を、尋問開始の前に相手方に提示するとなれば、反対尋問で質問する内容（反対尋問事項）をあらかじめ相手方に示すことと同じになってしまいかねず、反対尋問になりません。従って、反対尋問の際に証人に示す資料は、文字通り「示す前に」であって問題がないはずです（有名な「リンカーンのムーンライトクエスチョン」も、月齢表を主尋問の前に示すことが要求されていたとすれば、効を奏すことはなかったはずです）。

もちろんその書面の体裁自体からして、誰が作成したのかが分からないような書面であれば別の考慮もありえますが、書面の体裁上、誰が、いつ作成したのか等が明らかな書面について、相手方が、その内容を尋問の前に確認する必要があるから、尋問の前に、ある程度時間的余裕をもって示さなければならない、ということにはならないはずです。であるからこそ、刑訴規則199条の3以下の枝番の条文の制定時（昭和32年）に最高裁の刑事局が作成した「刑事訴訟規則の一部を改正する規則の説明」にも「あらかじめ」とは「示す前に」の意味である、と記載されているのです。

ですから、検察官の「提示を受けたのが直前であるから『あらかじめ』にあたらない」という異議には理由がありません。

V 具体的な準備作業はどうやるのか

1 現場に行く

どんな事件でも、まず事件現場に行くのは当然。供述調書や実況見分調書のイメージとは全く違った現実が分かることがある。「百聞は一見にしかず」である。

2　ブレーンストーミング（事件全体についてのもの）

実は、この作業が一番大切な作業である。

このブレーンストーミングによって、反対尋問で取りに行く（刈り取ってくる）対象を明確にしなければならない。

いわゆる「殺す」対象は何なのか。

いわゆる「生かす」対象は何なのか。

この２つを明確にする。そしてこれが「獲得目標」になるわけである。

3　時系列を作成する

動かない事実、信用できる証拠により認定できる事実で、シンプルな時系列を作成してみる。そうすると、生の事実を並べるだけでも、「あれ？　おかしいな」という事実を発見することがある。

作成した時系列を見て、以下に掲げる事実がないかをチェックすることになる。

なお、時系列表を作成する際には、根拠となる証拠を必ず挙げておくことが必要である。後から再度証拠にあたって確認する際に必要なためである。

一例を以下に示す。

(1) 当然あるべき事実が抜けていないか

たとえば、

恐喝事件なら、被害届の時期が遅すぎるとか

被害に遭ったとされる直後に長電話をしているのに、その長電話の相手が誰で、何を話したのかについてが、全く不明であ

V　具体的な準備作業はどうやるのか

るとか（通常の場合は、「脅されて怖かった」ということをその人間に話しているはずだが、その事実関係が全く抜けているとか）

(2)　あるはずがない事実（公訴事実と両立しない事実）がないか

たとえば、

脅されているはずのその最中に、その場から、外部に電話しているとか

脅されたという翌日に、加害者と一緒に行動を共にしているとか

脅された1週間後に、加害者から、脅された場所に再度呼び出されたというのに、その場に妻や長女まで同席させているとか

このような問題意識を持って、時系列を眺めてみると、「あれ？　おかしいな」という事実が必ず見つかるはずである。

4　供述調書などを再読する

(1)　供述調書や実況見分調書を作成日付順に綴り直す

当該証人の供述調書や同人が立会人になって作成された実況見分調書などを全部そろえて、作成日付の順序（厳密に言えば、実況見分調書は、実況見分が行われた日で）に綴り直す。その対象となるのは、検察官請求証拠に限らず、当然のことであるが、類型証拠（刑訴法316条の15第1項5号ロや3号など）として開示されたものも含める。実況見分調書を含めるのは、実況見分調書の中にも立会人の指示説明部分や、被害状況再現写真が含まれているからである。従って、当該証人の供述を要約した捜査報告書などがあれば、これも含める。

要するにこの作業は、当該証人の供述の経過を初期供述から終わりまで確認するために行う作業である。

(2)　付箋を付けながら初めから読んでいく

そして、以下では、筆者が用いている方法を書いてみる。あまりにも実務的で技術的な話であり、理論的な話とはほど遠いのではあるけれども、意外にも使い勝手がよい工夫なのではないかと思っている。

①　インデックスの付け方

検察官請求証拠や類型証拠は、それごとにまとめられてインデックスが既に付されている状態のものをあらためてつづり直すことになることが多いの

で、インデックスが着いている位置が上になったり下になったりするが、それについてはあまり気にしない。

但し、インデックスについては、「D24／6／9KS」とか「D24／7／16PS」とか、作成日が一目でわかるような記載がされていることが必要である。

② 付箋の付け方の工夫（その1）（付箋の色を赤と青の2種類に分ける）

反対尋問の準備として供述調書を最初から読んでいく作業に入るが、この時点では、既にある程度の弁護方針が定まっているはずであるから、その観点に従って記録を読む必要がある。

そして着目すべき供述部分には付箋を付ける。その際に提唱したいのが、付箋の色分けである。例えば、「被告人にとってよい事実」については「青色」付箋を付し、「悪い事実」について赤色付箋を付す。これはある意味ではブレーンストーミングの作業と同じである。

③ 付箋の付け方の工夫（その2）（付箋へのメモの書き方）

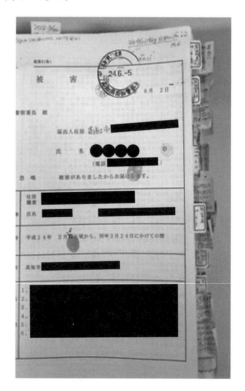

何についての供述記載がされているのかが、一目で分かるように付箋の右側にメモをする。これは、後から記録を概観する際に、「どこに書いてあったっけ？」と探す作業に時間をとられないための工夫である。記録を読む際に「さっきこんなことが書いてあったはずだけど、どこだったっけ？」と探す作業に思いの外時間がかかってしまう、というのは多くの弁護士が実感していることではないだろうか。それがすぐにわかる。

また、反対尋問の際に証人が矛盾供述をした際に、その矛盾供述の位置をすぐに探し出すための工夫である（なお、あらかじめ予想できる矛盾供述の供述記載については、具体的に尋問事項書に転写されていることが必要なことは前に述べた）。

従って、記録を手に持って上から見たときに一覧できる位置に記載してある必要がある。

具体的には、Ａ４の供述調書の右側の端からはみ出ている位置に記載する。

記載例は、例えば「２／７の入店時刻〇〇：〇〇」「２／７の退店時刻〇〇：〇〇」「２／７のＡの言動」等々である。

このような記載があれば、供述調書を読み進む中で「あれ？　さっきは『〇〇』と書いてなかったっけ？」などと思っても、すぐにその該当部分を見つけることができる。

④　付箋の付け方の工夫（その３）（ホチキス止めとホチキスの位置）

ここで、筆者がおすすめしたいのが、付箋へのホチキス止めである。「え！」とびっくりされる方が多いと思うが、これは是非試していただきたい。

ホチキス止めする目的は２つある。

１つめは、付箋が外れないようにするためである。皆さんもよく経験されることと思うが、せっかく付箋を付けたのに、移動中にそれが外れてしまっていたり、付箋を押さえて頁を開いてしまって付箋が外れてしまったりして、元々どこに付箋が付されていたのかがわからなくなってしまうことがある。ことに実際に尋問している際にそのようなことが起こると、大変に焦って、尋問のペースが狂ってしまう。付箋をホチキスで止めてしまえば、このようなアクシデントを防止することができる。

２つめの理由は、付箋への書き込みを隠すことが可能になることである。

反対尋問の際に供述調書を示す際に、書き込み（単なるラインマーカーは別）のある供述調書を示そうとすると、おそらくそれに対しては検察官から異議の申立があり、また裁判所からも制止されることになる。そこで提案したいのが、ホチキス止めである。

付箋がホチキス止めしてあれば、ホチキス止めされている付箋の左側の部分を折り曲げて右端の部分に重ねれば、付箋の右側部分に記載されているメ

実践的反対尋問事項書の作り方

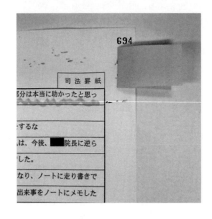
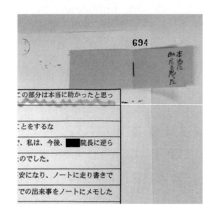

モ部分を見えなくすることができる。そうすれば、「弁護人が示そうとしている供述調書の写しには文字の書き込みがあります」という異議の申立を防止することができる。

そしてこのような付箋の用い方ができるようにするためには、ホチキス止めの位置も工夫が必要である。つまり、付箋の真ん中部分か、真ん中よりも少し右側にホチキスを入れる必要があるわけである。そうすれば、ホチキス止めの部分で付箋を折り返せば、文字が隠れるし、付箋も外れない。そして、折り曲げた部分を再度戻せば、付箋の文字がまた読める。

5 反対尋問についてのケースセオリー

上記のような作業をしながら、最後まで供述調書等を読み通してみる。するといくつかの「供述の変遷」や「客観的な事実（あるいは信用性の高い証拠から認定できる事実）との矛盾」が発見できる。

それに基づいて、反対尋問のケースセオリーを考えてみる。

ここで「反対尋問のケースセオリー」という言葉を使った。この意味は、「供述が変遷しているのはなぜなのか、についての被告人・弁護人からの説明」であり、「供述が客観的な事実と矛盾しているのはなぜなのか、についての被告人・弁護人からの説明」ということである。

たとえば「証人があえて嘘をついている」ためなのか、「後からの情報で記憶自体が混同してしまっている」ためなのかを見極める。

例えば「視覚を遮っていた物があったから」なのか「元々視力がよくないから」なのか「他に関心事があって、注目していなかったから」なのか、を見極める。

このような観点から検討し、聞いていて分かりやすい（弁護人の反対尋問の意図が事実認定者に理解してもらえる）尋問事項を作成する必要があるわけである。

また、供述が変遷しているとしても、それが些末な事実についての変遷なのか、重要な事実についての変遷なのかも見極めなければならない。些末な事実についての供述変遷を問題にしても、裁判所にも裁判員にも全く共感を得られない。逆に反発を招くだけである。そして「大事な事実についての供述変遷」についての指摘が、「大したことのない事実についての供述変遷」であるかのように受け止められてしまう。

Ⅵ　具体的事件で作成した尋問事項書の大見出し、中見出し、小見出し

高知地裁平成25年4月18日判決（裁判所ウェブサイト登載）の事件で筆者が作成した「被害者」だというDに対する尋問事項書の大見出し、中見出し、小見出しを以下に抽出してみた（各発問部分については、ここに引用すると尋問事項書の骨格が分かりにくくなるので省略した）。

しかし、こうして抽出して統一してみると、中見出しと小見出しが入り乱れているし、紙面の位置（左詰めになっているか、左端から開けているのか、証拠の引用は右詰めでそろえているのか）も、バラバラになっていることがわかる。

ではあるが、問題意識について、各位が参考にしていただければ幸いである。

D尋問事項

獲得目標
1．B院長からの借り入れの事実（～平成24年2月末分と、それ以後分も）

を可能なかぎり全部認めさせること
　各、認めなかったときの首根っこのつかみ方

1－2．B院長への返済額は、（2つの公正証書の支払いについて）、150万＋85万＝235万（多くても285万円）であること

2．それを過小に供述していたことを法廷に顕出すること
（1）　D供述の推移

（2）　ここで、公正証書以外の、2／24以前の借り入れについて、D自身が認めているものを示すとよいことになる

（3）　24．7．21ＫＳ添付の「自分で払った表」の赤丸の中に、Bが出した分があることを認めさせること（少なくとも●●産業の50万円は動かない）

3．恐喝文言（脅迫文言）を弾劾すること
（1）　自己矛盾供述で（これは取りに行ってもなかなか難しいか？）
　　　　　① 　ノートに記載がないこと
　　　　　② 　ＩＣレコーダにも記録していないこと
　　　　　③ 　被害届の記載と符合するか？（昼休みにチェック）

（2）　客観的な証拠との矛盾で
　（そういうことを言うはずがない流れであることを出す。事実を認めさせる）

4．「半額になってラッキー」の基礎事実を認めさせる（法廷に顕出する）こと
　これ即ち、元々から払うつもりだった（「2／7にわーわー言われたから払うことを承諾した」ではないこと）の基礎事実

4－2．他からもまだ借り入れがあること

Ⅵ 具体的事件で作成した尋問事項書の大見出し、中見出し、小見出し

5．恐喝（脅迫）されていたとしたら両立しない事実を認めさせること

① 2／7にその場でM田重機に電話していること

①-2
（2／7）Aさんから「借金を2200万円の半分の1100万円にしてやる」と言われたことも思いだし、この部分は本当に助かったと思った（6／9KS②p26～27）

①-3（やらない）
甲2の添付書類でも、最高で利息合計が2209万円である

①-4　Aにお礼をしなければならないということは、Dが自ら言っていること
（つまり、「Aにお礼をしなければならない」という意思だっったということ）
甲3p17～18

② 2／7の翌日である2／8の●●からの借り入れについて、Cへ依頼してること

③-0　2／13に、妻を連れて行ったこと

③-1　娘を連れて行ったこと

③-3　2／13の夜遅くまでの痛飲

③-4　2／13の話の趣旨が全然違う
（お礼のみ）
（額）

497

（1） お礼がそれだけの金額というのは印象残るはず
　　　ところが、ＰＳとも違う

（2） ノートにも書いていない（２／５の頁、２／13の頁の部分も示すこと）
　　　「お礼」の趣旨が一切書かれていない

　　　④ ２／24のＧでの昼飯（エビフライ定食500円を４つ。Ｂ院長持ち）
　　　　 １台の車だったから、帰りに送っただけ、と言うかも知れない

　　　⑤ ３月に●●（●●の知り合い）から呼び出された際に、ＣとＢ院長に助け（同席）を求めたこと

６．土下座発言について
（1） 客観的に発せられたことについては深追いしない

（2） しかし自己矛盾があればそれを顕出する

７．Ｂ院長・Ｃへ嘘ついていることを認めさせること（Ｄのずるさを裁判所に分からせる）

　　　③ ●●に対しては、自分の債権が減額になることを予め知っていて、「少なく言ってくれ」と依頼していること（ずるい）

　　　④ 借りている金額を隠さず言え、と言われているのに、少なく告知（甲７●●ＰＳ添付メモはいつ作成したのだったか。これ証拠になっているか）

８．ヤクザなれしている事実を出す
　　　① 元々●●に後ろ盾を求めたのは自分の方から

9．B院長記載メモ（2／13＠G）（甲37）の記載の中に、B院長からの借り入れが入っていることを認めさせること

・左側の3／15か5／15について

（これが●●の150万の手形決済資金であること）

（3）　礼金2900万の記載はどこにもないこと

・（これは弁論で主張すればいいことだろう）
　このメモの中の書いてある部分の面積を見ると、先ほどの2つの公正証書による借入額の返済額がいくらで、あといくら残っているのか、という計算をしている部分が、半分以上の面積ですよね

・6／16KS③では、「院長からの借り入れは別物」とは一切供述していないことを利用して何か質問をするか。

・証拠になると持ち帰ったというのに、すぐには出てきてない？こと

11．これまでの尋問での落ち穂拾いの観点

（1）　●●に対して電話して「どうなってますか？」

（2）　●●の素性を知って和田に近づいたこと

12．●●●●の日常経費は、弁19どころではないこと

（これもAQでよい）

（弁12もあるし）

13．警察に相談に行ったのはいつか？

　　一日も早く警察に助けを求めたい（史歩KSにありと）のに、5月以降5月の連休明けらしい（Bが刑事から聞いた）

> 【主尋問では】5月末頃
>
> 被害届6／2付受理は6／5
>
> 14. 尋問途中の休憩時の検察官との打ち合わせのこと

　以上の小見出しごとに、具体的な尋問事項を作って行くわけである。
　ここからは、各弁護士によって、どのレベルまで細かく尋問事項を用意しておくかについては個人差がある。私は比較的詳細に具体的発問を作成しておくことが多い（ことに重要証人の場合）が、小見出しと、押さえるべき事実（要するに、弁論に書ける事実）だけを尋問事項としては用意し、尋問に臨むという弁護士もいるであろう。

Ⅶ　尋問終了後に行う作業

　獲得できたこと（弁論で書けること）を、忘れないうちに（その日のうちに）メモしておくことが必要である。
　これは尋問直後の疲れ切った頭でやることになるので、とても大変な作業であるが、やっておかないと、弁論作成の時に大変である。特に、裁判員裁判の場合は、弁論の前に証言調書ができあがることはあり得ないので、証言によって獲得できた事項をここでまとめておかないと、弁論が証拠に基づかないものになってしまう可能性がある。
　尋問事項書が正しく作成されていれば、求める答えはそこに書かれているはずだから、獲得できた事項と獲得できなかった事項をチェックするだけで済む作業なので、作業量としてはそんなに大変ではないはずだ。しかし、これがなかなかできないのも現実である。だが、これは是非ともその日にしておかなければならない作業である。

Ⅷ 判決書の「理由」との対比を試みてみる

1 無罪判決に至った理由の骨格

裁判官は、なぜ無罪判決を書いてくれたのか（なぜ、無罪判決を書いてもらうことができたのか）を検討してみる。

判決理由中の「3　当裁判所の判断」が、無罪判決の理由部分である。そこには次のように判示されている。

「(1)検察官は、平成24年2月7日及び13日のGにおける経緯について、主に、被害者とされるDの供述に依拠して、……いずれもDに対する恐喝未遂がなされたと主張する。これに対して、各弁護人はいずれもD供述の信用性を否定し、無罪を主張する。前記の経緯を全て見聞きしたのはDであるから、本件において有罪、無罪を分けるのは、結局、D供述の信用性に尽きると言ってよい。」

そして、次の項で、

「(2)Dは公判廷において次のように供述した。」として、D供述を引用し、次の項で

「(3)結論としては、当裁判所は、このようなD供述を信用することはできない。理由は以下の通りである。」と判示している。そしてその理由としてアからカの項目を立てている。次の通りである。

「ア　第1に、Dが、当時、債務整理を押しつけられたと考えるには無理がある。」

「イ　第2に、被告人BらがDから礼金を恐喝する動機が見当たらない。」

「ウ　第3に、Dの行動には、恐喝されたというには不自然な点が多い。」

「エ　第4に、脅し取られそうになったとされる4000万円の内訳についてのDの説明は、被告人Bによる説明に比べて、説得力がない。」

「オ　第5に、Dの供述内容には不自然な変遷がみられる。」

「カ　以上の各事情からすれば、Dの供述は信用できないというほかない。」

そして、次の項で、次のように判示している。

「4　結論

以上の通り、検察官立証を支えるＤ供述を信用できない以上、公訴事実第１の場面において、被告人らが共謀の上、Ｄから金銭を脅し取ろうとしたとも認められないし、公訴事実第２の場面において、被告人Ｂ及び被告人Ｃが共謀の上、Ｄ及びＨから金銭を脅し取ろうとしたとも認められない。恐喝未遂罪はいずれも成立しない。
　したがって、本件各公訴事実については犯罪の証明がないことになるから、刑事訴訟法336条により被告人ら３名に対しいずれも無罪の言い渡しをする。」

２　Ｄの供述が信用できないとされた根拠についての具体的検討

　それでは、Ｄの供述が信用できないとされた根拠についての具体的検討をしてみよう。判決が、Ｄの供述を信用できないとする根拠と、それに対応する尋問調書の一部（(1)、(3)、(5)）を具体的に対比して検討してみる。

　(1)　「実際、Ｄは、捜査段階では、2,200万円の借金が1,100万円になったことについて、本当に助かったと思ったとも供述していたものである」（上記(3)アの項目中の判示）について

　ここでは、捜査段階の供述を正確に法廷に顕出することに成功している必要がある。果たしてうまくできていたであろうか。

　これに対応する尋問事項書（Ⅵで抽出してある）の「大見出し」は４である。

〔実際の尋問〕（以下●はＤの証言部分である）

弁護人　じゃあ今度、２月７日の話の中身についてうかがいます。昨日の話だと（注　主尋問が延びたため、尋問の１日めは、反対尋問の途中で「明日に続行」となり、この尋問部分は翌日午前の期日に行われている）、借金はこれまでの利息の支払いで、もうゼロになると思っていたのに、元金が1,100万円残っていて不満だったというふうにおっしゃったんですよね。

●　　　はい。

弁護人　本当にそんなふうに思ってたんですか。

●　　　はい。

Ⅷ 判決書の「理由」との対比を試みてみる

弁護人 あなたは、本当は、借金が半分になって助かった、そう思っていたんではないですか。
● そういう気持ちはないです。
弁護人 昨日もおうかがいしましたけれども、平成23年12月19日のGでの話で、B院長の話を聞いて、利息を止めてもらうだけでも幸運だと思った、そういうことでしたよね。
● 幸運というか、まあ、Aさんはトップの方ですので。
弁護人 検事さんに対しても、この平成23年12月19日の院長の話を聞いて、利息を止めてもらえることになるかもしれないなどという、淡い期待を抱きましたと話しておられますよね。
● それは、はい。
弁護人 だから、元金がなくなるなんで思ってなかったんじゃないですか。
● それは、うそもなく、僕は元金はなくなる方向性になると思っていました（以下略）[2]。
弁護人 あなたは、借金を半分にしてもらって助かったと思ったことはないということをおっしゃるわけですね。
● はい[3]。
弁護人 Dの司法警察員に対する供述調書（平成24年6月9日付）を示します[4]。
　　　　供述調書の26頁の下から2行目からを示します。私がここに書いてあるとおりに読むか、見ていて確認して下さい。
　　　　「しかし、Aさんから、借金を2,200万円の半分の1,100万円にしてやると言われたことも思い出し、これは、この部分は本当に助かった

（2） 実はここで、Dがぐじゃぐじゃと長く証言をし始めたため、証言の趣旨がよく分からなくなってしまった。そのため次の質問でD証言の趣旨をまとめて固める質問をした訳である。Confrontする対象を明確にした（Confrontの対象になるようにした）訳である。
（3） ここまでがいわゆる3Cの最初のC（commit又はconfirm）の部分。この次に本来であれば2番目のC（credit）が入るが、この尋問では、いきなり3番目のC（confront）に移っている。その理由は、あらかじめ反対尋問の最初の場面で供述調書の作成の状況方法を聞いて、すべての供述調書の二つ目のC（credit）を終えてしまっているからである。

と思ったのですが、Aさんからは、院長を裏切るようなことをするな等ときつく脅しつけられたので、私は、今後B院長に逆らえなくなったと不安になったものでした。」
　　　私は書いてあるとおりに読みましたね。
● 　　　はい。

(2)　「Dの公判供述によれば、平成24年2月ころには、警察に相談することも想定して、当時あった出来事をノートに書き付けていたという。また、Dは、平成23年11月にはボイスレコーダーでIやKとの会話を録音するなどしており、警察に提出する有効な証拠を残すことを意識していた。しかしながら、Dは、平成24年2月7日も、同月13日も、Gにボイスレコーダーを持って行っていないし、上記ノートにも「脅迫された」とか「怖い思いをした」という趣旨の記載は一切ない」((3)ウの項目中の判示)
　これに対応する尋問事項書の「小見出し」は、「尋問事項書」の3(1)の①と②及び5(2)である。

(3)　「同じくDの公判供述によれば、Dは、同月7日午後9時12分、本件の債務整理とは関係のない取引先に電話をし、その日に支払う約束をしていた金銭を支払えない旨の連絡をしている。前提事実の通り、DがGに到着したのは同日午後9時ちょうどごろであるから、それから12分後といえば、脅

---

(4)　多くの場合、ここで検察官からの異議の申立があり、供述調書を示すことについてのやりとりがある。本件では実はその場面はこの尋問部分の前に既に終わっている。裁判所が「弾劾のために示すこと」については何の問題もないという正しい見解を既に示してくれていた（勝負がついていた）ため、検察官はこの時点では、もう異議の申立を諦めていた訳である。
　弾劾のために供述調書を当該証人に示すことができる根拠については、既に多くの場面で論じられているので、ここでは改めて詳しくは論じない。なお、拙著「自己矛盾調書の証人への提示・朗読」現代の刑事弁護(2)345頁を参照していただければ幸いである。
　なお、大島隆明判事（現東京高裁部総括判事）が書かれた「裁判員裁判における証拠調べのプラクティスに関する二、三の問題」原田退官269頁）の287頁に「弁護人が弾劾目的で供述調書を示したり朗読することは法規上禁止されていないと解される」と、はっきりと記載されている。(現職の東京高裁の部総括判事の論文であり、法廷では、この大島論文が一番力を発揮すると思う）。

追されている最中か、せいぜいその直後、まだGにいる時間である。被告人らに脅され、恐怖の中にいたはずのDが、わざわざGで行われた債務整理とは無関係の取引先に電話をするとは考えがたい」（上記(3)ウの項目中の判示）

これに対応する尋問事項書の「小見出し」は、「尋問事項書」の5の①である。

〔実際の尋問〕

弁護人　それから、少し取引先のことを教えてほしいんですけれども。M重機というところはご存知ですかね。

●　　　はい。

弁護人　どういう取引先でしょうか。

●　　　M重機さんは、ある造成工事をするときに仕事をいただいたところです。

弁護人　例えば、去年の1月とか2月ころに仕事をさせてもらったりしましたか。

●　　　はい、仕事をさせていただきました。

弁護人　どこで、どんな仕事をしてましたですか。

●　　　まず、廃棄物のごみと、場所がイオンの西側なんですけど、そこで、マンションというか、造成があるから、その仕事の、型枠とかの仕事を請け負いました。

弁護人　そうすると、M重機さんから仕事を請け負ってたということですね。

●　　　はい。

弁護人　工期はいつからいつぐらいだったんですか

●　　　工期が、ちょっと定かではない、まあ2月から……。

弁護人　2月頃だったということですかね。

●　　　2月頃から、はい。

弁護人　次に、2月7日のことについて伺います。
　　　　昨日の御証言ですと、2月7日は9時頃Gに行ったということでしたよね。

●　　　料亭Gですね。はい。

弁護人　で、ずっと怖い思いをしていたということをおっしゃってたんですね。
●　　　はい。
弁護人　で、Gには、E病院の前のLタクシーの待機所のタクシーを拾って行ったんですね。
●　　　はい。
弁護人　タクシーの記録ですと、8時52分に乗って、9時に着いているようですけれども、そういう記憶でいいですか。
●　　　はい。
弁護人　昨日おっしゃってたことだと、店に入って、いきなり土下座をさせられたということをおっしゃってましたかね(5)。
●　　　はい。
弁護人　で、すぐに脅しが始まったということなんでしょうか。
●　　　……。
弁護人　割とそういうニュアンスと聞いたんですが、それでいいですかね。
●　　　少しそういう何かの会話はあったとは思いますけど。
弁護人　多少会話はあったけど……。
●　　　はい。
弁護人　で、証人は、皆さんに迷惑を掛けて大変申し訳ございませんと謝っていたということでしたかね。
●　　　はい。
弁護人　あなたは、やくざの人が現場に居て、ずっと怖かったということなんでしょうか。

（5）　実はここで「タクシーを降りて、すぐにGに入ったんですね」という質問をしておかなければならなかった。後の質問に対してDが必死に逃げようとしている場面があるが、この質問があれば、Dが逃げる場面はなかった。もっとも、このDの証言態度をみて、裁判所がDに対する「その場で口からのでまかせを言う証人」という心証を取ってくれた可能性もあるが、それは僥倖である。但し、筆者は現場に行っているので、タクシーを降りてからGの玄関までの距離が4〜5メートルしかないことや、Gは「料亭G」と呼べるようなたいそうな店（Dはいかにもその旨の証言をしようとしていたが）ではなく、田舎の古びた居酒屋に過ぎないことはわかっていたので、この場面では、あまり焦りはしなかった。現場を見ておくことの大切さの一場面である。

Ⅷ 判決書の「理由」との対比を試みてみる

● その中は、正直言って恐怖でした。
弁護人 ぴーんと張り詰めたような空気だったということですか。
● まあ自分としての、受けるのは、本当に、そういう幹部の方たちがおられました。幹部というか、そういう方がたくさん、たくさんというか、今までの経緯の中の、言われた方なんかの経緯がある方がおられましたので、本当に怖かった、またそこで何を言われるか、恐怖でした。
弁護人 で、ずっと小さくなって謝り続けていたということなんでしょうか(6)。
● 謝り続ける……まあ何にも言えれる状態じゃないということは、やっぱり萎縮というか、そういう状態だったです。
　　（中略）
弁護人 あなたは、足も悪いし、外に出ることはしていないんですね。帰るまでは。
● 帰るまでは、ちょっと記憶があれですけど。帰るまではしてないと思います。
弁護人 ところで、あなたはこの日、午後9時12分57秒から、M重機さんに電話をしていませんか。
● 電話はしてると思います。
弁護人 店の中から電話したということですね。
● ちょっとその記憶はないです。外か中かはわかりません。
弁護人 先ほど、私の質問に、その日は外に出ていないとおっしゃいましたよね。
● ……。
弁護人 お答えがないですか(7)。

---

(6) このあたりまでの質問は、「塗り壁尋問である」という評価もありうるかも知れない。ただ、筆者が気をつけているのは、語尾である。「本当はそうじゃなかったんじゃないですか？」というニュアンスを出すために「あなたのおっしゃることだと……ということだったんですか？（本当はそうじゃなかったのではないですか？）」「あなたは、……だと証言されるんですか？（本当はそうじゃなかったんじゃないですか？）」という聞き方を心がけるようにしている。

●　　　少しその記憶が、ちょっと、若干の時間の誤差が、その中に、料亭Gの中に入る時間の10分というものが、入る前に電話をしたのか、中から電話したのか、少しそのところの記憶は定かではないです。その10分くらいは。

弁護人　あなたは、Gに9時に着いて、すぐお店に入ったという話であったんでしょう(8)。

●　　　それは、はい。

弁護人　そうすると、21時12分という、店に入って、10分直後ですよね。

●　　　その言われる、はい。

弁護人　先ほどのお話だと、土下座をさせられて間がない時間ですね。

●　　　はい。

弁護人　ちょうど脅されてる真っ最中に該当する時間ですね。

●　　　……そのところは、自分の記憶では、タクシーの、降りる前か、タクシーの中で電話したのか、ちょっと記憶が定かではないです。その方に話を、電話そしてから、話をしてます。

弁護人　じゃあ、私の今の質問を受けて、証言を変更されるんですか(9)。

●　　　……。

弁護人　お答えがないですね。じゃあ、何をお話しになりましたか。

●　　　……そのM重機さんには、取引先の方にお金を借りていました。で、その方に、お金をその日か何かに返さないといけなくて、電話が取れないということで、それで僕は電話をした状態です。

弁護人　どういう意味ですか。

●　　　その日にお金を支払う約束があって。

（7）　証人が答えに窮して黙っているときには、あえてその沈黙を長時間続けさせる場合もあるが、「答えに窮している」ということを証言調書に残すために（あるいは、事実認定者の印象に残すために）比較的早めに「証言がありませんね」という発問をすることもある。1つの工夫である。

（8）　やや強引ではあるが、断定的に誘導したら「はい」と答えた。現場を見に行っており、主尋問時の証言やらたくさんの供述調書からして「店に入る前に電話した、なんてあり得ないだろ！」と確信したので、断定的に誘導できた面がある。

（9）　これも印象づけのための発問である。

弁護人　誰がですか。
●　　　私がです。そのための返済が、返済をしないといけないので、連絡ができないか、取れないかと言った記憶があります。
弁護人　あなたがお金を払わなくてはいけない立場だったということなんですね。
●　　　その日、はい。
弁護人　だけど、払えないという連絡をしたということなんですね。
●　　　はい、記憶では、はい。

(4)　「Dは、Gで債務整理が行われた翌日である同月8日には、手形の決済資金が足りないとして被告人Cに相談し、結局、前日にGに集まっていた債権者の一人から100万円を借りている。脅されたはずのDが、その脅された翌日に、自分を脅した相手に対し、資金の融通を相談したというのである。……このようなDの行動は、恐喝された被害者のそれと見るには無理がある」（上記(3)ウの項目中の判示）

　これに対応する尋問事項書の「小見出し」は、「尋問事項書」の5の②である。

(5)　「Dは、捜査段階では、被告人Bから、『被告人Aに対するお礼も含めて4,000万円から5,000万円払わないかん』と言われたと供述していたが、公判廷では、お礼だけで4,000万円から5,000万円必要だと言われた旨の供述もしている。また捜査段階では、被告人Cからも、お礼の額は4,000万円から5,000万円だと言われた旨供述していたのに、公判廷においては、被告人Cから6,000万円から7,000万円ぐらいはお礼として必要だといわれたと供述している。これらの変遷を、記憶の変容や勘違い等によるものであるとして説明するには疑問が残る。」（上記(3)オの項目中の判示）

　このような判示をしてもらうためには、捜査段階の供述を正確に法廷に顕出しなければならない。

　これに対応する尋問事項書の「小見出し」は、「尋問事項書」の5の③-4と5の(1)の部分である。

実践的反対尋問事項書の作り方

〔実際の尋問〕

弁護人　昨日の証言ですと、2月13日にGでB院長とCさんとあなたが話をした日に、Aさんにお礼をせないかんということを言われたということでしたね。

●　はい

弁護人　で、Bさんからは、4,000万から5,000万円はお礼をしなければならないと言われたと証言したんですね。

●　はい

弁護人　Cさんからは、お礼の額は6,000万から7,000万ぐらいと言われたと証言されましたね。

●　……Cさん。

弁護人　はい、Cさんからは、お礼の額は6,000万から7,000万円ぐらいたと言われたと、昨日、証言したでしょう。

●　はい。

弁護人　本当ですか。

●　それは事実です。

弁護人　お金でお礼をするなんていう話はなかったんじゃないですか。

●　……ちょっと意味があれですけど。お肉と一緒に話をされてるんですか。

弁護人　いや、お金でお礼をするという話があったとおっしゃるから、そんな話はないでしょうと聞いてるんです。

●　いや、事実、ありました。

弁護人　金額も間違いないんですか。

●　はい。

弁護人　じゃあ、あなたもそれを聞いて、すごいびっくりされたわけですかね。

●　はい。

弁護人　証人にとってすごく印象に残る話だったということになるわけですね。

●　はい。

Ⅷ 判決書の「理由」との対比を試みてみる

弁護人　そうすると、その記憶はずっと一貫しているわけですよね。
●　　　はい。
弁護人　全部がお礼だということは、昨日初めて言い出したことですよね。
●　　　……ちょっと意味が。全部がお礼。
弁護人　はい
●　　　……。
弁護人　そういう認識はないですか。
●　　　……私は、昨日の説明では、Ｂ院長の方が4,000万から5,000万、Ａさんにお礼をと。で、Ｃ社長から、話の相づちというので、いや、6,000万から7,000万ぐらいはお礼として必要だと、そういう見解の話で言ってます。
弁護人　6,000万から7,000万円という数字も、昨日初めて言い出したことですよね。
●　　　……昨日、はい。
弁護人　昨日初めて言い出したということはお認めになるんですか。
●　　　自分の気持ちの中にありましたので、記憶がありますので、それを昨日言いました。
弁護人　その話は、去年、検事から事情を聞かれたときに、おっしゃってないんですか。
●　　　……まあＢ院長のほうから4,000万から5,000万ということでしたので、Ｃさんの分の6,000万、7,000万は少し……。
弁護人　あなたは、とても印象に残ることだから忘れないんだということを、今もちょっと言いかけてましたよね。
●　　　はい。
弁護人　私が、ノートにそんなこと、何も書いてないじゃないかと質問した場面で、そう言っておられましたよね。
●　　　はい。
弁護人　強く印象に残ることになるんですね。
●　　　まあ、はい。
弁護人　証人の、検察官に対する供述調書である甲３号証、15頁を読み上げ

ます。7行目です。「更にB院長は、今回の件はAさんがまとめて助けてくれたんだから、Aさんにお礼をせないかん、礼を含めて4,000万円は返さないかん、公正証書を作成して、Aさんに渡さんといかんなどと言ってきました」と書いてあるんですが(10)、こういうふうに○○検事に説明したんでしょう。

● はい。

弁護人 お礼を含めてというふうに言ったことになってますよね。

● ……お礼を含めて4,000万から5,000万。

弁護人 <u>私はここに書いてあることが本当だという前提で質問してる訳じゃないですが、あなたが○○検事にこうおっしゃったということを法廷に出したいので、今聞いています。</u>こういうふうにあなたがおっしゃったから、○○検事がこういう調書を作ったんでしょう。

● そうです。はい。

弁護人 続いて「続けてCさんも、4,000万円から5,000万円は必要でしょうね」などと言ってきました」こういうふうに○○検事に言ったんでしょう。

● はい。

弁護人 だから、6,000万から7,000万なんていうことは、一度も言っておられないでしょう。

● ……その中では、はい。

弁護人 あなたの警察官調書によると、6月9日付の、さっきから示している、頁右上の番号が668から始まる調書の30頁の下から7行目です(11)。「更にB院長は、今回の件はAさんが助けてくれたんだから、

---

(10) ここは、調書を正確に読み上げる必要がある。「○○いう趣旨の記載があるんですが、そのように供述したんですね」ではダメである。反対尋問についての刑訴規則199条の4には、主尋問についての199条の3第4項に相当する規定がないことには意味があるのである。この点については、当時の刑事訴訟規則を制定した最高裁事務総局刑事局による刑事訴訟規則説明書(刑事裁判資料120号)24頁に「(199条の4)第3項による誘導尋問の制限は、主尋問におけるよりも、はるかに緩やかでよいと解される。反対尋問における誘導尋問の方法については、前条(199条の3)第4項のような規定がないことに留意すべきである」と明確に記載されている。

Ⅷ　判決書の「理由」との対比を試みてみる

　　　　Aさんにお礼をせないかん、借金も含めて4,000万円は必要やろうと私に言ってきたのでした」、こういうふうに警察官には説明したんでしょう。
● 　　はい
弁護人　次の話を伺います⑿。さっき示したノートのことなんですけど……
　　　（以下省略）

　⑹　「なお、平成24年2月13日Gで一部同席したH（Dの妻）は、警察の取調べを受けている段階では、被告人Cの脅迫文言について供述していないのに、検察官の取調べや公判廷においては、被告人Cからも脅迫されたと供述するに至っている。また、そもそもHは、その場で礼金という話を聞いていない」（上記⑶オの項目中の判示）

　この判示をしてもらうためには、捜査段階の供述（ことに「供述していないこと」）を正確に法廷に顕出することに成功する必要がある。いわゆるCICCである。

　これに対応するH（Dの妻）に対する尋問事項書を以下に引用する。次のような尋問事項書であった。

H尋問事項

第1．獲得目標
　2／13の恐喝（脅迫）文言についての証言が信用できないこと

---

(11) 開示を受けた調書の特定の方法として、このような方法を用いることがある。同一日付で複数の調書が作成されている場合などに用いる。なお、このように具体的に供述記載の場所を明らかにして尋問することが大切である。なぜなら、「検察官が異議を述べない」という事実で「そのような供述記載が現実に存在する」ということが、裁判所にも認識されるからである。尋問終了時間が切迫してきて一々証人に示して確認させる作業の時間がなくなってきた場合などに用いる方法である。
(12) 尋問事項の小見出し項目を移る際にはこのような一言を入れることが多い。そうしないと、証言を聞いている立場からすると、それまでの証言と関連する事項であるかのように受け取れるから、尋問の趣旨がわからなくなるからである。

513

1．自己矛盾供述で
　　　（6／13ＫＳには、Ｃの言動は、一切記載なし）
・つぶすべき対象
　　Ｃから「裏切ったら、お前ら夫婦、子ども、家族がどうなるか分からん」
　と言われた）（ＨのＰＳp4）

　Ｃさんはそんなことは言ってないのではありませんか？

　あなたは、その日のことについて、警察に行って●●巡査部長に話をしましたね。
　その日のできごとを思い出して話をしましたね。
　その日、こわい思いをしたことを説明したんですね。
　誰から何を言われたから怖かった、ということを説明したんでよすね。
　この日、●●さんに嘘を話しましたか？
　覚えていることを正直に話したんですね。

　●●さんは、あなたの話を聞いて、供述調書というものを作ってくれましたね。
　あなたはそれに署名して・指印を押しましたね。
　署名する前に、●●さんは調書を読んで、あなたに聞かせてくれましたね。
　間違いがないか聞いていてくれ、と言われましたね。
　で、あなたは間違いがないことを確認して署名して、指印もしたんですね。

　※6／13ＫＳを示す（199の10）。
　末尾（ｐ24目）を示す
　これはあなたの署名ですね
　その横の指印はあなたの指印ですね
　その下に「以上の通り録取して読み聞かせたところ誤りのないことを申し立てて署名・指印した」と書いてありますよね。

・13項以降を示します（199の10の「同一性に準じる事項」について尋問するために必要があるため）
　この項は、2／13日にGに行ったときのことがかかれているんですが、それは分かりますね。ここで少し読んでいただいて結構ですよ。

　で、この13項に、Cさんの先ほどの言葉が出ているか確認してください。

　Cさんの言葉は一言も書いてありませんでしたね。

・p19の1行目から示します。
　ここには、「本年2月13日午後9時30分頃になり、B院長から脅されたのはこの直後に間違いありません」と書いてありますね。

　「B院長やCさんから脅されたのは」とは書いてありませんね。

・p2の下から7行目以下を示します。
　私がこの部分を読みますから、私が書いてあるとおりに読むか、見て確認していてくださいね。
　「私もその支払いの件で、B院長とCさんの2人がいる居酒屋に夫とともに呼ばれて、B院長から
　『旦那さんが他の暴力団から金を借りるようなことがあれば、その時は奥さんあなたの命もないですよ』とおどされ、生きた心地もせず」

　私は書いてあるとおりに読みましたね。

　「B院長とCさんから脅され」とは書いてありませんでしたね。

3　小　　括

以上判決書の「理由」と対比してみると、作成していた尋問事項書の「中

515

見出し」あるいは「小見出し」がそのまま無罪判決の理由となっている部分については、うまく尋問ができていたと思われるのである。

Ⅸ　おわりに

　本項は、極めて技術的で技巧的なことがら（「反対尋問事項書の作り方」）についての私見を、実際に経験した事件で用いた尋問事項書や実際の法廷での尋問調書を引用しながら論じてみたものであって、「論稿」というに値しない文章である。

　しかしながら、この文章の中で「なるほど」とか「これはやってみよう」と思っていただけることがあり、それを自分の事件での尋問に使用してもらうことがあって、「なかなかうまくいった」ということがあれば、「論稿」と言うには値しない文章を皆さんに読んでいただいた筆者としては、望外の幸いである。

（たかみ・しゅういち）

法廷通訳と刑事弁護

弁護士 栗林　亜紀子

I　はじめに
II　日本の法廷通訳制度の現状
III　通訳問題を考える際の基本的な視点
IV　弁護人が気を付けるべきこと（公判段階）
V　弁護人が気を付けるべきこと（捜査段階・公判準備段階）
VI　まとめに代えて

I　はじめに

　刑事裁判における手続が適正に行われ、被疑者・被告人の権利が保障されるためには、被疑者・被告人が手続や証拠調べの内容を理解し、自らの言い分について十分な陳述の機会を保障されなければならない。その前提として、被疑者・被告人が、手続内で使用される言語を理解できなければ、これが実現されないことは自明である。

　国際人権（自由権）規約は、14条3項で「すべての者は、その刑事上の罪の決定について、十分平等に、少なくとも次の保障を受ける権利を有する。」とし、(f)で「裁判所において使用される言語を理解すること又は話すことができない場合には、無料で通訳の援助を受けること」を挙げている。

　しかし、現在の日本の法廷通訳制度は、日本語を解さない者に対する適正手続を保障するためのシステムを十分に備えていると言えるだろうか。

　平成28年9月に東京地方裁判所で開かれた、いわゆるジャカルタ事件の裁判員裁判では、証人のインドネシア語での証言を通訳した内容が正確かどうかの鑑定が行われた。その結果、証人3人で100か所以上の間違いが見つか

ったという(1)。今なお、刑事裁判法廷における通訳には種々の問題が残っている。本稿では、日本における法廷通訳制度の現状を概観し、問題点を指摘したうえで、適切な通訳の実現のために弁護人にできることを考えてみたい。

II　日本の法廷通訳制度の現状

1　要通訳事件の件数

　通常第一審事件で通訳・翻訳人のついた被告人の終局総人員（全国の地方裁判所及び簡易裁判所の合計）は、平成15年度の11,326人をピークに減少しており、平成27年度は2,826人であった（平成15年　司法統計年報　刑事編、平成27年　司法統計年報　刑事編）。

　ところが、これを裁判員裁判に限ってみると、平成27年度の裁判員裁判対象事件について、判決人員は1,182人であり、うち通訳・翻訳人の付いた外国人の判決人員は126人であった（最高裁判所事務総局「平成27年における裁判員裁判の実施状況等に関する資料」88頁図表78）。平成26年度は1,202人中130人、平成25年度は1,387人中134人、平成24年度は1,500人中145人、平成23年度は1,525人中172人と、裁判員裁判ではおおむね10％程度が要通訳事件であり、決して減少傾向にはないことが分かる（各年の裁判員裁判の実施状況等に関する資料参照）。

2　条　　文
(1)　裁判所法74条

　裁判所法74条は「裁判所では、日本語を用いる。」と定めている。
　これは、法廷内だけではなく、裁判手続全般にわたって日本語を使用しなければならないことを意味する(2)。その趣旨は、裁判所や訴訟関係人によって適正な審理等が行われるためには、日本語によることが不可欠であるうえ、その審理等の内容を傍聴人にも理解し得るようにして裁判公開の原則の

（1）　平成28年11月15日付け日本経済新聞。
（2）　条解刑訴［4版増補］324頁。

要請にこたえる必要がある、というものである[3]。

(2) 刑事訴訟法及び刑事訴訟規則の規定ぶり

　裁判手続で日本語を用いることとの関係では、刑事訴訟法には、第13章「通訳及び翻訳」にわずかな規定が定められているに過ぎない。

　　175条　国語に通じない者に陳述をさせる場合には、通訳人に通訳をさせなければならない。
　　177条　国語でない文字又は符合は、これを翻訳させることができる。
　　178条　前章（注：鑑定）の規定は、通訳及び翻訳についてこれを準用する。

　※176条は、耳の聞こえない者又は口のきけない者に関する規定である。
　また、刑事訴訟規則は、136条に、通訳及び翻訳については、前章（注：鑑定）の規定を準用すると定めるのみである。
　刑訴法175条にいう「国語に通じない者」とは、日本語について標準的な理解力及び表現力を欠いている者をいい、外国人であるか日本人であるかを問わない。また、被告人が日本人であっても、証人が「国語に通じない者」であるような場合は、本条によって通訳人による通訳が行われる。

(3)　通訳は誰のためのものか

　刑事訴訟法上、通訳は鑑定に準ずるものとして扱われている（178条）。このため、裁判官のなかには、通訳は、裁判所の理解を助けるためのシステムの一つにすぎないと考えている者も少なくない。実際、筆者は、通訳制度に関して裁判所と意見交換をするなかで、「通訳は裁判所のためのものであって、被疑者・被告人の権利として認められるものではない」との裁判官の発言を耳にしたことがある。
　確かに、適正な審理の実現のためには、裁判所が国語に通じない者の陳述を正しく理解することは不可欠である。後に述べるように、通訳人候補者名簿に登録を希望する者に対しては「通訳人は裁判所の補助者である」との説明がされており、その説明自体は誤りではないと思われる。しかし、上記国際人権規約の規定や、適正手続が何のために必要とされているのかを考えれ

（3）　三井誠＝河原俊也＝上野友慈＝岡慎一編『新基本法コンメンタール刑事訴訟法［第2版追補版］』（2014年、日本評論社）201頁。

ば、上記のような裁判官の考えが誤っていることは明らかである。通訳が、被疑者・被告人らの権利の保障を実質化するために必要とされていることは疑いようがない。

ところが、上記のとおり、現在の我が国の刑事訴訟をめぐる法や規則には、被疑者・被告人が適切な通訳を受けうるための具体的な条文は設けられていないのである。

3　法廷通訳人の選任方法
(1)　通訳人候補者名簿[4]

裁判所は、通訳人候補者の情報をとりまとめた通訳人候補者名簿を保有している。以前は、高等裁判所ごとに名簿が作成されていたが、現在は全国の情報についてデータベース化され、随時更新されている。平成28年4月1日現在で、全国で61言語、3,840人が登載されている。候補者の中には、大学の教員や海外赴任経験のある会社員、一般家庭の主婦などがいる。

法廷における通訳人は、この通訳人候補者名簿を利用するなどして、通訳が必要な事件ごとに選任される。この名簿に登載された通訳人候補者の都合がつかなかったり、適当な通訳人が見つからなかったりした場合には、大使館、大学、各種の国際交流団体等に紹介を依頼するなどして、通訳人を確保している。

通訳人候補者となるためには、最寄りの地方裁判所に連絡し、裁判所から指定された法廷の傍聴を行い、面接、導入説明を受けることが求められる。

(2)　名簿に登載されるための具体的手順

通訳人候補者名簿に登載されるための具体的手順は、以下のようなものである[5]。

ア　法廷傍聴

通訳人としての選任を希望する者に対して、各地方裁判所の裁判官による

（4）　最高裁判所事務総局刑事局『ごぞんじですか法廷通訳　あなたも法廷通訳を［平成29年版］』（2017年）。
（5）　最高裁刑二第189号（庶ろ－3）平成12年7月7日　通訳人としての選任を希望する者に対する面接及び導入説明について（依命通達）、同日付最高裁判所事務総局刑事局第二課長名義実施要項（平成13年6月11日に一部変更）に基づき紹介する。

Ⅱ　日本の法廷通訳制度の現状

面接及び導入説明が行われる。面接に先立って、刑事裁判の法廷傍聴の機会が与えられ、参加者には、傍聴した法廷についての感想文の提出が求められる。

　イ　面　　　接

　面接では、①刑事裁判における通訳人の役割の説明、②通訳能力、誠実性など通訳人としての適正の審査、を行うものとされている。

　①　刑事裁判における通訳人の役割の説明は、以下のようになされている。

「刑事裁判における通訳人は、日本語に通じない者が被告人や証人となった場合に、裁判所から選任され、裁判所の補助者として、法廷で裁判官、検察官、弁護人、被告人、証人などの発言を通訳します。そのほか、法廷に提出される書類の翻訳をしたり、弁護人が身柄を拘束されている被告人と面会（これを「接見」と言います。）をするのに同行して通訳をしたりすることがあります」

「『法廷通訳人』などという資格や職業・職種などがあるわけではありませんから、名簿に登載されても、裁判所の職員になるわけではなく、裁判所と通訳人候補者との間で雇用契約などの契約が結ばれるわけではありません」

「名簿に登載されても、通訳人として実際に選任されるかどうかは、その言語の事件が係属するかどうか、同じ言語の通訳人候補者がどれくらいいるか、事件の性質及び内容、通訳の難易度、通訳人候補者自身の経験などによって決まります。通訳人の選任は、裁判所による裁判であって、選任されたからといって、裁判所と通訳人との間で雇用契約などの契約が結ばれるわけではありません。」

「通訳人に対しては、事件の性質及び内容、通訳の難易度、通訳に要した時間及び通訳内容などの諸事情を考慮して、通訳料等が支払われます。」

　さらに、「通訳人に守っていただくこと」として、通訳人候補者として名簿に登載され、さらに通訳人として選任された場合には、「正確に通訳すること」「誠実に通訳すること」「公平・中立性を保持すること」「秘密を守ること」を守るようにとの注意喚起がされている。

　②　適性の審査の結果は、面接録（面接者が記入し、希望者名簿（氏名、生年月日、住所、国籍や在留資格、職歴、学歴、通訳可能言語、通訳経験、資格、

在外経験、在日経験、希望動機、差し支え日時等を記載）と一体として扱われるもの）に記録される。ただし、適性審査においてどのような事項が考慮されているのかは、公開されていない。

　ウ　導入説明

　面接において、通訳人としての適性を備えていると認められる者には、導入説明への参加を要請することとされている。導入説明は、面接と同日か、又は対象者が一定数になった時点など、各庁の実情に応じて適時に行われる。

　導入説明においては、①刑事手続の概要の説明、②法廷通訳を行うに当たっての一般的な注意事項の説明、を行い、通訳人として知っておくべき最低限の基礎的な知識を伝達し、教示することとされている。法廷通訳を行うにあたっての一般的な注意事項の説明に用いられている文書を、本稿の末尾に添付するので、参照されたい。我々が通訳人の役割を理解するにあたっても参考になると思われる。

　エ　通訳人候補者名簿への登載

　面接及び導入説明により、通訳人としての適性を備えていると認められた者については、自白事件などそれほど複雑困難ではない事件に対応可能な通訳人候補者として、法廷通訳人情報システムに新規登録する方法によって通訳人候補者名簿に登載される。名簿に登載されることによって、通訳人選任の参考に供されることになる。

　既に通訳人候補者名簿に登載されている者であっても、各地方裁判所管内に居住する者で、事件経験がないか又は少ない者に対しては、説明会を案内し、順次、導入説明への参加を要請するなどして通訳人名簿の更新を図ることとされている。

　この名簿は全国規模でデータベース化されている。高等裁判所及び地方裁判所の刑事部の裁判官及び職員並びに刑事訟廷事務室の職員等に限って閲覧することができる。

　データベースには、氏名や住所、電話番号等の連絡先及び通訳可能言語等の通訳人個人情報のほか、通訳事件情報として、通訳を要する刑事事件の判決宣告期日後、通訳人、裁判所、事件番号、事件名等が入力される。通訳事件数が30件を超えている通訳人については、「複雑困難な否認事件」（責任能

力に争いのある事案、専門性の高い事案など）を担当した場合に入力し、その他の事件であっても、参考事項として入力すべき事項がある場合には入力することになっている[6]。

(3) 小　　括

このように、通訳人候補者となるためには、面接等の結果、裁判所に通訳人としての適性を備えていると認められる必要がある。もっとも、「適性」の有無を裁判所がどのように判断しているのか、その基準は明らかにされておらず、適性が適切に判断されているかどうかは検証不能である。そして、法廷通訳人として選任された者の通訳能力を客観的に担保する試験や資格も存在しないのが現状である。そのような状況で、要通訳事件の審理が全国の裁判所で行われているのである。

4　法廷での通訳の様子

日本の法廷では、通訳人は、法壇のすぐ前にある書記官席の横に着席して通訳を行うのが一般的である。

通訳人による通訳が正確に行われているかどうかを確認し、修正する役割を担う「チェックインタープリター」が付されることはない。

通訳人が複数選任されれば、2名の通訳人が並んで座り、互いにチェックし合うことによって、事実上のチェック機能が期待できる場合もあるが、実は、通訳人が複数選任される事件は多くない。これには、費用の問題も影響している。通訳費用は、実際に法廷で通訳等をした実働時間に対してのみ支払われるため、複数の通訳人が選任された場合、拘束される時間は変わらないのに、実働の時間が減って、結果として一人で通訳する場合よりも得られる報酬が低くなってしまうという事態が生じる。このため、複数選任を望まないという通訳人もいるのである。

複数選任することの利点は、通訳人1人あたりの負担を軽減し、それによって正確性が向上することが考えられる。他方で、複数選任の難点として、

---

(6) 平成20年5月15日刑二第000514号高等裁判所長官、地方裁判所長宛刑事局長通達「通訳人候補者名簿データベースの利用について」（改正　平成24年6月8日刑二第000272号）。

通訳人の能力が均一でないと、一方的なチェックになり、かえって負担が増えるという面だけでなく、相互の相性の問題、役割分担について相互の意見が一致するとは限らないという問題があることも指摘されている[7]。

法廷では、裁判長の指示がない限り、原則としてすべての発言を逐語的に通訳することが求められる。手続の進行に関しては、最後にまとめて概略だけを通訳するという場合もある。

証人尋問や被告人質問では、証人や被告人が日本語を解さない場合、発問者の発言が終了した後に通訳し、その後、これに対して証人が答えると、証人の発言につき通訳する、という方法が一般的である。証人が日本語を解する場合であれば、問いと答えをまず聞いてもらい、その後に被告人のために一気に通訳するという方法が採られることもある。

III 通訳問題を考える際の基本的な視点

1 聴き取りや表現の誤りの危険

通訳は、ある者が発した言語（起点言語）を、通訳人が、別の言語（目標言語）に置き換えるという知的な作業である。通訳人による置き換えの際に、聞き取りの誤りや表現の誤りが入り込む危険が常にある。筆者は、複数の通訳人から、「日本語から、目標言語に訳し、これを再び日本語に訳した時、同じ表現になることはほとんどない。」という指摘を受けたことがある。また、刑事手続では、捜査から公判まで、それぞれの段階で異なる通訳人が関わる。警察官の取調べでは警察から依頼された通訳人、検察官の取調べでは検察庁から依頼された通訳人がつくため、更に問題は複雑である。

たとえば、ベテランの韓国・朝鮮語の通訳人からは、「叩く」という表現について、以下のような話を聞いたことがある[8]。

警察官の取調べで、被疑者が「小突いた」という意味で、「치다チダ」という言葉を発したとする。通訳人がこれを「叩いた」と日本語に訳す。警察

（7） 大阪弁護士会平成22年度司法事務協議会協議結果要旨。
（8） 法廷通訳人の実感をよく表すものとして、丁海玉『法廷通訳人—裁判所で日本語と韓国語のあいだを行き来する』（2015年、港の人）。

官調書には「叩きました」という記載が残る。

検察官の取調べで、検察官が被疑者に対し「警察で『叩いた』って言ってるじゃないの」というのを、別の通訳人が「殴った」くらいの感覚で受け取り、「때리다テリダ」という言葉に訳す。

ここで被疑者は「そんなこと言っていない、小突いただけだ」と抗議するだろう。しかし、検察官から「似たようなものだ」などと言われれば、そういうものかな、とあきらめてしまうかもしれない。こうした事態は、日本語が分かる被疑者であったとしても、起こりうる話である。

通訳人によっては、「テリダ」よりさらに強いニュアンスを持つ「구타하다クタハダ」という表現に置き換える可能性もある。逆に、「叩く」「殴る」という日本語が、「チダ」という韓国語に訳される可能性は極めて低いという。

被疑者は一貫して「チダ」と言っていたのに、知らない間に供述を変遷させたことになってしまったり、違うと主張することをあきらめたりしてしまう。通訳を介することで、このような事態が常に起こりうるのである。

2　通訳人の能力を担保する制度の不存在

このような事態を防ぐためには、通訳人には、言語能力はもちろんのこと、通訳スキルや高い倫理観が求められる。しかし、すでに指摘した通り、日本には、通訳人の能力を客観的に担保する仕組みは存在しない。

通訳人の能力に拘らず、誤訳は常に起こりうる。社会的な背景、属していた文化の違いがある人同士では、表現の仕方に自ずと差が出ることは避けられない。起点言語を発した者の真の意図と、置き換えられた目標言語での表現との間には、どうしてもずれが生じてしまうということを前提にしなければならない。したがって、誤訳が生じた場合には、適宜訂正される仕組みが必要である。しかし、日本の法廷でチェックインタープリターが導入されていないことは上述したとおりである。稀に外国語に通じた当事者や裁判官の指摘により、誤訳が修正されることはありうるが、制度的な担保はまったくない。誤った通訳がまかり通ってしまい、その結果、裁判も誤る現実の危険がある。法廷内には、通訳人の通訳が正しいかどうか判断する者は制度上存

在しないという点が、要通訳事件に対する一番の懸念ではないかと思われる。

Ⅳ 弁護人が気を付けるべきこと（公判段階）

以上のような現状や基本的視点を踏まえ、弁護人が要通訳事件を担当する際に、どのような点に気を付けるべきかを検討する。まずは、公判段階における留意点について検討する。

1 通訳人の能力に注意を払う

正確な通訳をしてもらうためには、能力の高い通訳人を選任してもらうに越したことはない。弁護人としては、裁判所が示した通訳人候補者がこれまで担当した事件等に関する情報を収集する努力をすべきである。当該通訳人が通訳を担当した法廷を見た弁護人などから、通訳の適切さ、手続への理解の程度を聴き取るという方法が考えられる。また、通訳人選任のための宣誓に先だって、通訳人としての資質を示す履歴書を呈示してもらうという方法も提案されている[9]。

少数言語の場合、通訳人を確保することが困難になることは少なくない。特に地方都市であれば、なおさらである。しかし、それを理由に、優秀な通訳人を確保することを安易にあきらめてはならない。被告人の裁判を受ける権利をなおざりにすることは許されないからである。審理が進んだ段階で、通訳人の能力に疑義が生じた場合は、裁判所に対して通訳人の交代を求めることも検討すべきである。

2 あるべき通訳とはなにかを理解する

誤訳はもちろん、明らかな「誤り」以外にも、通訳人の果たすべき役割について、理解を深めていくことも必要である。

（9） 水野真木子＝渡辺修『法廷通訳人の倫理―アメリカの倫理規定に学ぶ―』（2015年、松柏社）15頁。

Ⅳ　弁護人が気を付けるべきこと（公判段階）

⑴　**何も足さない、何も引かないことが原則**

　通訳人の役割は、日本語を解さない者が、日本語を解する者であるようにコミュニケーションできるようにすることにある。

　通訳人は、発話者が述べていない言葉を追加してはいけない。言葉足らずの話し方をするということ自体が意味を持つ場合があるためである。もとの発話にはなかった説明なども加えるべきではない。通訳人の主観が入り、発話者の本来の意図と異なる伝わり方をしてしまう可能性があるためである。情報が足りない場合には、尋問者が更に質問を重ねるべきである。

　同様に、通訳人は、省略や要約もしてはならない。発話者が同じことを繰り返し述べていて、内容が重複すると思われる場面であっても、「同じことを繰り返し述べる」ということ自体が意味を持つ場合もあるからである。弁護人は、もし、発話者の発言に比して通訳された発言が短い、あるいは長いと感じたら、その場で通訳人に対して、すべてを通訳したかどうか、あるいは何か説明を加えていないかどうかを確認する必要がある。

　また、その発話の法的意味や法的効果にも注意して、その内容が変わらないように意識される必要がある。

⑵　**通訳人による修正が認められる場合**

　しかし、上記原則を徹底することは容易ではない。

　付け加えてはならないといっても、例えば英語の「President」は、大統領なのか社長なのか、この単語だけではわからない。文脈上明らかである場合は、通訳人が正しい意味を選択して訳す場合もある。しかし、どちらかが不明確である場合には、通訳人が、複数の選択肢のうちどれであるかを確認したい旨、裁判長に許可を求め、場合によっては通訳人自身が質問をするという場面はありうる。

　特に問題となるのは、当該表現が、目標言語には存在しない場合である。日本語にある表現が、目標言語では表現しがたいという場合、もとの表現の意味をなるべく損ねないように留意しながら、言い換えるか、説明を加えるほかないと思われる。

⑶　**通訳人の話し方が事実認定者の印象に影響を与える**

　通訳人の用いる文体や言語レベル、言い淀みが、発話者に対する印象に影

響を与えるということが明らかとなっている。ある研究者が、法廷における外国語証言の訳し方のみを変えた複数のバージョンを模擬裁判員（一般成人）に見せ、異なるバージョンを見たグループ間に印象の差が生じるかどうかを調査した。この結果、「～でございます」のような丁寧で上品かつソフトな口調のスタイルがいずれにおいても最も高い評価を得た。これに対し、ぶっきらぼうな口調や「ええと」「あのう」などのフィラー（発話の合間に挟み込まれる言葉）が多用された通訳スタイルは、低い評価を受けたという[10]。

弁護人としては、通訳人の表現スタイルによって印象が異なることを意識し、場合によっては、通訳人と表現スタイルについて事前に意見交換することも検討する。

3 法廷で留意すること

正確な通訳を実現するために、法廷において弁護人にできることは何か。

(1) 自らの発話を吟味する

弁護人はまず、自らの発問方法や表現を十分に吟味する必要がある。

発声は明瞭に。

適度な速度で。

一文は短く。

一文一意。

主語は明確に。

「あれ」「それ」などの指示代名詞は使わない。

あいまいな表現を避ける。

二重否定は用いない。

比喩的な表現、慣用句やことわざなどは、使わない。

とにかく、一義的に明らかな表現になるように、とにかくクリアになるように、弁護人が心掛ける必要がある。

また、弁護人は、日本語に存在する表現と対応する表現が、目標言語にも

---

(10) 中村幸子＝水野真木子「法廷実験：模擬裁判員の心証形成に及ぼす通訳の影響」『統計数理研究所共同研究リポート237裁判員裁判における言語使用に関する統計を用いた研究』（2010年）53頁以下。

存在するとは限らないことを常に意識しておかねばならない。事前に、通訳人との間で、「もし、対応する言葉がなくて通訳に困る場面に遭遇したら、通訳人の判断で言い換えるのではなく、その旨裁判所や弁護人に知らせてほしい」というように対処法を確認しておくことが望ましい。後述するように、事前に通訳人と情報交換や打ち合わせをしておくことが重要である。

(2) **他者の発話にも意を払う**

弁護人は、自らの発話についてはもちろん、他者の発話についても、正確な通訳がされているかどうか意を払うべきある。「今、証人はかなり長く話したと思いますが、すべて訳せていますか」「やや分かりにくい表現がありましたが、証人に伝わっているでしょうか」など、なにかおかしいと感じたら、通訳人に対しその場で確認し、同時に事実認定者に対しても注意を促すべきである。

証人の発言を遮ることは、通訳人にとって非常にハードルが高い。尋問者の方で適切に対応しなければならない。尋問者の方で、証人の発言を区切るとか、そもそも長い答えにならないように質問自体を短くわかりやすくする、擬態語が出てきたら次の質問で置き換えるなどの工夫も必要である。

(3) **通訳人の負担に配慮する**

通訳は、極めて知的な作業であり、言語を機械的に置き換える作業ではない。通訳人が疲弊すれば、誤訳のリスクも高まる。法廷通訳人の疲労とストレスに関するある実験によれば、通訳人が生理的及び心理的に限界に達するのは平均30分前後であり、その限界を超えると、誤訳等のミスが起こりやすくなるとのことである[11]。通訳人の疲労を軽減するために、休憩の持ち方に十分注意する必要がある。長時間にわたる尋問が予定されている場合などは、複数選任の必要性を裁判所に訴えるべきである。

4 通訳人の事前の準備への協力

正確な通訳のためには、通訳人においても事前準備は不可欠である。弁護人からも、登場人物の名前、固有名詞、審理でよく出てくるであろう表現な

---

(11) 水野真木子・中村幸子「要通訳裁判員裁判における法廷通訳人の疲労とストレスについて」金城学院大学論集（社会科学編）7巻1号（2010年）71頁以下。

ど通訳に資する情報を事前に提供し、打ち合わせをしておくことが重要である。

(1) **事件に関する情報提供**

提供すべき情報としては、まず、事件に関するものがある。事案の概要、事案に関係する法的概念、争点、登場人物など、事件に関係する情報は、事前に通訳人に伝えておく。医師などの専門家証人が証言する場合などは、専門用語に関する情報提供は必須である。

(2) **被告人に関する情報提供**

被告人など、通訳を必要とする者に関する情報も共有しておく必要がある。出身地、使用する言語、言語レベル、なまりなど、被告人の発する言葉の特徴を、通訳人に事前に把握してもらうことは、大変有用である。

法廷通訳人からは、被告人に関する情報を把握するため、公判開始前に弁護人の接見に同行したいと希望されることが多い。もっとも、法廷通訳人は、法廷での通訳を行う役割を担う者であり、弁護人が被告人との打合せのために接見に同行してもらう通訳人とは役割を異にする。接見では、弁護方針に関わる戦略的な打ち合わせも行うことから、法廷通訳人の同行をためらう弁護人も多い。しかし、法廷通訳人を同行する接見では、事件に関係のない話、たとえば、家族の話や郷里の気候、食べ物の話など、話題を選び、被告人にもその趣旨を十分伝えておけば、大きな問題は生じにくいと思われる。正確な通訳をしたいと考える法廷通訳人の要望に応えられるように弁護人も努力する必要がある。

(3) **法廷での対処の仕方などの確認、認識の共有**

通訳人との間で、法廷で想定外の事態や、通訳困難な状況に至った場合の対処方法を事前に確認しておくことも有効である。

通訳人に意味の分からない言葉が出てきた時には、いきなり証人や被告人とその意味のやりとりを始めるのではなく、まず、裁判長に対して、「目標言語には対応する言葉がない」と申し出てもらう。早くて聞き取れなかったときには、「早くて聞き取れなかったのでもう一度聞きたい」と申し出てもらう。一文が長すぎてうまく通訳できない場合には、「一文を短くしてほしいと伝えてほしい」と申し出てもらう、などである。弁護人としては、通訳

可能な言い回しで聞き直したり、「もう少しゆっくりと話してください」「一文ずつ訳すので、いっぺんに話さないでください」などと促したりすることになる。肝要なのは、通訳人が証人・被告人と勝手にやりとりをしないというルールを徹底することである。

また、通訳人が誤訳に気付いた場合の申し出方法も事前に確認しておく必要がある。正しい裁判をすることが目的なので、訳を誤ったときは、遠慮なく申し出てもらいたいと伝え、発話者が言い間違えたのか、通訳人の間違いなのかを明確にしたうえで、訂正を申し出てもらうように確認しておくとよい。

法廷では、通訳人は裁判所の訴訟指揮に従う。以上のような場面では、通訳人はいずれも裁判所に申し出て判断を仰ぐこととなる。公判開始前に、法曹三者と通訳人が一堂に会して、上記のような対処法について認識を共有する機会を持つことが望ましい。

5 通訳内容に疑問がある場合の事後的手段

(1) 原供述と通訳結果の双方が証拠となる

外国語による原供述について通訳がなされた場合、原供述と国語による通訳の結果の双方が不可分一体となって証拠となるとするのが通説である[12]。実務上は、原供述の重要性にかんがみ、裁判長の指示により、通訳のほか、法廷における原供述を録音する取り扱いが行われている。この録音体は本来の訴訟記録ではないが、実際上の必要などを考慮して、上訴のあった場合には記録とともに送付し、確定後も記録と一体のものとして検察庁に引き継ぐこととされているという[13]。

(2) 誤訳を事後的に正すには

上述のとおり、法廷で通訳内容に疑問を感じた場合には、その場で確認するのが原則である。誤訳かどうか直ちに判断が難しい場合であっても、質問を何度か重ねることによって解決する場合もある。しかし、それでも解決で

---

(12) 堀籠幸男＝入江猛・大コンメ刑訴法［2版］(3)374頁以下。
(13) 条解刑訴［4版増補］325頁。

きない場合には、弁護人からは異議を述べることになろう。この点、証拠調べに関する異議（刑訴法309条1項）によるか、鑑定の内容が争われた場合に準じて扱うか議論があるが、即時の申立て（刑訴規則205条の2）、遅滞のない決定（刑訴規則205条の3）という制限にしたがうことができない場合も多いことや、録音体の保管という運用が定着していることから、後者に従って処理するのが相当であるとされる[14]。冒頭で紹介したジャカルタ事件も、この方法によったものと思われる。

(3) **録音そのものを活用するための工夫**

ただし、ここで注意を要するのは、この録音体は本来の訴訟記録ではない、という点である。控訴審から弁護人となった者が、第一審の通訳の正確性を問題にしようとした場合に、録音体の開示を受けられなかったという事例もある。

そこで、刑訴規則47条の活用を提案したい。

刑訴規則47条は「公判廷における証人、鑑定人、通訳人又は翻訳人の尋問及び供述、被告人に対する質問及び供述並びに訴訟関係人の申立て又は陳述については、同規則40条（注：「証人、鑑定人、通訳人又は翻訳人の尋問及び供述並びに訴訟関係人の申立又は陳述については、裁判所速記官その他の速記官にこれを速記させ、又は録音装置を使用してこれを録取させることができる」）の規定を準用する。

検察官、被告人又は弁護人は、裁判長の許可を受けて、前項の規定による処置をとることができる。」と定める。

つまり、規則上は、被告人又は弁護人による録音も想定されているといえる。

次に、刑訴規則52条の17は「公判廷における証人、鑑定人、通訳人又は翻訳人の尋問及び供述、被告人に対する質問及び供述並びに訴訟関係人の申立て又は陳述を録音させた場合において、裁判所が相当と認めるときは、録音体を反訳した公判調書を作成しなければならない。」とし、同52条の18は「前条の規定により公判調書を作成する場合において、供述者の請求がある

---

(14) 堀籠幸男＝入江猛・大コンメ刑訴法［2版］(3)390頁。

ときは、裁判所書記官にその供述に関する部分の録音体を再生させなければならない。この場合において、尋問された者が増減変更の申立てをしたときは、その供述を録音させなければならない。」と定め、録音体の反訳をもとに公判調書を作成する場合には、供述者が録音体の再生を受けることができ、増減変更の申立てもすることができるとされている。

さらに、刑訴規則52条の19は、「公判調書が次回の公判期日までに整理されなかったときは、裁判所は、検察官、被告人又は弁護人の請求により、次回の公判期日において又はその期日までに、前回の公判期日における証人、鑑定人、通訳人の尋問及び供述、被告人に対する質問及び供述並びに訴訟関係人の申立て又は陳述を録音した録音体……について、再生する機会を与えなければならない」と定め、公判調書が未整理の間は録音体を再生する機会が与えられるとされている。

そして、刑訴規則52条の20は「公判廷における証人、鑑定人、通訳人又は翻訳人の尋問及び供述、被告人に対する質問及び供述並びに訴訟関係人の申立て又は陳述を録音させた場合において、裁判所が相当と認め、かつ、検察官及び被告人又は弁護人が同意したときは、録音体を公判調書に引用し、訴訟記録に添付して公判調書の一部とすることができる。」とする。

弁護人は、上記規則をもっと意識的に活用して、通訳内容の事後的な確認の手段を確保するべきではないだろうか[15]。

V 弁護人が気を付けるべきこと（捜査段階・公判準備段階）

法廷以外の捜査段階や公判準備段階では、弁護人は、接見に同行してもらうという形で通訳人と関わることになる。接見の際の通訳は、法廷での通訳とは異なり、もっぱら弁護人と被疑者・被告人のやり取りを通訳してもらうこととなる。通訳人の能力や通訳内容の正確性さを意識することの重要性や、事前準備の必要性も含めた基本的な考え方は、これまで述べてきた法廷における通訳での留意事項と同じである。

---

(15) 大阪弁護側立証研究会編『実践！弁護側立証』（2017年、成文堂）198頁。

法廷通訳と刑事弁護

1 通訳人の中立性を意識する

　接見に同行してもらう前に、被疑者・被告人の氏名や事件の概要等を伝え、通訳人が、被疑者・被告人や事件関係者と何らかの関係を有していないかどうかを確認する。少数言語の場合、通訳人の確保が困難であることは既に指摘した通りであるが、通訳内容の正確性のみならず、信用性にも影響するおそれもあるので、通訳人の中立性については慎重に確認する必要がある。もし何らかの関係が窺われる場合は、他の通訳人を同行すべきである。

　忘れがちなのは、弁護人は、被疑者・被告人に対して通訳人の氏名等の個人情報を伝えてはならないという点である。

　初めて会ったときの自己紹介として、通訳人の名前も紹介したくなるものであるが、日本における外国人のコミュニティは、私たちが想像しているより小さい。被疑者・被告人と通訳人が、同じコミュニティに属していたり、共通の知り合い等がいたりすることもある。このような場合、通訳人が、後日の報復等を恐れて通訳の仕事に集中できなくなってしまう可能性もある。被疑者・被告人と通訳人が個人的な関係をつくることも、被疑者・被告人との正確なコミュニケーションを目的とする通訳を誤らせる危険もある。弁護人が通訳人の個人情報を明らかにするようなことは厳に慎まなければならない。

2 通訳人には通訳に徹してもらう

　接見の際、被疑者・被告人が、弁護人ではなく通訳人に対して話しかけ、アドバイスを求めることがある。日本語を解さない被疑者・被告人の場合、留置施設や刑事施設の中でも、周囲の者とコミュニケーションをとることが難しく、日本語を解する者以上に、非常に孤独な環境に置かれている。このため、言葉の通じる通訳人が来ると、安心感から、通訳人と話をしたがる被疑者・被告人も多い。今後の見通しや量刑の予想などを通訳人に尋ねる被疑者・被告人もいる。これは、被疑者・被告人の心情としては無理もないことである。また、通訳人がこれに応えるのは、善意からであることが多い。

　しかし、接見の主体はあくまで弁護人と被疑者・被告人である。被疑者・被告人に対して法的アドバイスをするのは弁護人の役割である。弁護人のわ

からないところで、弁護人が伝えるべきではないと判断した事実が伝えられてしまったり、事実関係を誤って伝えられたりすることは、弁護活動に不測の事態をもたらす可能性がある。特に注意を払わなければならない。

通訳人と被疑者・被告人の間で、弁護人を除外して言葉を交わす事自体を徹底して避ける必要がある。そこで、通訳人に対しては、あらかじめ、「被疑者・被告人が通訳人に話しかけてきた場合にも、すべてそのまま通訳してください。」とお願いしておく。被疑者・被告人には、接見の最初の段階で、質問に答えるのは弁護人であること、通訳人に対して質問した場合でも通訳人はそれをすべて訳して弁護人に伝えること、事件の見通しや量刑などについては弁護人に聞いてほしいことなどを伝えるようにするとよい。

もっとも、事件や被疑者の言い分を正確に理解するためには、文化的背景等への理解が不可欠である場合もある。このような場合に通訳人の助言を仰ぐことは有用である。ただし、通訳人に助言をもらう場合であっても、あくまで弁護人に対して助言をもらうのであって、その内容を被疑者・被告人とのコミュニケーションにどう反映させるかは弁護人が判断するべきである。

3 参考──大阪弁護士会の通訳能力判定試験制度の紹介──

既に指摘したように、法廷通訳人には公的な資格がない。接見に同行してもらう通訳人についても同様である。

弁護士会は、公的な資格制度の必要性等を訴え、裁判所などにも申し入れを行ってきた。日弁連は平成25年、最高裁判所長官、法務大臣及び検事総長宛に、「法廷通訳についての立法提案に関する意見書」を提出した[16]。もっとも、裁判所が通訳人の資格制度の導入を検討する気配はない。

そこで大阪弁護士会では、平成27年度より、独自に通訳能力判定試験を開始した。試験の対象者は、大阪弁護士会総合法律相談センターの通訳人名簿に登録している者、登録を予定する者である。現在は、韓国・朝鮮語と北京語（普通話）の2言語の試験を行っている。

試験内容は、筆記試験（単語テスト、論述テスト）と模擬接見の2科目であ

---

(16) 日弁連ウェブサイトhttp://www.nichibenren.or.jp/activity/document/opinion/year/2013/130718_3.html参照。

る。

　筆記試験には、基本的な法律用語の読み方や意味を日本語で記載する問題、日本語で記載された被疑事実を外国語に翻訳する問題、倫理問題などを取り入れている。模擬接見では、被疑者役と弁護人役を用意して、受験者には実際の接見のときと同じように通訳してもらう。

　試験結果は、A～Cの3段階で評価する（公平を期するため、採点には領事館にご協力をいただいている）。評価は同会総合法律相談センターで保有する通訳人として紹介する者の候補者の名簿に登載され、通訳人に出動をお願いする際の参考として利用される。その結果、能力が優れていると評価される通訳人が、優先的に出動依頼を受けることになり、質の高い通訳がなされることが期待できる。

　すでに2年にわたって試験は実施されており、平成29年4月からは、評価が登載された名簿の運用が開始された。試行錯誤しながらの制度ではあるが、日本の司法通訳制度を、信頼性の高いものにするための第一歩として期待されるところである。

Ⅵ　まとめに代えて

　日本の法廷通訳制度は、日本語を解さない者に対する適正手続を保障するためのシステムとしては、不十分と言わざるを得ない。公的な資格制度の創設や、優秀な人材を確保するための方策が取られるよう、法曹関係者が議論を進める必要がある。

　しかし、今現在も要通訳事件は発生し、日々、全国各地で法廷通訳が行われている。事件を担当する弁護人が、通訳事件の問題点や留意点を十分に理解して、気を付けるべきことに気を付けるだけでも、より適切な通訳を確保できるようになるはずである。弁護人は、通訳人とコミュニケーションを十分にとって、適切な通訳が行える環境を整えることを通じて、被疑者・被告人が適正な裁判を受けられるように努力していく必要がある。

Ⅵ　まとめに代えて

〈参考〉平成13年6月11日付地方裁判所事務局長宛て最高裁判所事務総局刑事局第二課長名義文書（訟ろ－15－A）

法廷通訳を行うに当たっての一般的な注意事項

1　<u>通訳人が守らなければならないこと</u>

　　通訳人の役割は，刑事裁判において，日本語の発言を外国語を話す者に伝達し，外国語の発言を日本語を話す者に伝達することです。通訳人のこのような役割は，被告人の人権を保障し，適正な裁判を実現する上で極めて重要ですので，次の事項を守ってください。これらに反する行為があった場合には，通訳人を解任され，また，通訳人候補者名簿から削除されることがありますので，注意してください。

(1) **正確に通訳すること**

　　法廷における重要な訴訟活動は，ほとんどが発言から成り立っています。正確性が通訳の基本であることは，法廷における適訳に限られることではありませんが，刑事裁判では，これらの発言などを通じて事実が明らかにされ，被告人の有罪・無罪が，さらに有罪の場合には量刑が決せられますので，正確に通訳してください。

　　例えば，

　ア　裁判長の指示がない限り，法廷での発言はすべて逐語的に通訳してください。発言内容を加えたり削ったりしないでください。裁判官が必要な範囲で発言を要約したときには，裁判長の指示に従い，要約された内容を通訳してください。

　イ　質問にかみ合っていない答えやはぐらかしているような答えであっても，その答えのまま通訳をしてください。言い間違いがあったときは，言い間違いも通訳してください。発言どおりに通訳してもらうことによって，裁判官，検察官，弁護人は，発言者が他の者の発言を理解しているか分かりますし，また，発言者の真意をはかることもできるからです。

　ウ　いわゆる直訳では発言の元々の意味が伝わらない場合などには，意

訳をする必要があるかもしれませんが，その程度を超え，発言の趣旨を理解させようとして説明を加え意味を明確にするようなことはしないでください。例えば，「3年間刑の執行を猶予する」という裁判長の発言について，裁判長自身から執行猶予制度に関する説明がない限り，通訳人が制度についての説明を加えることはしないでください。このようなことは，裁判官，検察官，弁護人が行うべきことです。

　エ　弁護人が被告人と接見をするのに同行したときは，被告人の話し方，公判で用いられることになるであろう専門用語などを知る機会となりますが，後の公判と接見とは別の手続ですから，公判では，接見の際の発言にとらわれることなく，公判での発言を正確に通訳してください。

(2) 誠実に通訳すること

　法廷で日本語を話す者と外国語を話す者との唯一のパイプ役が通訳人です。一方の言語を話す者は，他方の言語に正確に通訳されているか把握できません。刑事裁判における通訳人の役割は一方の言語による発言を他方の言語を話す者に正確に伝えることであることを十分に意識して，誠実に通訳してください。良心に従って誠実に適訳する旨の宣誓（刑事訴訟法178条，166条）をしていただくのもそのためですし，故意に虚偽の通訳や翻訳をしたときは，虚偽通訳罪（刑法171条）として処罰されることがあります。

　例えば，

　ア　法廷の発言については，メモをとるなどして，正確な通訳ができるよう心掛けてください。発言が長いためメモをとっても対応できないときは，その場でその旨裁判長に申し出てください。

　イ　難しい言葉や複雑な質問，早口あるいは声の小さな発言，日本語あるいは外国語としてそもそも意味を理解できない発言など，裁判官，検察官，弁護人，被告人，証人などの発言内容に分からないことがあるため通訳しにくいときは，勝手に意味を解釈せず，その場で裁判長に申し出てください。裁判長が確認します。

　ウ　既に通訳した内容について，後ほど，通訳に誤りがあった，あるい

VI　まとめに代えて

　　は誤りがあったかもしれないと思ったときは，しり込みすることなく，裁判長に申し出てください。公判期日が終了した後は，裁判所書記官を通して裁判長に申し出てください。

　エ　正確に通訳をすることができるようコンディションを整えて法廷に臨んでください。法廷でどのように休憩をとるかについては，あらかじめ裁判長や裁判所書記官に遠慮なく相談してください。

　オ　通訳人の準備のため，検察官，弁護人から，起訴状，冒頭陳述書，要旨の告知のメモ，論告，弁論要旨などの書面が事前に交付されることがありますが，その場合には，公判でスムーズに通訳ができるよう十分に準備をしておいてください。理解できない法律用語などがあれば，裁判所書記官に問い合わせてください。ただし，公判で発言者が書面を読み上げている場合でも，通訳人が通訳するのは，書面の文章ではなく発言者の発言であることに注意してください。

　カ　日ごろから，法律用語辞典や法廷通訳ハンドブックなどで法律用語を確認するなどして，正確な通訳ができるよう通訳能力の向上を心掛けてください。

(3)　**公平・中立性を保持すること**

　　裁判所は，対立当事者である検察側及び弁護側とは別に公平・中立な立場から訴訟を指揮し判断をします。通訳人は，裁判所から選任され，その補助者として活動するわけですから，裁判所と同様に，公平・中立な立場で活動しなければなりません。

　　例えば，

　ア　捜査段階で通訳をした場合には，できるだけ公判段階で通訳をすることは避けなければなりません。ただし，裁判所は，捜査段階でだれが通訳をしていたかは分からないのが通常ですので，万一，裁判所書記官から捜査段階で関与した事件の通訳を引き受けていただけないかとの問い合わせを受けたときは，捜査段階で関与した旨申し出てください。

　イ　被告人やその関係者から個人的な依頼を受けたり，これらの者と個人的な接触を持つことのないようにしなければなりません。

(4) 秘密を守ること

　裁判の過程で知った事件に関する事項は，事件の係属中はもちろん，事件が終了した後も，絶対に他に漏らしてはなりません。

　例えば，

ア　前記のとおり，通訳人の準備のため，事前に，検察官，弁護人から書面が交付される場合がありますが，その内容は他に漏らさず，他人の目に触れることのないように注意して保管してください。廃棄する際には，他人の目に触れないように処分してください。処分に困ったときは，裁判所書記官に渡してください。

イ　弁護人と被告人の接見の内容は，裁判官や裁判所書記官にも話してはなりません。被告人には，立会人なくして弁護人と接見する権利があります。通訳人は，弁護人の接見に同行することが特別に認められているのですから，接見の際に知ったことは，絶対に他に漏らさないでください。

2　困ったときの一般的な対処

(1) 法廷で

　通訳人を選任し，また，法廷で訴訟を指揮するのは，裁判長です。したがって，法廷での通訳に関し問題が生じた場合，例えば，発言内容が理解できなかった場合，集中力が落ちてきたため予定より早く休憩する必要が出てきた場合などは，遠慮なく裁判長に申し出てください。

(2) 法廷外で

　法廷外では，裁判所書記官が裁判官に代わって，窓口として，通訳人に接することになります。したがって，通訳を引き受けることについて問題がある場合や，法廷外で通訳人として活動するに際し問題が生じた場合，例えば，捜査段階で通訳をした事件である場合，事前に交付された書面にある法律用語の意味を確認したい場合，公判期日終了後に誤訳の指摘を受けた場合などは，遠慮なく担当の裁判所書記官に連絡し相談するようにしてください。

　ただし，次の(3)の場合は例外です。

(3) 接見で

　公判に先立ち，国選弁護人が被告人と接見するのに同行していただく場合がありますが，これは，現在のところ，国選弁護人が通訳人を手配できない場合が多いことによるものです。しかし，通訳人は裁判所から選任された立場にあるので，公平・中立性を保持してください。例えば，被告人から個人的な依頼があっても，絶対に受けないでください。被告人から何か依頼された場合には，被告人に対して，通訳人は依頼を受けられないことになっていると答えるか，弁護人にそのまま通訳して伝え，弁護人から回答してもらってください。また，弁護人から，被告人の依頼に応じてほしいと言われた場合や，被告人のために何かをするよう依頼された場合には，弁護人に対して，裁判所に相談してもらうよう答えてください。

　そのほか，通訳人から被告人に話し掛けないようにしてください。また，通訳人の氏名，連絡先等は，被告人に教えないでください。念のため，弁護人にも，接見に先立ち，被告人には教えないでほしい旨申し出てください。

3 裁判所書記官から通訳を引き受けていただけるかどうかの照会があった場合

　裁判所から個々の事件で通訳人として選任される場合には，事前に，担当裁判所書記官から通訳を引き受けていただけるかどうかの問い合わせがあります。引き受けていただける場合には，次の事項を裁判所書記官がお伝えしますので確認してください。

(1) 裁判所名，担当裁判部，担当裁判所書記官の氏名，電話番号，内線番号
(2) 通訳言語
(3) 被告人の氏名，事件名
(4) 検察官，弁護人の氏名，連絡先
(5) 公判期日，公判の予定所要時間
　不都合な曜日や時間帯などがあれば，あらかじめ裁判所書記官にお知らせください。

(6) 起訴状概要の翻訳の依頼の有無

　なお，捜査段階で関与したことのある事件，被告人を知っている場合などであれば，その旨申し出てください。

（くりばやし・あきこ）

刑事控訴審弁護
―― 「学者」弁護士始末 ――

甲南大学法科大学院教授・弁護士　渡　辺　　　修

Ⅰ　はじめに――「学者」弁護士として――
Ⅱ　事後強盗致傷事件――控訴審国選受任と「３つの注意」――
Ⅲ　神戸拘置所から大阪拘置所へ――防御準備のための移送申し立て――
Ⅳ　被告人の不満――裁判員裁判と被告人「不参加」裁判――
Ⅴ　「ヤヌス審」における審理と弁護人の防御活動
Ⅵ　おわりに――刑事控訴審における被告人の包括的防御権実現のために――

Ⅰ　はじめに――「学者」弁護士として――

　浦功先生には30年以上も前、故佐伯千仭博士がお元気で弁護士としても活躍される一方、大阪刑事訴訟法研究会を指導されておられた頃、同研究会でお目にかかったことであった。京大の大学院の先輩にもあたる浦先生には畏敬の念をもって御あいさつ申し上げた気持ちは今も変わらない。その後浦先生も弁護団に加わっておられた甲山事件の研究取材について御協力頂き、『実務刑事弁護』の編集にもお声をおかけ頂く等するうちに、21世紀に入り裁判員裁判と法科大学院の時代になった。筆者も刑訴法研究上自ら裁判員裁判に参画する必要を感じ、また法科大学院教育の充実には弁護士活動を要すると思い、2004年12月末に旧弁護士法に従い法律学の教授歴５年以上の資格で浦先生ご所属の大阪弁護士会に弁護士登録をした。そして、浦先生らの後押しで同年３月には開設されていた大阪刑事こうせつ法律事務所に客員弁護士として在籍を認めて頂いた。初代所長は、同事務所を継承発展させた現・大阪パブリック法律事務所長である下村忠利弁護士であった。こうして筆者の研究活動は浦先生になにかと支えて頂きながら続けてきた。そこで、本稿

では「学者」弁護士が、2015年11月25日に国選弁護人に選任され2016年4月13日の控訴審判決をもって終結したある刑事控訴審事件の顛末についてとりまとめ、併せて刑事控訴審の構造にも触れて、刑事弁護のありかたを考えるささやかな材料を提供して、以て浦先生の古稀を御祝いし長年の御厚誼・御支援に謝意を表したい。

II 事後強盗致傷事件──控訴審国選受任と「3つの注意」──

1 裁判員裁判と被告人の控訴

神戸地裁平成27年10月9日判決（平27(わ)82、170、249、335、388。強盗致傷・住居侵入・窃盗被告事件)[1]は、事後強盗致傷事件他5件の窃盗事件を併合審理し、被告人に懲役6年6月の実刑を宣告した。事後強盗致傷被告事件の法定刑に無期懲役が含まれるから（刑法236、238、240条）、裁判員裁判となった。事件は、初老の被告人（以下「甲」）が、定職をささいなことでしくじり、実家のある中国地方を出て神戸方面で放浪をはじめた先々でひったくりなどの窃盗を繰り返していたものである。神戸市三ノ宮駅近くでこころみたひったくりの後、これを見ていた青年が乗っていた車で追跡した。被告人はバイクで逃走をしていたが、路地に入り込んだところ、青年がその前に車を切り込んできた。立ち往生する被告人を追跡者が捕まえるが、その際に被告人が手に持って上にしたバールが青年にあたり負傷させたものである。原審判決「罪となるべき事実」第6は、次のように認定したが、被告人は納得せず控訴をした。

『平成27年1月18日午前10時11分頃、神戸市中央区○○通○丁目○番○○号先路上において、自転車で通行中のM田S太郎（当時83歳）に原動機付自転車で後方から近づき、追い抜きざまに、同人が自転車の前かごの中に入れていた同人所有又は管理に係る現金4万4,809円及び年金手帳等8点在中のショルダーバッグ1個（時価合計約8,500円相当）をひったくり窃取したところ、同日午前10時16分頃、同区○○町通○丁目○番○○号先路上において、

---

(1) 神戸地判平成27・10・9公刊物等未登載。

逮捕を免れるため、被告人を追跡してきたＳ野Ｋ（当時25歳）に対し、右手に持っていたバール（全長約32.5センチメートル、平成27年押第7号符号1）を振り下ろして、その額部を1回殴打する暴行を加え、よって、同人に全治約3日間を要する頭部打撲傷の傷害を負わせた』

2　控訴審国選「3つの注意」

　筆者が大阪高等裁判所で控訴審国選弁護人に選任される通常の段取りは、シンプルである。あらかじめ法テラスに国選弁護人選任を受任する者として登録をしておき、その後、年4回、各1週間宛て、事件受任の割り当て期間の通知を受ける。その期間になれば、法テラスの窓口に国選弁護人を必要とする控訴審事件のリストが用意される。筆者自らまたは事務員がみて適当な事件を選び、受任する旨法テラスに申し出る。特段のことがなければ、当日中に控訴審を担当する部の裁判所書記官から事務所へ連絡があり、国選弁護人の選任通知を受領する。控訴審国選弁護人選任を受ける場合、筆者は3点に注意を払う。

　①選任通知が出ると同時に一件記録の閲覧を行うこと。原審判決、検察官と弁護人双方の冒頭陳述、検察官論告求刑、弁護人弁論、被告人最終陳述等争点と被告人の主張を読み取れる資料をまず概観し原審で何が争いになったのか確認する。なるべく早めの閲覧がよい。理由がある。法テラスに国選選任の依頼が裁判所から届けられるとき、被告人・弁護人双方の控訴趣意書の提出締め切り日も設定している。だが、被告人との打ち合わせ如何により弁護人の控訴趣意書を完成するのに、原審記録の精査だけではなく、独自の調査等を要することがある。その場合、控訴趣意書の提出締め切り日の変更を申し立てることとなる。その場合、控訴審裁判所が弁護人の活動を評価して期間延長を認めるかどうか判断する。その起点は「弁護人がいつ原審記録を閲覧したか」である。「選任即閲覧」がよい。

　②原審判決の写しとともに書信を書いて被告人に送付すること。被告人とはまず書面でコンタクトを取る。国選弁護人に選任されたこと、記録等これから閲覧し必要な謄写も行うこと、そして原審判決についてなにが不満なのかメモにするなどして整理しておくこと、最後に初回接見の予定日を伝達す

③控訴審初回接見は、国選弁護人選任決定からなるべく早い時とすること。上記書信に代えた短時間接見を翌日には行うこともある。控訴審弁護人は、原審記録から控訴理由を発見整理して控訴趣意書にまとめるのが基本任務となるが、裁判記録を読む独自の調査に時間を使う前に被告人本人と接見の上事情をよく聞きそれから控訴理由の組み立てを考えつつ記録を閲覧するのがよい。本人が原審のどこに納得がいかないのかよく問いただし、被告人の真意を聞き出してこれをどう控訴理由に構成するか検討しつつ、記録を整理することとなる。そのためにも、早期に被告人との信頼関係を築き、本人がなにを控訴審で（そもそも原審においても）主張したいのか本音を聞き出さなければならない。それから、初回接見の重要なポイントが、「被告人も控訴趣意書を書いて出せる。書き方は弁護人が教える。直筆でぜひ書いて高裁の裁判長他裁判官に読んでもらうのがよい」、これを伝え納得させることである。ここ十数年で相当数の控訴審事件を手がけているが、聴覚障害があり発達障害の認められた被告人を除き、外国人の場合にもすべて直筆控訴趣意書提出を実施している。控訴審弁護活動の充実の点からも重視している実践である。

III　神戸拘置所から大阪拘置所へ——防御準備のための移送申し立て——

1　控訴審弁護と初回接見

　平成27年11月25日、当番週の一日、担当事務員が法テラスに赴き本件を選んできた。控訴趣意書差出最終日は翌年1月7日に指定済みである。記録の丁数623頁で裁判員裁判である。しかも、被告人勾留場所は、神戸拘置所だ。JR三ノ宮駅東口からバスで山麓バイパスを走って鴨越方面へ30分ほど行く。バスの本数の少ない中スケジュールを調整して赴く必要がある。期限までせわしないことになりそうだ。そこで、早期に被告人を大阪拘置所へ移送する手続申請をしたい。が、被告人にも身内との面会などの都合で鴨越が便利であるかも知れない。本人の相談と同意を得る必要がある。そのためにも事件記録を早期に概観する必要がある。そこで、筆者は弁護人受任日中に担当

部・大阪高裁第6刑事部に打診して早期に国選弁護人選任書を出してもらい、すぐに記録閲覧を申し込んだ。大阪の裁判所10階の高裁用記録閲覧室で概要を把握して大まかな争点を掴み、必要な謄写箇所を確認して事務所に戻った。本人には判決書写しとともに争点整理を指示する書信を出した。申請した謄写は比較的早期に仕上がった。今回はこれを一読後、12月1日午前中に第1回接見をした。さらに、原審国選弁護人と連絡をとり、原審記録を借り受けることとした（特に開示証拠と被疑者取調べの録音録画DVDは借用するべきだ）。被告人には、自ら控訴趣意書をまとめて、当初の高裁の設定した提出最終日までに提出すること、他方、弁護人の控訴趣意書は被告人との打合せを踏まえたとき、事実認定面、訴訟手続面、そして量刑面でそれぞれ検討し準備するべき事項があるので、一定期間の延長を求めることについても説明し同意を得た（未決勾留日数が長くなるので被告人本人の同意が不可欠である）。

2 移送申し立て

以上を踏まえて同日午後に高裁に移送申立書を提出した。曰く、

「当職は、控訴審の国選弁護人に選任された後、迅速に、記録の閲覧を終えて、当面必要な記録謄写を申請し、その一読後に、本日午前中、神戸拘置所でK被告人と接見して、今後の方針について最初の打合せを行った。しかるところ、被告人において、一審の判決と審理のありかた、事実認定、弁護人との信頼関係を踏まえた防御活動の展開、量刑理由などについて、納得のできない点があり、記録等に照らしても然るべきものである。今後、被告人との接見を密にして、被告人本人の控訴趣意をとりまとめる一方、弁護人としての控訴趣意をまとめることとなる。ついては、接見の便宜上、早急に、被告人を大阪拘置所へ移送するよう取り計られたく、申し立てるものである。なお、早期の移送について、甲被告人本人も了承している」。

3 勾留取消し申し立て

裁判所からは検察庁に連絡して移送指揮をしてもらう、12月20日頃を目途にするといった事実上の連絡を得た。12月14日に検察庁に連絡すると、高検

担当部の検察事務官から意外な返事が返ってきた。待て、という。控訴趣意書が提出されて控訴審の第1回公判の期日が決まるとこの事件の担当検事が決まる、移送の指揮はその検察官が行う、という。「だからあしからず」ということだ。そんな運用は聞いたこともないし、納得などするつもりはなく、むしろいぶかしく思いながら「説明は理解したが、内容は了解できない。対応を考える」旨告げて電話を切った。直ちに同日付で「勾留取消請求（勾留場所を変更することを求める申し立てを含む）」を起案して高裁に提出した。上記の防御準備状況をまとめた上で、いわく、

「裁判所において、被告人を神戸拘置所に勾留する必要は全くなく、勾留場所について、当初の兵庫県葺合警察署留置施設に指定命令したまま、検察官の裁量による執行によって勾留場所を神戸拘置所に変更して移送するままに任せているのは、被告人と弁護人の控訴審における防御の利益を軽視するものである。この点について、大阪高等検察庁の事務官に電話で聴取したところ、『控訴趣意書が提出されて、控訴審の期日が決まってから、はじめて、まず担当の検察官を決め、それから、移送するかどうか判断する』という運用を今は行っているとのことである。高等検察庁のかかる内部的な事務配分の便宜のために、被告人の防御準備がおろそかになることを裁判所は看過するべきではない」。

理由中には、「今後、被告人との接見を密にして、被告人本人の控訴趣意をとりまとめる一方、弁護人としての控訴趣意をまとめることとなる。ついては、大阪に事務所のある当職としては、神戸拘置所まで出向くことは時間的にもきわめて負担が大きい」と記載したが、実際その通りである。高検検事からすぐに連絡が入り、12月21日には移送する手続を取ったとのことであった（申立てがあって急いだか、もともとその段取りであったが検察事務官において誤解したものかは不明）。であれば申立てを維持する必要もなく、裁判所に連絡して判断を留保して欲しいこと、移送手続進行を確認したら取り下げる旨連絡。その後に神戸拘置所へ連絡すると、被告人は21日には移送予定とのこと。もっとも、被告人本人の身体拘束手続に関することなので、勾留取消し請求とその取下などの手続を説明し了解してもらうために15日に再度接見。同日、申立てを取り下げたが、被告人は21日には大阪拘置所へ移送とな

り、翌22日には筆者も同所で接見をした。かくして小さなさざ波がたったものの、大阪拘置所弁護人接見室を舞台に控訴審の防御準備を始める出発点が整った。このやりとりの中で、筆者の「刑事弁護」の姿勢を被告人に理解してもらうことができた。被告人との信頼関係は以上の経緯で確立した。

Ⅳ　被告人の不満——裁判員裁判と被告人「不参加」裁判——

1　原判決の認定

原審判決は、上記事後強盗罪に関連して、次のように述べた。

「判示第6の事実につき、強盗致傷罪の成立に争いはないが、その具体的態様に関して、弁護人は、被告人はバールを振り上げたが、被害者を殴るつもりでバールを振り下ろした事実はない旨主張し、被告人もこれに沿う供述をする」として検討を始める。結果として、被告人を追跡した上記の青年で傷害の被害者（以下、K）、一緒に居たその姉の証言が信用できるとする。

「被告人と正面に向かい合うと、被告人が右手に持ったバールを頭の上から振り下ろしてきたこと、とっさに左手で被告人の右手首をつかんだが止めきれず、バールがKの左眉尻付近に当たったこと、その直後、被告人を押し倒して押さえ込んだことなどを証言する。また、目撃者であるS野M杉……は、被告人がバールを取り出して振り上げ、振り下ろしたこと、その後、被告人がKに取り押さえられたことなどを証言する」。他方、「被告人は、バールは威嚇のために振り上げたが、その瞬間にKに押し倒されており、振り上げたバールを動かした記憶はないなどと、上記各証言と異なる内容の供述をするが、この場面に関する被告人の供述はおおむね『記憶がない』『覚えてない』などといった曖昧なものに過ぎず、バールの先がKの顔面に当たるに至った経緯について、上記各証言内容と異なる事情が存在する具体的可能性を説明し得るようなものではないから上記各証言の信用性評価には影響しない」。

ただし、「Kが被告人の振り下ろした手首を片手でほぼ受け止め、結果として軽微な負傷にとどまっている」から「振り下ろしの勢いはそれほど強いものでなかった可能性があり、被告人にKを加害する積極的な意図があった

とまでは断定できない。しかし、被告人は、Kに目の前に立たれて逃げ道を塞がれ、いわば追い詰められた状況で、至近距離にいるKの顔付近に向けバールを振り下ろしているのであるから、少なくとも、バールがKに当たる可能性を認識しながら、それでも構わないと認容していたものと認められる。被告人の犯行が、その程度の意図に基づいてとっさに及んだものであったと解すれば、弁護人が指摘するように、被告人が手をつかまれた後にも、Kに倒された際にも一切の抵抗をしていないことは、むしろ自然な経過といえる」。

2　控訴趣意書提出最終日延長申立

しかし、被告人にはこの認定が納得がいかないという。被告人は筆者との初回接見の折の打合せに従い、自らの控訴趣意書を用意して事務所へ郵送してきた。一部を引用するように、逮捕免脱目的がないこと、これを原審被告人質問で充分に説明できなかったことが主な主張である。

これを踏まえて記録を精査し22日接見の後、弁護人の「控訴趣意書差出最終日延期について」上申書を出した。ここでも、防御準備の経過を整理し、今後必要とする活動とこれに要する時間を検討して当初予定より4週間ほどの延長を求めた。裁判所はこれを3週間の延長まで認め、1月28日と決定した。上申書の理由は次の通りである。

「原審判決の罪となるべき事実中、第6の強盗致傷罪被告事件について、犯行態様に関する事実誤認とこれを踏まえた量刑不当の主張を準備中であるところ、被告人の主張内容と記録との照合などになお時間を要する」。「捜査段階から原審段階では、被告人は、計7名の被害関係者になんら謝罪および慰謝の措置をとっていなかったので、この点について接見の折々に相談していたところ、やはり服役前に、本人の反省の姿勢を明確にするためにも、被害関係者に謝罪の手紙を出すこととしたが、その準備等に時間を要し、また先方からの応答状況等を確認した上で、弁護人としての控訴趣意書をまとめる予定である。したがって、上記程度の期間を要する」。

但し、今回は被告人について当初最終日までに控訴趣意書を提出するものとした（事案によっては被告人・弁護人両者の控訴趣意書提出について最終日延

期を上申している)。

3 被告人の不満と事実誤認

では、なにが被告人にとって不満か。その後の数次の接見を通じていろいろな問題点が整理できた。主な不満点は「事実誤認」と量刑が思ったより重いことであるが、その陰で実は原審弁護人が十分に被告人の話に耳を傾けてこれを活かした弁護活動をしていないことへの不満、意思疎通不足があった。

(1) 法律知識の提供がないこと

被告人はそもそも「事後強盗罪」(刑法238条)の意味を理解できていない。現行犯逮捕以降長く勾留されることとなるが、警察官、検察官、そして原審弁護人もこの罪のなりたちについてかみ砕いて説明をしていない。本罪は、「窃盗が、財物を得てこれを取り返されることを防ぎ、逮捕を免れ、又は罪跡を隠滅するために、暴行又は脅迫をしたとき」をいう。本件のように、路上で通行人からバッグを奪った後、犯人として追呼されるなどしながら追跡者を追い払うために暴行・脅迫を加えたり、盗んだバッグを取り返されるのを防ぎあるいは窃盗罪に関する証拠(物証も目撃者などの人証も含む)の価値を減ずるために暴行・脅迫を行うことをいう。犯罪の成立には、(ア)窃盗と密接に関連して暴行・脅迫が行われること、(イ)犯人が逮捕免脱等目的を認識していること、(ウ)強盗罪における暴行・脅迫について被害者の抵抗を抑圧する程度とされるのと、規範的価値的に等しい危険度を伴う暴行脅迫が行われていること、が必要だ。

被告人が、原審での弁護人による被告人質問と原審判決の認定(実は、弁護人の冒頭陳述、弁論についても同じ)について、もやもや感を持ち続けて控訴した理由をじっくりと聞くと、ここに原因がある。

傷害の被害者Kは、被告人が窃盗後にバイクで逃げるのを車で追跡してきた。そして、被告人が、葺合警察署前の交差点を南に下がった路地にバイクにまたがって停車しているときに、Kは乗っていた車を被告人の前に切り込んで留まり、車から出て被告人の前に立った。確かに、このとき、被告人は「私はバールを振り上げてしまいました」と同人の控訴趣意書(図1)でも語っている。しかし、と被告人はいう。

551

図1　被告人の控訴趣意書1

> 確かに　私は　バールを振り上げてしまいました。
> 逃げ道を塞がれ追い詰められたとありますが、
> この時は、自から止まっていて、なぜかというと
> いつまでも こんな事(犯罪)をしていては いけないと
> 思っていたのと ちょうど警察署の前でしたので出頭
> しようかと どうしようかと考え止まっていました。その時
> に ■■さんが 私の前に 立たれたので これで
> つかまえられる と ホッと むしろしたのです。

「これで、つかまえられるとホッとむしろしたのです」。
この心境を裁判員と裁判官に伝えたかった。このことであった。
原審弁護人から預かった開示証拠、原審で検察官が証拠調べ請求をした乙号証を点検しさらに検察官取調べの録音録画をチェックしたところ、警察官供述調書の一部に次のように心境が正確に語られている。
「人生終わったと思ったので、振り上げたときのことははっきりと憶えています。
振り上げている途中、近づいてくれるなとも思いました。
私は相手を殴ったり、傷つけたりするつもりはなく、ただ逃げたかったのでバールを見せただけで、こちらに近づかれると相手に怪我させてしまうので、近づいてくれるな、と思ったのです。
私は普段からひったくりをするとき等に、相手に怪我はさせたくないとは常に思っているので、バールを振り上げた時もそう思ったのです。
私がバールを振り上げた時、一瞬相手がひるんだような気がするのですが、はっきりと憶えていません。
私はバールを振り上げたことで、真っ白になったといいますか、放心状態だったといいますか、人生終わったな、この状態をどうしようと思っていましたので、この後押し倒されてからのことははっきりと憶えていません。
私がバールを振り上げた後、男に押し倒されましたが、その間に少し時間

が空いていたように思います。」

　被告人は、バールを持ち上げたことは認める。しかし、その心境のどこにも、「追跡者に向けて有形力を行使し逮捕を免れる」という積極的な意欲・意図はない。被告人は、原審では事後強盗罪が成立する前提となるこの主観的要件の欠如を正面から問うて欲しかったのだ。しかし、事後強盗罪の「ものさし」の形を原審弁護人も説明しない。むしろ、「バールを持ち上げた段階で、おしまいですよ。事後強盗になりますよ」と断定されてしまい、それ以上の争点設定に関心を払わなかったという。

　(2)　「逃走」に関する事実の食いちがい

　被告人がバールを振り上げる直前の様子にも実は隠された事実に関する争点があった。被告人は、被害者の車が前に来たとき、バイクを停止させて路上中央よりも左よりで歩道との境目になる白線近くでたたずんでいたと主張する。というよりも、そもそも被告人はひったくり現場からバイクで逃走する間、これを現場でみたKが車で追跡してきているという認識がそもそもなかった。但し、この点も、法律家は正面から争点にはしていない。ただ、バールを持ち上げる直前の被告人の姿勢については、弁護人も質問し、原審ではこう説明した。

　　弁護人　逃げたということなんですけども、どういうふうに逃げていったか覚えてますか。
　　被告人　はい、方角的には西に20メーターぐらい走って左折で50メーターぐらい走って大きな道路に出て、そこをまた左折で葺合警察署の前に出て、そこの信号が赤だったので、降りて横断歩道を押して右折、右折の後にまたオートバイにまたがって走りました。
　　弁護人　逃げた後、大きい道があったんで、そこはバイクから降りて渡ったということですね。
　　被告人　信号は赤に引っ掛かったので、葺合警察署の前で。
　　弁護人　大きい道を渡った後、もう一回乗って動きだしたということですね。
　　被告人　はい。
　　弁護人　それで、どうなりましたか。

被告人　十五、六メーター走ったところで止まりました。
弁護人　それは甲さん（※被告人の姓）の意思で止まったんですか。
被告人　はい。
弁護人　止まった後、どうなりましたか。
被告人　止まった後に白いワンボックスの車が私の前方に道を塞ぐ形で止まりました。
弁護人　この前に塞いだ車がクラクションを鳴らしているというのは聞こえませんでしたか。
被告人　よく覚えてないです。
弁護人　車が前に割り込んできたから止まったということではないですか。
被告人　ではないです。

他方、被害者Kは証言において次のように述べている。
弁護人　車を発進させた後、あなたは単車を追い掛けたんですね。
被害者　はい、そう、です。
弁護人　途中で、まず自転車のおじいさんでしたっけ、を追い抜いて、更に単車を追い掛けたということで間違いないですか。
被害者　はい。
弁護人　では、その後、最終的に追い掛けていった先でどういった形でその単車に追い付いたんでしょうか。
被害者　単車が側道に脇道に入ったので、そのときにクラクションを鳴らして速度が緩まったときに左に単車の前に割り込むように車を止めて。
弁護人　あなたがそのように追い付いたときというのは、単車は道路の脇道と言いましたけど、道路のどの辺を走っていましたか。
被害者　道路の左側です。
弁護人　あなたは自分の車のハンドルを左方向に切って割り込むように止めたという意味ですかね。
被害者　はい、そうです。
弁護人　そうすると、車を止めたときに、あなたの車の助手席側が単車の

Ⅳ　被告人の不満——裁判員裁判と被告人「不参加」裁判——

方に近い方にあるということになりますね。
　被害者　はい、そうです。
　弁護人　その後、あなたはどうしたんですか。
　被害者　その後に、車から降りて犯人の元へ向かいました。
　この点の態様に関して原審判決は、そもそも争点として取り上げていないためか、なんら関心を払うことなく、両者の説明の大きな矛盾について放置したまま、「事後強盗罪」の成否に関する証拠に基づく精査をせず、単にバールが地上に落ちる態様にのみ焦点を当ててしまった。しかし、被害者の証言でも、被告人のバイクが、左側の車線のうち、歩道と車道を区分けする白線の「外側線付近」であったと指摘している。被害者の主観的な理解としては、ひったくりの犯人を追跡していると認識し、クラクションをならしたところ、減速したのでその前に割り込み、犯人も停車せざるを得なかったと事態を理解した。同人の主観的な願望として、自分が追跡していることを被告人も認識して、逃走を継続していると思い込んでいたとみてよい。他方、被告人もまた、自己の行った事への思いで心が一杯であり、その思いの中で、自首も頭に浮かんでいたため、中途半端な思いのまま、この地点で停止したものである。これも肯ける説明だ。
　それに、車による追跡を受けていることを認識して、逃走を企図していたのであれば、周囲に注意を払い、クラクションにも敏感に気づき、さらにスピードを上げて逃げたり、路地に入って車による追跡を回避することは容易であったがこれを行っていない。
　歩道との境目の白線のすぐ際にバイクがあったことは、むしろ走行してないことを示す。何故なら、一定のスピードで走っている場合、写真に写る程度の幅の車線を走るのであれば、むしろ、車線中央を走るのが通常である。被告人が一定のスピードのまま車に前を遮られたのであれば、衝突の危険性がある。
　ところが、審理の争点になっていないためか、こうした状況に関しては、被害者Ｋもその姉も証言ではまったく触れていないし、被告人質問でも問われていない。
　被告人の認識を前提にするとき、やはり「逮捕免脱目的」という構成要件

該当性が欠如することとなる。この点を公判前整理手続段階で法律家達が争点としなかったことは問題であった。

そこで、弁護人の控訴趣意書では、あらためて、被害者Kがハンドルを左に切って、被告人前方に車を停めたときには、被告人はバイクを停止させていたものであって、衝突による事故の危険性がない状態であったし、すでに逃亡を継続し逮捕を免脱する意図は欠如していたことを摘示主張することとした。

(3) 誘導尋問が導いた「振り下ろし」証言

傷害の被害者Kの診断書では「頭部打撲傷」でレントゲン撮影などの精査は不要であり「３日程度の療養を要する見込み」とされている。打撲箇所である左眉毛端上あたりがいくらか膨らんでいると言われればそうだ、と見える程度の外形しかない。皮膚がこぶ状に腫れる、破れる、血がでるといったことはない。被告人も、所持していたバールを取り出して振り上げたことは認識している。しかし、「振り下ろし」行為はない、これも被告人が言いたい点で、原審記録は慎重な評価を要する。

ア　被告人は、以前から人に怪我をさせてはいけないという認識を持っており、自分にもそう言い聞かせてきたという。この点は、捜査段階の被疑者取調べにおいては、詳細に説明していたのにも拘わらず、肝心の裁判員裁判における被告人質問では、緊張のあまり、充分に自分の気持ちの説明ができなかった。原審記録をみると、主任弁護人との質疑応答で肝心な場面でも「覚えていない」という繰り返しが続く。

　　弁護人　例えば振り上げた手がありますね、その手を男の人につかまれたっていう記憶はありますか。
　　被告人　ありません。
　　弁護人　記憶がないだけなのか、つかまれてないというのか、どちらになりますか。
　　被告人　記憶がないんです。
　　弁護人　振り上げてから何かバールを動かしたという記憶はありますか。
　　被告人　ありません。
　　弁護人　押し倒された後、バールを動かしたという記憶はありますか。

被告人　全然ないです。
弁護人　押し倒され方なんですけども、どういうふうに押し倒されたかっていう記憶はないですか。
被告人　覚えてないですね。真後ろに倒れてました。
弁護人　倒れる瞬間のことなんですけども、そのとき被害者の男性が両手、男性の右手が甲さんの左手、男性の左手が甲さんの右手をつかんでたという体勢だったかどうかは覚えてますか。
被告人　覚えてません。
弁護人　結局、バールを振り上げたというのは間違いないんですよね。
被告人　間違いありません。
弁護人　これはどういうつもりでバールを振り上げたんですか。
被告人　迫ってきたときに捕まりたくないと思った気持ちがあって、とっさに威嚇ですかね、近づいてくるな、逃げたいという気持ちで振り上げたですね。
弁護人　例えばそのバールを使って、男性の人を傷つけようというつもりはありましたか。
被告人　一切ないです。
弁護人　男の人に押し倒された後ですけども、何か甲さんは抵抗はされましたか。
被告人　してません。
弁護人　持っていたバールはどうしましたか。
被告人　手から離したままで何も探しもしないし、倒された状態で一切身動きしなかったです。
弁護人　どの段階でバールを手放したかっていう記憶はありますか。
被告人　覚えてないです。ただ覚えてるのは地面に倒されたときにバールはもう持ってなかったというのをしっかり覚えてます。

むしろ、検察官が巧みに誘導をまじえて被告人の心境を問いただしている。

検察官　それで、どうしてそういうことをしたのかという先ほどの弁護人の質問に、逃れるなら逃げたかった、威嚇のためというふうに話しましたね。

被告人　はい。

検察官　では、バイクを止めて人が降りてきて向かい合った、この時点では捕まりたくはないという気持ちに変わってたんですか。

被告人　いえ、それは瞬間的なものだから、捕まりたくもないし、捕まりたいし出頭したいし、どうしようかと迷ってたと思います。事実そういう考えだったですから。実際にお巡りさんを見ると逃げたくなりましたし、どこかで捕まりたいという気持ちも正直ありましたから。実際にそのときになったとき、目の前に立ったときに瞬間的に逃げたいと思ったんですね。

検察官　それで、バールを取り出して肘を伸ばして振り上げるところまではしたということですね。

被告人　はい。もう一つ付け加えていいですか。何でバールを振り上げたというのはよく分からないんです、正直言って。

検察官　先ほど弁護人からの質問で、威嚇のため、逃げたかったんじゃないかというようなことを言いましたが、それは今冷静に振り返るとそうじゃないかと思うという意味ですか。

被告人　そうです。

検察官　その瞬間は、いろんな思い、とっさのことでよく分からないということですか。

被告人　はい。

　結局、被告人は、中途半端な気持ちのままバールを振り上げたものの、それ以上、どうするつもりもなく、攻撃などするつもりはまったくなく、と言ってさらなる行動にもでられないうちに、Ｋにバールを持つ右手を左手で捕捉され、組み伏せられた。そのいずれかの過程で、バールを掴む手が離れる。振り上げた手にあったバールから手が離れたため、バールが落下し、これがＫの額付近にぶつかった。このような経緯とＫの傷害の状況は一致する。被告人が説明したかったのはこれである。

　原審弁護人は、被告人がもっとも語りたかった心境を被告人質問の機会に緊張のあまりうまく話せないでいるのに、ヒントを出す、相当な範囲で誘導を試みるなどの技法で被告人に語るべきことを語らせる手だてを取らずじま

IV　被告人の不満——裁判員裁判と被告人「不参加」裁判——

いであった。検察官に問い詰められて「覚えていない」と答えておきながら、種々説明をはじめても裁判員と裁判官からみると、弁護人の質問にははぐらかした答えしかしないのに、検察官に問い詰められると弁解を始めるという印象を持たれたとしてもやむをえない状態であった。

　イ　むろん、Kは被告人がバールを「振り下ろした」という表現を証言でした。ただ、これは、その直前に、検察官による明白な誘導尋問がなされた影響だ。以下のやりとりが原審記録に残る。

　　検察官　犯人は右手ですね。それをどのくらいの高さまで振り上げていましたか。
　　被害者　頭の上ぐらいまで行ってました。
　　検察官　その後、犯人は、振り下ろした後、そのバールはどうしてきたんですか。
　　弁護人　先ほど、振り下ろしたということを前提に供述はしておりません。
　　裁判長　質問は何て言ったんですか。
　　検察官　振り上げたバールを、その後どうしたんですかと。
　　弁護人　振り下ろしたって検察官が今おっしゃったんで。
　　裁判長　誤導になってます。
　　検察官　失礼しました。これは言い間違いです。もう一回質問し直しますね。先ほどの話で、あなたは犯人がバールを頭より上の高さまで振り上げるのは見ましたね。
　　被害者　はい。
　　検察官　その後、犯人はどうしてきましたか。
　　被害者　それを振り下ろしてきました。
　　検察官　それに対して、あなたはどういう行動を取りましたか。
　　被害者　とっさに左手で振り下ろしてきたバールの右手を、右手首ぐらいをつかみました。
　　検察官　今のつかんだのは、犯人の右手首ぐらいをあなたが左手を出してつかんだっていうことですね

　Kは検察官の意図を察知して「振り下ろした」という表現を後に証言した

559

もの、とみなければならない。尋問者の期待する答えをあらかじめ示すことになるから、主尋問では誘導尋問をしてはならないとされている（規則199条の3第3項参照）。現に検察官の意図通りにKが証言した。Kは「振り下ろし」について「勢いが強かった」ので留めきれず、左眉の上にあたったという。

だが、この日本語から推認できる「攻撃的でスピード感があり、一定の破壊力を伴い、したがって致傷性の高い動作」のある振り下ろし方と証拠で表れている傷害の程度がそもそも矛盾する。また、被告人は、バールの釘を抜く二股に分かれた飛び出し部分をKに向けて振り下ろしていないしその部分があたったものではない。そうであれば、もっと重傷になっていた。バールの支柱のどこかが「あたった」場合にできる程度の傷害である。それに、被告人は、攻撃の意欲も逃走の意欲もないのに何気なくバールを振り上げたため、自らどうしていいか困惑していた状態である。その段階でも、人を怪我させてはならないという自制が働いている。こうした中途半端な気持ちと態度であった状態で、被告人のバールを掴む右手を、Kの左手で捕まれるまま、バールから手を離した可能性は否定できない。かかる被告人の認識と行動とKの説明とも矛盾はしない。

原審弁護人は、検察官の尋問について折角異議を申し立て、裁判長も誤導と摘示したのであれば、直後のKの「振り下ろし」との証言にも証拠排除を申し立てて（刑訴規則207条）、裁判員と裁判官に警戒心を持たせるべきであったのに、結局検察官の誘導で導かれたKの証言をそのまま是認した。被告人が納得いかないのも理解できる。

4　被害弁償怠慢

原審の記録と被告人の話を聞きながら、重大な疑問も生じてきた。被告人は、捜査段階から事後強盗致傷事件も含めて窃盗の事実は認めているし、事後強盗罪についても結果として負傷した人がいることは自己の責任であることも認めていた。そして、捜査段階から国選弁護人が付いていたという。しかし、謝罪、被害者弁償をまったく行っていない。何故か。強い疑問をもった。本人に問い質した。被告人の説明が真実かどうかはさておき、よくある

Ⅳ　被告人の不満——裁判員裁判と被告人「不参加」裁判——

答が返ってきた。原審弁護人は被告人に対して窃盗被害者らへの謝罪の意思表示も、可能な範囲での被害弁償など金銭的な面での謝罪についても「やっても意味がない」といった趣旨の助言をするのに留め、この点について接見の際それ以上触れなかったという。ところが、原審被告人質問では、弁護人自ら、「被害弁償ができていないこと」を摘示して難詰し被告人に説明を求めている場面がある。こんな状態で被告人の事件への反省を深めてこれを裁判員・裁判官に届けることなど出来るわけもない。求刑９年に対して懲役６年６月になったのも肯ける。情状弁護の立て直しも控訴審弁護人の役割となった。

(1)　**控訴審情状弁護**

　接見では、被告人は、以前の事件のときには、被害者に謝罪の手紙を書くなどしたこともあったが、原審弁護人の上記の説明の他、本件中第６の罪となるべき事実にあたる事件では、事後強盗致傷罪が当然に成立するものという原審弁護人の説明にも影響を受けて、重い犯罪で処罰されるなら、なにをやっても無駄という心境になったという。

　これでは、被告人が事件と正しく直面して、襟を正して、被害者らにも謝罪し、可能な範囲で慰謝の措置をとるという振る舞いを放棄したこととなる。原審弁護人のなんらかの助言がかかる姿勢を招いたとすれば適切ではない。

　そこで、筆者は、被告人と話合い、犯罪への反省、被害者への謝罪、自己の更生への覚悟等々を裁判の機会に明確に自分に言い聞かせておくべきであることをあらためて認識し直すことを求めた。そして、遅まきながら、被害者らに謝罪の手紙と現段階で可能な金銭的なお見舞いの気持ちを添えてそれぞれ手紙を出している（なお、その際、とくに、住居侵入・窃盗の被害者については、捜査段階で取調べを担当した刑事から、被害者がそっとしておいてほしいといっていると聞かされたこともあり、被害弁償のためであっても、被告人が出所後に再度コンタクトをとることは返って被害者らの心情を逆なでする可能性もあるので、弁護人の助言に従い、反省を深めるが、直接のコンタクトは控えること、また住所など連絡先は控訴審弁護人からは一切伝えないこととした）。他の被害者らについても、氏名は原審判決に明らかであるが、住所などは控訴審弁

561

図2　ひったくり被害者からの返事

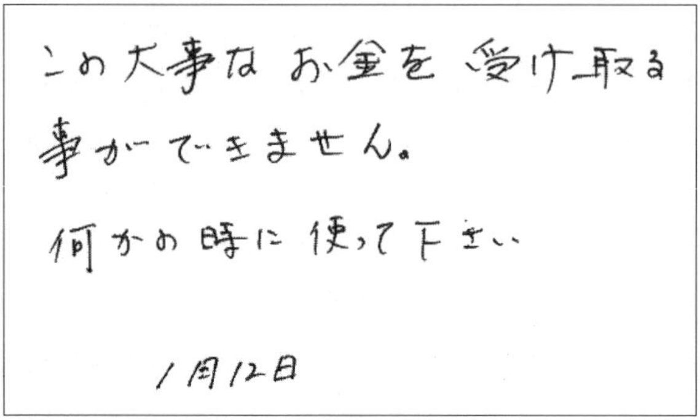

> この大事なお金を受け取る
> 事ができません。
> 何かの時に使って下さい。
>
> 1月12日

護人からは一切伝えないこととして事務処理を進めた。

(2) **窃盗等被害者等への謝罪とお見舞い金**

被害者らのうち1名はすでに死亡しているところ、身内と連絡が取れ、お見舞い金を御霊前に供えてもらえることとなった。ひったくり被害者2名はお見舞い金を受領し受領書を返送してきた。1名からは、「この大事なお金を受け取る事ができません。何かの時に使って下さい」との返事を返してくれた（図2）。住居侵入を伴う窃盗被害者は送った金銭のみ返信用現金書留で送り返してきたが、謝罪の手紙などは受領している。他の2名からは返事などはもらえなかった。返金された分については法テラスに贖罪寄付をしている。

5　現地調査と調査報告書

被告人の言い分を聞き原審記録を精査して概ね事実誤認を柱とする弁護人の控訴理由の構成ができた段階で、特に被告人が逮捕免脱目的の認識を欠いていたことを確認するため、現地の視察にでかけた（その内容は写真を添付した上所属大阪パブリック法律事務所長宛調査報告書にまとめて事実の取調べ請求をしている）（図3、図4）。最終的に追跡者に制圧される路地へ曲がる国道との交差点北側には、被告人も認識していた葺合警察署があった。だが、原審記録では警察署の所在に関する表示が一切ないことに気づく。捜査機関側が意図したものかどうかは不明である。他方、被告人質問では、葺合警察署

図3　実況見分写真

図4　現地調査写真

の所在の認識を弁護人は問い質していない。その交差点を南に下がって路地に入るときに、対面が赤信号であったので、わざわざバイクを降りて歩道上を歩いて渡った事実も強調されずじまいであった。「逮捕免脱目的」の意識が薄いことを示す格好の材料は原審記録にもちりばめられていたし、現地視察でもそのことが体感できた。

6　弁護人控訴理由の組み立て

　以上のような調査を踏まえて、控訴趣意書提出最終日に提出した控訴理由

の組み立ては、概ね以下の通りとした。本件では、刑訴法377条、378条のいわゆる絶対控訴理由の主張はない。今回は、争点整理不十分・審理不尽など訴訟指揮権行使の不備に関する訴訟手続の法令違反（刑訴法379条）の指摘はわざと後にして、まず事実誤認を主張した（刑訴法382条）。これは、事後強盗の不成立、罪数判断の誤りなど法令適用の誤り（刑訴法380条）の前提となる。こうした瑕疵ある事実認定・法令適用・量刑を招いた審理をした点を訴訟手続の法令違反として構成した（刑訴法379条）。最後に、原審記録に基づいても以上の誤りを正した場合、量刑不当となることと、一審判決後の被害者への謝罪などによる二項破棄事由を摘示した（刑訴法393条2項、397条2項）。

訴訟手続の法令違反の内容は以下の通りである。

「1：原審記録、類型証拠開示証拠を読み返すと、被告人がことに原判決第6の罪となるべき事実に該当する事件について、公判廷で述べたことと、原審国選弁護人も含む法律家が整理した争点にはそもそもずれがあった。だが、原審裁判所は、これに気づかないまま、あるいは、軽視したまま争点形成をしなかったおそれがある。2：被告人は、本件の一連の事件で逮捕されるきっかけとなった第6の罪となるべき事実については、窃盗を行ったことは間違いがないが、逮捕免脱のために追跡者を負傷させた事実はなく、事後強盗致傷罪に問われることについては納得がいかないというものであった。つまり、窃盗と傷害が成立するのみであるという法律上の主張である。そのことは、遅くとも、被告人の最終陳述から明白であった。3：だが、原審裁判所は、国選弁護人に釈明を求めてその点での被告人の言い分との不一致がないか確認するなどの訴訟指揮を行わなかった。4：争点の形成については、受訴裁判所は、⑴まず、公判前整理手続の段階で、検察官と弁護人の主張をそのまま鵜呑みにすることなく、真相解明の観点から適切な訴訟指揮権を行使して、被告人の言い分にそい、かつ円滑適正に裁判員裁判の審理がなされるようにするべきであった。⑵次に、公判における審理開始後であっても、被告人質問、被告人の最終陳述からうかがわれる法律上の主張と、弁護人が是認した争点に食い違いがあることが明白になった以上、この点について、争点を顕在化させて少なくとも弁論段階での主張の追加の機会を与えるべきであった。だが、かかる訴訟指揮がなされた形跡はない。この結果、本

V 「ヤヌス審」における審理と弁護人の防御活動

図5　控訴審＝「ヤヌス審」の構造

```
■1：審判の対象：「審査審」ではじまり、「事実審」で終わる。
　○開始時：当事者の主張する控訴理由の有無について、一審判決と手続を点検する。
　○終了時：破棄自判の場合、裁判所は起訴状の公訴事実について審判する。
■2：審判の範囲：「当事者処分権主義」ではじまり、「職権探知主義」で終わる。
　○開始時点：当事者が適法に構成する控訴理由ではじまる。
　○終了時点：裁判所が職権で調査する控訴理由についても審査する。
■3：審判の方法：「事実の取調べ」ではじまり「証拠調べ」で終わる。
　○開始時：当事者の主張する控訴理由の調査は「事実の取調べ」として開始する。
　○終了時：破棄自判に備え一審と同じく厳格な証明である「証拠調べ」で終了する。
■4：審判の機能：「法律審」と「事実審」を兼ね備える
　○377条～380条が規定する控訴理由では、1審の判決と手続の広義の法令違反を点検する。
　○381条～383条が規定する控訴理由では、罪体と量刑に関する事実認定の当否を点検する。
■5：控訴審の判決の性質：「審査審」ではじまり、「事実審」で終わる。
　○控訴棄却と破棄差戻の場合、控訴審判決は、審査審としての結論を示す。
　○破棄自判の場合、控訴審判決は、事実審としての結論を示す。
```

来争点とするべきであった、暴行・傷害と窃盗との併合罪の成立なのか、事後強盗致傷罪が成立するのかという重要な争点が落とされることとなった。この点について、弁護人に対して、被告人との打合せが充分であるのかについても釈明を求めるべきところ、これも怠ったままであった。5：以上、原審手続については、争点形成のための裁判所の訴訟指揮に不備があり、また、国選弁護人を選任した裁判所の責務として被告人と弁護人との打ち合わせが充分に尽くされているか防御権・弁護人依頼権保障の観点からの訴訟指揮にも不備がある。この結果、被告人の防御が充分に尽くされておらず、その訴訟指揮の不備が判決の事実認定、法令適用、量刑に影響したことは明白である」。

V 「ヤヌス審」における審理と弁護人の防御活動

1 「ヤヌスの神」としての控訴審

　控訴審を始めるにあたり、筆者は被告人に「控訴審とは何か」を説明する（図5）。基本的には「原審の手続と判決に大きな誤りがないかどうかを点検するだけだ」という言い方をする。「『もう一度、有罪か無罪かを判断する

場』ではないこと」、これをよく理解してもらう必要がある。他方、事実誤認、法令適用の誤り、量刑不当、それを導く訴訟手続の法令違反＝審理不尽など訴訟指揮の瑕疵を控訴審が認めて原審判決を破棄することもないではない。その場合、原審と控訴審で取調べをした証拠に基づいて実体裁判に熟すると判断し自判することが通常の運用となっている。自判に熟した場合、自ら罪体に関する事実認定をし、検察官主張の訴因と同一の範囲で訴因を再構成して有罪を宣告し、さらに量刑判断を行う。そのためにも、控訴審は運用上「事実の取調べ」を一審と同じく「証拠調べ」手続の形式で行う。事実認定に関する厳格な証明手続を保障するためである。

もっとも、今回の事件についても、控訴審が控訴棄却または破棄差戻を宣告して事後審に留まるのか、原判決破棄の上自判して事実審の機能も果たすか、これは裁判官が結論を形成して公判廷で公にするまでは分からない。

その意味で、筆者は、控訴審とは「両面の顔」を持つローマ神話に登場する「ヤヌス神」に等しいと比喩的に理解し、これを事後審・事実審両面を兼ね備える「ヤヌス審」と称している。この「ヤヌス審」たる控訴審で被告人の正当な利益を適切迅速に実現するには、控訴審に関する法令の構造と運用の実際を踏まえた独特の注意が必要であり、それを被告人に常に伝えながら防御準備をしなければならない。

2　「やむを得ない事由」の疎明

控訴理由を疎明するために、原審記録以外に新たな資料を裁判所に取調べてもらう必要が生じる。本件原審では、被告人の捜査段階の供述調書は検察官において最終的に証拠調べ請求の撤回がなされている。このため、被告人の複雑な心境を巧みに表した価値の高い証拠を被告側がだしそこねた形となった。そこで控訴審であらためて証拠とすることを求めることとした。この場合、幾つか注意している点がある。

ア：あらたな「事実の取調べ」＝証拠調べ請求となるので「やむを得ない事由」（刑訴法382条の2第1項）を摘示しなければならない。また「その事実を疎明する資料を添付しなければならない」から（同第3項）、筆者は取調べ請求をする資料そのものも「事実の取調べ請求書」に添付して裁判所に

V 「ヤヌス審」における審理と弁護人の防御活動

提出することとしている（大阪高裁では、時期によりあるいは裁判長の方針により、事実の取調べを請求する証拠原本を受理する部と一審と同じく、証拠扱いにして受理を断る部がある）。イ：刑訴法382条の2第1項要件を充足しない場合に備えて、予備的には職権調査を申し立てておく（刑訴法392条2項、393条2項参照）。ウ：控訴審がヤヌス審であることに鑑み、「事実の取調べ」を「証拠調べ」として実施するべき旨も摘示する。被告人質問は必ず請求することとし、その実施を含めて「事実の取調べ」＝証拠調べ請求に関する被告人の権利を明確にするようにしている。

3 被告人本人の控訴趣意書

筆者は、控訴審の「事実の取調べ」が書面審査優先となるところ、被告人に直筆で控訴趣意書を作成提出させて、控訴審裁判官に被告人の人柄に触れる機会を作るようにしている。但し、被告人は、原審記録のみに基づいて法令上の控訴理由に沿った適式な書面を準備できないことが多い。書きやすさからも、筆者は、裁判官への手紙、裁判官に語りかける「おしゃべり」風でよいと助言することが多い。控訴審の裁判長は多くは自由な内容のものであっても適法な控訴趣意書として受理する。だが、厳密には不適法である。裁判長によってはこれを摘示し控訴審公判では控訴理由としての陳述を許さない扱いをする例もある（あらかじめ裁判所書記官が事実上の準備行為として被告人の控訴趣意書をそのまま控訴理由として陳述するかどうかを打診する形で、裁判長の意向を弁護人に連絡することもある）。この場合も含め、内容上控訴趣意として当事者の主張に留めるよりも、弁護人が再整理している控訴理由を裏付ける被告人陳述として証拠にするほうが適切なこともある。従って、控訴審公判廷で、裁判長から被告人本人の控訴趣意として陳述するか正式に釈明を求められたとき、弁護人としては「控訴理由としては陳述しない。しかし、『被告人の控訴に到る心境とその理由』を立証趣旨として、後に口頭で証拠調べ請求をする」旨述べて対応する。その事前の心積もりと被告人への事前説明が必要だ。

もっとも、この事件で被告人が作成した控訴趣旨書は、弁護人の姿勢への疑問、裁判所の事実認定への疑問、そして刑の減軽の訴えがコンパクトに盛

り込まれており、適法な控訴理由を構成するとみてよく、裁判長からも特段の示唆はなく、適法な控訴理由の陳述として受理されている。

4　証拠調べとして実施する「事実の取調べ」請求

　控訴審で被告側から罪体と量刑に関して証拠調べ請求をすることは多いが、大阪高裁の運用上一審判決後に生じた量刑に関わる事情を除き（刑訴法393条2項参照）、原審で証拠調べ請求をするなど攻撃・防御の機会があった主張と事実に関する証拠について控訴審公判で新たに採用されることは少ない。が、自制の必要はない。必要と判断する一審判決までの事実に関する「事実の取調べ」の請求自体は無制限に行うべきである。このとき、控訴審自判の場合に備えて、念のため事実の取調べを厳格な証明手続に従う「証拠調べ」として実施するように申し立てをしておく。

　本件でも、原審で検察官が証拠調べ請求をしたが被告人質問を経て請求撤回となった乙号証2通、証拠開示された警察官供述調書については、被告人質問以上に事件に関する被告人の心境を具体的詳細に語っているので証拠調べ請求をした。また、ひったくりの現場から事後強盗とされた追跡者Kがバールで負傷するに到る地点の写真を添付した調査報告書も証拠調べ請求をした。他に一審判決後の情状に関する事情として被害者らへの謝罪とお見舞い金の提供、法テラスへの寄附などを示す報告書を証拠調べ請求した。

　控訴審で被告側が請求する証拠について、控訴審裁判所は、一審に準じて証拠調べ請求手続に従い検察官の意見を求めた上で判断するが、多くの場合検察官は情状関係の証拠を除き、不同意、不必要とする証拠意見を返すことが通常であり、控訴審も、原審以上に証拠調べ請求を却下することが多い。本件でも、検察官は被告人の捜査段階の供述調書について不同意とし、弁護人作成の調査報告書について同意、控訴後の情状関係証拠についても同意とした。裁判所においても、これを踏まえて同意書証のみ採用することとなった。

　裁判所が請求証拠の証拠調べ請求を却下する場合、一般的には、被告人が上告する場合に備える意味もあって、すかさず刑訴法309条1項異議を申し立て（その準備、異議をいうべき証拠と異議の理由のメモは公判前にしておく）、

その旨手続調書に残るようにしなければならない。本件では、被告人控訴趣意書で言い分を言えたこと、被告人質問で控訴後の情状に関連して原審で述べたかったことにも言及する予定であったこともあって、異議申し立て等はしなかった。。

5 被告人質問の実現

　証拠調べとして事実の取調べを求める別な理由は被告人質問を権利として行なう扱いを求めるためである。被告人質問についても、一審であれば被告人の権利として供述できるが（刑訴法311条参照）、控訴審では控訴理由の有無に関する「事実の取調べ」の一態様に留まる（刑訴法392条、393条1項参照）。刑訴法404条があるとは言え、事後審としての基本的な機能と「事実の取調べ」権限による調査が基本的な構造となっているため、刑訴法311条の適用は排除されている。だから、被告人質問も事実の取調べとして裁判所の職権による実施決定を要する。その場合、原審でも主張弁解の機会が与えられている罪体と量刑に関する事項について陳述の範囲から除外される。したがって、被告人質問を「事実の取調べ」として請求する場合、原審記録に基づく罪体・量刑に関する立証事項と、一審判決後控訴してからの心境などに基づく量刑に関する立証事項を区分して請求する。後者に関する被告人質問は、高裁も採用する傾向にあり、本件でも下記アスタリスク記載の立証趣旨（質問事項）中、(2)と(3)の限度で採用が決まった。

　本件の被告人質問の請求に関する「立証趣旨（質問事項を兼ねる）」は次の通りであった。

＊　　＊　　＊

(1) 控訴の理由（原判決の罪となるべき事実第6の犯行態様の認定について）
　　ア　罪となるべき事実第6の強盗致傷事件に関連して、S野K氏に向けてバールを持ち上げて対峙するに至る経緯とそのときの心境
　　イ　捜査段階の供述よりも一審の被告人質問での供述があいまいで充分な説明にならなかった理由
　　ウ　その点について、一審弁護人との打合せの様子など　　　　　5分
(2) 捜査段階、一審段階では被害者らに謝罪し、慰謝の措置を講じなかった

こと。
　　ア　捜査段階、一審段階では、謝罪、慰謝の措置を講じなかった理由
　　イ　被告人質問では、弁護人が問いただした形となっている理由　　　5分
(3)　一審判決を踏まえて、控訴後に謝罪等をすることとしたことを含めて、現在の事件全般に関する反省状況、服役後の社会復帰への決意
　　ア　控訴後に被害者等7名に謝罪することとした経緯
　　イ　被害者等の返事等を受けた現在の心境
　　ウ　刑務所での過ごし方
　　エ　服役後社会に復帰した後の過ごし方
　　　(ア)　最初の1日～7日の過ごし方
　　　(イ)　1月間の過ごし方
　　　(ウ)　長期的な展望について　　　　　　　　　　　　　　　　10分

＊　＊　＊

　被告人質問の実際と被告人供述調書は次の通りであった。まず、控訴の理由として、被告人の言い分（人にけがをさせる積もりはなく、バールを持ち上げたもののどうしていいかわからないまま組み付かれて手を離したときに、ぶつかったのではないかという弁解）を短時間であるが述べることが認められた。裁判所は特に制限しなかった。但し、控訴審の被告人供述調書（要旨調書）ではこの部分は割愛されている。次に、一審弁護人への不満を踏まえた控訴後被害者等へ謝罪した経過については被告人の述べた通りが記録にも残った。被告人も納得できた。

＊　＊　＊

　1　1審の時にも謝罪の意思はあったので、1審の弁護士さんに謝罪の話はしていたのですが、やるんだったら控訴審の時にやればいい、一部被害弁償しても意味がないと言われたので、一切していませんでした。
　2　以前の件でも、謝罪や被害弁償をしたことがあるので、気にはなっていましたが、弁護士さんにそう言われると、相手の住所も分からないし、所持金もなく、切手や便箋も買えませんでしたので、何もできませんでしたが、渡辺先生にお会いしてすぐ謝罪のことを聞いたら、すぐしなさい、と言われたので助かりました。1審の時から謝罪をしないといけないという意識

はありました。

　3　取調の時に刑事さんから、怒っている人もいるし、静かにしてほしい人もいるので、謝罪をしないほうがいいだろうと、言われました。それから指をつめるくらいの覚悟がないと謝罪の意思にならないと言われましたが、そこまでの覚悟がなかったので、あきらめました。

　4　謝罪の手紙とお見舞金を送ったところ、1人の方から、大切なお金だから、あなたが使いなさい、というメモ書きを添えて送り返されたのを知り、ありがたかったし、多少でも許してもらえたのかなと思いました。

＊　　＊　　＊

6　刑訴法388条「弁論能力」制限

　控訴審でも、被告人は控訴理由の有無に関して「事実の取調べ」の請求権はある。控訴審と言えども基本的には一審通りの手続を取るべきである（刑訴法404条）。他方、「控訴審では、被告人のためにする弁論は、弁護人でなければ、これをすることができない」（刑訴法388条）。ヤヌス審＝控訴審の性質に照らして、控訴理由の有無に関する当事者の主張としての弁論（刑訴法389条、393条4項）は、基本的に弁護士たる資格のある弁護人に委ねる趣旨であろう。但し、口頭弁論手続に参加する能力が制限されるものではないから、控訴審公判廷における被告人の言動を弁護人において不必要に制限することのないように注意しなければならない。また、結局自判する場合には実質上被告人に最終陳述の機会が与えられていなければならない。機会放棄と扱われないためにも、弁護人において被告人に相談し理解を求めた上被告人質問は必ず請求するべきである。

7　本件控訴審の結論

　大阪高裁平成28年4月13日（平成27年（う）1217）[2]は、以上の審理を踏まえつつ、結局、主文において「本件控訴を棄却する」と宣言した。事実誤認・法令適用の誤りはないことを摘示した他、上述の訴訟手続の法令違反については次のように述べた。

（2）　大阪高判平成28・4・13公刊物等未登載。

「記録によれば、原審の公判前整理手続において、強盗致傷罪の成立には争いがなく、行為責任の評価として、被告人が被害者を意図的に凶器で殴打したか否かが争点であると整理されたこと、原審公判廷においても、被告人は、罪状認否の際、バールを振り下ろしたことも、被害者にけがをさせるつもりもなかった旨を述べ、その後の被告人質問及び最終陳述の際にも、おおむね同旨の供述をしていたことが認められ、被告人は、原審の訴訟手続を通じ、専ら被害者に対する暴行の態様や傷害の故意を争っていたと認められる。

以上の審理経過等に照らすと、被告人は、原審においては、逮捕を免れる目的の有無を争っておらず、また、これを争う意思があることをうかがわせる供述もしていなかったと認められるから、同目的の有無に係る強盗致傷罪の成否が争点とされなかったことに違法、不当な点はない。また、後述のとおり原審公判廷において取り調べられた関係各証拠によれば、被告人が、被害者に暴行を加えた際、被告人には逮捕を免れる目的があったと認められ、同目的を認定するに足りる証拠の取調べはなされているから、この点について審理が尽くされていないとはいえない。所論は採用できない」。

しかし、疑問が残る。以上は控訴審が「事後審」として裁判記録から「言葉選び」・「言葉拾い」をして被告人・弁護人の「防御」の形が整っていればもって足りるとする「裁判所の『防御』観」である（「ジグソーパズルとしての防御」といってもいい）。そこからは、被告人が充分な法的知識の提供を受けず、弁護人が2名もいたのに充分な接見も納得できる説明も受けていなかったと実感している様子も、綿密な打合せがないまま原審の手続が進行した不満も浮かび上がらない。「被告人の『体感としての防御観』」は捨てられている。もっとも、そうした手続が記録上残った原因は刑事弁護にもあった。この点は以下のⅥで触れる。

Ⅵ おわりに——刑事控訴審における被告人の包括的防御権実現のために——

1 接見「三猿の教え」

本件でもそうであるが、筆者が控訴審中心に刑事弁護を引き受けている

VI　おわりに──刑事控訴審における被告人の包括的防御権実現のために──

と、被告人がよく洩らす不満が、被告人と原審弁護人との意思疎通不足である。記録上弁護人が十分な活動を行っているように見えても、控訴後の被告人とじっくりと接見をすると、原審弁護人に対する強い不満を残している例がある。その主な理由は、接見の不備である。「回数の不足、説明の不足、打合せの不足」である。邪なことを見ず、聞かず、言わないことを戒める三猿の教えをもじって悪しき接見態様を示すとすれば、やはり「見猿・聞か猿・言わ猿」と揶揄的に表現することができる。

　だが、控訴した被告人が、原審弁護人の姿勢をこのように批判する控訴趣意書を高裁に提出するような事態は避けるべきだ。被疑者・被告人と弁護人の接見はそうなっては欲しくない。

2　控訴審弁護

　さて、上訴について、法は原審弁護人にも被告人の明示した意思に反しない限り固有の上訴権を与えている（刑訴法355、356条）。従って一審判決公判が終了して原審弁護人たる地位を失っても、上訴に関する限りこれを被告人のために行使する権限と責務を負う。控訴審判決後、上告に関しても同じである。上訴に関する防御準備の範囲では、被告人接見について当然に刑訴法39条1項が準用され、弁護人の固有の権利でもある。一般面会で被告人に会うのではない。一審判決後、控訴申立期間内に接見をして控訴に関する扱いを十分に打ち合わせなければならない。

　控訴後、手続は「ヤヌス審」といった制度固有の構造の枠内で進行する。が、事実誤認・量刑不当を訴える被告人にとって「第2の裁判」である事実は変わらない。控訴審弁護人は、被告人の求める「救済」実現のため何度も接見してその主張と弁解に耳を傾け、原審記録を精査し、刑法・刑事訴訟法の「ものさし」を当て直して分析しなければならない。そして、場合によっては、被告人本人も気づかない本心を探り当て、原審法律家が無視し軽視した問題点を記録の闇の中から光を当ててあぶり出し、救済実現に向けて控訴理由を組み立てなければならない。

図6 被告人の控訴趣意書2

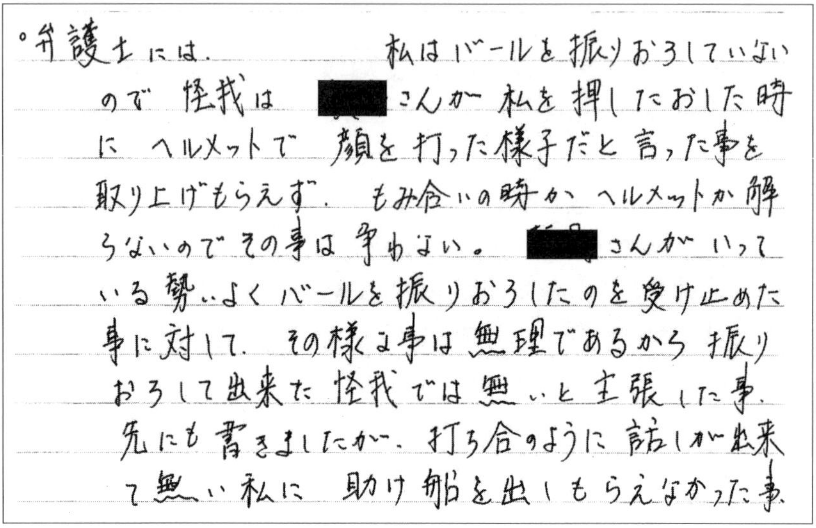

> ○弁護士には、私はバールを振りおろしていないので、怪我は■■さんが私を押したおした時にヘルメットで顔を打った様子だと言った事を取り上げもらえず。もみ合いの時かヘルメットか解らないのでその事は争わない。■■さんがいっている勢いよくバールを振りおろしたのを受け止めた事に対して、その様な事は無理であるから振りおろして出来た怪我では無いと主張した事。先にも書きましたが、打ち合のように話しが出来て無い私に助け船を出しもらえなかった事。

3 被告人の包括的防御権実現

　控訴準備の過程は被告人に説明し理解を得なければならない。事後審＝法律審であるから、法律に疎い被告人を放置する姿勢は許されない。弁護人は救済を求める被告人の正当な利益を実現する代理人だ。控訴審では弁護士たる弁護人には被告人に法令上与えられていない弁論権がある。これに代表される控訴審での弁護人の権能を駆使し、被告人の救済を控訴審で実現すること。そのためには、被告人の包括的防御権を正当かつ適切に代理して行使することこそ刑事控訴審弁護の機能である（**図6**）。

〔追記〕

　上記の通り、上訴に関する打合せの限りでは、原審弁護人たる地位で法39条1項の接見ができるし、それが責務でもある。そこで、控訴棄却が宣告されて数日経った平成28年4月19日、午前8時半、接見をした。ところで、大阪拘置所は8時10分から一般面会希望者の入構をはじめるが、その直前にすでに門前で待つ弁護士について便宜的に先に入場を認める。だから8時10分過ぎには建物2階の弁護人接見室で接見申込み簿の記入、窓口への提出など

Ⅵ　おわりに──刑事控訴審における被告人の包括的防御権実現のために──

終えて接見準備をすることができる。1番の門鑑を受け取るのが、大阪パブリック法律事務所長の下村忠利弁護士の長年の誇りであるが、筆者もまた少なくとも事務所執務日の火曜日の接見には朝一と決めて、門鑑1番を受け取るようにしている。この日も1番の門鑑をもらって、本件被告人と接見をした。ただ、今回は被告人は控訴審での手続と結果に納得し、上告はせず、服役するという。しかし、被告人には身寄りがない。数年の服役中、銀行口座からの年金の引き出しと刑務所への差し入れなどの事務処理を事務所で引き受けることとした。老眼鏡の差し入れもして、長期にわたる受刑を元気に過ごすよう激励し接見室を去った。こうして刑事控訴審の弁護が終了した。

（わたなべ・おさむ）

弁護人の役割論
——主として準司法機関説の立場から——

弁護士 **森　下　　　弘**

Ⅰ　問題の所在と論争点の整理
Ⅱ　弁護人の役割論に対する比較法的視点
Ⅲ　憲法・法令からの検討
Ⅳ　まとめに代えて

Ⅰ　問題の所在と論争点の整理

1　はじめに——問題提起——
(1)　弁護人の役割論に関する旧来の議論状況と国選における検討
ア　弁護人の役割論に関する旧来の議論状況

当番弁護士制度が創設される以前の時代には、国選弁護人（以下、「国選」という）は、その名のごとく、「官選」であった感は否めない[1]。また、私選弁護人（以下、「私選」という）も含めて、「刑事弁護は、被告人の言うことを聞いていては務まらない」ということを高言する、刑事弁護に堪能な弁護士も少なくなかったように思われる[2]。

また、弁護人には、被告人の意思を離れた公的義務があるか否かという点についても、「弁護人には真実義務があるか否か」という論争点に代表されるように、「弁護人には、公的立場として、真実発見という司法への協力義務があるか否か」という視点での議論もなされていたように思われる[3]。

なお、弁護人の真実義務については、そもそも、違法収集証拠排除法則や

---

(1)　浦功「弁護人の義務論」現代の刑事弁護(1)13頁。また、暴力団員や右翼の私選弁護は、思想信条が異なることを理由に受任しない弁護士も、国選では、「裁判所から任命されたので」という理由で弁護人に就任した弁護士も少なくなかった。

黙秘権の存在自体が「真実の発見」をその限度で放棄し、無罪推定原則も「犯人を見逃す可能性がある」こと[4]を当然の前提にしていることからすれば、弁護人に積極的真実義務を認める見解は、現時点では、少なくとも弁護士のなかでは皆無と言ってよいのではなかろうか。もっとも、偽証に対する弁護人のあるべき対処方法などの消極的真実義務があるか否かという点[5]については、なお議論の余地が残されてはいる。

さらに、弁護人には、代理人的な機能（責務）だけではなく、公的機能があることについては、異論をみないようにも思われる[6]。例えば、一つの考え方として、大野正男が説く「楕円の論理」のように、両機能を兼ね備えたもの（二点の異なる中心点を持つもの）として弁護人の機能（責務）を捉える見解もあった[7]。もっとも、2004（平成16）年5月の刑法学会では、「当事者的あるいは代理的機能」と「司法機関的あるいは公的機能」という対立軸に

（2）「弁護人は原則として被告人の意思に拘束される地位にあるのではなく、あくまで自己の判断に従って、その客観的利益擁護のために行動しなければならない」とする井戸田侃『刑事訴訟法要説』（1993年、有斐閣）70頁は、この理を端的に表している。同「弁護人の地位・権限」日本刑法学会編『刑事訴訟法講座1　訴訟の主体・捜査』（1963年、有斐閣）93頁、98〜99頁も参照。佐藤博史「弁護人の任務とは何か」刑事弁護の技術（上）3頁、佐藤・刑事弁護の技術と倫理10〜11頁も参照。

また、後藤昭「弁護人依頼権と自己決定」刑雑41巻3号（2002年）390頁以下、特に399頁の（注3）、同「刑事弁護人の役割」日本弁護士連合会編『平成11年版日弁連研修叢書 現代法律実務の諸問題』（2000年、第一法規）649〜652頁、同「刑事弁護における依頼者と弁護士」大塚在職30周年119頁は、弁護人像について、一任型と訴訟行為代行型に分類しているが、古くは「あなたは、法律のことが分からないのだから、専門家である弁護士にすべてを任せなさい」式の一任型の弁護人像が、民事事件も含めて圧倒的に多かったように思われる。なお、大野正男＝棚瀬孝雄＝武藤春光＝吉田健＝三井誠「〈座談会〉現代の弁護士―開かれた弁護士活動―」『現代の弁護士［市民篇］』〔法学セミナー増刊・総合特集シリーズ20〕（1982年）23〜24頁〔棚瀬発言〕、笠井治「依頼者の意思と専門家裁量」現代の刑事弁護(1)34頁も同旨である。

（3）浦功「弁護人に真実義務はあるか」刑事弁護の技術（上）11頁、辻本典央「刑事弁護人の真実義務序論」立命館法学310号（2006年）227頁。

（4）無罪推定原則は、「10人の犯罪者を逃しても、1人の無辜をも罰しない」という言い表わされ方をするように、制度的には、『犯罪者の処罰を見逃してもやむを得ない』という意味で、真実の発見を一定放棄しているといえる。

（5）被告人に嘘を言う権利があるか否かや、偽証することが明らかな証人に対する対処方法など、仮に消極的真実義務を認めたとしても、その具体的な内容については、なお争いがある。

関する議論がなされていた[8]。

（6） 加藤新太郎『弁護士役割論』（2000年、弘文堂）5頁、小島武司ほか編『現代の法曹倫理』（2007年、法律文化社）32頁〔佐藤彰一〕、同書49頁〔樋口範雄〕（特に63頁）、田宮裕「弁護の機能」同『刑事手続とその運用』（1990年、有斐閣）354頁、366～367頁）、清水真「手続段階と刑事弁護の機能について」刑雑44巻3号（2005年）65頁、後藤・前掲注(2)「弁護人依頼権と自己決定」391頁、同・前掲注(2)「刑事弁護における依頼者と弁護士」119頁、同・前掲注(2)「刑事弁護人の役割」647頁、同「刑事弁護人の役割と存在意義」刑弁22号（2000年）16頁、同「弁護人依頼権と自己決定」刑雑41巻3号（2002年）390頁、辻本典央「ドイツにおける刑事弁護人の法的地位論について（一）」法學論叢154巻1号（2003年）51頁以下、特に52～53頁）、同「同（二）」法學論叢154巻2号（2003年）118～140頁、特に135～136頁。

　弁護士職務基本規程の観点から論じられたものとして、笠井・前掲注(2)33頁。なお、笠井は、「代理人的役割（党派性）」と「公益的役割（公益性）」（同33頁）という表現を用いている。

　公的弁護制度の導入に関する観点から論じられたものとして、川崎英明「公的弁護制度」中の刑法学会ワークショップにおける参加者発言（刑雑43巻2号（2004年）335～336頁）。

　刑事弁護ガイドラインの策定の必要性から論じたものとして、拙稿「刑事弁護ガイドラインへの一私案」刑弁22号（2000年）39～43頁。また、この当時は、（司法）健全運営義務があるか否かという視点でも論じられていた。なお、村岡も、独立した司法機関としての固有の責任を負っているか否かが争点となっていることは、当然の前提とされている（村岡啓一「被疑者・被告人と弁護人の関係①」刑弁22号（2000年）23頁）。

　但し、村岡と佐藤は公的機能を認めてはいない。もっとも、佐藤は、消極的真実義務を認め、身代わり犯の場合には、その告白を受けたときには辞任するより他はないと説いているが、その際の消極的真実義務は、被告人との間の信頼関係から導き出されるものではなく、やはり、弁護人の公的義務として認められうべきものではなかろうか。

　また、村岡は、「（要旨）私は、弁護人の役割の中に、異なったルーツを持つ二つの役割が認められるという指摘は正しいと思うので、その限りでは賛成する。しかし、楕円の論理は、二つの視点を指摘するだけでどちらに立って行動すればよいのかを、明らかにはしていない。理念的には調和が求められている。結局のところ、具体的なジレンマに遭遇した場合の解答を与えられていないものだから、弁護人は苦悩する人間像のまま放置されて、各人が自らの価値観に従って各様に対処することになった」（村岡啓一「刑事弁護人の役割・再考」日本弁護士連合会編『平成13年版日弁連研修叢書 現代法律実務の諸問題』〈2002年、第一法規〉502頁）と述べ、あるいは、消極的真実義務も否定するが、意思決定が充分にできない場合には、「『公正の裁判』の要請に基づく弁護人の司法機関性からくる役割が認められると思います」（村岡・前掲「刑事弁護人の役割・再考」517頁）と述べていることからすると、誠実義務純化論の例外則の根拠規範は、やはり「公正の裁判」の要請に基づく弁護人の司法機関性に求められるべきではなかろうか。また、誠実義務説においては、公的義務は、説得の際の説明義務の根拠として位置付けられ、その義務を果たした以上、被告人等の意思決定に従わなければならないことを主張しているものと理解すべきなのであろう。

イ　国選における検討

(ア)　国選における検討の意味

なお、私選は、委任契約に基づくものであり、基本的には依頼者である被告人や被疑者（以下、両者を「被告人等」または「被疑者等」ということがある）の意思に従うべき契約上の誠実義務が生じる[9]ことに争いはない。また、私選の場合は、それが民事上の債務不履行責任を問われるか否かは別にして、刑事手続上は、理由がなくとも解任や辞任が一方的かつ自由にできるので、その解任や辞任によって全てが解決してしまうことになりかねない。従って、正当な理由がなければ辞任できない[10]国選を前提に議論をしなければ究極的な意味での正当性は見い出せないであろう[11]。

そこで、本稿では、主に国選を念頭に検討を加えていくこととした。

(イ)　辞任による解決の誤り

身代わり犯の場合に、その対処方法については、説が多岐に分かれており、その点に関する司法研修所の「刑事弁護の手引」における記述にも変遷

（7）　大野正男「楕円の論理—弁護士と依頼者の間—」判タ528号（1984年）7頁、同「職業史としての弁護士および弁護士団体の歴史」同編『講座 現代の弁護士2 弁護士の団体』（1970年、日本評論社）2頁、松尾浩也＝西本昌基＝小林充＝大野正男＝金谷利広＝中野武男＝石川泰三＝土屋誠士＝平野龍一「刑事裁判の諸問題（研究会）」曹時24巻6号（1972年）136頁〔大野発言〕、同「弁護士自治と現在の問題—今のような議論でいいのだろうか—」自正29巻11号（1978年）52頁。

（8）　田口守一「〈特集〉刑事弁護の機能と本質—分科会の趣旨—」刑雑44巻3号（2005年）53～55頁。なお、同「討論の要旨」93頁では、「（要旨）公的利益・公的地位は、従来、被告人等の権利を制限するものとして考えられてきた。しかし、弁護人の公的利益・公的地位から、必要的弁護が出てくるとも考えられるのではないか。公的利益・公的地位の実質を明確にしたうえで、それが被告人等の利益に適うものではないのかを検討する必要がある」との発言が紹介されている。

（9）　私選といえども、被告人等の意思を離れた弁護人の役割があるように思える。しかし、現実的には、被告人等の意思に反した弁護活動を行ったときには、被告人等から解任されるのが常であるから、私選における被告人等の意思を離れた弁護人の役割を検討する実益はほとんどない。

（10）　身代わり犯に対する弁護人の対処方法につき、「辞任せざるを得ないのではないか」などという結論に止っている論稿も少なくない。しかし、国選の場合は、刑訴法38条の3第1項に定める事由がない限り辞任はできず、かつ、その辞任事由を裁判官に告げることは守秘義務違反となるので、実際上は、辞任が困難となっている。

（11）　武井康年＝森下弘編『ハンドブック刑事弁護』（2005年、現代人文社）88～89頁、105～106頁、293頁。

I　問題の所在と論争点の整理

が認められる。

　ところで、佐藤博史は、身代わり犯であることが判明し、それを弁護人が確信できた場合には、辞任をすべきであり、辞任ができないということ自体が誤っていると説く[12]。

　もっとも、佐藤の『刑事弁護の技術と倫理』が出された当時（2007年）には、刑訴法38条の3第1項の規定（2009年制定）はなく、刑訴法38条の選任規定だけしかなかったので、信頼関係が喪失した場合には辞任ができるという解釈論は可能であったのかもしれない。しかし、刑訴法38条の3第1項の規定が新設されたことにより、被告人等との信頼関係の喪失は、同2号の利益相反状況に該当する可能性は生じうるものの、解釈上も利益相反状況に該当するとは考えられえないうえに、『解任』によって問題の解決が図られるとも思えない。従って、「辞任ができない」場合に、弁護人はどうすべきかという極限状態を前提にしなければ、真の「正解」を得ることはできないであろう。

　また、佐藤は、『賢明な被告人等』を想定し、次の弁護人には身代わり犯の被告人等は偽りを述べるであろうとも述べられている[13]。しかし、後藤は「被告人が同様の説明をすれば次の弁護人が同じ立場になるだけだし、被告人が次の弁護士には事実を話さないとすれば事情を知らない弁護士が道具に使われることになる」ことを指摘しており、岡慎一も同旨である[14]。また、かつての弁抜き法案（正確な名称は「刑事事件の公判の開廷についての暫定的特例を定める法律案」である）で問題とされた弁護人と被告人との関係のように、裁判批判を繰り返して不出廷戦術を押し通すという確信犯的な被告人の

---

(12)　佐藤は、刑事弁護の技術と倫理38〜40頁において、「（要旨）辞任は、問題を解決しない」（佐藤博史「弁護人の真実義務」刑訴争点［新版］33頁）との従前の説を、「辞任するより他はない」とする説に改めた。
　　もっとも、「積極的誠実義務の履行と消極的真実義務が衝突する場面で、弁護人がどのように行動すべきかについて、絶対的な答えはない」（同40頁）とも述べ、苦悩を滲ませているようにも思われる。なお、村岡啓一＝佐藤博史＝後藤昭「論争・刑事訴訟法（第4回）〈対談〉訴訟的真実とは」法セミ564号（2001年）96頁の佐藤発言も同旨である。
(13)　佐藤・刑事弁護の技術と倫理38〜39頁。
(14)　後藤・前掲注(2)「刑事弁護人の役割」659頁、岡慎一「弁護人の義務」実例刑訴Ⅱ227頁。

場合にも、「弁護人不在の裁判」を肯定するのであれば格別、辞任は何らの解決にも結びつかない。

なお、佐藤は、裁判所が国選弁護人を解任しないことに問題があるともいわれるが(15)、解任されたとしても問題が解決しないことに変わりはない。

しかも、身代わり犯の場合には辞任すべきであると説くのは、「被告人が犯人ではないという真実」を弁護人が曲げてしまうからなのではなかろうか。しかし、他方で、佐藤は有罪を告白した被告人の無罪主張（立証）はすべきであると説く(16)。従って、佐藤説は、結局のところ、この身代わり犯という各論において消極的真実義務を認めながら、有罪者の無罪主張（立証）については、消極的真実義務を認めないこととともなり、矛盾を呈しているといわざるをえない(17)。

因みに、平成16年の刑訴法改正により、国選の解任事由（刑訴法38条の3）が明定（制限列挙）されることとなったが、同3号の事由については、単なる信頼関係の喪失だけでは解任事由に該らないとされている(18)。なお、同条2号の「利害対立」とは、主に共犯者の同時受任などに関するものであり、信頼関係の喪失だけでは「利害対立」には該らないともされている(19)。

(2) **誠実義務説の登場とその意義**

しかし、佐藤によって、弁護人の誠実義務論が強調され(20)、村岡啓一(21)によってハイアード・ガン説(22)が唱えられるようになった。その意義は、被告

---

(15) 佐藤・刑事弁護の技術と倫理38頁。
(16) 佐藤・刑事弁護の技術と倫理36～38頁。
(17) もっとも、被告人に不利な方向では消極的真実義務を認め、被告人に有利な方向では、消極的真実義務を認めないという片面的な説明も可能なのかもしれない。しかし、このように矛盾を感じざるをえない究極の原因は、被告人等の意思に依拠すべきとする誠実義務論において、被告人等の意思を離れた客観的義務（消極的真実義務）を認めること自体に求められるのではなかろうか。
(18) 石井俊和・大コンメ刑訴法［2版］(1)432頁。
(19) 落合義和・辻裕教「刑事訴訟法の一部を改正する法律（平成16年法律第62号）について(3)」曹時58巻7号（2010年）71～74頁。
(20) 佐藤・前掲注(12)「弁護人の真実義務」32頁、同・前掲注(2)「弁護人の任務とは何か」3頁、同「わが国の刑事司法の特色と弁護の機能」刑雑44巻3号（2005年）74頁（なお、78頁では自説を「誠実義務強調論」と呼称されている）、佐藤・刑事弁護の技術と倫理19頁。

(21) 村岡啓一「弁護人の誠実義務と真実義務」日本弁護士連合会編『平成8年版日弁連研修叢書 現代法律実務の諸問題』（1997年、第一法規）713頁、同・前掲注(6)「被疑者・被告人と弁護人の関係①」23頁、同「被疑者主体論」柳沼八郎＝若松芳也編『新・接見交通権の現代的課題』（2000年、日本評論社）12頁、同「論争・刑事訴訟法（第3回）弁護人の役割」法セミ563号（2001年）87頁、同・前掲注(6)「刑事弁護人の役割・再考」493頁、同「刑事弁護人は『正義の門番』か：ABA弁護士業務模範規則改正の我が国への影響」一橋論叢129巻4号（2004年）401頁、同「モンロー・フリードマンと法曹倫理」刑弁74号（2013年）8頁、同「刑事弁護人の役割：自己防御権からの見直し」（http://hermes-ir.lib.hit-u.ac.jp/rs/bitstream/10086/15395/1/0200702501.pdf（2001年）133頁、同「弁護人の義務」刑訴百選［9版］118頁。なお、佐藤・前掲注(20)「わが国の刑事司法の特色と弁護の機能」79頁では、村岡説を「誠実義務純化論（あるいは真実義務否定論）」と呼称されている。

　また、「〈特集〉刑事弁護の論理と倫理」刑弁22号（2000年）16頁以下、現代刑事法「〈特集〉刑事弁護の現代的在り方」現刑4巻5号（2002年）37号5頁以下、「〈特集〉刑事弁護人の役割」現刑6巻3号（2004年）4頁以下、岡慎一「『刑事弁護のあり方』をめぐる議論の到達点と課題」刑弁21号（2000年）52頁以下に、これらの議論状況がまとめられている。

(22) アメリカでは、hired gunという語彙は、「雇われガンマン」という意味に理解されている。しかし、そのような理解だと、ガンマンの意思が介在することとなり、また、「金で雇われた用心棒」的なマイナスイメージが払拭されない（佐藤・刑事弁護の技術と倫理25～26頁）。そこで、被告人等が、弁護人というガン（防御の武器）の撃鉄を引けば、自動的に弾丸（防御の方策）が飛び出すという、弁護人の役割論（代理人性）を強調するために、「ハイアード・ガン」という表現を用いているとの解説がなされている（村岡・前掲注(21)「モンロー・フリードマンと法曹倫理」8頁、同・前掲注(6)「被疑者・被告人と弁護人の関係①」29頁）。なお、村岡・前掲注(21)「モンロー・フリードマンと法曹倫理」では『"hired gun"とは「雇われガンマン」の意味であるが、弁護士倫理における「hired gun論」とは、多くの人が抱く「依頼者のためなら不正なことでも何でもやる用心棒」というイメージの対極にあるものである。依頼者のための最善の弁護を徹底して追求するが、依頼者の不正には断固として反対して翻意を促すことこそが依頼者に対する誠実義務だという考え方に立つ。しかし、最終的な決定権限は依頼者本人にあるから、本人が決断した以上は、対外的な訴訟行為において、弁護人の行為が禁止されていない限り、依頼者の意思決定に従わざるをえないという立場である。したがって、イメージとしては、むしろ「忠実な執事」に近い』とされ、村岡啓一「刑事弁護人の役割論の現状評価」自正63巻10号（2012年）21頁の（注6）では、「（筆者注「解説 弁護士職務基本規程」の）第2版116頁は、わざわざhired gunとは『雇われガンマン』＝人間ではなくピストルそのものを指すという注記をしているが、これは私がかつて、『説得を尽くした後の依頼者本人の意思決定に従う場合には、弁護人に対する倫理的非難はあたらない』ことを示すために、比喩的に『ガンマンではなく拳銃そのものだ』といった点（季刊刑事弁護22号29頁）をとらえたものと思われる。しかし、英語のhired gunとは『雇われガンマン』のことである」とされている。また、同・前掲注(21)「刑事弁護人は『正義の門番か？』」75頁では、「『雇われガンマンhired gun』という言葉は、あたかも、弁護士が金銭で雇われればどんな違法行為でも引き受けるかの如き印象を与えるが、hired gun論すなわち誠実義務純化論の根底にある思想的な立場は、被疑者・被告人の自律性を尊重するという自由主義である」とされている。

人等の意思（自己決定権）を重視することにあった。これらの説（以下、「誠実義務説」と総称する）は、たとえ裁判所から選任された国選であり、弁護人と被告人等との間に私選のような委任契約がないとしても、被告人等の意思に従った弁護活動をしなければならないことを根拠付けるのに、大きな役割を果たされたことには異論をみないであろう[23]。

　もっとも、村岡説は、被告人等に精神障害などによって自己決定権を行使できない場合と死刑判決を被告人等が承認する場合の2例について、例外的に被告人等の意思に従う義務を負わないとする[24]のに対して、佐藤説は、誠実義務の当然の帰結として、被告人等の意思に従った弁護活動をしなければならないとしつつも、むしろ、後記Ⅰ1(3)のような保護者説に近い考え方だといえなくもない[25]。ただ、村岡説も佐藤説も、ともに、弁護人の責務は被告人等自身の擁護にあり、被告人等の意思決定に原則として従うべきであるとして、被告人等に対する誠実義務を根拠としている点では共通している。

(3) **保護者説について**
ア　**保護者説の概要**

　他方で、保護者説（または後見人説。以下では「保護者説」という）と呼ぶべき中間説がある。筆者の理解によれば、弁護人の責務は、被告人等の擁護にあるとし、被告人等の意思を尊重すべきであるとしつつも、いわば民法上の後見人と同様に、「被告人等の合理的意思」を推認することによって、現実的な被告人等の意思に反するとしても、真に被告人等の保護を果たすべきである、と説くものである[26]。

---

(23)　当事者間に委任契約がなくとも、法的義務（誠実義務）を認めうることは、刑法の不作為犯における作為義務（保護義務）が法令によって認められることや成年後見人等が選任された場合に後見義務が生じることに鑑みれば、極めて容易に理解しうることではある。
(24)　前者につき村岡・前掲注(6)「刑事弁護人の役割・再考」517頁、後者につき前掲・前掲注(6)「被疑者・被告人と弁護人の関係①」27頁。なお、後藤も同旨である（後藤・前掲注(2)「刑事弁護における依頼者と弁護士」133～134頁）。
(25)　佐藤・村岡論争については、村岡・前掲注(21)「論争・刑事訴訟法　弁護人の役割」87頁、村岡＝佐藤＝後藤・前掲注(12)91頁。
　　また、見解の対立状況を概観したものとして、前掲注(21)「〈特集〉刑事弁護の論理と倫理」16頁以下、前掲注(21)「〈特集〉刑事弁護の現代的在り方」5頁以下、前掲注(21)「〈特集〉刑事弁護人の役割」4頁以下、「〈特集〉刑事弁護の機能と本質」刑雑44巻3号（2004年）351頁以下、岡・前掲注(14)212頁。

I　問題の所在と論争点の整理

その他にも、弁護人の役割論に関する論説は数多くある[27]。

イ　大野説（楕円の論理）の再吟味

大野の「楕円の論理」の理解については、一方の中心点である司法機関性が強調され、裁判の進行に協力する義務や真実義務に親和性を持つもの[28]という理解がなされてきた。

殊に、村岡は「(要旨) 弁護士のルーツには、二つの異なったものがある。一つは、依頼者の代理人に由来する性格で、被告人等本人の利益に奉仕することを求める。もう一つは、司法制度の一翼を担う法律家という司法機関の性格で、ここからは法秩序の維持、それから<u>真実および正義の実現</u>に寄与することが求められる。この異なった奉仕目的の対立が『<u>永遠の葛藤</u>』と呼ばれるもので、両者は必ずしも両立するとは限らない。この関係を説明したものに、『楕円の論理』という考え方がある。

---

(26)　上田國廣「被疑者・被告人と弁護人の関係②」刑弁22号（2000年）31～38頁、同「刑事弁護の理念と実践―被疑者弁護を中心として―」自正50巻7号（1999年）108～121頁、特に同（注21）・119～120頁、小坂井久「弁護人の誠実義務」刑弁22号（2000年）44～50頁。後藤・前掲注(2)「刑事弁護人の役割」651～652頁は、後藤説を「伴走者的弁護人像」と呼称されている。なお、宮原守男「弁護人の権利および義務」公判法大系Ⅱ178頁も、「同時に保護者であ」ることを強調する。

(27)　被告人の決定権を強調する見解として、德永光「否認事件において有罪を基調とする弁護が行われた事例」法セミ614号（2006年）126頁、高田昭正「公判途中に否認に転じた被告人に対し、否認前の自白を前提とした弁護人の最終弁論の当否」法時79巻7号（2007年）128頁。

なお、前掲注(26)の後藤説については、「弁護人と被告人の関係について、被告人を走者、弁護人を伴走者になぞらえて理解しようとし、弁護の適否を被告人が適法にできることを助けるのか、それとも被告人の違法な行為を助けることになるのかという基準で整理しようとする見解（後藤・前掲「刑事弁護人の役割」647頁以下）があるが、おそらく実務感覚に適合したものと思われる」との評価をしているものもある（小早川義則「捜査における弁護人の役割」現刑6巻2号〈2004年〉38頁）。

弁護士職務基本規程の観点から論じられたものとして、笠井・前掲注(2)33頁以下。

なお、笠井は「弁護士の職業的役割には、……依頼者の「代理人的役割」（党派性）と……「公益的役割」（公益性）の2つがあるといわれる。刑事弁護の内容にもこの2つの側面があり、とりわけ刑事弁護人の党派性はそれ自体が公益性を帯びるという特徴を有する」（同33頁）としている。

(28)　村岡・前掲注(6)「刑事弁護人の役割・再考」502頁、同・前掲注(21)「刑事弁護人の誠実義務と真実義務」720頁、同・前掲注(6)「被疑者・被告人と弁護人の関係①」23頁、小坂井・前掲注(26)45頁、佐藤・前掲注(20)376頁。

これを弁護人の依って立つ基盤にたとえて、一つの中心点は、依頼者との関係を示している。ここからは、依頼者に対する守秘義務が導かれる。もう一つの中心点は、司法の独立した機関として、裁判所に対して固有の責任を負っていると位置づける。ここからは、<u>法曹としての裁判所に対する真実義務が導かれる</u>。そして、弁護人は、この二つの中心点の狭間で苦悩する人間像だという」と述べている[29]。

　しかし、大野は、東大裁判に関する発言や論文[30]、ロッキード事件に関する論文[31]における論調のように、「弁護人は、被告人と一体にならなくとも弁護は可能である（弁護をしなければならない）」ことを強調していることからすれば、もう一つの中心点とは、弁護人の独自性（職業的独立性）を指摘しているものと理解すべきである[32]。

　このことからすると、むしろ、大野は、保護者（後見人）的視点に立って、被告人の不出頭方針に動じることなく、弁護人独自の立場から、被告人の主張を法廷にて具現すべきであると主張しているものとみるべきである。その意味では、大野の説くもう一つの中心点は、司法機関性と呼ぶよりもプロフェッショナル性と表した方が良いように思われる[33]。

---

(29)　大野・前掲注(7)「楕円の論理」7頁（下線は筆者が付したものである）。
(30)　松尾＝西本＝小林＝大野＝金谷＝中野＝石川＝土屋＝平野・前掲注(7)133～136頁〔大野発言〕、大野・前掲注(7)「弁護士自治と現在の問題」51～52頁。
(31)　大野・前掲注(7)「楕円の論理」7頁以下。
(32)　なお、大野「刑事裁判における人権保障機能」ジュリ469号（1971年）74頁以下は、「（要旨）裁判所の使命は、自由の砦として、人権保障機能（手続的正義）を果たすべきである」ことを述べており、必ずしも弁護人の責務という視点で述べられているものではないので、大野の「楕円の論理」の引用文献として挙げるのは不適切であろう。
(33)　大野の一連の論文等が出された後の1990年に、キューバのハバナで開催された「犯罪防止及び犯罪者の処遇に関する第8回国連会議」で採択された「弁護士の役割に関する基本原則」の「弁護士の活動の保障」の章にある第18条は「弁護士が職務を遂行する上で、弁護士は彼らの依頼者や依頼者の訴訟と同一視されるべきではない」と規定されていることや、「弁護士の義務と責任」の章にある第14条の「弁護士は、彼らの依頼者の権利を守り、訴訟を進めるにあたって、国内法あるいは国際法によって認められた人権と基本的自由を守るよう努力しなければならないし、また、法と弁護士のスタンダードと職業倫理の範囲内で、いつでも自由に、かつ勤勉に行動しなければならない」との規定と同趣旨のことを、大野は先駆的に主張していたものといえる。
　因みに、同原則の18条も14条も真実義務に言及していないということについては異論をみないのではなかろうか。

しかも、大野は、他方で、被告人との信頼関係を強調し、それが喪失された場合には国選弁護人の辞任を認めるべきだとも述べている[34]。

この大野の「楕円の論理」に関し、佐藤は、「前者[35]は、被告人と裁判所という２つの中心を説いたものであるが、後者[36]からも明らかなように、被告人（依頼者）と弁護人という２つの中心を説いたもので、両者は明らかに異なっており、大野論文を引用するのは誤りである（大野論文に関する指摘として、荒木友雄＝田口守一＝渡辺咲子＝村岡啓一＝椎橋隆幸『座談会・弁護人の真実義務と誠実義務をめぐって』現刑58号〔2004年〕16頁の田口発言があった）。誤りを訂正しておく必要がある」という指摘をされている[37]。

しかし、より詳細にみると、前者（大野発言）は、当時の東大裁判などで、被告人らが統一公判を要求し、不出廷戦術をとっていたことから、その戦術に同調した弁護人も少なくなかったという情勢を受けて、弁護人と被告人との裁判所に対する対応の違いを論じた座談会であった。従って、大野も、被告人との信頼関係という一つの中心点の他に、プロフェッショナルとしてのもう一つの中心点があることを簡潔に述べたものの、その具体的な内容については触れられてはいない。もっとも、被告人との信頼関係という一つの中心点がなくなったときには、実質的な弁護はできないので辞任するしかないという大野発言の結論[38]からは、むしろ、佐藤説に近く、ただ、法的なルール（例えば弁護人の出廷義務）には従うべきことを、より強調している説だとの理解が可能である。また、佐藤の指摘のように、「大野論文は、弁護人の保護者としての司法機関性の説明に関するものではない」という評価も誤りで、その具体的な内容には触れる余裕がなかったものと見るべきである。このことは、大野が前後に公表した論文を見れば明らかである。

しかも、これまでの大野の「楕円の論理」に関する理解として誤っている

---

(34) 大野＝棚瀬＝武藤＝吉田＝三井・前掲注(2)25～26頁〔大野発言〕。
(35) 松尾＝西本＝小林＝大野＝金谷＝中野＝石川＝土屋＝平野・前掲注(7)136頁で示されている〔大野発言〕のことを指している。
(36) 大野・前掲注(7)「楕円の論理」7頁。
(37) 佐藤・刑事弁護の技術と倫理35頁。
(38) 松尾＝西本＝小林＝大野＝金谷＝中野＝石川＝土屋＝平野・前掲注(7)136頁～137頁。

のは、「大野は、全く相対立する二つの中心点があり、司法機関性という一つの中心点のみでも弁護は可能である（しなければならない）」と言っているという理解の仕方にある。そうではなく、大野の「楕円の論理」は、被告人との信頼関係という一つの中心点に重きを置き、それがなくなれば、弁護は不可能であるという形で[39]、むしろ、保護者（後見人）説に近い楕円を考えていたという理解をしなければならない。

さらに、田口発言[40]のように「法廷運営に協力する立場である」との理解も間違いではないが、大野は、弁護人には刑訴法に定められた出廷義務があり、「弁護人は、職分（保護者的機能）として、出廷しなければならない」と言っているにすぎず、「法廷運営に（積極的に）協力する立場である」とまでは言っていないとみなければならない。

因みに、本書で引用した各種の大野論文及び大野発言の中では、真実義務に触れた部分はなく[41]、従って、大野の「楕円の論理」が説く『司法機関性』は、前述した村岡の理解のような真実義務を前提としたものではないというべきである。

(4) 準司法機関説について

これに対して、筆者は、「弁護人の役割は、検察官が裁判という司法の一翼を担う司法機関の一つであるのと同様に、弁護人もまた裁判の他方当事者という役割を担う（準）司法機関である」[42]という意味で、準司法機関説[43]を唱えてきた[44]。そして、ロー・スクールで教鞭をとるようになってから、準司法機関説の正当性への確信が深まってきたのである。

---

(39) 松尾＝西本＝小林＝大野＝金谷＝中野＝石川＝土屋＝平野・前掲注(7)136頁〔大野発言〕。

(40) 荒木友雄＝田口守一＝渡辺咲子＝村岡啓一＝椎橋隆幸『座談会・弁護人の真実義務と誠実義務をめぐって』現刑6巻2号（2004年）16頁。

(41) 従って、荒木＝田口＝渡辺＝村岡＝椎橋・前掲注(40)16頁の田口発言「その意味は、必ずしも真実発見の義務があるという議論だけではな（い）」という評価も不正確なように思われる。

(42) 1559年8月1日の連邦弁護士法1条は、「司法における弁護士の地位」という表題のもとに「弁護士は独立の司法機関である」と規定されている。なお、ロルフ・シュナイダー／石川明〈訳〉『弁護士―独立の司法機関―』〔日弁連弁護士倫理叢書〈西ドイツ①〉〕（1986年、ぎょうせい）81～103頁。

しかし、近時では、誠実義務説が、少なくとも弁護人の間では通説化されるようになっている(45)。

この点に関し、被疑者国選弁護制度を創設する際に、『官選弁護』批判が一部の論者により展開された。そこで、日弁連は、米国におけるパブリックディフェンダーへの聞取り調査を行ったが、「弁護人が国費の支給を受けて、国と闘うことに矛盾はないか」との質問に対し、「検察官への国の命令は『悪人を検挙せよ』というものであるのに対して、国選弁護人に対する国の命令は『国（捜査・訴追機関）と闘え』というものだから、何の問題もない」と答えたと聞く(46)。

また、ドイツでは、私人である弁護士が国家（司法）の機関になることはできないという批判が司法機関説に向けられているが(47)、裁判員裁判での裁判員や準起訴手続における検察官役弁護士など、私人が司法機関になることは背理ではない。

---

(43) 司法機関とは、法的判断作用を担う国家機関の一つである。その意味では、検察官は、起訴裁量の場面においては司法（法的判断作用）の一翼を担っているといえる。しかし一方で、検察官は、捜査や訴追や公判維持を担当する刑事事件の一方当事者でしかなく、純然たる司法機関である裁判官（司法官）とは性格を異にしている。そのため、司法官に準じる機関という意味で、準司法機関と呼ばれている。それと同様に、弁護人も、司法機関として対立当事者という意味での機関性を有するものの、司法機関（国家機関）そのものではないので、準司法機関と呼ばれることがある。
(44) 拙稿・前掲注(6)39〜43頁。また、ドイツでは、弁護人は国家機関の一員であるという意味で、国家機関説が通説であったが、国家機関というよりも司法機関と捉えるほうが適切であるという意味で、司法機関説が唱えられ、この説が通説とされていた。しかし、今日では、英米法の影響もあり、代理（人）説が有力に唱えられるようになっている。なお、この点については、後記Ⅱ、Ⅲ参照。
(45) 佐藤・刑事弁護の技術と倫理35〜36頁、藤田充宏「弁護人の任務と権限」庭山英雄・山口治夫編『刑事弁護の手続と技法』（2003年、青林書院）13頁。特に、同20頁は『「楕円の論理」が登場してから相当年月が経ち、その間、弁護人の任務に関する議論も深化してきた。そのため、現時点でこの「楕円の論理」を固持する者は極めて少数であると推測される』とまで言われている。
(46) なお、後藤昭「サクラメントで会った公設弁護人たち—公設弁護人事務所観察記—」刑弁1号（1995年）70頁では、『訴訟指揮に対する抵抗に業を煮やした裁判官から「あなた（筆者注；弁護人であるルーセンベック弁護士）は、裁判を防げるつもりか」と言われた。そのとき、「裁判所が私たちに給料を払っているのはそのためでしょう」とやり返したルーセンベックに、裁判官は「もっともだ」と認めた』というエピソードが紹介されている。
(47) ロルフ・シュナイダー・前掲注(37)84〜85頁。

なお、弁護人が準司法機関であるか否かは別にして、刑事訴訟における適正な手続の監視とその実現を、弁護人の役割として強調する説もある[48]。

なお、国選であっても、弁護人が被疑者等に対して誠実義務を負っていることに異論はなく、その権源を裁判所の選任命令（法令）に求めるのか、被疑者等の意思に求めるのかは、法技術的な次元の問題にすぎないと考えることも可能である。しかし、問題なのは、誠実義務（被疑者等の意思に従うこと）と、それが公的義務（弁護士倫理）に反するという究極の場面で、結論が異なりうることを忘れてはならない。

(5) 小　　結

以上の説の対立については、小坂井久が簡潔にまとめられている[49]。

しかしながら、弁護人の責務が誠実義務の一点に絞られてしまうことについて、改めて批判・検討をしなければならないのではなかろうか。

殊に、1968～1969年に起きた東大紛争などに関する裁判での統一公判の要求による弁護人の不出頭という事態が生じ、1970年代には、いわゆる新左翼系の刑事裁判で弁護人が不出廷戦術を採ったことや、いわゆる「弁抜き法案[50]」が1978年に国会へ提出されるという動きを契機として、弁護人のあり方が活発に議論されるようになった[51]。しかし、そこでは、弁護士側の議論において、弁護人の出廷義務や不当な訴訟指揮に対する抗議手段や対抗手段として行われた弁護人の訴訟遅延・退廷戦術等の是非が議論されるに止まっていたように思われる。

他方、戦後において、弁護人選任権が憲法上の権利として認められるに至ったにもかかわらず、弁護人の役割については、なお戦前からのドイツ法の影響を強く受け、また、前記の弁抜き法案やそれに先立つ東大裁判等を契機

---

(48)　松本一郎「刑事弁護の本質」法学教室［第2期］6号（1974年）777頁、上田・前掲注(26)「被疑者・被告人と弁護人の関係②」31頁。なお、村岡からの批判は、村岡・前掲注(6)「被疑者・被告人と弁護人の関係①」29頁参照。
(49)　小坂井久「刑事弁護の倫理」塚原英治＝宮澤節生＝宮川光治『法曹の倫理と責任（下）［初版］』（2004年、現代人文社）3～4頁。
(50)　正式名称は「刑事事件の公判の開廷についての暫定的特例を定める法律案」である。
(51)　この間の歴史的分析をしたものとして、大出良知「学生公安事件から弁抜き法案まで（1970年代）」現代の刑事弁護(3)141頁。また、東大裁判については、「〈特集〉東大裁判」ジュリ438号（1969年）21頁以下参照。

として、弁護人の公的義務として、真実義務や訴訟進行協力義務が唱えられるようにもなったと思われる⁽⁵²⁾。

それに対して、佐藤や村岡が、国選弁護人も被告人に対する誠実義務を負っている旨を強調されるようになったが、この考え方の根底には、アメリカ型の自己防御権の考え方が強く影響していることは間違いないのではなかろうか。

このようにみてくると、弁護人の役割論は、ドイツ型の弁護人観からアメリカ型の弁護人観への転換という様相を呈しているようにも思われる。

しかしながら、後記Ⅱのとおり、わが国における弁護制度は、いわばドイツ型にアメリカ型を接木したような構造になっており、そのなかで、弁護人の公的義務は存在するのか、是としても、その義務の具体的内容は何か、とりわけ真実義務は存在するのかが議論されてきたように思われる。

しかも、ドイツともアメリカとも異なるわが国の刑事訴訟法（以下、「刑訴法」という）のもとでの弁護人の役割論は、独自の考察がなされなければならないことには異論をみないのではなかろうか。

2 真実義務を巡る議論と弁護人の役割論との関係

ところで、従前の真実義務を巡る問題は、「弁護人は真実の発見に協力すべき公的義務があるか否か」「裁判所の訴訟進行に協力すべき公的義務があるか否か」という点を中心に議論をされてきており[53]、弁護人の立場からは、その義務を否定するという形で、いわば消極的視点から弁護人の公的義務が議論されてきたように思われる[54]。

他方において、労働公安事件や冤罪事件における闘争型弁護においては、まさに無実という真実を追求してきたと言ってよい[55]。

その意味では、無実追求型の弁護においては実体的真実主義は受け入れ易かったように思われる[56]。

---

(52) 団藤115〜116頁、井戸田・前掲注(2)「弁護人の地位・権限」93〜94頁、松尾（上）231頁、田宮・前掲注(6)354頁。
(53) 松尾浩也『刑事訴訟の原理』（1974年、東京大学出版会）4頁以下、田宮裕『刑事手続とその運用』（1990年、有斐閣）353頁以下。

しかしながら、真実の発見に協力すべき公的義務があるか否かということと、弁護人の役割とは、似て非なるものである。なぜなら、真実か否かというのは、弁護活動の一局面に過ぎず、弁護人の役割の全てを規律しうるものではないからである[57]。むしろ、弁護人が消極的な真実義務を負うとしても、準司法機関説と誠実義務説の両説とは矛盾するものではなく、説明の根拠や仕方が異なるだけでしかないようにも思われる[58]。

----

(54) 浦・前掲注(1)23～24頁は、弁護人の役割論を巡る議論の発展が、真実義務の有無に関する議論と密接な関係があることを指摘されている。その他に、辻本・前掲注(6)「(一)」53～54頁、同「(二)」119頁では、「代理人説の実践的意義は、真実義務を否定する点にあった」とされている。また、村岡・前掲注(6)28頁では「弁護人に『独立した司法機関』としての公的地位ないし公益的地位を認める見解は依頼者に対する誠実義務以外に公的義務として、裁判所に対する真実義務ないし真相究明に協力する義務を認める。弁護人も立場の違いはあっても法曹の一翼を担う司法機関として真実の真相解明に努めることが奨励される」と述べられてはいるが、結論としては、真実義務を否定されている。これに対して、佐藤・刑事弁護の技術と倫理36～41頁は、消極的真実義務を肯定されており、共に誠実義務説に立たれながら、真実義務については鋭い対立がみられている。また、この点こそが、村岡・前掲注(21)「弁護人の役割」87頁以下の論争点であった。
(55) 村岡も「依頼者の冤罪を確信し、雪冤のために精力的な活動を展開する弁護人の役割を説明する場合には、極めて説得的である。実体的真実は『無実』以外の何物でもないことが前提にされているからである」と述べている（村岡・前掲注(21)「弁護人の役割」88頁）。また、同87頁では「もう一つは法秩序の保護、真実や正義といった法制度が目指す公的利益を擁護する司法機関としての性格」であるとの指摘がなされている。
(56) 村岡＝佐藤＝後藤・前掲注(12)92頁。
(57) 後述の違法収集証拠排除法則による証拠排除の主張・立証のように、違法収集証拠排除法則による証拠排除をなしうる前提事実が真実であったとしても、そのことを、被告人等の反対がある場合に、弁護人が独自に主張・立証しうるか否かは、犯罪自体が真実か否かには何らの関係もないことである。むしろ、違法収集証拠に関する事実は、無実を争う事案と同様に、真実であるとして、被告・弁護側が主張・立証すべき事項であることには異論をみないのではなかろうか。
(58) 誠実義務説では、法令や刑事裁判のルール等に根拠を求めるのに対して、準司法機関説では、準司法機関としての性格（責務）に根拠を求めることになる。因みに、佐藤は「当事者主義という積極的な弁護を前提とした制度のもとでこそ、あたかも高速走行が容易な車ほど高性能のブレーキを必要とするように、弁護人の真実義務は強調されなくてはならない」（村岡・前掲注(21)「弁護人の役割」92頁）と説明し、村岡は、「弁護人に求められているのは、刑法などの一般的禁止規範に違反してはならないこと、刑事訴訟法上のルールに従うこと、依頼者への誠実義務を尽くすことである。その結果、弁護人に、捜査の妨害をしてはならないという限度で、消極的な意味での真相解明への協力義務を認めることはできても、さらに進んで、真相解明に積極的に協力すべき義務はない」（村岡・前掲注(6)「被疑者・被告人と弁護人の関係①」28頁）と説明している。

Ⅰ　問題の所在と論争点の整理

　従って、弁護人の役割という意味では、司法制度におけるいわば護民官的な機関として、被告人等の意思に反してでも、被告人等の権利を擁護すべき公的義務が弁護人にあるか否かを考えるべきなのではなかろうか(59)。
　しかも、被告人の意思に反してでも違法収集証拠排除法則による証拠の排除を求め、被告人等の自白にもかかわらず、無罪の主張をすることは、真実義務との関連性は薄い。むしろ、視点を変えれば、違法収集証拠に関しては、「違法捜査があった」という真実を積極的に発見すべき義務（積極的片面的真実義務）があるともいえよう(60)。

3　本稿の目的

　このような説の対立状況のなかで、大野が説く「被告人の意思とは異なるもう一つの中心」の具体的内容や、ハイアード・ガン説が例外とする死刑事件や精神障がい者等の責任能力・訴訟能力欠如の場合について、その弁護人の権源の究極的な根拠をどこに求めることができるのかにつき、準司法機関説の立場から考察してみたい。
　もっとも、本稿は、筆者の最も尊敬する弁護人のお一人である浦功弁護士の古稀記念論文集であり、刑事弁護実務に寄与すべき内容にすべきであろうと考えた。そこで、自説を展開しつつも、準司法機関説と誠実義務説の両説における長所・短所につき、比較検討を行うなかで、広く知見を得られるように、論述を展開して行くことに努めたつもりである。
　また、保護者説をも併せて考えると、例外則はあるにせよ、結局のところは、現実的な被告人等の意思に従うか（誠実義務説）、被告人等の利益のためには現実的な被告人等の意思に反してでも弁護活動を行うべきか（行いうるか）、その後者の場合の根拠を被告人等の合理的な意思の推認という形で、

---

(59)　ロルフ・シュナイダー・前掲注(37)81 ～ 103頁によれば、弁護士は独立の司法機関であるという当時のドイツの学説（通説）が紹介されている。
(60)　旧来の国家機関説からは、特に冤罪事件において、弁護人は、被告人等に有利な真実を解明しなければならない義務があるという形で、真実義務が積極的側面として強調されていたように思われる。逆に、その反面的な解釈論として、有罪の被告人等に対しては、「真実である有罪」を前提にした弁護を行う義務があるという形で、主に検察・裁判所から、弁護人には積極的真実義務あるという説が唱えられてきたのではなかろうか。

あくまでも被告人等の意思に求めるか（保護者説）、準司法機関という公的立場に求めるか（準司法機関説）という違いにまとめられるように思われる。

以下では、この視点から考察を加えていくこととする。

Ⅱ 弁護人の役割論に対する比較法的視点

1 はじめに

出羽守(61)になってはいけないが、司法機関説が判例・多数説になっているドイツと、代理人説が主流となっているアメリカでの議論の状況を考察することは、極めて有益・有用である。なぜなら、どのような法制度の違いや要因によって、そのような説の対立が生じているのかを理解することにより、わが国における弁護人の役割論のあり方が見えてくるからである(62)。

2 ドイツとアメリカ等における議論状況から学ぶべきこと

(1) ドイツでの議論状況

ドイツでは、従前には、弁護人は純然たる国家機関であり（国家機関説）、それが通説となっていた時期もあった(63)。しかし、私人が国家機関になるという解釈論への批判が高まり、司法機関説が唱えられるようになって、この司法機関説が判例・多数説だと言われている。もっとも、それに対する批判的見地から、特にアメリカ法の影響を受けた代理人説が有力に唱えられるようになっている(64)。

---

(61) 「〇〇国では」という形で、他国の実情を紹介するだけで、わが国にいかなる参考となるのかについての方向性を示すことができなければ、紹介する意義はない。そこで、紹介するだけに終わっている論稿のことを、「出羽守」にかけて、「〇〇では（の守）」という呼称で揶揄している。

(62) アメリカでは代理人的役割が強く意識されるのに対し、ドイツでは司法制度における独立機関性（公益的役割）に比重が置かれているといわれる。なお、アメリカの専門家と依頼者との関係のあり方を歴史的に辿った論稿に、佐貫弘「アメリカにおける専門家・依頼者モデルの変遷史（一）」名古屋大學法政論集212号（2006年）177頁以下、「同（二・完）」同214号（2006年）249頁以下がある。なお、岡田悦典「アメリカの刑事弁護」現代の刑事弁護(3)286頁～289頁も参照。

(63) ロルフ・シュナイダー・前掲注(37)81～103頁。

ところで、ドイツでは職権主義が採用され、裁判所の主宰する裁判手続において、弁護人は、被告人の立場に立ちつつも、裁判所の真実発見に寄与するという役割を負うこととされている。

　また、わが国と同様に、一定の重罪事件については必要的弁護制度が設けられている。もっとも、わが国とは異なり、ドイツにおいては『過激派』による「荒れる法廷」における弁護人の排除が、比較的にスムーズになされ得たのは[65]、真実の発見を妨害する被告人には、「被告人のための真実」を発見すべき司法機関たる弁護人は不要である、という判断が働いたのかもしれない[66]。他方、代理人説からも、『過激派』の事件における信頼関係の維持は困難であるとの判断がなされたのではあるまいか。

　その弁護人排除の点はさておくとしても、ドイツにおいて、被告人は、訴訟当事者というよりも裁判の対象でしかないと考えられてきたことや、憲法の明文上は弁護人依頼権の保障が明記されていないドイツにおいて、必要的弁護制度があるということは、国が、一方では訴追官としての検察を司法機関として設け、他方では被告人を擁護すべき司法機関として弁護人を選任したとする判例・多数説の理解の方が妥当だといえるのではなかろうか[67]。

(2) アメリカでの議論状況

　それに対して、アメリカでは、代理説が主流である[68]。

　すなわち、アメリカでは、弁護人依頼権が憲法上の権利として保障されていることから、その実効的な弁護を如何にして国家が保障していくかという

---

(64)　辻本「ドイツの刑事弁護―ドイツの刑事弁護の沿革と実態―」現代の刑事弁護(3)275頁、辻本・前掲注(6)「(一)」51～69頁、同「(二)」118～140頁、吉村弘「刑事『弁護権』の本質と機能―ドイツ理論状況の一断章―」井上追悼245頁以下、一橋大学機関リポジトリHERMES-IR「刑事弁護人の役割と倫理」村岡啓一ほか13名http://hdl.handle.net/10086/18477（2009年）69～78頁。
(65)　このドイツの弁護人排除条項の立法経緯については高田昭正「西ドイツにおける刑訴法改正と弁護権の制限」法時50巻3号（1978年）39頁～51頁を参照されたい。
(66)　軽々にこのような推論をすることは慎むべきなのかもしれないが、弁抜き法案について、日弁連をあげて反対したわが国とは、様相を異にしている点には留意すべきである。
(67)　川出敏裕「刑事手続の構造と弁護人の役割」現代の刑事弁護(3)392～398頁によれば、この点に関する詳細な論究がなされており、ドイツでも、被告人を訴訟当事者とみるべきだとする説が有力になってきていることが指摘されている。

方向での議論と判例の積み重ねがなされてきた[69]。そして、アメリカでは、刑事弁護制度の類型として、パブリック・ディフェンダーの制度、わが国と同じような国選弁護制度、弁護士が一定の報酬を得て一定の貧困者弁護をすることを政府と契約する契約弁護制度とが混在しており[70]、制度の確立は国家の義務であるといっても、弁護人に求められる有効な弁護は被告人等のためのものであって、公的な利益は介在しないとされているようである[71]。

しかし、ここで注目をしなければならないのは、アメリカでは必要的弁護制度はなく、却って、強制的に弁護人を選任することは憲法違反だとされ、弁護権の放棄も一定の条件の下では認められていることである[72]。

---

(68) もっとも、アメリカでも、見解の相違・対立がある。すなわち、アメリカでも、代理機能だけで弁護人の役割論を一元的に捉えているわけではない。例えば、アメリカ法曹協会（ABA）の、「法律家職務模範規則（Model Rules of Professional Conduct）」（以下、「模範規則」という）では、弁護士は、法律専門職の一員として、依頼者の代理人（representative of clients）、司法制度の担い手（officer of the legal system）、司法の質に対して特別な責務を負っている公民（public citizen）という3つの地位を持つとされており、これは、刑事弁護人にも等しく適用されることとなっている（川出・前掲注[67]388頁参照）。

他方、アメリカ法曹協会の「刑事司法基準（ABA Standards for Criminal Justice）」は、弁護人の役割につき、「弁護人が、司法の運営に対して、裁判所の職責の担い手として負う基本的な義務は、被告人の代理人として活動し、勇気と献身をもって、効果的で質の高い援助を提供するための弁護を行うことである」とされており、この文言だけから見ると、被告人の弁護を行うことこそが、裁判所の職責の担い手としての役割だということを意味しているように理解できる。若しそうだとすると、弁護人の役割は、被告人を熱心に弁護することにつきるということになる（川出・前掲注[67]389頁）。

なお、村岡・前掲注[21]「刑事弁護人は『正義の門番』か？」402～405頁参照。

(69) この点については、岡田悦典「有効な弁護を受ける権利と国家の義務—合衆国における弁護権論の一分析—」一橋論叢118巻1号（1997年）150頁で、その概要が紹介されている。

(70) この点については、岡田・前掲注[69]157頁の（注25）で、1986年時点での三者の実情についての報告がなされている。

(71) この点については岡田・前掲注[69]154頁及び160～161頁の（注80）参照。

(72) 後藤・前掲注[2]「弁護人依頼権と自己決定」393頁。また、同391頁では、アメリカ法曹協会の弁護士業務模範規則は、初めの章を依頼者と法律家の関係に充てる。その1・2条「代理の範囲」(a)項は、「弁護士は、（中略）代理の目的に関する依頼者の決定に従わなければならず、また、その目的を追求する手段について、依頼者と相談しなければならない。……刑事事件において、弁護士は、どんな答弁をするか、陪審裁判を放棄するか否か、及び依頼者が証言するか否かについて、依頼者が弁護士との相談のうえで下す決定に従わなければならない」と定められていることが紹介されている。

また、弁護人が選任されると、訴訟活動の多くは弁護人のみが行い、被告人は被告人証言によって、自らの主張を証言すること位しかできなくなるといわれている[73]。従って、弁護人なしでの自己弁護権が憲法上も保障されていることが判例によって確認されてもいる。

このようなアメリカにおける法制度を前提に考えると、アメリカにおける弁護人の役割論は、まさしく誠実義務説を基本に考えなければならないこととなろう。なぜなら、国選といえども被告人の『選任』[74]によるものであり、解任もできることから[75]、わが国の私選と同様に、被告人の意思に従わない場合には弁護人が解任されえてしまうので、必然的に「被告人の意思に従うべきである」という結論に至らざるをえないと思われるからである。

因みに、アメリカのパブリック・ディフェンダーは、国（連邦政府または州政府）が設立した純然たる司法機関であり、アメリカにおいては、その司法機関による弁護がなされているということが興味深い[76]。

(3) 小　結

欧米各国では、ドイツを除き、イギリスやフランスも含めて[77]、弁護人選任権は、被告人等の権利として位置付けられており、フランス型有罪答弁の場合を除いては、必要的弁護制度も存在しないようである。

しかし、欧州統合がなされた後も、刑事手続は欧州各国独自の法律で運用がなされており、刑事法の統合はほど遠い状況にあるのではなかろうか[78]。

---

(73)　後藤・前掲注(2)「弁護人依頼権と自己決定」393～394頁。
(74)　アメリカでも、被告人等が具体的な弁護人を選ぶことはできないが、被告人等からの弁護人の選任請求があって初めて国選が選任されるという意味では、国選は被告人が選任すると言って良いであろう。
(75)　後藤・前掲注(2)「弁護人依頼権と自己決定」393～394頁。
(76)　岡田悦典「パブリック・ディフェンダー制度研究序説(1)」一橋研究20巻2号（1995年）115頁以下、同「アメリカの刑事弁護」現代の刑事弁護(3)335～336頁。
(77)　科学や平和などのジャンルとは異なり、法（正義）は普遍的であるべきとはいうものの、極めて歴史的、民族的な価値領域であるが故に、普遍化が困難なジャンルとなっているようにも思われる。少なくとも、日本の刑訴法の下での弁護人論の考案・検討は、極めて日本的にならざるをえないように思われる。
(78)　白取祐司『フランスの刑事司法』（2011年、日本評論社）93～95頁。

3 小　　括

このように、ドイツでは、異論はあるものの、司法機関説が通説・判例であり、アメリカでは、ハイアード・ガン説が主流である。

しかし、その説の対立の根本原因は、実のところ、両国の法制度の違いにあると考えられるのではなかろうか。すなわち、ドイツでは、日本と同様に必要的弁護制度がある。しかも、代理人説に対する批判の根拠として、必要的弁護制度は代理人説からは説明不能であることが挙げられている[79]。その意味では、必要的弁護制度における弁護人の選任は、権利というよりも義務だとさえ言える。

他方、アメリカでは、弁護人選任権が憲法上の権利として認められてはいるが、日本とは異なり、必要的弁護制度はなく、却って、判例によれば弁護人選任権は、放棄が可能であるとされている。まさしく、弁護享受権は権利なのであって、それゆえに、放棄が可能なのである[80]。

従って、両国の制度と弁護人の役割論に関する説の違いは、両国の刑事訴訟法における弁護人の位置付けの違いによって生じているものと考えられる[81]。

要するに、憲法及び刑訴法における弁護人の位置付けを離れては、弁護人の役割論が普遍性をもった形で存在することはないといえる。

そこで、わが国において、憲法及び刑訴法における弁護人の位置付けがどのようになっているのかを考察すれば、自ずから、弁護人の役割論の正解が得られることとなるのではなかろうか[82]。

---

(79) 一橋大学機関リポジトリHERMES-IR・前掲注(64)75頁。
(80) 弁護享受権なので、弁護人選任の権利は、パブリック・ディフェンダーなどの制度によって、手厚く保障されている。しかし、必要的弁護制度のような弁護人を『強制的』に選任することはできない。
(81) 但し、川出・前掲注(67)402頁は、「弁護人の役割について、訴訟構造の違いを超えて、共通の理解が形成されつつあるということもできよう」という総括をされている。しかし、被告人の権利として捉えられている英米及びフランスの法制度と、必要的弁護制度はあるものの一定の事件では弁護人の排除が認められるドイツと、弁抜き法案を廃案に追いやったわが国との間には、やはり本質的な考え方についての違いが生じてしまうのではなかろうか。
(82) 辻本・前掲注(6)「(一)」133～136頁参照。

III 憲法・法令からの検討

1 憲法的視点から

大正刑事訴訟法（以下、「大正刑訴」という）は、ドイツ帝国刑事訴訟法の強い影響を受け、必要的弁護制度を新設した。なお、弁護人選任権は、憲法上には定めがなかった。この点は、最近までのドイツにおける法制度と類似している[83]。

しかし、戦後、憲法において弁護人依頼権が保障されるに至ったが、これはアメリカ法の強い影響を受けて規定されたものである。しかも、新憲法制定当時にも、アメリカには必要的弁護制度はなかったので、戦後の新刑事訴訟法（特に断りのない限り、以下では単に「刑訴法」という）に必要的弁護制度が継承・拡充されたのは、ドイツ法的な必要的弁護制度とアメリカ的な弁護人依頼権の保障という二つの流れを接木したものというべきであろう[84]。

ここにおいて、刑訴法の成立時には、アメリカ的な弁護人依頼権の憲法上の保障という要請と、ドイツ法的な必要的弁護制度の承継という異なる視点とが合わさった弁護制度が創設されたと見るべきであろう。

なお、必要的弁護制度を憲法上の弁護享受権の要請によるものか否かは別にして、裁判所が被告人の意思に反しても国選弁護人を選任できることは明らかである[85]。

2 必要的弁護制度からの検討

(1) 必要的弁護制度を検討する意義と必要性

前記のとおり、アメリカにおいては必要的弁護制度は存在しないばかり

---

(83) 正確には、ドイツの法制度がわが国と類似しているというのではなく、戦前は、ほぼ同様の制度であったものの、戦後には、わが国ではアメリカ法の影響を受けて、その分、変容を遂げたというべきであろう。
(84) 必要的弁護制度は、憲法上の要請ではないとするのが通説・判例であるが、アメリカ的な弁護人依頼権の憲法上の保障という視点から捉えるべきであるという見解もあり（後掲注85参照）、その方向性には賛同しうるものの、前記のとおりの立法経過に鑑みれば、必要的弁護制度を憲法上の弁護人依頼権の保障に基づくものであるという理解は採りえないのではなかろうか。

か、弁護人を解任する権利が保障され、弁護人なしでの自己弁護権までもが保障されている。

他方、ドイツでは、必要的弁護制度は存在するものの、弁護人の排除が一定の要件の下で認められており、いわゆる「弁抜き」裁判を行いうることとなっている。

また、フランスでは、司法取引においては必要的弁護制度は存在するものの、その内容は弁護士の助言を得る制度でしかなく、弁護人選任権を保障したという内容に止まっている[86]。

従って、わが国の弁護人の役割を考えるうえにおいては、わが国特有の必要的弁護制度における弁護人の責務（任務）を考察することが、必要不可欠といわなければならない。

(2) **必要的弁護制度における信頼関係の位置づけ**

必要的弁護制度は、被告人からの請求がなくとも、職権によって弁護人が選任できる（選任しなければならない）こととなっている（刑訴法289条）。しかし、同制度を、誠実義務説から説明することは不可能ではなかろうか。なぜなら、根本原理（権源）となるべき弁護人の選任自体は、必ずしも「被告人の意思に従う形で国家が選任する」こととはなっていないからである[87]。

また、弁護人選任権[88]は、憲法上の権利だとはいえ、純粋な意味での権利だとすると、アメリカと同様に、放棄が可能となる。しかし、必要的弁護制

---

(85) 田宮裕編著『刑事訴訟法Ⅰ』（1975年、有斐閣）544頁〔熊本典道〕や白取275頁などは、弁護人選任権は憲法上の要請によるものであるとし、田宮裕「デュー・プロセス・モデルと弁護の機能」同『刑事訴訟とデュー・プロセス』（1972年、有斐閣）152頁は「憲法上の要請を一歩進めたもの」とするが、判例・通説は、憲法上の弁護権保障（34条、37条3項）とは別のものだとしている。なお、必要的弁護制度がドイツ法を継受したものであり、アメリカ法とは異なって、弁護人選任権の放棄が憲法上の権利（自己弁護権）として認められていないわが国では、必要的弁護制度は弁護人選任権の実質的保障という観点からのものではなく、裁判の適正を（量刑も含めて）被告人の立場から弁護人が監視するものとして創設されていると解すべきではなかろうか。
(86) 白取祐司「フランスの刑事弁護―その沿革と実態―」現代の刑事弁護(3)272頁。
(87) むしろ、被告人が弁護人の選任を強く拒否している場合にこそ、必要的弁護事件においては、弁護人の選任が必要になるとさえいえる。なぜなら、弁護人の選任は有益・有効だと考えられるのに、それを拒否する被告人等には健全かつ合理的な判断能力がないことを強く窺わせるからである。

III 憲法・法令からの検討

度における弁護人選任権[89]は放棄が不可能な公的『権利』であり、むしろ、制度的保障という視点でも捉えるべき制度というべきではなかろうか[90]。

従って、代理権の根拠（権源）たる被告人の意思にかかわらず国選弁護人は選任され得るものの、選任された後には、被告人の意思に従う義務が弁護人に生じると解することには、その前提となるべき根拠を見い出すことは困難ではなかろうか[91]。しかも、被告人の意思（判断能力）が健全な場合にでも、被告人の反対を押し切ってまでも国選弁護人がいわば「強制的に」選任されるという必要的弁護制度を、被告人の意思を基盤に説明することは、ますます困難といわざるをえない[92]。

---

(88) 憲法34条の明文上は、「資格のある弁護人に依頼する権利を与へられなければ」という規定となってはいるが、文言のとおり理解すれば、「資格のある弁護人を選任できれば良く」、その弁護人の質は問いえないという意味に理解されかねない。

(89) そのような形式的な意味に止まらず、「効果的な弁護を受けられる」という実質的な意味を含むものでなければならない（最大判平成11・3・24日民集53巻3号514頁、判時1680号72頁、判タ1007号106頁）ことを強調するために、本稿では「弁護享受権」と言うこととした。なお、田中開・刑訴百選［8版］76〜77頁参照。

(90) 拒否できないという点を強調すると、被告人にとっては、弁護人の選任は義務だとさえ言えなくもない。因みに、アメリカでは、判例上、一定の条件が求められるとはいえ、弁護人選任権は放棄できるものとされている（岡田・前掲注(76)「アメリカの刑事弁護」350〜351頁）。

(91) 確かに、必要的弁護事件における国選弁護人には、法によって、弁護人に被告人等への誠実義務が付与されるというべき制度だと言えなくもない。

　しかし、それは、選任された後の被告人等と弁護人との関係を説明しうるものではあっても、弁護人を望まない被告人にも、弁護人が選任されなければならないことの説明にはなりえないのではなかろうか。なぜなら、健全かつ合理的な判断能力を有する被告人を想定する限り、被告人の意思に従うべきだとする誠実義務説からすれば、弁護人を選任しないことこそが義務だということになるからである。

(92) 村岡・前掲注(6)「被疑者・被告人と弁護人の関係①」30頁の注3では、「本号掲載の森下論文は、必要的弁護事件について、憲法は被告人の自己決定権を否定しているというが、論理が逆転している。必要的弁護事件という政策的措置があるからといって、本人の自己防御権が否定されることはない」との批判をされている。しかし、筆者は「憲法は、一定の事件につき、必要的弁護を保障していると考えるが、その必要的弁護事件について、弁護人を必要としないという意味での被告人等の自己決定権を否定しているといわざるをえない」（同号41頁）と述べているのである。従って、むしろ本人の自己防御権を護るために、いわば強制的に弁護人が付されるというのが、必要的弁護事件の究極的な本質である。ところが、弁護人を望まない者について、その意思決定に一定の合理性が認められる場合（自己弁護で十分であると考えている者）についても弁護人が付されるという意味では、必要的弁護事件は、その限度では、被告人の意思に選任の根拠をもちえないのではなかろうか。

また、ドイツにおいても、代理人説に対して、必要的弁護事件における弁護人の選任を説明できないという批判がなされている[93]。

しかも、保護者説が主張するように、誠実義務が弁護人にはあることと、被告人等の意思に従うこととは決して同義ではない。むしろ、被告人等の意思に従うことの方が被告人等の利益に背くことになる場合は少なくない。筆者からみれば、村岡・佐藤論争の対立点は、この点にもあるように思われる。しかし、そうだとすると、仮に被告人等の意思に反してでも被告人等に対する誠実義務を尽くさなければならないとすると、その根拠は、民事上の後見人と同様に、弁護人が裁判所の選任による準司法機関だからなのではなかろうか。

(3) **即決裁判における弁護人の同意**

平成16年の刑訴法の一部改正によって、即決裁判制度が導入され、同事件も必要的弁護制度とされたが（刑訴法350条の9）、その場合には、検察官の即決裁判申立に対する被疑者自身の書面による同意（同法350条の2）の他に、同申立に関する弁護人の同意が求められ（同法350条の2第4項）、起訴後には、必要的弁護事件とされたうえで（同法350条の4及び同条の9）、即決裁判による審判に付するためには、弁護人の書面による同意を要件としている（同法350条の6）。この即決裁判に対する同意権も、弁護人の絶対的固有権であり、少なくとも被告人の意思に反して即決裁判に反対する権限を付与したものといえる[94]。

しかし、根本的な問題は、身代わり犯と同様に、弁護人だけには無実であ

---

(93) 前掲注(79)参照。
(94) 即決裁判が必要的弁護事件とされた理由は、被疑者等の判断が不当な利益誘導（間違いなく執行猶予になること）に流されないように、法律専門家として、被疑者等の意思決定の是非を判断するためである。しかし、このためだけであれば、フランスと同様に、必要的弁護事件とはするものの、司法取引に対する同意の主体は、被疑者等にのみ限れば足りることである。また、誠実義務説のように、被疑者等が即決裁判へ同意をするという意思決定をした以上、弁護人はその意思決定に従わなければならないとすると、別個独立に弁護人の同意を要件とする必要はない。従って、必要的弁護事件としたうえで、必ず別個独立に弁護人の同意を要件とした趣旨からすれば、弁護人が被疑者等の意思に反して同意をしないことができるという権限を付与したと解さなければ、弁護人の同意を必要不可欠の要件とした意味がなくなってしまうことは明らかである。

Ⅲ　憲法・法令からの検討

ることを告白し、対外的には『真実』だとして、即決裁判に応じようとする被疑者等の場合である。

　では、無実の告白を聞いた弁護人が、即決裁判に同意をしなかったとすれば、誠実義務違反として、弁護人の倫理規定に反するという評価を受けるのであろうか。少なくとも、法は弁護人が同意をしないことを許容しているどころか、弁護人が独自の判断で、被疑者等の意向に反してでも同意をしないというような役割を期待しているとしか言いようがないのではあるまいか。

　ところで、即決裁判は執行猶予になることが確実な事件にのみ適用される手続であり、その意味では、刑訴法289条に定められている必要的弁護事件の対象事件と較べると刑の量定が軽いといえるものである。しかも、即決裁判による判決に対しては、事実誤認を理由とする控訴はできないこととされている（刑訴法403条の2第1項）。

　従って、現実論[95]は別にして、法の建前としては、『事実に争いがなく』、執行猶予判決に真底納得をしているか否か、換言すれば「不当な利益誘導」とはなっていないかを、客観的に判断させるべく、弁護人の同意を要件にしているというより他はない。

(4)　司法取引の創設と手続要件としての弁護人の同意

　平成28（2016）年5月の刑訴法一部改正によって、捜査・公判協力型の協議・合意制度（司法取引）と刑事免責制度が創設され、刑訴法350条の2第1項第1号ハ所定の捜査協力は別にして、同号イまたはロの供述による捜査協力については、「真実の供述をすること」が要件とされた。また、刑事免責制度の適用を受ける場合には証言拒絶権は認められないこととされた（刑訴法157条の3、161条）。そして、捜査協力者には、真実供述義務が課され、虚偽供述を行うと虚偽供述等罪（刑訴法350条の15）に問われ、その司法取引には書面による弁護人の同意が要件とされた（刑訴法350条の3）。

　もっとも、弁護人に、捜査協力者の供述が真実であることについての『真実担保義務』が課されたものでないことは、法制審議会の議論の経過によっ

---

(95)　現実問題としては、弁護人が同意しないと、通常の裁判手続によることとなり、無罪を争えば裁判は長期化する。しかも、身体拘束がされている被告人の場合には、保釈も効かず、最悪の場合には有罪かつ実刑判決が下される可能性も否定できない。

て明らかではあるが、ややもすれば、実質上は、捜査協力者の供述が真実であることのいわば担保責任を、弁護人が負わされることにもなりかねない危険性を孕んでいる[96]。

このような理解が正しいものか否かはさておくとしても、弁護人の倫理上の問題として、捜査協力者が、弁護人に「自分の別件における罪を免れたいので、捜査に協力する供述をするが、そこには虚偽の事実も含まれている。しかし、助かりたいので、同意をしてほしい」と依頼された場合に、弁護人には、『誠実義務』に従って同意をすべきか否かが問題となる。しかも、虚偽供述等罪の共犯に問擬される虞れもあるので、同意はすべきではないという結論には異論をみないのではなかろうか。しかし、そのことを誠実義務論からは正当化できるのであろうか。もちろん、誠実義務論からも、法に違反することは許されず、従って、「虚偽供述等罪の共犯になることは法令によって禁止されている」という説明は可能である。

そうだとすると、誠実義務論に立って、「法律に違反しない限りは、被疑者等の意見に従うべきである」という形で、被疑者等の意思決定を最大限に尊重すべきだと考えるのか、準司法機関説に依って、被疑者等の「虚偽供述ではあるが、司法取引には同意をしてほしい」という意思決定に反してでも、司法取引の制度（真実供述義務）を保障すべきだと考えるのかという、説明の違いに帰着するようにも思われる。

もっとも、身代わり犯の場合には、後記Ⅲ5のとおり、自己負罪型であり、かつ、積極的真実義務を弁護人は負わないことを理由として、粛々と情状弁護を行うことで問題を解決することができないわけではない。しかし、捜査・公判協力型の協議・合意制度（司法取引）の場合には、別件の被疑者（標的者）を巻き込むこととなり、かつ、法律上は真実の供述でなければ同意ができないこととされているので、捜査協力者（依頼者）の供述が真実で

---

(96) このような点も含めて、筆者は司法取引には賛成できなかった。なお、筆者は自己負罪型の司法取引については肯定的だった（拙稿「悩める司法『取引』」刑弁39号（2004年）50頁が、そこでは、「真実」に限られた司法取引だけを念頭においたものではなかった。なぜなら、即決裁判のように、確実に執行猶予が得られるのであれば、それは、「真実」でなくとも、被疑者等の利益擁護に資することもあるからである。

III 憲法・法令からの検討

なければ同意をしてはならないこととなる。しかし、若し仮に、今次の司法取引の制度創設において、供述の真実性が要件になっていなかったとすれば、誠実義務説からは、どのように理解をされたのであろうか。殊に、供述の真実性は要件とはなっていないとすれば、虚偽供述をすることは法で禁じられていないことにしかならないので、捜査協力者（依頼者）の意思決定に従うことになったのであろうか。

それに対して、準司法機関説からの理解は容易である。別事件の被疑者（標的者）を冤罪に巻き込まないように、弁護人には独立の準司法機関としての消極的片面的真実主義が課されており、捜査協力者たる被疑者等（依頼者）の供述が真実でない場合には、弁護人の固有権としての同意権は行使すべきではないこととなる。

(5) **小　　結**

以上のように、わが国における必要的弁護制度からすれば、被告人等の意思を離れた弁護人独自の責務（但し、被告人等に有利・有益でなければならない）を認めざるをえないのではなかろうか。

3　弁護人の固有権と被告人等の各種権利からの検討

(1) **弁護人の固有権からの検討**

わが国の刑訴法は、弁護人の固有権を明確に規定しており、包括的代理権、独立代理権、固有権の三種に分類するのが一般的とされている[97]。

そして、弁護人の固有権のなかには、『高度の「独立性」を具えた権利』がある。たとえば、証人尋問への立会権（刑訴157条１項）などであり、弁護人は、被告人の意思にかかわりなく、立会権を行使することができる。もっとも、多くは、「被告人の明示の意思に反してもよい」とは説明されている

---

[97] 鈴木53頁、田宮35頁、平野80頁、福井61頁、光藤・口述（上）263頁。辻本・前掲注(6)「(二)」135頁、139頁の注(119)。但し、松尾浩也「弁護人の地位」同『総合判例研究叢書 刑事訴訟法(11)』（1961年、有斐閣）８～20頁では、①高度の「独立性」を具えたもの、②被告人が反対の意思を明示したときには行使できないもの、③被告人に従属するが、なお「独立」的な色彩をもつもの、④被告人から少なくとも黙示的に承諾ないし追認を得なければならないもの、⑤被告人の明示的な授権を必要とするもの、の五つに分けている。

ものの、実は、権利の性質上、合理的に考えると、被告人の意思に反することはほとんどありえない、とされている[98]。

従って、法文上は、絶対的固有権という「被告人等の意思に反してでも行いうる弁護人固有の権限がある」ことには疑問の余地がないのではなかろうか。もっとも、通説は「独立代理権」という理解をしているが、弁護人の全ての権限が『代理権』という理解で正当化できるのかについては大いなる疑問がある。

結局のところ、誠実義務説には、刑訴法上、被告人の意思に基づくことなく行使しうる弁護人の権限（絶対的固有権）を、弁護士倫理という下位規範でもって制約するという難点があることを指摘せざるをえない。

(2) 被告人の権利の絶対性

わが国では、ドイツやアメリカと異なり、ほとんどの訴訟行為は被告人も行うことができ、証拠の同意も被告人のみが行いうるので（刑訴法326条）、弁護人だけが行いうる権利はほとんどない[99]。

他方、弁護人のみができて、被告人はできない行為としては、刑訴法49条の弁護人がいる場合の被告人の謄写、刑訴法316条の14などの記録謄写、期日外尋問における尋問など、ごく限られたものしかない。

なお、記録の閲覧謄写については、記録の保管等の実務的な問題から、被告人には認められていないとも考えられるが、今日では、弁護人が謄写をして、被告人に交付をしているので、ドイツのように、被告人には閲覧権はないという説はなく、まさしく弁護人は被告人の代理として記録の閲覧謄写を行っているとの理解が多数である。

また、期日外尋問における尋問も、被告人が身体拘束をされている場合に、逃走防止などの保安上の理由から、被告人自身の出頭が困難な場合が生

---

(98) その他にも、接見交通権（刑訴39条）、書類・証拠物の閲覧謄写権（刑訴40条）、勾留理由開示請求権（刑訴82条2項）、勾留取消請求権（刑訴87条）、保釈請求権（刑訴88条）、証人尋問に関する諸権利（刑訴157～159条、228条2項）、冒頭手続での陳述権（刑訴291条、刑訴規198条）、最終弁論権（刑訴293条2項、刑訴規211条）、証拠調請求権（刑訴298条1項）、証人等の尋問権（刑訴304条2項・3項）、証拠調及び裁判長の処分に対する異議申立権（刑訴309条）などがある。

(99) 後藤・前掲注(6)「弁護人依頼権と自己決定」393～394頁。

III 憲法・法令からの検討

じうることから、弁護人のみが尋問を行うことが少なくないので、補完措置として、被告人に証言内容を知る機会が与えなければならず、予期しなかった著しい不利益内容の場合の尋問請求ができることとされている（刑訴法159条）。

従って、実務上の技術的な問題や保安上の問題などが生じうるもの以外の基本的な権利行使は、ほとんど全てといってよいほど、被告人自身ができるようになっており、この点は、ドイツやアメリカとは著しく異なっている。

この結果、被告人自身が独自に行った権利行使を、弁護人が被告人の意思に反して撤回・取消をすることはできないことについては異論をみない[100]。

そのような視点からすれば、虚偽証拠の提出、偽証が明らかな証人の尋問請求、有罪を告白した被告人の無罪主張等々、弁護人の義務として問題とされる事項は、弁護人が行いうるか否かは別にして、全て被告人自身が独自に行うことができるものである。

しかも、逆に、弁護人が行った弁護人の固有権に基づく訴訟行為については、被告人が反対の意見を述べることはできても、それを被告人が撤回・取消することはできないことについても異論はみない。

そうだとすると、わが国では、ドイツやアメリカとは異なり、弁護人と被告人とが全く正反対の訴訟行為を行うことを、少なくとも刑訴法上は許容しているというべきなのではなかろうか[101]。

(3) 小　　結

以上のように、わが国の刑訴法は、弁護人が被告人とは異なる訴訟行為をすることを許容しているとしかいえないのではなかろうか。

---

(100) 逆に、弁護人が独自に行った権限行使を、被告人が弁護人の意思に反して撤回・取消をすることができるか否かについては、明文の規定がある場合を除いては、当該権限行使ごとに解釈されることとなろう。
　　例えば、証人尋問請求は、弁護人の絶対的固有権の一つと解されているが、被告人が撤回を強く求めた場合には、証人尋問請求は取消・撤回されてしまうことになるのであろうか。殊に、精神鑑定のように、被告人が撤回を強く求めたとしても、弁護人の鑑定請求が維持されることについては、異論をみないように思われる。
(101) 但し、弁護人は、被告人をまさしく『弁護』する者であるから、被告人に不利益な方向での訴訟行為をなしえないことは明らかである。

4 誠実義務説に対するいくつかの疑問

(1) 被告人との意思疎通が欠如する場合

　誠実義務説における一番の問題点は、被告人等が精神障害などの疾病によって、十分な決意決定ができない場合なのではなく、被告人等の明確な意思決定によって、弁護人との面会を拒否し、あるいは、弁護人にも黙秘を貫くことによって[102]、被告人等の意思決定の内容を弁護人が知りえない場合である。

　しかも、これらの被告人等の場合には、信頼関係がないことを理由に辞任しても、問題の解決にはなりえない。なぜなら、次の弁護人にも同様の対応をするだろうからである。

(2) 被告人の意思が不合理や不明確な場合

ア　不出廷戦術を採る被告人の弁護

　弁抜き法案を巡って、「刑事法廷における弁護活動に関する倫理規程（昭和54年５月26日会規第22号）が制定された。この制定の経緯に触れる余裕はないが、弁護人には正当な理由がない限り、出廷義務のあることが確認された。

　これを、刑訴法上の義務とみるか、弁護士倫理による義務とみるかは別にして、問題なのは、被告人が出廷せず、弁護人のみが出廷する場合の弁護のあり方である。

　もとより、被告人は出頭しないものの、弁護人との弁護方針に関する意思疎通ができていれば問題はないのかもしれない。しかし、究極の問題は、弁護人との弁護方針に関する意思疎通ができないときである[103]。

イ　被告人等の供述が変遷している場合

　判例上問題となった事例[104]については、数々の評釈・論評がなされているので、その詳細の紹介は省くこととするが、要するに、捜査段階では供述の

---

(102) 裁判員裁判が導入される前に、全国各地で模擬裁判員裁判が行われた高橋一郎事件と呼ばれる事件は、被告人が、弁護人に対しても黙秘をしているという事案であった。
(103) 現に、被告人は統一公判を要求するなどして、弁護人の出廷を許そうとしなかった。その場合に、法令上の出廷義務に従って、弁護人が被告人の意思に反して出廷することまではよいとしても、誠実義務説によれば、出廷した弁護人はどのような弁護活動を「被告人の意思」に基づいて行えばよいということになるのであろうか。

変遷が認められるものの、一審の第5回公判までは自白をしていたが、その後は否認に転じたという事案において、弁護人が、否認する前の自白の内容に基づいて、無罪弁論を行わず、情状弁論のみを行ったという事案であった。そして、問題となったのは、『被告人が無罪を主張しているにもかかわらず、情状弁論のみを行うことは許されるか』ということであった。

　この事例の具体的な『正解』については諸説があり、準司法機関説では、被告人が最も有利になる弁論をすべきこととなり、それは必ずしも、直近の被告人の意思に従ったものとはなりえないこととなる。それに対して、誠実義務論からすれば、被告人の意思決定に従うこととなるが、その場合には、直近の被告人の意思に従わなければならなくなるのであろうか。

　この事例の場合には、直近の意思が無罪を求めるというものであったから、さほどの問題は生じなかったであろう。しかし、事案が、この事例の場合とは逆に、当初には無罪を争っていたにもかかわらず、結審間近になって自白に転じた場合である。殊に、主な証拠調べは終了し、最終の被告人質問において自白に転じた場合を想定すると、たとえ弁護人が無罪の弁論をしたとしても、訴訟の遅延による被告人の負担が過重になることもないので、弁護人の無罪弁論は、誠実義務違反として倫理規定に反する行為にはならないのではなかろうか。

　このように、被告人等の供述が変遷している場合には、弁護人が従うべき被告人の意思は見い出し難いように思われる。

(3)　誠実義務説の例外則について

ア　誠実義務説の例外則の概要

　誠実義務説による例外則や禁止則について、「法的ルールに反してはならない」ことが指摘されている[105]。

---

(104)　最(三小)決平成17・11・2刑集59巻9号1847号、判時1916号158頁、判タ1197号153頁。高田昭正「刑事訴訟法判例研究」法時79巻7号128頁。
(105)　村岡・前掲注(6)「被疑者・被告人と弁護人の関係①」25頁。
　　しかし、一般的な禁止則の内容こそが問題なのではなかろうか。しかも、真実義務が一般的な禁止則になるのかが問題となっている場合には、それは被告人の意思とは別次元の問題であるが、それこそは弁護人の独立の専門家としての判断というべきであろう。

イ　精神障がい者に対する誠実義務説からの例外則

　また、誠実義務説においても、精神障がいが認められる被告人等の事案における精神鑑定等の請求については、被告人等の意思の尊重についての例外的取扱いが認められている(106)。従って、準司法機関説と誠実義務説のいずれによっても、精神障がい者の事案における精神鑑定等の請求を弁護人がしなければならない義務（責務）を負うという結論には変わりはないこととなろう。ただ、ここでも、誠実義務説の例外則につき、その根拠を、あくまでも被告人等に対する誠実義務で説明しうるのかについては疑問なしとはしない(107)。

　殊に、精神障がいの程度が重度であればある程、「私は正気だ。精神鑑定の必要はない」と言う被告人等は少なくない。しかも、被告人等の意思決定が健全なものか否かは、結局のところ、弁護人が法的専門家として判断するより他はないが、それは、被告人等の意思とは離れた弁護人の独立した判断権限だとみるより他はないのではなかろうか。換言すれば、被告人等の意思は、あくまでも誠実義務の有無を判断する際の資料に過ぎないこととなろう。

ウ　死刑事件における例外則について

　さらに、誠実義務説でも、「自らの死を決定する自由はない」という理由で、たとえ被告人が死刑を望んだとしても、死刑を前提とした弁護をすべきではないと説く者もいる(108)。

　しかし、被告人等の意思に従うべきだとする誠実義務説からすれば、深く反省している被告人が「死んで罪を償いたい」という意思を表明し、その意

---

(106) 死刑事件につき、村岡・前掲注(6)「被疑者・被告人と弁護人の関係①」26～27頁。
(107) 被告人等の意思決定に依拠することに弁護の本質を求めつつも、被告人等の意思決定に瑕疵がある場合には、民事における後見人のように、被告人等の合理的意思を推認し、それに従うべき保護者的機能があるという説（保護者説）も唱えられていることについては、前記Ⅰ1(3)のとおりである。
(108) 村岡・前掲注(6)「被疑者・被告人と弁護人の関係①」26～27頁、後藤・前掲注(2)「刑事弁護人の役割」660～661頁。なお、後藤も、結論においては同旨である（後藤・前掲注(2)「刑事弁護における依頼者と弁護士」133～134頁）。もっとも、後藤・前掲注(2)「弁護人依頼権と自己決定」397～398頁では、「死刑を選択する権利はない」という理由ではなく、「依頼者の利益を守るという弁護人の役割から得られるであろう」とされている。

思決定に合理性が認められれば、その被告人の意思決定に従うべきだという結論になるのではなかろうか。また、有期懲役刑が相当だと考える弁護人に対して、被告人が「無期で結構です」と言っている場合には、「有期懲役刑が相当である」という弁論はできないのであろうか。ここでも、筆者は、量刑についても、弁護人は法律専門家として、被告人の意思を離れた準司法機関としての独立の弁護活動ができるのではないかと考えるのである。そして、このことは、弁論権が弁護人の絶対的固有権として付与されていることからも裏付けられるものといえる。

エ　誠実義務説における例外則の根拠は何か

村岡は、前記のとおり、精神的障がいによって自己決定が充分にはできない被告人等の場合や死刑事件については、被告人等の自己決定権に従わなければならないとする原則の例外として捉えている。

しかし、村岡説のように考えると、誠実義務説における例外則の根拠を、少なくとも被告人等の意思に求めることは困難であり、そのことは誠実義務説も認めざるをえないように思われる[109]。

そうだとすると、被告人等の意思に従わなくともよいとする根拠は何に求めるべきかが問題となる。

この点に関し、誠実義務説でも、死刑事案については、自死を選択する権利はない等の理由から、被告人の意思に反した弁護活動ができるとするが、無期刑であれば被告人の意思に従ってもよいのかという疑問は残る。

また、精神障がいによる意思決定能力の欠如の場合についても、任意的弁

---

(109) 村岡も、『自己決定をなし得ない負因や欠陥を持っている人や一定の環境下（たとえば、マインド・コントロール下）で自己決定権を行使できない人もいます。このような自己決定の前提を欠く被疑者・被告人の場合には、「公正の裁判」の要請に基づく弁護人の司法機関性からくる役割が認められると思います』（村岡・前掲注(6)「刑事弁護人の役割・再考」517頁）と述べていることからすると、例外的にせよ、意思決定能力が欠如している場合には、弁護人の弁護活動を正当化する根拠は、司法機関性に求めざるをえないと考えられているのではなかろうか。また、この点については、吉村・前掲注(64)256〜260頁で紹介されているドイツでの学説の展開に興味深いものを感じる。

また、村岡は、法律とルールには従わなければならないとされているが（村岡・前掲注(21)「弁護人の誠実義務と真実義務」722頁）、このルールの中身（倫理）こそが問題とされるべきではなかろうか。

護事件にも弁護人が職権選任されるという根拠を説明しえないのではなかろうか。

(4) 小　結

わが国の刑訴法のもとでは、弁護人の中心点を、被告人等の意思という一点に求めることは、不可能であるように思われる。むしろ、率直に、弁護活動の方針を決める羅針盤（中心点）として、被告人等の意思という主観的要素と弁護人が考える客観的利益を想定し、事案ごとに柔軟に対応していくより他はないのではなかろうか。

5　身代わり犯について

(1) 説の対立

身代わり犯の問題については、以下のとおりの説があるとの整理をされている[110]。

すなわち、被告人が身代わりに固執した場合で、弁護人としての任務にたえられないときについては、以下のとおりの見解が示されている。

① 辞任してもやむをえないとする見解[111]

② 犯人隠避の共犯にならない限り、弁護人は、身代わり犯人であることを秘匿したまま弁護活動をすることができるという見解[112]

③ 消極的に「公訴事実についての意見は被告人と同様です」と言って、後は情状弁護のみをするという見解[113]

④ 立証に当たって虚偽証拠を提出しないよう心がけ、法廷に現れた関係

---

(110) 浦・前掲注(1)24〜25頁。
(111) 石井吉一「弁護人の責務」刑訴争点［3版］30頁、松本・前掲注(48)77頁、佐藤・刑事弁護の技術と倫理39頁。なお、佐藤は、かつて、「辞任は問題を解決しない」といわれていた（佐藤・前掲注(12)「弁護人の真実義務」33頁）が、いまでは、「真実を知った弁護人には辞任する、そして、善意の弁護人にバトンタッチする義務があるのではないか」と改説されている。
(112) 荒木＝田口＝渡辺＝村岡＝椎橋・前掲注(40)22頁における村岡発言。村岡は、かつて、身代わり犯人については、「犯人隠避罪の共犯に問われることになるので、依頼者にその旨説明して辞任することになろう」と言われていた（村岡・前掲注(6)「被疑者・被告人と弁護人の関係①」26頁）が、その後、身代わり犯でも弁護人がそのまま弁護をすることを肯定されるようになった。なお、大判昭和5・2・7刑集9巻51頁は、身代わり犯の弁護人が、真犯人の自首を阻止したことを犯人隠避罪にあたるとしている。

証拠に基づいて無罪弁論をするという見解[114]

⑤ 弁護人は、身代わり犯を肯定するような積極的な訴訟活動を行わずに被告人の意思に反したとしても状況証拠に基づいて無罪の弁論をするという見解[115]

⑥ 被告人の自己決定権を尊重すべきなので、被告人が有罪であるという弁論をするという見解[116]

⑦ 被告人が身代わり犯だとしても、積極的に真犯人だと主張してはならず、消極的に「公訴事実については、被告人と同様です」と述べて、後は情状弁護をするという見解[117]

なお、この点について、「いずれの見解においても、被告人が身代わり犯だと判るような訴訟行為をするわけにはいかないとのことなのであるのであるから、弁護人の心の持ちように差があるとしても、裁判の結論に大きな影響を与えるわけではない」という理解もある[118]。

この点につき、かつては、弁護人は「真実義務」を負っているのであるから、身代わり犯については、被告人の免責を得しめるために、むしろ積極的にその事実を明らかにすべきだという見解もあったが、それが守秘義務に反して許されないことは明らかである[119]。

---

(113) 後藤・前掲注(2)「刑事弁護人の役割」659頁。
(114) 上田・前掲注(26)「被疑者・被告人と弁護人の関係②」35頁。
(115) 松本一郎「弁護人の地位」刑訴争点36頁。
(116) 村岡・前掲注(6)「刑事弁護人の役割・再考」493頁。
(117) 後藤・前掲注(2)「刑事弁護人の役割」659頁。
(118) 小早川・前掲注(27)37頁。
(119) なお、小早川は、「身代わり犯の問題において、真実義務を認める見解に従っても、被告人が身代わりであることを暴露することは誠実義務に反して許されないと考える見解の方が有力のように思われるし、被告人の意思に反する身代わりの暴露は、守秘義務に反することはもとより、被告人の犯罪を告発することになり、弁護人の基本的な役割に反することになるからである。……このような例からも明らかなように、弁護人が真実義務を負うか否かによって、論理的に弁護人のとるべき具体的対応が異なるわけではないというのが議論の原状のようであるのであって、被告人の利益と他の利益が衝突あるいは矛盾するような場合を真実義務に関する問題と呼称するとしても、結局は<u>利益衝突があった場合に具体的にどのように対応するのが誠実で適切な弁護といえるか、という実践的な問題が残るだけのように思われるのである</u>」（下線は筆者）と、説の対立状況をまとめられている（小早川・前掲注(27)37頁）。

(2) **理論と実務**

確かに、身代わり犯の場合には、理論的にみると、無実の者が有罪の途を選ぶことについて、弁護人が、その意思だけに依拠し、正当な利益の擁護を放擲することになりかねないのは、弁護人の役割放棄と言われてもやむをえないところがある。

しかし、実際問題として、身代わり犯であり、真犯人の告発については、守秘義務の関係でなしえないとしても、無実の主張・立証をすることこそが、正当な利益を擁護することになるとの説にも、説得力が認められないわけではない。

殊に、最悪の場合には、身代わり犯であることは認められず、むしろ、自己の犯行を真犯人の「存在」によって転嫁しようとしているとの悪い心証を抱かれ、情状面で重い量刑判断が下される可能性も否定できない。

また、違法収集証拠であることが明らかな場合にも、被告人がその主張・立証を望まない場合には、違法収集証拠である旨の主張・立証はしてはならないとする説[120]についても、その主張・立証が成功した場合を想定すると、その成功の可能性が極めて高い場合にも、違法収集証拠である旨の主張・立証はしてはならないとの結論を採ることは、不正義の極みと言うより他はないのではなかろうか。

結局のところ、理論的な正しさと実務上の実現可能性との狭間でも、弁護人は「永遠の葛藤」[121]を続けざるをえないのではなかろうか。

少なくとも、被告人が望まない限りは、弁護人は何もできない（してはいけない）という一義的・画一的な結論を採ることは、弁護人の役割を考える際には、あまりにも安直すぎるように思えてならない。

(3) **刑訴法的利益と社会的利益**

村岡は、『被告人自身が犯罪を狂言的に作出して服役を希望する場合がある。たとえば、北海道では冬季間の仕事がなくなるので、飯場などで仲間ぐるみで窃盗をでっち上げ、服役志望の「犯罪者」が現れるのである。私は弁

---

(120) 刑雑44巻3号（2005年）93～94頁の報告者の答弁参照。なお、同回答の③は佐藤博史の、④は、四宮啓の回答であった。

Ⅲ　憲法・法令からの検討

護士になりたての頃は、被告人の意思に反して、狂言であるから無罪であるとの主張をしたが、現在は、その弁護方針は誤りであったと考えている。被告人にとっての「利益」が何であるのかの決定権はやはり被告人自身にあるのであり、被告人にとって「無罪」になることが常に被告人にとっての「客観的な利益」になるとは一概にいえない』と述べられている[122]。

(4) 小　　結

以上のとおり、身代わり犯に対する対処についても、「困難な問題であって、直ちに正解は得難いと言うほかないであろう」状況にある[123]。

しかし、被告人等の意思決定を尊重すべきであるという一つの中心点だけで結論を導き出すのは、早計すぎるように思われてならない。

かといって、被告人等の意思を無視して、弁護人の自由かつ独自の「正しい」考えで、訴訟の遂行ができる（してもよい）とも言い切れない。

このように、一つの中心点として、被告人等の意思決定を尊重すべきことを置き、他方において、法令を遵守し、被告人等の利益擁護を保護者（後見

---

(121) 村岡・前掲注(21)「刑事弁護人は『正義の門番』か」74頁では、「歴史的に、弁護士には、ルーツを異にする二つの性格が認められる。一つは、依頼者の代理人としての性格であり、弁護士は依頼者の最善の利益を擁護するために奉仕することが求められる。この依頼者に対する忠誠から導かれる弁護士の依頼者に対する責任を一般に「誠実義務」という。もう一つは、独立の司法機関としての性格であり、当事者の個人的利益を超えた法制度がめざす公益（公正、正義など）を擁護することが求められる。この法に対する忠誠から導かれる弁護士の責任は裁判所に対する関係で顕在化するので、一般的には、弁護士の裁判所に対する「真実義務」という。上記設問が示すとおり、時として、弁護士は二つの忠誠のジレンマに直面することがあり、この両者の調和は「永遠の葛藤」と称されるほどに容易ではない。各国の司法制度における弁護士の位置づけ及び役割は、いずれの立場を重視するかによって区々であるから、倫理上の問題は共通していても、必ずしも、同一の解決方法を提示しているとは限らない」と述べられている。
(122) 村岡・前掲注(6)「被疑者・被告人と弁護人の関係①」26頁。

　実のところ、この例のごとく、あるいは身代わり犯のように、無実の者が有罪判決を受けることは法的不正義であるが、それによって自らの命や本犯者の生活を護れることは、被告人にとっての社会的利益といえることかもしれないのである。

　もちろん、弁護士は刑訴法的利益のみを追求すべきであって、社会的利益に目を奪われてはならないと考えることも、一つの「正解」ではあろう。

　しかし、ここでも、被告人等の意思（社会的利益の獲得）という視点と客観的利益（刑訴法的利益）とを比較衡量することによってしか、弁護活動の「正解」は見い出せないのではなかろうか。
(123) 浦・前掲注(1)25頁。

人)的見地から図るというもう一つの中心点を持つことこそが、弁護人の役割論を決すべき最大の視点なのではなかろうか。

そして、常に、その２点の取捨選択で悩み続けることこそが、弁護人に与えられた役割のように思えてならない[124]。

6 司法機関性の内容と判断基準
(1) 司法機関性の内容

以上で述べてきたように、弁護人には、準司法機関としての公的責務があり、問題は、その内容如何ということになろう。

そして、かつての議論のように、「裁判所への協力義務」だとか「実体的真実発見義務」だとか、あたかも裁判所や検察官と同等の公的義務を観念することによって、論点を混乱せしめてきたことを、率直に反省しなければならない。

もっとも、刑事裁判の適正手続を制度的に保障すべき責務は、弁護人にこそあるのであって、たとえ説得活動は絶対的に不可欠だとしても、唯々諾々と「争って貰わなくともよい」という被告人等の最終的な意思決定に「従わなければならない」責務が弁護人にあるとは思えない。

また、「荒れる法廷」と呼ばれた時代のように、裁判所の訴訟進行に協力すべき義務まではないものの、弁護人には法律上の出廷義務があることは明らかなので、たとえ被告人等の要請だとしても、出廷しないという選択肢は原則としてありえない[125]。

また、これまでの間に、裁判所が適正な訴訟活動を行っているか否かを監視すべき役割や、適正な訴訟の進行に協力すべき責務[126]や、法令を遵守すべき義務があること等々については、既に指摘がされているとおりである。

従って、誠実義務説からすれば、法令や弁護士倫理によって禁止されてい

---

(124) かつて筆者は、佐藤の説く「同心円」ではなく、大野が言う「楕円」でもなく、二つの異なる明確な中心点を持ち、ときによっては調和しないこともあるという意味で、「異心円」という表現を用いたことがある（拙稿・前掲注(6)40～41頁）。
(125) もっとも、被告人等の防御権を侵害するような違法・不当な強権的訴訟指揮を裁判所が行った場合には、毅然として、あらゆる法的手段を用いて、そのような違法・不当な訴訟指揮に抗うべきであり、ときには、出頭拒否をすべき事案もありえよう。

る事項は何であるのか、他方、準司法機関説または保護者説からすると、真に考慮すべき被告人等の利益とは何であるのか、さらには準司法機関説からすると、擁護すべき制度的保障とは何であるのかという、各論の吟味こそがなされなければならないものと考える。

(2) 被疑者等の意思決定と弁護方針の判断基準

そのうえで、被疑者等の意思を最大限に尊重しつつも、準司法機関として擁護・遵守すべきものとを、比較衡量し、被疑者等の権利・利益の擁護[127]に資する最良の方針を選択しなければならないのではなかろうか。

Ⅳ　まとめに代えて

誠実義務論と準司法機関説との究極的な違いは、被告人等に対する説得を尽し切ったとしても、被告人等の意見と弁護人との見解が対立する場面における弁護人の具体的義務の在り方にある。もっとも、我々は実務家なので、準司法機関説と誠実義務説との両説の理論的な優位性にこだわることには、さ程の重要性を認めえない。むしろ、訴訟能力や責任能力に疑念が生じる被告人等に対しては、被告人等の意思に反してでも訴訟能力や責任能力を争わなければならないことについては、いずれの説においても、その結論には変わりはない。結局のところ、いずれの説に立ったほうが、理論的に説得力を持つのかという問題に収斂されるようにも思われる。

しかしながら、大野の言う楕円形であるのか、筆者の説くような異心円[128]であるのかは別にして、弁護人は、依頼者の意思の尊重という中心点と適正手続の保障等々の司法機関性というもう一つの中心点を持ち、その二つの中

---

(126) 例えば、執行猶予期間が切れることを目途として、裁判の進行を遅らせることが、「適正な訴訟の進行に協力すべき義務」に違反するか否かという論点はあるものの、それによって被告人の利益が擁護されることは疑いのないことなので、虚言や詐術のない限り、「適正」な訴訟対応であるといえる。なお、この点については、武井＝森下・前掲注(124)41～48頁を参照されたい。

(127) ここで言う被疑者等の権利・利益とは、違法収集証拠排除のように、制度的保障が制度目的であると考えると、必ずしも被疑者等自身の擁護に直結しないことも含まれるが、本稿では、その詳論は、後日に期することとしたい。

(128) 前掲注(124)参照。

心点で「永遠の葛藤」をしなければならないように思われる。

　また、司法機関性の内容が不十分であるという批判が正鵠を得ていることは認めざるをえないが、一つの価値概念だけが司法機関性を規律しているのではなく、弁護人の適正手続の監視機能や保護者的立場や虚偽証拠提出の回避など、司法機関の一翼を担うことから導き出される、被告人の意思とは異なる中心点を、弁護人が有していることは明らかである。ただ、従前言われ続けてきたように、そのもう一つの中心点の内容に、一部の論者からは、積極的真実義務が含まれていると主張されていたことは間違いがない。しかし、そのような主張が、議論を混乱させてきた元凶と、厳しく批判されなければならない。

　さらには、実務家として、説の優劣を究めるのではなく、あらゆる説を使い分けなければならない場面もある。

　本稿も、弁護人の役割につき、被告人等に対する説得の材料や弁護人自身の判断の資料として用いられれば、望外の喜びである。

　また、真実義務に関する先駆的論稿を出されてきた浦功弁護士の古稀を祝うに値する内容となっていることを祈念したい。

（もりした・ひろし）

日本の絞首刑を考える[1]

弁護士 後藤 貞人

I　はじめに
II　わが国の絞首刑の歩み
III　絞首刑によって受刑者が死に至る機序
IV　アメリカ合衆国、イギリス、そしてわが国
V　わが国の刑事裁判における絞首刑の残虐性
VI　おわりに

I　はじめに

　わが国の死刑は絞首刑である。受刑者の首に縄をかけ、足下の床を開いて受刑者を落下させる。落下した受刑者は縄の長さの距離を落下して止まり、首にかけられた縄が締まって死に至る。執行に用いられる絞罪器械は、明治初期にイギリス式のものを模倣して作られ、その後変更が加えられてきた。

　この器械による絞首刑は速やかな死をもたらし、受刑者はほとんど苦痛を感じない、と信じられてきた。しかし、絞首刑によって受刑者が死に至る機序は、長く信じられてきたほど単純ではない。明治初期に作られた絞罪器械にその後加えられた変更の経緯や内容も、明らかでないところが多い。

　絞首刑は憲法36条の禁じる「残虐な刑罰」にあたらないとするのが最高裁昭和30年4月6日大法廷判決である。それ以降この判断を覆した判決はな

---

[1]　本稿は、後藤貞人「本当に絞首刑は残虐な刑罰ではないのか？」刑弁61号（2010年）99頁、中川智正弁護団＋ヴァルテル・ラブル『絞首刑は残虐な刑罰ではないのか？―新聞と法医学が語る真実―』（2011年、現代人文社）に続く「絞首刑」をテーマとする3つめの論考である。

く、この大法廷判決を踏襲した判決ばかりである。

　それらの判例は、いずれも、絞首刑の実体を詳しく調べ、その執行によって受刑者の身体に何が起こるかを示した上で残虐性の判断をしたものではない。

　そこで、本稿では、明治政府が絞首刑を選択した経緯を確認した上、絞首刑がどのような器械によって執行され、その執行によって受刑者の身体に何が起こるかを明らかにしたい。その上で、わが国の裁判所がそれらの事実をどの程度明らかにしてきたかを見ることにする。

II　わが国の絞首刑の歩み

1　明治政府による絞首刑の選択

　明治元年の仮刑律には、死刑として刎と斬があり、これは後に絞、刎、梟となった。この他に磔、焚も用いられた。同年11月には磔は君父に対する大逆罪のみに適用されることになり、焚が梟首に変わった。その後明治3年12月27日新律綱領が頒布された。明治6年には改定律令が定められた。新律綱領及び改定律令には、死刑に「絞」と「斬」の二種類があった[2]。「凡絞ハ首ヲ絞リ其命ヲ畢ルニ止メ、猶ホ其体ヲ全クス、遺骸ハ親族請ウ者アレハ下付ス、凡斬ハ其首ヲ斬ル、遺骸ハ親族請ウ者アレハ下付ス」とされた[3]。新律綱領における「絞」は、絞柱によって行われた。絞柱による執行は、けや木の前に受刑者を立たせてその首に巻いた縄を柱の穴から背後に回し、それに20貫の分銅を吊るし、足の下の踏板を外して絞首した[4]。絞柱による処刑は受刑者の苦痛が激しかったことから、明治5年8月、司法省は正院に対して「新律綱領獄具図中絞罪器械ノ儀ハ実用ニ於テ絶命ニ至ル迄ノ時間モ掛リ罪人ノ苦痛モ有之候ニ付今般西洋器械ヲ模倣シ別紙ノ通リ製造致シ候間従前

（2）　凶残の甚だしい場合は梟首が認められた。
（3）　布施弥平治『日本死刑史』（昭和8年、日東書院）274-276頁、『修訂日本死刑史』（昭和58年、巌南堂書店）560-561頁、手塚豊『明治初期刑法史の研究』（昭和31年、慶應義塾大学法学研究會）255-256頁。
（4）　手塚・前掲注(3)256頁、布施・前掲注(3)75頁。

ノ器械ハ被廃止候様仕度此段相伺候也」との伺を提出した[5]。この伺に対し、太政官は、明治5年10月7日「其省ニ於テ試験ノ上各府県ヘ施行可被仰付候」と指令し、司法省が試作試験をした結果に基づき、明治6年2月太政官布告が発せられた。

同太政官布告は新律綱領の「絞」と「斬」のうち「絞」について定めたものである。明治13年公布、15年施行の旧刑法により、斬首刑はなくなり、絞首刑のみとなった[6]。明治40年公布、41年施行の現行刑法でもそれが引き継がれた[7]。

2　明治6年太政官布告65号

明治6年2月20日に太政官から府県へ発せられた65号布告は、「絞罪器械別紙図式ノ通改正相成候間各地方ニ於テ右図式ニ従ヒ製造可致事」を定め、「死囚二人ヲ絞ス可キ装構」として縮尺60分の1の「絞架全図」を示している。「其三人以上ノ処刑ニ用ル」場合にも「之ニ模倣シテ作リ渋墨ヲ以テ全ク塗ル可シ」としている。その上で、処刑の具体的方法を、

> 凡絞刑ヲ行フニハ先ツ両手ヲ背ニ縛シ紙ニテ面ヲ掩ヒ引テ絞架ニ登セ踏板上ニ立シメ次ニ両足ヲ縛シ次ニ絞縄ヲ首領ニ施シ其咽喉ニ当ラシメ縄ヲ穿ツトコロノ鉄鐶ヲ頂後ニ及ホシ之ヲ緊縮ス次ニ機車ノ柄ヲ挽ケハ踏板忽チ開落シテ囚身地ヲ離ル凡一尺空ニ懸ル凡二分時死相ヲ験シテ解下ス

と定めた。同布告には、上記「絞架全図」の外、踏板裏面図、機車装置図、

（5）　手塚・前掲注(3)257頁。
（6）　『日本刑法草案会議筆記　第1分冊』早稲田大学図書館資料叢刊1（1976年）77、78頁に同会議委員鶴田晧と政府顧問ボアソナード間で交わされた絞首と斬首のいずれを選択すべきかについてやり取りが記録されている。
（7）　布施勇如「日米の死刑執行を巡る透明性に関する一考察―絞首刑の残虐性を中心に―（Ⅰ）」龍谷法学47巻1号（2014年）65-89頁に絞首刑への単一化の経緯が詳しく述べられている。なお、同（Ⅱ）は龍谷法学47巻2号、同（Ⅲ）は龍谷法学47巻3号に掲載されている。現行刑法と同時に施行された陸軍刑法及び海軍刑法は銃殺刑であった。

踏板表面図、機車図、機車属鉄板図、鉄板架図、絞縄鐶図、螺旋図、絞縄略図等が書かれ、絞縄の長さは二丈五尺とされている。

死刑の執行方法に関する事項は法律事項である。しかし、新憲法下の国会で成立した死刑執行方法を定める法律はない。明治憲法下で成立した法律にもそのような法律はない。唯一存在するのは上記明治6年太政官布告65号である。最高裁昭和36年7月19日大法廷判決は、太政官布告65号が法律としての効力を有し、判決日現在においてもなお有効であると判断した[8]。

3　現在の絞首刑

現在、絞首刑は太政官布告65号のとおりに行われていない。法務省は平成22年8月27日、東京拘置所の刑場を報道関係者に公開した[9]。それ以前にも刑場が公開されたことがある。昭和22年10月29日・11月5日合併号『アサヒグラフ』（朝日新聞社）14、15頁には広島刑務所の刑場の写真記事が掲載されている[10]。『アサヒグラフ』の写真によると、「絞架」に屋根が冠せられ、階段の代わりにゆるやかなコンクリート道があり、台は地平面のわずか上にある。床が下方に開いて地下室に吊り下がるようになっている。これらの写真と平成22年の写真とを比較すると、昭和22年当時の刑場は、明治6年太政官布告65号に近く、平成22年当時の刑場とは大きく違う。

平成22年8月27日の刑場公開を受けて、第176回国会（臨時会）の会期中の平成22年10月25日、福島みずほ参議院議員は、国会法第74条に基づき、「法務省による東京拘置所の刑場公開に関する質問主意書」を提出した。福

---

(8) 最大判昭和36・7・19刑集15巻7号1106頁は、「執行方法に関する事項のすべて」が法律事項とはいえないとしても、明治6年太政官布告65号が定めるような「基本的事項」は法律事項に該当すると判示している。
(9) 新聞報道には「初公開」としたものがあるが正確ではない。報道機関への公開以外に、国会議員が刑場を視察したことが数回ある。昭和42年8月ころ、田中伊三次法務大臣に新聞記者が同行して刑場を視察した（昭和42年9月1日付サンケイ新聞、勢藤修三『死刑の考現学』三省堂1983年90頁参照）。平成15年7月23日衆議院法務委員会の9名が視察した（同日付朝日新聞夕刊）。平成19年11月22日参議院法務委員会の11名（11月23日付朝日新聞朝刊・平成19年11月29日第168回参議院法務委員会会議録11頁）、同年11月26日衆議院法務委員会の13名が視察した（保坂展人『東京拘置所の刑場氏視察で明らかになったこと』『どこどこ日記』）。なお、明治期の公開については、中川智正弁護団＋ヴァルテル・ラブル・前掲注(1)3、4頁、7-30頁。

島議員は、まず、公開された刑場が明治6年太政官布告65号で示された絞架全図等と比較して、形状・寸法等が明らかに異なっていることの確認を求めるとともに、以下の質問をした⁽¹¹⁾。

① 布告65号の絞架全図によれば、踏み板から地面までの高さは九尺（約二・七メートル）である。一方、公開された刑場ではその高さが四メートル前後あると見受けられたが、正確な高さは何メートルか。

② 布告65号によれば、絞首された者は「囚身地ヲ離ル凡一尺空ニ懸ル」（受刑者を地上約三十センチメートルの高さまで落下させて宙づりにする）と規定されているが、現在の各刑場での死刑執行においても、同様の運用を行っているのか。

③ 東京拘置所で使用される絞縄の形状は布告65号と定められたものと異なる点はあるか。あるとすれば、異なる点について詳細に説明されたい。

---

(10) 同時期の平成22年12月12日付名古屋タイムズには、名古屋刑務所の刑場の写真が掲載されている。村野薫編著『日本の死刑』柘植書房1990年には「死刑執行室」として16枚の写真が載っている。そのうち1枚は映画からとった写真である。番号①〜⑪の写真は「1961（昭和36）年当時の旧大阪拘置所内の執行室」との説明がある。番号⑫⑬の写真は「1948（昭和23）年まで使用の旧広島拘置所処刑台」との説明があり、昭和22年11月5日付朝日グラフの写真と一致する。番号⑭の写真は「1959（昭和34）年まで使用の札幌刑務所処刑台」との説明がある。番号⑮の写真は「刑壇から立会席側を見る」との説明があるだけで場所の説明はないが、名古屋刑務所の刑場を写した名古屋タイムズの写真と同じである。村野の写真には出典が明記されておらず、番号①〜⑪（大阪拘置所）、及び⑭（札幌刑務所）の写真の出典は不明である。ただし、これらの出典として最も可能性が高いのは、死刑囚孫斗八が提起した行政訴訟での検証調書添付の写真である（丸山友岐子『逆うらみの人生』〈2017年、インパクト出版社。最初の出版は1968年、社会公論社〉8、9頁には、孫が原告として大阪地裁に提起した「死刑執行処分取消請求事件」で大阪、広島、宮城の三つの絞首台の検証がされ、（孫が）「百枚余にのぼる刑場の検証写真を持っていた」とある。同書の209-211頁に4枚の写真が載せられている）。

(11) 質問主意書及び答弁書の全文は参議院のウェブサイトwww.sangiin.go.jp。ここで紹介したのは質問の一部を順序等を変えたものである。質問及び答弁の番号は原文とは別に筆者が付した。

これに対する内閣総理大臣名の平成22年11月2日答弁書は、「形状、寸法等について絞罪器械図式と異なる点もある」ことを認めた上、次のとおり回答している。

 ①について
  約4メートルである。
 ②について
  各刑場の刑具は、開落式踏板上の被執行者の身体の自重によって絞首する機構であり、絞首された被執行者と床面との間に距離をおく運用について絞罪器械図式と変わるところはない。ただし、絞首された被執行者と床面との間の距離については、個々の死刑執行により異なる。
 ③について
  絞縄の長さを除き同様である。東京拘置所で使用されている絞縄の長さは約11メートルである。

　公開された刑場やこれらの答弁によると、現行の絞首刑の器械が太政官布告65号と異なるのは次のところである。
　まず、太政官布告65号の絞罪器械は高架式であったのに、1階から地下に落下させる構造に変わっている。それに伴い、太政官布告65号では「引テ絞架ニ登セ」とあったのが「絞架ニ登セ」ることがなくなった。踏み板から地面までの高さは、9尺（約2.7メートル）であるのに、東京拘置所の高さは約4メートルである。太政官布告65号では「二人ヲ絞スベき装構」であったのが、一人ヲ絞スベき装構に変わっている。「絞縄略図」の縄の長さは「2丈5尺」（約7.6メートル）と定められているが、東京拘置所で使用されている絞縄の長さは約11メートルである。
　これら器械構造の変更以外に執行方法に関する変更がある。
　太政官布告65号では「紙ニテ面ヲ掩ヒ」と定められていたのが、紙から布に変わった。
　受刑者を落下させて止めるときの地面からの高さを「囚身地ヲ離ル凡一

尺」とするのが太政官布告65号の定めである。上記のとおり東京拘置所の受刑者が立つ刑場の床から下の階の床まで約4メートルであるから、「下の階の床上一尺」まで落下するとすれば約3.7メートル落下することになる。これだけの距離を落下すると、頭部の離断がおこりやすくなる[12]。このような事態を避けるために、この長さが変更されているか、他の変更が行われていると考えられる。福島議員は質問主意書でこの点について以下の質問をした。

④　海外では絞首刑を執行するにあたって、落下距離が短いと受刑者が意識を保ったまま窒息し、死亡までの時間が長くなる可能性があり、逆に落下距離が長いと落下の衝撃で同人の首が切断される可能性があるため死刑を執行される者の体重等に応じて絞縄の長さを調整し、同人を落下させる距離を変更している。わが国の死刑執行においても同様の運用が行われているか。

⑤　わが国において④で示したような運用が行われているとすれば、具体的にどのように行われているか。その際、受刑者の体重とそれに見合った落下距離を算出する表を使用しているか。使用しているならば、それはどのようなものか示されたい。また、そのような運用はいつから行われているか。何らかのきっかけがあったのであれば、それも示されたい。

これに対し、政府は前記平成22年11月2日答弁書で、

　　④及び⑤について

　　　絞縄については、個々の死刑執行ごとに、被執行者の身長、体重等を考慮し、死刑執行を確実に行うために必要な長さに固定している。

　　　なお、お尋ねの表は存在しない。

---

(12)　被絞首者の体重、落下距離によって首にかかる力が異なる。体重が重いほど、また落下距離が長いほど首にかかる力は強くなる。

と回答した。

　落下後ロープを解くまでの時間は太政官布告65号では、「空ニ懸ル凡二分時死相ヲ験シテ解下ス」とされていたのが、5分と変更された。

4　太政官布告65号からの変更の根拠

　ロープを解くまでの時間を「2分から5分」に変更することだけが明文の規定による変更である。旧監獄則（明治5年11月29日明治5年太政官布告378号）37条2項により5分間に改められ、さらにこれを受けて監獄法（明治41年3月28日法律第28号）第72条は「死刑ヲ執行スルトキハ絞首ノ後死相ヲ検シ仍ホ5分時ヲ経ルニ非サレワ絞縄ヲ解クコトヲ得ス」と定めた。それ以外はいつどのようにして変更されたかはっきりしない。

　この点を明確にすべく、福島議員は、平成22年10月25日付「質問主意書」で、

　　　現在の各刑場での死刑執行が布告65号どおりに運用されていないとすれば、運用が変更された時期ごとに、その変更の時期及び内容並びに変更の理由を説明されたい。

と質問した。これに対する政府の平成22年11月2日付答弁書は何も答えていない。

　福島議員は、平成23年1月24日、さらに次のとおり質問した。

　　　布告65号と現在の運用の相違は、いつからどのような経緯で生じたものか。運用が変更された時期ごとに、その内容及び変更の理由を説明されたい。また、その変更は、どのような権限に基づき、どのような行政規則によって実施されるに至ったのか。変更された時期ごとに説明されたい。

　これに対する平成23年2月1日付答弁書は、「各刑場の刑具は、開落式踏板上の被執行者の身体の自重によって絞首する機構であり、絞首された被執

行者と床面との間に距離をおく運用について絞罪器械図式と変わるところはなく、運用を変更したとは考えていない」と回答した。「形状、寸法等について絞罪器械図式と異なる点」や「絞首された被執行者と床面との間の距離」「絞縄の長さ」等について運用を変えていることを認めながら、その理由を質問すると、「絞首された被執行者と床面との間に距離をおく運用について絞罪器械図式と変わるところはな」いから「運用を変更したとは考えていない」と述べて、意図的に福島議員の質問に対する回答を回避している。

Ⅲ 絞首刑によって受刑者が死に至る機序

1 最高裁判所はどのような資料に基づいて絞首刑による死の機序を理解していたか

(1) 絞首刑の残虐性が問題となった裁判における最高裁の判断資料

最高裁昭和30年4月6日大法廷判決刑集9巻4号663頁(以下「最高裁昭和30年大法廷判決」という。)は、「現在わが国の採用している絞首方法が他の方法に比して特に人道上残虐であるとする理由は認められ」ず、絞首刑は憲法36条の定める残虐な刑罰にあたらないと判断した。この判決は有名な帝銀事件に対する判決である。刑集には大法廷判決に続けて弁護人の上告趣意が記載されている。その第4点として書かれているのは、「絞首刑は憲法36条違反である」との一文だけである。同事件の1、2審の判決をみても、絞首刑の残虐性が争われた形跡はない。最高裁昭和30年大法廷判決が、その事件の訴訟記録の中から絞首刑の執行によって被絞首者の身体にどのようなことが起こるかを判断する材料を得ることができたとは思われない。

この大法廷判決を評釈した高田義文は、「今までの判例は、死刑制度、法定刑としての死刑乃至絞首刑そのものが抽象的一般的に、絞首刑としても、一般に他の方法による死刑との比較において論じられた傾きがあるけれども、その場合でも実は現にわが国において行われているような絞首刑が観念されていたのである(判例集2巻3号191頁、同5巻5号923頁、同6巻1号104頁、なお、同7巻11号2226頁の第一小法廷判決参照)」という[13]。しかし、それらの判決をした裁判所の第1審から上告審までのいずれかの審級で、絞首刑

の執行によって被絞首者の身体に何が起こるかについて審理された形跡はない。

高田の判例解説にある「判例集２巻３号191頁」は、最高裁昭和23年３月12日大法廷判決刑集２巻３号191頁（以下「最高裁昭和23年大法廷判決」という。）の死刑合憲判決である。「同５巻５号923頁」は、死刑が憲法９条に反しないとされた最高裁昭和26年４月18日大法廷判決刑集５巻５号923頁である。「同６巻１号104頁」は、殺人罪を犯した者に対して死刑を科することを認めた刑法199条が憲法36条に違反しないとされた最高裁昭和27年１月23日大法廷判決刑集６巻１号104頁である。これらの事件の上告趣意には、上告理由の一つとして、「絞首刑」が憲法36条に違反することを掲げられている。だが、その内容をみると、死刑が憲法に違反するというものであり、絞首刑に焦点を当てた論証はない。

「同７巻11号2226頁」は、絞首刑が憲法36条に反するかが問われた最高裁昭和28年11月19日第一小法廷判決刑集７巻11号2226頁（以下「最高裁昭和28年第一小法廷判決」という。）である。同判決は「現行の死刑制度が憲法に違反しないものであることは、当裁判所大法廷屢次の判例（略）の趣旨とするところであり、且つ、犯罪の種類、方法等によっては、いまなおこれを必要とするものであって、右判例を変更すべきものとは思われないから、所論は採用できない」と判示している。この事件の上告趣意書も「しかしてこの新憲法の大原則の下において死刑による絞首は刑罰として人生最大の残虐と認めない者は八千万国民の内、最高裁判所の裁判官を除いては恐らく一人もないと思考せられる」「憲法三六条の大精神からいえば死刑は正に残虐な刑罰であることは疑いないから」等と述べているが、「絞首刑が残虐である」ことを具体的に論証したものとは言えない。

このように、最高裁昭和30年大法廷判決が、「現在わが国の採用している絞首方法が他の方法に比して特に人道上残虐であるとする理由は認められない」と判断した根拠となる資料や事実をその判決文から窺うことはできない。それ以前の最高裁判決を検討しても、「絞首刑によって受刑者の受ける

---

(13)　高田義文・最判解刑昭和30年度104頁。漢数字はアラビア数字とした。

苦痛や身体の損傷の程度」をどのような資料に基づいて判断したのかが不明である(14)。

(2) 最高裁昭和28年第一小法廷判決の原審である東京高裁判決

ただし、最高裁昭和28年第一小法廷判決の原審である東京高裁昭和28年4月3日判決（以下「東京高裁昭和28年判決」という。）は、

> 次に、論旨は、絞首による現行の死刑執行の方法は残虐だと主張するのであるが、死刑の執行に絞首の方法を用いることは受刑者にとって最も苦痛が少なく人道的なものとして文明諸国に多く採用されているところでありいやしくも死刑そのものが是認される限りこの方法によることはなんら残虐であるとはいえない。前記最高裁判所の判決も現行制度としての死刑が絞首の方法によっていることを前提としてしかもなおかつこれを違憲ならずと判断したものと解されるのである。

と判示している(15)。この事件の第1審判決である静岡地裁沼津支部昭和27年8月30日判決をみる限り、絞首刑の残虐性が問題となった形跡はなく、控訴審において絞首刑が残虐な刑罰であり憲法に違反するとの主張がなされたようである(16)。この主張に関連して、控訴審において、「絞首刑による受刑者の苦痛」に関する事実取調べ等がされた可能性は絶無とはいえない。しかし、控訴審の判決書を見る限り、「最も苦痛が少ない」との判示事実に関して、審理の過程で医学的な論争や立証が行われた形跡はない。

立法事実は立法府が立法の資料として収集、認定する事実と同質のものであり、法廷における証拠調べがされていなくとも、担当裁判官が独自に調査した結果に基づくことができるとされている。上記高裁判決も、裁判官が法廷外の調査によって、そのような判断をした可能性がある。そのような判断

---

(14) 抽象的な「死刑」の残虐性ではなく、具体的な「絞首刑」の残虐性が問題となっても、最高裁が、絞首刑によって受刑者の身体にどのようなことが起こるかを明確に判示したことはこれまで一度もない。どのような資料に基づいて絞首刑の残虐性を判断したのかを判示したこともない。
(15) 刑集7巻11号2248頁。
(16) 刑集前掲注(15)2245-2247頁。

手続を違法とすることはできないかもしれないが、その調査の内容は訴訟記録に表れてこない。判決文にも判断過程は一切明らかにされていない。そのため、同高裁判決がどのような資料に基づいて「絞首の方法を用いることは受刑者にとって最も苦痛が少なく人道的なもの」と判断したのかは正確には不明というほかない。ただし、手がかりがないわけではない。

(3) **松下今朝敏事件**

東京高裁昭和28年判決の日付は昭和28年4月3日である。その当時同じ東京高裁で松下今朝敏を被告人とする第1審死刑判決事件の控訴審が継続していた[17]。向江璋悦弁護士が弁護人となり、昭和25年5月30日、絞首刑は残虐な刑罰であり憲法36条に違反するとの主張を第1点とする控訴趣意書を提出した。同事件は新聞でも報道された。昭和25年6月23日朝日新聞は「"絞首刑は残虐行為"不適と違憲の訴え」との見出で、向江弁護人が、「過去二つの上告理由[18]とは角度をかえ」、死刑ではなく絞首刑の残虐性を問題とする控訴趣意書を提出したことを報じた。同控訴審で、滝川幸辰博士、正木亮博士が鑑定人に選任され、同鑑定人ら立ち合いの下で大阪拘置所の刑場を検証している。昭和26年8月3日朝日新聞は、このことを「死刑場を実地検証」との見出で報じた。昭和26年9月30日付で滝川博士の鑑定書、昭和27年1月4日付で正木博士の鑑定書が提出された。昭和27年1月16日朝日新聞は、これらの鑑定を「『絞首刑是非論』に二つの鑑定」の見出で報じている。

正木博士は、刑事学上死刑執行方法の歴史的変遷、各国の先例、各国の現状、刑事学界の傾向等を研究考覈して、「北米合衆国ニューヨーク州で発明された電気殺は惨虐な野蛮刑絞殺への革命であった。更にネバタ州で発明された瓦斯殺はD. A. ターナー少佐の宣言によれば惨虐なる絞殺及び電気殺への人道的革命である」「刑事法学的研究の結論は死刑執行方法として今日の瓦斯殺が最も残虐性が少なく、電気殺が之に次ぎ銃殺、斬殺、最後に絞首刑とされるのである」等と述べた上、結論として、「日本刑法第11条所定の死刑は残虐なる刑罰である。日本刑法第11条所定の絞首刑は刑事学上現存する

---

(17) 向江璋悦『死刑廃止論の研究』(昭和35年、法学書院) 383-452頁に詳しい。
(18) 最高裁昭和23年大法廷判決および最(一小)判昭和24・8・18刑集3巻9号1479頁の二つの事件の上告理由を指す。

諸国の死刑執行方法に比し最も残虐なる刑罰である」と鑑定した[19]。正木博士の鑑定意見は、絞首刑が「最も苦痛が少なく人道的なものとして文明諸国に多く採用されている」とする東京高裁昭和28年判決とは正反対の意見である。

滝川博士は、「私が本年8月2日に大阪北区刑務支所の死刑執行場の検証に立ち会ったときの感じからいうと、わが国の絞首の執行方法は、殊に残虐だとは思われない」「斬首、電気殺、銃殺が絞首よりも人道的だとは考えられない。瓦斯殺は被処刑者の知らない間に行うのであるから、恐怖を与えないが、だまし打ちは人権を尊重するゆえんではない」等と述べた上、「わが国の絞首の執行方法は、私の見た執行場から推測すると、特に残虐な刑罰ということはできない。即ち憲法第36条の違反ではなかろう」と結論した[20]。滝川博士の結論は、検証時に「死刑執行場を見たときの感じ」から述べているにすぎず、被処刑者の苦痛を検討したかどうかすら分からない。いずれにしても、この滝川鑑定も、絞首刑が「最も苦痛が少なく人道的なものとして文明諸国に多く採用されている」とする東京高裁昭和28年判決の根拠となる意見ではない。

松下事件の控訴審裁判所は、これらの二人の鑑定に加えて法医学者による鑑定を採用した。鑑定人に選任された古畑種基博士[21]により昭和27年10月27日付鑑定書が提出された[22]。同鑑定の結論は、「現在我国に行われている絞首刑は医学上の見地より、現在他国に行われている死刑執行方法と比較して残虐であるということはない」「絞殺の場合は、死刑執行の直後に意識を消失し、本人は何ら苦痛を感じない」とするものであった。昭和28年1月19日朝日新聞は、「絞首刑は残虐かどうか？古畑博士、論争に鑑定書」「方法に改善の余地」との見出で古畑鑑定を報じている。

松下事件は上記東京高裁昭和28年判決の事件とは別の事件である。だが、

---

(19) 向江・前掲注(17)399-424頁。
(20) 向江・前掲注(17)393-399頁。
(21) 鑑定当時、東京医科歯科大学医学部法医学教室教授、前東京大学医学部法医学教室教授。
(22) 向江・前掲注(17)424-433頁に古畑鑑定の全文が掲載されている。

前記のとおり、立法事実は裁判官が独自に収集調査して法律問題として判断すれば足りるとされている[23]。東京高裁昭和28年判決の第7刑事部の裁判官も、「独自に」収集調査したと考えられる。時期的にみて、その資料の一つに、同じ東京高裁の別の部である東京高裁第1刑事部で審理中の松下事件で調べられた昭和26年9月30日付滝川鑑定書、昭和27年1月4日付正木鑑定書及び昭和27年10月27日付古畑鑑定書があったと思われる。ただし、滝川、正木両鑑定は、前記のとおり、その内容からみて、東京高裁昭和28年判決の基礎となるような見解ではなかった。「死刑執行の直後に意識を消失し、本人は何ら苦痛を感じない」とする古畑鑑定と同高裁判決の「受刑者にとって最も苦痛が少なく人道的」との判示部分を対比すると、古畑鑑定が同高裁判決に直接、大きな影響を与えたことは疑いないだろう[24]。

最高裁昭和30年大法廷判決も、古畑鑑定の影響下にあったことは間違いない。しかも、その後、何十年もの間、古畑鑑定に疑問がもたれた形跡はない[25]。そこで、次に昭和27年10月27日付古畑鑑定がどのようなものであったかをみることにする。

2　昭和27年10月27日付古畑種基鑑定[26]

(1)　鑑定事項と結論

古畑博士は、①我国で行われている絞首刑は外国の死刑方法と比較して残虐であるか、②特に死刑執行後絶命に至る時間的差異、について鑑定を求められた。古畑博士によると、「鑑定に必要なる資料について、できるだけ内外の文献を渉猟し、熟慮審按の上この鑑定書を作成した」という。

昭和27年10月27日付鑑定書は、第一章「緒言」、第二章「考按並びに説明」、

---

(23)　公職選挙法の合憲性が問題となった福岡高判昭和60・2・5判タ554号301頁、外国人登録法の憲法適合性が問題となった東京地判昭和59・8・29判タ534号98頁、石井・刑事実務証拠法276頁。
(24)　もっとも、古畑博士が「瞬間的に死亡するから、最も苦痛を感ぜずに絶命するので、一番人道的な死刑方法であるといわれている」としているのは絞首刑ではなく瓦斯殺である（向江・前掲注(17)428頁）。
(25)　2007（平成19）年1月イラクのフセイン大統領の異母弟の絞首刑で受刑者の首が切れた。「絞首刑は屍体に損傷を生じせしめない安楽な死に方である」との古畑鑑定を否定し、同鑑定に疑問をいだかせる出来事であった。

第三章「鑑定」の三章からなる。
　第二章は、第一節「外国に於ける死刑執行方法」、第二節「我国に行われている絞首刑は外国の死刑方法と比較して残虐であるか」、及び第三節「死刑執行後絶命に至るまでの各種執行方法の時間的差異」の三節からなる。古畑博士は、その第二節の結論部分で次のように述べている。

　　　法医学上からみると、以上述べた五種の死刑執行方法[27]の内、死刑囚をして苦痛を感ぜしめることが少なく且つ瞬間的に死亡するものとして、青酸ガスによる方法と縊死による方法が一番よいものであると考えられる。
　　　但し我国で死刑執行の方法として現在行われている方法が、この法医学上の原理を充分に理解して行っているものでないならば、その致死に理想的でないところがあるであろうと推察せられる。
　　　絞殺が最も理想的に行われるならば、屍体に損傷を生ぜしめず、且つ死刑囚に苦痛を与えることがなく（精神的苦痛は除く）且つ死後残虐観を残さない点に於て他の方法に優っているものと思う。
　　　私は我国において行われている死刑方法は外国に行われている方法と比較して、特に残虐なものでないと考える。
　　　然しながら、現在の死刑執行方法に改善の余地なきやと問はれれば、私はその余地があると答えたい。

　古畑博士は、鑑定書第三節で、②死刑執行後絶命に至るまでの各種執行方

----

(26)　この鑑定の外、古畑博士には「死刑執行方法に関する法医学的考察」ひろば6巻6号（昭和28年）22頁、「死刑の法医学」科学朝日1955（昭和30）年6月号38頁、昭和34年11月25日付「鑑定書」（原告松下今朝敏の死刑受執行義務不存在確認事件における鑑定書）がある。絞首刑に関する法医学的研究ないしは論考は、これらの古畑鑑定・論文以外にまったく見当たらない（科学技術振興機構提供のデータベースJMEDPlusは主として日本国内で発表された医学関連分野の文献情報のほとんどを収録している。その1981年以降2011年1月5日の文献情報のうち医学関連分野の5,680,899件を検索したが古畑鑑定・論文以外に見当たらなかった〈中川智正弁護団＋ヴァルテル・ラブル・前掲注(1)118頁〉）。
(27)　絞殺、斬殺、銃殺、電気殺、瓦斯殺の5種。

法の時間的差異について、

> 特に瞬間的に死亡するものは瓦斯殺、斬首でこれに次で電気殺、銃殺、絞殺である。但し絞殺の際は執行後直ぐ意識を消失するのを常則とする。

と述べている[28]。第三章「鑑定」は全体の結論部分である。第二章第二節の結論部分とほとんど重複する次のようなものである。

> 現在我国に行われている絞首刑は医学上の見地より、現在他国に行われている死刑執行方法と比較して残虐であるということはない。但しこの執行方法の細部に於ては、これを改善する余地はある。
> 斬殺、瓦斯殺に就ては執行の直後に絶命するが絞殺の場合は、死刑執行の直後に意識を消失し、本人は何等苦痛を感じないが、心臓は尚微弱、不規則に十分乃至三十分位は微かに搏動しておる。

(2) **古畑鑑定の根拠**

古畑博士が、5種類の執行方法のうち、絞首刑は、死刑執行後絶命に至るまでの時間が最も長いにもかかわらず、「死刑囚に苦痛を与えること」がないというのは、次のような根拠に基づく（漢数字や度量衡の表示はアラビア数字やカタカナにした）。

> フランスの有名なる法医学者ブルーアルデル教授は、気道を絞圧閉鎖せしめるためには15キログラムの力を要し、頚静脈は2キログラム、頚動脈は5キログラム、椎骨動脈は30キログラムの力で絞首すると血行不能に陥るといっているが、前述のシュワルツアッヘル教授は、索条が左右相称に後上方に走っているときは、血管の内圧が170ミリ水銀柱のときに、頚動脈を閉鎖するためには3.5キログラムの力

---

(28) 向江・前掲注(17)430頁。

を要し、両椎骨動脈を圧塞するためには16.6キログラムの力を要するといっている。それ故、頚部に索条をかけて、体重をもって懸垂すると（縊死）、その体重が20キログラム以上あるときは左右頚動脈と両椎骨動脈を完全に圧塞することができ体重が頚部に作用した瞬間に人事不省に陥り全く意識を失う。

　それ故、定型的縊死は最も苦痛のない安楽な死に方であるということは、法医学上の常識になっているのである。

(3) 古畑鑑定の問題

　ア　最高裁昭和30年大法廷判決をはじめ、絞首刑の残虐性が問題となった事件の判決は最高裁、下級審を問わず、古畑鑑定に一言も触れていない[29]。しかし、東京高裁昭和28年判決が、判決時期、判決内容から古畑鑑定を下敷きにしていることが窺えるのは前述したとおりである。最高裁昭和30年大法廷判決も同じように古畑鑑定を判断資料の一つとしたことは間違いないと思われる。古畑鑑定は、その後長い間疑問を呈されることがなかった[30]。約60年を経て、古畑鑑定には法医学的に重大な誤りがあることが明らかとなった[31]。それを次の3で検討するが、医学的専門的な検討の前に、ここでは、古畑鑑定のその他の問題を指摘しておく。

　イ　古畑博士は、まず、絞殺、斬殺、銃殺、電気殺、瓦斯殺の5種の死刑執行方法を比較して、医学的にみて一番苦痛のない方法は絞殺と瓦斯殺とで

---

(29)　わが国の裁判所は判決現在行われている絞首刑が残虐でないとしてきたが、その医学的根拠に触れた判決は、大阪地判平成23・10・31判タ1397号104頁まで見られない。そもそも古畑鑑定以外にわが国の絞首刑について医学的見地から書かれたものが見当たらないことは中川智正弁護団＋ヴァルテル・ラブル・前掲注(1)118頁。

(30)　絞首刑の受刑者は執行によって瞬時に意識を失うから苦痛を感じない、という誤った見解は広く信じられてきた。例えば、死刑に正面から取り組んだノンフィクションである読売新聞社会部『死刑』（2009年）には「死刑囚は自分の体の重みで首の骨が折れ、瞬時に呼吸が止まり、意識がなくなる。……『瞬時に意識を失うから、本人は苦痛を感じないはずだ』という」とある（28頁）。第168回国会中の平成19年10月24日衆議院法務委員会で、鳩山邦夫法務大臣は、「ただ、あれは、だんと落ちるから、首の骨が瞬間に折れて意識を失うから、だから残虐ではないという説もあるそうですけれども、まあ残虐ではないですね、あの憲法の」と答弁している（法務委員会会議録20、21頁）。

(31)　中川智正弁護団＋ヴァルテル・ラブル・前掲注(1)105頁。

あるという。

　銃殺について、苦痛に触れずに「弾丸の貫通によって生ずる顕著なる損傷がみられる」とする。

　斬殺について、苦痛に触れずに「頭と胴体がはなればなれになることと、大出血をきたすことによって、悽惨なる状態を現出する」とする。

　電気殺について、苦痛に触れずに「今日では余り理想的な方法であるとは考えられていない」とする。

　瓦斯殺について「瓦斯殺は青酸ガスの充満している容器と密室とを連絡し、死刑囚がその密室に入るとその室の中に青酸ガスが入りこれによって瞬間的に死亡せしめる方法で、瞬間的に死亡するから、最も苦痛を感ぜずに絶命するので、一番人道的な死刑方法であるといわれている」と評価している[32]。古畑博士は、その約7か月後の昭和28年6月1日発行の『法律のひろば』に発表した「死刑執行方法に関する法医学的考察」では、「これに賛成する人は、この方法による絶命までの時間が最も速いので人道的であるというのであるが、この頃の研究によると、瞬間的に死亡するとは決まっていないようで、ある者は絶命までに数分時間を要したという報告がある。それ故、最初考えられたほど、瞬間的に死亡するとはいえぬようであるが」と述べている。法律のひろばの印刷は5月25日とされているので、原稿の入稿等を考えると、約半年の間に見解を変えたことになる。その間に新たな論文が発表されたからではなく、昭和27年10月27日付古畑鑑定書が新聞報道され、これを読んだ誰かから指摘を受け、見解を修正した可能性がある[33]。

　ウ　絞殺について、「定型的縊死は最も苦痛のない安楽な死に方であるということは、法医学上の常識になっているのである」と述べている。古畑博士の昭和34年11月25日付鑑定書[34]によると、「頸部に索条をまいて懸垂し、自己の体重によって頸部を絞めて窒息死に陥らしめる」縊死には、「定型的縊死」と「非定型的縊死」があり、「定型的縊死」は足が地上を離れている

---

(32)　向江・前掲注(17)428頁。
(33)　古畑・前掲注(26)「死刑の法医学」41頁でも、古畑博士は、「瞬間的に死ぬので楽な方法であるということについては考慮し直す必要があるように思われる」と述べている。
(34)　古畑・前掲注(26)「鑑定書」。

Ⅲ　絞首刑によって受刑者が死に至る機序

状態、「非定型的縊死」は足や膝が地面についている状態の縊死である[35]。非定型ではなく定型的縊死が苦痛のない安楽な死に方だとされるのは、普通の男女は20キログラム以上の体重があるから、定型的縊死の場合は、左右頸動脈と両椎骨動脈を完全に圧塞するに十分な力が加わるからであろう。

松下事件の弁護人であった向江弁護士は、「絞架されてから絶命に至るまで平均一五、六分を要するのであるが、この間不必要な肉体的苦痛がないであろうか。古畑博士は、絞架と同時に仮死の状態になると云うが、果たしてそうであろうか」と古畑鑑定に疑問を投げかけている[36]。この疑問は医学的根拠に基づくものというよりは、直観的な意見にとどまるように見える。

しかし、古畑博士は、前記のとおり、「定型的縊死は最も苦痛のない安楽な死に方であるということは、法医学上の常識になっているのである」と述べるのに続けて、「但し頸部にかける索条が柔軟なる布片の類であるときと、麻縄やロープのような硬い性質のものである場合とでは、死亡するに至る状況に多少の差異を生ずる。柔軟な布片を用いることは、ロープや麻縄を用いる場合に比して、遥かに安楽に死に至らしめることができるのである」と記している。「改善の余地がある」とも述べている。さらに、古畑博士は、「屍体に損傷を生ぜしめず、且つ死刑囚に苦痛を与えることがなく、且つ死後残虐観を残さない点に於て他の方法に優っている」前提として、「絞殺が最も理想的に行われる」ことを置いている。

このような表現から、かえって、古畑博士は、実際の絞首刑の執行が「最も理想的」になど行われていないと理解していたことが分かる。古畑博士が鑑定を求められたのは、実際に行われている執行方法で受刑者の身体にどのようなことが起こるかの法医学的な専門的意見であるのに、「最も理想的」な場合以外ではどのような弊害があるか、実際に行われている執行方法では、どのような「肉体的苦痛」や「屍体の損傷」があるのかの意見を述べていない。これでは、「現在我国に行われておる絞首刑」を医学上の見地より

---

(35)　浅田一『首つりと窒息死』（昭和24年、芹田東光社）57頁には「足が宙にういていても、ヒモが一側に偏してかゝり、他側の頸部血管、神経などが圧迫を免れているのを不完全縊首又は非定型的縊首という」とある。
(36)　向江「絞首刑違憲論(2)」ひろば11巻3号（1958年）43頁。向江・前掲注(17)380頁。

他の死刑執行方法と比較したことにならない。

　向江弁護士が、松下事件の上告趣意書で、古畑博士は「『絞殺が最も理想的に行われるならば、屍体に損傷を生ぜしめず且つ死刑囚に苦痛を与えることがなく……且つ死後残虐感を残さない点に於いて他の方法に優っているものと思う。私は我国において行われている死刑方法は、外国に行われている方法と比較して、特に残虐なものでないと考える』と述べられているが、これも常識論より一歩も出ていないのである。法医学者に、斯る常識論をきく為に鑑定を求めたのではない」と古畑鑑定を批判しているのは正鵠を射ている[37]。

3　古畑鑑定の誤り——瞬間的に意識を失い死刑囚は何ら苦痛を感じないか？

(1)　ラルフ・ロッセンらの実験

　古畑鑑定は、頸動脈の閉鎖に3.5キログラム、両椎骨動脈の圧塞に16.6キログラムの力を要する、とのブルーアルデル教授の研究を基に、体重が20キログラム以上ある受刑者の頸部に索条をかけて、体重をもって懸垂すると（縊死）、その左右頸動脈と両椎骨動脈を完全に圧塞することができ体重が頸部に作用した瞬間に人事不省に陥り全く意識を失う、としている。そもそも、我国の絞首刑の執行によって、受刑者の「左右頸動脈と両椎骨動脈を完全に圧塞」できるかが問題である。

　この点は次に述べることにして、仮に「左右頸動脈と両椎骨動脈を完全に圧塞」できたとすれば、本人は何ら苦痛を感じないのであろうか。

　古畑鑑定の9年前である1943年に『神経学と精神医学紀要』50巻にラルフ・ロッセンらによる論文「ヒトにおける急性脳循環停止」[38]が掲載された。ロッセンらは、被験者の首の周りに巻いて気道に影響を与えずにヒトの脳の一時的な循環停止を誘導するために考案された装置（カバット-ロッセン-ア

---

(37)　向江・前掲注(17)445頁。
(38)　LIEUTENANT RALPH ROSSEN (MC), U.S.N.R.* HERMAN KABAT, M.D., PH.D. BETHESDA, MD. AND JOHN P. ANDERSON "ACUTE ARREST OF CEREBRAL CIRCULATION IN MAN "Archives of Neurology and Psychiatry (1943) 50：510-528.

ンダーソン装置）を作った。ロッセンらは、この装置を用いて、11人の統合失調症患者と126人の17歳から31歳の健康な男性志願者を被験者とする実験をした。ヒトの脳における急性循環停止に関する実験をして、何秒後に意識を消失するか、EIAAGと呼ばれる脳の血流の異常反応がいつ起こるかについて111人のデータを得た。

その結果多くの人が5秒から8秒の間は意識があり、長い人では10秒間意識があることが分かった[39]。ヴァルテル・ラブル博士[40]は、同論文の内容と意義を「ロッセンは彼の実験を生きた（!!）若い男性で行いました。このことが同論文を類のないものとしました——他の著者が観察したり実験したのは死体についてです」と述べている[41]。ラブル博士は、大阪パチンコ店放火殺人事件の証人として、以下のように証言している[42]。

> ところで、このロッセン他の論文が信頼に値すると言える根拠は何でしょうか。
> 　二つの理由があります。一つ目の理由は、この論文が大変信用がおける科学の雑誌に投稿されて発表されているということです。このような雑誌で発表されるまでには、鑑定する学者たちのコントロールが、チェックが何度も入ります。もう一つの理由は、他の科学者、学者たちによって、このロッセンの論文が、何回も、内容が正しいということが証明されているからです。例えば、絞首を研究している研究グループは、ロッセンと

---

(39)　ロッセンら・前掲注[38]528頁。
(40)　オーストリアの法医学者。インスブルック医科大学法医学研究所の副所長、オーストリア法医学会会長（平成23年10月大阪パチンコ店放火殺人事件での証言時）。1994（平成6）年のある首つり自殺で頭部離断が起こった事件の調査をきっかけに、首つり自殺や絞首刑の執行が人体にどのような作用を及ぼすかの研究を続けた。自殺例の研究は年間15件から20件、これまで通算で250件から300件に及ぶ（大阪パチンコ店放火殺人事件での証言時）。
(41)　中川智正弁護団＋ヴァルテル・ラブル・前掲注(1)171頁。
(42)　ラブル博士のパチンコ店放火殺人事件（大阪地裁平成21年(わ)第6154号）における証人尋問調書13頁。その一部はウェブサイト「死刑と裁判」hppt//deathpenalty-trial.jpに掲載されている。本論考における引用は、すべて公判調書による。

　　　　　同じ研究結果に至りました。最近の研究で、14例の絞首の例が
　　　　　研究されました。この調査されたうちでは、7秒から13秒の
　　　　　間、意識が喪失されるまでに掛かるという報告結果があります。
　　　　　その7秒から13秒までの間、意識があるというのは、どうやって、そ
　　　　　の研究で分かったんですか。
　　　　　これは、ビデオで、その様子が撮影されていました。そして、
　　　　　そのビデオを見て、そういう結論に至ったのです。

　ロッセンらの研究によって、脳への血流を止めても、「体重が頸部に作用した瞬間に人事不省に陥り全く意識を失う」「死刑執行の直後に意識を失う」ことはなく、多くの人は5秒から8秒間意識を失わないことが分かった。古畑鑑定は1952（昭和27）年である。古畑博士は鑑定にあたって、「内外の文献を渉猟」したと述べているが、鑑定時から45年前の1897年に表されたブルーアルデルの論文を参照したものの、9年前の1943年ロッセンらの論文を検討した形跡はない。

⑵　**そもそも脳への血流は瞬時に止まるのか**

　次の問題は、そもそも、絞首刑の執行直後に「左右頸動脈と両椎骨動脈が完全に圧塞」されるかである。ラブル博士は、中川智正弁護団の質問に対して、

　　　　　非対称なロープの位置（最高点が耳の前――非定型縊頸）の場合、最高
　　　　　点の側の動脈（頸動脈及び椎骨動脈）は多くの場合閉鎖しません――
　　　　　これは結膜や口腔粘膜等の点状出血を伴ったうっ血症候群、及びより
　　　　　長い意識の持続をもたらします。

と回答している[43]。ラブル博士は、大阪パチンコ店放火殺人事件で以下のように証言している[44]。

---
(43)　中川智正弁護団＋ヴァルテル・ラブル・前掲注⑴155頁。
(44)　前掲注⑫証人尋問調書13、14頁。質問と証言の一部は省略した。

ところで、ロッセンの論文は、頸動静脈が完全に圧迫されて、脳への血流がなくなった場合について扱ったものですね。
　　　そうです。
絞首刑の場合、頸動静脈は、常に完全に圧迫されるのでしょうか。
　　　いえ、いつもではありません。それは、絞首するロープの結び目が、首のどこにくるかによって違ってきます。
結び目の位置がどういう場合だったら、どうなるということでしょうか。
　　　そういうことです。
じゃなくて、結び目が、首の、例えば横にある場合は、どうなるんでしょうか。
　　　完全な、頸動静脈が完全に圧迫されるためには、絞首のロープがシンメトリーに、左右対称でなければなりません。結び目が片方に偏ってるときは、結び目の反対の方に荷重な圧迫があり、結び目と同じ方が緩くなる場合があります。そのときは、そこから、血流の一部が脳に達することができるということです。
その場合は、どういうことが起こりますか。
　　　そうすると、意識を失うまでの時間が格段に長くなります。そして、その間に、苦しみを感じることができるわけです。
どうして、意識を失うまでの時間が長く掛かるわけですか。
　　　それは、部分的な血流が、脳に新鮮で新しい血を送って、それによって、酸素が脳に供給されるから、だから、意識が長く続きます。
結び目が横にあるときは、血流が完全に止まらないから、脳に血液が供給されるということですね。
　　　そういうことです。

　イギリスでは、1800年半ば頃、絞首刑の改良の運動の最前線に立ち一連の提案をしていたホートンは、瞬間的な死を目的として、結び目を左耳か顎の

下にするロングドロップの導入を求めた[45]。結び目を耳の下や顎の下にして長い距離を落下させることによって、頸部骨折を生じさせて瞬時に死亡させようとするものである。ロングドロップによって、頸部骨折（ハングマンズ・フラクチャー）がおこり瞬時に死亡するため、受刑者に苦痛を与えないといわれていた。

リック・ジェームスらは、「絞首刑の刑死者における頸部骨折の頻度」で絞首刑による刑死者の頸椎を調査し、「ハングマンズ・フラクチャー」は絞首刑のごく少数においてのみ起こったことを明らかにした。ジェームスらは、その論文中で、絞縄をかける位置に関する過去の論説に触れている[46]。「死刑囚の首に密着させて輪縄をかける。結び目は左耳の真後ろに来るようにする」「同委員会は、新しい基準に基づく落下表──ベリーのものより短い──を作り、左の耳下の結び目を継続して使用するよう推奨した」「1913年にフレデリック・ウッド＝ジョーンズ医師が耳下の結び目は絞殺による死につながるとして、顎下の結び目を求める意見を述べた」「顎下の結び目がより効果的であると主張した」等と記述されている[47]。米国ワシントン州矯正局のウェブサイトにある死刑執行マニュアルにも「ｄ．死刑囚の首に密着させて輪縄をかける。結び目は左耳の真後ろに来るようにする」とある[48]。

このように、イギリスやアメリカでは、多くの絞首刑執行を経験した上で、結び目を耳下や顎下にすることによって受刑者を瞬間的に死に至らしめることができると考えていた。

これに対し、明治6年太政官布告65号には、「絞縄ヲ首領ニ施シ其咽喉ニ

---

(45) Samuel Haughton "On Hanging:Considered from a Mechanical and Physiological Point of View" Philos.Mag., J.Sci., 32 (1866) 23-24.
(46) 国際法科学54巻1992年81-91頁。Ryk James Rachel Nasmyth-Jones "THE OCCURRENCE OF CERVICAL FRACTURES IN VICTIMS OF JUDICIAL HANGING" Forensic Science International, 54 (1992) 81-91.
(47) 「絞殺による死につながる」とは、骨折による瞬間的な死ではなく、絞首による窒息死になってしまう、との意であろう。
(48) アメリカ合衆国ワシントン州は選択刑としてであるが絞首刑を存置している。同州矯正局のウェブサイトhttp://doc.wa.gov/policies/default.aspx?show=400 490（2014年3月1日改訂版）には、死刑囚の居室、死刑執行前の手続、死刑囚への告知、報道機関関係、立会人の選定、死刑囚隔離房、最後の夕食、死刑執行の準備、死刑執行の手続、死刑執行後の手続等が具体的に掲載されている。

Ⅲ　絞首刑によって受刑者が死に至る機序

当ラシメ縄ヲ穿ツトコロノ鉄鐶ヲ頂後ニ及ホシ之ヲ緊縮ス」とある。「鉄鐶ヲ頂後ニ及ホシ」とあるので、首の横ではなく、首の後ろに結び目がくるように絞めることとされている[49]。

ラブル博士の証言を前提にすれば、絞縄の結び目が、左耳の後ろや顎下にあるより、首の後ろにあるほうが、左右頚動脈と両椎骨動脈の圧塞がしやすいかもしれない。しかし、首の後ろに結び目がくるようにするといっても、結び目の位置を機械で測るわけではない。拘置所の立合職員が絞縄を首にかけ、「絞め方は体重によって調整しております」というのである[50]。しかも、死刑囚が踏み台に立ってから落下するまでごく短時間である[51]。刑務官は、死刑囚を殺さなければならないという異常な状況下で、しかも極めて短時間のうちに絞縄を首にかけ、絞め方の調整までしなければならない。古畑博士は、「絞殺が最も理想的に行われるならば」と前置きしているが、絞首刑の執行の現場では、極めて短時間のうちに、人間の手によってロープが掛けられる。受刑者はロープが首にかけられるのを免れようとして、抵抗することもある。ロープの結び目が落下中にずれることもあれば、縄が絞まる段階で

---

(49)　松下を原告とする死刑受執行義務不存在確認請求事件での宮城刑務所死刑執行場所の検証調書に「刑務所長の指示説明」として、「鉄鐶の部分が首の後部に当たるように、且つ絞縄と首の間に隙間がないように密着させて、一廻りだけ絞縄を首にかけた後」とある（向江・前掲注(17)502頁）。村野薫編著『日本の死刑』（1990年、柘植書房）112頁には「この絞縄を、台脇で待ちかまえていた執行官のうちのひとりが手早く、輪の止め口『鉄鐶』の部分が死刑囚の首の後部に当たるようにすっぽりかけ、咽喉のところでギュッと絞める」とある。藤田公彦『大阪拘置所「粛清」刑務官』光文社2007年36頁には、「これは後に先輩から教えられたことですが、このときロープの継ぎ目を首の横に当てて掛けることが大切なのだそうです」と述べられている。ただし、これらの著作には情報源が明示されていない。

(50)　松下事件における昭和26年8月2日付検証調書の「立会人玉井策郎の指示説明」（向江・前掲注(17)391頁）。

(51)　前掲注(49)検証調書に「刑務所長の指示説明」として、「又この際、膝を縛るのと、首に絞縄をかけるのと、ハンドルを引くのとは殆んど同時に行われ、その間せいぜい三秒くらいのものである」とある（向江・前掲注(17)502頁）。近藤昭二『誰も知らない「死刑」の裏側［改訂改装新版］』（2008年、二見書房）228頁には「壇上の踏み台に立ってから落下までの平均時間は3秒」とある。森達也『死刑』（2013年、角川文庫）167頁は、三井環元検察官にインタビューして、「ロープを首にかけるとほぼ同時に、別室で待機していた五人……の刑務官がボタンを押す。足場を失った死刑囚は垂直に落下する」と聞いている。

ゆがむこともある。したがって、絞縄がシンメトリーにならなくとも不思議はない。さらに、左右頸動脈と両椎骨動脈が完全に閉塞できない別の要素もある。ラブル博士は次のように証言している[52]。

 頚動静脈が完全に圧迫されることがない原因が、他にありますか。
  ええ、解剖学的には、特性によって、首に、より強い圧力をかけなければならないような人がいるとすれば、そういうときは、頚動静脈が完全に圧迫されることにはならない。
 解剖学的な特性というのは、どういうことですか。
  解剖学的に見て、血管が通常の人とは違うような通り方をしてる人がいます。そういう人では、完全な圧迫が起こらない場合があります。
 それから、頚動静脈が完全に圧迫されない場合として、結び目の位置がずれるっていうことは、落下中にずれるっていうことはありますか。
  はい、そういうことはあるかもしれません。また、縄が絞まる段階で、いがむということもあり得ます。
 では、頚動静脈が、圧迫はされたが、完全には圧迫されなかった場合には、受刑者が意識を消失するまでには、どれぐらい掛かりますか。
  具体的に、それを完全に予見することはできません。というのは、どのぐらいの量の血流が血管を通って脳に供給されるか分からないからですが、意識のある時間は、数分に及ぶかもしれません。

ロッセンらの実験は絞首刑そのものの実験ではないが、その実験結果は絞首刑にも当てはまる。ラブル博士は次のように証言している[53]。

 このロッセンの実験は、絞首刑そのものの実験ではありませんが、絞

---

(52)　前掲注(42)証人尋問調書14、15頁。
(53)　前掲注(42)証人尋問調書12頁。

首刑にも当てはまりますか。

　　　ええ、使えます。というのは、絞首刑の場合でも、全ての血管が、すぐに、瞬時に絞められて、血流が止まるということが起こり得るからです。それが起こった場合には、ロッセンの結果を使うことができます。

　このように、左右頸動部脈と両椎骨動脈を完全に圧塞できるとは限らないし、仮に圧塞できたとしても、前述のとおり、瞬間的に意識を失うことはなく苦痛がある。絞首刑を左右頸動部脈と両椎骨動脈を完全に圧塞する縊首刑であることを前提として、絞首刑は、瞬間的に意識を失い、屍体に損傷を生じせしめない、最も苦痛のない安楽な死に方であると鑑定した古畑鑑定は、根底から見直される必要がある。

4　絞首刑による5つの死因
(1)　死因の多様性

　絞首刑による死因は単一ではない。ラブル博士は、絞首刑によって受刑者が死に至る原因は、医学的に見て古畑博士が述べる原因を含め以下の5つがあると説明している[54]。古畑鑑定が検討したのは、5つの死因のうち①についてのみであり、他の原因によって死に至る場合にどうなるかを検討していない。

　　① 頸動静脈の圧迫によって起こる脳に酸素が行かなくなる状態[55]
　　② 咽頭の閉塞によって起こる息が出来なくなる状態
　　③ 頭部離断

---

(54)　前掲注(42)証人尋問調書6頁、中川智正弁護団＋ヴァルテル・ラブル・前掲注(1)84頁。
(55)　中川智正弁護団＋ヴァルテル・ラブル・前掲注(1)84頁には、「頸部の動静脈の圧迫によって起こる窒息」とある。法医学上「窒息」は、主として外呼吸の障害をいうが、組織・細胞が低酸素、無酸素の状態になり死に至る場合も、広い意味で窒息という（的場梁次＝近藤稔和『死体検案ハンドブック［改訂3版］』〈2014年、金芳堂〉110頁）。②との違いを明確にするために、本書では、大阪パチンコ店放火殺人事件におけるラブル博士の証言にしたがい本文①のようにした。なお本文中に「頸動静脈」と「頸動脈」が混在しているのは、向江・前掲注(22)古畑鑑定には「頸動脈」とあり、ラブル博士は「頸動静脈」と説明しているからである。

④ 延髄の損傷・圧迫を伴う椎骨骨折
⑤ 迷走神経損傷によって起こる急性心停止

これら5つの死因を上の順にしたがって死に至る機序をみる。

(2) 頸動静脈の圧迫によって起こる脳に酸素が行かなくなる状態（上記①）

ラブル博士は、大阪パチンコ店放火殺人事件で次のように説明している（証言にあたっては、図を利用して尋問しているが、図なしでも理解できるので、これを省略する)[56]。

> 最初の死因は、「頸動静脈の圧迫によって起こる脳に酸素が行かなくなる状態」です。この図を用いて、1番の死因について説明していただきます。
>> この図が示しているのは、脳に至る血管の図解です。青が静脈、赤が動脈を表しています。首が圧迫されて、動脈と静脈が閉じられると、脳に血流が行かなくなります。それが起こると、5秒から8秒間の間に、脳に意識がなくなり、そして、何分間かたつと、脳が死に至り、そして、結果的に、心臓が止まるということになります。
> 今の説明の中で、最初の、少なくとも5秒から8秒がたった時点で、どうなるということですか。
>> その5秒から8秒間の間に、脳に残留していた酸素が使い果たされて、脳の機能が失われて、そして、気絶するということになります。
> その気絶した後、どうなりますか。
>> その後に、酸素の供給が行われないと、脳細胞が死滅して、そして、脳が死に至るということになります。
> それは、頸動静脈の圧迫が起きてから、何分後ぐらいの話ですか。
>> もう元に戻らないような重大な脳の損傷が起こるのは3分後ぐらいからで、5分たつと、脳が完全に死滅します。

---

(56) 前掲注(42)証人尋問調書6頁。

脳が完全に死んだ後は、どうなりますか。
　　脳が死ぬと、その後で、心臓が停止します。

(3)　**咽頭の閉塞によって起こる息が出来なくなる状態（上記②）**
　ラブル博士は、この機序についても、大阪パチンコ店放火殺人事件で次のように説明している[57]。

　　それでは次に、２番について説明していただきます。「咽頭の閉塞によって起こる息が出来なくなる状態」です。この図で説明できますか。
　　　この絵で示されているのは、呼吸する空気の通る道のことです。息をすると、鼻と口から息が、空気が入って、気管に至ります。そこで、ロープで首が絞められると、喉の咽頭の部分が圧迫されて、気管が閉塞され、息ができなくなります。空気の供給が行われないと、窒息の症状が出てきます。
　　その後、どうなりますか。
　　　何が起こるかっていうと、体に酸素が残留している場合には、１、２分間、その酸素で大丈夫ですが、その２分間が終わると、意識が失われます、消失します。そして、５分後には脳死が起こり、脳死が起こると、結果的に心臓が止まります。

　この場合の機序は、鼻や口を塞いで息が出来なくなる場合と同じである。普通の人は１分、２分、息を止める訓練をしている人であれば５分くらいは意識を保ち続ける[58]。

(4)　**頭部離断（上記③）**
　頭部離断は、受刑者が絞縄の長さまで落下して止まったときに、喉にかかる力が限界値を超えることによって、頭部が体から離れてしまう状態を指

---
(57)　前掲注(42)証人尋問調書６、７頁。
(58)　前掲注(42)証人尋問調書15頁。息を止める訓練をしている人についての記載は、法廷外でのラブル博士の説明にもとづく。

す[59]。ラブル博士は、絞首刑によって受刑者の頭部離断（完全な離断および不完全な離断）は起こり得るか、起こるとすれば、どのような条件の下で頭部離断が起こりうるかを次のように説明している[60]。

> 起こり得ます。頭部離断の危険性はいくつかの要因に依存しています。ロープの長さ、ロープの柔軟性、絞首された者の体重、ロープの太さ、結び目の位置……
> 首吊り自殺による完全な頭部離断の1事例に基づいて、我々は完全な頭部離断に必要とされる力に関する生体力学的実験および計算を行いました。頸部の皮膚（150ニュートン毎センチメートル）、摘出したままの頸椎（1000ニュートン）および頸部の筋肉（例えば胸鎖乳突筋で――80ニュートン）の引っ張りの強さを加算して、我々は頭部離断の限界値が約12000ニュートンであると理解しました。次に我々は体重およびロープの長さに依存する等力曲線を算出しました。ロープの弾性および輪縄が締まることによって生ずるロープの長さの延長は係数 s（減速距離）として表現されました。論文は1995年に刊行されました（ラブルら「頭部離断を伴った縊死 事例報告 生体力学」〈犯罪学雑誌〉195巻31～37頁[61]）。

ラブル博士は、絞首刑によって、頭部離断が起こり得ると述べている。実際、絞首刑によって頭部離断が起こった例は世界中にみられ[62]、わが国でも受刑者の首が半ば切断されたことが明治16年7月7日付の読売東京新聞及び

---

(59) 前掲注(42)証人尋問調書7頁。
(60) 中川智正弁護団＋ヴァルテル・ラブル・前掲注(1)83頁。
(61) Walter Rabl, Christian Haid, Franz Katzgraber, Bertram Walser ［Erhangen mit Dekapitation Kasuistik-Biomechanik］ ARCHIV FUR KRIMINOLOGIE Band195Heft 1und2Jan/Febr. 1995
(62) R.J.Kinkead ［REMARKS ON NINE CASES OF DEATH BY HANGING(SIX EXECUTIONS AND TEREE SUICIDES]、Times Newspapers d.1885.5.26、SeanMcConville ［English Local Prison 1860-1900］、Michael Rutter ［Bedside Book of Bad Girls］、Laurence J Yadon, Dan Anderson ［200 Texas Outlaws and Lawmen 1835-1935］、Time Inc. 1930.3.30、クリントン・T・ダフィ『死刑囚』等多数。

III 絞首刑によって受刑者が死に至る機序

東京絵入新聞に報道されている[63]。頭部離断に関する報道等に古いものが多いのは、絞首刑を採用していた国で、死刑そのものが廃止されていたり（英国の場合）、死刑の執行方法として絞首刑は残っているが、選択刑として残っているだけでほとんど用いられていなかったり（米国）、あるいは、執行状況は秘密にされていて（例えばわが国）、頭部離断があったのか否かが分からないからである。

なお、絞首刑による頭部離断には、完全な頭部離断と不完全な頭部離断がありうる。不完全な頭部離断には外形上首が部分的に離断している場合と首の内部組織のみ離断された場合とがある。

絞首刑による完全な頭部離断が瞬間的に起こった場合に受刑者が瞬間的に意識を失うかについて、ラブル博士は次のように証言した[64]。

> では、死因の三つ目、「頭部離断」の場合についてお尋ねします。頭部離断が起こった場合は、頭と胴が、体が離ればなれになってしまいますから、この場合は、瞬間的に意識を消失するんでしょうか。
> 　　ええ、これを、学術的に、科学的に意見が一致していない点です。というのは、これを後から証明することができないからです。確認することができないからです。すぐに意識を喪失するかどうかは、脳の損傷の程度にかかっています。
> ということは、結論としては、すぐに意識を失うかどうかは、医学的、科学的には分からないということですか。
> 　　はい、この質問に対しては、具体的に、はっきりと答えることができません。

ラブル博士はの上の証言を前提とすると、瞬間的でなかったり不完全な頭部離断であれば、脳に酸素が供給される間は意識を保ちうる。

---

(63)　中川智正弁護団＋ヴァルテル・ラブル・前掲注(1)71頁。
(64)　前掲注(42)証人尋問調書16頁。

(5) 延髄の損傷・圧迫を伴う椎骨骨折（上記④）

ラブル博士は、絞首刑による死因の一つである「延髄の圧迫ないし損傷を伴う椎骨骨折」について次のように証言している[65]。

> 次に、4番目、「延髄の圧迫ないし損傷を伴う椎骨骨折」についてです。延髄の圧迫ないし損傷を伴う椎骨骨折について、説明していただけますか。
>
>> これが、頭部の横からの断面図です。ここにあるのが、脊椎骨です。その骨の中に通っているのが、脊髄で、今、示してる部分、それが脊髄で。
>
> そのピンク色の部分っていうことですね、縦長の。
>
>> そうです。そして、そこが、延髄です。今、示したところが延髄です。脊椎骨が骨折して骨がずれると、その骨が、脊髄を圧迫するか、傷付けるということが起こり得ます。それが起こると、全身のまひ、そして呼吸困難、そして、結果的に心臓が停止します。心臓の機能に損傷が起こります。
>
> その後、どうなりますか。
>
>> まず、気絶が、意識が消失して、その後、脳死が起こる。そして、結果的に、心臓が停止します。
>
> ところで、ハングマン骨折というのは、どういうものですか。
>
>> ハングマンズフラクチャーというのは、第2脊椎骨の骨折によって起こる、脊椎骨折の中でも特殊なものです。
>
> （中略）
>
> ところで、今、説明していただいたハングマン骨折、これが、絞首刑で行われると、受刑者は即死すると言われることがあります。これは、本当でしょうか。
>
>> それは、正しくありません。絞首刑の場合には、ハングマンズフラクチャーが起こる場合はまれですし、もし起こったとして

---

(65) 前掲注(42)証人尋問調書7-9頁。

Ⅲ　絞首刑によって受刑者が死に至る機序

も、それは、骨折によって死に至るのではなくて、延髄が損傷するから死に至るんです。

　ラブル博士は、「延髄の圧迫ないし損傷を伴う椎骨骨折」の場合、受刑者が意識を消失するまでの時間を次のように証言している[66]。

　　この場合は、受刑者が落下して綱が絞まってから、受刑者が意識を消失するまで、どれぐらいの時間が掛かるのでしょうか。
　　　　脊髄の損傷の程度にかかっています。脊髄の損傷が延髄に近いような高い部分で起こったときは、意識の消失がすぐに起こります。
　　そうでない場合は、どうなりますか。
　　　　その脊髄の損傷が、体の下の部分で起こった場合は、全身まひが起こって、受刑者は苦しみを感じます。
　　ということは、絞首刑死因の4番の場合は、ほぼ瞬間的に意識を消失する場合もあれば、すぐには意識を消失しない場合もあるということなんですか。
　　　　そうです。
　　その違いは、延髄が重い損傷を受けるかどうかによって変わるっていうことですね。
　　　　そうです。

　脊髄の損傷が延髄に近い高い部分で起こり、延髄が重い損傷を受けると、すぐに意識が消失する。しかし、延髄の損傷・圧迫を伴う椎骨骨折は、ごく稀にしか起こらない。そもそも椎骨骨折が稀にしか起こらないことは、イギリスのリック・ジェームズらの研究によって明らかとなっている[67]。わが国の石橋無事の研究もそれを支持している[68]。さらに、椎骨骨折が起こったとしても、それが延髄を損傷したり圧迫したりするのは、たまたま折れた骨が

---

(66)　前掲注(42)証人尋問調書16、17頁。

その方向に移動した場合だけである。

(6) 迷走神経損傷によって起こる急性心停止（上記⑤）

ラブル博士は、迷走神経損傷による急性心停止について次のように説明している[69]。

> 迷走神経損傷によって起こる急性心停止について説明していただけますか。
>> 迷走神経というのは、脳幹から発していて、心臓の機能や消化の機能をつかさどるものです。迷走神経が心臓に及ぼす役割は、迷走神経が興奮すると、鼓動がゆっくりになります。外部から暴力的な力が加わって、それによって、迷走神経が、過度に、非常に強く興奮すると、心臓の鼓動が大変ゆっくりになって、ついには心臓停止に至るということがあります。それは、手で首の咽頭の部分を圧迫しても起こり得ますし、ロープで首を絞めても起こり得ます。心臓が止まると、脳に酸素が行かなくなります。10秒から12秒たつと、意識が消失します。そして、5分後には、脳が完全に死滅します。
>
> その後は、どうなりますか。
>> そうすると、人は死にます。

「迷走神経損傷によって起こる急性心停止」の場合も、瞬間的に意識を失うわけではなく、意識がある時間は約10から12秒続く。ラブル博士によると、直後に心停止をきたすような迷走神経への強い刺激はまれにしか起こらない。

---

(67) リック・ジェームズら「絞首刑の刑死者における頸部骨折の頻度」国際法科学54巻（1992年）81-91頁、RYK JAMES : THE OCCURRENCE OF CERVICAL FRACTURES IN VICTIMS OF JUDICIAL HANGING（Forensic Science International, 54 (1992) 81-91）では34例中に7例で椎骨骨折。

(68) 石橋無事「死刑屍の法医学的研究（上）、（下）」犯罪学雑誌9巻5号（1936年）540頁、9巻6号（1936年）660頁は、10例中、2つの例で、椎骨の骨折。

(69) 前掲注(42)証人尋問調書9頁。

(7) 死因のそれぞれが起こる頻度

ラブル博士は、自殺、事故による絞首・縊首の遺体を250体から300体くらい検視した。検視の結果、上記①頸動静脈の圧迫によって起こる脳に酸素が行かなくなる状態と②咽頭の閉塞によって起こる息が出来なくなる状態、及びその組み合わせによる死因が一番多く、⑤迷走神経損傷によって起こる急性心停止は2例しか見たことがないという。その次に稀なのが④であり、頭部離断は6、7例あったと証言している[70]。

自殺・事故の例をそのま絞首刑に当てはめることができないにせよ、絞首刑でもおおむね同じような頻度で①〜⑤の死亡が起こり得る。①で速やかに意識を消失しなければ、必然的に②が加わることになる。①と②の組み合わせが多いとのラブル博士の検視結果は、ラブル博士の①についての説明とも整合する。ラブル博士は、「放射線学」誌上でも、ワァリィスの報告を紹介し、

> それらの結果によれば、絞首の際、脊髄損傷によって即死することは稀であり、多くのケースで窒息が原因で死亡していることが確認できる。基準に従って執行されたとしても、絞首の際の死亡原因の変動性からすれば、絞首が苦痛の少ない迅速な死刑執行方法であるとみることは不可能である。

と述べている[71]。

5 受刑者の苦痛
(1) 圧迫および傷に伴う苦痛

死因①に関するロッセンらの実験は、被験者を落下させず、その首に傷をつけずにおこなわれた。それでも、多くの被験者が性質と強度が異なる疼痛を訴えた。激痛を訴えた被験者もいる[72]。浅田一は、『首つりと窒息死』の

---

(70) 前掲注(42)証人尋問調書31、32頁。
(71) Walter Rabl, MD "State Execution by Hanging" Radiology Vol.196. No.3 p.615.
(72) ロッセンら・前掲注(38)513、514頁。

中で、ブカレスト大学のミノヴイチ教授の自家実験を紹介している。「之によると定型的首つりでは痛みが烈しいことが強調されてある。被験者は五－六秒以上は耐えられない」とある[73]。

ラブル博士は、頸動静脈の圧迫によって起こる脳に酸素が行かなくなる状態になったときの受刑者の苦痛について次のように証言している[74]。

> では、意識があったこの5秒から8秒の間に、受刑者は苦痛を感じるのでしょうか。
> 　　はい。この間、受刑者は意識があり、もちろん、そういうことですから、苦しみを感じます。
> どういう苦痛を感じるのでしょうか。
> 　　二つの苦しみがあると思います。一つ目は、喉を圧迫することによって生じる苦しみです。もう一つは、首に非常にひどい損傷が生じる苦しみです。
> 喉が絞められることによる苦しみというのは、どういうものか説明していただけますか。
> 　　初めの方ですね。
> はい。
> 　　その圧迫によって、神経が圧迫されるので、苦しみを、痛みを感じるわけです。
> 2番目の痛みは、どういうことでしょうか。
> 　　二つ目の痛みは、絞首するロープによって首に生じる傷が起こす痛みです。

上の証言は、理想的に頸動静脈が完全に圧塞された場合の苦痛についてのものであるが、他の死因についても同様に考えることができる。絞首刑で

---

(73) 浅田・前掲注(35)19頁。浅田によると、マルタン・ラカッサー共著『法医学［増補改訂第三版］』に引用されているミノヴイチ教授の実験を、同書から引用した。「自家実験」とは研究者自らが被験者となって行う実験のこと。
(74) 前掲注(42)証人尋問調書12、13頁。

III 絞首刑によって受刑者が死に至る機序

は、①頸動静脈の圧迫によって脳に酸素がいかなくなることによる苦痛、②咽喉の圧迫による苦痛、③ロープによって首に生じる傷が起こす苦痛の三つが生じうる。多くの受刑者は8秒より長い時間首の傷の痛みと窒息による苦しみを感じる。絞首刑を執行された受刑者がどれくらいの間意識があるかを事前に予測することは不可能であるが、意識がある間はこれらを感じ続けることになる。

(2) 解剖所見

ロープによって首にどのような傷が生じるか。絞首刑では、受刑者が頸部に絞縄を巻きつけて落下し、縄が伸びきったところで落下が止まる。その時頸部には体重のすべてがかかり、強い力が加わる。その力が強すぎると頭部が断裂する。断裂しないときでも、表皮だけでなく組織内部にまで強い力が届き、皮膚内の組織に損傷が生じることは医学的知識がなくとも想像できる。

石橋無事は、九州帝国大学医学部法医学教室助手であった1935年、「死刑屍の法医学的観察(上)、(下)」と題する論文を発表した[75]。同論文によると、同教室は長崎監獄で絞首刑を執行された20数体の死刑屍を解剖した。その後1926年に火災で標本及び記録の大半を焼失した。石橋は記録が保存された11例、記録は失われたが保存標本で頸部の変化を窺い得るもの3例の合計14例を法医学的に検討した。14例のうち頸部の所見として利用可能なものが10例あった。石橋の所見は以下のとおりである。

> 死刑屍の頸部臓器は一般縊死の場合と異り、廣汎なる範囲に亙りて断裂せられ、甲状軟骨体及び其の上角並に舌骨大骨の骨折、筋内の離断及び出血、頸動脈内膜の裂傷若くは断裂、頸部脊椎の骨折等を認めた。之等の諸變化は絞頸と同時に重き身体が急激に落下した爲め、頸部に作用した力が、普通の縊死に比して甚だしく強烈であった為に起ったものと推測せられる。

より具体的に理解するために、全14例のうち、第7例と第9例の頸部所見

---

(75) 石橋・前掲注(68)。

をみると、以下のとおりである。

　　第7例
　　　頸部臓器を連結の儘、一斉に剔出して検するに、頸部臓器は皮下に
　　於て全く破壊せられ、胸骨舌骨筋、甲状舌骨筋、中舌骨甲状靱帯は
　　全部上下に離断せられ、喉頭も亦會厭の下部に於て上下に分たれて
　　左右径六・〇糎上下径二・五糎を算する空洞を作る。甲状軟骨の上
　　端は露出し、甲状軟骨上角及び舌骨大角は共に基部より骨折潰滅
　　し、周囲の組織間出血があり、この高さに於て左右の頸動脈内膜に
　　数箇の長さ〇・二糎及至〇・五糎を算する横走せる裂傷があり、咽
　　後結締織間には鳩卵大の組織間出血を認むる。
　　第9例
　　　頸部臓器、舌は蒼白で歯痕があり、頸部臓器は甲状軟骨の上部で皮
　　下組織を残して殆んど全く破断せられ、胸骨舌骨筋、肩胛舌骨筋、
　　甲状舌骨筋、中舌骨甲状靱帯等は離断せられ、甲状軟骨は上切痕か
　　ら下方に向って破砕し、左右径六・〇糎、上下径二・五糎、前後径
　　四・〇糎の空洞を形成する。左右の胸鎖乳様筋の上部に約扁桃大の
　　筋肉間出血があり、咽後結締織間に約手拳大の組織間凝血を認むる。

　これらの解剖所見は頭部離断に近い状態が発生していることを示している。頸部臓器の損傷の程度に違いはあっても、頸部に相当重い損傷を受けることは間違いない。
　これまで、「瞬間的に意識を失う」との見解が誤りであり、いずれの死因であれ、極めて稀な例外を除いて、受刑者はすぐには意識を失わないことを明らかにしてきた。絞首刑の執行を受けた受刑者は意識のある間、頸部の損傷からくる激しい痛みを感じることになる。

6　死因をコントロールすることができない

　前記の死因④「延髄の損傷・圧迫を伴う椎骨骨折」による瞬間的な死を起こすことができるか。かつてヨーロッパで、絞首刑による苦痛のない死をも

たらすことができると信じられたのは、経験を積んだ絞首刑執行人によって「ハングマンズ・フラクチャー」といわれる骨折を起こすことができ、実際にも受刑者がハングマンズ・フラクチャーによって死亡したと考えられてきたからである。そこでは、厳密な意味でないにせよ死因④が想定されていた。しかし、その後の研究によって、「ハングマンズ・フラクチャー」は信じられていたほどには起こっていないことが判明している[76]。結び目を耳の下にしたり、顎の下にすることによって骨折は起こせても、「延髄の損傷・圧迫を伴う椎骨骨折」を狙い通り起こすことはできなかったのである。

　死因①による「直後に意識を消失し、本人は何ら苦痛を感じない」死をもたらすことができないことはすでに述べた。それでも、たとえ「直後」でなく「５秒から８秒」であったとしても、②の窒息で長時間苦痛をもたらすよりは人道的である。だが、確実に①をもたらすことはできないのである。

　③の頭部離断は意識消失が早い段階でもたらされるので受刑者の苦痛という観点からは人道的であるといえる。だが、「屍体に重大な損傷を生ぜしめる」ので、どのような国でも、③を起こそうとしたことはない。それでは、逆に、予め、③の頭部離断が起こらないようにすることはできるか。体重が一定であれば落下距離を長くするほど頭部離断の可能性は高まる。落下距離を短くするほど頭部離断の可能性は低くなり、逆に②の窒息が長時間続く可能性が高まる[77]。

　イギリスやアメリカでは、受刑者の体重と絞首に使われるロープの長さを一覧表にした「落下表」を用いていた[78]。ラブル博士は、「落下表」作成の理由を次のように推測している[79]。

　　どうして、受刑者の体重とロープの長さを一覧表にしたのでしょうか。
　　何のためにこの表を作ったのか、はっきりしたことは分かりま

---

(76)　リック・ジェームズら・前掲注(67)81、90、91頁。
(77)　中川智正弁護団＋ヴァルテル・ラブル・前掲注(1)・109頁
(78)　ワシントン州矯正局ウェブサイト前掲注(48)には現在もWEIGTとDROPDISTANCEを対称した落下表が掲載されている。
(79)　前掲注(42)証人尋問調書22頁。

せんが、多分、全ての受刑者が、いろいろな体重の受刑者が、皆、同じ程度の力が首にかかるようにと、この表を作ったんだと思います。

どうして、そういうことをする必要があるのでしょうか。どうして、同じような力がかかるようにする必要があるのでしょうか。

それには、二つの理由があります。一つは、頭部離断を防ぐためです。そして、もう一つの理由は、その力が、ちょうどいいぐらいの力で、脊髄を損傷して、椎骨を骨折させて、脊髄を損傷させるのに十分な力となるように、この表を作ったんだと思います。

前述のとおり、わが国では「落下表」を作らず、「絞縄については、個々の死刑執行ごとに、被執行者の身長、体重等を考慮し、死刑執行を確実に行うために必要な長さに固定している」とするのが政府の回答である[80]。

ただし、落下表によって、ロープの長さを調整しても、「延髄の圧迫ないし損傷を伴う椎骨骨折」を起こすことはできないし、「頭部離断」を起こさないようにすることもできない。ラブル博士は、次のように証言している[81]。

今、上映した映像[82]について、どう思われましたか。

この実験では、一つの要素しか変更されていません。それは、ロープの長さです。しかし、実際には、人によって、もっといろいろなファクターがあるわけです。この実験では、二つの全く同一のダミー人形が使われていますが、それでも、これだけ大きな違いが出たわけです。

最後に、ノークス教授が、変数が多すぎるので、正確な落下表を作る

---

(80) 前掲注(12)・福島議員の質問趣意書とその回答。
(81) 前掲注(42)証人尋問調書27頁。
(82) イギリスのテレビ局BBCの科学番組ホライズンで放映されたノークス教授のダミー人形を使った映像 "hanging experiment" http://www.youtube.com/watch?v=GatNWXh17rw

III　絞首刑によって受刑者が死に至る機序

ことができないという趣旨のことを言ってましたけど、その点はどう思いますか。
　　　私も、全く同じ考えです。
ということは、正確な落下表を作り、それに従って絞首刑を執行して、頭部離断を防ごうとしても、それはできないということになりますか。
　　　そのとおりです。
でも、頭部離断を防ぐためであれば、首に働く力を弱くすればいいわけですから、あなたの研究からすると、落下距離を短くするとかすれば、頭部離断は防げるのではないでしょうか。
　　　ええ、そうですけども、そうした場合には、受刑者が、より長い時間、苦しみながら死んでいくという可能性が高くなります。
絞首刑に死因が五つありますけれども、その死因のうちの３番目を防ごうとすると、１番目や２番目の可能性が高くなるということですか。
　　　ええ、それは、自動的にそういうことが起こります。
ほぼ瞬間的に意識を失い、しかも、頭部離断が起こらないような絞首刑を執行することはできないのでしょうか。
　　　外部から、それをコントロールすることはできないです。

　前記、絞首刑における５つの死因は、おおむね発生の確率にしたがって並べられている。重要なことは、これから絞首刑を執行しようとする場合、これらのうちどれかを選んで生じさせることは出来ないということである。ロープの長さ、受刑者の体重、ロープの材質・伸縮率、何回目の利用か、ロープの結び目の位置、受刑者の首のサイズ・各内部組織の強さ・筋肉の量などの身体的特徴等々、考慮すべき要素＝変数が多すぎるからである[83]。
　ノークスらは、「絞首刑の生体力学　事例報告」で、生体力学を計算した結果、頭部離断、脊髄切断による迅速な意識消失、および一定時間明瞭な意識があった後の死の間には明瞭な境界点がないと述べている[84]。

---

(83)　中川智正弁護団＋ヴァルテル・ラブル・前掲注(1)85、86頁。

実際に絞首刑を執行しようとする場合に何が起こるかは、現実に執行し終わるまでは誰にも予測することは出来ない。希望通りの死が起こるよう予めコントロールすることは出来ないのである。それ故、絞首刑による死因は①で②〜⑤は例外であるとは言えず、絞首刑による死因は①〜⑤である、というのが正しい。

Ⅳ アメリカ合衆国、イギリス、そしてわが国

1 「ニューヨーク州市警委員会報告書」（1885年）とその後

アメリカ合衆国ニューヨーク州のヒル知事は、1885年（わが国の旧刑法公布の3年後）、その年頭教書で、「死刑囚を絞首刑に処する現在のやり方は中世の暗黒時代から受け継がれたものであり、今日の科学の力をもってすれば、死刑囚の命を奪う、より残忍でない手段を確立できるのではないかと考えてみてもよいだろう」と述べ、議会に絞首刑の改善を求めた[85]。この演説を受けてニューヨーク州死刑委員会（New York Commission on Capital Punishment）が設けられ、同委員会はニューヨーク州議会に報告書を提出した[86]。ゲリー委員会は、絞首刑に関する調査のしめくくりとして、「絞首による死刑執行方法についての上述の批判に鑑みて、根本的な改革がなされるべき時が来たと確信している」と宣言している。報告書は、「生命の剥奪は、それ自体、あらゆる人間が被る最も深刻な損失である。偶然であっても、死

---

(84) L D M NOKES, PhD MD, A ROBERTS, BEng PhD "Biomechanics of Judicial Hanging : a case report" レイほか「絞首刑で発生した損傷」米国法医病理学雑誌15巻（1994年）183-186頁。

(85) キャンベル第9巡回区1994年判決の少数意見は、冒頭でヒル知事のこの演説部分を引いて、「これらは絞首刑はもはや20世紀の品位の基準に合致しないと信じている誰かの言葉であると人々は考えるかもしれない。しかし、それらは1994年ではなく1世紀以前の1885年に書かれたもので当時のニューヨーク州知事David B. Hillに由来する。Hill知事は死刑廃止を求めたのではなく、人の生命を奪うのにより古臭くない方法を州が採用することだけを求めたのであった」と述べることから意見を始めている（小早川義則『裁判員裁判と死刑判決：増補版』〈2012年、成文堂〉270、271頁）。

(86) 永田憲史（解題・総監訳）「ニューヨーク州死刑委員会報告書（抄訳）」関西大学法学論集65巻3号（2015年）227頁。本報告書は委員長の名前をとって「ゲリー報告書」または「ゲリー委員会報告書」と呼ばれることがある。

の苦痛を大きくしたり、法の執行をより恐ろしいものにするような方法でその損失を増大させたりすることは、抑止効果があるとの議論に基づいてのみ正当化される。すでに示した通り、それは長年にわたって試みられてきたが成功していない」と述べて、死刑執行方法を絞首刑から変更するよう助言した。

ニューヨーク州は1885年執行方法を絞首刑から電気殺に変更した。これを皮切りに、各州は次第に絞首刑を廃止し、処刑方法を電気処刑や致死ガスなどに変更した。しかし、それらの処刑方法も残虐であるとして、オクラホマ州議会は、1977年麻酔科医の意見を参考に処刑方法としてより苦痛の少ない致死薬注射を採用する最初の法案を可決した。今日では、現在の科学による限り、最も苦痛が少なく人道的であるとの理由で、致死薬注射による処刑方法がほぼすべての法域において採用されている[87]。

連邦最高裁2008年4月16日のベイズ判決[88]は、

> 処刑方法を残虐で異常であるとして当裁判所において異議が申し立てられたとき当裁判所は常に、そのような異議申立てを退けてきた。それにもかかわらずわれわれの社会は死刑を執行するより人道的な方向に歩みを続けてきた。銃殺刑、絞首刑、電気椅子、そしてガス室は順次より人道的な方法に道を譲り、本日の致死薬物注射に関するコンセンサスで頂点に達したのである。

と述べている。連邦最高裁は、これまでのところ、死刑そのものが違憲であると判断したことはないし、特定の処刑方法が違憲であるとの判断はしなかった[89]。しかし、アメリカ合衆国の各州は、科学的医学的知見をもとに、よ

---

(87) 第9巡回区1994年キャンベル判決前掲注[85]には少数意見の付録として、各州の絞首刑廃止年と処刑方法の変更が一覧表にまとめられている（小早川・前掲注[85]288-291頁）。
(88) Baze v. Rees, 128 S.Ct.1520、小早川・前掲注[85]131頁。なお、近時、致死薬物注射の残虐性が論じられている。
(89) 州最高裁としては、電気処刑が意見であると判断したネブラスカ州最高裁2008年2月8日マータ判決がある（小早川・前掲注[85]292頁）。マータ判決の意義について、正木幸博「執行方法からみた死刑の残虐性」法セミ732号（2016年）41頁。

り残虐でない処刑方法に向けて進んできた[90]。連邦最高裁も、アメリカ合衆国の執行方法がより残虐でない方向を進んでいるとの理解をしてきたことは確かである。その結果、各州で絞首刑は姿を消していき、現在2つの州で致死薬物注射刑との選択刑として残っているに過ぎない。

2 イギリスにおける「失敗のない死刑執行に関する研究と報告」(1888年)

1886年、当時の英国内務大臣は、アバーデア卿を委員長とする死刑判決委員会を設けた。同委員会の目的は「死刑判決の執行に関する目下の運用状況、及び最近の数事例において失敗ないし不適切な事象を惹起した原因につき調査する」こと、及び「いかなる点においても失敗ないし失態の危険性がない妥当な方法で死刑が執行されるよう保証するために(現行法を変更することなく)いかなる工夫がなされ得るかにつき検討し報告する」ことであった。同委員会は、現行法を変更することなしに可能な改善方法を提案することを求められた。このため、絞首刑の廃止等の提案をすることはなかったが、受刑者の頭部離断を避けるとともに受刑者の苦痛を最小限にすることを目指して、落下の等級表を策定した。同委員会は1888年、報告書を提出した[91]。同報告書の一部を引用すると以下のとおりである。

　　絞首刑による死は、実際上、以下の2つの態様のうちの1つになるとみなされうることが明らかであろう。——その2つとは、
　(a)　窒息
　(b)　頚椎の脱臼又は骨折及び脊髄の損傷に加えて、瞬間的な意識の消失を伴う脳の底部に対する衝撃
　である。
　　落下が短すぎるならば、瞬間的な意識消失なしに窒息(方法a)で死亡する危険がある。

---

(90)　キャンベル判決少数意見は「絞首刑は現代のアメリカ社会によって完全に拒絶されてきた暴力的で野蛮な方法である」と結論している(小早川・前掲注(85)281頁)。
(91)　永田憲史(解題・監訳)=後藤貞人(監訳)=青巌英秋(訳)「1888年アバーデア死刑委員会報告書」ノモス39号(2016年)153-186頁。

Ⅳ　アメリカ合衆国、イギリス、そしてわが国

　引用された証言によると、この形態の死亡は、少なくとも1～3分間の極端な苦悶と、さらにはるかに長い間続く極度の苦痛の外観を伴うことが火を見るよりも明らかになり、そして、そのことは、たとえ「外観」に過ぎないとしても、また、たとえ全く感覚が伴わないと我々が確信できるとしても、それでもなお、その職務のためにその場に立ち会わなければならない全ての者を非常に苦しめている。

　もし、犯罪者のこの苦痛が増大する危険を防ぐために、方法ｂによる死を確実なものにするように落下を長くするなら、頭部離断の危険を惹起し、確かに、犯罪者に苦痛を与えないものの、それ自体厭わしく、大衆の想像力に悪影響を与える結果をもたらす。いかに大衆がそのときどきにどのようなショックを受けようとも、死をもたらす方法ａは放棄されるべきであり、方法ｂのみが追求されるべきであるという考え方が人間性の真の利益に内在するものであるということは我々には明白なように思われる。従って、頭部離断の危険性がないか、あるいは危険性がどこまでも最小化される下で、瞬間的な意識消失とそれがための苦痛のない死をもたらし得ないのかどうかについて、検討すべきである。

　同報告書は、執行にあたっては委員会が策定した落下の等級表の暫定基準を採用すること、及び同等級表の採用に伴い刑具を改良すること等を勧告した。今日の水準からみれば、報告書に記述された科学的な知見には不適切な個所がある。しかも、委員会には現行法を変更することなく可能な改善方法を提案することが求められていたので、委員会が絞首刑の廃止を提案することはできなかった。それでも、永田らは、アバーデア委員会が19世紀前の時点で、「絞首刑のよりよい執行、すなわち、被執行者の頭部離断の回避及び被執行者の苦痛の極小化を目指そうと、実際の事例を収集して分析し、落下表を策定した功績は決して色褪せない」と評価している[92]。

---

(92)　永田＝後藤＝青巌・前掲注(90)157頁。

3 わ が 国
(1) 苦痛ヲ減スルノ手段ノ講究

ア わが国では、明治政府が、残虐なものが多く残っていた江戸時代の死刑執行方法を廃止し、欧米諸国の刑政に近づけようとした[93]。明治3年新律綱領は律令時代の人力による絞首を改良し、絞柱による「絞」刑にした。絞柱式による受刑者の苦痛が議論され、明治6年太政官布告65号による落下式の絞首刑に変わった。

明治15年旧刑法が斬首刑を排して執行方法を絞首刑のみとするに際しても、受刑者の苦痛の有無が議論されていた[94]。ボアソナードは、はじめ死刑執行方法を「斬首」とする案を提示していたが、「人情から、斬首して身体を2つに切り離すのを避けるのであれば、絞罪にしても良いです」と譲った。ただし、ボアソナードは、それに続けて、「しかし、本人に苦痛を感じさせないというのであれば、斬首にするべきです」と述べた。これに対し、鶴田晧が「近来はこの図のような器械を用いて、間違いなく苦痛を起こさせないように上手く執行できます」と断言している[95]。この断言は間違っているが、いずれにしても、旧刑法制定に際して受刑者の苦痛が問題とされ、より苦痛のない執行方法とすることが考慮されていた。

このように、明治6年太政官布告65号前後には、受刑者の苦痛を少なくすることが意識され議論されていた。

イ 大正11年4月24日、司法省に行刑制度調査委員会が発足した。委員会に諮問された項目は15項目ある。その一つが諮問事項2の「死刑ノ執行方法」である[96]。委員会は三つの部会に分かれ、第1部会で「死刑ノ執行方法」が審議、決議されている。第1部会の部長は判事牧野菊之助である。法務図書館所蔵山岡満之助関係文書中の諮問事項2に関する文書中に「死刑ノ執行

---

(93) 布施・前掲注(3)558頁。
(94) 早稲田大学鶴田文庫研究会・早稲田大学編『日本刑法草案会議第1分冊』(1976年) 77、78頁におけるボアソナードと鶴田晧とのやりとり。死刑制度におけるボアソナードの役割について布施・前掲注(7)75-89頁に詳しい。
(95) 早稲田大学鶴田文庫研究会・早稲田大学編・前掲注(94)の会議録を現代語になおした。
(96) 小幡尚「一九二〇年代における行刑制度改革構想と監獄法改正事業」高知大学人文学部人間科学科・人文科学研究15号(2009年) 1頁。

Ⅳ　アメリカ合衆国、イギリス、そしてわが国

ニ就テ」と題する報告書がある[97]。同報告書は諮問事項2に関する主査と思われる典獄野口謹造によるものである。

「死刑ノ執行ニ就テ」は、絞殺、斬殺、銃殺、電殺を概観した上、「電気（又ハ瓦斯）死刑ノ可否」「毒薬ヲ以テスル死刑ノ可否」を考察した後、「絞首刑ヲ適當トスル理由」を述べている。野口は、「電気（又ハ瓦斯）死刑ノ可否」の項で、ニューヨーク州が電気死刑に至った理由が「目下世界文明國ノ大多數ニ行ハルル死刑執行ノ方法タル絞殺ハ死因カ死相ヲ醜クシ且ツ苦痛ヲ興フル時間長シト云フニ在リシカ……」電気殺も「未タ理想ノ域ニ達シタルモノト認メス」と述べる。野口は、次にネブラスカ州の死刑が受刑者を密室に入れたのち、執行の言い渡しをせずに多量の瓦斯を密室に注入する刑であると紹介した上、言い渡しをしないで執行することを問題にしている。野口は「瓦斯死刑ノ主眼トスル執行ノ言渡ヲ為スコト無クシテ處刑スルノ方法ハ」「闇打ニ均シキ処刑」であり、「国民性ノ要求ニ悖ル」と排斥している[98]。その上で野口は、次のように述べている。

　　處刑ノ苦痛ヲ減スルノ手段ヲ講究スルハ人道上必要ナルヘキモ徒ニ皮相ノ観察ヲ以テ満足スヘキニアラス若シ死刑囚ヲシテ心霊上大悟徹底セシムル所アラシメンカ彼等ヲシテ従容死ニ就クノ覺悟ヲ為サシムルコト得ヘシ比ノ場合ニ於テハ死ノ苦痛ノ如キハ蓋シ小ナル問題トナルヘシ

苦痛を減らすことが人道上必要だと言う一方で、受刑者に「大悟」を徹底すれば、苦痛など小さな問題だというのである。

「毒薬ヲ以テスル死刑ノ可否」の項では、「今化學薬品ニ因ル急性死ノ状態ヲ調査スルニ以上ノ希望ニ副フヘキ研究業蹟ナク總テ死時ノ苦悶ヲ免レス、速死又ハ即死（青酸）ノ場合ニ於テモ最近實験者ノ言ニ拠レハ死状惨タルノミナラス個人ニ依リ死ニ至ル時間及ヒ症状ニ大差アリ或ハ確實ニ致死セサル

---

(97)　山岡文書 E-210、211、214、215。
(98)　松下事件における滝川鑑定が瓦斯殺を「被処刑者の知らない間に行うだまし打ち」（向江・前掲注(17)398頁）だとしているのは、野口の報告書にもとづくものと考えられる。

665

コトアリト謂フ」としている。
　「絞首刑ヲ適當トスル理由」の項では、電気殺のコストがいかに高額になるかを指摘した上、「要スルニ絞殺ハ他ノ死刑執行方法ニ比シ最モ簡易ニシテ苦痛少ク執行ニ安全ナルノミナラス之ヲ立法例ニ照シ又ハ歴史上ノ沿革ニ考ヘ将来ニ維持スルノ理由ヲ認ムルモ之ヲ排斥スルノ理由ヲ發見セス」としている。そして、絞首刑について、

　　　絞殺ノ缺點トシテ非難スル所ハ其ノ執行セラレタル状態即チ首ノ吊リ下リタル恰好カ醜クシト云フ位ニテ世俗ニ傳フルカ如キ身體ノ局部ニ汚辱ノ有様ヲ呈スルモノニ非ス醫学上ヨリ見タル縊首ハ頸部ニ索條ヲ巻キ身體ヲ懸垂スルトキハ氣道ヲ壓迫シテ呼吸ヲ止メ以テ窒息セシムルノ作用ニテ同時ニ頸動脈其ノ他頸部神経ノ壓迫ニ因リ血行ヲ杜絶シ直ニ強度ノ脳貧血ヲ起シ人事不省ニ陥キルノ状態ニ在リ

という。その上、野口自身の「死刑執行ノ實驗ニ依レハ」、

　　　死刑囚ノ立テル足下ノ床板カ落下シ絞索ニ首ヲ支ヘラレタル身體カ宙釣リニナルト殆ト同時ニ人事不省ニ陥ルカ故ニ何等苦痛ノ自覺無カルヘシ

とした。このように、野口は、死刑囚本人は苦痛を自覚しないが、客観的に慈愛を催すのは、身体の一部が暫時痙攣するのを目撃することによるから、正面に黒幕を引いて見えないように装置を改めるべきだ、との意見を述べる。そして、「現行制度ハ適當ナル死刑執行法トシテ之ヲ是認スルニ躊躇セザルナリ」と結論している。
　野口が「実験」した死刑執行は、文面から見る限り、一例のみと考えられる。そもそも、個別をもって普遍化できるかという疑問があるのに加えて、野口がどのような医学的証拠に基づいて意見を述べているのか、その根拠となるものは明らかではない。ただし、ニューヨーク州が絞首から電気殺に変更したことに触れているので、ゲリー報告書は入手していた筈である。

また、わが国の執行の実態を調査すれば、執行終了までに長時間を要したり、首が半ば切れた事例があること等も分かっていたはずである[99]。ところが、野口の報告書には、ゲリー報告書やアバーデア死刑委員会報告書に見られた医学や生体力学の専門的な所見等が一切みられない。アバーデア死刑委員会報告書で「頭部離断の危険性がないか、あるいは極めて少ない危険性の下に、瞬間的な意識消失とそれ故の苦痛のない死を起こし得るのかどうかについて依然として検討されていないままである」とされた課題が存在しないかの如くである。

　ただし、大正12年4月20日第3回行刑調査委員会で、死刑執行方法について説明を求められた牧野部長は、第1部会における議事の経過並びに我邦及び欧米諸国に於いて行われている絞殺、斬殺、銃殺、及び電気殺の長短得失についての調査の結果を報告し、

　　死刑ノ執行ハ結局絞殺ヲ可トスルコト並ニ被刑者ノ苦痛ヲ減少シ且死ノ刹那ニ於ケル惨状ノ見ヘサル様執行ノ方法ノ改善ヲ希望スルコト

と提言し、この提言は可決された[100]。改善すべき対象として、「被刑者ノ苦痛ヲ減少」し且つ「死ノ刹那ニ於ケル惨状ノ見ヘサル」ことを挙げているので、「心霊上大悟」を持ち出して、「死ノ苦痛ノ如キハ蓋シ小ナル問題」とする野口の報告とは少し違った提言をしたことになる。行刑調査委員会は、これを受けて、死刑執行方法について4項目の答申をした。その第1項は、

　　死刑ノ執行ハ絞殺ヲ可トス尚現行執行方法ノ改善ヲ希望ス

とするものであった。行刑調査委員会での決議を前提とすると、「現行執行方法ノ改善」は、「苦痛の減少」と「惨状が見えないようにすること」である筈である。後者の改善、すなわち、受刑者が落下して釣り下がるところを

---

(99)　中川智正弁護団＋ヴァルテル・ラブル・前掲注(1) 8-30頁。
(100)　山岡文書・前掲注(97) E-215。

見えないように正面に黒幕を引く「改善」はなされている(101)。一方、「苦痛の減少」についてどのような改善がをしたかを明確にしたものは見当たらない。「アバーデア死刑委員会報告書」は、受刑者の頭部離断を避けるとともに受刑者の苦痛を最小限にすることを目指して、「落下の等級表」を策定したが、わが国で落下の等級表が策定された形跡はない(102)。

その後、死刑の存廃が議論になることはあっても、絞首刑の医学的な側面に焦点を当てた議論は見られなかった。

ウ　昭和38年～昭和46年にかけて法制審議会刑事法特別部会で旧刑法の改正が審議された。このとき、死刑の執行方法は全く見直されず、「現在の執行方法である絞首に積極的に反対する意見はみられなかった」という議論状況であった(103)。

昭和42年6月23日衆議院法務委員会で中谷哲也議員が「法務大臣は、死刑執行の理想の方法としては、電気殺の方法が最善ではないかと考えているとのことであるが、そのように考えていることと、絞首刑の執行命令を発するということを、気持ちの中でどのように整理しているのか」と質問した（発言を一部要約した。筆者）。これに対して、当時の法務大臣である田中伊佐次は、現在の絞首刑は死刑の執行方法としては有効であり、刑法並びに監獄法ともに憲法違反ではないことを前提する旨述べた後、

　　さてこれを理想の方向に改善しようとする場合においてはもっとよい方法がなかろうか、もっと残虐でない――命をとるのですから、残虐

(101) 土本武司は、検察官として絞首刑の執行に立ち会ったとき、受刑者の首にロープが掛けられるところや受刑者が落ちる場面も、カーテンが閉められて立会人も見ることができなかったと証言している（パチンコ店放火殺人事件（大阪地裁平成21年(わ)第6154号）における証人尋問調書23、24頁、28、29頁）。平成19年11月29日衆議院法務委員会議録11頁、平成19年12月11日同委員会議録15頁。なお、衆議院調査局法務調査室『死刑制度に関する資料』（平成20年6月）は国会答弁等を項目ごとに整理してまとめている。布施・前掲注(7)(Ⅱ) 308、309頁。
(102) 参議院ウェブサイト・前掲注(11)、平成22年11月2日答弁書によると、現在「落下の等級表」はない。政府は、「個々の死刑執行ごとに、被執行者の身長、体重等を考慮し」というだけで、具体的に「どのように考慮しているか」を一切明らかにしていない。
(103) 布施（Ⅱ）・前掲注(7)308頁。

なのはきまっているのですが、良識的に見てもっと残虐でない方法はなかろうということを、目下真剣に研究をしておる。

と、続けた。そして、まだ確信を持つには至っていないが、電気殺かガス殺のいずれかがよいのではないかと考えていると述べている[104]。同法務委員会で勝尾政府委員は、監獄法改正のなかで、死刑の執行方法について、過去の資料を整理し、世界各国の死刑の執行方法の細部の利害得失も含めて収集して資料を整えて法務大臣の指示を受けたいと述べた[105]。

しかし、監獄法改正の過程で、死刑の執行方法が見直されたことはない。

絞首刑は、「暗黒時代から続けられ」（ヒル知事）、「野蛮で」（ゲリー報告書）、「前近代的なところがあり」（後述の大阪地裁平成23年10月31日判決）、「（とっくに）より人道的な方法に道を譲った」（ベイズ判決）とされる刑である。わが国でも、良識的に見て、もっと残虐でない方法がある筈だ、との考えが法務大臣以下にありながら、調査も検討もされないまま今日まできた。

絞首刑は、「受刑者に与える苦痛」という観点からは、結局144年もの間見直されずにきてしまったのである。

(2) 死刑執行の密行
ア 執行の非公開

わが国では、絞首刑による苦痛を調査するどころか、政府は、死刑執行に関する情報をほぼ完全に秘密にしてきた。

もう一度、明治時代にさかのぼってみると、明治になって江戸時代の見せしめのための死刑が徐々に改廃されていった。明治5年11月、ヨーロッパの監獄制度にならった監獄則が制定され、死刑密行の規定が設けられた[106]。明治12年1月4日布告1号によって、「凡梟示ノ刑ヲ廃シ其罪梟示に該ル者ハ一体ニ斬ニ処ス」とされ梟示の刑が廃止され、これによって死刑の公開は全

---

(104) 第55回国会衆議院法務委員会会議録第52号13頁。第168回国会衆議院法務委員会でも鳩山邦夫法務大臣が保坂展人議員の質問に「何かもっと安らかという方法が……何かないのかなという率直な思いはあります」と答えている（会議録20、21頁。もっとも、鳩山の発言は苦痛を念頭においたものではない）。
(105) 前掲注[104]。
(106) 布施（Ⅰ）・前掲注(7)70、88頁。

てなくなった[107]。

　イ　刑場への立入制限

　明治15年施行の旧刑法付則第１条は「死刑ハ其執行ヲ為ス裁判所ノ検察官書記及ヒ典獄刑場ニ立会典獄ヨリ囚人ニ死刑ヲ執行ス可キコトヲ告示シタル後押丁ヲシテ之ヲ決行セシム……」と定め、第２条で「死刑ヲ行フ時ハ刑場ノ警戒ヲ厳ニシ執行ニ関スル者ノ外刑場ニ入ルコトヲ許サス但立会官吏ノ許可ヲ得タル者ハ此限ニ在ラス」とした。それでも、明治の一時期まで刑場に許可を得た新聞記者が入り、絞首刑の執行に立ち会ってこれを記事にできた[108]。

　明治41年７月、司法省は「死刑執行場取締方ノ件」と題する民刑局長監獄局長通牒を発出した。同通牒は、近来新聞記者や学生らに許可していることが死刑執行を公衆の目に触れさせない刑法の趣旨に反する、としてその取締りを命じた[109]。それ以降新聞記者らは執行への立ち合いはできなくなった[110]。刑訴法477条１項は、死刑の執行に検察官、検察事務官及び刑事施設の長又はその代理人が立会うべきことを定め、２項では検察官又は刑事施設の長が許可すれば刑場に入ることができると定めている。一時期までは２項による許可がされた者に教誨師があった[111]。それ以外の者が死刑の執行に立ち会った資料は見当たらない[112]。

　『大コンメンタール刑事訴訟法』初版では、立入許可は「もっぱら刑事に関する学術の研究又は実務に従事する者がその参考に資する場合に限定され

---

(107)　布施弥平治『修訂日本死刑史』(1983年、厳南堂書店)629頁。布施・前掲注(106)88頁。
(108)　中川智正弁護団＋ヴァルテル・ラブル・前掲注(1)１頁、同書に明治11年８月27日付〜明治44年７月14日付の新聞記事及び監獄協会雑誌等の記事が紹介されている（8-30頁)。
(109)　布施（Ⅱ）前掲注(7)285、286頁。布施は「日本における死刑はこの通牒を機に、いっそう密行の度合いを強めていったといえよう」と述べている。
(110)　布施（Ⅱ）前掲注(7)285、286頁参照。明治41年以降の記事は、新聞記者が直接刑場に入った記事ではないことになる。
(111)　堀川恵子『教誨師』(2014年、講談社) 200、201頁。
(112)　平成22年７月28日東京拘置所での死刑執行には、千葉景子法務大臣及び西川克行刑事局長が立ち会った。死刑執行始末書には、西川局長が「検察官○○及び東京拘置所長佐藤吉仁の許可を受けて刑場に入った」と記載されていたとのことである（佐藤大介『死刑に直面する人たち』岩波書店2016年48、49頁)。

る」とされていた[113]。同第2版では「職務上執行に立ち会わなければならない検察官、検察官事務官及び刑事施設の長又はその代理人、執行の実施及び警護に当たる刑事施設の職員並びに死相の検案に当たる刑事施設の医師以外の者の刑場への立入りは、厳格に制限されなければならない」と変更されている[114]。部外者には死刑執行状況を一切見せない趣旨と理解できる。

なお、明治19年10月5日から官報に死刑執行に関する情報が載せられていたが、昭和21年3月13日の官報を最後に以降掲載されなくなった。

ウ　立会者への遮蔽

このように、わが国での死刑執行は、その状況を外部に見せないだけでない。法律上立合が義務づけられた者にも「死ノ刹那ニ於ケル惨状ヲ見ヘサル」ように、執行の重要な部分をカーテンで遮蔽し、立会人からも見ることができないようにしている[115]。

検察庁法4条は、検察官の職務として裁判の執行を監督することをあげる。刑訴法477条で立会者とされる検察官は、死刑の執行を指揮した検察官の所属する検察庁の検察官である。立会った検察官は死刑の執行を監督しなければならない。ところが、検察官にも死刑執行の一部をカーテンで遮蔽して見せない。この扱いは国会でも問題になった。このとき、法務省は、検察官には見えなくとも死刑執行が実施されたことを確認し認証することができれば足りる、との見解を述べた[116]。これでは監督とは言えないと考えられるが、そこには、執行に直接関与する者以外は「監督」する者にも「見ヘサル」ようにしようとする強固な意志が認められる。

なお、同じ168回国会の平成19年12月11日参議院法務委員会における鳩山邦夫法務大臣の答えは「ちょうどそのどんと開く場所の上下ともにカーテン

---

(113) 玉岡尚志・大コンメ刑訴法(7)331頁。
(114) 玉岡尚志＝飯島泰・大コンメ刑訴法［2版］(10)345頁。飯島は執筆当時法務省大臣官房参事官である。
(115) わが国と対象的なアメリカ合衆国の死刑執行の透明性について、布施前掲注(7)に詳しい。
(116) 第168回国会平成19年11月29日参議院法務委員会会議録11頁における近藤正道議員の質問及び19年12月7日衆議院法務委員会会議事録21頁における保坂展人議員の質問と、両議院における大野恒太郎法務省刑事局長及び梶木壽法務省矯正局長の答弁。

によって閉ざされていると。そうすると全く見えないわけですね。(略)落ちる瞬間も見えないわけですね。(略)やはり立会ということはしっかりとやるべきであって、どなたかがきちんどその瞬間を見るべきだというふうに私は思います。そういうふうに手を打っていきたいと思います」と答えている[117]。鳩山大臣が、実際に「手を打った」か否か不明である。

エ　行政文書の不開示

　さらに、死刑執行手続に関する文書の内容を「行政機関の保有する情報の公開に関する法律」に基づき文書の開示を求めても、開示される文書は殆んどが黒塗りである。

　死刑執行手続に関する主な文書は以下のとおりである。

　確定判決の言渡し裁判所に対応する地方検察庁検事正あるいは高等検察庁検事長（上告審確定の場合も）は、法務大臣に「死刑執行上申書」を提出する。

　上申書提出後、法務省刑事局では、死刑執行を相当とするかどうかを審査する。執行相当と判断すると「死刑事件審査（執行相当）」と題する文書を作成する。

　法務大臣は、執行相当と判断すると確定判決の言渡し裁判所に対応する地方検察庁検事正あるいは高等検察庁検事長（上告審確定の場合も）宛てに「死刑執行命令書」を発する。

　死刑執行後、執行に立会った検察事務官は、刑訴法478条に規定された「死刑執行始末書」と題する文書を作成する。

　法務省の訓令である矯正緊急報告規定に基づく「死刑執行速報」は、施設の長から矯正局長、矯正管区長宛てに報告する文書である。

　実際に弁護士が請求人となった平成15年における行政文書開示請求を例にとると、死刑執行指揮書の宛先である拘置所長名、所属検察庁名、検察官検事名、執行された死刑囚の氏名、裁判経過等、取扱者印、宛先の氏名欄が一切明らかにされなかった。死刑執行速報も同じである。平成26年の死刑執行速報は、執行された死刑囚の氏名が黒塗されなくなっているだけで、他は全て黒塗りである。

---

(117) 会議録15頁。

絞首刑の執行によって受刑者がどのような苦痛を感じるかは受刑者本人でないと分からない。しかし、執行に立会う者は、受刑者が死に至るまでの様子を見ることができる。それによって、受刑者の苦痛を推し量ることはできる。また、「刹那における惨状」を観察することもできる。したがって、絞首刑の残虐性を測るうえで、「執行速報」や「執行始末書」のうち「執行状況」に関する記載がもっとも重要である。

ところが、この肝心の「執行状況」の記載は全て黒塗りである。

オ　裁判所の公務所照会への回答拒否

大阪パチンコ店放火殺人事件では、弁護人が法務省矯正局及び大阪矯正管区に対して、刑訴法279条に基づき、昭和21年1月以降申立時までに執行した死刑に関する照会を請求した。照会事項は、以下の3点である。

① 被執行者の総数
② 各執行の開始時刻、被執行者の自発呼吸停止時刻・瞳孔散大の確認時刻・脈拍消失の確認時刻・死亡確認時刻、執行終了時刻
③ 執行後、被執行者の身体について損傷が生じ、修復措置を行った事例の有無及び具体的な損傷の内容及び程度並びに修復措置の具体的内容

裁判所は弁護人の請求を認めて照会した。これに対し、法務省矯正局及び大阪矯正管区は、①につき、「昭和21年から同24年までについては、執行施設別の統計資料がないことからお尋ねの人員を算出できない」として、昭和25年から平成22年までの被執行者数を答え、「その余の事項については回答いたしかねます」、と②③の回答を拒否した。

カ　死刑執行に関するGHQ/SCAP文書[118]

占領下のわが国において、GHQが収集していた死刑執行に関する文書に「死刑執行起案書」「死刑執行起案書の添書」「死刑執行始末書」等がある。

---

(118) 永田憲史『GHQ文書が語る日本の死刑執行』（2013年、現代人文社）は、連合国最高司令官総司令部（GHQ/SCAP）が収集し、作成していた死刑執行に関する文書を発見して、これを資料として添付し、解説した書である。同書で46件（ボックス番号368フォルダー番号26番、ボックス番号344フォルダー番号27番）、永田憲史「死刑始末書56件の紹介」関西大学法学論集63巻6号（2014年）480頁には、56件（ボックス番号340フォルダー番号28番）の死刑執行始末書が載せられている。

これらは、どの項目もマスキングされていない。そのため、これらのGHQ文書から、これまで黒塗りだらけでしか開示されていない「死刑執行始末書」の黒塗り部分にどのようなことが書かれているかが大体わかる。

これらのGHQ文書によって、絞首して死亡させるために要する時間が公文書にどのように記載されているかを初めて知ることができる。受刑者の苦痛との関係で重要なのは、執行時間である。『GHQ文書が語る日本の死刑執行』に掲載された死刑執行始末書によると、死刑執行開始時刻から執行終了時刻までの時間が最長で21分00秒、最短で10分55秒である[119]。絞首刑の執行時間が公文書によって初めて明らかになった。

ただし、GHQ文書にも、その間の受刑者の苦痛や吊るされた受刑者の惨状を直接推測できるような記載はない。そもそも、文書は全体として、受刑者の苦痛や惨状に留意して記載する体裁になっていない。そのため、死刑執行の様子を公文書によって確かめることはできない。

4 小　　括

以上のとおり、わが国にはゲリー報告書もアバーディア報告書もない。前近代的な執行方法でありながら、国家が受刑者の苦痛や惨状について医学的な調査をしたことはない。それだけでなく、わが国は、絞首刑執行の際に報道関係者もちろん、受刑者の家族、被害者の家族を立会わせない。絞首刑を執行した後に、死刑執行手続に関する文書は行政文書として開示せず、裁判所からの照会にも答えない。

明治時代の一時期以降今日まで、絞首刑の執行状況は徹底的に秘密にされてきた。

---

(119) 永田・前掲注(118)25、26頁。永田は、死刑執行開始時刻と執行終了時刻をどのように決めたかは文書に記載がなく、推測するほかないとした上、開始時刻を「被執行者の足元の床が開いたとき」、終了時刻を「医官が被執行者の死亡を確認した時点」と推測している。

V　わが国の刑事裁判における絞首刑の残虐性

1　松下事件とその後

　昭和27（1952）年に至って、向江が弁護人となった松下事件の控訴審で、はじめて、抽象的な死刑ではなく具体的な絞首刑の残虐性に焦点をあてた審理がなされ、刑場の検証や鑑定まで実施された。ところが、その事件の継続中の昭和30年4月6日、最高裁大法廷判決は絞首刑が残虐な刑罰ではないと判断した。

　その後、今日まで、医学的な資料を基に絞首刑の残虐性が争われた裁判例はなく[120]、長年にわたって古畑鑑定に疑問が持たれることはなかった。

　松下事件以降、わが国の刑事事件で、絞首刑の残虐性が医学的な証拠に基づいて具体的に争われたのは、中川智正被告人の上告審である[121]。しかし、同事件の上告審判決は弁護人が提出した資料について一言も触れなかった[122]。

2　大阪パチンコ店放火殺人事件

(1)　裁判の経緯

ア　第1審

　平成21年12月3日起訴された大阪パチンコ店放火殺人事件の第1審裁判員裁判で、ラブル博士は、絞首刑によって死に至る機序や被執行者の苦痛について、専門的な研究に基づいて証言した。土本武司博士は検察官として自ら立ち会った絞首刑の様子を、立会直後に作成したメモに基づいて証言した。その他、絞首刑の執行によって断頭や緩徐な死が起こっていたことを示す世界各地の文献が調べられた。

　大阪地裁平成23年10月31日判決は、絞首刑によって死に至る機序や被執行者の苦痛について弁護人が主張し、文献やラブル博士の証言等で立証した事

---

(120)　松下事件の行政訴訟と同時期に、絞首刑の残虐性を争った孫斗八の本人訴訟がある。丸山・前掲注(11)206頁。
(121)　中川智正弁護団＋ヴァルテル・ラブル・前掲注(1)32-178頁。
(122)　最(二小)判平成23・11・18裁判集刑305号1頁。

実をほぼそのまま認めた[123]。昭和27年10月27日古畑鑑定から59年後、東京高裁昭和28年判決から58年後、最高裁昭和30年大法廷判決から56年後に、わが国の裁判所が古畑鑑定や裁判所の認定の誤りを認めた。絞首刑は古畑博士がいうような「死刑執行の直後に意識を消失し、本人は何ら苦痛を感じない」ものではなく、前記東京高裁のいうように「受刑者にとって最も苦痛が少なく人道的」でもないことを認めたのである。

しかし、同判決は、「確かに、絞首刑には、前近代的なところがあり、死亡するまでの経過において予測不可能な点がある」ことを認めながら、同判決は多少の苦痛は当然甘受すべきである等と述べて、絞首刑の残虐性を否定した。

イ 控訴審

その控訴審の大阪高判平成25年7月31日判決は、第1審のラブル証言によって「絞首刑により受刑者が死亡に至る経過として」ア～エの事実を認めた。その次に、「我が国の法医学者である古畑種基作成の昭和27年10月27日付け鑑定書」の意見を要約した上、ラブル証言と古畑意見を踏まえたと称し、次のような趣旨の判示をしている。すなわち、受刑者の頚動静脈が<u>完全に閉塞され、頭部離脱等</u>が起こらないように絞縄の長さや結び目の長さが<u>適切</u>になされた<u>場合</u>は、苦痛を感じる時間は<u>比較的短時間</u>にとどまり、頭部離脱等の重大な身体損傷は生じないと考えられるから、絞首刑は残虐な執行方法ではないというものである（下線筆者）[124]。同判決は、ラブル証言が古畑鑑定の信用性を根本的なところで否定していることを無視している。また、第1審判決でも誤りであることが認められている古畑鑑定を全く無批判に持ち出している。いわば水と油の二つの鑑定意見を、いとも安易に「踏まえ」て結論を出しているのである。

控訴審判決は、また、薬物注射等の他の死刑の執行方法でも同様の問題が生じるから、絞首刑に例外的な事例があるからといって、残虐とは言えないとする。さらに、控訴審判決は、「原審で取り調べた統計資料」によって、

---

(123) 判タ1397号113頁。その18日後に前掲注[122]の最高裁判決。
(124) 判タ1417号186頁。

昭和25年から平成22年まで571回にわたり安定的、継続的に刑の執行が行われてきたことを絞首刑の残虐性を否定する一根拠としている（下線筆者）。

　ウ　上　告　審
　控訴審判決は死刑を維持した。
　上告審の最高裁平成28年2月23日第三小法廷判決・裁判集刑319号1頁は、死刑制度がその執行方法を含め憲法のこれらの規定に違反しないことは当裁判所の判例とするところである、と述べるだけであった。
(2)　判決の問題点
　ア　「571回にわたる安定的、継続的な刑の執行」との判断
　控訴審判決は、前記のとおり、「昭和25年から平成22年まで571回にわたり安定的、継続的に刑の執行が行われてきた」という。「昭和25年から平成22年まで571回にわたり」絞首刑が執行されてきたことは事実である。その意味では、「継続的に」刑の執行が行われてきたとするのは誤りとは言えない。しかし、控訴審判決が「安定的な運用」というのは証拠上何の根拠もない。控訴審判決が挙げる第1審弁69号証、70号証は、公務所照会に対する法務省矯正局及び大阪矯正管区からの回答書である。その回答は、前記したとおり、各年度の死刑執行数についてだけのものであり、その余の事項には一切答えていない。回答を拒否した項目こそが、執行の実態を明らかにするものである。ところが、法務省・矯正局は、裁判所からの照会に対しても一切答えようとしなかったのである。
　したがって、そのような証拠に基づき裁判所が言えるとすれば、それは「その執行によってどのような事態が起こったかは全く不明であり、その運用が安定的か否かなど判断のしようがない」というものであるはずである。
　ところが、控訴審判決は、第1審裁判所が照会した重要部分の回答を拒否し、執行数しか書いていない法務省の回答を根拠に「安定的な運用」というのである。控訴審の判示は論理的でない。
　アメリカ合衆国の多くの州では、死刑の執行に、受刑者の家族、被害者の家族、報道関係者だけでなく、外国の報道関係者までもが立会って死刑の執行を見守ることができ、その様子を報道することができる[125]。もし仮に、わが国の絞首刑の執行にそのような透明性があれば、受刑者が苦しむことなく

短時間で死に至り、身体に損傷を残さないことが分かるかもしれない。逆に、長時間苦しむ受刑者を目にするかもしれない。勿論立ち会うだけで、どれだけのことが分かるかという問題は残る。それでも、刑を執行する側の人以外には、刑場に他の誰も入れず、執行状況を誰にも見せないよりは遥かに透明である。そのような透明性が保たれた上で571回の執行を継続したのであれば、継続的なだけでなく「安定的」と言えるかもしれない。だが、571回の執行で国、法務省が行ってきたのは、「入れず」「見せず」「知らせず」である。

そのうち、受刑者の頚動静脈が「完全」に閉塞されたのは何回か、頭部離脱等の重大な身体の損傷が生じたのは何回か、受刑者が苦痛を感じた時間がどれくらいであったか、等は全く分からない。裁判所は、証拠もなく事実も明らかでないのに、「安定的」という評価はできない筈であるし、また、そのような評価はすべきでない。控訴審裁判所は、裁判における事実認定の根本に反する判断をしている。

イ　ラブル証言の無視あるいは曲解

古畑鑑定の問題の一つは、「絞殺が最も理想的に行われる」ことを前提としていることにある。ラブル証言の最も重要な一つは、「絞殺が最も理想的に行われる」ことを妨げる要因がいくつもあり、「最も理想的に」行われる保証がどこにもないことである[126]。

絞首刑によって死に至る5つの機序のうち、「①頚動静脈の圧迫によって起こる脳に酸素が行かなくなる状態」（古畑鑑定がいう定型的な縊死）を選択して、そうなるように死刑執行をコントロールすることはできない。ノークスらの論文も、生体力学から同様のことを述べている。

ところが、控訴審判決は次のように認定している。

　　絞首刑においては、刑の執行後、受刑者の頚動静脈が完全に圧迫されて閉塞されるとともに、頭部離断等の重大な身体傷害が生じないよ

---

(125) 布施勇如『アメリカで死刑をみた』（2008年、現代人文社）、小倉孝保『揺れる死刑（アメリカと日本）』（2011年、岩波書店）等。
(126) 本論考Ⅲ 6 参照。

V わが国の刑事裁判における絞首刑の残虐性

うに、絞縄の長さや結び目が適切になされた場合には、受刑者は、死刑の執行開始から意識を消失するまでの間に、一定程度の精神的、肉体的苦痛を感じることは避けがたいとしても、その時間は比較的短時間にとどまり、頭部離脱等の身体的損傷は生じないものと考えられるから、刑の執行方法として、残虐と評価できるほどに、受刑者に不必要な精神的、肉体的苦痛を与え、あるいは、重大な身体損傷を生じさせる危険性が高い執行方法であるということはできない。

ラブル証言は前述した。その証言をまともに理解すれば、ラブル博士が「頭部離断等の重大な身体傷害が生じないように」絞縄の長さや結び目を「適切にすること」ができないと述べていることが分かる。そのようにコントロールするには可変要素が多すぎるのである[127]。

控訴審判決が、

　　そして、確かに、絞首刑においても、事前に予測できない要因などによって例外的な経過が生じることを完全に防止することが困難であることは、所論指摘のとおりであるが、

と述べるところも、同じようにラブル証言を正しく理解していない。「例外」とは「通例に当てはまらないこと」である。ラブル博士は、結果として多いのは前記①②③④⑤の順であると証言した。しかし、①が通例で他は例外だとは述べていない。何が起こるか分からないものの、主観的な希望として①が起こることを期待したが、③の結果が起こってしまったという場合に、例外的な事象が起こったことにならない。頻度の低いものが起こったというにすぎない[128]。控訴審判決は、ラブル証言を離れて、勝手に通例と例外を分け

---

(127) 参議院における福島議員と政府答弁（前掲注(12)）によって、死刑囚の首に絞縄を掛けて落下させる際に、どの程度落下させるかは、法律、行政規則（命令・訓令・通達・内部規則）等によって定められておらず、いわゆる「落下表」も用いられていないことが分かる。
(128) 本論考Ⅲ6参照。

ているのである。

　ウ　「他の死刑の執行方法においても例外的なことは起こる」との判断
　控訴審判決は、「薬物注射など他の死刑の執行方法においても、同様の問題が生じ得るのであり、そのような例外的な事例があるからといって、現在我が国で執行されている絞首刑という執行方法が、それ自体、受刑者に不必要な精神的、肉体的苦痛を与えることを内容とするものとして、人道上も残虐と認められる刑罰であるということはできない」という。第１審判決も、他の執行方法を採用したとしても、予想し得ない事態は生じ得るものである」と述べている。
　控訴審判決が、絞首刑による死に至る機序について、「例外」の理解を間違っていることは前記した。
　控訴審判決のその点に関する誤りは一応措いて、例外と例外を対比してどちらにも例外があるから、一方の例外を理由に残虐とすることはできない、とのロジックについて考えてみると、ここにも大きな誤りがある。本来対比すべきは、例外と例外ではなく、通例と通例でなければおかしい。「薬物注射の通例」と「絞首刑の通例」とを対比しなければならないのである。
　世界には安楽死を認める国がある。その国で用いられる安楽死の手段は、薬物注射（あるいは服用）である。「安楽死としても用いられる方法」と「明治６年以来の、絞首して吊るす方法」とを比較すべきであろう。
　最高裁昭和30年大法廷判決は、絞殺、斬殺、銃殺、電気殺、瓦斯殺を比較した。オクラホマ州議会が死刑執行方法として致死薬注射を採用する法案を可決したのは昭和52年であるので[129]、昭和30年判決当時最高裁が絞殺を薬物注射と比較しなかったのはやむを得ない。しかし、大阪パチンコ店放火殺人事件第１審判決及びその控訴審判決は、それから約35年も後の判決である。アメリカ合衆国で死刑を存置している州のほとんどすべてが薬物注射を採用している。死刑大国の中国も薬物注射に移行した。薬物注射による死刑執行が現に世界で行われているのに、これをまともに対比していない。

---

(129)　前掲注(85)参照。

エ 「無用の苦痛を与えるような執行方法」とは何か

　第1審判決は、ラブル証言をそのまま認めた。ラブル証言によって、絞首刑が「死刑執行の直後に意識を消失し、本人は何ら苦痛を感じない」との古畑鑑定が誤りであることを認めざるをえなかった。にも関わらず残虐でないとの結論を導くために、同判決は、

> 　（死刑は、）そもそも受刑者の意に反して、その生命を奪うことによって罪を償わせる制度であるから、受刑者に精神的・肉体的苦痛を与え、ある程度のむごたらしさを伴うことは避けがたく、憲法も、これらを不可避のやむを得ないものと考えていることは明らかであるから、憲法36条に禁止する「残虐な刑罰」に当たるのは、考え得る執行方法の中でも、それが特にむごたらしい場合ということになる。殊更に受刑者に無用の苦痛を与え、その名誉を害し、辱めるような執行方法が許されないことは当然としても、医療のように対象者の精神的・肉体的苦痛を極限まで和らげ、それを必要最小限のものにとどめることまで要求されないことは明らかである。死刑の執行方法が残虐と評価されるのは、それが非人間的・非人道的で、通常の人間的感情を有する者に衝撃を与える場合に限られるものというべきである。

という（一部要約した）。死刑が合憲であることを前提とすると、死刑を執行する方法がなければならない。どのような処刑方法にも若干の苦痛のリスクはある。したがって、苦痛を一切なくすことを憲法は要請していないことになる。しかし、複数の執行方法が考えられるときにはより苦痛の少ない執行方法をとること、特定の執行方法をとるときにはその中で苦痛を最小限度にすることがそれぞれ要求される。医療のように極限まで苦痛を和らげる執行方法があることが分かっているのに、その方法をとらず、別の方法をとって受刑者に苦痛を与えるとすれば、それは「無用」の苦痛というべきであろう。最高裁昭和30年大法廷判決が他の執行方法と対比したのは、最高裁自身も死刑の執行においては、より苦痛の少ない方法をとるべきであるという考えがある。

しかし「殊更に受刑者に無用の苦痛を与えるような執行方法」でなければそれで足りるとする考えや「憲法36条で禁止する『残虐な刑罰』に当たるのは、考え得る執行方法の中でも、それが特にむごたらしい場合ということになる」とする考えには、最高裁昭和23年大法廷判決にある「時代と環境」の観点はみられない[130]。アメリカ合衆国最高裁の判例にみる「成熟する社会の品位の発展的基準」という観点も見られない。つまり、世界がより残虐でない刑の執行方法を探りつづけてきた歴史に目を背けている。第1審判決のような考えによれば、火あぶり、釜ゆでよりもむごたらしい場合にはじめて「残虐」と評価されることになりかねない。

ここには、「より人道的な」「より苦痛の少ない」執行方法であるのか、という視点はない。

オ 多少の苦痛は当然甘受すべきか

「殊更に受刑者に無用の苦痛を与えるものでなければ」、と対をなすのが「苦痛を甘受せよ」という判断である。第1審判決は、絞首刑が「最善のものといえるかは議論のあるところ」であることを認めながら、

> 死刑に処せられる者は、それに値する罪を犯した者である。執行に伴う多少の精神的・肉体的苦痛は当然甘受すべきである。

と判示した。犯した罪の深さを考えれば多少の苦痛は甘んじて受けろ、それに文句を言うな、というが如くである。ここに現れているのは原始的な応報感情であり、国家が刑罰権の行使としてする死刑は、残虐であってはならず、常に、より人道的にという方向性を持つべきだとの考え方とは全く違う[131]。

---

(130) 最高裁昭和23年大法廷判決は「死刑といえども、他の刑罰の場合と同様に、その執行の方法等がその時代と環境とにおいて人道上の見地から一般に残虐性を有するものと認められる場合には、勿論これを残虐な刑罰といわねばならぬから」と判示している。
(131) 土本武司博士は、大阪パチンコ店放火殺人事件で、いかに死刑という刑を受ける人のやった行為がいかに残虐であっても、国家には一線を越えてはならないと証言した。同証人はそれが「国家の矜持」であるという（第12回公判証人調書32頁、前掲注(43)にあるウェブサイトで閲覧可能）。

Ⅵ おわりに

　わが国で絞首刑の実体が問題とされた裁判自体が限られている。松下事件の控訴審は、弁護人が絞首刑の具体的な残虐性に焦点をあてて合憲性を争った。その裁判記録は60年以上たっても、なお多くのことを教えてくれる。それ以降、絞首刑の執行のよって受刑者の身体になにが起きるかについて、医学的な証拠が提出されたのは中川智正氏を被告人とする上告審においてである。前記のとおり、最高裁判所は同事件の弁護人が提出した医学的な証拠に一言も触れなかった。

　大阪パチンコ店放火殺人事件では、絞首刑の実態に関する文献、医学文献等が調べられた上、オーストリアの法医学者が証言した。これらによって、それまで十分明らかにされていなかった絞首刑の執行によって受刑者の身体に何が起こるかが、はじめて法廷で明らかになった。

　つぎは、国・法務省が、絞首刑の執行によって、受刑者の身体に何が起きてきたのかを明らかにすべき番である。国・法務省は、その資料を持っているはずである。裁判においても、国会においても、「安定的、継続的」な執行の具体的な中身を問うことによって日本の絞首刑の「残虐性」についての議論が深まる。

（ごとう・さだと）

判 例 索 引

大判昭和5・2・7刑集9巻51頁 ……………………………………………………… 612
最大判昭和23・3・12刑集2巻3号191頁 ……………………………… 628、630、682
最大判昭和23・11・17刑集2巻12号1565頁 ……………………………………… 268
最(一小)判昭和24・8・18刑集3巻9号1479頁 …………………………………… 630
最大判昭和26・4・18刑集5巻5号923頁 …………………………………………… 628
最大判昭和27・1・23刑集6巻1号104頁 …………………………………………… 628
静岡地沼津支判昭和27・8・30刑集7巻11号2245頁 ……………………………… 629
東京高判昭和28・4・3刑集7巻11号2248頁 ……………………… 629、631、635、676
最(一小)判昭和28・11・19刑集7巻11号2226頁 ……………………………… 628、629
最大判昭和30・4・6刑集9巻4号663頁 ………………… 619、627、635、675、676、680
最(三小)決昭和34・12・26刑集13巻13号3372頁、判時219号34頁 …………… 286
最(三小)決昭和35・2・9裁判集刑132号181頁 …………………………………… 286
最大判昭和36・7・19刑集15巻7号1106頁 ………………………………………… 622
東京地決昭和40・4・16下刑集7巻4号787頁 …………………………………… 234
鳥取地決昭和42・3・7下刑集9巻3号375頁 ……………………………………… 70
最(一小)決昭和43・2・8刑集22巻2号55頁 ……………………………………… 377
最(二小)決昭和44・4・25刑集23巻4号248頁 …… 101、102、103、287、288、290、309
最(二小)決昭和44・4・25刑集23巻4号275頁 …… 101、102、103、287、288、290、309
東京地決昭和48・1・18刑月5巻1号89頁 ………………………………………… 234
最(一小)判昭和53・7・10民集32巻5号820頁 …………………………………… 56
東京高判昭和55・2・1東高刑時報31巻2号5頁、判時960号8頁、判タ407号58頁 … 377
熊本地八代支判昭和58・7・15判時1090号21頁 …………………………………… 156
高松地判昭和59・3・12判時1107号13頁 …………………………………………… 157
仙台地判昭和59・7・11判時1127号34頁 …………………………………………… 157
東京地判昭和59・8・29判タ534号98頁 ……………………………………………… 632
福岡高判昭和60・2・5判タ554号301頁 …………………………………………… 632
最(一小)決昭和63・3・3刑集41巻2号60頁 ……………………………………… 377
静岡地判平成元・1・31判タ700号114頁 …………………………………………… 157
最大判平成元・3・8民集43巻2号89頁 ……………………………………………… 74
最(三小)決平成5・10・19刑集47巻8号67頁 ……………………………………… 386
東京地判平成6・12・16判時1562号141頁 …………………………………………… 22
東京高判平成8・5・9高刑集49巻2号181頁 …………………………………… 371、372
浦和地越谷支判平成9・1・21判時1599号155頁 …………………………………… 24
浦和地判平成9・8・19判時1624号152頁 …………………………………………… 25
東京高判平成9・9・17判時1623号155頁 …………………………………………… 24
東京高判平成10・4・8判時1640号166頁 …………………………………………… 27
最大判平11・3・24民集53巻3号514頁、判時1680号72頁、判タ1007号106頁 …… 11、601
最(三小)決平成11・12・16刑集53巻9号1327頁 …………………………………… 226
松山地宇和島支判平成12・5・26判時1731号153頁 ………………………………… 158
最(二小)決平成12・7・17刑集54巻6号550頁 ………………………………… 373、377

685

判例索引

札幌地判平成13・5・30判時1772号144頁、判タ1068号277頁 ……………………… 41
札幌高判平成14・3・19判時1803号162頁、判タ1095号287頁 ……………………… 41
和歌山地判平成14・12・11判タ1122号464頁 ……………………………… 42、373
最(三小)決平成17・11・2刑集59巻9号1847号、判時1916号158頁、判タ1197号153頁 … 609
最(三小)決平成19・12・25刑集61巻9号895頁 ………………… 277、302、320
鹿児島地判平成20・3・24判時2008号27頁 ……………………………………… 107
広島高岡山支判平成20・4・16高刑速平成20年193頁 ………………………… 314
最(二小)判平成20・4・25刑集62巻5号1559頁 …………………………………… 387
最(三小)決平成20・6・25刑集62巻6号1886頁 …………………………………… 320
最(一小)決平成20・9・30刑集62巻8号2753頁 …………………………………… 320
東京高判平成21・2・20高刑速平成21年90頁 …………………………………… 314
最(三小)決平成21・9・28刑集63巻7号868頁 …………………………………… 226
宇都宮地判平成22・3・26判時2084号157頁 ……………………………… 372、373
東京地決平成22・6・22判タ1331号102頁 ………………………………………… 238
最(二小)決平成22・7・2裁判集刑301号1頁、判時2091号114頁、判タ1331号93頁 … 46、238
大阪地判平成23・10・31判タ1397号104頁 …………………… 635、669、675
最(二小)判平成23・11・18裁判集刑305号1頁 …………………………………… 675
最(一小)判平成24・2・13刑集66巻4号482頁 …………………………………… 335
最(三小)決平成24・10・26裁判集刑308号481頁 …………………………………… 46
最(一小)決平成25・3・18刑集67巻3号325頁 ……………………………… 293、313
高知地判平成25・4・18裁判所ウェブサイト …………………………… 475、495
大阪高判平成25・7・31判タ1417号186頁 ………………………………………… 676
最(三小)決平成26・3・25裁判集刑303号319頁、判時2221号129頁、判タ1401号165頁 … 46
最(一小)決平成26・11・17裁判集刑315号183頁、判時2245号129頁、判タ1409号123頁 … 46
最(一小)決平成26・11・18刑集68巻9号20頁、判時2245号124頁、判タ1409号123頁 … 46
大阪地決平成27・1・27判時2288号134頁 ………………………………………… 219
東京地判平成27・2・4　2015年2月4日 livedoor NEWS ……………………… 386
最(三小)決平成27・4・15裁判集刑316号143頁 …………………………………… 46
最(二小)決平成27・5・25刑集69巻4号636頁 ………………… 313、329、335、337
大阪地決平成27・6・5判時2288号134頁 ………………………………………… 220
神戸地判平成27・10・9公刊物等未登載 ………………………………………… 544
最(二小)決平成27・10・22裁判集刑318号11頁 …………………………………… 46
名古屋地判平成27・12・24判時2307号136頁 …………………………………… 224
水戸地決平成28・1・22公刊物等未登載 ………………………………………… 224
東京高判平成28・1・13判タ1425号233頁 ………………………………………… 336
広島地福山支判平成28・2・16 WLJPCA02166006 …………………………… 225
最(三小)平成28・2・23裁判集刑319号1頁 ……………………………………… 677
大阪高判平成28・3・2判タ1429号148頁 ………………………………………… 221
神戸地判平成27・10・9公刊物等未登載 ………………………………………… 571
名古屋高判平成28・6・29判時2307号129頁 …………………………………… 224
広島高判平成28・7・21 LLI/DB07120375 ……………………………………… 225
東京高判平成28・8・10判タ1429号132頁 ………………………………………… 184
福井地判平成28・12・6 LEX/DB25544761 ……………………………………… 225
東京地立川支決平成28・12・22 LEX/DB25544851 …………………………… 224
最大判平成29・3・15裁判所ウェブサイト ……………………………………… 227

浦先生・略歴

1944年2月3日	大阪府箕面市生まれ
1962年3月	豊中高校卒業
同年4月	京都大学法学部入学
1967年3月	同大学法学部卒業
同年4月	同大学法学研究科修士課程進学（労働法専攻）
同年9月	司法試験合格
1969年3月	同大学院中退
同年4月	司法修習（23期）
1971年	大阪弁護士会登録、上坂明法律事務所入所
1974年	堺筋共同法律事務所開設
1994年～1995年	大阪弁護士会刑事弁護委員会　委員長
1996年～2006年	連合大阪法曹団代表
1997年～1999年	大阪地評弁護団（後の大阪労働者弁護団）代表幹事
1998年～2000年	日本弁護士連合会刑事弁護センター　委員長
2002年～2004年	司法制度改革推進本部公的弁護制度検討会　委員
2008年～2013年	大阪弁護士会裁判員制度大阪本部　本部長代行

主要論文等

- 「使用者の言論と不当労働行為(1)(2)(3)」労働判例383～385号（1982年）
- 「労災職業病の防止と行政責任」岡村＝大竹編『判例通覧労災職業病』（1984年）
- 「労災・職業病裁判の最新動向」季刊労働法158号（1991年）
- 『実務刑事弁護』（1991年、共著、三省堂）
- 「保護観察付執行猶予取消の問題点」『新・生きている刑事訴訟法（佐伯千仭先生卒寿祝賀）』（1996年、成文堂）
- 「刑訴法81条の接見等禁止と弁護活動」『刑事・少年司法の再生（梶田英雄判事・守屋克彦判事退官記念論文集）』（2000年、現代人文社）
- 「公判段階における弁護活動」『新刑事手続Ⅱ』（2002年、悠々社）
- 「刑事手続改革の課題と展望」刑法雑誌42巻2号（2003年）
- 「刑事司法改革とこれからの『国選弁護』」季刊刑事弁護40号（2004年）
- 「被疑者国選弁護制度の導入と国選弁護制度」『鈴木茂嗣先生古希祝賀論文集 下巻』（2007年、成文堂）
- 「弁護人の義務論」『実務体系　現代の刑事弁護1・弁護人の役割』（2013年、第一法規）

あ と が き

　私たちが敬愛する浦功弁護士は、2014年2月に古稀を迎えられた。浦さん（私たち、大阪の刑事弁護委員会は「先生」と呼ばずに、「さん」付けで呼ぶことにしているので、ここでも、それに従う）の軌跡は、本書収録の座談会でも示されているので、ここでは繰り返さない。浦さんは現代型刑事弁護の先駆者であり、常に、後に続く者のリーダーであった。その活動は、この半世紀近くの日本の刑事弁護活動や刑事司法制度において、絶えず、その先端にあった。浦さんは、実践論・制度論の双方の観点において多大な業績を残している。

　私たち、大阪のみならず日本の多くの刑事弁護士は、浦さんの後を追って、今の刑事弁護活動を行うようになった。浦さんが古稀を迎えられ、感謝とお祝いの想いを込めて古稀記念論文集を発刊しようという話は、私たちのなかでごく自然に沸き起こった。本来は、日本全国の弁護士、あるいは、研究者の方々にも広くお声かけすべきと考えられたのではあるが、ここは、大阪（の刑事弁護委員会）のメンバーのみで作成しようという流れができ、大阪の方々に声をかけて、その作業に入った。浦さんが古稀を迎えられた頃である（私たちは、古稀記念論文集の多くが、古稀を迎えられる時期には既に発刊される習しであるとの通念を知らなかった）。

　その後この企画は、浦さん御自身の論攷をも加えた、その編著本に姿を変えることになるのであるが、世話人の不手際などがあって、結局、完成までに3年半の期間を要することになってしまった。もっとも、その中身においては、その理論と実務の両側面から見て、『新時代の刑事弁護』という本書の名に恥じないものになっているのではないか。この点、編著者である浦さんとともに、読者の方々のご批判を仰ぎたいと思う。

　本書の刊行に当たっては、成文堂の阿部耕一会長、阿部成一社長に出版を御快諾いただき、編集部の田中伸治氏には、編集、校正を含めて大変お世話になった。心から御礼を申し上げる。

　本書の刊行に伴い、浦さんの益々のご健勝と更なるご活躍を祈念したい。

あとがき

2017年7月

世話人　後　藤　貞　人
　　　　小坂井　　　久
　　　　小　田　幸　児
　　　　秋　田　真　志

執筆者紹介

＊浦　　　功	（うら・いさお）	大阪弁護士会・堺筋共同法律事務所
後藤　貞人	（ごとう・さだと）	大阪弁護士会・後藤貞人法律事務所
下村　忠利	（しもむら・ただとし）	大阪弁護士会・弁護士法人 大阪パブリック法律事務所
山口　健一	（やまぐち・けんいち）	大阪弁護士会・山口法律会計事務所
渡辺　　修	（わたなべ・おさむ）	甲南大学法科大学院教授 大阪弁護士会・弁護士法人 大阪パブリック法律事務所
信岡　登紫子	（のぶおか・としこ）	大阪弁護士会・信岡法律事務所
西村　　健	（にしむら・たけし）	大阪弁護士会・島田・西村法律事務所
鈴木　一郎	（すずき・いちろう）	大阪弁護士会・鈴木一郎法律事務所
森　　直也	（もり・なおや）	大阪弁護士会・WILL法律事務所
岩佐　嘉彦	（いわさ・よしひこ）	大阪弁護士会・いぶき法律事務所
亀石　倫子	（かめいし・みちこ）	大阪弁護士会・法律事務所エクラうめだ
長部　研太郎	（おさべ・けんたろう）	大阪弁護士会・原・国分・長部法律事務所
小坂井　久	（こさかい・ひさし）	大阪弁護士会・小坂井法律事務所
秋田　真志	（あきた・まさし）	大阪弁護士会・しんゆう法律事務所
大川　一夫	（おおかわ・かずお）	大阪弁護士会・大川法律事務所
小田　幸児	（おだ・こうじ）	大阪弁護士会・小田幸児法律事務所
山本　了宣	（やまもと・りょうせん）	大阪弁護士会・後藤貞人法律事務所
髙見　秀一	（たかみ・しゅういち）	大阪弁護士会・ヒューマン法律事務所
栗林　亜紀子	（くりばやし・あきこ）	大阪弁護士会・信岡法律事務所
森下　　弘	（もりした・ひろし）	大阪弁護士会・森下総合法律事務所

（＊編者、掲載順）

新時代の刑事弁護

2017年9月1日　初版第1刷発行

編　者　浦　　　功

発行者　阿　部　成　一

〒162-0041　東京都新宿区早稲田鶴巻町514番地
発行所　株式会社　成　文　堂
電話 03(3203)9201(代)　Fax 03(3203)9206
http://www.seibundoh.co.jp

製版・印刷・製本　恵友印刷

©2017　I. Ura　検印省略

☆乱丁・落丁本はおとりかえいたします☆
ISBN978-4-7923-5218-9　C3032

定価(本体7,000円+税)